# Conoce todo sobre la Enciclopedia de la Seguridad Informática

2.ª Edición

# Conoce todo sobre la Enciclopedia de la Seguridad Informática

## 2.ª Edición

*Álvaro Gómez Vieites*

La ley prohíbe fotocopiar este libro

Conoce todo sobre la Enciclopedia de la Seguridad Informática. 2.ª Edición
© Álvaro Gómez Vieites
© De la edición Ra-Ma 2011
© De la edición: ABG Colecciones 2020

MARCAS COMERCIALES. Las designaciones utilizadas por las empresas para distinguir sus productos (hardware, software, sistemas operativos, etc.) suelen ser marcas registradas. RA-MA ha intentado a lo largo de este libro distinguir las marcas comerciales de los términos descriptivos, siguiendo el estilo que utiliza el fabricante, sin intención de infringir la marca y sólo en beneficio del propietario de la misma. Los datos de los ejemplos y pantallas son ficticios a no ser que se especifique lo contrario.

RA-MA es marca comercial registrada.

Se ha puesto el máximo empeño en ofrecer al lector una información completa y precisa. Sin embargo, RA-MA Editorial no asume ninguna responsabilidad derivada de su uso ni tampoco de cualquier violación de patentes ni otros derechos de terceras partes que pudieran ocurrir. Esta publicación tiene por objeto proporcionar unos conocimientos precisos y acreditados sobre el tema tratado. Su venta no supone para el editor ninguna forma de asistencia legal, administrativa o de ningún otro tipo. En caso de precisarse asesoría legal u otra forma de ayuda experta, deben buscarse los servicios de un profesional competente.

Reservados todos los derechos de publicación en cualquier idioma.

Según lo dispuesto en el Código Penal vigente ninguna parte de este libro puede ser reproducida, grabada en sistema de almacenamiento o transmitida en forma alguna ni por cualquier procedimiento, ya sea electrónico, mecánico, reprográfico, magnético o cualquier otro sin autorización previa y por escrito de RA-MA; su contenido está protegido por la Ley vigente que establece penas de prisión y/o multas a quienes, intencionadamente, reprodujeren o plagiaren, en todo o en parte, una obra literaria, artística o científica.

Editado por:
RA-MA Editorial
Madrid, España

Colección American Book Group - Informática y Computación - Volumen 59.
ISBN No. 978-168-165-769-1
Biblioteca del Congreso de los Estados Unidos de América: Número de control 2019935241
www.americanbookgroup.com/publishing.php

Diseño Portada: Antonio García Tomé
Arte: Creativeart / Freepik

*A mi familia, y muy especialmente, a mi mujer Elena y a nuestra hija Irene, por su cariño y total apoyo para poder hacer realidad este proyecto.*

# ÍNDICE

**EL AUTOR** ............................................................................................................... **27**
**AGRADECIMIENTOS** ............................................................................................ **29**
**PRÓLOGO** ............................................................................................................... **31**
**CAPÍTULO 1. PRINCIPIOS DE LA SEGURIDAD INFORMÁTICA** ....................... **37**
    1.1 QUÉ SE ENTIENDE POR SEGURIDAD INFORMÁTICA ................................. 37
    1.2 OBJETIVOS DE LA SEGURIDAD INFORMÁTICA ......................................... 40
    1.3 SERVICIOS DE SEGURIDAD DE LA INFORMACIÓN ................................... 42
    1.4 CONSECUENCIAS DE LA FALTA DE SEGURIDAD ...................................... 47
    1.5 PRINCIPIO DE "DEFENSA EN PROFUNDIDAD" ............................................ 51
    1.6 GESTIÓN DE LA SEGURIDAD DE LA INFORMACIÓN ................................. 52
        1.6.1 Implantación de un Sistema de Gestión de Seguridad de la Información ....... 57
    1.7 ANÁLISIS Y GESTIÓN DE RIESGOS EN UN SISTEMA INFORMÁTICO ........... 59
        1.7.1 Recursos del sistema ............................................................................... 60
        1.7.2 Amenazas ................................................................................................ 60
        1.7.3 Vulnerabilidades ...................................................................................... 61
        1.7.4 Incidentes de Seguridad .......................................................................... 62
        1.7.5 Impactos .................................................................................................. 62
        1.7.6 Riesgos .................................................................................................... 63
        1.7.7 Defensas, salvaguardas o medidas de seguridad .................................... 65
        1.7.8 Transferencia del riesgo a terceros ......................................................... 67
    1.8 REFERENCIAS DE INTERÉS ............................................................................ 69

**CAPÍTULO 2. POLÍTICAS, PLANES Y PROCEDIMIENTOS DE SEGURIDAD ...... 71**

   2.1 INTRODUCCIÓN Y CONCEPTOS BÁSICOS ...................................... 71

   2.2 DEFINICIÓN E IMPLANTACIÓN DE LAS POLÍTICAS DE SEGURIDAD .......... 76

   2.3 INVENTARIO DE LOS RECURSOS Y DEFINICIÓN DE LOS SERVICIOS OFRECIDOS ............................................................................................. 79

   2.4 SEGURIDAD FRENTE AL PERSONAL ................................................ 81

      2.4.1 Alta de empleados .......................................................................... 81

      2.4.2 Baja de empleados .......................................................................... 82

      2.4.3 Funciones, obligaciones y derechos de los usuarios ...................... 82

      2.4.4 Formación y sensibilización de los usuarios .................................. 83

   2.5 ADQUISICIÓN DE PRODUCTOS ........................................................ 83

   2.6 RELACIÓN CON PROVEEDORES ...................................................... 84

   2.7 SEGURIDAD FÍSICA DE LAS INSTALACIONES ............................. 85

   2.8 SISTEMAS DE PROTECCIÓN ELÉCTRICA ..................................... 87

   2.9 CONTROL DEL NIVEL DE EMISIONES ELECTROMAGNÉTICAS ............ 88

   2.10 VIGILANCIA DE LA RED Y DE LOS ELEMENTOS DE CONECTIVIDAD ...... 90

   2.11 PROTECCIÓN EN EL ACCESO Y CONFIGURACIÓN DE LOS SERVIDORES ............................................................................................. 90

   2.12 SEGURIDAD EN LOS DISPOSITIVOS DE ALMACENAMIENTO ........... 92

   2.13 PROTECCIÓN DE LOS EQUIPOS Y ESTACIONES DE TRABAJO ......... 94

   2.14 CONTROL DE LOS EQUIPOS QUE PUEDEN SALIR DE LA ORGANIZACIÓN ............................................................................................. 95

   2.15 COPIAS DE SEGURIDAD .................................................................. 96

   2.16 CONTROL DE LA SEGURIDAD DE IMPRESORAS Y OTROS DISPOSITIVOS PERIFÉRICOS ............................................................................................. 99

   2.17 GESTIÓN DE SOPORTES INFORMÁTICOS .................................... 99

   2.18 GESTIÓN DE CUENTAS DE USUARIOS ....................................... 104

   2.19 IDENTIFICACIÓN Y AUTENTICACIÓN DE USUARIOS .............. 106

   2.20 AUTORIZACIÓN Y CONTROL DE ACCESO LÓGICO .................. 110

   2.21 MONITORIZACIÓN DE SERVIDORES Y DISPOSITIVOS DE LA RED ...... 111

   2.22 PROTECCIÓN DE DATOS Y DE DOCUMENTOS SENSIBLES ..... 112

   2.23 SEGURIDAD EN LAS CONEXIONES REMOTAS .......................... 114

   2.24 DETECCIÓN Y RESPUESTA ANTE INCIDENTES DE SEGURIDAD ........ 116

   2.25 OTROS ASPECTOS A CONSIDERAR .............................................. 118

2.25.1 Seguridad en el desarrollo, implantación y mantenimiento de aplicaciones informáticas .................................................................. 118

2.25.2 Seguridad en las operaciones de administración y mantenimiento de la red y de los equipos .................................................................. 118

2.25.3 Creación, manejo y almacenamiento de documentos relacionados con la seguridad del sistema informático ................................................. 119

2.25.4 Cumplimiento de la legislación vigente ........................................ 119

2.25.5 Actualización y revisión de las medidas de seguridad ................... 119

2.26 REALIZACIÓN DE PRUEBAS Y AUDITORÍAS PERIÓDICAS ......... 120

2.27 REFERENCIAS DE INTERÉS .................................................................. 121

## CAPÍTULO 3. LA IMPORTANCIA DEL FACTOR HUMANO EN LA SEGURIDAD ........................................................................................ 123

3.1 EL FACTOR HUMANO EN LA SEGURIDAD INFORMÁTICA ........... 123

3.2 FUNCIONES Y RESPONSABILIDADES DE LOS EMPLEADOS Y DIRECTIVOS ........................................................................................... 126

3.3 INGENIERÍA SOCIAL ............................................................................. 132

3.4 FORMACIÓN DE LOS USUARIOS ........................................................ 134

3.5 EL CONTROL Y SUPERVISIÓN DE LOS EMPLEADOS ..................... 136

3.5.1 El uso de los servicios de Internet en el trabajo ............................. 136

3.5.2 Herramientas para el control y vigilancia del acceso a los servicios de Internet ............................................................................................ 138

3.6 REFERENCIAS DE INTERÉS .................................................................. 144

## CAPÍTULO 4. ESTANDARIZACIÓN Y CERTIFICACIÓN EN SEGURIDAD INFORMÁTICA ............................................................................................. 145

4.1 ESTÁNDARES DE SEGURIDAD ........................................................... 145

4.1.1 Propósito de los estándares ............................................................. 145

4.1.2 Organismos responsables de la estandarización ............................. 147

4.2 ESTÁNDARES ESTADOUNIDENSES ................................................... 149

4.2.1 TCSEC: Trusted Computer System Evaluation Criteria ................. 149

4.2.2 Federal Criteria ................................................................................ 151

4.2.3 FISCAM: Federal Information Systems Controls Audit Manual ... 151

4.2.4 NIST SP 800 .................................................................................... 151

4.3 ESTÁNDARES EUROPEOS ..................................................................... 151

4.3.1 ITSEC: Information Technology Security Evaluation Criteria ...... 151

4.3.2 ITSEM: Information Technology Security Evaluation Metodology ............ 151

4.3.3 Agencia Europea de Seguridad de la Información y las Redes ...... 152

4.4 ESTÁNDARES INTERNACIONALES .................................................................. 152

    4.4.1 ISO/IEC 15408: *Common Criteria* ................................................................ 154

    4.4.2 ISO/IEC 17799 .................................................................................................. 158

    4.4.3 BS 7799 Parte 2:2002 ........................................................................................ 159

    4.4.4 Familia ISO/IEC 27000 .................................................................................... 159

        4.4.4.1 ISO/IEC 27000 .................................................................................... 159

        4.4.4.2 ISO/IEC 27001 .................................................................................... 160

        4.4.4.3 ISO/IEC 27002 .................................................................................... 164

        4.4.4.4 ISO/IEC 27003 .................................................................................... 167

        4.4.4.5 ISO/IEC 27004 .................................................................................... 167

        4.4.4.6 ISO/IEC 27005 .................................................................................... 167

        4.4.4.7 ISO/IEC 27006 .................................................................................... 167

    4.4.5 Estándares relacionados con los sistemas y servicios criptográficos ............. 168

4.6 PROCESO DE CERTIFICACIÓN ......................................................................... 169

4.7 REFERENCIAS DE INTERÉS ............................................................................... 170

**CAPÍTULO 5. VULNERABILIDADES DE LOS SISTEMAS INFORMÁTICOS ...... 173**

5.1 INCIDENTES DE SEGURIDAD EN LAS REDES ............................................... 173

5.2 CAUSAS DE LAS VULNERABILIDADES DE LOS SISTEMAS
INFORMÁTICOS ........................................................................................................... 174

    5.2.1 Debilidad en el diseño de los protocolos utilizados en las redes .................. 174

    5.2.2 Errores de programación ................................................................................. 175

    5.2.3 Configuración inadecuada de los sistemas informáticos ............................... 176

    5.2.4 Políticas de Seguridad deficientes o inexistentes .......................................... 177

    5.2.5 Desconocimiento y falta de sensibilización de los usuarios y de los
    responsables de informática ..................................................................................... 179

    5.2.6 Disponibilidad de herramientas que facilitan los ataques ............................. 179

    5.2.7 Limitación gubernamental al tamaño de las claves criptográficas y a la
    utilización de este tipo de tecnologías ..................................................................... 179

    5.2.8 Existencia de "puertas traseras" en los sistemas informáticos ...................... 181

    5.2.9 Descuido de los fabricantes ............................................................................. 182

5.3 TIPOS DE VULNERABILIDADES ....................................................................... 182

    5.3.1 Vulnerabilidades que afectan a equipos ......................................................... 182

        5.3.1.1 ROUTERS Y CABLE-MÓDEMS ..................................................... 182

        5.3.1.2 CÁMARAS WEB Y SERVIDORES DE VÍDEO ............................. 183

5.3.1.3 VULNERABILIDADES EN OTROS EQUIPOS CONECTADOS A UNA RED: IMPRESORAS, ESCÁNERES, FAXES ................. 183

5.3.1.4 TELÉFONOS MÓVILES .............................................. 184

5.3.1.5 AGENDAS ELECTRÓNICAS ...................................... 185

5.3.2 Vulnerabilidades que afectan a programas y aplicaciones informáticas ......... 185

5.3.2.1 SISTEMAS OPERATIVOS, SERVIDORES Y BASES DE DATOS ................................................................. 185

5.3.2.2 NAVEGADORES ....................................................... 186

5.3.2.3 APLICACIONES OFIMÁTICAS COMO WORD O EXCEL ............. 186

5.3.2.4 OTRAS UTILIDADES Y APLICACIONES INFORMÁTICAS ........ 187

5.4 RESPONSABILIDADES DE LOS FABRICANTES DE SOFTWARE ................ 188

5.5 HERRAMIENTAS PARA LA EVALUACIÓN DE VULNERABILIDADES ......... 189

5.5.1 Análisis y evaluación de vulnerabilidades ................................ 189

5.5.2 Ejecución de Tests de Penetración en el Sistema ......................... 191

5.6 REFERENCIAS DE INTERÉS .................................................. 193

**CAPÍTULO 6. AMENAZAS A LA SEGURIDAD INFORMÁTICA ................. 195**

6.1 CLASIFICACIÓN DE LOS INTRUSOS EN LAS REDES ........................... 195

6.1.1 *Hackers* ................................................................. 195

6.1.2 *Crackers* ("*blackhats*") ............................................... 196

6.1.3 *Sniffers* ................................................................ 196

6.1.4 *Phreakers* .............................................................. 196

6.1.5 *Spammers* .............................................................. 196

6.1.6 Piratas informáticos ..................................................... 197

6.1.7 Creadores de virus y programas dañinos ................................. 197

6.1.8 *Lamers* ("*wannabes*"): "*Script-kiddies*" o "*Click-kiddies*" ............ 197

6.1.9 Amenazas del personal interno ............................................ 198

6.1.10 Ex-empleados ............................................................ 198

6.1.11 Intrusos remunerados .................................................... 198

6.1.12 Algunos "*hackers*", "*crackers*" y "*phreakers*" famosos ............... 198

6.1.12.1 JOHN DRAPER, "CAPITÁN CRUNCH" ....................... 198

6.1.12.2 VLADIMIR LEVIN .................................................. 199

6.1.12.3 KEVIN POULSON ................................................... 199

6.1.12.4 KEVIN MITNICK ................................................... 200

6.2 MOTIVACIONES DE LOS ATACANTES ........................................ 201

## 6.3 FASES DE UN ATAQUE INFORMÁTICO ........... 201
## 6.4 TIPOS DE ATAQUES INFORMÁTICOS ........... 203
### 6.4.1 Actividades de reconocimiento de sistemas ........... 204
### 6.4.2 Detección de vulnerabilidades en los sistemas ........... 210
### 6.4.3 Robo de información mediante la interceptación de mensajes ........... 210
### 6.4.4 Modificación del contenido y secuencia de los mensajes transmitidos ........... 210
### 6.4.5 Análisis del tráfico ........... 210
### 6.4.6 Ataques de suplantación de la identidad ........... 211
#### 6.4.6.1 IP SPOOFING ........... 211
#### 6.4.6.2 DNS SPOOFING ........... 212
#### 6.4.6.3 CAMBIOS EN EL REGISTRO DE NOMBRES DE DOMINIO DE INTERNIC ........... 215
#### 6.4.6.4 SMTP SPOOFING ........... 215
#### 6.4.6.5 CAPTURA DE CUENTAS DE USUARIO Y CONTRASEÑAS ........... 216
### 6.4.7 Modificaciones del tráfico y de las tablas de enrutamiento ........... 217
### 6.4.8 Conexión no autorizada a equipos y servidores ........... 217
### 6.4.9 Consecuencias de las conexiones no autorizadas a los sistemas informáticos ........... 218
### 6.4.10 Introducción en el sistema de "*malware*" (código malicioso) ........... 219
#### 6.4.10.1 VIRUS INFORMÁTICOS, TROYANOS Y GUSANOS ........... 219
#### 6.4.10.2 ATAQUES DE "*CROSS-SITE SCRIPTING*" (XSS) ........... 220
#### 6.4.10.3 ATAQUES DE INYECCIÓN DE CÓDIGO SQL ........... 221
### 6.4.11 Ataques contra los sistemas criptográficos ........... 223
### 6.4.12 Fraudes, engaños y extorsiones ........... 223
### 6.4.13 Denegación del Servicio (Ataques DoS – *Denial of Service*) ........... 225
### 6.4.14 Ataques de Denegación de Servicio Distribuidos (DDoS) ........... 228
### 6.4.15 Marcadores telefónicos ("*dialers*") ........... 230
## 6.5 CREACIÓN DE ORGANISMOS ESPECIALIZADOS ........... 230
### 6.5.1 CERT/CC (*Computer Emergency Response Team/Coordination Center*) ........... 230
### 6.5.2 CERT INTECO ........... 231
### 6.5.3 Agencia Europea de Seguridad de las Redes y de la Información ........... 231
### 6.5.4 CSRC (*Computer Security Resource Center*) ........... 231
### 6.5.5 US-CERT ........... 232
### 6.5.6 FIRST (*Forum of Incident Response and Security Teams*) ........... 232
### 6.5.7 Otros centros de seguridad y respuesta a incidentes ........... 232

  6.5.8 Bases de datos de ataques e incidentes de seguridad .................. 232

 6.6 REFERENCIAS DE INTERÉS .................................................................. 234

## CAPÍTULO 7. VIRUS INFORMÁTICOS Y OTROS CÓDIGOS DAÑINOS ............ 237

 7.1 CARACTERÍSTICAS GENERALES DE LOS VIRUS INFORMÁTICOS ............. 237

 7.2 TIPOS DE VIRUS Y OTROS PROGRAMAS DAÑINOS ........................................ 239

  7.2.1 Virus de *Boot* (sector de arranque) .............................................. 240

  7.2.2 Virus de ficheros ejecutables ........................................................ 241

   7.2.2.1 VIRUS DE MS-DOS ........................................................ 242

   7.2.2.2 VIRUS DE WIN32 (VIRUS DE WINDOWS) .................... 242

  7.2.3 Virus del lenguaje Java ................................................................ 244

  7.2.4 Virus de macros ........................................................................... 244

  7.2.5 Troyanos ...................................................................................... 245

  7.2.6 *Rootkits* ....................................................................................... 248

  7.2.7 Gusanos (*Worms*) ........................................................................ 249

  7.2.8 Bacterias ...................................................................................... 250

  7.2.9 Bombas lógicas ............................................................................ 250

  7.2.10 "*Hoaxes*" (Bulos) ...................................................................... 250

  7.2.11 "*Jokes*" (Bromas) ..................................................................... 251

  7.2.12 Programas que permiten construir virus .................................... 252

 7.3 BREVE HISTORIA DE LOS VIRUS INFORMÁTICOS ................................ 253

 7.4 DAÑOS OCASIONADOS POR LOS VIRUS INFORMÁTICOS ..................... 262

  7.4.1 Posibles síntomas de una infección por código malicioso ........... 262

  7.4.2 Daños directos: ejecución de las propias rutinas del virus .......... 263

  7.4.3 Daños indirectos .......................................................................... 263

 7.5 TÉCNICAS DE "INGENIERÍA SOCIAL" PARA FACILITAR LA PROPAGACIÓN DE LOS VIRUS ........................................................... 264

 7.6 LA POLÉMICA DE LOS "PROGRAMAS ESPÍA" ("*SPYWARE*") ............... 268

 7.7 ÚLTIMAS TENDENCIAS EN EL MUNDO DE LOS VIRUS ........................ 273

 7.8 CÓMO COMBATIR LA AMENAZA DE LOS VIRUS Y OTROS CÓDIGOS DAÑINOS ............................................................................. 277

 7.9 UTILIZACIÓN DE UN PROGRAMA ANTIVIRUS ...................................... 281

 7.10 REFERENCIAS DE INTERÉS .................................................................. 284

## CAPÍTULO 8. CIBERTERRORISMO Y ESPIONAJE EN LAS REDES DE ORDENADORES ................................................................................................. 285

### 8.1 LA AMENAZA DEL CIBERTERRORISMO Y DE LAS GUERRAS INFORMÁTICAS ........................................................................................... 285
### 8.2 CONSECUENCIAS DE LOS FALLOS Y ATAQUES EN LAS EMPRESAS ........ 290
### 8.3 EL ESPIONAJE EN LAS REDES DE ORDENADORES ................................. 291
#### 8.3.1 El polémico chip "Clipper" y el papel de la NSA ............................. 291
#### 8.3.2 ECHELON .......................................................................................... 292
#### 8.3.3 ENFOPOL (*Enforcement Police*) ..................................................... 294
#### 8.3.4 CARNIVORE ..................................................................................... 295
### 8.4 REFERENCIAS DE INTERÉS ...................................................................... 296

## CAPÍTULO 9. RESPUESTA A INCIDENTES DE SEGURIDAD Y PLANES PARA LA CONTINUIDAD DEL NEGOCIO ................................................... 297

### 9.1 INCIDENTES DE SEGURIDAD .................................................................... 297
### 9.2 PLAN DE RESPUESTA A INCIDENTES ...................................................... 297
#### 9.2.1 Equipo de Respuesta a Incidentes de Seguridad Informática (CSIRT) ........ 298
#### 9.2.2 Procedimientos y actividades a realizar ........................................... 299
#### 9.2.3 Detección de un Incidente de Seguridad .......................................... 299
#### 9.2.4 Análisis de un Incidente de Seguridad ............................................. 301
#### 9.2.5 Contención, Erradicación y Recuperación ....................................... 303
#### 9.2.6 Identificación del atacante y posibles actuaciones legales ............... 304
#### 9.2.7 Comunicación con terceros y Relaciones Públicas .......................... 306
#### 9.2.8 Documentación del Incidente de Seguridad ..................................... 307
#### 9.2.9 Análisis y revisión "*a posteriori*" del incidente .............................. 308
### 9.3 PRÁCTICAS RECOMENDADAS POR EL CERT/CC .................................. 309
#### 9.3.1 Preparación de la respuesta ante incidentes de seguridad ................ 309
#### 9.3.2 Gestión del incidente de seguridad ................................................... 310
#### 9.3.3 Seguimiento del incidente de seguridad ........................................... 311
### 9.4 OBLIGACIÓN LEGAL DE NOTIFICACIÓN DE ATAQUES E INCIDENCIAS .. 311
### 9.5 INFORMÁTICA FORENSE ........................................................................... 312
#### 9.5.1 Fundamentos de la Informática Forense ........................................... 312
#### 9.5.2 Etapas en el análisis forense de un incidente informático ................ 313
##### 9.5.2.1 CAPTURA DE LAS EVIDENCIAS .................................... 314
##### 9.5.2.2 PRESERVACIÓN DE LAS EVIDENCIAS DIGITALES ... 316
##### 9.5.2.3 ANÁLISIS DE LAS EVIDENCIAS OBTENIDAS ............. 317

9.5.3 Herramientas de análisis forense .................................................................. 319

9.5.4 Organismos y medios especializados en Informática Forense ...................... 319

9.6 PLAN DE RECUPERACIÓN DEL NEGOCIO ....................................................... 320

9.7 REFERENCIAS DE INTERÉS ................................................................................ 324

## CAPÍTULO 10. AUTENTICACIÓN, AUTORIZACIÓN Y REGISTRO DE USUARIOS ............................................................................................................ 327

10.1 MODELO DE SEGURIDAD AAA .......................................................................... 327

10.2 CONTROL DE ACCESO (SEGURIDAD LÓGICA) ............................................. 328

10.3 IDENTIFICACIÓN DE USUARIOS ....................................................................... 329

10.4 VERIFICACIÓN DE CONTRASEÑAS .................................................................. 330

10.4.1 Principios básicos ............................................................................................ 330

10.4.2 Protocolos de Desafío/Respuesta (*Challenge/Response*) .............................. 333

10.4.3 Otras alternativas para la gestión de contraseñas ............................................ 334

10.4.3.1 LISTA DE CONTRASEÑAS (OTP: *ONE TIME PASSWORD*) ........ 334

10.4.3.2 CONTRASEÑA VARIABLE ................................................................ 334

10.4.3.3 LAS IMÁGENES COMO CONTRASEÑAS ....................................... 334

10.4.3.4 TARJETAS DE AUTENTICACIÓN ("*AUTHENTICATION TOKENS*") ............................................................................................. 334

10.5 AUTENTICACIÓN BASADA EN CERTIFICADOS DIGITALES ..................... 335

10.6 IDENTIFICACIÓN DE LOS USUARIOS REMOTOS ........................................ 335

10.6.1 Protocolos de autenticación de acceso remoto ................................................ 335

10.6.2 Servidores de autenticación ............................................................................. 336

10.7 INICIO DE SESIÓN ÚNICO ("*SINGLE SIGN-ON*") .......................................... 338

10.8 GESTORES DE CONTRASEÑAS .......................................................................... 338

10.9 REFERENCIAS DE INTERÉS ............................................................................... 339

## CAPÍTULO 11. SISTEMAS BIOMÉTRICOS ............................................................. 341

11.1 CARACTERÍSTICAS DE LOS SISTEMAS BIOMÉTRICOS ............................ 341

11.2 TIPOS DE SISTEMAS BIOMÉTRICOS ................................................................ 343

11.2.1 Reconocimiento de voz .................................................................................... 343

11.2.2 Reconocimiento de firmas manuscritas ........................................................... 344

11.2.3 Huellas dactilares ............................................................................................. 345

11.2.4 Patrones basados en la geometría de las manos .............................................. 347

11.2.5 Patrones faciales ............................................................................................... 348

11.2.6 Análisis del fondo del ojo ................................................................................ 349

11.2.7 Análisis del iris .................................................. 350

11.2.8 Otros sistemas biométricos ................................ 352

11.3 IMPLANTACIÓN DE LOS SISTEMAS BIOMÉTRICOS ............... 353

11.4 IMPLANTACIÓN DE MICROCHIPS EN LAS PERSONAS ............ 356

11.5 REFERENCIAS DE INTERÉS ............................................. 358

## CAPÍTULO 12. FUNDAMENTOS DE CRIPTOGRAFÍA .................. 361

12.1 CRIPTOGRAFÍA, CRIPTOANÁLISIS Y CRIPTOLOGÍA ............. 361

12.2 FUNCIONAMIENTO DE UN SISTEMA CRIPTOGRÁFICO .......... 362

12.3 HISTORIA DE LOS SISTEMAS CRIPTOGRÁFICOS .................. 364

12.4 CRIPTOANÁLISIS ............................................................ 367

12.4.1 Tipos de ataques contra un sistema criptográfico ..... 367

12.4.2 Técnicas de criptoanálisis .................................... 368

12.5 CLASIFICACIÓN DE LOS SISTEMAS CRIPTOGRÁFICOS ......... 369

12.6 SISTEMAS CRIPTOGRÁFICOS SIMÉTRICOS ........................ 371

12.6.1 Fundamentos de los sistemas simétricos ................ 371

12.6.2 DES (*Data Encryption Standard*) ........................ 372

12.6.3 DES Múltiple .................................................... 373

12.6.4 IDEA (*International Data Encryption Algorithm*) .... 374

12.6.5 Blowfish ........................................................... 374

12.6.6 Skipjack ........................................................... 374

12.6.7 CAST .............................................................. 375

12.6.8 RC2 ................................................................. 375

12.6.9 RC4 ................................................................. 375

12.6.10 RC5 ............................................................... 375

12.6.11 GOST ............................................................ 375

12.6.12 AES (*Advanced Encryption Standard*) ................ 375

12.7 SISTEMAS CRIPTOGRÁFICOS ASIMÉTRICOS ...................... 376

12.8 AUTENTICACIÓN MEDIANTE LOS SISTEMAS CRIPTOGRÁFICOS ASIMÉTRICOS ............................................................... 379

12.9 ALGORITMOS DE DIGESTIÓN DE MENSAJES. CONCEPTO DE "HUELLA DIGITAL" ...................................................... 380

12.10 DE QUÉ DEPENDE LA SEGURIDAD DE LOS SISTEMAS CRIPTOGRÁFICOS .......................................................... 382

12.10.1 Robustez del esquema de cifrado diseñado ........... 382

12.10.2 Adecuada gestión de las claves .......................... 385

12.11 IMPLEMENTACIÓN PRÁCTICA DE LOS ALGORITMOS ............................ 386

    12.11.1 Hardware especializado vs Software ............................................ 386

    12.11.2 Utilización en protocolos de comunicaciones para redes de ordenadores ................................................................................... 387

    12.11.3 Cifrado de datos para su almacenamiento en un soporte informático ....... 389

12.12 GESTIÓN DE CLAVES ............................................................................... 389

    12.12.1 La problemática de la gestión de claves ........................................ 389

    12.12.2 Generación y cambio de las claves ............................................... 391

    12.12.3 Transmisión de las claves a los distintos usuarios ......................... 391

    12.12.4 Activación y utilización de las claves ............................................ 392

    12.12.5 Almacenamiento de las claves ....................................................... 393

    12.12.6 Destrucción de las claves ............................................................... 393

    12.12.7 Servidor para la distribución de claves .......................................... 394

    12.12.8 Algoritmos de intercambio seguro de claves ................................. 395

12.13 REFERENCIAS DE INTERÉS .................................................................... 395

**CAPÍTULO 13. ESTEGANOGRAFÍA Y MARCAS DE AGUA ("*WATERMARKS*") ............................................................................................ 397**

13.1 ESTEGANOGRAFÍA ..................................................................................... 397

    13.1.1 Los orígenes de la Esteganografía .................................................. 397

    13.1.2 Funcionamiento de las técnicas esteganográficas modernas .......... 398

    13.1.3 Programas informáticos para la esteganografía .............................. 400

13.2 TECNOLOGÍA DE MARCAS DE AGUA ('*WATERMARKS*') ................. 402

    13.2.1 Aplicaciones de las marcas de agua digitales ................................. 402

    13.2.2 Propiedades de las marcas de agua digitales .................................. 403

    13.2.3 Soluciones comerciales para las marcas de agua ........................... 404

    13.2.4 Comparación entre la esteganografía y las marcas de agua ........... 405

13.3 REFERENCIAS DE INTERÉS ...................................................................... 405

**CAPÍTULO 14. FIRMA ELECTRÓNICA ........................................................ 407**

14.1 QUÉ ES LA FIRMA ELECTRÓNICA .......................................................... 407

14.2 CARACTERÍSTICAS DE LA FIRMA ELECTRÓNICA ............................. 409

14.3 AUTORIDADES DE CERTIFICACIÓN ...................................................... 410

    14.3.1 Funciones de una Autoridad de Certificación ................................ 411

    14.3.2 Infraestructura de Clave Pública ..................................................... 413

    14.3.3 Autoridades de Certificación en España y a nivel internacional ..... 414

## 14.3.4 Redes o anillos de confianza .................................................. 414
## 14.4 CERTIFICADOS DIGITALES .................................................. 415
### 14.4.1 Tipos de certificados digitales ............................................ 418
#### 14.4.1.1 CERTIFICADOS DE USUARIO FINAL ........................... 418
#### 14.4.1.2 CERTIFICADOS DE FIRMA DE SOFTWARE O DE UN COMPONENTE INFORMÁTICO ..................... 418
#### 14.4.1.3 CERTIFICADOS DE SERVIDOR SSL ............................ 419
### 14.4.2 Clases de certificados digitales de usuario final ......................... 419
### 14.4.3 Certificados de atributos para el control de accesos .................... 419
## 14.5 SERVICIOS BASADOS EN LA FIGURA DEL "TERCERO DE CONFIANZA" ................................................................ 421
### 14.5.1 El sellado temporal de mensajes ........................................ 421
### 14.5.2 Otros servicios de valor añadido ........................................ 422
## 14.6 UTILIZACIÓN PRÁCTICA DE LA FIRMA ELECTRÓNICA ............... 423
### 14.6.1 Estándares en la Tecnología de Clave Pública: PKCS .................. 423
### 14.6.2 Seguridad de los sistemas basados en la firma electrónica ............. 424
### 14.6.3 Dispositivos personales de firma electrónica ........................... 426
### 14.6.4 Utilización de un servidor de firma electrónica ......................... 428
## 14.7 DOCUMENTO NACIONAL DE IDENTIDAD ELECTRÓNICO ............. 430
## 14.8 FACTURA ELECTRÓNICA ....................................................... 433
## 14.9 REFERENCIAS DE INTERÉS ..................................................... 437

# CAPÍTULO 15. PROTOCOLOS CRIPTOGRÁFICOS ......................... 439
## 15.1 REQUISITOS DE SEGURIDAD EN LAS TRANSACCIONES ELECTRÓNICAS ................................................................. 439
## 15.2 PROTOCOLOS CRIPTOGRÁFICOS ............................................ 440
### 15.2.1 Los protocolos SSL (*Secure Sockets Layer*) y TLS .................... 441
### 15.2.2 Protocolo S-HTTP (*Secure Hypertext Transport Protocol*) ............ 443
### 15.2.3 El protocolo SET (*Secure Electronic Transaction*) .................... 444
### 15.2.4 Protocolo SSH ........................................................... 447
## 15.3 REFERENCIAS DE INTERÉS ..................................................... 449

# CAPÍTULO 16. HERRAMIENTAS PARA LA SEGURIDAD EN REDES DE ORDENADORES .................................................................. 453
## 16.1 EL PROBLEMA DE LA SEGURIDAD EN LA CONEXIÓN A INTERNET ... 453
## 16.2 LA SEGURIDAD EN LA RED INTERNA DE LA ORGANIZACIÓN ........ 457
## 16.3 EL PAPEL DE LOS SERVIDORES "*PROXY*" .................................. 458

16.3.1 Características de un servidor *proxy* .................................................. 458

16.3.2 Servicio de *proxy* inverso ............................................................... 462

16.4 EL PAPEL DE LOS CORTAFUEGOS ("*FIREWALLS*") ....................... 463

16.4.1 Características básicas de un cortafuegos ....................................... 463

16.4.2 Servicios de protección ofrecidos por un cortafuegos ................... 466

16.4.3 Tipos de cortafuegos ........................................................................ 468

16.4.4 Configuración típica de una red protegida por un cortafuegos .... 469

16.4.5 Recomendaciones para la configuración de un cortafuegos ........ 471

16.4.6 Limitaciones de los cortafuegos ...................................................... 474

16.4.7 Cortafuegos personales .................................................................... 475

16.5 SERVIDORES DE AUTENTICACIÓN PARA CONEXIONES REMOTAS ....... 477

16.5.1 RADIUS ............................................................................................ 477

16.5.2 TACACS y TACACS+ ..................................................................... 478

16.5.3 Servidor Kerberos ............................................................................. 478

16.6 ANÁLISIS DE LOS REGISTROS DE ACTIVIDAD ("*LOGS*") .............. 481

16.7 SISTEMAS DE DETECCIÓN DE INTRUSIONES (IDS) ...................... 485

16.7.1 Características básicas de los IDS ................................................... 485

16.7.2 Tipos de IDS ..................................................................................... 487

    16.7.2.1 HIDS ("*HOST IDS*") ........................................................ 487

    16.7.2.2 MHIDS ("*MULTIHOST IDS*") ....................................... 488

    16.7.2.3 NIDS ("*NETWORK IDS*") .............................................. 488

    16.7.2.4 IPS ("*INTRUSION PREVENTION SYSTEMS*") ......... 490

16.7.3 Arquitecturas de los IDS .................................................................. 490

16.8 LOS "*HONEYPOTS*" Y LAS "*HONEYNETS*" (SEÑUELOS) ............ 492

16.9 OTRAS HERRAMIENTAS Y APLICACIONES DE UTILIDAD .......... 495

16.10 REFERENCIAS DE INTERÉS ............................................................... 498

**CAPÍTULO 17. SEGURIDAD EN REDES PRIVADAS VIRTUALES ........ 499**

17.1 EL PAPEL DE LAS REDES PRIVADAS VIRTUALES ......................... 499

17.2 PROTOCOLOS PARA REDES PRIVADAS VIRTUALES .................... 502

17.2.1 PPTP, L2F y L2TP ........................................................................... 502

17.2.2 IPSec .................................................................................................. 503

17.2.3 Redes privadas virtuales basadas en SSL ....................................... 506

17.2.4 Otras consideraciones ....................................................................... 507

17.3 REFERENCIAS DE INTERÉS ................................................................. 508

**CAPÍTULO 18. SEGURIDAD EN LAS REDES INALÁMBRICAS .......................... 509**

18.1 SEGURIDAD TRADICIONAL EN LAS REDES INALÁMBRICAS ................... 509

18.2 POSIBLES ATAQUES CONTRA REDES INALÁMBRICAS .............................. 511

    18.2.1 Conexión no autorizada a la red inalámbrica .............................................. 511

    18.2.2 Análisis del tráfico y sustracción de información confidencial ................... 511

    18.2.3 Instalación de un Punto de Acceso falso ...................................................... 513

    18.2.4 Instalación de Puntos de Acceso no autorizados........................................... 513

    18.2.5 Interferencias electromagnéticas ("*jamming*")............................................ 514

    18.2.6 Descubriendo redes inalámbricas desde redes cableadas............................. 514

    18.2.7 Ataques contra los terminales de usuarios de redes inalámbricas ............... 514

    18.2.8 "*WarDriving*" y "*WarChalking*" .................................................................. 515

18.3 EL PROTOCOLO WEP ........................................................................................... 515

18.4 ESTÁNDARES PROPUESTOS PARA MEJORAR LA SEGURIDAD DE LAS REDES WIFI ..................................................................................................... 519

    18.4.1 Protocolo WPA – Wi-Fi Protected Access ..................................................... 519

    18.4.2 Autenticación robusta en redes inalámbricas: estándar 802.1x .................. 520

    18.4.3 El nuevo estándar WPA2-RSN (*Robust Security Network*)......................... 522

18.5 RECOMENDACIONES PARA REFORZAR LA SEGURIDAD .......................... 523

18.6 REFERENCIAS DE INTERÉS ............................................................................... 525

**CAPÍTULO 19. DESARROLLO SEGURO DE APLICACIONES EN INTERNET ... 527**

19.1 LOS PROBLEMAS DE SEGURIDAD EN LAS APLICACIONES WEB ............. 527

19.2 EL MODELO DE DESARROLLO DE APLICACIONES BASADAS EN EL WEB ......................................................................................................................... 533

19.3 DESARROLLO DE APLICACIONES WEB SEGURAS ....................................... 534

    19.3.1 Principios fundamentales y recomendaciones básicas de seguridad ........... 534

    19.3.2 Actividades para el desarrollo seguro de aplicaciones................................. 537

        19.3.2.1 PROTECCIÓN DE LA INFORMACIÓN TRANSMITIDA ............. 537

        19.3.2.2 AUTENTICACIÓN DEL USUARIO ................................................. 539

        19.3.2.3 GESTIÓN DE SESIONES DE USUARIO ......................................... 541

        19.3.2.4 VALIDACIÓN DE ENTRADAS Y SALIDAS DE DATOS EN LAS APLICACIONES ........................................................................ 543

        19.3.2.5 INTERACCIÓN ENTRE EL CLIENTE Y EL SERVIDOR WEB.... 546

        19.3.2.6 OTRAS CUESTIONES A CONSIDERAR ........................................ 548

19.4 INICIATIVAS PARA MEJORAR LA SEGURIDAD DE LAS APLICACIONES ..................................................................................................... 550

19.5 REFERENCIAS DE INTERÉS .................................................................................. 552

**CAPÍTULO 20. LA NAVEGACIÓN SEGURA EN EL *WORLD WIDE WEB* ............ 555**

20.1 EL SERVICIO *WORLD WIDE WEB* ..................................................................... 555

20.2 PROBLEMAS DE SEGURIDAD EN EL WORLD WIDE WEB ....................... 559

20.3 RECOMENDACIONES DE SEGURIDAD ............................................................ 560

20.4 PROTECCIÓN DE LA PRIVACIDAD EN INTERNET ...................................... 565

    20.4.1 Técnicas para la identificación de visitantes a un Website ..................... 565

        20.4.1.1 CONTROL DE LA PROCEDENCIA A PARTIR DE LA DIRECCIÓN IP ............................................................... 566

        20.4.1.2 UTILIZACIÓN DE *COOKIES* ............................................... 566

        20.4.1.3 USUARIOS REGISTRADOS MEDIANTE UN NOMBRE (*LOGIN*) Y UNA CONTRASEÑA (*PASSWORD*) ............. 569

    20.4.2 Servicios de Navegación Anónima ............................................................ 570

    20.4.3 Estándares para la protección de la privacidad en Internet ...................... 570

20.5 REFERENCIAS DE INTERÉS .................................................................................. 572

**CAPÍTULO 21. UTILIZACIÓN SEGURA DEL CORREO ELECTRÓNICO ........... 575**

21.1 CARACTERÍSTICAS DEL CORREO ELECTRÓNICO ..................................... 575

21.2 PROBLEMAS DE SEGURIDAD QUE AFECTAN AL CORREO ELECTRÓNICO ............................................................................................................. 578

21.3 RECOMENDACIONES PARA MEJORAR LA SEGURIDAD DEL CORREO ELECTRÓNICO ........................................................................................ 579

    21.3.1 Evitar la ejecución de código dañino asociado al correo electrónico ....... 580

    21.3.2 Garantizar la confidencialidad, integridad y autenticidad de los mensajes y de los usuarios ............................................................................................. 581

        21.3.2.1 S/MIME ......................................................................................... 582

        21.3.2.2 PGP (*PRETTY GOOD PRIVACY*) ....................................... 583

    21.3.3 Configuración más segura de la red de la organización para el servicio de correo electrónico .................................................................................... 586

21.4 SERVICIOS DE CORREO ELECTRÓNICO AVANZADOS ............................. 587

    21.4.1 Nuevos servicios de seguridad previstos ................................................... 587

    21.4.2 Clasificación y respuesta automática del correo electrónico ................... 588

21.5 EL USO DEL CORREO ELECTRÓNICO POR PARTE DE LOS EMPLEADOS ................................................................................................................. 589

    21.5.1 Normas de utilización para los usuarios del correo ................................. 589

    21.5.2 Privacidad de los mensajes de correo de los empleados ......................... 590

21.6 REFERENCIAS DE INTERÉS .................................................................................. 591

## CAPÍTULO 22. LA LUCHA CONTRA EL "*SPAM*" .................................. 593

- 22.1 QUÉ ES EL *SPAM* ................................................................. 593
- 22.2 PROBLEMAS OCASIONADOS POR EL *SPAM* ............................ 597
- 22.3 PRÁCTICAS HABITUALES DE LOS *SPAMMERS* ......................... 598
- 22.4 NUEVAS FORMAS DE *SPAM* ................................................. 600
- 22.5 CÓMO COMBATIR EL *SPAM* .................................................. 601
    - 22.5.1 Recomendaciones a los usuarios de los servicios de Internet ........ 601
    - 22.5.2 Tecnologías y herramientas para luchar contra el *spam* ............ 603
        - 22.5.2.1 UTILIZACIÓN DE SISTEMAS DE FILTRADO ............................ 603
        - 22.5.2.2 TÉCNICA DE DESAFÍO/RESPUESTA ("*CHALLENGE/RESPONSE*") ........................................................... 605
        - 22.5.2.3 CONFIGURACIÓN MÁS ROBUSTA DE LOS SERVIDORES DE CORREO ................................................................. 605
        - 22.5.2.4 ALTERNATIVAS PARA MEJORAR LA AUTENTICIDAD DE LOS MENSAJES ......................................................... 606
        - 22.5.2.5 UTILIZACIÓN DE PROTOCOLOS CRIPTOGRÁFICOS Y DE LA FIRMA ELECTRÓNICA ............................................. 607
        - 22.5.2.6 OTRAS ASPECTOS A TENER EN CUENTA ................................ 607
- 22.6 RECOMENDACIONES DE LA UNIÓN EUROPEA CONTRA EL *SPAM* ......... 607
- 22.7 LEGISLACIÓN CONTRA EL *SPAM* ............................................ 609
- 22.8 ACTUACIONES DESTACADAS CONTRA EL *SPAM* ..................... 611
- 22.9 REFERENCIAS DE INTERÉS ..................................................... 613

## CAPÍTULO 23. EL "*PHISHING*" Y LAS ESTAFAS EN INTERNET ...................... 615

- 23.1 QUÉ ES EL *PHISHING* ............................................................ 615
- 23.2 EJEMPLOS DE CASOS DE "*PHISHING*" EN LA BANCA ELECTRONICA Y CONTRA OTRAS ENTIDADES ............................................. 621
- 23.3 OPERACIONES POLICIALES CONTRA EL FRAUDE EN INTERNET ........... 625
- 23.4 RECOMENDACIONES DE SEGURIDAD PARA COMBATIR EL "*PHISHING*" ............................................................................ 627
- 23.5 REFERENCIAS DE INTERÉS ..................................................... 629

## CAPÍTULO 24. MEDIOS DE PAGO EN INTERNET ...................................... 631

- 24.1 MEDIOS DE PAGO TRADICIONALES ........................................ 631
- 24.2 MEDIOS DE PAGO PARA EL COMERCIO ELECTRÓNICO ............ 633
    - 24.2.1 Requisitos de los Medios de Pago Electrónicos ........................ 633
    - 24.2.2 Dinero electrónico: "*e-money*" ................................................ 634
    - 24.2.3 Cheques electrónicos: eCheck, NetCheque, NetChex ................ 634

24.2.4 First Virtual .................................................................................. 636

24.2.5 Tarjeta Virtu@lcash de Banesto ..................................................... 636

24.2.6 Cybercash ..................................................................................... 637

24.2.7 Cybercoin ..................................................................................... 639

24.2.8 ECash de la empresa DigiCash ..................................................... 639

24.2.9 Millicent ...................................................................................... 642

24.2.10 PayPal ........................................................................................ 643

24.2.11 EPagado .................................................................................... 645

24.2.12 Ukash y otros sistemas basados en tarjetas prepago ................... 646

24.2.13 Alternativas para los micropagos ............................................... 648

24.3 TARJETAS INTELIGENTES ("*SMART CARDS*") ................................ 648

24.4 EL TELÉFONO MÓVIL COMO INSTRUMENTO DE PAGO ............ 652

24.5 TPV VIRTUAL ........................................................................................ 654

24.6 EL PROBLEMA DEL FRAUDE EN INTERNET ................................. 655

24.7 REFERENCIAS DE INTERÉS ............................................................... 661

## CAPÍTULO 25. DELITOS INFORMÁTICOS .................................... **665**

25.1 LA LUCHA CONTRA LOS DELITOS INFORMÁTICOS .................. 665

25.2 CONVENIO SOBRE CIBERDELINCUENCIA DE LA UNIÓN EUROPEA ....... 667

25.3 LEGISLACIÓN CONTRA LOS DELITOS INFORMÁTICOS ........... 668

25.3.1 Tratamiento de los Delitos Informáticos en el Código Penal español ........ 668

25.3.2 Estados Unidos ............................................................................ 672

25.3.3 Alemania ..................................................................................... 673

25.3.4 China .......................................................................................... 673

25.4 CREACIÓN DE UNIDADES POLICIALES ESPECIALES ................ 673

25.5 REFERENCIAS DE INTERÉS ............................................................... 678

## CAPÍTULO 26. LA PROTECCIÓN DE DATOS PERSONALES ............. **679**

26.1 DERECHO A LA INTIMIDAD Y A LA PRIVACIDAD ...................... 679

26.2 CÓMO GARANTIZAR LA PROTECCIÓN DE DATOS PERSONALES Y LA PRIVACIDAD ........................................................ 679

26.3 EL MARCO NORMATIVO DE LA PROTECCIÓN DE DATOS PERSONALES EN ESPAÑA ................................................................. 686

26.3.1 La aprobación y entrada en vigor de la LOPD ............................ 686

26.3.2 Ámbito de aplicación de la LOPD ............................................... 687

26.3.3 Responsable del fichero .............................................................. 688

26.3.4 Principios de la protección de los datos ....................................................... 690

    26.3.4.1 PRINCIPIO FUNDAMENTAL DE "*HABEAS DATA*" ...................... 690

    26.3.4.2 CALIDAD DE LOS DATOS ................................................................ 690

    26.3.4.3 SEGURIDAD DE LOS DATOS ........................................................... 691

    26.3.4.4 DEBER DE SECRETO ........................................................................ 691

    26.3.4.5 INFORMACIÓN EN LA RECOPILACIÓN DE LOS DATOS ......... 691

    26.3.4.6 CONSENTIMIENTO DEL AFECTADO PARA EL TRATAMIENTO ................................................................................. 692

    26.3.4.7 COMUNICACIÓN O CESIÓN DE DATOS A TERCEROS ............ 692

    26.3.4.8 TRANSFERENCIAS DE DATOS PERSONALES A TERCEROS PAÍSES ............................................................................................... 694

    26.3.4.9 DATOS ESPECIALMENTE PROTEGIDOS ..................................... 694

    26.3.4.10 DATOS RELATIVOS A LA SALUD DE LAS PERSONAS .......... 695

26.3.5 Derechos de los ciudadanos ........................................................................... 696

26.3.6 Agencia Española de Protección de Datos ..................................................... 698

26.3.7 Órganos de control autonómicos .................................................................... 700

26.3.8 Inscripción de ficheros con datos de carácter personal .................................. 701

26.3.9 Implantación de las medidas de seguridad sobre los ficheros ....................... 702

26.3.10 Infracciones y sanciones ............................................................................... 707

26.3.11 La problemática de la adaptación de una empresa a la LOPD ..................... 709

26.3.12 Recomendaciones prácticas para cumplir con la LOPD ............................... 713

    26.3.12.1 DECÁLOGO DE RECOMENDACIONES ..................................... 713

    26.3.12.2 IDENTIFICACIÓN E INSCRIPCIÓN DE FICHEROS ................. 714

    26.3.12.3 INFORMACIÓN Y PETICIÓN DE CONSENTIMIENTO ............ 717

    26.3.12.4 AUDITORÍAS PERIÓDICAS .......................................................... 717

26.4 REFERENCIAS DE INTERÉS ................................................................................. 719

## CAPÍTULO 27. CONTROL DE CONTENIDOS ................................................. 721

27.1 LA DISTRIBUCIÓN DE CONTENIDOS DIGITALES A TRAVÉS DE INTERNET ................................................................................................................. 721

    27.1.1 El papel de Internet como nuevo medio de comunicación ........................ 721

    27.1.2 Contenidos ilícitos y contenidos nocivos .................................................. 722

    27.1.3 Agentes involucrados en la difusión de contenidos .................................. 723

27.2 MEDIDAS LEGALES PARA COMBATIR LOS CONTENIDOS ILÍCITOS ....... 723

    27.2.1 Aspectos a tener en cuenta desde el punto de vista legal .......................... 723

    27.2.2 Entorno normativo y medidas de los gobiernos ........................................ 725

27.2.3 Conflictos jurisdiccionales .................................................................. 727

27.3 FILTRADO, CATALOGACIÓN Y BLOQUEO DE CONTENIDOS ................... 728

27.4 DAÑOS A LA IMAGEN Y LA REPUTACIÓN ..................................................... 730

    27.4.1 Ataques contra la imagen y reputación de las empresas ............................ 730

    27.4.2 Campañas contra la reputación y el honor de las personas ........................ 733

    27.4.3 Campañas de "*Google Bombing*" ............................................................. 734

    27.4.4 Responsabilidad de la empresa por los correos electrónicos no solicitados que reciban sus empleados con contenidos ofensivos ............... 735

27.5 REFERENCIAS DE INTERÉS ............................................................................. 735

**CAPÍTULO 28. PROTECCIÓN DE LA PROPIEDAD INTELECTUAL Y LUCHA CONTRA LA PIRATERÍA DIGITAL................................................................. 737**

28.1 LOS DERECHOS DE AUTOR ............................................................................. 737

28.2 PROTECCIÓN DE LOS PROGRAMAS INFORMÁTICOS ............................... 738

28.3 PROTECCIÓN DE LOS CONTENIDOS DIGITALES ....................................... 739

    28.3.1 Legislación para proteger los contenidos digitales ..................................... 740

    28.3.2 Tecnología DRM (*Digital Rights Management*) ....................................... 744

    28.3.3 Soluciones comerciales ............................................................................... 745

        28.3.3.1 RIGHTS MANAGEMENT SERVICE DE MICROSOFT ................ 745

        28.3.3.2 AUTHENTICA .................................................................................. 746

        28.3.3.3 GIGA TRUST .................................................................................... 746

        28.3.3.4 FAIRPLAY DE APPLE .................................................................... 746

        28.3.3.5 WINDOWS MEDIA RIGHTS MANAGER DE MICROSOFT ........ 747

        28.3.3.6 HELIX DE REAL NETWORKS ...................................................... 747

28.4 OTRAS CUESTIONES A CONSIDERAR ........................................................... 748

    28.4.1 La problemática del "*News Clipping*" ....................................................... 748

    28.4.2 La problemática del "*Linking*" ................................................................. 749

    28.4.3 La problemática del "*Framing*" ................................................................ 749

    28.4.4 La presencia y los patrocinios en los buscadores ....................................... 750

    28.4.5 La problemática del "*Digital Shoplifting*" ................................................ 751

    28.4.6 Plagio de trabajos y proyectos por parte de estudiantes .............................. 751

    28.4.7 Otras cuestiones de interés .......................................................................... 752

    28.4.8 La polémica de las invenciones patentables en Estados Unidos ................. 753

28.5 REFERENCIAS DE INTERÉS ............................................................................. 755

**ANEXO I. FUNDAMENTOS DE REDES DE ORDENADORES E INTERNET........ 759**

AI.1 REDES DE ORDENADORES Y PROTOCOLOS DE COMUNICACIONES ...... 759

AI.2 ELEMENTOS UTILIZADOS EN LAS REDES DE ORDENADORES ................ 763

AI.3 DISPOSITIVOS DE INTERCONEXIÓN.............................................................. 764

    AI.3.1 Repetidores................................................................................................ 764

    AI.3.2 Puentes (*bridges*)..................................................................................... 764

    AI.3.3 Concentradores (*hubs* y *switches*)............................................................ 764

    AI.3.4 Encaminadores (*routers*)......................................................................... 766

    AI.3.5 Pasarelas (*gateways*) ............................................................................... 766

AI.4 REDES DE ÁREA LOCAL (LAN) ..................................................................... 766

AI.5 REDES INALÁMBRICAS (WLAN) .................................................................. 769

    AI.5.1 El estándar 802.11 (Wi-Fi) ....................................................................... 772

    AI.5.2 El estándar WiMAX ................................................................................. 774

    AI.5.3 Bluetooth y otras tecnologías ................................................................... 775

AI.6 REDES DE ÁREA AMPLIA (WAN).................................................................. 776

AI.7 INTERNET: LA GRAN "RED DE REDES" ...................................................... 777

    AI.7.1 Los orígenes de Internet........................................................................... 777

    AI.7.2 Características básicas del funcionamiento de Internet .............................. 780

    AI.7.3 El protocolo TCP/IP................................................................................. 782

    AI.7.4 Direccionamiento de los equipos ............................................................. 783

    AI.7.5 Enrutamiento del tráfico .......................................................................... 787

    AI.7.6 Puertos y servicios de una red IP ............................................................ 788

    AI.7.7 Principales protocolos de Internet............................................................ 792

    AI.7.8 Servicio de Nombres de Dominio............................................................ 796

    AI.7.9 Calidad del Servicio en Redes IP (*Quality of Service*) .............................. 799

    AI.7.10 Organizaciones que gestionan Internet ................................................... 801

AI.8 REFERENCIAS DE INTERÉS ........................................................................... 803

**BIBLIOGRAFÍA ................................................................................................ 805**

**ÍNDICE ALFABÉTICO..................................................................................... 809**

# EL AUTOR

**Álvaro Gómez Vieites** es Doctor en Economía por la UNED (con el Premio Extraordinario de Doctorado), Licenciado en Administración y Dirección de Empresas por la UNED, Ingeniero de Telecomunicación por la Universidad de Vigo (con el Premio Extraordinario Fin de Carrera) e Ingeniero en Informática de Gestión por la UNED. Su formación se ha completado con los programas de postgrado *Executive MBA* y *Diploma in Business Administration* de la Escuela de Negocios Caixanova.

En la actualidad, es profesor colaborador de esta entidad y de otras Escuelas de Negocios y Universidades, actividad que compagina con proyectos de consultoría y trabajos de investigación en las áreas de sistemas de información, seguridad informática, e-administración y comercio electrónico.

Dirección de correo electrónico de contacto: agomezvieites@gmail.com.

# AGRADECIMIENTOS

Este libro representa la culminación de varios años de estudio e investigación sobre la Seguridad de la Información y la Protección de Datos en el complejo y cambiante entorno de la Era de Internet.

Quisiera expresar mi agradecimiento a todos aquellas personas e instituciones que han contribuido a la publicación de la segunda edición de este libro. En primer lugar, a mi buen amigo y compañero de proyectos de consultoría y de formación, Carlos Otero Barros, y mis colegas de BridgedWorld, Antonio Caamaño, Javier Represas y Martín Ignacio Prieto, con quienes ha sido un auténtico placer poder realizar distintos trabajos de consultoría del máximo nivel durante este año 2010.

Mi agradecimiento también para las empresas e instituciones, tanto gallegas como de ámbito estatal, con las que he tenido la oportunidad de realizar proyectos de consultoría y de formación en los últimos años y, sobre todo, a la Escuela de Negocios Caixanova, entidad con la que colaboro como profesor asociado desde el año 1997, y en la que he tenido la oportunidad de intercambiar experiencias y conocimientos con varios cientos de profesionales y directivos de distintos sectores empresariales.

Asimismo, quisiera agradecer la confianza depositada por la editorial Ra-Ma al publicar la segunda edición de esta obra.

Por último, merece un especial reconocimiento mi mujer Elena, nuestra hija Irene y mi familia más próxima (padres, hermana, suegros, cuñados y abuelos) por su cariño y comprensión, ya que han sabido disculpar la gran cantidad de horas invertidas en la preparación de este libro, contribuyendo al esfuerzo realizado con todo su apoyo y estímulo para poder seguir adelante a pesar de las dificultades. A todos ellos, muchas gracias de corazón.

*Álvaro Gómez Vieites*

*Profesor de la Escuela de Negocios Caixanova*

# PRÓLOGO

*"Ser lo que soy, no es nada sin la seguridad"*
William Shakespeare (1564-1616)

*"Lo más seguro es no ponerse en peligro"*
Francisco Quevedo (1580-1645)

*"La conciencia del peligro es ya la mitad de la seguridad y de la salvación"*
Ramón J. Sender (1902-1982)

Nadie cuestiona hoy en día la importancia adquirida por la Seguridad Informática y la Protección de Datos para cualquier organización, ya sea ésta una empresa o una institución dependiente de una Administración Pública.

La progresiva informatización de los procesos administrativos y de negocio, el despliegue de redes privadas de datos y el desarrollo de nuevos servicios *on-line* a través de Internet son algunos de los factores que explican la creciente preocupación por mejorar la seguridad en los Sistemas de Información y en el uso de los servicios de las redes de ordenadores.

La información constituye un recurso que en muchos casos no se valora adecuadamente por su intangibilidad (situación que no se produce con los equipos informáticos, la documentación impresa o las aplicaciones) y, además, las medidas de seguridad no contribuyen a mejorar la productividad de los sistemas y redes informáticas, sino, más bien, todo lo contrario, ya que pueden reducir el rendimiento de los equipos y las aplicaciones (los sistemas criptográficos, por ejemplo, consumen mayores recursos computacionales y ancho de banda en las conexiones a Internet), por lo que las organizaciones son reticentes a dedicar recursos a esta tarea.

Asimismo, con la proliferación de las redes de ordenadores la información de las empresas ha pasado de concentrarse en los grandes sistemas (sistemas centralizados) a distribuirse por los ordenadores y servidores ubicados en los distintos departamentos y grupos de trabajo repartidos por todas las sedes y delegaciones de la organización.

Por este motivo, en la actualidad muchas organizaciones no conocen la información que se guarda en los puestos de trabajo (generalmente, ordenadores personales de la propia organización), ni los riesgos presentes que se derivan de posibles ataques informáticos o de desastres físicos, ni cómo la propia organización utiliza esa información.

Otro aspecto importante, que muchas veces se olvida, es que, según varios estudios publicados, más del 75% de los problemas inherentes a la seguridad informática se producen por fallos de los equipos o por un mal uso por parte del personal de la propia organización. Por este motivo, la implantación de un Sistema de Gestión de Seguridad de la Información debería considerar el factor humano como uno de sus elementos clave, contemplando aspectos como la adecuada formación y sensibilización de los empleados, la implicación de los responsables y directivos, la aprobación de un Reglamento Interno sobre el uso de la Informática e Internet en la organización, etcétera.

Además, el entorno legal que ha entrado en vigor en estos últimos años en países como España sobre Protección de Datos de Carácter Personal y Prestación de Servicios de la Sociedad de la Información, plantea nuevos retos técnicos y organizativos para los responsables de la Seguridad Informática.

Así, en España la Ley Orgánica 15/1999, de 13 de diciembre, sobre Protección de Datos de Carácter Personal (LOPD) obliga a la implantación de importantes medidas de seguridad informática a las organizaciones (tanto públicas como privadas) que hayan creado ficheros con datos personales. En otros países como Estados Unidos debemos tener en cuenta otras obligaciones relacionadas con la Seguridad Informática previstas por leyes como la Sarbanes-Oxley (*Sarbanes-Oxley Act* de 2002).

En este libro se pretende abordar desde un punto de vista global la problemática de la Seguridad Informática y la Protección de Datos, contemplando tantos los aspectos técnicos, como los factores humanos y organizativos, así como el cumplimiento del entorno legal.

Para ello, el contenido de esta obra se ha estructurado en siete grandes bloques:

➢ La primera parte presenta los principios básicos de la Seguridad de la Información en las organizaciones y en las redes de ordenadores, describiendo los elementos de las Políticas, Planes y Procedimientos de Seguridad. Asimismo, se presta especial atención a la importancia del Factor Humano en la seguridad.

- En la segunda parte se estudian las vulnerabilidades de los sistemas y redes informáticas, así como las principales amenazas y tipos de ataques. También se analizan los principales aspectos que se deberían tener en cuenta para definir e implantar los Planes de Respuesta a Incidentes y de Continuidad del Negocio.

- Una tercera parte se dedica a los aspectos relacionados con la identificación y autenticación de los usuarios en los sistemas informáticos, incluyendo el estudio de los novedosos sistemas biométricos.

- En la cuarta parte se describen los principales sistemas y técnicas criptográficas, así como algunas de sus aplicaciones para mejorar la seguridad de los sistemas informáticos y de los servicios de Internet: firma y factura electrónica, protocolos seguros para transacciones y comercio electrónico.

- La quinta parte se centra en los aspectos técnicos necesarios para implantar las medidas de seguridad en las redes de ordenadores, analizando el papel de dispositivos como los cortafuegos (*firewalls*), sistemas de detección de intrusiones (IDS) o servidores *proxy*. Asimismo, se aborda el estudio de la seguridad en las redes privadas virtuales y en las redes inalámbricas. Por último, se analiza de forma detallada la problemática del desarrollo de aplicaciones más seguras para redes como Internet.

- En la sexta parte del libro se presentan los aspectos relacionados con la seguridad en el uso de los principales servicios de Internet: navegación a través de páginas web y correo electrónico. Además de analizar aspectos relacionados con la configuración y buenas prácticas de uso de herramientas como el navegador y el lector de correo, en este bloque también se estudian de forma detallada otros problemas como el *spam*, el *phishing* o los medios de pago en Internet.

- Por último, en la séptima parte se analizan diversos aspectos relacionados con el entorno legal y normativo que afectan a la Seguridad Informática: la lucha contra los Delitos Informáticos, la protección de la privacidad de los Datos Personales, el Control de Contenidos o la protección de la Propiedad Intelectual.

**Público objetivo del libro**

Debido a la amplitud y actualidad de los temas tratados en este libro, el autor considera que podría resultar de gran interés para tres tipos de colectivos: en primer lugar, los administradores, técnicos y responsables de la seguridad en redes y sistemas informáticos, que se deban enfrentar en el día a día a la cada vez más compleja tarea de gestionar la seguridad de los recursos informáticos que de ellos dependen. Por otra parte, los estudiantes de carreras universitarias técnicas con formación específica en informática y redes de ordenadores. Por último, usuarios avanzados de Internet que estén interesados en mejorar la seguridad a la hora de utilizar los distintos servicios y aplicaciones de la Red.

Asimismo, el autor también considera que muchos de los capítulos incluidos en el libro podrían resultar de interés para sensibilizar y ofrecer una visión global de la problemática de la seguridad informática a los directivos de todo tipo de empresas y de organismos públicos.

**Cláusula de no responsabilidad**

El autor no se hace responsable del uso que se pueda hacer de la información incluida y los distintos ejemplos citados en este libro. El lector debe tener en cuenta que el desarrollo, utilización o simple posesión de algunas herramientas y aplicaciones informáticas, o el desarrollo de técnicas de ataque como las que se describen en esta obra son consideradas como un delito en mucho países de nuestro entorno.

# PRINCIPIOS BÁSICOS DE LA SEGURIDAD INFORMÁTICA

- Capítulo 1. Principios de la Seguridad Informática
- Capítulo 2. Políticas, Planes y Procedimientos de Seguridad
- Capítulo 3. La importancia del Factor Humano en la Seguridad
- Capítulo 4. Estandarización y Certificación en Seguridad Informática

PARTE I

# Capítulo 1

# PRINCIPIOS DE LA SEGURIDAD INFORMÁTICA

## 1.1 QUÉ SE ENTIENDE POR SEGURIDAD INFORMÁTICA

Muchas de las actividades que se realizan de forma cotidiana en los países desarrollados dependen en mayor o menor medida de sistemas y de redes informáticas. El espectacular crecimiento de Internet y de los servicios telemáticos (comercio electrónico, servicios multimedia de banda ancha, administración electrónica, herramientas de comunicación como el correo electrónico o la videoconferencia…) ha contribuido a popularizar aún más, si cabe, el uso de la informática y de las redes de ordenadores, hasta el punto de que en la actualidad no se circunscriben al ámbito laboral y profesional, sino que incluso se han convertido en un elemento cotidiano en muchos hogares, con un creciente impacto en las propias actividades de comunicación y de ocio de los ciudadanos.

Por otra parte, servicios críticos para una sociedad moderna, como podrían ser los servicios financieros, el control de la producción y suministro eléctrico (centrales eléctricas, redes de distribución y transformación), los medios de transporte (control de tráfico aéreo, control de vías terrestres y marítimas), la sanidad (historial clínico informatizado, telemedicina), las redes de abastecimiento (agua, gas y saneamiento) o la propia Administración Pública están soportados en su práctica totalidad por sistemas y redes informáticas, hasta el punto de que en muchos de ellos se han eliminado o reducido de forma drástica los papeles y los procesos manuales.

En las propias empresas, la creciente complejidad de las relaciones con el entorno y el elevado número de transacciones realizadas como parte de su actividad han propiciado el soporte automatizado e informatizado de muchos de sus procesos, situación que se ha acelerado con la implantación de los ERP, o paquetes software de gestión integral.

Por todo ello, en la actualidad las actividades cotidianas de las empresas y de las distintas Administraciones Públicas e, incluso, las de muchas otras instituciones y organismos, así como las de los propios ciudadanos, requieren del correcto funcionamiento de los sistemas y redes informáticas que las soportan y, en especial, de su seguridad.

De ahí la gran importancia que se debería conceder a todos los aspectos relacionados con la seguridad informática en una organización. La proliferación de los virus y códigos malignos y su rápida distribución a través de redes como Internet, así como los miles de ataques e incidentes de seguridad que se producen todos los años han contribuido a despertar un mayor interés por esta cuestión.

> Podemos definir la **Seguridad Informática** como cualquier medida que impida la ejecución de operaciones no autorizadas sobre un sistema o red informática, cuyos efectos puedan conllevar daños sobre la información, comprometer su confidencialidad, autenticidad o integridad, disminuir el rendimiento de los equipos o bloquear el acceso de usuarios autorizados al sistema.

Asimismo, es necesario considerar otros aspectos o cuestiones relacionados cuando se habla de Seguridad Informática:

- ➢ Cumplimiento de las regulaciones legales aplicables a cada sector o tipo de organización, dependiendo del marco legal de cada país.

- ➢ Control en el acceso a los servicios ofrecidos y la información guardada por un sistema informático.

- ➢ Control en el acceso y utilización de ficheros protegidos por la ley: contenidos digitales con derechos de autor, ficheros con datos de carácter personal, etcétera.

- ➢ Identificación de los autores de la información o de los mensajes.

- ➢ Registro del uso de los servicios de un sistema informático, etcétera.

Desde un punto de vista más amplio, en la norma ISO/IEC 17799 se define la **Seguridad de la Información** como la preservación de su confidencialidad, su integridad y su disponibilidad (medidas conocidas por su acrónimo "CIA" en inglés: "*Confidentiality, Integrity, Availability*").

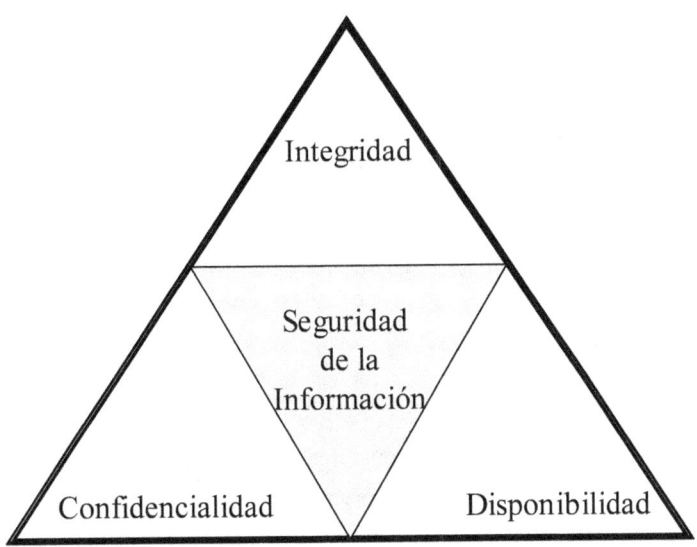

*Figura 1.1. Seguridad de la Información según la norma ISO/IEC 17799*

Dependiendo del tipo de información manejada y de los procesos realizados por una organización, ésta podrá conceder más importancia a garantizar la confidencialidad, la integridad o la disponibilidad de sus activos de información.

Por su parte, la norma ISO 7498 define la Seguridad Informática como *"una serie de mecanismos que minimizan la vulnerabilidad de bienes y recursos en una organización"*.

Asimismo, podemos mencionar otra definición propuesta por el INFOSEC Glossary 2000: *"Seguridad Informática son las medidas y controles que aseguran la confidencialidad, integridad y disponibilidad de los activos de los sistemas de información, incluyendo hardware, software, firmware y aquella información que procesan, almacenan y comunican"*.

Debemos tener en cuenta que la seguridad de un sistema informático dependerá de diversos factores, entre los que podríamos destacar los siguientes:

> La sensibilización de los directivos y responsables de la organización, que deben ser conscientes de la necesidad de destinar recursos a esta función.

> Los conocimientos, capacidades e implicación de los responsables del sistema informático: dominio de la tecnología utilizada en el sistema informático y conocimiento sobre las posibles amenazas y los tipos de ataques.

> La mentalización, formación y asunción de responsabilidades de todos los usuarios del sistema.

> La correcta instalación, configuración y mantenimiento de los equipos.

- La limitación en la asignación de los permisos y privilegios de los usuarios.

- El soporte de los fabricantes de hardware y software, con la publicación de parches y actualizaciones de sus productos que permitan corregir los fallos y problemas relacionados con la seguridad.

- Contemplar no sólo la seguridad frente a las amenazas del exterior, sino también las amenazas procedentes del interior de la organización, aplicando además el principio de "Defensa en Profundidad".

- La adaptación de los objetivos de seguridad y de las actividades a realizar a las necesidades reales de la organización. En este sentido, se deberían evitar políticas y procedimientos genéricos, definidos para tratar de cumplir los requisitos impuestos por otros organismos.

Por lo tanto, para concluir este apartado, podemos afirmar que hoy en día uno de los principios de las buenas prácticas de la gestión corporativa es el de la seguridad de la información, siendo responsabilidad de la Alta Dirección el poner los recursos y medios necesarios para la implantación de un adecuado sistema de Gestión de la Seguridad de la Información en el conjunto de la organización.

## 1.2 OBJETIVOS DE LA SEGURIDAD INFORMÁTICA

Entre los principales objetivos de la Seguridad Informática podríamos destacar los siguientes:

- Minimizar y gestionar los riesgos y detectar los posibles problemas y amenazas a la seguridad.

- Garantizar la adecuada utilización de los recursos y de las aplicaciones del sistema.

- Limitar las pérdidas y conseguir la adecuada recuperación del sistema en caso de un incidente de seguridad.

- Cumplir con el marco legal y con los requisitos impuestos por los clientes en sus contratos.

Para cumplir con estos objetivos una organización debe contemplar cuatro planos de actuación:

- **Técnico**: tanto a nivel físico como a nivel lógico.

- **Legal**: algunos países obligan por Ley a que en determinados sectores se implanten una serie de medidas de seguridad (sector de servicios financieros y sector sanitario en Estados Unidos, protección de datos personales en todos los Estados miembros de la Unión Europea, etcétera).

> **Humano**: sensibilización y formación de empleados y directivos, definición de funciones y obligaciones del personal...

> **Organizativo**: definición e implantación de políticas de seguridad, planes, normas, procedimientos y buenas prácticas de actuación.

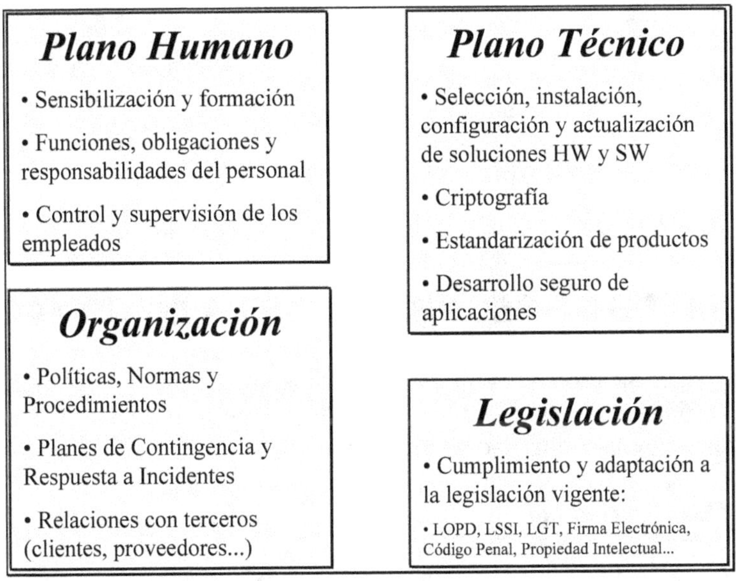

### Plano Humano
- Sensibilización y formación
- Funciones, obligaciones y responsabilidades del personal
- Control y supervisión de los empleados

### Plano Técnico
- Selección, instalación, configuración y actualización de soluciones HW y SW
- Criptografía
- Estandarización de productos
- Desarrollo seguro de aplicaciones

### Organización
- Políticas, Normas y Procedimientos
- Planes de Contingencia y Respuesta a Incidentes
- Relaciones con terceros (clientes, proveedores...)

### Legislación
- Cumplimiento y adaptación a la legislación vigente:
  - LOPD, LSSI, LGT, Firma Electrónica, Código Penal, Propiedad Intelectual...

*Figura 1.2. Planos de actuación en la Seguridad Informática*

Una organización debe entender la Seguridad Informática como un proceso y no como un producto que se pueda "comprar" o "instalar". Se trata, por lo tanto, de un ciclo iterativo, en el que se incluyen actividades como la valoración de riesgos, prevención, detección y respuesta ante incidentes de seguridad.

Por otra parte, la problemática asociada a la adecuada gestión de la seguridad en una organización del siglo XXI se ve condicionada por distintos factores y características del propio sistema informático y de su entorno. Así, sería necesario contemplar cuestiones como el nivel de centralización/descentralización del sistema, la necesidad de garantizar un funcionamiento continuado del sistema, el nivel de sensibilidad de los datos y de los recursos, la existencia de un entorno potencialmente hostil (conexiones a redes abiertas como Internet) o el cumplimiento del marco legal vigente (Protección de Datos Personales, Protección de la Propiedad Intelectual, Delitos Informáticos...) y de la certificación basada en una serie de estándares internacionales (BS 7799-2, ISO 27001) o nacionales.

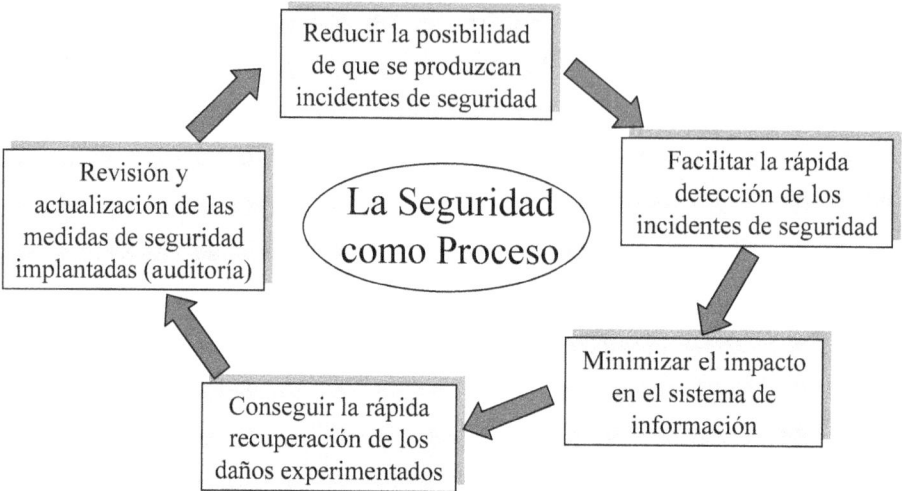

*Figura 1.3. La Seguridad Informática como proceso y no como producto*

## 1.3 SERVICIOS DE SEGURIDAD DE LA INFORMACIÓN

Para poder alcanzar los objetivos descritos en el apartado anterior, dentro del proceso de gestión de la seguridad informática es necesario contemplar una serie de servicios o funciones de seguridad de la información:

> *Confidencialidad*

Mediante este servicio o función de seguridad se garantiza que cada mensaje transmitido o almacenado en un sistema informático sólo podrá ser leído por su legítimo destinatario. Si dicho mensaje cae en manos de terceras personas, éstas no podrán acceder al contenido del mensaje original. Por lo tanto, este servicio pretende garantizar la confidencialidad de los datos almacenados en un equipo, de los datos guardados en dispositivos de *backup* y/o de los datos transmitidos a través de redes de comunicaciones.

> *Autenticación*

La autenticación garantiza que la identidad del creador de un mensaje o documento es legítima, es decir, gracias a esta función, el destinatario de un mensaje podrá estar seguro de que su creador es la persona que figura como remitente de dicho mensaje.

Asimismo, también podemos hablar de la autenticidad de un equipo que se conecta a una red o intenta acceder a un determinado servicio. En este caso, la autenticación puede ser unilateral, cuando sólo se garantiza la identidad del equipo (usuario o terminal que se intenta conectar a la red) o mutua, en el caso de que la red o el servidor también se autentica de cara al equipo, usuario o terminal que establece la conexión.

## ➤ Integridad

La función de integridad se encarga de garantizar que un mensaje o fichero no ha sido modificado desde su creación o durante su transmisión a través de una red informática. De este modo, es posible detectar si se ha añadido o eliminado algún dato en un mensaje o fichero almacenado, procesado o transmitido por un sistema o red informática.

## ➤ No repudiación

El objeto de este servicio de seguridad consiste en implementar un mecanismo probatorio que permita demostrar la autoría y envío de un determinado mensaje, de tal modo que el usuario que lo ha creado y enviado a través del sistema no pueda posteriormente negar esta circunstancia, situación que también se aplica al destinatario del envío. Éste es un aspecto de especial importancia en las transacciones comerciales y que permite proporcionar a los compradores y vendedores una seguridad jurídica que va a estar soportada por este servicio.

En un sistema informático, por lo tanto, se puede distinguir entre la no repudiación de origen y la no repudiación de destino.

## ➤ Disponibilidad

La disponibilidad del sistema informático también es una cuestión de especial importancia para garantizar el cumplimiento de sus objetivos, ya que se debe diseñar un sistema lo suficientemente robusto frente a ataques e interferencias como para garantizar su correcto funcionamiento, de manera que pueda estar permanentemente a disposición de los usuarios que deseen acceder a sus servicios.

Dentro de la disponibilidad también debemos considerar la recuperación del sistema frente a posibles incidentes de seguridad, así como frente a desastres naturales o intencionados (incendios, inundaciones, sabotajes...).

Debemos tener en cuenta que de nada sirven los demás servicios de seguridad si el sistema informático no se encuentra disponible para que pueda ser utilizado por sus legítimos usuarios y propietarios.

## ➤ Autorización (control de acceso a equipos y servicios)

Mediante el servicio de autorización se persigue controlar el acceso de los usuarios a los distintos equipos y servicios ofrecidos por el sistema informático, una vez superado el proceso de autenticación de cada usuario. Para ello, se definen unas Listas de Control de Acceso (ACL) con la relación de usuarios y grupos de usuarios y sus distintos permisos de acceso a los recursos del sistema.

> *Auditabilidad*

El servicio de auditabilidad o trazabilidad permite registrar y monitorizar la utilización de los distintos recursos del sistema por parte de los usuarios que han sido previamente autenticados y autorizados. De este modo, es posible detectar situaciones o comportamientos anómalos por parte de los usuarios, además de llevar un control del rendimiento del sistema (tráfico cursado, información almacenada y volumen de transacciones realizadas, por citar algunas de las más importantes).

> *Reclamación de origen*

Mediante la reclamación de origen el sistema permite probar quién ha sido el creador de un determinado mensaje o documento.

> *Reclamación de propiedad*

Este servicio permite probar que un determinado documento o un contenido digital protegido por derechos de autor (canción, vídeo, libro…) pertenece a un determinado usuario u organización que ostenta la titularidad de los derechos de autor.

> *Anonimato en el uso de los servicios*

En la utilización de determinados servicios dentro de las redes y sistemas informáticos también podría resultar conveniente garantizar el anonimato de los usuarios que acceden a los recursos y consumen determinados tipos de servicios, preservando de este modo su privacidad.

Este servicio de seguridad, no obstante, podría entrar en conflicto con otros de los ya mencionados, como la autenticación o la auditoría del acceso a los recursos. Asimismo, la creciente preocupación de los gobiernos por el control e interceptación de todo tipo de comunicaciones (llamadas de teléfono, correos electrónicos…) ante el problema del terrorismo internacional está provocando la adopción de nuevas medidas para restringir el anonimato y la privacidad de los ciudadanos que utilizan estos servicios.

> *Protección a la réplica*

Mediante este servicio de seguridad se trata de impedir la realización de "ataques de repetición" (*replay attacks*) por parte de usuarios maliciosos, consistentes en la interceptación y posterior reenvío de mensajes para tratar de engañar al sistema y provocar operaciones no deseadas, como podría ser el caso de realizar varias veces una misma transacción bancaria[1].

Para ello, en este servicio se suele recurrir a la utilización de un número de secuencia o sello temporal en todos los mensajes y documentos que necesiten ser protegidos dentro del sistema, de forma que se puedan detectar y eliminar posibles repeticiones de mensajes que ya hayan sido recibidos por el destinatario.

> *Confirmación de la prestación de un servicio o la realización de una transacción*

Este servicio de seguridad permite confirmar la realización de una operación o transacción, reflejando los usuarios o entidades que han intervenido en ésta.

> *Referencia temporal (certificación de fechas)*

Mediante este servicio de seguridad se consigue demostrar el instante concreto en que se ha enviado un mensaje o se ha realizado una determinada operación (utilizando generalmente una referencia UTC –*Universal Time Clock*–). Para ello, se suele recurrir al sellado temporal del mensaje o documento en cuestión.

> *Certificación mediante Terceros de Confianza*

La realización de todo tipo de transacciones a través de medios electrónicos requiere de nuevos requisitos de seguridad, para garantizar la autenticación de las partes que intervienen, el contenido e integridad de los mensajes o la constatación de la realización de la operación o comunicación en un determinado instante temporal.

Para poder ofrecer algunos de estos servicios de seguridad se empieza a recurrir a la figura del "Tercero de Confianza", organismo que se encarga de certificar la realización y el contenido de las operaciones y de avalar la identidad de los intervinientes, dotando de este modo a las transacciones electrónicas de una mayor seguridad jurídica.

Posteriormente, en el capítulo sobre el uso de la firma electrónica se estudiará de forma detallada el papel de las Autoridades de Certificación, como Terceros de Confianza encargados de certificar la identidad de los usuarios

---

[1] Así, un usuario malicioso podría tratar de engañar a una entidad financiera para que realizase varias veces una transferencia que beneficiase a su propia cuenta personal en perjuicio de otros clientes de la entidad.

que utilizan la firma electrónica, así como la validez de los documentos firmados por éstos.

---

**Servicios de Seguridad de la Información**

- Confidencialidad
  - Datos almacenados en un equipo
  - Datos guardados en dispositivos de backup
  - Datos transmitidos
- Autenticación
  - De entidad (usuario o equipo)
    - Mutua o unilateral
  - Del origen de los datos
- Integridad
- Protección a la réplica
- Reclamación de origen
- Reclamación de propiedad
- No repudiación
  - De origen y/o de destino
- Confirmación de la prestación de un servicio
- Referencia temporal
- Autorización (control de acceso a equipos y servicios)
- Auditabilidad o Trazabilidad
- Disponibilidad del servicio
- Anonimato en el uso de los servicios
- Certificación mediante Terceros de Confianza

---

*Figura 1.4. Servicios de Seguridad en un Sistema Informático*

En un sistema informático se puede recurrir a la implantación de distintas técnicas y mecanismos de seguridad para poder ofrecer los servicios de seguridad que se han descrito anteriormente:

- Identificación de usuarios y política de contraseñas.
- Control lógico de acceso a los recursos.
- Copias de seguridad.
- Centros de respaldo.
- Cifrado de las transmisiones.
- Huella digital de mensajes.
- Sellado temporal de mensajes.
- Utilización de la firma electrónica.
- Protocolos criptográficos.
- Análisis y filtrado del tráfico (cortafuegos).
- Servidores *proxy*.
- Sistema de Detección de Intrusiones (IDS).
- Antivirus, etcétera.

## 1.4 CONSECUENCIAS DE LA FALTA DE SEGURIDAD

El papel de la seguridad en las organizaciones ya fue contemplado por los teóricos de organización y dirección de empresas a principios del siglo XX. Así, Henry Fayol (1919) consideraba la seguridad como una función empresarial, al mismo nivel que otras funciones: producción, comercial, financiera, administrativa...

En estas primeras etapas la seguridad en una organización perseguía "salvaguardar propiedades y personas contra el robo, fuego, inundación, contrarrestar huelgas y felonías y, de forma amplia, todos los disturbios sociales que puedan poner en peligro el progreso e incluso la vida del negocio".

Por este motivo, las medidas de seguridad durante este período se limitaban a las encaminadas a la protección de los activos físicos e instalaciones, ya que ése era el mayor activo de las organizaciones y apenas se tenían en consideración la información o la protección de los propios empleados. Con estas medidas de seguridad físicas se pretendían combatir los sabotajes y daños ocasionados en los conflictos sociales y laborales frecuentes a principios del siglo XX.

Sin embargo, en la actualidad el negocio y el desarrollo de las actividades de muchas organizaciones dependen de los datos e información registrados en sus sistemas informáticos, así como del soporte adecuado de las TIC para facilitar su almacenamiento, procesamiento, análisis y distribución. La eliminación de todas las transacciones de un día en una empresa podría ocasionarle más pérdidas económicas que sufrir un robo o un acto de sabotaje contra alguna de sus instalaciones, y por ello es necesario trasladar a los directivos la importancia de valorar y proteger la información de sus empresas.

En consecuencia, resulta de vital importancia poner en conocimiento de los directivos cuál es el coste e impacto de los incidentes de seguridad en términos económicos, y no a través de confusos informes plagados de tecnicismos, defendiendo la idea de que la inversión en seguridad informática sería comparable a la contratación de un seguro contra robos, contra incendios o de responsabilidad civil frente a terceros (gasto no productivo pero necesario para poder mantener la actividad de la organización si se produce algún incidente).

Activos Físicos    Datos e información sobre el negocio

*Figura 1.5. Importancia de los datos y la información sobre el negocio frente a los activos físicos*

Así, el famoso 11 de septiembre de 2001 en los atentados contra las Torres Gemelas de Nueva York muchas empresas perdieron sus oficinas centrales y, sin embargo, pudieron continuar con la actividad de su negocio a los pocos días, ya que sus datos estaban protegidos y sus sistemas informáticos contaban con los adecuados planes de contingencia y de respuesta a emergencias.

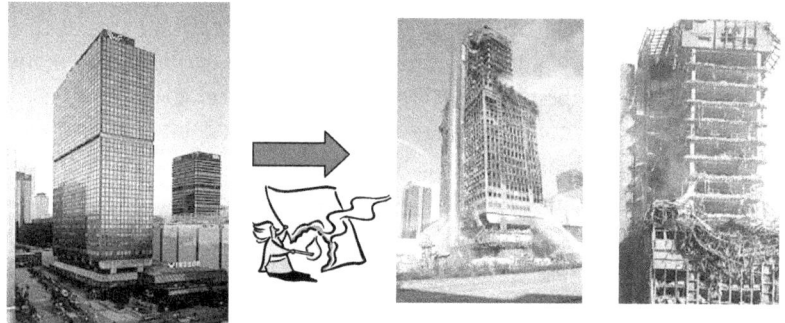

*Figura 1.6. Incendio de la Torre Windsor en Madrid (12 febrero 2005)*

En España el incendio del rascacielos Windsor en Madrid (12 de febrero de 2005), un edificio de 28 plantas dedicado a oficinas, en el que la consultora y auditora Deloitte & Touche ocupaba 20 plantas y el bufete de abogados Garrigues ocupaba 2 plantas, fue un acontecimiento que contribuyó a despertar un mayor interés por la necesidad de contemplar las medidas seguridad y los planes de contingencia para garantizar la continuidad del negocio.

La implantación de determinadas medidas de seguridad puede representar un importante esfuerzo económico para una organización. Al plantear esta cuestión económica es necesario realizar un análisis preliminar de las posibles pérdidas para la organización y una evaluación de los riesgos: ¿qué puede ir mal? ¿con qué frecuencia puede ocurrir? ¿cuáles serían sus consecuencias para la organización?... El objetivo perseguido es lograr que un ataque contra los recursos o la información protegida tenga un coste superior para el atacante que el valor en el mercado de estos bienes.

Además, siempre se debe tener en cuenta que el coste de las medidas adoptadas por la organización ha de ser menor que el valor de los activos a proteger. Para ello, es necesario realizar un análisis de la relación coste/beneficio de cada medida de seguridad que se desee implantar, ya que no todas las organizaciones precisan de las mismas medidas de seguridad. De hecho, cada organización puede tener distintas expectativas de seguridad.

A la hora de analizar las posibles consecuencias de la ausencia o de unas deficientes medidas de seguridad informática, el impacto total para una organización puede resultar bastante difícil de evaluar, ya que además de los posibles daños ocasionados a la información guardada y a los equipos y dispositivos de red, deberíamos tener en cuenta otros importantes perjuicios para la organización:

- Horas de trabajo invertidas en las reparaciones y reconfiguración de los equipos y redes.

- Pérdidas ocasionadas por la indisponibilidad de diversas aplicaciones y servicios informáticos: coste de oportunidad por no poder utilizar estos recursos.

- Robo de información confidencial y su posible revelación a terceros no autorizados: fórmulas, diseños de productos, estrategias comerciales, programas informáticos...

- Filtración de datos personales de usuarios registrados en el sistema: empleados, clientes, proveedores, contactos comerciales o candidatos de empleo, con las consecuencias que se derivan del incumplimiento de la legislación en materia de protección de datos personales vigentes en toda la Unión Europea y en muchos otros países.

- Posible impacto en la imagen de la empresa ante terceros: pérdida de credibilidad en los mercados, daño a la reputación de la empresa, pérdida de confianza por parte de los clientes y los proveedores, etcétera.

- Retrasos en los procesos de producción, pérdida de pedidos, impacto en la calidad del servicio, pérdida de oportunidades de negocio...

- Posibles daños a la salud de las personas, con pérdidas de vidas humanas en los casos más graves.

- Pago de indemnizaciones por daños y perjuicios a terceros, teniendo que afrontar además posibles responsabilidades legales y la imposición de sanciones administrativas. Las organizaciones que no adoptan medidas de seguridad adecuadas para proteger sus redes y sistemas informáticos podrían enfrentarse a penas civiles y criminales bajo una serie de leyes existentes y decisiones de tribunales: protección de la privacidad y los datos personales de clientes y empleados; utilización de aplicaciones P2P para intercambio de contenidos digitales protegidos por derechos de autor; etcétera.

Según un estudio publicado a principios de 2006 y realizado por la consultora especializada Computer Economics, la creación y difusión de programas informáticos maliciosos a través de Internet (virus, troyanos, gusanos...) representó durante esta última década un coste financiero para las empresas de todo el mundo de unos 110.000 millones de dólares.

En otro estudio realizado en esta ocasión por el FBI, se ponía de manifiesto que casi un 90% de las empresas de Estados Unidos habían sido infectadas por virus o sufrieron ataques a través de Internet en los años 2004 y 2005, pese al uso generalizado de programas de seguridad. Estos ataques habían provocado unos daños por un importe medio de unos 24.000 dólares en las empresas e instituciones afectadas. Además, según los propios datos del FBI, cerca de un 44% de los ataques provenían del interior de las organizaciones.

Los nuevos delitos relacionados con la informática y las redes de ordenadores se han convertido en estos últimos años en uno de los mayores problemas de seguridad a escala global. Así, según datos publicados por el Departamento de Hacienda de Estados Unidos a finales de 2005, los delitos informáticos (entre los que se incluyen las estafas bancarias, casos de "*phishing*", pornografía infantil o espionaje industrial) constituyen un lucrativo negocio que genera ya más dinero que el propio narcotráfico. Sólo en Estados Unidos estos delitos, unidos a las consecuencias de la propagación de los virus y de los ataques de denegación de servicio, causan pérdidas anuales superiores a los 50.000 millones de euros.

Por otra parte, se debe evitar la idea (esgrimida por algunas organizaciones que conceden poca importancia a la seguridad) de que si no se guardan datos sensibles en un determinado equipo informático, éste no será objeto de intentos de ataque ya que pierde todo interés para los posibles intrusos.

De hecho, es necesario contemplar otros posibles problemas que se podrían derivar del compromiso o toma de control de algunos de los equipos de una organización:

- Utilización de los equipos y redes de una organización para llevar a cabo ataques contra las redes de otras empresas y organizaciones.

- Almacenamiento de contenidos ilegales en los equipos comprometidos, con la posibilidad de instalar un servidor FTP sin la autorización del legítimo propietario de éstos.

- Utilización de los equipos de una organización para realizar envíos masivos de correo no solicitado ("*spam*").

- Etcétera.

Llegados a este punto, nos podríamos preguntar si la Gestión de la Seguridad de la Información genera una ventaja competitiva para la organización. Sin embargo, lo que sí parece estar bastante claro es que una inadecuada gestión de la seguridad provocará, tarde o temprano, una desventaja competitiva. Por este motivo, convendría evitar que para reducir el coste o los plazos de un proyecto no se consideren de forma adecuada los aspectos de seguridad de la información.

Además, la implantación de determinadas medidas de seguridad puede resultar incómoda para muchos usuarios del sistema y, por ello, resulta fundamental contemplar la adecuada formación y sensibilización de los usuarios para que estas medidas se puedan implantar de forma efectiva.

Sin embargo, en muchas organizaciones los Departamentos de Informática no cuentan con el adecuado respaldo de la Dirección para implantar las medidas de seguridad necesarias, así como para poder destinar el tiempo requerido a gestionar la Seguridad de la Información. En estas circunstancias, muchos responsables y técnicos de informática realizan estas tareas en "horarios extra" y como una tarea marginal que no está bien vista por la Dirección, ya que se percibe que no resulta productiva para la organización.

## 1.5 PRINCIPIO DE "DEFENSA EN PROFUNDIDAD"

El principio de "Defensa en Profundidad" consiste en el diseño e implantación de varios niveles de seguridad dentro del sistema informático de la organización. De este modo, si una de las "barreras" es franqueada por los atacantes, conviene disponer de medidas de seguridad adicionales que dificulten y retrasen su acceso a información confidencial o el control por su parte de recursos críticos del sistema: seguridad perimetral (cortafuegos, *proxies* y otros dispositivos que constituyen la primera "línea de defensa"); seguridad en los servidores; auditorías y monitorización de eventos de seguridad; etcétera.

Aplicando este principio también se reduce de forma notable el número de potenciales atacantes, ya que los aficionados y "*script kiddies*"[2] sólo se atreven con los sistemas informáticos más vulnerables y, por tanto, más fáciles de atacar.

---

[2] "*Script kiddie*" es el término utilizado para referirnos a una persona que ha obtenido un programa para realizar ataques informáticos (descargándolo generalmente desde algún servidor de Internet) y que lo utiliza sin tener conocimientos técnicos de cómo funciona.

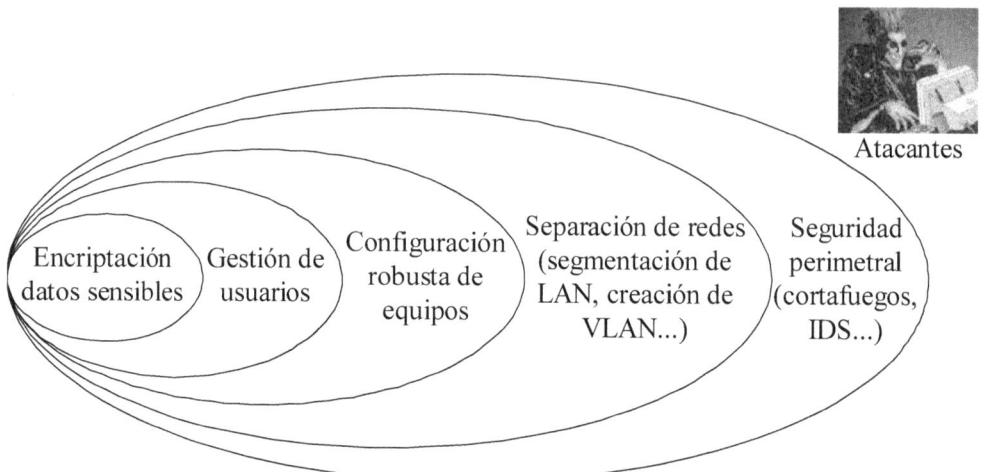

*Figura 1.7. Principio de Defensa en Profundidad*

Por este motivo, no conviene descuidar la seguridad interna en los sistemas informáticos, de modo que no dependa todo el sistema de la seguridad perimetral (cortafuegos en la conexión de la organización a redes externas como Internet).

Así, por ejemplo, se puede reforzar la seguridad interna mediante una configuración robusta de los servidores, con medidas como la actualización de parches para eliminar vulnerabilidades conocidas, la desactivación de servicios innecesarios o el cambio de las contraseñas y cuentas por defecto en cada equipo.

## 1.6 GESTIÓN DE LA SEGURIDAD DE LA INFORMACIÓN

> Podemos definir el **Sistema de Gestión de la Seguridad de la Información (SGSI)** como aquella parte del sistema general de gestión que comprende la política, la estructura organizativa, los recursos necesarios, los procedimientos y los procesos necesarios para implantar la gestión de la seguridad de la información en una organización.

Para gestionar la seguridad de la información es preciso contemplar toda una serie de tareas y de procedimientos que permitan garantizar los niveles de seguridad exigibles en una organización, teniendo en cuenta que los riesgos no se pueden eliminar totalmente, pero sí se pueden gestionar. En este sentido, conviene destacar que en la práctica resulta imposible alcanzar la seguridad al 100% y, por este motivo, algunos expertos prefieren hablar de la fiabilidad del sistema informático, entendiendo como tal la probabilidad de que el sistema se comporte tal y como se espera de él.

En palabras del experto Gene Spafford, *"el único sistema verdaderamente seguro es aquel que se encuentra apagado, encerrado en una caja fuerte de titanio, enterrado en un bloque de hormigón, rodeado de gas nervioso y vigilado por guardias armados y muy bien pagados. Incluso entonces, yo no apostaría mi vida por ello".*

*Figura 1.8. Gene Spafford*

Por otra parte, las **Políticas de Gestión de la Seguridad de la Información** están constituidas por el conjunto de normas reguladoras, procedimientos, reglas y buenas prácticas que determinan el modo en que todos los activos y recursos, incluyendo la información, son gestionados, protegidos y distribuidos dentro de una organización.

A la hora de implantar un Sistema de Gestión de Seguridad de la Información una organización debe contemplar los siguientes aspectos:

1. Formalizar la gestión de la seguridad de la información.

2. Analizar y gestionar los riesgos.

3. Establecer procesos de gestión de la seguridad siguiendo la metodología PDCA:

    - "*Plan*": selección y definición de medidas y procedimientos.

    - "*Do*": implantación de medidas y procedimientos de mejora.

    - "*Check*": comprobación y verificación de las medidas implantadas.

    - "*Act*": actuación para corregir todas las deficiencias detectadas en el sistema.

4. Certificación de la gestión de la seguridad.

En todo este proceso es necesario contemplar un modelo que tenga en cuenta los aspectos tecnológicos, organizativos, el cumplimiento del marco legal y la importancia del factor humano, tal y como se presenta en la siguiente figura:

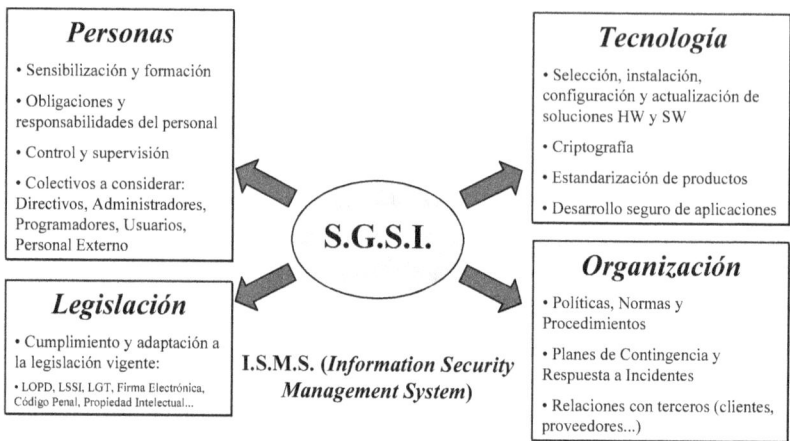

*Figura 1.9. Modelo para la Gestión de la Seguridad de la Información*

En este escenario resulta de vital importancia conseguir el soporte adecuado por parte de la Dirección de la organización, ya que ésta debe proporcionar la autoridad suficiente para poder definir e implantar las políticas y procedimientos de seguridad, dotando además a la organización de los recursos técnicos y humanos necesarios y reflejando su compromiso en los propios documentos que contienen las principales directrices de seguridad de la organización.

De hecho, en algunas organizaciones se ha definido la figura del Responsable de Gestión de Seguridad de la Información, conocido en inglés por sus siglas CISO (*Chief Information Security Officer*).

Podemos distinguir varias etapas o niveles de madurez en la Gestión de la Seguridad de la Información en una organización:

1. **Implantación de medidas básicas de seguridad por "sentido común".**

   En una primera etapa la organización se preocuparía de la implantación de las medidas básicas de seguridad aplicadas por "sentido común": realización de copias de seguridad, control de acceso a los recursos informáticos, etcétera. Podemos considerar que muchas de las empresas se encuentran todavía hoy en día en esta primera etapa, aplicando unas mínimas medidas de seguridad que pueden resultar insuficientes para garantizar una adecuada gestión de los riesgos.

2. **Adaptación a los requisitos del marco legal y de las exigencias de los clientes.**

   En esta segunda etapa la organización toma conciencia de la necesidad de cumplir con las exigencias de la legislación vigente o de otras derivadas de sus relaciones y compromisos con terceros (clientes, proveedores u otras instituciones): protección de los datos de carácter personal (exigencias de la LOPD en España), delitos informáticos, protección de la propiedad intelectual…

3. **Gestión integral de la Seguridad de la Información.**

   En la tercera etapa la organización ya se preocupa de gestionar con un planteamiento global e integrado la Seguridad de la Información, mediante la definición de una serie de Políticas de Seguridad, la implantación de planes y procedimientos de seguridad, el análisis y gestión de riesgos, y la definición de un plan de respuesta a incidentes y de continuidad del negocio.

4. **Certificación de la Gestión de la Seguridad de la Información.**

   Por último, en la cuarta etapa se pretende llevar a cabo una certificación de la Gestión de la Seguridad de la Información, para obtener el reconocimiento de las buenas prácticas implantadas por la organización y poder acreditarlo ante terceros (confianza y verificabilidad por parte de terceros): clientes, Administraciones Públicas y otras instituciones. Para ello, se recurre a un proceso de certificación basado en estándares como la ISO 27001.

En la siguiente figura se representa la evolución experimentada por una organización a través de los distintos niveles o etapas de madurez que se han descrito:

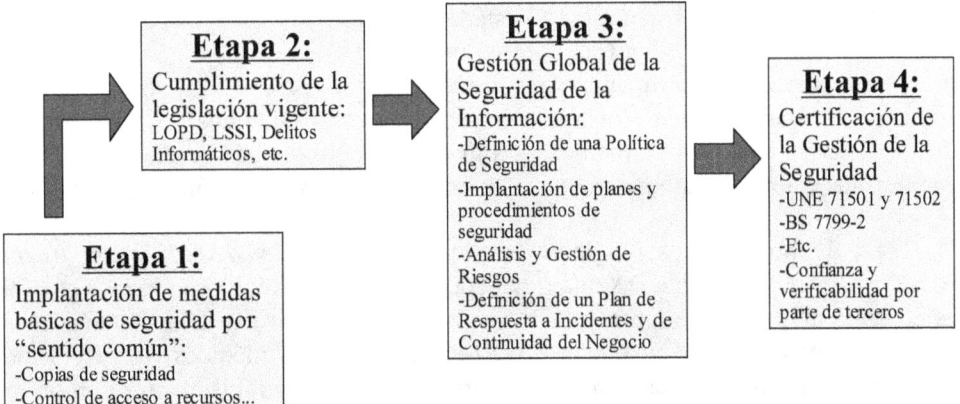

*Figura 1.10. Niveles de madurez en la Gestión de la Seguridad de la Información en una organización*

También se han propuesto otros modelos para representar las prácticas y competencias en materia de seguridad implantadas por una organización. Entre ellos, cabría destacar el modelo conocido como "*Systems Security Engineering - Capability Maturity Model*" (SSE-CMM, 'Modelo de Madurez de las Capacidades'), desarrollado por la Asociación Internacional de Ingeniería de Seguridad de Sistemas (ISSEA, www.issea.org) y en el que se distinguen cinco niveles de madurez:

> Nivel 1. Prácticas de seguridad realizadas de manera informal.

> Nivel 2: planificación y seguimiento de las prácticas de seguridad.

> Nivel 3: definición y coordinación de las políticas y procedimientos de seguridad.

> Nivel 4: seguridad controlada a través de distintos controles y objetivos de calidad.

> Nivel 5: implantación de un proceso de mejora continua.

En la mayoría de los países todavía no existe una legislación específica que obligue a las organizaciones públicas y privadas a implantar una serie de medidas para gestionar la seguridad de sus sistemas informáticos, salvo en lo que se refiere a la protección de los datos de carácter personal, como se verá de forma detallada en un capítulo posterior de este libro (donde se analizará la importancia de la adaptación a la LOPD en España).

Sin duda, una de las referencias legales más interesantes en este sentido es la Ley Sarbanes-Oxley ("*Sarbanes Oxley Act*"), aprobada en 2002 en Estados Unidos. Esta ley fue promulgada a raíz de una serie de escándalos financieros que afectaron a la credibilidad de varias compañías estadounidenses, siendo promovida por los congresistas Sarbanes y Oxley (de ahí el nombre de la Ley). La Ley Sarbanes-Oxley se aplica a todas las compañías que cotizan en la SEC (*Securities Exchange Comission*, Comisión de la Bolsa de Valores de Estados Unidos) y a sus filiales, estableciendo un conjunto de medidas, requisitos y controles de seguridad que deben cumplir estas empresas para garantizar la fiabilidad de su información financiera.

En el ámbito de la salud de las personas, la "*Health Insurance Portability and Accountability Act*" (HIPAA) es una Ley Federal de Estados Unidos aprobada en 1996 que controla el almacenamiento y transmisión electrónica de los datos personales de los pacientes de clínicas y hospitales. Esta Ley exige que los médicos y profesionales de la salud cumplan con unos mínimos estándares de seguridad informática e informen a sus pacientes sobre las medidas de seguridad adoptadas, además de documentar cualquier cesión de datos de sus pacientes a entidades externas (salvo en algunas excepciones). Todas las prácticas médicas en Estados Unidos deben cumplir con lo establecido en la HIPAA desde abril de 2003. Se contemplan multas de hasta 250.000 dólares y de 10 años de prisión para las violaciones más graves de la ley: divulgación deliberada de la información de los pacientes con la intención de venderla, transferirla o utilizarla con ánimo de lucro personal o comercial o con fines malintencionados, etcétera.

Por último, en el ámbito financiero podemos citar la "*Gramm-Leach-Bliley Act*" (GLB Act), una Ley Federal de Estados Unidos de 1999 que impone una serie de restricciones a las entidades financieras en relación con la protección, utilización y cesión de los datos personales de sus clientes, con el objetivo fundamental de garantizar la confidencialidad e integridad de los datos de los clientes y evitar accesos no autorizados a estos datos.

## 1.6.1 Implantación de un Sistema de Gestión de Seguridad de la Información

Seguidamente se presenta una guía compuesta por 10 etapas o fases necesarias para la implantación de un SGSI en una organización:

**1. Definición de las Políticas de Seguridad y del Alcance del SGSI.**

- Definición de las partes o áreas del negocio que van a ser auditadas bajo la norma.

- Especificación del alcance del proyecto identificando los procesos de negocio, los recursos de información, los recursos tecnológicos y organizativos, las personas clave y las relaciones con terceros.

- Establecimiento de las Políticas de Seguridad: la Dirección General, junto con los empleados de los departamentos afectados en la implantación, debe definir y desarrollar una Políticas de Seguridad de la Información dentro de la organización.

- Elaboración de un Documento de Seguridad en el que se debe reflejar el compromiso de la Dirección, la definición de la seguridad de la información dentro de su organización, la descripción de los principios fundamentales del Sistema de Gestión de Seguridad de la Información, la definición de las responsabilidades de los usuarios, la referencia al soporte documental y el cumplimiento con los requisitos legales y contractuales.

**2. Definición de Responsabilidades y Asignación de Recursos.**

- Creación de un **Comité de Seguridad** que se encargará de la revisión y actualización de la Políticas de Seguridad de la Información. Este Comité revisará el análisis de riesgos, partiendo de la identificación de los principales activos y recursos a proteger, de sus vulnerabilidades y de las posibles amenazas que les puedan afectar.

- Asimismo, se debería definir un **Responsable de la implantación del SGSI**, con la misión de apoyar al Comité de Seguridad, dirigir y mantener el SGSI, trabajar con los procesos y departamentos directamente implicados en el SGSI (actuando de interlocutor con los responsables de los activos identificados y de la correcta implantación del sistema en su proceso o área de negocio) y llevar a cabo las auditorías internas que permitan controlar la adecuada implantación del SGSI.

**3. Identificación y Registro de Activos.**

- Identificación y descripción de todos los activos contemplados dentro del alcance del SGSI, así como de quiénes son los responsables de gestionar dichos activos.

**4. Análisis y Gestión de Riesgos.**

- Identificación de amenazas, vulnerabilidades y probabilidades de impacto en los activos.

- Elaboración de un documento donde se refleje el resultado de la evaluación de las vulnerabilidades, los niveles de riesgo y la necesidad de aplicar las distintas medidas y requisitos de seguridad.

**5. Selección e Implantación de Controles de Seguridad.**

- Elaboración de un Documento de Selección de Controles de Seguridad.

- Revisión de la aplicabilidad de los controles seleccionados.

- Implantación de forma efectiva de los controles seleccionados.

**6. Establecer un Programa de Mejora de la Seguridad.**

- Definición de un plan de acción con actuaciones concretas para mejorar la seguridad, siguiendo el modelo "PDCA".

**7. Completar la Documentación del SGSI.**

- Planificación y Diseño del SGSI, incluyendo la definición del alcance.

- Políticas de Seguridad de la Información.

- Registro de Activos de Información y Valoración de Riesgos.

- Documento de Selección de Controles (DSC).

- Procedimientos para la Implantación de los Controles.

- Procedimientos para la gestión y operación del SGSI.

8. **Revisión y Auditoría Interna del Proyecto de Implantación del SGSI.**

9. **Realización de la Auditoría de Certificación.**

10. **Ejecutar las Recomendaciones de la Auditoría.**

## 1.7 ANÁLISIS Y GESTIÓN DE RIESGOS EN UN SISTEMA INFORMÁTICO

Un proceso de gestión de riesgos comprende una etapa de evaluación previa de los riesgos del sistema informático, que se debe realizar con rigor y objetividad para que cumpla su función con garantías. Para ello, el equipo responsable de la evaluación debe contar con un nivel adecuado de formación y experiencia previa, así como disponer de una serie de recursos y medios para poder realizar su trabajo, contando en la medida de lo posible con el apoyo y compromiso de la Alta Dirección.

En el proceso propiamente dicho de gestión de riesgos se trata de definir un plan para la implantación de ciertas salvaguardas o contramedidas en el sistema informático, que permitan disminuir la probabilidad de que se materialice una amenaza, o bien reducir la vulnerabilidad del sistema o el posible impacto en la organización, así como permitir la recuperación del sistema o la transferencia del problema a un tercero (mediante la contratación de un seguro, por ejemplo).

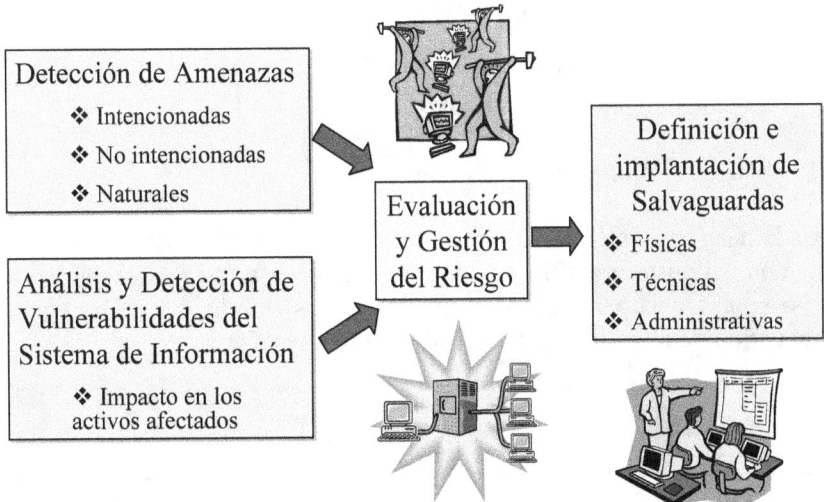

*Figura 1.11. Análisis y Gestión de Riesgos en una organización*

Seguidamente se presentan los principales conceptos y definiciones que es necesario manejar a la hora de estudiar el análisis y la gestión de riesgos en una organización:

## 1.7.1 Recursos del sistema

> Los **recursos** son los activos a proteger del sistema informático de la organización.

Seguidamente se presenta una relación de los principales recursos que se deberían tener en consideración a la hora de analizar y gestionar los riesgos:

- Recursos hardware: servidores y estaciones de trabajo, ordenadores portátiles, impresoras, escáneres y otros periféricos.

- Recursos software: sistemas operativos, herramientas ofimáticas, software de gestión, herramientas de programación, aplicaciones desarrolladas a medida, etcétera.

- Elementos de comunicaciones: dispositivos de conectividad (*hubs*, *switches*, *routers*), armarios con paneles de conexión, cableado, puntos de acceso a la red, líneas de comunicación con el exterior, etcétera.

- Información que se almacena, procesa y distribuye a través del sistema (activo de naturaleza intangible).

- Locales y oficinas donde se ubican los recursos físicos y desde los que acceden al sistema los usuarios finales.

- Personas que utilizan y se benefician directa o indirectamente del funcionamiento del sistema.

- Imagen y reputación de la organización.

Cada recurso o activo de la organización se podría caracterizar por un código, su descripción, su coste o precio de adquisición, su coste de reposición, su nivel de criticidad o importancia para el mantenimiento de las actividades de la organización, el nivel requerido de integridad y de confidencialidad, etcétera.

## 1.7.2 Amenazas

> Se considera una **amenaza** a cualquier evento accidental o intencionado que pueda ocasionar algún daño en el sistema informático, provocando pérdidas materiales, financieras o de otro tipo a la organización.

Se puede establecer la siguiente clasificación a la hora de estudiar las amenazas a la seguridad:

- Amenazas naturales: inundación, incendio, tormenta, fallo eléctrico, explosión...
- Amenazas de agentes externos: virus informáticos, ataques de una organización criminal, sabotajes terroristas, disturbios y conflictos sociales, intrusos en la red, robos, estafas, etcétera.
- Amenazas de agentes internos: empleados descuidados con una formación inadecuada o descontentos, errores en la utilización de las herramientas y recursos del sistema.

También podríamos definir una clasificación alternativa, teniendo en cuenta el grado de intencionalidad de la amenaza:

- Accidentes: averías del hardware y fallos del software, incendio, inundación...
- Errores: errores de utilización, de explotación, de ejecución de determinados procedimientos, etcétera.
- Actuaciones malintencionadas: robos, fraudes, sabotajes, intentos de intrusión, etcétera.

La organización puede emplear una escala cuantitativa o cualitativa para definir distintos niveles para la ocurrencia de una amenaza (es decir, en función de su frecuencia): Muy baja, Baja, Media, Alta y Muy Alta.

## 1.7.3 Vulnerabilidades

> Una **vulnerabilidad** es cualquier debilidad en el sistema informático que pueda permitir a las amenazas causarle daños y producir pérdidas en la organización.

Las vulnerabilidades se corresponden con fallos en los sistemas físicos y/o lógicos, aunque también pueden tener su origen en los defectos de ubicación, instalación, configuración y mantenimiento de los equipos.

Pueden estar ligadas a aspectos organizativos (procedimientos mal definidos o sin actualizar, ausencia de políticas de seguridad...), al factor humano (falta de formación y/o de sensibilización del personal con acceso a los recursos del sistema), a los propios equipos, a los programas y herramientas lógicas del sistema, a los locales y las condiciones ambientales del sistema (deficientes medidas de seguridad físicas, escasa protección contra incendios, mala ubicación de los locales con recursos críticos para el sistema, etcétera).

Se suele emplear una escala cuantitativa o cualitativa para definir el nivel de vulnerabilidad de un determinado equipo o recurso: Baja, Media y Alta.

## 1.7.4 Incidentes de Seguridad

> Un **incidente de seguridad** es cualquier evento que tenga o pueda tener como resultado la interrupción de los servicios suministrados por un sistema informático y/o posibles pérdidas físicas, de activos o financieras. Es decir, se considera que un incidente es la materialización de una amenaza.

## 1.7.5 Impactos

> El **impacto** es la medición y valoración del daño que podría producir a la organización un incidente de seguridad.

Para valorar el impacto es necesario tener en cuenta tanto los daños tangibles como la estimación de los daños intangibles (incluida la información). En este sentido, podría resultar de gran ayuda la realización de entrevistas en profundidad con los responsables de cada departamento, función o proceso de negocio, tratando de determinar cuál es el impacto real de la revelación, alteración o pérdida de la información para la organización, y no sólo del elemento TIC que la soporta.

También en este caso se puede emplear una escala cuantitativa o cualitativa para medir el impacto del daño en la organización: Bajo, Moderado y Alto.

| | |
|---|---|
| Alto | ➤ Pérdida o inhabilitación de recursos críticos<br>➤ Interrupción de los procesos de negocio<br>➤ Daños en la imagen y reputación de la organización<br>➤ Robo o revelación de información estratégica o especialmente protegida |
| Moderado | ➤ Pérdida o inhabilitación de recursos críticos pero que cuentan con elementos de respaldo<br>➤ Caída notable en el rendimiento de los procesos de negocio o en la actividad normal de la organización<br>➤ Robo o revelación de información confidencial, pero no considerada estratégica |
| Bajo | ➤ Pérdida o inhabilitación de recursos secundarios<br>➤ Disminución del rendimiento de los procesos de negocio<br>➤ Robo o revelación de información interna no publicada |

*Tabla 1.1. Escala propuesta para medir el impacto del daño en la organización*

## 1.7.6 Riesgos

> El **riesgo** es la probabilidad de que una amenaza se materialice sobre una vulnerabilidad del sistema informático, causando un determinado impacto en la organización.

El nivel de riesgo depende, por lo tanto, del análisis previo de vulnerabilidades del sistema, de las amenazas y del posible impacto que éstas puedan tener en el funcionamiento de la organización.

Se han propuesto distintas metodologías como CRAMM (*CCTA Risk Analysis and Management Method*, http://www.cramm.com) para la evaluación de riesgos en sistemas informáticos. Esta metodología fue desarrollada por la agencia CCTA (*Central Computer and Telecommunications Agency*) del gobierno del Reino Unido en 1985. Se han publicado distintas revisiones desde entonces, la última de ellas (versión 5) en 2003, incluyendo varias escalas para la valoración del impacto en una organización.

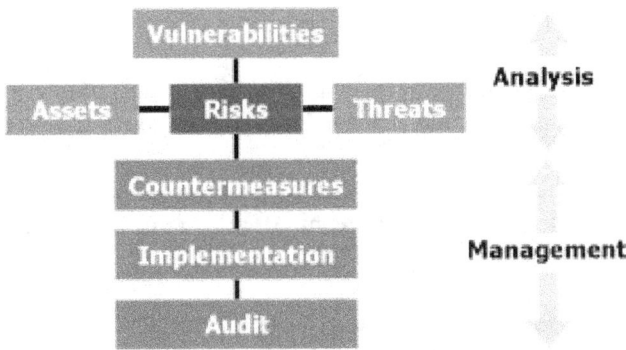

*Figura 1.12. Esquema propuesto por la metodología CRAMM*

En España cabría destacar la metodología MAGERIT, Metodología de Análisis y Gestión de Riesgos de los Sistemas de Información de las Administraciones Públicas, publicada en 1997 por el Ministerio de Administraciones Públicas, y que fue revisada posteriormente en el año 2005. Otros países europeos han elaborado sus propias metodologías de análisis y evaluación de riesgos, como las francesas MARION (propuesta en 1985 por la Asociación de Empresas Aseguradoras Francesas) y MELISA (definida en 1984 dentro del entorno militar francés).

Los objetivos de MAGERIT son cuatro:

➢ Concienciar a los responsables de los Sistemas de Información de la existencia de riesgos y de la necesidad de adoptar las medidas para limitar su impacto.

➢ Ofrecer un método sistemático para analizar tales riesgos.

> Planificar las medidas oportunas para mantener los riesgos identificados bajo control.

> Facilitar todos los procesos de evaluación, auditoría, certificación o acreditación.

Asimismo, como complemento de MAGERIT el Centro Criptológico Nacional ha desarrollado una herramienta informática para facilitar el análisis y gestión de riesgos, conocida como "Pilar".

En definitiva, la organización debería evaluar el nivel de riesgo atendiendo a la frecuencia de materialización de las amenazas y al nivel de impacto causado en el negocio.

Veamos a continuación un ejemplo práctico de evaluación del nivel de riesgo:

> Activo: servidor de ficheros de la organización.

> Amenaza: fallo hardware en un servidor, con una probabilidad de ocurrencia baja (una vez cada 5 años).

> Vulnerabilidad del sistema: alta, ya que no se dispone de un servidor alternativo ni de medidas redundantes (como los discos RAID).

> Impacto: indisponibilidad durante 24 horas del activo afectado (hasta que sea reparado por el servicio técnico), por lo que se puede considerar como un impacto de nivel alto.

> Nivel de riesgo: se obtiene a partir de las tablas de valoración que se hayan adoptado, teniendo en cuenta que la amenaza es baja, la vulnerabilidad es alta y el impacto es alto.

Seguidamente se presenta una propuesta de formato de tabla con los elementos necesarios para poder realizar una evaluación del nivel de riesgo asociado a cada uno de los recursos del sistema informático de la organización:

| Recurso | Importancia para la organización (Factor de ponderación) | Identificación de una Amenaza | Probabilidad de materialización de una Amenaza | Vulnerabilidad del Sistema ante esta Amenaza | Evaluación del Impacto (Económico, etc.) | Evaluación del Riesgo |
|---|---|---|---|---|---|---|
| Rec. 1 | 8 | Amenaza X | 20% | 50% | 100,00 | 80,00 |
| Rec. 2 | 6 | Amenaza Z | 30% | 40% | 200,00 | 180,00 |
| | | | | | | |
| | | | | | | |
| | | | | | | |
| | | | | | | |

*Tabla 1.2. Ejemplo de tabla para la Evaluación de Riesgos*

Por otra parte, también se han propuesto otras herramientas y metodologías que permiten evaluar el riesgo, entre las que podríamos destacar las que se mencionan a continuación:

- ➢ **OCTAVE** (*Operationally Critical Threat, Analysis and Vulnerability Evaluations*), metodología de análisis y evaluación de riesgos (www.cert.org/octave).

- ➢ *"RiskWatch"*, software de evaluación del riesgo que contempla los controles previstos por la norma ISO 17799 (www.riskwatch.com).

- ➢ **COBRA** (*Consultative, Objective and Bi-functional Risk Analysis*), software de evaluación del riesgo que también contempla los controles previstos por la norma ISO 17799 (www.security-risk-analysis.com).

## 1.7.7 Defensas, salvaguardas o medidas de seguridad

> Una **defensa, salvaguarda o medida de seguridad** es cualquier medio empleado para eliminar o reducir un riesgo. Su objetivo es reducir las vulnerabilidades de los activos, la probabilidad de ocurrencia de las amenazas y/o el nivel de impacto en la organización.

Una **medida de seguridad activa** es cualquier medida utilizada para anular o reducir el riesgo de una amenaza. Las medidas activas podrían, a su vez, clasificarse en *medidas de prevención* (de aplicación antes del incidente) y *medidas de detección* (de aplicación durante el incidente).

Por su parte, una **medida de seguridad pasiva** es cualquier medida empleada para reducir el impacto cuando se produzca un incidente de seguridad. Por ello, a las medidas pasivas también se las conoce como *medidas de corrección* (se aplican después del incidente).

Así, como ejemplos de medidas preventivas podríamos citar la autenticación de usuarios, el control de accesos a los recursos, el cifrado de datos sensibles, la formación de los usuarios, etcétera. Entre las medidas detectivas se encuentran los Sistemas de Detección de Intrusiones (IDS) o las herramientas y procedimientos para el análisis de los *"logs"* (registros de actividad de los equipos). Por último, como medidas correctivas se podrían considerar las copias de seguridad, el plan de respuesta a incidentes y de continuidad del negocio, etcétera.

Por otra parte, también podemos distinguir entre **defensas físicas** y **defensas lógicas**. Las primeras se refieren a medidas que implican el control de acceso físico a los recursos y de las condiciones ambientales en que tienen que ser utilizados (temperatura, humedad, suministro eléctrico, interferencias...), mientras que las segundas se encuentran relacionadas con la protección conseguida mediante distintas herramientas y técnicas informáticas: autenticación de usuarios, control de acceso a los ficheros, cifrado de los datos sensibles, etcétera.

La organización debe llevar a cabo una adecuada y cuidosa selección, implantación y verificación de las medidas de seguridad. En la etapa de selección puede resultar de ayuda estándares aprobados a nivel internacional como el ISO 17799, que incluye una relación de controles y de buenas prácticas de seguridad. Además, será necesario tener en cuenta una serie de parámetros que permitan analizar la aplicabilidad de cada medida propuesta: coste económico de la medida; dificultad para su implantación tanto a nivel técnico, como en el plano humano y organizativo; disminución del riesgo que se prevé conseguir tras la implantación de la medida; etcétera.

Por último, tras la correcta implantación de las medidas seleccionadas, la organización deberá determinar el "**Nivel de Riesgo Residual**", obtenido tras un nuevo proceso de evaluación de riesgos teniendo en cuenta que los recursos ya se encuentran protegidos por las medidas de seguridad seleccionadas.

Si el nivel de riesgo resultante para un determinado activo todavía continuase siendo demasiado alto para los objetivos fijados por la organización, se tendrían que seleccionar medidas de seguridad adicionales y repetir nuevamente el proceso. No obstante, es necesario asumir que siempre existirá un cierto Riesgo Residual en el sistema informático. Este "Nivel de Riesgo Residual" representa el nivel de riesgo que la organización estaría dispuesta a aceptar, teniendo en cuenta que no resultaría beneficioso reducirlo aún más debido al esfuerzo técnico y económico que ello conllevaría. Se trata, por lo tanto, de mantener un equilibrio entre el esfuerzo técnico y económico y el nivel de riesgo aceptable por la organización, tal y como se representa en la siguiente figura:

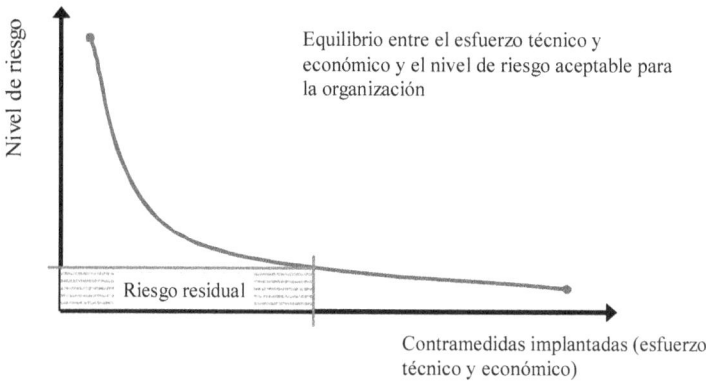

*Figura 1.13. Nivel de riesgo residual*

Conviene llevar a cabo una reevaluación del nivel de riesgo tras la implantación de las medidas de seguridad. Además, también sería recomendable realizar nuevas evaluaciones del nivel de riesgo de forma periódica en la organización, ya que será necesario contemplar los cambios experimentados por el sistema de información de la organización: adquisición y puesta en marcha de nuevos recursos, nuevas aplicaciones y servicios; incorporación de personal; puesta en marcha de nuevas instalaciones; etcétera.

Asimismo, esta reevaluación periódica del nivel de riesgo también estaría justificada por el descubrimiento de nuevas vulnerabilidades, como podrían ser el caso de nuevos fallos detectados en las aplicaciones informáticas, o por la aparición de nuevas amenazas en el entorno o el cambio en la probabilidad de ocurrencia de alguna de las amenazas previamente detectadas.

Por supuesto, en todo este proceso de evaluación y gestión de riesgos será necesario prestar una especial atención a la situación de los recursos o activos críticos, es decir, de aquellos que resulten esenciales para el normal funcionamiento de la organización. La priorización de las actuaciones y de la implantación de medidas de seguridad vendrá determinada por estos recursos críticos.

Todo el proceso descrito en los párrafos anteriores se presenta de forma esquemática en la siguiente figura:

*Figura 1.14. El proceso de Evaluación y Gestión de Riesgos*

## 1.7.8 Transferencia del riesgo a terceros

Como alternativa a la implantación de una serie de medidas de seguridad, una organización también podría considerar la transferencia del riesgo a un tercero, ya sea mediante la contratación de una póliza de seguros especializada o bien a través de la subcontratación de un proveedor especializado en ofrecer determinados servicios de seguridad informática.

En lo que se refiere a la contratación de un seguro frente a daños o ataques informáticos ("*Network Risk Insurance*"), es necesario tener en cuenta que los aseguradores suelen exigir una valoración externa del sistema de seguridad de la organización. Además, la organización interesada en este tipo de seguro puede ser obligada a redefinir sus Políticas de Seguridad, a la adquisición de un software y hardware específicos y a la implantación de una serie de procedimientos y controles de seguridad rutinarios.

Las pólizas tradicionales de responsabilidad civil y cobertura de daños suelen excluir expresamente las pérdidas ocasionadas por fallos y ataques informáticos: virus, *hackers* y *crackers*, etcétera. Sin embargo, las pólizas especializadas en la seguridad informática contemplan la cobertura de los daños propios de la organización derivados de ataques y otros incidentes de seguridad: pérdidas económicas derivadas de las reparaciones y sustituciones de equipos y sistemas; daños ocasionados por la interrupción en el negocio; contratación de consultores informáticos y legales para mitigar los daños; etcétera.

Además, en estas pólizas especializadas en la seguridad informática también se puede contemplar la cobertura de las reclamaciones de terceros, motivadas por los daños que se puedan ocasionar a otros sistemas y redes informáticas que resulten como consecuencia de virus o ataques iniciados desde equipos de la propia organización; el incumplimiento de las condiciones del servicio pactadas con los clientes; la violación de derechos de propiedad intelectual; la difusión de contenidos ofensivos contra terceros; la violación de la confidencialidad o de la privacidad de los usuarios; etcétera.

Por otra parte, la segunda alternativa propuesta sería la contratación de una empresa especializada en ofrecer determinados Servicios de Seguridad Informática, alternativa también conocida como "*Managed Security Services*" (MSS –Servicios de Seguridad Gestionados–), con un planteamiento similar al de la propia seguridad física de las instalaciones de la organización, que hoy en día suele estar subcontratada a una empresa especializada que se encarga del mantenimiento de las alarmas, el control del acceso del personal a las instalaciones o la vigilancia nocturna y durante los fines de semana.

Se trata, por lo tanto, de otra modalidad de transferencia del riesgo a un tercero, mediante un contrato con unas determinadas exigencias de nivel servicio (SLA, "*Service Level Agreement*") y cláusulas de responsabilidad. La empresa contratada debe ofrecer un servicio permanente (24 horas al día durante los 7 días de la semana) por parte de profesionales cualificados: monitorización de los registros de actividad en los equipos informáticos y del tráfico en la red de la organización; detección y contención de ataques; actualización permanente de aplicaciones y de servidores; filtrado de contenidos y mensajes dañinos; eliminación de virus; etcétera.

Teniendo en cuenta que hoy en día es imprescindible dominar múltiples tecnologías, en un entorno complejo y cambiante, caracterizado por un mercado en el que se ofrecen gran cantidad de productos y servicios de seguridad, la alternativa de la subcontratación de determinados servicios de seguridad podría mejorar, en general, la Gestión de la Seguridad de la Información, contribuyendo a reducir y controlar los costes para la organización.

Por último, la organización también podría considerar conveniente recurrir a una empresa externa especializada para la revisión de la seguridad de los servicios públicos que ofrece a través de Internet: Website, servidor FTP, servidor DNS...

Así, por ejemplo, podríamos citar los servicios de empresas como ScanAlert (adquirida por McAfee), que se encargan de comprobar y certificar la seguridad de un determinado Website, otorgando un sello de confianza si cumple con unas condiciones de seguridad previamente especificadas.

*Figura 1.15. ScanAlert*

## 1.8 REFERENCIAS DE INTERÉS

- ✓ COBRA: http://www.security-risk-analysis.com/.
- ✓ CRAMM: http://www.cramm.com/.
- ✓ RiskWatch: http://www.riskwatch.com/.
- ✓ OCTAVE: http://www.cert.org/octave.
- ✓ SecurityFocus: http://www.securityfocus.com/.
- ✓ FoundStone: http://www.foundstone.com/.

# Capítulo 2

# POLÍTICAS, PLANES Y PROCEDIMIENTOS DE SEGURIDAD

## 2.1 INTRODUCCIÓN Y CONCEPTOS BÁSICOS

> Podemos definir una **Política de Seguridad** como una *"declaración de intenciones de alto nivel que cubre la seguridad de los sistemas informáticos y que proporciona las bases para definir y delimitar responsabilidades para las diversas actuaciones técnicas y organizativas que se requieran"* (RFCs 1244 y 2196).

> Un **Plan de Seguridad** es un conjunto de decisiones que definen cursos de acción futuros, así como los medios que se van a utilizar para conseguirlos.

> Por último, un **Procedimiento de Seguridad** es la definición detallada de los pasos a ejecutar para llevar a cabo unas tareas determinadas. Los Procedimientos de Seguridad permiten aplicar e implantar las Políticas de Seguridad que han sido aprobadas por la organización.

En la siguiente figura se representa la jerarquía de conceptos manejados al hablar de las Políticas, Planes y Procedimientos de Seguridad:

*Figura 2.1. Políticas, Planes y Procedimientos de Seguridad*

Así, en la cúspide de la pirámide se situarían los objetivos fundamentales de la Gestión de la Seguridad de la Información, resumidos mediante el acrónimo CIA (Confidencialidad, Integridad y Disponibilidad de la información). Una vez fijados los objetivos fundamentales, es necesario definir las Políticas de Seguridad, así como los Planes y Procedimientos de actuación para conseguir su implantación en la organización.

Los Procedimientos de Seguridad se descomponen en tareas y operaciones concretas, las cuales, a su vez, pueden generar una serie de registros y evidencias que facilitan el seguimiento, control y supervisión del funcionamiento Sistema de Gestión de la Seguridad de la Información.

Los Procedimientos de Seguridad permiten implementar las Políticas de Seguridad definidas, describiendo cuáles son las actividades que se tienen que realizar en el sistema, en qué momento o lugar, quiénes serían los responsables de su ejecución y cuáles serían los controles aplicables para supervisar su correcta ejecución.

En este sentido, las Políticas definen **qué** se debe proteger en el sistema, mientras que los Procedimientos de Seguridad describen **cómo** se debe conseguir dicha protección. En definitiva, si comparamos las Políticas de Seguridad con las Leyes en un Estado de Derecho, los Procedimientos serían el equivalente a los Reglamentos aprobados para desarrollar y poder aplicar las Leyes.

Así, a modo de ejemplo, podríamos citar como procedimientos la planificación de las tareas administrativas y de sus responsables: administración de las cuentas de usuario y de los controles de acceso a los recursos lógicos; realización y supervisión de las copias de seguridad; seguimiento de los eventos de seguridad; etcétera. Otro grupo de procedimientos de seguridad estaría relacionado con la instalación, configuración y mantenimiento de distintos elementos de seguridad: cortafuegos (*firewalls*), servidores *proxy*, antivirus, Sistemas de Detección de Intrusiones (IDS)...

En la siguiente tabla se presenta otro ejemplo de la relación entre una determinada directriz o Política de Seguridad, los procedimientos que de ella se derivan y las tareas concretas que debería realizar el personal de la organización.

| Política | Procedimiento | Tareas a realizar |
|---|---|---|
| Protección del servidor Web de la organización contra accesos no autorizados | Actualización del software del servidor Web | ✓ Revisión diaria de los parches publicados por el fabricante<br>✓ Seguimiento de las noticias sobre posibles fallos de seguridad |
| | Revisión de los registros de actividad en el servidor | ✓ Revisión semanal de los "*logs*" del servidor para detectar situaciones anómalas<br>✓ Configuración de alertas de seguridad que permitan reaccionar de forma urgente ante determinados tipos de ataques e intentos de intrusión |

*Figura 2.2. Ejemplo de Política y Procedimientos de Seguridad*

Las Políticas de Seguridad de una organización deberían cumplir con las siguientes características y requisitos básicos:

➤ Las Políticas de Seguridad deberían poder ser implementadas a través de determinados procedimientos administrativos y la publicación de unas guías de uso aceptable del sistema por parte del personal, así como mediante la instalación, configuración y mantenimiento de determinados dispositivos y herramientas hardware y software que implanten servicios de seguridad.

➤ Deben definir claramente las responsabilidades exigidas al personal con acceso al sistema: técnicos, analistas y programadores, usuarios finales, directivos, personal externo a la organización...

➤ Deben cumplir con las exigencias del entorno legal (Protección de Datos Personales, Protección de la Propiedad Intelectual, Código Penal...).

➤ Se tienen que revisar de forma periódica para poder adaptarlas a las nuevas exigencias de la organización y del entorno tecnológico y legal. En este sentido, se debería contemplar un procedimiento para garantizar la revisión y actualización periódica de las Políticas de Seguridad.

> Aplicación del principio de "Defensa en Profundidad": definición e implantación de varios niveles o capas de seguridad. Así, si un nivel falla, los restantes todavía podrían preservar la seguridad de los recursos del sistema. De acuerdo con este principio, es necesario considerar una adecuada selección de medidas de prevención, de detección y de corrección.

> Asignación de los mínimos privilegios: los servicios, aplicaciones y usuarios del sistema deberían tener asignados los mínimos privilegios necesarios para que puedan realizar sus tares. La política por defecto debe ser aquella en la que todo lo que no se encuentre expresamente permitido en el sistema estará prohibido. Las aplicaciones y servicios que no sean estrictamente necesarios deberían ser eliminados de los sistemas informáticos.

> Configuración robusta ante fallos: los sistemas deberían ser diseñados e implementados para que, en caso de fallo, se situaran en un estado seguro y cerrado, en lugar de en uno abierto y expuesto a accesos no autorizados.

> Las Políticas de Seguridad no deben limitarse a cumplir con los requisitos impuestos por el entorno legal o las exigencias de terceros (clientes, Administración Pública...), sino que deberían estar adaptadas a las necesidades reales de cada organización.

Por otra parte, es necesario tener en consideración una serie de dificultades a la hora de definir las Políticas de Seguridad.

Así, en primer lugar conviene destacar que la información constituye un recurso que en muchos casos no se valora adecuadamente por su intangibilidad, situación que no se produce con los equipos informáticos, la documentación o las aplicaciones informáticas.

Además, con la proliferación de las redes de ordenadores, la información de las empresas ha pasado de concentrarse en los grandes sistemas (sistemas centralizados) a distribuirse por los ordenadores y servidores ubicados en los distintos departamentos y grupos de trabajo. Por este motivo, en la actualidad muchas organizaciones no conocen con precisión toda la información que hay en los puestos de trabajo (generalmente, ordenadores personales de la propia organización), ni los riesgos que tienen de sufrir ataques u otro tipo de desastres, ni cómo la propia organización utiliza esa información.

Debemos tener en cuenta dos aspectos contradictorios en las redes y sistemas informáticos: por un lado, su principal razón de ser es facilitar la comunicación y el acceso a la información y, por otro, asegurar que sólo acceden a ella los usuarios debidamente autorizados. Esta contradicción está presente continuamente, ya que las medidas adoptadas para mejorar la seguridad (autenticación, control de los accesos, monitorización del uso, cifrado, herramientas de detección de ataques, antivirus...)

dificultan el uso de las redes y sistemas, al ralentizar los accesos e imponer ciertas restricciones, por lo que es necesario mantener un compromiso entre la usabilidad y rendimiento de los sistemas informáticos, por un parte, y su seguridad, por otra.

Otro factor importante, que muchas veces se olvida, es que, según numerosos estudios publicados, más del 75% de los problemas inherentes a la seguridad se producen por fallos de los equipos o por un mal uso por parte del personal de la propia organización. Por este motivo, las Políticas de Seguridad deben contemplar no sólo los ataques provenientes del mundo exterior ajeno a la organización, sino también los procedimientos de uso interno, prestando especial atención a la formación y sensibilización de los empleados y directivos.

La adopción de determinadas medidas burocráticas (registro de entradas y salidas, inventario de soportes informáticos...) o de determinados controles y procedimientos de seguridad se traducen generalmente en una mayor incomodidad para los usuarios, por lo que resultará fundamental explicar la importancia de la correcta aplicación de estas medidas para mejorar la seguridad en el trabajo cotidiano con los recursos de la organización.

Los problemas con las aplicaciones y programas informáticos (productos incompletos o defectuosos que requieren de la aplicación de continuos parches y actualizaciones de seguridad), los continuos cambios en el entorno tecnológico y normativo, la creciente complejidad de los sistemas informáticos, así como la cada vez mayor dependencia de las conexiones a Internet y de los accesos y servicios remotos son factores que han venido a complicar aún más, si cabe, el escenario en el que tienen que definirse e implantarse las medidas de seguridad.

Además, las medidas de seguridad no contribuyen a mejorar la productividad de los sistemas y redes informáticas, sino, más bien, todo lo contrario, ya que pueden reducir el rendimiento de los equipos y las aplicaciones (los sistemas criptográficos, por ejemplo, consumen mayores recursos computacionales y ancho de banda en las conexiones a Internet), por lo que las organizaciones son reticentes a dedicar recursos a esta tarea.

Sin embargo, es necesario contar con los adecuados recursos técnicos, humanos y organizativos, así como de una dotación presupuestaria suficiente para conseguir una adecuada implantación de las Políticas de Seguridad definidas por la organización. No invertir en seguridad informática en una organización del siglo XXI sería como circular en un automóvil sin seguro frente a terceros: en caso de accidente las consecuencias pueden ser muy graves para el propietario y los acompañantes.

No se debe olvidar que la finalidad última del Departamento de Informática es proporcionar las herramientas y la información que van a necesitar los usuarios para poder llevar a cabo su trabajo de forma sencilla y eficiente (y, por supuesto, de forma segura). Sin embargo, en muchas organizaciones se sacrifica la seguridad por la usabilidad y rendimiento del sistema, primando de este modo la productividad.

## 2.2 DEFINICIÓN E IMPLANTACIÓN DE LAS POLÍTICAS DE SEGURIDAD

A la hora de definir las Políticas de Seguridad en una organización, sería conveniente contemplar todos los aspectos que se enumeran a continuación:

- Alcance: recursos, instalaciones y procesos de la organización sobre los que se aplican.

- Objetivos perseguidos y prioridades de seguridad.

- Compromiso de la Dirección de la organización.

- Clasificación de la información e identificación de los activos a proteger.

- Análisis y gestión de riesgos.

- Elementos y agentes involucrados en la implantación de las medidas de seguridad.

- Asignación de responsabilidades en los distintos niveles organizativos.

- Definición clara y precisa de los comportamientos exigidos y de los que están prohibidos ("*Appropriate Use Policy*") por parte del personal.

- Identificación de las medidas, normas y procedimientos de seguridad a implantar.

- Gestión de las relaciones con terceros (clientes, proveedores, *partners*...).

- Gestión de incidentes.

- Planes de contingencia y de continuidad del negocio.

- Cumplimiento de la legislación vigente.

- Definición de las posibles violaciones y de las consecuencias derivadas del incumplimiento de las Políticas de Seguridad.

Asimismo, podemos señalar cuáles son los distintos colectivos que deberían estar implicados en la definición de las Políticas de Seguridad dentro de una organización:

- Directivos y responsables de los distintos departamentos y áreas funcionales de la organización.

- Personal del Departamento de Informática y de Comunicaciones.

➢ Miembros del Equipo de Respuesta a Incidentes de Seguridad Informática (CSIRT, *Computer Security Incident Response Team*), en caso de que éste exista.

➢ Representantes de los usuarios que pueden verse afectados por las medidas adoptadas.

➢ Consultores externos expertos en seguridad informática.

También sería aconsejable una revisión de las medidas y directrices definidas en las Políticas de Seguridad por parte de los asesores legales de la organización.

Por otra parte, de cara a facilitar su difusión en el seno de la organización, resultará fundamental poner en conocimiento de todos los empleados que se puedan ver afectados por las Políticas de Seguridad cuáles son los planes, normas y procedimientos adoptados por la organización. El establecimiento claro y preciso de cuáles son las actuaciones exigidas, las recomendadas y las totalmente prohibidas dentro del sistema informático o en el acceso a los distintos recursos e información de la organización, citando ejemplos concretos que faciliten su comprensión por parte de todos los empleados, contribuirán a la difusión e implantación de estas medidas.

Asimismo, el acceso a documentación clara y detallada sobre todas las medidas y directrices de seguridad, así como los planes de formación y sensibilización inicial de los nuevos empleados que se incorporan a la organización son otros dos aspectos de vital importancia. La documentación debería incluir contenidos sencillos y asequibles para personal no técnico, incorporando un glosario con la terminología técnica empleada en los distintos apartados. En todo momento, los autores deberían ponerse en el lugar del lector a la hora de preparar los materiales para dar a conocer las Políticas de Seguridad.

En cada documento se podría incluir la siguiente información:

➢ Título y codificación.

➢ Fecha de publicación.

➢ Fecha de entrada en vigor.

➢ Fecha prevista de revisión o renovación.

➢ Ámbito de aplicación (a toda la organización o sólo a un determinado departamento o unidad de negocio).

➢ Descripción detallada (redactada en términos claros y fácilmente comprensibles por todos los empleados) de los objetivos de seguridad.

➢ Persona responsable de la revisión y aprobación.

> Documento (o documentos) al que reemplaza o modifica.

> Otros documentos relacionados.

En los procedimientos de seguridad será necesario especificar además otra información adicional:

> Descripción detallada de las actividades que se deben ejecutar.

> Personas o departamentos responsables de su ejecución.

> Momento y/o lugar en que deben realizarse.

> Controles para verificar su correcta ejecución.

La implantación de un adecuado sistema de gestión documental facilitará el registro, clasificación y localización de toda la documentación que se haya generado, además de constituir un aspecto fundamental si la organización desea conseguir la certificación del Sistema de Gestión de Seguridad de la Información.

Por otra parte, la organización debería tener identificado al personal clave para garantizar el adecuado nivel de cumplimiento de las normas y procedimientos de seguridad. En estos casos, se podría solicitar la firma de una carta o documento por parte de estos empleados en el que se comprometan a cumplir con las directrices y principios establecidos en las Políticas de Seguridad de la organización. También se podrían contemplar las obligaciones y responsabilidades mediante una serie de cláusulas anexas al contrato laboral de cada uno de estos empleados. Esta medida podría extenderse, si se considera necesario, a todo el personal de la organización.

Las Políticas de Seguridad constituyen una herramienta para poder hacer frente a futuros problemas, fallos de sistemas, imprevistos o posibles ataques informática. Sin embargo, se puede incurrir en una falsa sensación de seguridad si las Políticas de Seguridad no se han implantado correctamente en toda la organización.

En consecuencia, la organización debería tratar de evitar que las Políticas de Seguridad se conviertan en un libro más en las estanterías de sus despachos. En este sentido, para conseguir una implantación real y eficaz de las medidas y directrices definidas será necesario contar con el compromiso e implicación real de los directivos de la organización, aspecto fundamental para poder disponer de los recursos necesarios y para que su actuación sirva de guía y referencia para el resto de los empleados.

Asimismo, se podrían adoptar una serie de medidas para recordar la importancia de la seguridad a los distintos empleados de la organización en el día a día: mostrar mensajes de aviso al entrar en el sistema; utilizar diverso material impreso (alfombrillas, carteles informativos, etcétera) para recordar las principales directrices de seguridad; llevar a cabo sesiones periódicas de formación y sensibilización de los empleados...

Por otra parte, la organización también debe contemplar una serie de actuaciones para verificar el adecuado nivel de cumplimiento e implantación de las directrices y procedimientos de seguridad: auditorías y revisiones periódicas; simulacros de fallos y ataques informáticos; inspección manual de los procedimientos y tareas realizadas día a día por el personal; utilización de herramientas para detectar violaciones de la seguridad (intentos de acceso a carpetas y documentos protegidos, contraseñas poco robustas o instalación de software no autorizado en los equipos de la organización, por citar algunas de las más frecuentes); cuestionarios y entrevistas al personal para determinar su nivel de sensibilización y conocimiento de las Políticas; etcétera.

Otra medida que contribuye a una adecuada implantación sería la actualización y revisión de las Políticas de Seguridad cuando sea necesario, manteniendo plenamente vigentes las directrices y medidas establecidas.

Las posibles violaciones de las Políticas de Seguridad pueden tener lugar por desconocimiento o falta de la adecuada formación, por negligencia, por un fallo accidental o bien por una actuación malintencionada de un determinado usuario del sistema. Como consecuencia de estas violaciones de las directrices y medidas de seguridad, la organización deberá determinar cuál es el nivel de responsabilidad del usuario y de la gravedad de su actuación, adoptando las correspondientes medidas disciplinarias que correspondan en cada caso.

Las medidas disciplinarias tendrían que haber sido previamente aprobadas y publicitadas por la Dirección o el Departamento de Recursos Humanos, contando con la participación de los propios representantes de los trabajadores. Estas medidas disciplinarias deberían ser consecuentes con el resto de las políticas de la empresa, respetando además los derechos fundamentales de los trabajadores y la legislación laboral vigente.

## 2.3 INVENTARIO DE LOS RECURSOS Y DEFINICIÓN DE LOS SERVICIOS OFRECIDOS

La implantación de los distintos elementos de las Políticas de Seguridad requiere de un inventario previo y del mantenimiento de un registro actualizado de los recursos del sistema informático de la organización: equipamiento hardware y de comunicaciones, software, datos, documentación, manuales, consumibles, etcétera.

Asimismo, será necesario identificar los distintos puntos de acceso a la red y los tipos de conexiones utilizadas.

> Centros de tratamiento y locales donde se encuentren ubicados los ordenadores o se almacenen soportes informáticos con copias de los datos de la organización.

> Puestos de trabajo, bien locales o remotos, desde los que se pueda tener acceso a los ficheros con datos de carácter personal.

> Servidores, ordenadores personales, portátiles, agendas electrónicas, impresoras y, en general, cualquier otro equipamiento informático.

> Sistemas operativos y aplicaciones informáticas de gestión instaladas.

> Infraestructura de red de datos y de comunicaciones de la organización.

> Documentación y manuales de las aplicaciones y dispositivos del sistema informático.

> Bases de datos, ficheros y documentos.

*Tabla 2.1. Recursos del sistema informático de una organización*

El inventario de los distintos recursos facilitará el posterior análisis de las vulnerabilidades del sistema informático, identificando los posibles objetivos de los ataques o intentos de intrusión.

Por otra parte, este inventario se debe completar con la relación de los servicios ofrecidos por el sistema informático de la organización, distinguiendo entre los servicios disponibles para los empleados y los servicios que se pretenden ofrecer a usuarios externos.

Será preciso establecer la lista de servicios disponibles desde la propia red interna de la organización, así como aquellos servicios que estarán accesibles desde ubicaciones remotas.

Los responsables de la organización deberían definir las condiciones de uso aceptable para cada uno de estos servicios del sistema informático, así como qué áreas o departamentos se van a encargar de ofrecer los distintos servicios y qué personas serán las responsables de administrar y supervisar cada uno de estos servicios.

Por este motivo, en cada inicio de sesión en un equipo informático se podría mostrar un mensaje de aviso informando al usuario de que el sistema pertenece a la organización, así como de cuáles son las condiciones de uso aceptables y las posibles responsabilidades del usuario por una mala utilización de los recursos del sistema. En algunos países como Estados Unidos la jurisprudencia exige que se informe previamente al usuario de estas cuestiones, ya que en otro caso se podría interpretar que se le estaba invitando a utilizar el sistema sin ningún tipo de restricción.

Este mensaje de inicio de sesión también podría incluir una declaración acerca de cuáles son las obligaciones del usuario que va a trabajar con los recursos del sistema informático: impedir que otros usuarios puedan utilizar la misma sesión, no compartir su contraseña, no copiar o revelar datos confidenciales, etcétera. Asimismo, en dicho mensaje se le podría advertir de que el Departamento de Informática de la organización podrá registrar la actividad del usuario en los "*logs*" del sistema por motivos de seguridad.

| |
|---|
| "This is a Department of Defense Computer System. This computer system, including all related equipment, networks, and network devices (specifically including Internet access) are provided only for authorized U.S. Government use. DoD computer systems may be monitored for all lawful purposes, including to ensure that their use is authorized, for management of the system, to facilitate protection against unauthorized access, and to verify security procedures, survivability, and operational security. Monitoring includes active attacks by authorized DoD entities to test or verify the security of this system. During monitoring, information may be examined, recorded, copied and used for authorized purposes. All information, including personal information, placed or sent over this system may be monitored. |
| Use of this DoD computer system, authorized or unauthorized, constitutes consent to monitoring of this system. Unauthorized use may subject you to criminal prosecution. Evidence of unauthorized use collected during action. Use of this system constitutes consent to monitoring for these purposes." (http://www.psasd.navy.mil/warningbanner.asp) |

*Tabla 2.2. Ejemplo de un "warning banner" (mensaje de advertencia) de un Website del Departamento de Defensa de Estados Unidos*

Por otra parte, una copia del inventario actualizado de recursos y de servicios del sistema debería ser conservada de forma segura, a ser posible en un centro de respaldo y en formato impreso además de electrónico, para poder ser utilizada en caso de recuperación frente a un desastre o un incidente grave de seguridad.

## 2.4 SEGURIDAD FRENTE AL PERSONAL

La Política de Seguridad del sistema informático frente al personal de la organización requiere contemplar los siguientes aspectos:

### 2.4.1 Alta de empleados

El procedimiento de alta de nuevos empleados requiere prestar atención a aspectos como el adecuado chequeo de referencias y la incorporación de determinadas cláusulas de confidencialidad en los contratos, sobre todo si la persona en cuestión va a tener acceso a datos sensibles y/o va a manejar aplicaciones críticas dentro del sistema informático.

Asimismo, es necesario definir claramente el procedimiento seguido para la creación de nuevas cuentas de usuarios dentro del sistema, así como para la posterior asignación de permisos en función de las atribuciones y áreas de responsabilidad de cada empleado.

Por último, no se debería descuidar una adecuada formación de estos nuevos empleados, trasladando claramente cuáles son sus obligaciones y responsabilidades en relación con la seguridad de los datos y las aplicaciones del sistema informático de la organización.

## 2.4.2 Baja de empleados

El procedimiento de actuación ante una baja de un empleado también debería quedar claramente definido, de tal modo que los responsables del sistema informático puedan proceder a la cancelación o bloqueo inmediato de las cuentas de usuario y a la revocación de los permisos y privilegios que tenían concedidos.

Asimismo, este procedimiento debe contemplar la devolución de los equipos, tarjetas de acceso y otros dispositivos en poder de los empleados que causan baja en la organización.

## 2.4.3 Funciones, obligaciones y derechos de los usuarios

La organización debe definir con claridad cuáles son los distintos niveles de acceso a los servicios y recursos de su sistema informático.

De este modo, en función de las distintas atribuciones de los usuarios y del personal de la organización, se tendrá que establecer quién está autorizado para realizar una serie de actividades y operaciones dentro del sistema informático; a qué datos, aplicaciones y servicios puede acceder cada usuario; desde qué equipos o instalaciones podrá acceder al sistema y en qué intervalo temporal (día de la semana y horario).

| Recurso | *Tipo de acceso o de utilización* | Usuario o Grupo de usuarios al que se concede | Lugares o equipos desde los que se permite el acceso | Período de validez del acceso (días y horarios) | Responsable que autoriza el acceso | Fecha de la autorización |
|---|---|---|---|---|---|---|
| | | | | | | |
| | | | | | | |
| | | | | | | |
| | | | | | | |
| | | | | | | |

*Tabla 2.3. Usuarios o grupos de usuarios con acceso a los recursos del sistema informático*

En relación con este aspecto de la seguridad, la organización debe prestar especial atención a la creación de cuentas de usuarios y la asignación de permisos de acceso para personal ajeno a ésta, que pueda estar desempeñando con carácter excepcional determinados trabajos o actividades que requieran de su acceso a algunos recursos del sistema informático de la organización.

Asimismo, será necesario establecer qué datos y documentos podrá poseer o gestionar cada empleado.

Sería conveniente aplicar el principio de segregación de responsabilidades, en virtud del cual determinados privilegios no podrán ser ostentados por la misma persona dentro del sistema informático de la organización.

Por otra parte, la organización también debe contemplar la privacidad de los usuarios que tienen acceso a estos recursos y servicios del sistema informático, estableciendo en qué condiciones sus ficheros, mensajes de correo u otros documentos podrían ser intervenidos por la organización.

Todas estas medidas deberían completarse con la preparación de una serie de manuales de normas y procedimientos, que incluyesen las medidas de carácter administrativo y organizativo adoptadas para garantizar la adecuada utilización de los recursos informáticos por parte del personal de la organización.

Asimismo, será necesario definir cuáles son las posibles violaciones de las Políticas de Seguridad, de sus consecuencias para los responsables y de las medidas y pasos a seguir en cada caso.

### 2.4.4 Formación y sensibilización de los usuarios

La organización deberá informar puntualmente a sus empleados con acceso al sistema de información de cuáles son sus obligaciones en materia de seguridad. Asimismo, debería llevar a cabo acciones de formación de forma periódica para mejorar los conocimientos informáticos y en materia de seguridad de estos empleados.

Las personas que se incorporen a la organización tendrán que ser informadas y entrenadas de forma adecuada, sobre todo en las áreas de trabajo con acceso a datos sensibles y aplicaciones importantes para el funcionamiento de la organización.

## 2.5 ADQUISICIÓN DE PRODUCTOS

La Política de Seguridad relacionada con la adquisición de productos tecnológicos necesarios para el desarrollo y el mantenimiento del sistema informático de la organización debe contemplar toda una serie de actividades ligadas al proceso de compra:

- Evaluación de productos de acuerdo con las necesidades y requisitos del sistema informático implantado en la organización: características técnicas, características específicas de seguridad, relación coste/beneficio del producto, documentación facilitada por el fabricante, referencias de su instalación en empresas del mismo sector, etcétera.

- Evaluación de proveedores y del nivel de servicio que ofrecen: garantías, mantenimiento, asistencia postventa...

- Análisis comparativo de ofertas.

- Definición de los términos y condiciones de la compra, que deberían estar reflejados en un contrato previamente establecido por la organización.

- Instalación y configuración de los productos.

- Formación y soporte a usuarios y a personal técnico.

- Tareas de soporte y mantenimiento postventa.

- Actualización de los productos con nuevas versiones y parches de seguridad.

Todas estas actividades deberían ser incluidas en una guía de compras y evaluación de productos TIC, para garantizar que éstos satisfacen las características de seguridad definidas por la organización.

Por otra parte, antes de vender o deshacerse de equipos propios, la empresa se encargará de borrar de forma segura todos los datos y aplicaciones que éstos contienen.

## 2.6 RELACIÓN CON PROVEEDORES

La Política de Seguridad relacionada con la subcontratación de determinados trabajos y actividades a proveedores externos requiere contemplar aspectos como la negociación de los mínimos niveles de servicio y calidad, en especial con aquellos proveedores relacionados con la informática, las comunicaciones o el tratamiento de los datos.

Asimismo, se debería exigir el cumplimiento de ciertas medidas de seguridad que puedan afectar al sistema informático de la organización. Este aspecto resulta de especial importancia en los tratamientos de datos personales, ya que así lo exigen leyes como la Ley Orgánica de Protección de Datos en España.

En la Política de Relación con Proveedores se deberían estipular las cláusulas y exigencias habituales en la firma de contratos con los proveedores, a fin de delimitar las responsabilidades y los requisitos del servicio contratado.

También conviene contemplar la posibilidad de contratar a proveedores que se encuentren certificados en Gestión de la Seguridad Informática (según normas internacionales como la ISO 27.001).

## 2.7 SEGURIDAD FÍSICA DE LAS INSTALACIONES

Los locales donde se ubiquen los ordenadores que contienen o puedan acceder a los ficheros y datos más sensibles de la organización deben ser objeto de una especial protección, de modo que se pueda garantizar la confidencialidad, integridad y disponibilidad de los datos y aplicaciones más críticas. Estos locales deberán contar con los medios mínimos de seguridad que eviten los riesgos de indisponibilidad que pudieran producirse como consecuencia de incidencias fortuitas o intencionadas.

Generalmente, una organización de tamaño mediano o grande dispondrá de una sala especialmente acondicionada para ubicar los servidores centrales con todos los ficheros y aplicaciones informáticas. Se debería implantar un sistema de control de acceso físico a esta sala, permitiendo la entrada a personal debidamente autorizado relacionado con el Sistema de Información.

Las medidas relacionadas con la seguridad física deberían contemplar, en primer lugar, las características de construcción de los edificios o instalaciones donde se vayan a ubicar los recursos informáticos y del Sistema de Información, analizando aspectos como los siguientes:

- Protección frente a daños por fuego, inundación, explosiones, accesos no autorizados, etcétera.

- Selección de los elementos constructivos internos más adecuados: puertas, paredes, suelos y falsos techos, canalizaciones eléctricas, canalizaciones de comunicaciones… Estos elementos deberían cumplir con el máximo nivel de protección exigido por la normativa de construcción. Para evitar el polvo y la electricidad estática se debería aplicar un revestimiento especial en las paredes, el techo y el suelo de las salas donde se vayan a ubicar los servidores y equipos con los datos y aplicaciones más importantes. Asimismo, por este mismo motivo, no se deberían utilizar alfombras o moquetas para cubrir el suelo en estas salas.

- Definición de distintas áreas o zonas de seguridad dentro del edificio:

    - Áreas Públicas: pueden acceder sin restricciones personas ajenas a la organización.

    - Áreas Internas: reservadas a los empleados.

- Áreas de Acceso Restringido: áreas críticas a las que sólo pueden acceder un grupo reducido de empleados con el nivel de autorización requerido.

➢ Disponibilidad de zonas destinadas a la carga, descarga y almacenamiento de suministros.

➢ Implantación de sistemas de vigilancia basados en cámaras en circuito cerrado de televisión y en alarmas y detectores de movimiento. En este último caso se podrían utilizar barreras de infrarrojos, barreras de microondas, detectores de ultrasonidos, detectores de apertura de puertas, detectores de rotura de vidrios, detectores de vibraciones en superficies, etcétera.

➢ Control de las condiciones ambientales en las instalaciones, mediante un sistema independiente de ventilación, calefacción, aire acondicionado y humidificación/deshumidificación (HVAC: "*Heating, Ventilating and Air-Conditioning System*") que, a ser posible, debería funcionar de forma ininterrumpida, 24 horas al día durante los 365 días del año. El objetivo perseguido es tratar de mantener estables la temperatura y la humedad de la sala o salas donde se ubiquen los servidores y equipos informáticos más importantes para la organización, dentro de los límites recomendados por los fabricantes: la temperatura entre 18 y 24 grados centígrados, con una humedad relativa del ambiente de la sala de entre el 30% y el 50%.

En relación con las medidas contra incendios y contra inundaciones, conviene destacar la importancia de que el local donde se vayan a ubicar los equipos informáticos debería estar construido con materiales ignífugos, empleando muebles incombustibles y tratando de evitar en la medida de lo posible los materiales plásticos e inflamables. Asimismo, en el techo y en el suelo se recomienda utilizar materiales impermeables. Estas medidas constructivas se deberían complementar con la instalación de sistemas de detección y de extinción de incendios: detectores de humos y sistemas de extinción por aerosol, que reemplazan a los antiguos sistemas de extinción mediante gas halón.

Por otra parte, en lo que se refiere al control de acceso físico a las instalaciones, la Política de Seguridad debería definir cómo se va a llevar a cabo la identificación del personal propio (identificador con nombre, cargo y fotografía) y del personal ajeno (utilización de un identificador provisional), estableciendo asimismo los procedimientos de acceso a las Áreas Críticas (Áreas de Acceso Restringido).

La organización debería elaborar y mantener actualizada una lista de personal con autorización de acceso permanente a estas Áreas Críticas, así como una segunda lista de personal con autorización de acceso temporal, contemplando también los posibles accesos de empleados fuera de su horario laboral habitual. Una autorización de acceso temporal debería reflejar el nombre de quien lo autoriza, la identidad del visitante autorizado, el motivo, el intervalo de fechas en que tiene validez la autorización.

En estas Áreas Críticas se podrían ubicar arcos con electroimanes en los puntos de acceso, con el objetivo de provocar el borrado inmediato de discos duros y otros soportes que pudieran ser sustraídos sin la correspondiente autorización de la organización.

Asimismo, la Política de Seguridad debería contemplar la existencia de un registro de entradas y salidas del personal, sobre todo en las Áreas de Acceso Restringido, a fin de poder monitorizar las actividades y horarios del personal.

En lo que se refiere al control de acceso y protección física de los equipos informáticos más sensibles, como los servidores y algunas estaciones de trabajo, éstos deberían estar ubicados en salas especialmente acondicionadas, con puertas dotadas de cerraduras de seguridad, habilitando un control de acceso mediante llaves, tarjetas electrónicas, dispositivos biométricos u otros elementos similares, aplicando medidas de seguridad adicionales en días y en horarios sin actividad laboral.

La seguridad física de los sistemas informáticos se podría reforzar con medidas como la utilización de anclajes de los equipos a las mesas de trabajo; el bloqueo de disqueteras, lectores de CD/DVD y puertos USB; los protectores de teclado; etcétera.

Si las instalaciones de la organización no pudiesen garantizar un adecuado nivel de protección de los activos en lo que se refiere a la seguridad física del edificio, control de accesos, cableado, alarmas, etcétera, la solución podría pasar por la ubicación de estos recursos en el "*data center*" de un operador de servicios de telecomunicación, bajo la modalidad de "*housing*" o de "*hosting*", firmando un contrato con unas determinadas garantías de nivel de servicio (SLA).

## 2.8 SISTEMAS DE PROTECCIÓN ELÉCTRICA

Las directrices de seguridad relacionadas con la protección eléctrica de los equipos informáticos deberían definir aspectos como los que se indican a continuación:

➤ Adecuada conexión de los equipos a la toma de tierra.

➤ Revisión de la instalación eléctrica específica para el sistema informático, siendo recomendable disponer de tomas protegidas y estabilizadas, aisladas del resto de la instalación eléctrica de la organización.

➤ Eliminación de la electricidad estática en las salas donde se ubiquen los equipos más importantes, como los servidores.

Para ello, sería recomendable emplear un revestimiento especial en las paredes, el techo y el suelo del local para evitar el polvo y la electricidad estática, así como evitar el uso de alfombras o moquetas para cubrir el suelo.

- ➢ Filtrado de ruidos e interferencias electromagnéticas, que pueden afectar el normal funcionamiento de los equipos.

- ➢ Utilización de Sistemas de Alimentación Ininterrumpida (SAI).

En relación con este último apartado, los Sistemas de Alimentación Ininterrumpida permiten proteger a los equipos informáticos frente a picos o caídas de tensión, así como de los cambios en la frecuencia del fluido eléctrico.

De este modo, se consigue una mayor estabilización del suministro y se dispone de una alimentación auxiliar para afrontar posibles cortes en este suministro (aunque sólo por tiempo limitado, debido a que se utilizan acumuladores). También se podría contemplar la posibilidad de utilizar generadores diesel en lugar de acumuladores para prolongar la duración de la alimentación auxiliar del sistema.

Figura 2.1. Sistemas de Alimentación Ininterrumpida (SAIs)

Por lo tanto, para proteger la seguridad de los servidores más importantes frente a fallos en el suministro eléctrico o sobretensiones, la empresa podría disponer de un SAI conectado a cada una de estas máquinas, configurado de tal modo que, a través de una conexión vía puerto serie o USB, se pueda facilitar el cierre ordenado de las bases de datos y el apagado automático del servidor en caso de un corte prolongado del suministro eléctrico.

## 2.9 CONTROL DEL NIVEL DE EMISIONES ELECTROMAGNÉTICAS

Todos los equipos informáticos y electrónicos emiten señales radioeléctricas que podrían revelar información de interés a aquellos usuarios con los medios para interceptar y analizar dichas señales. Para ello, bastaría con una antena direccional, amplificadores y equipos de radiofrecuencia conectados a un ordenador.

Así, podríamos considerar las radiaciones emitidas por los monitores, que una vez capturadas y procesadas permitirían reconstruir en otro equipo la imagen que se estaba visualizando en un monitor; las señales correspondientes a las pulsaciones en el teclado; las radiaciones generadas en los accesos a los discos duros, que permitirían tener acceso a los bits grabados o leídos en cada momento; las señales emitidas por periféricos como impresoras o escáneres; las señales inducidas en líneas eléctricas y cables de telefonía, que pueden propagar estas señales debido a los fenómenos de diafonía, sobre todo en las redes locales que emplean un cableado UTP (sin apantallar).

Por todo ello, en algunos casos las Políticas de Seguridad deberían contemplar también el cumplimiento de la normativa TEMPEST (*Transient Electromagnetic Pulse Emission Standard*, Estándar de Emisión de Pulsos Electromagnéticos Transitorios) por parte de los equipos de la organización que incluyen información más sensible.

El estándar TEMPEST fue desarrollado por el gobierno de los Estados Unidos en los años cincuenta para poder controlar el nivel de emisiones electromagnéticas de todo tipo de equipos informáticos y electrónicos.

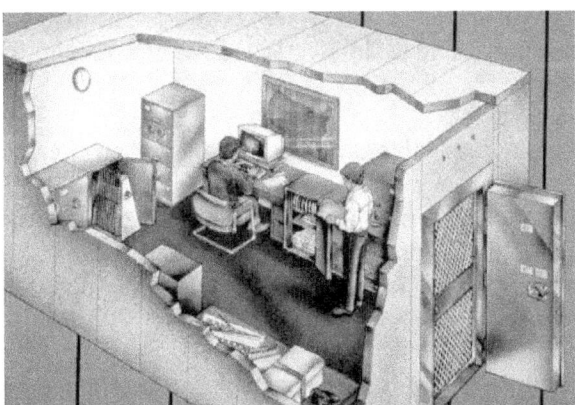

*Figura 2.2. Imagen incluida en una especificación de la Agencia de Seguridad de Estados Unidos (NSA) para la construcción de salas seguras de acuerdo con la normativa TEMPEST*

Para poder cumplir con los requisitos de esta norma, se deberían adoptar medidas como las siguientes:

- ➢ Diseño cuidadoso de los componentes, de los circuitos y de las fuentes de alimentación de los equipos informáticos y electrónicos.

- ➢ Utilización de diversos tipos de filtros para atenuar el nivel de las emisiones electromagnéticas.

- ➢ Aislamiento de los equipos informáticos que puedan procesar datos sensibles.

> Utilización de cables de fibra óptica o cables apantallados (STP[3]) en sustitución de los convencionales de cobre sin aislar.

> Apantallamiento eléctrico de los equipos para reducir al máximo la emisión de radiaciones (inclusión en una "jaula de Faraday").

Por otra parte, la organización también debe preocuparse de estudiar la ubicación de la sala donde se encuentran los servidores y equipos informáticos más importantes, para minimizar las interferencias electromagnéticas provenientes de distintas fuentes internas o externas: motores, transformadores eléctricos, emisoras de radio, sistemas de radar, etcétera.

## 2.10 VIGILANCIA DE LA RED Y DE LOS ELEMENTOS DE CONECTIVIDAD

Los dispositivos de red, como los *hubs*, *switches*, *routers* o puntos de acceso inalámbricos, podrían facilitar el acceso a la red a usuarios no autorizados si no se encuentran protegidos de forma adecuada.

Por este motivo, en las Políticas de Seguridad se deberían contemplar las medidas previstas para reforzar la seguridad de estos equipos y de toda la infraestructura de red.

Así, por ejemplo, es posible detectar "pinchazos" en el cableado de la red si la organización decide utilizar un cableado de alto nivel de seguridad. Para ello, el cable de datos se puede introducir en un sistema de tubos herméticamente cerrados, por cuyo interior circula aire a presión, contando con una serie de sensores que monitorizan su estado de forma permanente, a fin de poder detectar cualquier posible variación de la presión.

Del mismo modo, se podrían detectar derivaciones y cortes en el cable de datos mediante reflectómetros y otro tipo de equipos electrónicos.

## 2.11 PROTECCIÓN EN EL ACCESO Y CONFIGURACIÓN DE LOS SERVIDORES

Los servidores, debido a su importancia para el correcto funcionamiento de muchas aplicaciones y servicios de la red de la organización y a que suelen incorporar información sensible, tendrían que estar sometidos a mayores medidas de seguridad en comparación con los equipos de los usuarios.

---

[3] STP: *Shielded Twisted Pair* (Cable de Pares Apantallado).

Estas medidas, que deberían estar definidas en las Políticas de Seguridad, podrían contemplar aspectos como los que se citan a continuación:

- Utilización de una contraseña a nivel de BIOS para proteger el acceso a este elemento que registra la configuración básica del servidor.

- Utilización de contraseñas de encendido del equipo.

- Inicio de sesión con tarjetas inteligentes (*"smart cards"*) y/o técnicas biométricas.

- Ubicación de los servidores en salas con acceso restringido y otras medidas de seguridad físicas.

- Separación de los servicios críticos: se debería procurar que los servicios más importantes para la organización dispongan de una o varias máquinas en exclusiva.

- Configuración más robusta y segura de los servidores:

    - Desactivación de los servicios y las cuentas de usuarios que no se vayan a utilizar. Desinstalación de las aplicaciones que no sean estrictamente necesarias.

    - Documentar y mantener actualizada la relación de servicios y aplicaciones que se hayan instalado en cada servidor.

    - Cambiar la configuración por defecto del fabricante: permisos de las cuentas, contraseñas...

    - Instalación de los últimos parches de seguridad y actualizaciones (*"updates"*) publicados por el fabricante. No obstante, convendría comprobar su correcto funcionamiento en máquinas de pruebas antes que en máquinas en producción.

    - Ejecución de los servicios con los mínimos privilegios necesarios.

    - Enlazar sólo los protocolos y servicios necesarios a las tarjetas de red.

    - Activación de los registros de actividad de los servidores (*"logs"*).

    - Disponer de una copia de seguridad completa del sistema operativo de cada servidor tras una configuración correcta y suficientemente robusta.

- Instalación de una herramienta que permita comprobar la integridad de los ficheros del sistema, como Tripwire.

- Modificar los mensajes de inicio de sesión para evitar que se pueda mostrar información sobre la configuración y recursos del sistema a un posible atacante.

- Revisar el cumplimiento de otras recomendaciones de seguridad del propio fabricante o de organismos como el SANS Institute, el NIST (*National Institute for Standards and Technology*), etcétera.

La organización prestará especial atención a la configuración de seguridad de su servidor o servidores Web, para impedir ataques y conexiones no autorizadas por parte de piratas informáticos. Asimismo, como norma general, no se incluirán datos sensibles accesibles a todo el público dentro de su servidor Web.

## 2.12 SEGURIDAD EN LOS DISPOSITIVOS DE ALMACENAMIENTO

Los discos duros (*Hard Disk Drives*) utilizados como dispositivos de almacenamiento de datos no volátil en equipos informáticos son dispositivos que están compuestos por uno o más platos o discos rígidos magnéticos, unidos por un mismo eje que gira a gran velocidad dentro de una caja metálica sellada. Sobre cada plato se sitúa un cabezal de lectura/escritura que flota sobre una delgada lámina de aire generada por la rotación de los discos (principio físico de Bernoulli).

Dependiendo de la configuración de estos discos duros y de otros dispositivos de almacenamiento (librerías de cintas de copias de seguridad), podemos distinguir tres tipos de almacenamiento en un sistema informático:

- Almacenamiento directamente conectado (DAS).
- Almacenamiento conectado a la red (NAS).
- Redes de almacenamiento (SAN).

Como los discos duros pueden tener fallos provocados por los sistemas mecánicos que los componen, se utilizan los sistemas RAID para mejorar la tolerancia a fallos y la disponibilidad de los medios de almacenamiento:

El término RAID es un acrónimo del inglés "*Redundant Array of Independent Disks*", que podríamos traducir por "matriz redundante de discos independientes". Se trata, por lo tanto, de un sistema en el que se combinan varios discos duros para constituir una única unidad lógica en la que se guardan los datos de forma redundante. Los sistemas RAID profesionales deben incluir los elementos críticos por duplicado: controladoras, fuentes de alimentación y ventiladores redundantes. De este modo, la tecnología RAID permite proteger los datos contra el fallo de uno de los discos duros incluidos en la unidad, manteniendo el servidor activo y en funcionamiento hasta que se pueda reemplazar el disco estropeado, mejorando la disponibilidad y tolerancia a fallos, así como el rendimiento de la unidad lógica de almacenamiento.

Podemos distinguir varias alternativas o niveles dentro de la tecnología RAID, cada una de las cuales proporciona un equilibrio distinto entre tolerancia a fallos, rendimiento y coste. Los distintos niveles RAID son definidos y aprobados por el RAID Advisory Board (RAB), siendo los más populares los niveles 0, 1, 0+1 y 5:

- RAID 0 – *Disk Striping*: este nivel no ofrece tolerancia a fallos, ya que los datos se distribuyen entre los discos disponibles dentro de la unidad RAID mediante su seperación o fraccionamiento (*striping*). Sí permite mejorar la velocidad en las operaciones de lectura y de escritura, ya que se pueden realizar en paralelo sobre varios discos duros dentro de la misma unidad.

- RAID 1 – *Mirroring*: en este nivel se utilizan "discos espejo" (*mirrors*), es decir, discos adicionales sobre los que se realiza una copia en todo momento de los datos que se están modificando, de modo que es posible ofrecer una mayor tolerancia a fallos, puesto que los datos se pueden leer desde la unidad duplicada sin que se produzcan interrupciones. No obstante, se trata de una alternativa más costosa ya que los discos duros se deben añadir por parejas (el principal y el "*mirror*") para aumentar la capacidad de almacenamiento de la unidad RAID.

- RAID 0+1 – RAID 0/1 – RAID 10: permite combinar las dos técnicas anteriores, ofreciendo al mismo tiempo una mayor tolerancia a fallos y un mejor rendimiento de la unidad de almacenamiento. También en este caso los discos duros se deben añadir en pares cuando se desea incrementar la capacidad, por lo que se duplican los costes de almacenamiento de la unidad.

- RAID 2 – "Acceso paralelo con discos especializados y redundancia a través del código Hamming": se utiliza el código Hamming de corrección de errores (*Error Correction Code* –ECC–) combinado con el acceso paralelo a varios discos especializados, de tal modo que cada uno de ellos guarda una parte de los datos. En caso del fallo de un disco duro se podrían recuperar sus datos gracias a las propiedades del código Hamming, mejorando de este modo la tolerancia a fallos del sistema de almacenamiento.

- RAID 3 – "Acceso síncrono con un disco dedicado a paridad": se trata de una unidad RAID en el que se combina un acceso paralelo a los datos con la utilización de un único disco duro dedicado a registrar la información de paridad de los datos, y que se puede utilizar para detectar y corregir errores simples. De este modo, RAID 3 ofrece altas tasas de transferencia, alta fiabilidad y alta disponibilidad.

> RAID 4 – "Acceso independiente con un disco dedicado a paridad": es un sistema similar al anterior, pero con un acceso independiente a cada disco, de tal modo que los datos no se guardan de forma paralela entre los distintos discos que forman parte de la unidad RAID.

> RAID 5 – "Acceso independiente con paridad distribuida": es un sistema en el que se utiliza de forma independiente cada disco, y en el que se consigue mejorar la tolerancia a fallos recurriendo al registro de la información de paridad que permitiría detectar y corregir los errores, pero distribuyendo esta información de paridad entre los distintos discos que forman parte de la unidad RAID. De este modo, al distribuir la función de comprobación entre todos los discos de la unidad se consigue mejorar el rendimiento frente al nivel RAID 4. Se trata del nivel que ofrece una mejor relación relación rendimiento-coste y, por lo tanto, es el más utilizado en los servidores para aplicaciones empresariales. Gracias a la combinación del fraccionamiento tanto de los datos como de la información de paridad, constituye una solución ideal para los entornos de servidores en los que gran parte de las operaciones de entrada/salida es aleatoria, la protección y disponibilidad de los datos resulta fundamental y el coste es un factor importante.

> RAID 6 – "Acceso independiente con doble paridad": es similar al nivel RAID 5, pero incluye un segundo esquema de paridad distribuido por los distintos discos, ofreciendo de este modo una tolerancia extremadamente alta a los fallos y caídas de discos. Sin embargo, su coste es bastante superior al de otros niveles RAID, por lo que ha tenido una menor difusión a nivel comercial.

Además de los discos magnéticos, en estos últimos años también se están popularizando las unidades de estado sólido (*Solid-State Drive* –SSD–), constituidas por memorias flash y que presentan la ventaja de no utilizar partes móviles, por lo que son menos vulnerables a golpes, son prácticamente inaudibles y tienen un menor tiempo de acceso y de latencia. No obstante, su capacidad es menor y su coste es bastante superior al de los discos duros basados en platos magnéticos.

## 2.13 PROTECCIÓN DE LOS EQUIPOS Y ESTACIONES DE TRABAJO

Los equipos de los usuarios y estaciones de trabajo también deben estar sometidos a las directrices establecidas en las Políticas de Seguridad de la organización.

En estos equipos sólo se deberían utilizar las herramientas corporativas, quedando totalmente prohibida la instalación de otras aplicaciones software en los ordenadores PC de la empresa por parte de sus usuarios. En cualquier caso, el usuario del equipo debería solicitar la aprobación del Departamento de Informática antes de proceder a instalar un nuevo programa o componente software en su equipo (controles ActiveX y *plugins* descargados desde Internet, barras de ayuda para el navegador Web, etcétera).

Asimismo, los usuarios deberán tener especial cuidado con su equipo de trabajo, impidiendo que éste pueda ser utilizado por personal que no se encuentre debidamente autorizado.

Los usuarios no podrán cambiar las configuraciones de sus equipos ni deberían intentar solucionar los problemas de funcionamiento e incidencias de seguridad por su propia cuenta, debiendo notificarlas en todo caso al Departamento de Informática.

La organización podría implantar determinadas soluciones para facilitar el control de la conexión de dispositivos USB (como los *pendrives*) o FireWire (IEEE 1394) en los equipos de los usuarios, así como el control del acceso a puertos de comunicaciones como los puertos serie, puertos paralelo o puertos de infrarrojos (IrDA).

También se podría limitar el uso de los puertos USB y de las unidades lectoras/grabadoras de CDs y DVDs, para evitar que se pudiera grabar información sensible o se pudieran introducir determinados contenidos dañinos en el equipo (virus, troyanos, gusanos o programas espía).

## 2.14 CONTROL DE LOS EQUIPOS QUE PUEDEN SALIR DE LA ORGANIZACIÓN

Las Políticas de Seguridad también deberían prestar atención al control de los equipos que pueden salir de la organización, como los ordenadores portátiles, agendas electrónicas... Como norma general, los equipos y medios informáticos de la organización no podrán ser sacados fuera de sus instalaciones por los empleados sin la correspondiente autorización. Para ello, se establecerán medidas, procedimientos y controles de seguridad para los equipos que deban usarse fuera de los locales de la empresa, de forma que estén sujetos a una protección equivalente a la de los equipos internos.

Los usuarios de estos equipos deben ser conscientes de sus obligaciones y responsabilidades en relación con la seguridad de los datos y las aplicaciones instaladas. Estos equipos portátiles deberían ser transportados en bolsas especialmente acondicionadas (con protección frente a caídas y golpes), estando provistos de los medios de protección adecuados contra accesos no autorizados: aplicación de contraseñas de acceso a nivel de BIOS, cifrado de los datos del disco duro y otras unidades de almacenamiento, utilización de técnicas de seguridad biométrica o de tarjetas criptográficas, protección contra virus y programas dañinos, etcétera.

Así mismo, los usuarios deberían responsabilizarse de no dejar desatendidos estos equipos en sitios públicos. La organización también podría establecer restricciones en sus Políticas de Seguridad sobre el tipo de datos e información sensible que se pueda guardar en los discos duros y en la memoria de estos equipos. Por otra parte, los usuarios deberían evitar su exposición a campos electromagnéticos que puedan ocasionar daños en los datos o en la propia configuración de los equipos.

También están disponibles en el mercado ordenadores portátiles "a prueba de golpes", que incorporan un acelerómetro en tres dimensiones capaz de generar una señal de alarma cuando se produce una caída accidental del equipo o bien cuando éste se encuentra sometido a vibraciones anormalmente altas. Cuando se producen estas condiciones, el disco duro del equipo entra automáticamente en un modo de protección, para tratar de evitar cualquier daño en los datos almacenados.

## 2.15 COPIAS DE SEGURIDAD

Para garantizar la plena seguridad de los datos y de los ficheros de una organización no sólo es necesario contemplar la protección de la confidencialidad, sino que también se hace imprescindible salvaguardar su integridad y disponibilidad. Para garantizar estos dos aspectos fundamentales de la seguridad es necesario que existan unos procedimientos de realización de copias de seguridad y de recuperación que, en caso de fallo del sistema informático, permitan recuperar y en su caso reconstruir los datos y los ficheros dañados o eliminados.

Por "copia de respaldo o de seguridad" (*backup*) se entiende una copia de los datos de un fichero automatizado en un soporte que posibilite su recuperación.

La Política de Copias de Seguridad debería establecer la planificación de las copias que se deberían realizar en función del volumen y tipo de información generada por el sistema informático, especificando el tipo de copias (completa, incremental o diferencial) y el ciclo de esta operación (diario, semanal).

Las copias de seguridad de los datos y ficheros de los servidores deberían ser realizadas y supervisadas por personal debidamente autorizado. No obstante, si existen datos o ficheros ubicados en equipos de usuarios sin conexión a la red, podría ser el propio usuario el responsable de realizar las copias de seguridad en los soportes correspondientes.

Asimismo, será preciso establecer cómo se van a inventariar y etiquetar las cintas y otros soportes utilizados para las copias de seguridad, registrando las copias de seguridad realizadas, así como las posibles restauraciones de datos que se tengan que llevar a cabo.

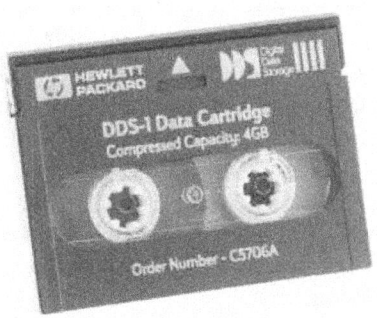

*Figura 2.3. Cinta DAT para Backups*

| Registro de Copias de Seguridad | | | |
|---|---|---|---|
| **Tipo de Copia** | ☐ Completa ☐ Incremental ☐ Diferencial | | |
| **Tipo de soporte** | ☐ Cinta DAT ☐ Disco Duro ☐ CD-ROM ☐ Disquette | ☐ Pen-Drive (llave USB) ☐ Cartucho ☐ Otro: | |
| **Etiqueta** | **Fecha de la copia** | **Fecha de los datos** | **Contenido de la copia** |
| | | | |
| | | | |
| ⋮ | ⋮ | ⋮ | ⋮ |
| | | | |
| **Lugar de almacenamiento** | | | |
| **Responsable del almacenamiento** | | | |
| | **Fecha y firma** | | |

*Figura 2.4. Registro de copias de seguridad*

Las cintas y soportes utilizados deberían ser almacenados en lugares seguros, preferiblemente en locales diferentes de donde reside la información primaria. Será necesario contemplar, además, la implantación de medidas de protección frente a posibles robos y a daños provocados por incendios o inundaciones, siendo por ello muy aconsejable que estos soportes se depositen, convenientemente etiquetados, dentro de cajas fuertes ignífugas y especialmente acondicionadas para proteger a los soportes informáticos (discos, cintas…) de altas temperaturas o radiaciones.

También será preciso establecer qué sistemas o técnicas se van a emplear (algoritmos criptográficos, por ejemplo) para garantizar la privacidad de los datos que se guarden en las cintas y otros soportes. Por otra parte, la organización podría mantener un registro de las copias de seguridad realizadas en el sistema informático, a fin de disponer de la trazabilidad de este importante procedimiento.

Asimismo, la organización debería establecer cómo y cuándo se realizarán comprobaciones de forma periódica para verificar el estado de los soportes y el correcto funcionamiento del proceso de generación de copias de seguridad.

La pérdida o destrucción, parcial o total, de los datos de un fichero debería anotarse en un registro de incidencias. Las restauraciones de datos deberían llevarse a cabo con la correspondiente autorización de un responsable del sistema informático, siendo anotadas en el propio registro de incidencias o en un registro específico habilitado a tal fin por la organización.

| Registro de Restauración de Copias de Seguridad | |
|---|---|
| Fecha y hora de la operación | |
| Ficheros restaurados | |
| Tipo de soporte utilizado | ☐ Cinta DAT  ☐ Pen-Drive<br>☐ Disco Duro  ☐ Cartucho<br>☐ CD-ROM    ☐ Otro:<br>☐ Disquette |
| Identificación soporte utilizado | |
| Incidencia que ha motivado la operación | |
| Consecuencias de la incidencia | |
| Lugar donde se ha realizado la operación | |
| Equipo utilizado | |
| Operación realizada por (fecha y firma) | Operación autorizada por (fecha y firma) |

*Figura 2.5. Registro de restauración de copias de seguridad*

## 2.16 CONTROL DE LA SEGURIDAD DE IMPRESORAS Y OTROS DISPOSITIVOS PERIFÉRICOS

Las impresoras y otros dispositivos periféricos también pueden manejar información sensible de la organización, por lo que su seguridad debería ser contemplada a la hora de definir e implantar las Políticas de Seguridad.

En lo que se refiere a la protección física de las impresoras y otros periféricos, éstas no deberían estar situadas en áreas públicas. Además, a la hora de controlar las salidas impresas, la organización debería insistir en la necesidad de que sea el propio usuario del sistema informático que envía un documento a la impresora el que asuma su responsabilidad para evitar que dicho documento pueda caer en manos de personas no autorizadas.

Por otra parte, la definición e implantación de las medidas de protección lógica permitirán limitar el acceso de los usuarios a cada impresora o periférico compartido a través de la red de la organización.

## 2.17 GESTIÓN DE SOPORTES INFORMÁTICOS

La organización debería disponer de un inventario actualizado de los soportes donde se guarden datos y documentos sensibles: discos duros externos, CDs, DVDs, *pendrives*...

Estos soportes, cuando contienen datos o ficheros especialmente sensibles, deberían estar almacenados en un lugar con acceso restringido al personal autorizado (la propia sala de servidores, por ejemplo), para evitar que otras personas pudieran obtener información de dichos soportes.

*Figura 2.6. Soportes informáticos*

De hecho, esta medida es obligatoria en España para todos los ficheros que contengan datos de carácter personal, independientemente de su nivel de seguridad. Según establece el Reglamento de la LOPD (Real Decreto 1720/2007) en su artículo 92, los soportes informáticos que contengan datos de carácter personal deberán permitir identificar el tipo de información que contienen, ser inventariados y almacenarse en un lugar con acceso restringido al personal autorizado para ello por la organización.

> ➢ Código de identificación del soporte
> ➢ Etiqueta lógica del soporte
> ➢ Tipo de soporte
> ➢ Fecha de registro del soporte
> ➢ Tipo de información que va a contener
> ➢ Formato de la información contenida

*Figura 2.7. Inventario de soportes*

En el lugar de almacenamiento de los soportes se deberían cumplir las condiciones ambientales de conservación recomendadas por sus fabricantes.

Por otra parte, se debería contemplar la existencia de un registro de entradas y de salidas de soportes, con el objetivo de disponer de la trazabilidad de los movimientos de datos y ficheros de la organización. También ésta es una medida obligatoria en España para los ficheros con datos de carácter personal de nivel medio o alto, de acuerdo con lo dispuesto por la Ley Orgánica de Protección de Datos.

La salida de soportes que contengan datos sensibles o de carácter personal fuera de los locales y equipos informáticos de la organización sólo podrá ocurrir si se cuenta con la debida autorización de un responsable del sistema informático. En algunos casos, esta autorización se dará por escrito, registrando en ella los datos identificativos del soporte en cuestión, la fecha de salida y el organismo o institución a la que se envía el soporte.

La Política de Gestión de Soportes también debería contemplar las medidas necesarias para garantizar una adecuada protección de estos soportes durante sus traslados y su almacenamiento, tanto en lo que se refiere a la protección física (para que no puedan ser robados, sustituidos por otros falsos o dañados) como a la protección lógica (para que los datos almacenados en los soportes no puedan ser leídos, copiados o modificados). Asimismo, es necesario definir cuál va a ser el papel de la persona o transportista que actúe de custodio de los soportes.

Por lo tanto, la organización se encargará de supervisar la implantación de las medidas adecuadas que impidan el acceso a la información que se contiene en estos soportes por parte de terceros no autorizados.

> Tipo de soporte

> Fecha y hora de entrada/salida del soporte

> Emisor/Destinatario del soporte

> Número de soportes

> Tipo de información que contienen los soportes

> Formato de la información que contienen los soportes

> Forma de envío de los soportes

> Persona que se encarga del envío/recepción del soporte

*Figura 2.8. Registro de entradas y de salidas de soportes*

Por otra parte, debido a la generalización del uso de los dispositivos extraíbles que se pueden conectar a través de un puerto USB o Firewire (IEEE 1394) a cualquier ordenador, como podrían ser los discos duros externos (que en la actualidad ya pueden superar varios cientos de Gb o inclusos Tb de capacidad), *pendrives*, tarjetas de memoria, etcétera, las empresas empiezan a demandar soluciones que permitan controlar y limitar el uso de estos dispositivos en sus equipos informáticos.

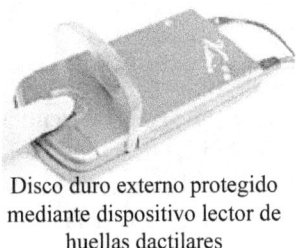

Disco duro externo protegido mediante dispositivo lector de huellas dactilares

*Figura 2.9. Protección física de un soporte*

Estos dispositivos de almacenamiento externo representan nuevas amenazas para la seguridad de los sistemas informáticos, ya que permiten extraer de forma rápida y sencilla grandes cantidades de datos y ficheros. Además, estos dispositivos también podrían facilitar la introducción de programas dañinos dentro del sistema informático de la organización saltándose las protecciones de la red: cortafuegos perimetrales, antivirus... Incluso algunos de estos dispositivos podrían ser utilizados para arrancar directamente un equipo informático desde la BIOS, evitando la carga del sistema operativo y la consiguiente aplicación de las políticas de seguridad que hayan sido establecidas por la organización.

Para tratar de evitar estos problemas, la organización podría deshabilitar o limitar la conexión de dispositivos externos en los puertos USB y Firewire de todos o parte de sus equipos informáticos. En estos últimos meses se han presentado distintas herramientas en el mercado (como podría ser el caso de las aplicaciones DeviceLock de Smartline, DeviceShield de Layton Technology, DeviceWall de Centennial Software o Sanctuary Device Control de Secureware, por citar algunas de las más conocidas) que permiten establecer una serie de permisos y restricciones para el uso de estos dispositivos extraíbles en los equipos informáticos, pudiendo establecer perfiles de uso en función del trabajador, el día y la hora, así como habilitar un registro de auditoría sobre estos dispositivos, reflejando qué ficheros han sido guardados en ellos y por parte de qué usuarios dentro de la red de la organización.

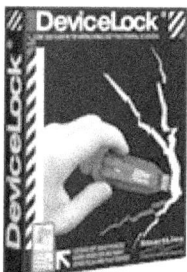

*Figura 2.10. DeviceLock*

Otro aspecto de gran importancia es cómo se va a llevar a cabo la destrucción segura de los soportes, mediante el borrado de los datos y/o la inutilización de los sistemas de almacenamiento, cuestión que también debería ser contemplada en las Políticas de Seguridad de la organización.

De hecho, se han detectado numerosos problemas con los discos duros de los equipos que una organización decide desechar o vender a terceros, o bien en aquellos casos en los que los equipos han sido contratados en la modalidad de "*renting*" o de "*leasing*". Varios expertos en seguridad pudieron comprobar cómo en muchos discos duros y equipos de segunda mano ofrecidos a la venta en tiendas especializadas se podían recuperar datos valiosos de sus anteriores propietarios, utilizando para ello las herramientas adecuadas que permiten leer la información todavía presente en las superficies magnéticas. Así, por ejemplo, en noviembre de 2010 se daba a conocer la noticia de que la NASA había vendido algunos ordenadores que contenían información sensible sobre su programa espacial, ya que los empleados responsables no habían borrado de forma segura la información incluida en sus discos duros antes de ponerlos a la venta.

Por este motivo, la organización debería establecer en sus Políticas de Seguridad una serie de directrices con el objetivo de garantizar el borrado seguro de todos los sistemas de almacenamiento que vayan a ser vendidos, cedidos a terceros, destruidos o devueltos por algún motivo al fabricante. Entre las medidas que se podrían adoptar destacamos las que se presentan a continuación:

> Aquellos soportes que sean reutilizables y que hayan contenido datos y ficheros sensibles, deberán ser borrados físicamente de forma segura antes de su reutilización, para que los datos que contenían no sean recuperables.

> Utilización de herramientas para el borrado seguro de la información de los soportes magnéticos (como "Wipe"), ya que en muchos casos no basta con un simple formateo del disco para destruir la información que en él se había almacenado. De hecho, algunos fabricantes de software ya están proponiendo que en el futuro estas funciones de borrado seguro se encuentren soportadas por el propio sistema operativo de los equipos.

> En niveles de seguridad más altos (documentos y ficheros más sensibles) será necesario realizar una desmagnetización o incluso una destrucción total del soporte de almacenamiento.

> Al deshacerse del equipo de trabajo de un usuario, además de borrar todos sus datos y ficheros personales, también será necesario eliminar las carpetas temporales, los datos guardados en las "*cookies*", las copias de seguridad de los documentos, los certificados digitales que se hayan podido instalar en el equipo, la libreta de direcciones y la configuración de las cuentas de correo y de acceso a Internet, etcétera.

Por supuesto, además de las medidas técnicas será fundamental contar con una adecuada sensibilización y formación de los usuarios, así como de los responsables informáticos de la organización.

En el mercado se comercializan distintos modelos de máquinas destructoras de documentos en papel. Una posible clasificación de las características de estas máquinas, atendiendo al tamaño de las tiras de papel que son capaces de generar, ha sido propuesta dentro de la norma alemana DIN 32 757.

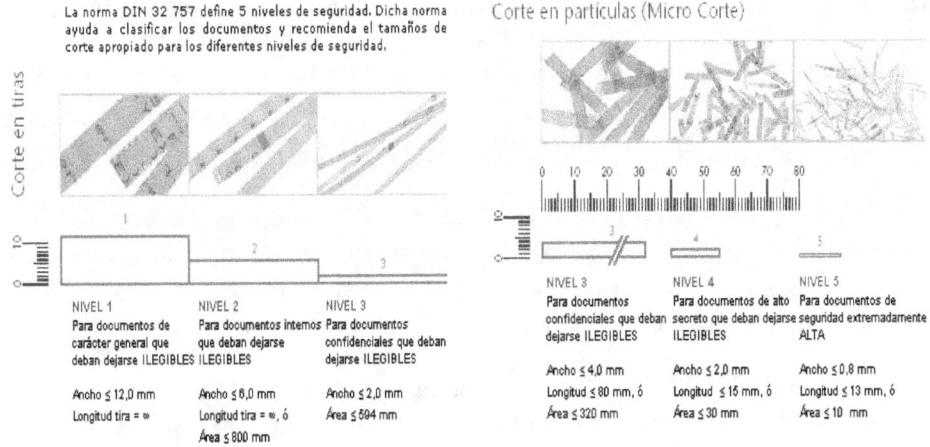

*Figura 2.11. Norma DIN para las máquinas destructoras de papel*

Del mismo modo, ya han parecido en el mercado máquinas específicas para la destrucción de discos duros y otros soportes magnéticos, como el de la empresa SEM (www.semshred.com), que puedan resultar muy útiles para destruir de forma segura los discos duros que hayan contenido información o ficheros confidenciales.

*Figura 2.12. Destructor de discos duros del fabricante SEM (www.semshred.com)*

Por otra parte, la compañía Ensconce Data Technologies presentaba en junio de 2005 varios modelos de discos duros internos y externos que se autodestruyen físicamente si alguien intenta tener acceso ilegítimo a sus contenidos. El producto en cuestión, denominado *"Dead on Demand"* (que podríamos traducir por "Muerte bajo Demanda") permite al usuario programar el disco duro de forma que se autodestruya si alguien intenta abrir la carcasa o si se interrumpe el suministro eléctrico al sistema.

Para ello, los discos están provistos de un pequeño depósito de productos químicos que, al ser activados, se esparcen por su superficie, destruyéndola. El disco duro también puede autodestruirse al digitar una secuencia especial o enviar una señal de radio desde un dispositivo remoto. Asimismo, se han desarrollado funciones adicionales, como la localización del disco duro mediante GPS, el reconocimiento de voz y los sensores de movimiento y temperatura, que pueden ser programados para activar el mecanismo de autodestrucción. Así, por ejemplo, el disco duro podría autodestruirse si detecta que sus coordenadas geográficas no coinciden con las de la sede de la organización en la que debería estar ubicado.

## 2.18 GESTIÓN DE CUENTAS DE USUARIOS

La gestión de cuentas de usuarios constituye un elemento fundamental dentro de las Políticas de Seguridad de la organización, ya que de ella dependerá el correcto funcionamiento de otras medidas y directrices de seguridad como el control de acceso lógico a los recursos o el registro de la actividad de los usuarios.

Por este motivo, la organización debería incluir en sus Políticas de Seguridad las directrices relativas al proceso de solicitud, creación, configuración, seguimiento y cancelación de cuentas de usuarios. Asimismo, se debería definir una norma homogénea de identificación de usuarios para toda la organización.

Dentro de la documentación de este proceso, será necesario definir qué personas pueden ejercer la potestad de autorizar la creación de cuentas de usuario, así como qué usuario o usuarios tendrán privilegios administrativos y constituyen, por lo tanto, una autoridad dentro del sistema.

En relación con estas cuentas de usuario con privilegios administrativos, se tendrá que especificar hasta qué punto y en qué determinadas condiciones este usuario o usuarios podrán hacer uso de los privilegios administrativos para acceder a carpetas o ficheros de otros usuarios, monitorizar el uso de la red y de los equipos, instalar o desinstalar aplicaciones, cambiar la configuración de los equipos, etcétera, contando para ello con la autorización de la Dirección de la organización.

Asimismo, es recomendable que cada usuario con privilegios administrativos emplee otra cuenta con menos privilegios para su trabajo cotidiano, recurriendo a la cuenta de administrador sólo para las tareas que así lo requieran. La organización debería mantener un registro actualizado de los usuarios que ostentan privilegios administrativos en el sistema, indicando en qué momento se conceden estos privilegios, por qué razón y finalidad y durante cuánto tiempo.

Por otra parte, los responsables de la seguridad deberían proceder a la cancelación o cambio de contraseñas de las cuentas incluidas por defecto en el sistema informático, así como a la desactivación de todas las cuentas de usuario genéricas (como las de los usuarios anónimos).

Las Políticas de Seguridad deberían establecer revisiones periódicas sobre la administración de las cuentas, los grupos asignados y los permisos de acceso establecidos, contemplando actividades como las que se enumeran a continuación:

> ➢ Revalidación anual de usuarios y grupos dentro del sistema.
>
> ➢ Asignación de permisos y privilegios teniendo en cuenta las necesidades operativas de cada usuario en función de su puesto de trabajo.
>
> ➢ Modificaciones de permisos derivadas de cambios en la asignación de funciones de un empleado, procediendo al registro de dichas modificaciones.
>
> ➢ Detección de actividades no autorizadas, como podrían ser las conexiones a horas extrañas o desde equipos que no se habían contemplado inicialmente.
>
> ➢ Detección y bloqueo de cuentas inactivas, entendiendo como tales aquéllas que no hayan sido utilizadas en los últimos meses.

*Tabla 2.4. Actividades necesarias para la administración de cuentas de usuario*

La organización debe prever cómo actuar en el caso de las bajas en el sistema por desvinculaciones del personal, procediendo a la revocación de permisos y cancelación inmediata de las cuentas de usuario afectadas. No obstante, en ocasiones será necesario mantener el identificador de la cuenta en los registros de actividad del sistema, si bien en estos casos los administradores deberían bloquear la cuenta para que no pueda volver a ser utilizada.

También se debería definir dentro de las Políticas de Seguridad cuáles son las directrices fijadas por la organización en relación con la eliminación de los datos y ficheros de ámbito personal de aquellos usuarios que hayan causado baja en el sistema, previa grabación de éstos en un CD u otro soporte para que puedan ser entregados a los interesados.

## 2.19 IDENTIFICACIÓN Y AUTENTICACIÓN DE USUARIOS

La organización debe disponer de una relación actualizada de usuarios que tienen acceso autorizado a los recursos de su Sistema de Información, estableciendo determinados procedimientos de identificación y autenticación para dicho acceso.

La Identificación y Autenticación de usuarios constituye uno de los elementos del modelo de seguridad conocido como "AAA" (*Authentication, Autorization & Accounting*), que podríamos traducir por "Autenticación, Autorización y Contabilidad (Registro)". Este modelo o paradigma de seguridad se utiliza para poder identificar a los usuarios y controlar su acceso a los distintos recursos de un sistema informático, registrando además cómo se utilizan dichos recursos.

Este modelo se basa en tres elementos fundamentales:

- **Identificación y autenticación de los usuarios**: La **identificación** es el proceso por el cual el usuario presenta una determinada identidad para acceder a un sistema, mientras que la **autenticación** permite validar la identidad del usuario.

- **Control del acceso** a los recursos del sistema informático (equipos, aplicaciones, servicios y datos), mediante la **autorización** en función de los permisos y privilegios de los usuarios.

- **Registro del uso de los recursos** del sistema por parte de los usuarios y de las aplicaciones, utilizando para ello los "*logs*" (registros de actividad) del sistema.

Todos estos elementos deberían estar claramente definidos en las Políticas de Seguridad de la organización.

En lo que se refiere al proceso de identificación, los elementos utilizados para identificar a un usuario pueden basarse en:

> Lo que se sabe: contraseñas (*passwords*), PINs.

> Lo que se posee (*token*): tarjeta de crédito, tarjeta inteligente, teléfono móvil, llave USB (*pendrive*)...

SecureKey (www.securikey.com)

*Figura 2.13. Llave USB para acceder a un sistema*

> Lo que se es: características biométricas del individuo.

> Lo que se sabe hacer: firma manuscrita, etcétera.

> Dónde se encuentra el usuario: conexión desde un determinado equipo u ordenador con una dirección IP previamente asignada, en un acceso a través de redes físicas protegidas y controladas (que no permitan que los usuarios puedan manipular las direcciones de los equipos).

El mecanismo que se ha venido utilizando en la práctica con mayor frecuencia para identificar a los usuarios se basa en los nombres de usuario ("*login*") y las contraseñas ("*password*").

De este modo, a cada usuario se le asigna un identificador o nombre de usuario, que tiene asociada una determinada contraseña (*password*) que permite verificar dicha identidad en el proceso de autenticación. En este caso, la seguridad del proceso de autenticación depende totalmente de la confidencialidad de la contraseña.

Por este motivo, toda contraseña debería cumplir con unos mínimos requisitos para garantizar su seguridad, los cuales deberían estar definidos en la Política de Gestión de Contraseñas del sistema informático de la organización:

> Tamaño mínimo de la contraseña: número mínimo de caracteres que la puedan componer (hoy en día se recomienda un tamaño mínimo de 6 caracteres).

> Caducidad de la contraseña: período de validez para su uso en el sistema antes de que tenga que ser sustituida por otra.

> Registro del historial de contraseñas previamente seleccionadas por un usuario para impedir que puedan volver a ser utilizadas.

> Control de la adecuada composición de una contraseña, a fin de conseguir que ésta sea difícil de adivinar. Para ello, la contraseña debería estar formada por una combinación de todo tipo de caracteres alfanuméricos

(por lo menos una letra y un número, así como algún signo de puntuación), evitando la repetición de secuencias de caracteres. Además, no debería estar relacionada con el propio nombre de usuario, nombres de familiares o mascotas, fechas de cumpleaños u otras fechas señaladas, matrícula del coche, domicilio, DNI, nombre de la empresa, etcétera. También es necesario comprobar la robustez de la contraseña frente a "ataques de diccionario", basados en listas de nombres o palabras comunes.

- Bloqueo de las cuentas de usuario tras varios intentos fallidos de autenticación.

- Ocultar el último nombre de usuario en el acceso desde un equipo informático conectado al sistema.

La autenticación de usuarios basada en contraseñas es un mecanismo ampliamente extendido, soportado por prácticamente todos los sistemas operativos del mercado. Sin embargo, debemos tener en cuenta que su seguridad depende de una elección segura de la contraseña y de su correcta conservación por parte del usuario, siendo el factor humano uno de los principales puntos débiles de la seguridad informática. Por este motivo, los usuarios deberían asumir su responsabilidad en este proceso, aplicando unas mínimas normas de seguridad que deberían ser definidas en la Política de Gestión de Contraseñas del sistema:

- Al iniciar una sesión por primera vez en el sistema, se debería obligar al usuario a cambiar la contraseña previamente asignada a su cuenta.

- La contraseña no debería ser anotada en un papel o agenda, ni guardada en un archivo o documento sin cifrar.

- La contraseña sólo debería ser conocida por el propio usuario.

- La contraseña nunca debería ser revelada a terceros, salvo en circunstancias excepcionales (investigación de un incidente de seguridad llevada a cabo por el propio Departamento de Informática, por ejemplo).

- Si la contraseña ha tenido que ser revelada a terceros, el propietario debería cambiar dicha contraseña lo antes posible, una vez haya terminado la situación de emergencia que justificaba su revelación.

- Ante la menor sospecha de que la contraseña pudiera haber sido comprometida, ésta debería ser cambiada de forma inmediata por el usuario.

- El usuario no debería emplear la misma contraseña o una muy similar en el acceso a distintos sistemas.

En definitiva, la sensibilización de los usuarios es un aspecto fundamental para garantizar una adecuada gestión de las contraseñas.

Por otra parte, se tendrían que cambiar todas las contraseñas por defecto del sistema (salvo durante el proceso de instalación) y proceder a la desactivación de las cuentas genéricas (como la de usuarios anónimos). Asimismo, el sistema debería estar configurado para no permitir cuentas con contraseñas vacías o inhabilitadas. Las contraseñas de los usuarios nunca deberían mostrarse directamente en pantalla (se tienen que utilizar asteriscos para ocultar lo que teclea el usuario) ni ser volcadas en un listado de impresora.

La Política de Seguridad debería exigir que en los sistemas informáticos no se puedan guardar las contraseñas de los usuarios en un fichero sin cifrar, sino que se tendría que registrar un dato derivado de cada contraseña a través de una función de resumen (función *hash*), para reforzar de este modo la seguridad del fichero de contraseñas.

Otro problema a tener en cuenta es la posible interceptación de contraseñas que se transmiten por la red, mediante programas espía o *sniffers* especializados en la captura de contraseñas. Por este motivo, la organización podría exigir en su Política de Seguridad que todas las contraseñas enviadas a través de una red informática se transmitan de forma cifrada. Se podrían admitir contraseñas en texto claro, sin cifrar, en algunas aplicaciones y servicios menos críticos para el funcionamiento del sistema informático, si bien ésta no es una medida aconsejable hoy en día.

En la práctica, en la autenticación remota de los usuarios se podría recurrir a protocolos de desafío/respuesta, que no requieren del envío de la contraseña por parte del usuario que desea acceder al sistema.

Asimismo, se podría contemplar la posibilidad de utilizar dispositivos generadores de contraseñas y/o técnicas biométricas en el proceso de identificación y autenticación de usuarios: reconocimiento de la huella dactilar, del iris…

La organización podría establecer un proceso de autenticación única para acceder a todos los servicios y aplicaciones del sistema (*"single sign-on"*), utilizando para ello un servidor de autenticación como Kerberos.

También será necesario registrar todas las sesiones iniciadas por cada usuario (o por lo menos cuál fue la última sesión), así como los intentos fallidos de conexión. Una medida que puede facilitar la detección de episodios de suplantación de identidad sería la de mostrar a cada usuario cuándo tuvo lugar su última conexión al sistema. De este modo, el propio usuario podría comprobar si alguien se había conectado empleando su identidad.

En definitiva, en la Política de Seguridad relacionada con la Identificación y Autenticación de usuarios se deberían definir cuáles van a ser los procedimientos a seguir en el sistema informático de la organización para la creación, distribución, almacenamiento y destrucción de las contraseñas.

## 2.20 AUTORIZACIÓN Y CONTROL DE ACCESO LÓGICO

La organización debe establecer determinados mecanismos para evitar que un usuario, equipo, servicio o aplicación informática pueda acceder a datos o recursos con derechos distintos de los autorizados.

Mediante el **Control de Acceso** a los distintos recursos del sistema es posible implementar las medidas definidas por la organización, teniendo en cuenta las restricciones de acceso a las aplicaciones, a los datos guardados en el sistema informático, a los servicios ofrecidos (tanto internos como externos) y a otros recursos de tipo lógico del sistema.

La implantación del control de acceso en un sistema informático depende fundamentalmente de la Gestión de Cuentas de Usuarios y de la Gestión de Permisos y Privilegios. Para facilitar el control de acceso a los datos y aplicaciones se pueden definir distintos grupos de usuarios dentro del sistema. Estas reglas de control de acceso se pueden aplicar también a equipos, redes, servicios y aplicaciones informáticas.

El modelo de seguridad aplicado en el Control de Acceso se basa en la definición y gestión de determinados **objetos lógicos** (dispositivos lógicos, ficheros, servicios) y **sujetos** (usuarios y grupos, equipos, procesos, roles) a los que se conceden derechos y privilegios para realizar determinadas operaciones sobre los objetos. Estos derechos y privilegios se pueden verificar mediante el proceso de **autorización de acceso**.

Podemos distinguir dos tipos de control de acceso:

- ➢ **Control de Acceso Obligatorio** (MAC, *Mandatory Access Control*): los permisos de acceso son definidos por el sistema operativo.

- ➢ **Control de Acceso Discrecional** (DAC, *Discretionary Access Control*): los permisos de acceso los controla y configura el propietario de cada objeto.

La **Política de Control de Acceso** permite definir una serie de restricciones de acceso no sólo ya en función de la identidad del sujeto (usuario o proceso), sino también en función del horario y/o de la ubicación física del sujeto. Asimismo, en los sistemas gráficos se pueden establecer determinadas limitaciones en la interfaz de usuario de las aplicaciones, indicando qué menús, campos de información, botones u otros elementos gráficos puede visualizar cara usuario. Por lo tanto, se puede aplicar la gestión de la seguridad lógica tanto a nivel de sistema operativo como a nivel de las aplicaciones y servicios de red.

El principio de seguridad básico que se debería tener en cuenta es que "todo lo que no está expresamente permitido en el sistema debería estar prohibido", asignando por defecto los mínimos privilegios y permisos necesarios a cada usuario del sistema, revisando de forma periódica los permisos de acceso a los recursos y registrando los cambios realizados en estos permisos de acceso.

También es necesario restringir los derechos y los privilegios administrativos de los usuarios. Sólo los administradores del sistema informático podrán conceder, alterar o anular el acceso autorizado sobre datos y recursos, conforme a los criterios establecidos por la Dirección de la organización.

Por otra parte, es recomendable controlar los intentos de acceso fraudulento a los datos, ficheros y aplicaciones del sistema informático y, cuando sea técnicamente posible, se debería guardar en un registro la fecha, hora, código y clave errónea que se han introducido, así como otros datos relevantes que ayuden a descubrir la autoría de esos intentos de acceso fraudulentos.

## 2.21 MONITORIZACIÓN DE SERVIDORES Y DISPOSITIVOS DE LA RED

La monitorización del estado y del rendimiento de los servidores y dispositivos de red constituye una medida fundamental que debería estar prevista por las Políticas de Seguridad, con el objetivo de facilitar la detección de usos no autorizados, situaciones anómalas o intentos de ataque contra estos recursos.

Para ello, es necesario activar y configurar de forma adecuada en estos equipos los registros de actividad ("*logs*"), para que puedan facilitar información e indicadores sobre aspectos como los siguientes:

> ➢ Sesiones iniciadas por los usuarios en los servidores.
> ➢ Procesos ejecutados en cada equipo informático.
> ➢ Conexiones externas.
> ➢ Acceso y utilización de los recursos del sistema.
> ➢ Intentos de violación de la política de seguridad: autenticación fallida de usuarios, intentos de acceso no autorizados a determinados recursos (carpetas, ficheros, impresoras...) por parte de algunos usuarios, etcétera.
> ➢ Detección de ataques sistemáticos y de intentos de intrusión.

*Tabla 2.5. Información incluida en los "logs" de los servidores y dispositivos de red*

El propio sistema operativo de los equipos y servidores podría ser configurado para registrar distintos eventos de seguridad que faciliten la detección de intrusiones y de intentos de violación de acceso a los recursos: intentos de acceso repetitivos a recursos protegidos, utilización del sistema fuera de horario por un usuario autorizado, etcétera.

Asimismo, la organización tendría que especificar qué alarmas, alertas e informes van a ser generados a partir de los registros de actividad de los servidores y dispositivos de red, definiendo qué personas y departamentos podrán tener acceso a éstos. En los casos más urgentes se podrían enviar mensajes de correo, mensajes a teléfonos móviles o llamadas a buscapersonas. También será necesario definir el procedimiento para evaluar los informes de violación de acceso a los recursos del sistema informático de la organización.

Debido a que en los registros de actividad se va a reflejar el uso que hacen los empleados y colaboradores de la organización de los distintos recursos de su sistema informático, será necesario informarles previamente de esta circunstancia para poder respetar sus derechos como trabajadores.

## 2.22 PROTECCIÓN DE DATOS Y DE DOCUMENTOS SENSIBLES

La Política de Seguridad relacionada con la protección de datos debe contemplar en primer lugar la clasificación de los documentos y los datos de la organización atendiendo a su nivel de confidencialidad.

Una posible clasificación de los documentos y los datos que se podría adoptar en una empresa sería la que se presenta a continuación:

> ➢ Información sin clasificar o desclasificada: podría ser conocida por personas ajenas a la empresa.

> ➢ Información de uso interno: conocida y utilizada sólo por empleados de la organización, así como por algún colaborador externo autorizado. No obstante, no conviene que ésta sea divulgada a terceros.

> ➢ Información confidencial: sólo puede ser conocida y utilizada por un determinado grupo de empleados. Su divulgación podría ocasionar daños significativos para la organización.

> ➢ Información secreta o reservada: sólo puede ser conocida y utilizada por un grupo muy reducido de empleados (generalmente directivos de la empresa). Su divulgación podría ocasionar graves daños para la organización.

Así, por ejemplo, el ejército de Estados Unidos clasifica los documentos en las siguientes categorías: Desclasificados ("*Unclassified*"), Confidenciales, Secretos y de Alto Secreto ("*Top Secret*").

Una vez definida una determinada clasificación, será necesario proceder al marcado o etiquetado de los documentos y datos de la organización. Para ello, debería figurar el nivel de clasificación de los documentos (o por lo menos de aquéllos más sensibles o de mayor nivel de confidencialidad) en las páginas impresas, medios de almacenamiento (cintas, pendrives, CDs, DVDs...) e incluso en la pantalla del usuario que accede a ellos a través de un ordenador.

La organización tendría que mantener una base de datos actualizada con la relación de los documentos más sensibles, registrando la fecha de creación, la utilización prevista, la fecha de destrucción, el cambio de clasificación del documento, etcétera. Esta base de datos podría servir de soporte al "ciclo de vida" de cada documento, reflejando su creación, utilización, modificación y, finalmente, su destrucción.

La Política de Seguridad también debería especificar qué medidas de protección se tendrían que adoptar en la manipulación de los documentos más sensibles: operaciones de almacenamiento, transmisión, transporte, tratamiento informático, impresión o destrucción. Así, por ejemplo, para el almacenamiento de documentos impresos o soportes con material sensible se deberían utilizar cajas de seguridad.

También sería recomendable incluir Cláusulas de Confidencialidad en los contratos de los empleados con acceso a los documentos y datos más sensibles de la organización. Del mismo modo, la revelación de información o documentos sensibles a terceros debería contemplar la exigencia de firmar acuerdos o de incluir en los contratos Cláusulas de Confidencialidad y de No Divulgación (*Nondisclosure Agreement*).

De cada acceso a los datos y documentos sensibles se deberían guardar, como mínimo, la identificación del usuario, la fecha y hora en que se realizó, el documento accedido, el tipo de acceso y si ha sido autorizado o denegado. En el caso de que el acceso haya sido autorizado, será preciso guardar la información que permita identificar el dato o documento accedido. Asimismo, los responsables de la seguridad deberían revisar periódicamente esta información de control registrada.

Por otra parte, a nivel técnico será conveniente exigir el cifrado de los datos y documentos más sensibles. Esta función de cifrado puede ser realizada por los propios sistemas operativos (en sus versiones más recientes), dentro del sistema de ficheros de cada máquina (servicio EFS de Windows), o bien por medio de aplicaciones específicas como PGP. También se podrían utilizar dispositivos criptográficos que cifran automáticamente un fichero antes de guardarlo en un medio de almacenamiento secundario (como Digisafe):

*Figura 2.14. Dispositivo criptográfico*

En la Política de Seguridad se debe definir cómo se tienen que registrar y conservar de forma segura las contraseñas utilizadas para el cifrado de ficheros.

Las normas y procedimientos de seguridad previstas también se deberían aplicar a los ficheros temporales que pudieran guardar datos o documentos sensibles. Estos ficheros serán borrados una vez que hayan dejado de ser necesarios para los fines que motivaron su creación, de tal modo que sus datos no puedan ser accesibles posteriormente por personal no autorizado.

También es necesario implantar las medidas de seguridad necesarias para impedir accesos no autorizados a los datos que se encuentren únicamente en soporte papel. Por ello, estos documentos siempre serán guardados en un cuarto o en un armario cerrado bajo llave. La persona que tenga acceso a estos documentos debido a las tareas que desempeñe en cumplimiento de sus funciones y obligaciones, actuando como empleado o directivo de la organización, deberá responsabilizarse de su custodia y protección, impidiendo que estos documentos puedan ser entregados a terceros sin la debida autorización. Asimismo, se encargará de conservarlos de forma segura, guardándolos en un cajón o armario bajo llave si por alguna circunstancia tuviera que ausentarse de su despacho o mesa de trabajo.

Los documentos en papel que ya no tengan que ser conservados por la empresa deberán ser destruidos de forma segura, mediante una máquina trituradora de papel o procediendo a su incineración (con las adecuadas medidas de protección para evitar el riesgo de incendio).

## 2.23 SEGURIDAD EN LAS CONEXIONES REMOTAS

En la Política de Seguridad relativa a las conexiones remotas deberían estar incluidas las medidas necesarias para garantizar la seguridad en las conexiones con las delegaciones y otras dependencias de la organización, así como la seguridad en los equipos clientes remotos que deseen acceder a los servicios informáticos centrales de la organización.

Así, por una parte, se deberían utilizar protocolos para el encapsulamiento de datos en la implantación de Redes Privadas Virtuales (VPN): IPSec, PPTP, L2F, L2TP o SSL. Mediante algoritmos criptográficos suficientemente robustos se puede garantizar la confidencialidad, autenticidad e integridad de los datos en este tipo de conexiones.

Por otra parte, en lo que se refiere a la seguridad de los clientes remotos, hay que tener en cuenta que los equipos de los usuarios remotos son más vulnerables que los internos, ya que pueden estar más expuestos a la introducción de virus y otros códigos dañinos, así como a la revelación de información sensible (por ejemplo, si el equipo cae en manos de usuarios maliciosos). Por todo ello, conviene adoptar medidas de seguridad adicionales, entre las que podríamos citar:

- Aislamiento de los equipos remotos: se deben limitar los permisos de acceso de estos equipos y registrar toda actividad sospechosa.

- Registro de las sesiones abiertas por usuarios remotos, estableciendo temporizadores para detectar y cerrar las sesiones inactivas.

- Utilización de herramientas (como VNC) para controlar los equipos remotos y poder conectarse a éstos para realizar tareas administrativas o, incluso, para proceder a su bloqueo.

La Política de Seguridad debería definir también cuál es el procedimiento a seguir para facilitar el acceso remoto a un usuario, considerando los siguientes aspectos:

- Cumplimentación del documento de solicitud de la conexión remota:

    - Justificación de la conexión remota: descripción de la finalidad o de las tareas que se van a realizar a través de esta conexión remota.

    - Recursos requeridos en la conexión.

    - Mecanismos de autenticación y de control de acceso a los recursos.

    - Horario y días en los que se permite la conexión.

    - Período de validez de la conexión.

    - Persona responsable que autoriza la conexión.

- Configuración del equipo remoto:

    - Software instalado.

    - Configuración de seguridad del equipo.

> Documentación que se debería entregar al usuario remoto:

- Procedimientos de seguridad básicos.

- Personas de contacto dentro de la organización para poder notificar y tratar de resolver cualquier incidencia.

- Confirmación de aceptación de las condiciones de uso de la conexión remota.

Por otra parte, la transmisión de datos y documentos a través de una conexión remota, ya sea por medio de correo electrónico o mediante sistemas de transferencia de ficheros, se está convirtiendo en uno de los medios más utilizados para el envío de datos, hasta el punto de que está sustituyendo a los soportes físicos. Por ello, merecen un tratamiento especial ya que, por sus características, pueden ser más vulnerables que los soportes físicos tradicionales.

Todas las entradas y salidas de datos que incluyan datos y ficheros sensibles, y que se lleven a cabo mediante correo electrónico, se deberían realizar únicamente desde cuentas y direcciones de correo especialmente autorizadas por la organización.

Del mismo modo, si se realiza la entrada o salida de datos sensibles mediante sistemas de transferencia de ficheros a través de una conexión remota, únicamente un usuario autorizado podrá realizar esas operaciones.

Podría resultar conveniente guardar copias de todos los correos electrónicos que involucren entradas o salidas de datos y documentos sensibles, en directorios protegidos y bajo el control de los responsables de la seguridad del sistema informático. También se debería conservar una copia en directorios protegidos de los ficheros recibidos o transmitidos por sistemas de transferencia de ficheros, acompañada de un registro de la fecha y hora en que se realizó la operación y el destino del fichero enviado.

En cualquier caso, cuando los datos y documentos sensibles vayan a ser enviados por correo electrónico o por sistemas de transferencia de ficheros, a través de redes públicas o no protegidas, será necesario que éstos sean cifrados de forma que sólo puedan ser leídos e interpretados por el destinatario.

## 2.24 DETECCIÓN Y RESPUESTA ANTE INCIDENTES DE SEGURIDAD

La organización debería definir un procedimiento de notificación y gestión de incidencias, de tal modo que se puedan realizar una serie de actividades previamente especificadas para controlar y limitar el impacto del incidente. Además, en las Políticas de Seguridad se podrían establecer qué herramientas se van a utilizar para facilitar la detección y rápida respuesta ante incidentes, como podría ser el caso de los Sistemas de Detección de Intrusiones (IDS).

Entre las posibles medidas a implantar, una de las más aconsejables es la creación de una base de datos para registrar cada incidencia, indicando el tipo de incidencia, el momento en que se ha producido, la persona que realiza la notificación, a quién se le comunica y los efectos que se hubieran derivado de la misma.

En el siguiente cuadro se detallan todos los datos que se podrían registrar de cada una de las incidencias que afecten a la seguridad del Sistema de Información y/o de los ficheros con datos de carácter personal:

| Registro de Incidencias | |
|---|---|
| ❏ Número de registro de la incidencia | |
| ❏ Fecha y hora de la incidencia | |
| ❏ Fecha de notificación | |
| ❏ Persona que realiza la notificación | |
| ❏ Persona a quien se comunica la incidencia | |
| ❏ Tipo de incidencia | |
| ❏ Descripción detallada de la incidencia | |
| ❏ Efectos y posibles consecuencias | |
| ❏ Acciones adoptadas para subsanar las consecuencias | |
| ❏ Persona que comunica | ❏ Responsable de seguridad |

*Figura 2.15. Registro de una incidencia*

Este registro de incidencias constituye una herramienta imprescindible para la prevención de posibles ataques que puedan comprometer la seguridad de los recursos del sistema informático, así como para la persecución de los responsables de los mismos. Además, se trata de una medida de seguridad de carácter obligatorio para los ficheros con datos de carácter personal, tal y como requiere la Ley Orgánica de Protección de Datos en España.

En esta base de datos de incidencias también se podrán registrar las distintas actualizaciones y parches instalados en el sistema operativo, bases de datos y aplicaciones informáticas de la empresa.

En este contexto, se entiende por incidencia "cualquier anomalía que afecte o pudiera afectar a la seguridad de los datos", por lo que no se refiere únicamente a cuestiones informáticas (malfuncionamiento de los equipos o las aplicaciones, por ejemplo), sino que también se deberían tener en cuenta otras cuestiones de tipo humano u organizativo (como las posibles pérdidas de contraseñas, por ejemplo).

En las Políticas de Seguridad se podría establecer que el conocimiento y la no notificación o registro de una incidencia por parte de un usuario podría ser considerado como una violación de las Políticas de Seguridad de la organización por parte de ese usuario.

## 2.25 OTROS ASPECTOS A CONSIDERAR

### 2.25.1 Seguridad en el desarrollo, implantación y mantenimiento de aplicaciones informáticas

La organización debería contemplar la seguridad en todas las fases del Ciclo de Vida de los Sistemas Informáticos. Además, en las Políticas de Seguridad se deberían definir cuáles son estas medidas de seguridad relacionadas con el desarrollo, implantación y mantenimiento de las aplicaciones informáticas, estableciendo una clara separación entre los entornos de desarrollo y los sistemas en producción.

Todos los cambios y actualizaciones realizados en las aplicaciones deberían ser probados de forma segura y en un entorno independiente, antes de su puesta en marcha como un sistema en producción.

Las pruebas anteriores a la implantación o modificación de las aplicaciones y sistemas informáticos que traten ficheros con datos de carácter personal o con otros datos sensibles no se podrán realizar con datos reales, salvo que se asegure el nivel de seguridad correspondiente al tipo de fichero o de datos tratados.

### 2.25.2 Seguridad en las operaciones de administración y mantenimiento de la red y de los equipos

Las Políticas de Seguridad deberían reflejar los requisitos de seguridad aplicables a todas las operaciones relacionadas con la administración y mantenimiento de la red y de los equipos informáticos.

Asimismo, será necesario especificar el personal implicado en cada tipo operación, así como los procedimientos que se deberían seguir para respetar los requisitos mínimos de seguridad.

El departamento de informática de la organización se debe encargar de actualizar de forma periódica los sistemas operativos y las distintas aplicaciones y servicios de la red, instalando los parches necesarios publicados por los fabricantes para subsanar agujeros de seguridad conocidos.

Los administradores del sistema deberían realizar un seguimiento semanal de todas las noticias publicadas en Internet sobre agujeros de seguridad detectados en los sistemas operativos y en los programas instalados, para poder de este modo reaccionar con mayor rapidez.

## 2.25.3 Creación, manejo y almacenamiento de documentos relacionados con la seguridad del sistema informático

La organización debería definir un procedimiento para facilitar el registro y catalogación de los documentos relacionados con la seguridad de su sistema informático, así como con la gestión de la configuración del software, del hardware y de los dispositivos de red.

Asimismo, se debería crear y utilizar una Base de Datos de Conocimientos, formada por documentos técnicos, bibliografía, direcciones de recursos disponibles en Internet y resúmenes de cursos y seminarios de seguridad a los que asisten empleados de la organización. También se podrían incluir dentro de esta Base de Datos de Conocimientos el registro de eventos, incidencias y actuaciones destacadas en relación con el sistema informático y con su seguridad.

Para facilitar el acceso a la Base de Datos de Conocimientos se deberían instalar herramientas de clasificación y búsqueda, contemplando además otro tipo de medidas orientadas a fomentar su utilización por parte del personal interesado.

## 2.25.4 Cumplimiento de la legislación vigente

Las Políticas de Seguridad también deberían hacer mención al cumplimiento y conformidad de estas políticas con las exigencias del marco legal vigente, por lo que en España se tendría que reflejar en qué medida el sistema informático de la organización está sometido y cumple con las exigencias en materia de protección de datos de carácter personal (Ley Orgánica de Protección de Datos), servicios ofrecidos a través de Internet (Ley de Servicios de la Sociedad de la Información), lucha y control de los delitos informáticos (Código Penal), cumplimiento de la legislación sobre Propiedad Intelectual, etcétera.

## 2.25.5 Actualización y revisión de las medidas de seguridad

Otro aspecto importante, que no debería ser descuidado por falta de tiempo o desinterés del personal encargado de la seguridad del sistema informático, es la necesaria actualización y revisión de las medidas de seguridad definidas e implantadas.

Para ello, se puede reflejar en las Políticas de Seguridad de qué forma se va a proceder para realizar un seguimiento de listas y boletines de seguridad, como las publicadas de forma diaria o semanal por entidades como INTECO, CERT, etcétera.

## 2.26 REALIZACIÓN DE PRUEBAS Y AUDITORÍAS PERIÓDICAS

La realización de pruebas y auditorías periódicas de seguridad constituyen un elemento de gran importancia para poder comprobar la adecuada implantación de las directrices y medidas definidas en las Políticas de Seguridad.

Así, por una parte, sería conveniente llevar a cabo una revisión de la correcta implantación de estas directrices y medidas, realizando para ello distintas pruebas de seguridad:

- Análisis de posibles vulnerabilidades del sistema informático, empleando herramientas como *Nessus* o *Internet Security Scanner* para tratar de localizar de forma automática algunas de las vulnerabilidades más conocidas.

- Sondeos de seguridad que complementan el análisis de vulnerabilidades con tareas de detección y de revisión de la instalación y configuración de los equipos de seguridad (cortafuegos, antivirus o IDS, por citar los más conocidos).

- Pruebas de intrusión, en las que no sólo se detectan las vulnerabilidades, sino que se trata de explotar las que se hayan identificado para tratar de comprometer el sistema afectado.

- Otras pruebas de seguridad que contemplan aspectos humanos y organizativos, recurriendo a técnicas como la "Ingeniería Social" para tratar de descubrir información sensible o determinados detalles sobre la configuración y el funcionamiento del sistema.

- El análisis y evaluación de riesgos, en el que se pretende determinar cuál es el nivel de riesgo asumido por la organización a partir del análisis de posibles amenazas y vulnerabilidades.

Por otra parte, también conviene estudiar la respuesta de la organización ante ataques simulados y determinados tipos de incidentes de seguridad, de forma que se pueda comprobar la adecuada ejecución de las tareas y la disponibilidad de recursos previstos en los planes de contingencia.

En este sentido, sería conveniente que una auditoría se realizase de acuerdo con las guías y recomendaciones de organismos reconocidos a nivel nacional e internacional, como ISACA (*Information Systems Audit and Control Association*, www.isaca.org).

Podemos considerar las siguientes etapas en una auditoría:

1. Planificación de la auditoría (tareas a realizar y recursos necesarios), definiendo el ámbito y los objetivos perseguidos. Asimismo, será necesario proceder a la validación de estos objetivos con los dueños y responsables del sistema.

2. Realización de las tareas planificadas, documentando cada una de estas tareas y los resultados obtenidos.

3. Validación de los resultados de la auditoría.

4. Elaboración del informe con los resultados de la auditoría, las conclusiones y recomendaciones.

5. Presentación y aprobación de la auditoría por parte de los dueños y responsables del sistema.

En todo este proceso conviene destacar la importancia de mantener la seguridad de los registros de auditoría ("*audit trails*"), que facilitan el seguimiento de la actividad en los sistemas que van a ser auditados.

Asimismo, en los trabajos de auditoría se debería revisar el nivel de cumplimiento de los requisitos legales, como en el caso de la Protección de los Datos Personales (LOPD).

En definitiva, con las auditorías y revisiones periódicas se trata de llevar a cabo un análisis diferencial entre las medidas de seguridad deseables ("Buenas Prácticas" incluidas en normas como la ISO 17799), las medidas y directrices diseñadas y aprobadas por la organización (y que constituyen sus Políticas de Seguridad), y las que realmente se han implantado y se están cumpliendo de forma adecuada en el momento del estudio. Con esta información se podría llevar a cabo una actualización de los elementos de las Políticas de Seguridad.

## 2.27 REFERENCIAS DE INTERÉS

- ✓ Libro "*Information Security Policies Made Easy*", de Charles Cresson Wood y publicado por Baseline Software, que incluye multitud de ejemplos de Políticas de Seguridad.

- ✓ Directrices y documentación adicional para poder definir las Políticas de Seguridad, disponible en la página web del Proyecto de Políticas de Seguridad del SANS Institute ("*SANS Institute Security Policy Project*"), accesible en: http://www.sans.org/resources/policies/.

- ✓ Artículo de Gary Desilets sobre cómo evitar que las Políticas de Seguridad se conviertan en un "libro más de estantería": http://www.giac.org/certified_professionals/practicals/gsec/0656.php

- ✓ Se puede consultar una completa lista de procedimientos de seguridad en la dirección del documento RFC 2196: http://www.ietf.org/rfc/rfc2196.txt?Number=2196.

- ✓ CERT/CC: http://www.cert.org/.

- ✓ Instituto Nacional de Tecnolocías de la Comunicación - INTECO: http://www.inteco.es/.

- ✓ Hispasec: http://www.hispasec.com/.

- ✓ Microsoft Security: http://www.microsoft.com/security/.

- ✓ Linux Security: http://www.linuxsecurity.com/.

- ✓ WindowSecurity: http://www.windowsecurity.com/.

- ✓ NT Bugtraq: http://ntbugtraq.ntadvice.com/.

- ✓ Security Portal: http://securityportal.com/.

- ✓ Search Security: http://searchsecurity.techtarget.com/.

- ✓ The SANS Institute: http://www.sans.org/.

- ✓ ISACA (*Information Systems Audit and Control Association*): http://www.isaca.org/.

# Capítulo 3

# LA IMPORTANCIA DEL FACTOR HUMANO EN LA SEGURIDAD

## 3.1 EL FACTOR HUMANO EN LA SEGURIDAD INFORMÁTICA

La implantación de unas adecuadas medidas de seguridad informática exige contemplar aspectos técnicos (antivirus, cortafuegos, IDS...), organizativos (planes y procedimientos) y legales (cumplimiento de la legislación vigente sobre protección de datos, uso de la firma electrónica, propiedad intelectual o control de contenidos). No obstante, en muchas ocasiones se presta muy poca atención a la importancia del factor humano en la seguridad informática.

Las personas representan el eslabón más débil dentro de la seguridad informática: a diferencia de los ordenadores, las personas pueden no seguir las instrucciones exactamente tal y como fueron dictadas. Además, pueden llevar a cabo acciones que provoquen un agujero de seguridad en la red de la organización: instalación de software malicioso (por ejemplo, un "*spyware*") en su ordenador, revelación de información sensible a terceros, etcétera.

Es fundamental, por lo tanto, contemplar el papel de las personas y su relación con los sistemas y redes informáticas de la organización. Además, la disponibilidad en Internet de todo tipo de herramientas y programas, así como de la documentación necesaria para su instalación y configuración ha venido a complicar la situación para los Responsables de Informática de las organizaciones, ya que ahora la "tentación" se encuentra a un simple clic de distancia.

En definitiva, un principio básico a tener cuenta desde el punto de vista de la seguridad informática es que todas las soluciones tecnológicas implantadas por la organización (cortafuegos, antivirus, sistemas de detección de intrusiones...) pueden resultar inútiles ante el desconocimiento, falta de información, desinterés o ánimo de causar daño de algún empleado desleal.

De hecho, como ya se ha comentado en capítulos anteriores del libro, según varios estudios publicados más del 75% de los problemas inherentes a la seguridad se producen por fallos en la configuración de los equipos o debido a un mal uso por parte del personal de la propia organización.

Los principales expertos en materia de seguridad informática ya nos han alertado estos últimos años sobre la necesidad de contemplar el factor humano como uno de los más importantes y decisivos a la hora de implantar un buen Sistema de Gestión de Seguridad de la Información.

Así, en palabras de Kevin Mitnick, uno de los *hackers* más famosos de la historia, "usted puede tener la mejor tecnología, *firewalls*, sistemas de detección de ataques, dispositivos biométricos... Lo único que se necesita es una llamada a un empleado desprevenido y acceden al sistema sin más. Tienen todo en sus manos".

El propio experto en criptografía y seguridad Bruce Schneier llegaba a afirmar en uno de sus últimos libros, *Secrets and Lies* (Verdades y Mentiras)[4] que "... si piensas que la tecnología puede resolver tus problemas de seguridad, entonces no entiendes el problema y no entiendes la tecnología".

*Figura 3.1. Bruce Schneier*

Además, hay que tener en cuenta que una empresa u organización puede ser responsable civil subsidiaria de los actos de sus empleados, que en nuestro país pueden acarrear importantes sanciones económicas, teniendo en cuenta la legislación vigente (LOPD, LSSI-CE, Código Penal...):

> ➢ Cesiones no autorizadas de datos de carácter personal, con multas de hasta 600.000 € por no seguir las directrices previstas por la Ley Orgánica de Protección de Datos (LOPD).

---

[4] Libro escrito para "corregir los errores" de su anterior best-seller mundial, *Applied Criptography*.

➢ Envíos de comunicaciones comerciales no solicitadas (*spam*), que pueden tener como consecuencia para sus responsables sanciones económicas de hasta 150.000 €, al incumplir con los preceptos de la Ley de Servicios de la Sociedad de la Información (LSSI).

➢ Delitos contra la propiedad intelectual, si se instalan y utilizan programas de intercambio de ficheros P2P (como Kazaa, e-Mule y un largo etcétera).

➢ Responsabilidad por la comisión de delitos informáticos, como sería el caso de aquellos ataques e intentos de intrusión contra otros equipos que se lleven a cabo desde la propia red informática de la empresa.

➢ Descarga de herramientas de *hacking*, acceso a pornografía o a contenidos tipificados como ilegales en el país (Websites racistas o de grupos xenófobos o terroristas).

➢ Envío a terceros de información confidencial de la empresa o de sus posibles clientes y proveedores.

Por otra parte, en estos últimos años se han incrementado de forma significativa los conflictos legales derivados de la utilización de Internet y el correo electrónico en el trabajo y, a falta de una clara normativa, se han dictado sentencias a favor de unos y otros, empresarios y trabajadores, avalando en unos casos despidos por abuso de Internet y rechazándolos en otros.

De hecho, el mal uso o abuso de determinados servicios de Internet que, por otra parte, son muy populares en la actualidad, constituye una de las mayores preocupaciones de las empresas. Entre estos servicios y aplicaciones más problemáticas destacan los programas de mensajería instantánea (como Yahoo Instant Messenger o MSN Messenger); los servicios de correo basados en Webmail (como Gmail de Google, Yahoo!Mail o Hotmail); los programas de intercambio de ficheros (aplicaciones *"peer-to-peer"* como Kazaa, e-Mule, e-Donkey, Audiogalaxy o BitTorrent); o la descarga de ficheros desde servidores FTP.

Además, conviene destacar las importantes consecuencias para la organización de estas prácticas o abusos, que se traducen en una pérdida de productividad (horas perdidas en el trabajo, ya que se destina parte del tiempo de presencia en la organización a tareas no relacionadas con las propias del puesto desempeñado por el empleado), el incremento de los riesgos (introducción de virus y otros códigos dañinos), posibles responsabilidades legales por utilizar recursos de la empresa para llevar a cabo actividades delictivas (como la descarga de contenidos digitales protegidos por derechos de autor: películas, libros, canciones, imágenes o software), etcétera.

Por todo ello, la implantación de un Sistema de Gestión de Seguridad de la Información debería considerar el factor humano como uno de sus elementos clave, contemplando aspectos como la adecuada formación y sensibilización de los empleados, la implicación de los responsables y directivos, o la aprobación de un Reglamento Interno sobre el uso de la Informática e Internet en la organización, entre otras medidas relacionadas con esta cuestión.

En definitiva, los usuarios deben ser conscientes de la importancia de garantizar la seguridad de la información y de los restantes recursos del sistema informático, así como de los posibles riesgos y de sus consecuencias para la organización.

Asimismo, los responsables de la seguridad informática deberían disponer de una completa evaluación de los posibles errores, pérdidas, robos y usos indebidos de la información por parte de los empleados y usuarios del sistema, con el objetivo de facilitar la adecuada gestión y reducción del riesgo asociado al factor humano.

## 3.2 FUNCIONES Y RESPONSABILIDADES DE LOS EMPLEADOS Y DIRECTIVOS

Las funciones y obligaciones de cada una de las distintas personas que tienen acceso a los datos y a los servicios del sistema de información de una organización deberían estar claramente definidas en todo momento.

Cada organización debería adoptar las medidas necesarias para que estas personas conozcan las normas de seguridad que afecten al desarrollo de sus funciones respecto a la utilización de los servicios y herramientas informáticas y su acatamiento a las mismas, así como las consecuencias en que pudiera incurrir cada usuario en caso de incumplimiento.

Estas medidas afectan a los distintos colectivos que puedan tener acceso a los servicios del sistema y red informática de la organización:

- Administradores del sistema y de la red informática.
- Desarrolladores de aplicaciones.
- Técnicos responsables del mantenimiento de los equipos y de la red informática.
- Usuarios finales del sistema.
- Directivos.
- Personal externo: empresas de servicios que tienen acceso a los recursos informáticos de la organización.

Los acuerdos de confidencialidad, la selección rigurosa del personal y la inclusión de la seguridad dentro de las responsabilidades contractuales son buenas prácticas a considerar, prestando especial atención al personal crítico, es decir, a aquellas personas que deben realizar las tareas de mayor importancia para la organización o que puedan tener acceso a la información y recursos más sensibles. En este sentido, los empleados con acceso a datos sensibles deberían firmar en sus contratos cláusulas de confidencialidad y de cumplimiento de determinadas normas básicas de seguridad informática y en materia de protección de datos de carácter personal.

También conviene hacer especial hincapié en la adecuada utilización del correo electrónico y en el manejo, en general, de información sensible o confidencial dentro de la organización. Los usuarios deberían ser conscientes de la necesidad de cifrar y proteger la información y los documentos confidenciales.

Así, sería conveniente destacar la importancia de utilizar la firma electrónica y la criptografía en los mensajes de correo electrónico con información más sensible, o de prestar una especial atención a la hora de escribir los destinatarios en los correos electrónicos para evitar envíos erróneos que pudieran revelar información confidencial a terceros (incidentes que, por otra parte, se han producido con más frecuencia de la deseada en muchas organizaciones).

Por otra parte, los usuarios de muchas organizaciones están acostumbrados a un uso demasiado abierto de los ordenadores personales basados en sistemas Windows, en el sentido de que han instalado todo tipo de programas y herramientas (descargados directamente desde Internet o copiados desde el CD-ROM de una revista) sin contar con la preceptiva autorización de los responsables informáticos, lo que ha provocado un aumento del coste de propiedad para la organización, debido a la desconfiguración de estos equipos, a su posible infección mediante virus y troyanos, a la utilización de herramientas que infringen leyes como las de Protección de la Propiedad Intelectual, etcétera.

Desde el punto de vista del cumplimiento de la legislación vigente en la Unión Europea en materia de protección de datos personales (que se materializa a través de la LOPD en España), toda organización que realice un tratamiento de ficheros que incluyan datos de carácter personal debe mantener actualizada una relación de usuarios con acceso a los ficheros de datos de carácter personal, así como sobre sus distintas funciones y obligaciones en relación con estos datos.

| Departamentos \ Ficheros | Administración | Logística y almacén | Comercial |
|---|---|---|---|
| **Potenciales clientes** | | | Control total |
| **Clientes** | Control total | | Control total |
| **Proveedores** | Control total | Lectura | |
| **Profesionales y colaboradores** | Control total: *Acceso a datos de contactos y a datos económicos* | | Lectura |
| **Personal** | Control total | | |
| **Contactos comerciales** | | Lectura | Control total |

*Figura 3.2. Acceso a ficheros con datos de carácter personal*

En este aspecto, el compromiso de la Alta Dirección resulta de especial importancia, ya que su implicación es necesaria para que se puedan destinar los recursos suficientes para una adecuada Gestión de la Seguridad de la Información. Por este motivo, sería conveniente elaborar informes detallados sobre los costes y las consecuencias de la falta de seguridad para la organización, para conseguir de este modo su sensibilización sobre esta delicada cuestión.

No debemos olvidar un problema adicional con los directivos de la organización, ya que suelen tener acceso a información sensible y, en algunos casos, sus conocimientos y habilidades informáticos son bastante reducidos, por lo que pueden ser víctimas fáciles de estafas y ataques basados en determinado tipo de engaños ("Ingeniería Social"). Por otra parte, en algunos casos suelen exigir el acceso a servicios y protocolos desde sus propios ordenadores contraviniendo las políticas de la organización: el programa de mensajería instantánea para poder "chatear" con su hijo que estudia en otro país, la aplicación para descargar películas de Internet…

Por todo lo expuesto en este apartado, sería recomendable que la organización elaborase un Reglamento Interno sobre "Seguridad Informática, Utilización de Internet y Protección de Datos de Carácter Personal", que tendría su base jurídica en el entorno normativo existente en España y la Unión Europea: la Ley Orgánica 15/1999, de 13 de diciembre, de Protección de Datos de Carácter Personal (LOPD) y su Reglamento de Desarrollo (Real Decreto 1720/2007); la Ley de Servicios de la Sociedad de la Información (LSSI); el nuevo Código Penal, que contempla nuevos tipos de delitos informáticos y contra la propiedad intelectual; la Ley General de Telecomunicaciones (LGT); etcétera.

Este Reglamento Interno debería ser elaborado contando con la participación de los representantes de los empleados y del Departamento de Recursos Humanos de la organización, estar autorizado por la Dirección y ser divulgado entre todos los empleados con acceso a los recursos informáticos.

Cada usuario del sistema debería conocer y aceptar estas normas, haciéndose responsable de los daños y perjuicios que pudiera causar debido a su falta de cumplimiento diligente. Asimismo, es necesario dar a conocer con total claridad y transparencia cuáles serían las medidas disciplinarias adoptadas por la organización en caso de incumplimiento.

Por supuesto, todas estas normas deberían ser explicadas de forma detallada a las personas que se incorporan a la organización y que puedan tener acceso a sus recursos informáticos.

El personal afectado por esta normativa se podría clasificar en dos grandes categorías:

> Administradores del sistema, analistas, programadores y técnicos informáticos, que se encargan de administrar o mantener el entorno del sistema informático y de las aplicaciones de gestión, así como del desarrollo de nuevas herramientas y aplicaciones. Este personal puede utilizar herramientas de administración que permitan el acceso a los datos protegidos, servicios y aplicaciones, saltándose las barreras de acceso de las aplicaciones o del sistema operativo.

> Usuarios básicos del sistema informático y de las aplicaciones de gestión que pueden tener acceso a los ficheros con datos y a los servicios ofrecidos por la red informática de la organización.

Dentro del primer grupo, los administradores de la red informática y de los sistemas operativos dispondrán de los máximos privilegios y, por tanto, tendrán acceso a todas las aplicaciones y herramientas del sistema informático, así como a los ficheros o bases de datos necesarios para resolver los problemas que surjan. Para reducir el riesgo de que una actuación errónea pueda afectar a la seguridad del sistema, sólo deberían utilizar una cuenta de administrador con los máximos privilegios cuando fuese realmente necesario para ejercer sus funciones como tales, empleando una cuenta de un usuario básico del sistema en las restantes ocasiones en que se encuentren trabajando dentro de la red informática de la organización.

Las actuaciones de los analistas, programadores y técnicos de operación y mantenimiento se tendrían que limitar a la operación de los equipos y redes utilizando las herramientas de gestión disponibles. No deberían, en principio, tener acceso directo a los datos de los ficheros, siempre y cuando su actuación no precise de dicho acceso.

La normativa aprobada por la organización se encargaría, por lo tanto, de regular el uso y acceso de las partes del sistema operativo, herramientas o programas de utilidad o del entorno de red, de forma que se prohibiese expresamente el acceso no autorizado a los ficheros con datos sensibles o a determinados servicios o aplicaciones, sin pasar por los procedimientos de control de acceso con los que puedan contar las aplicaciones. Por ello, ninguna herramienta o programa de utilidad que permita el acceso directo a los ficheros y bases de datos, como los editores universales, analizadores de ficheros, "*sniffers*" o editores de consultas ("*queries*") en gestores de bases de datos, deberían ser accesibles a ningún usuario o administrador no autorizado.

Por otra parte, y de forma general, todos los usuarios del sistema informático tendrían que aplicar ciertas normas prácticas de seguridad relativas al manejo de los equipos y aplicaciones a las que pueden tener acceso. Seguidamente se presentan, a modo de ejemplo, algunas de las cuestiones a tener en cuenta en esta normativa para los usuarios finales del sistema:

> ➤ Cada equipo informático asignado a un puesto de trabajo estará bajo la responsabilidad de uno de los usuarios autorizados en el sistema informático de la organización. Este usuario deberá garantizar que la información que muestra no pueda ser vista por personas no autorizadas. Esto implica que tanto las pantallas como las impresoras u otro tipo de dispositivos conectados al puesto de trabajo deberán estar físicamente ubicados en lugares que garanticen esa confidencialidad.

> ➤ Antes de abandonar el equipo del puesto de trabajo, ya sea temporalmente o bien al finalizar su turno de trabajo, deberá cancelar todas las sesiones activas y conexiones con los servidores de la red corporativa.

> ➤ Utilizar un salvapantallas protegido con contraseña para bloquear su equipo ante una ausencia del puesto de trabajo, aunque sea breve, de tal modo que impida la visualización de los datos protegidos o el acceso a los servicios y aplicaciones del sistema informático.

> ➤ Impedir que otros usuarios puedan utilizar su identidad (nombre de usuario y contraseña) para acceder al sistema informático. Para ello, deberán responsabilizarse de guardar a buen recaudo su contraseña de acceso al sistema y de notificar cualquier incidencia que pudiera afectar a su confidencialidad.

> ➤ No introducir CD-ROMs, pendrives u otros soportes en los equipos sin la comprobación previa de que no contienen riesgos de ninguna clase (estén dañados o contengan virus informáticos u otros programas dañinos).

> ➤ No se cambiará la configuración del equipo ni se intentará solucionar posibles problemas de funcionamiento. En caso de mal funcionamiento, el

usuario deberá comunicárselo inmediatamente a la persona encargada del mantenimiento de los equipos.

➢ Sólo se utilizarán las herramientas corporativas, quedando prohibida la instalación de cualquier software en los ordenadores de la empresa que no haya sido expresamente autorizado por los responsables de la seguridad del sistema informático.

➢ No se podrán realizar copias de bases de datos o documentos clasificados como confidenciales o que contengan datos personales en soportes externos sin la previa autorización expresa de los responsables de la seguridad del sistema informático.

➢ Los soportes informáticos (pendrives, CDs, discos externos…) y documentos con información sensible o confidencial se deberán guardar en armarios o cajones bajo llave, evitando que por descuido puedan dejarse encima de las mesas de trabajo u otros lugares sin la adecuada protección.

➢ En el caso de las impresoras los usuarios deberán asegurarse de que no quedan documentos impresos en la bandeja de salida que contengan datos protegidos u otra información sensible. Así, por ejemplo, si las impresoras son compartidas con otros usuarios no autorizados para acceder a los datos de carácter personal, los responsables de cada puesto deberán retirar los documentos conforme vayan siendo impresos.

➢ Deberá informarse de cualquier incidencia que pudiera afectar a la seguridad de la red informática o al normal funcionamiento del sistema de información.

➢ Los equipos y medios informáticos de la organización no pueden ser sacados fuera de ésta sin la correspondiente autorización de los responsables.

➢ Se limitará el acceso a Internet solamente a fines profesionales[5], compatible con las funciones propias del puesto de trabajo, prohibiéndose actividades de Internet ajenas a dicho fin. Se prohíbe expresamente la visita de páginas de contenido ajeno a la actividad de la organización, la descarga e intercambio de ficheros digitales (música, vídeos, libros) que puedan vulnerar la propiedad intelectual, la participación en *chats* o en foros de contenido general, así como la utilización del correo electrónico para fines particulares.

---

[5] Se trata de una medida propuesta a modo de ejemplo, si bien la organización podría considerar conveniente permitir el acceso limitado a Internet para ciertos usos privados no relacionados con la actividad profesional del usuario.

Por último, dentro de los procedimientos de actuación frente a los errores y descuidos humanos sería recomendable tener en cuenta los siguientes principios básicos:

> ➢ Gestión adecuada de las incidencias y minimización del impacto en el sistema.
>
> ➢ Definición de la cadena de responsabilidad: qué personas deben actuar y a quién se debe informar en todo momento (es decir, cómo se debería proceder para controlar la difusión del problema).
>
> ➢ Adopción de las sanciones y medidas disciplinarias, contemplando incluso la vía judicial para aquellos casos en los que se aprecie intencionalidad o un comportamiento negligente en el personal infractor.
>
> ➢ Registro, documentación y posterior estudio detallado del problema, ya que de este modo se podrá disponer de una valiosa fuente de retroalimentación para evitar errores similares en el futuro.

## 3.3 INGENIERÍA SOCIAL

Se ha adoptado el término de Ingeniería Social (*Social Engineering*) para referirse al conjunto de técnicas y trucos empleadas por intrusos y *hackers* para extraer información sensible de los usuarios de un sistema informático. Entre todas estas técnicas podríamos destacar las siguientes:

> ➢ Intrusos que se hacen pasar por empleados de otros departamentos de la empresa, por personal de un proveedor de servicios de informática, de un operador de telefonía o de acceso a Internet. Así, como ejemplos típicos se podrían citar:
>
>> - Una llamada telefónica de un presunto investigador o agente de policía que solicita la contraseña del empleado para poder llevar a cabo una determinada investigación en la empresa, amenazando además al empleado de un supuesto delito de "obstrucción a la justicia o a la investigación policial".
>>
>> - Un supuesto técnico que solicita permiso a un empleado para reparar su ordenador, reemplazando para ello el disco duro "dañado" del equipo por otro que trae consigo, operación que puede realizar en sólo unos minutos delante del propio afectado por el engaño.
>
> ➢ Correos electrónicos que suplantan la identidad de otra persona u organización, o que incluyen textos o ficheros adjuntos a modo de reclamo. Un caso típico sería el de los mensajes de correo electrónico

enviados por un supuesto técnico de la empresa a determinados empleados y en los que se les solicitan sus contraseñas de acceso para poder llevar a cabo determinadas tareas de mantenimiento en el sistema informático durante el fin de semana.

- Usuarios que utilizan foros y *chats* en Internet para conseguir tener acceso a determinados ficheros sensibles del sistema o a información referente a la configuración y medidas de protección de los equipos.

- *"Shoulder surfing"*: espionaje de los usuarios para obtener su nombre de usuario y contraseña, mediante la observación directa de lo que teclean en el ordenador (técnica de "mirar por encima del hombro").

- *"Dumpster diving"* ("basureo"): revisión de los papeles y documentos que se tiran a la basura y no son destruidos de forma segura.

- Puesta en marcha de Websites maliciosos que tratan de engañar a sus usuarios. Así, Microsoft consiguió cerrar en noviembre de 2004 varios Websites que, aprovechando errores de digitación por parte de usuarios interesados en actualizar Windows, instalaban en sus sistemas programas espía y puertas traseras. Entre los sitios cerrados por orden judicial figuraban "windowsupdate.microsft.com" (sin la letra "o" en Microsoft) y "officeupdate.microsft.com".

Por otra parte, conviene destacar la pasmosa facilidad con la que los usuarios del sistema pueden revelar sus contraseñas u otros datos sensibles a terceros.

Así, en mayo de 2005 un estudio realizado por la compañía Verisign en San Francisco reveló que el 85% de los usuarios de ordenadores proporcionaba con gran facilidad su clave secreta. Según indica este estudio, dos de cada tres personas consultadas (el 66%) no dudaron en revelar su clave secreta, mientras que, de aquellos que se negaron a facilitarla, el 51% accedieron a ofrecer pistas sobre ella. En ambos casos, la recompensa consistía en un vale regalo de tres dólares para canjear en las cafeterías Starbucks. Muchos de los entrevistados explicaron posteriormente que facilitaban su contraseña porque no se les requería también su nombre de usuario, lo que, a su juicio, impedía que otra persona pudiera entrar en su ordenador. Este estudio también concluía que muchos usuarios mantienen la tendencia de escribir sus claves y contraseñas supuestamente secretas en un *"post-it"* que dejan a la vista de todo el mundo al lado de su ordenador.

Por otra parte, en otro estudio similar publicado en 2004 se detallaba que el 70% de los oficinistas británicos ¡accedía a facilitar su contraseña a cambio de una tableta de chocolate!

Otro problema a tener en cuenta es la posible compra de datos y documentos sensibles a empleados desleales. En este sentido, a finales de junio de 2005 la prensa británica denunciaba que los trabajadores de los centros de atención telefónica al cliente ("*call centers*") podían sustraer fácilmente información confidencial de los clientes. El administrador de uno de esos centros en Gurgaeon, un suburbio de Nueva Delhi en la India, declaró al periódico *The Times* que es bastante fácil que los trabajadores se hagan con ese tipo de datos: para ello, basta con que tengan conocimientos técnicos apropiados o que ocupen una posición elevada que les permita un acceso mayor a esas informaciones. Ese tipo de centros de atención telefónica piden normalmente tres referencias antes de contratar a un nuevo empleado, pero en bastantes ocasiones se saltan esas reglas y la continua rotación de trabajadores hace que los criterios sean menos estrictos.

De hecho, un periodista de otro diario británico, *The Sun*, afirmó que había conseguido los datos de los titulares de un millar de tarjetas bancarias tras pagar unos 4.000 € al empleado de uno de estos "*call centers*".

Los casos de "Ingeniería Social" también pueden afectar a los clientes de una empresa. Así, por ejemplo, el portal norteamericano de ofertas de empleo Monster.com alertaba en marzo de 2003 a sus usuarios mediante un correo electrónico de la existencia de algunas ofertas falsas utilizadas para recopilar y compartir información personal de los suscriptores. Muchos usuarios respondían a estas ofertas revelando datos confidenciales como números de tarjetas de crédito o el número de la Seguridad Social.

En junio de 2007 se daba a conocer otro caso que afectó a varios miles de directivos en Estados Unidos: una carta supuestamente enviada por la BBB (*Better Business Bureau*, organización americana que arbitra entre usuarios y consumidores), perfectamente personalizada y redactada, explicaba a la víctima del engaño que alguien había interpuesto una queja contra su compañía y se solicitaba la descarga de una supuesta imagen, que resultaba en realidad ser un virus que se instalaba en el equipo de la víctima.

En octubre de 2007 una popular cadena de supermercados estadounidense, Supervalu, reconocía una pérdida de diez millones de dólares porque sus empleados no comprobaron la autenticidad de los mensajes de correo electrónico que decían provenir de sus proveedores. En una semana esta cadena de supermercados de Minnesota transfirió más de diez millones de dólares en nueve pagos fraccionados a las cuentas bancarias facilitadas por los supuestos proveedores.

## 3.4 FORMACIÓN DE LOS USUARIOS

Es necesario volver a incidir en la importancia de llevar a cabo acciones de formación y de sensibilización de forma periódica para mejorar y actualizar los conocimientos informáticos y en materia de seguridad de los empleados con acceso a los servicios y aplicaciones del sistema informático de la organización. De hecho, algunos expertos consideran a la formación como la principal y más eficaz medida de seguridad que podría adoptar una organización, contemplando la adecuada preparación técnica de los administradores de la red y del sistema informático, así como el papel que deben desempeñar los propios usuarios y directivos en relación con la seguridad.

Asimismo, como complemento de dicha formación y en cumplimiento de la legislación vigente en países como España (Ley Orgánica de Protección de Datos), la organización debería informar puntualmente a sus empleados con acceso al sistema informático de cuáles son sus obligaciones en materia de seguridad y protección de datos de carácter personal.

Por otra parte, también se debe contemplar una adecuada preparación de aquellas personas que se incorporen a la organización, sobre todo cuando pudieran tener acceso a datos y recursos sensibles y a determinados ficheros con datos de carácter personal.

Seguidamente se presenta una relación de temas a incluir en la formación básica sobre seguridad informática para los empleados de la organización:

- Utilización segura de las aplicaciones corporativas.

- Utilización segura de los servicios que hayan sido autorizados de Internet: navegación por páginas web evitando engaños y posibles contenidos dañinos; utilización de la firma electrónica y la criptografía en el correo electrónico para garantizar la autenticidad, integridad y confidencialidad de los mensajes sensibles; cómo llevar a cabo transacciones en servidores seguros; etcétera.

- Cómo evitar la entrada de virus y otros códigos dañinos: reconocimiento de mensajes falsos o con ficheros adjuntos sospechosos; protección a la hora de instalar herramienta o acceder a determinados servicios de Internet; etcétera.

- Reconocer las técnicas más frecuentes de Ingeniería Social, para evitar ser víctimas de este tipo de engaños.

- Conocimiento de sus obligaciones y responsabilidades derivadas del actual marco normativo: Ley Orgánica de Protección de Datos, Ley General de Telecomunicaciones, Código Penal, Protección de la Propiedad Intelectual…

- Cómo gestionar los soportes informáticos y los equipos y dispositivos portátiles.

- Cómo reaccionar ante determinados incidentes que puedan comprometer la seguridad de la información o el acceso a los recursos del sistema.

Estas acciones de formación se podrían completar con la elaboración de un manual básico para los usuarios del sistema informático, que incluya las principales recomendaciones de la empresa y recuerde cuáles son las obligaciones y responsabilidades de los usuarios, así como los límites establecidos por la organización en el uso de los servicios de Internet.

En definitiva, los usuarios finales deberían ser conscientes de los riesgos para la organización si no cumplen con las medidas básicas de seguridad en la utilización de los servicios informáticos y de su red de ordenadores. A su vez, los directivos deberían ser conscientes de la necesidad de destinar recursos y de contemplar la seguridad de la información en todos los proyectos que se encuentren bajo su responsabilidad y supervisión directa.

## 3.5 EL CONTROL Y SUPERVISIÓN DE LOS EMPLEADOS

### 3.5.1 El uso de los servicios de Internet en el trabajo

Según un estudio realizado por la organización estadounidense Fundación para la Privacidad, más de un tercio de los trabajadores americanos que disponen en su lugar de trabajo de acceso a Internet están siendo controlados actualmente por sus jefes.

De hecho, en algunos países el abuso o mal uso de Internet se ha convertido en una de las principales causas de despido. Así, por ejemplo, en Estados Unidos un estudio realizado por America Online (AOL) y Salary.com en julio de 2005 ponía de manifiesto que la navegación por Internet se había convertido en la forma preferida por los trabajadores para malgastar su tiempo en horario laboral, a lo que solían dedicar una media de dos horas diarias.

Según las conclusiones de un estudio realizado en 2003 por la empresa de seguridad informática Internet Security Systems (ISS), entre el 30 y el 40 por ciento del uso de Internet en la empresa no está relacionado con la actividad laboral, y que dos de cada tres accesos a páginas pornográficas se realizan durante el horario de trabajo. Asimismo, según este mismo estudio, cada empleado envía una media de 5 correos electrónicos de carácter privado al día y el 30 por ciento de los trabajadores ha enviado alguna vez, intencionadamente o por error, información corporativa confidencial a buzones externos. Como conclusión de su estudio, la empresa ISS considera que la utilización de herramientas de seguridad puede ayudar a las empresas a elevar la productividad de sus empleados, descongestionar su capacidad de almacenamiento y su ancho de banda, limitar la entrada de virus y la sustracción de información confidencial, y minimizar los riesgos de responsabilidad legal.

En octubre de 2005 se daba a conocer otro estudio realizado en Estados Unidos por la firma AdAge.com, según el cual unos 35 millones de trabajadores (uno de cada cuatro de la fuerza laboral de Estados Unidos) dedicaba tres horas y media a la semana a leer *"blogs"*[6] desde su ordenador del trabajo, es decir, el equivalente al 9% de su semana laboral.

Estudios más recientes coinciden en destacar el impacto negativo sobre la productividad de las conexiones a redes sociales como Facebook o MySpace realizadas en horario laboral y desde el lugar de trabajo.

Por lo tanto, la implantación de la conexión a Internet en las organizaciones está planteando nuevos problemas que afectan a las actividades cotidianas de los empleados en sus puestos de trabajo, entre los que cabría destacar:

- La limitación de los servicios de Internet y del correo electrónico en la empresa para usos exclusivamente profesionales.

- La posibilidad de que el empresario o directivo pueda abrir el correo electrónico de un empleado.

- El acceso al ordenador de un trabajador y a sus archivos y carpetas informáticas.

- La potestad para controlar el uso que los empleados hacen de los servicios y la conexión a Internet.

- La capacidad de los representantes sindicales para utilizar el correo electrónico para sus comunicaciones con los empleados[7].

Abusar del acceso a Internet y del correo electrónico desde el lugar del trabajo para fines distintos de los estrictamente profesionales puede tener consecuencias graves para los trabajadores. Ésta es la tendencia de las últimas sentencias dadas a conocer en España, que consideraron procedente el despido de trabajadores que abusaron del uso de Internet en sus empresas (por ejemplo, por la consulta reiterada a sitios de ocio en Internet durante la jornada de trabajo y utilizando el ordenador de la empresa).

---

[6] Los *"blogs"* son páginas Web creadas por particulares para reflejar noticias o artículos sobre una determinada temática o área de interés.

[7] En España ya existe jurisprudencia favorable para el uso del correo electrónico en comunicaciones de los representantes sindicales con los empleados de la organización. De hecho, el Tribunal Constitucional dictó una sentencia en noviembre de 2005 que avala el uso del correo electrónico en las empresas por parte de los sindicatos, con la restricción de que no perturbe la actividad normal de las compañías ni que suponga ningún coste adicional para éstas.

## 3.5.2 Herramientas para el control y vigilancia del acceso a los servicios de Internet

Las empresas pueden implantar distintas herramientas que faciliten el control de accesos y la monitorización del uso de los servicios de Internet. Entre las principales funcionalidades contempladas por estas herramientas podríamos destacar las siguientes:

- ➤ Bloqueo de direcciones Web a las que se desee impedir el acceso: para ello, se puede recurrir a una lista de páginas prohibidas y/o a una lista de páginas o direcciones permitidas. Asimismo, se podría contemplar la posibilidad de realizar una actualización periódica de estas listas a través de una empresa especializada que ofrezca este servicio a sus clientes.

- ➤ Asignación de permisos de acceso a los servicios de Internet en función de los diferentes perfiles de usuarios y del momento (día y hora) en que se produce la conexión. De esta forma, se podrían establecer franjas horarias e intervalos de acceso en función de los horarios de trabajo y de la disponibilidad de intervalos de tiempo libre durante la jornada laboral (como podría ser el caso de los descansos para el café o el tiempo destinado a la comida, momentos en los que la organización podría facilitar el acceso a ciertos servicios o contenidos que se encuentren restringidos en otros momentos para que no interfieran con la actividad empresarial).

- ➤ Restricción de los servicios que se pueden utilizar en cada momento y por cada usuario: navegación por el Web, correo electrónico, *chat*, descarga e intercambio de ficheros...

- ➤ Utilización de distintas tecnologías de filtrado de contenidos:

    - Localización y filtrado de páginas que incluyen determinadas palabras clave relacionadas con la pornografía o contenidos considerados como ilícitos o problemáticos para la organización[8].

    - Análisis semántico, mediante herramientas de Inteligencia Artificial como podrían ser Optenet (www.optenet.com) o Rulespace (www.rulespace.com).

- ➤ Otras funcionalidades de interés para las empresas: algunas de estas herramientas pueden detectar e impedir el envío de determinados datos

---

[8] No obstante, se plantea un problema con estas tecnologías: según varios estudios realizados, muchos filtros "anti-porno" restringen el acceso a Websites con información sobre la salud.

sensibles (direcciones, tarjetas de crédito, ficheros con datos sensibles de la organización); permiten limitar el tiempo máximo de conexión de cada usuario o el ancho de banda consumido; etcétera.

Por otra parte, gracias a estas herramientas la empresa puede disponer de un completo registro de la actividad de los usuarios que utilizan los servicios de Internet: páginas web visitadas, tipo y tamaño de los ficheros descargados, comandos FTP ejecutados, cabeceras de los mensajes de correo electrónicos, tiempo dedicado a la utilización de estos servicios, ancho de banda consumido... De este modo, es posible analizar todos los comportamientos sospechosos, potencialmente peligrosos para la organización o contrarios a las normas establecidas.

Conviene destacar en este caso que la empresa debe preservar la privacidad de los usuarios y la confidencialidad de las comunicaciones, por lo que NO es recomendable registrar el contenido de los mensajes de correo o la información accedida dentro de cada página web por cada usuario, limitándose a registrar el hecho de que se ha producido la utilización de dicho servicio.

También hay que tener en cuenta que las conexiones que utilizan protocolos seguros (basados en algoritmos criptográficos) como SSH, SSL o IPSec pueden eludir las funciones de registro de estas herramientas, por lo que la organización podría considerar la restricción en el uso de este tipo de conexiones por parte de determinados empleados. Así, por ejemplo, un usuario del sistema podría establecer una conexión SSH (*Secure Shell*) con un servidor externo y descargar materiales o contenidos no autorizados por la organización, sin que esta actividad pudiera ser detectada por las herramientas de monitorización y control (se registra la conexión con el exterior, pero no cuál es su finalidad o el tipo de información intercambiada).

En el caso concreto del servicio de correo electrónico, algunas empresas han decidido facilitar dos cuentas de correo a sus empleados, una de uso estrictamente profesional, que podría ser intervenida por la empresa, y otra de uso personal. Conviene distinguir, además, entre el uso de la(s) cuenta(s) de correo de la empresa y la conexión desde la empresa a una cuenta de correo personal que el trabajador tenga abierta en un servidor de Internet, ya que en este último caso la empresa no podría acceder bajo ninguna circunstancia a los contenidos de los mensajes de correo del usuario.

No obstante, si se deciden implantar este tipo de herramientas de control y monitorización del acceso, la empresa debería advertir de que el uso de Internet debe tener fines laborales, dejando suficientemente clara cuál es la política de utilización de este medio. Sin una advertencia previa por parte de la empresa podría crearse una expectativa de privacidad entre los empleados, es decir, los trabajadores podrían argumentar "que nadie les avisó de que no podían usar Internet para fines personales".

Distintos expertos en materia laboral han destacado el conflicto de derechos que se produce en estos casos. Así, frente al derecho del empresario a controlar el uso de los medios técnicos puestos a disposición de sus empleados se encuentra el de éstos a la protección de su intimidad.

En España el artículo 18 del Estatuto de los Trabajadores permite al empresario registrar los efectos personales del trabajador cuando considere que se están perjudicando su patrimonio o intereses. Los medios tecnológicos son titularidad de la empresa y ésta es la encargada de establecer los límites de su utilización. No obstante, el control de estos medios debe conjugarse con el derecho a la intimidad y al secreto de las comunicaciones de los trabajadores.

En definitiva, los principales argumentos a favor de la empresa que pueden justificar las medidas adoptadas para controlar y vigilar el uso de los servicios de Internet son los que se citan a continuación:

- Los medios tecnológicos son titularidad de la empresa, por lo que ésta es la encargada de establecer los límites de su utilización (facultad de organización de trabajo).

- El artículo 20.3 del Estatuto de los Trabajadores es el que reconoce y delimita las facultades de control y vigilancia, cuando establece que el empresario puede adoptar las medidas que estime más oportunas de vigilancia y control para verificar el cumplimiento por parte del trabajador de sus obligaciones y deberes laborales, guardando en su adopción y aplicación la consideración debida a su dignidad humana y teniendo en cuenta la capacidad real de los trabajadores disminuidos en su caso.

Por otra parte, en la legislación también encontramos importantes argumentos (bastante más numerosos, por cierto) en defensa de los derechos de los trabajadores:

- El artículo 4.2 del Estatuto de los Trabajadores establece "el derecho del trabajador al respeto de su intimidad y a la consideración debida a su dignidad".

- En el artículo 18 del Estatuto de los Trabajadores se afirma que "sólo podrán realizarse registros sobre la persona del trabajador, en sus taquillas y efectos particulares, cuando sean necesarios para la protección del patrimonio empresarial y del de los demás trabajadores de la empresa. En su realización se respetará al máximo la dignidad e intimidad del trabajador y se contará con la asistencia de un representante legal de los trabajadores o, en su ausencia del centro de trabajo, de otro trabajador de la empresa, siempre que ello fuera posible".

- La propia Constitución Española, en su artículo 18.3. "Se garantiza el secreto de las comunicaciones y, en especial, de las postales, telegráficas y telefónicas, salvo resolución judicial".

> El artículo 197 del Código Penal equipara el correo electrónico a una carta (ha sido uno de los primeros de la Unión Europea en reflejarlo): "El que, para descubrir los secretos o vulnerar la intimidad de otro, sin su consentimiento, se apodere de sus papeles, cartas, mensajes de correo electrónico o cualesquiera otros documentos o efectos personales o intercepte sus telecomunicaciones o utilice artificios técnicos de escucha, transmisión, grabación o reproducción del sonido o de la imagen, o de cualquier otra señal de comunicación, será castigado con las penas de prisión de uno a cuatro años y multa de doce a veinticuatro meses" (artículo 197.1).

Al ser el abuso de Internet un conflicto laboral nuevo, en un principio se presentaron diferencias en los fallos judiciales, aunque en España los últimos se fundamentan en dos pilares clave: por una parte, el documento de la Unión Europea sobre vigilancia de las comunicaciones electrónicas en el lugar de trabajo, aprobado en mayo de 2002, que afirma que el derecho a la intimidad del empleado es indiscutible, aunque se puede ver atenuado por motivos de seguridad de la empresa. Por otra parte, el propio Código Penal, que castiga a quien, para vulnerar la intimidad de otro, se apodere de sus papeles, cartas o mensajes de correo electrónico (artículo 197.1).

De hecho, en España se han dado varios casos de sentencias dictadas por los tribunales considerando nulos los despidos de empleados que habían sido sometidos a una vigilancia tecnológica por parte de sus empresas, para poder probar, por ejemplo, que estos empleados se estaban dedicando durante varias horas al día a navegar por páginas web o a utilizar otros servicios de Internet como los *chats*, sin que se les hubiera advertido previamente de esta vigilancia y control a la que estaban siendo sometidos por parte de la empresa.

Así, por ejemplo, el Tribunal Superior de Justicia de la Comunidad Valenciana dejaba claro en una sentencia de 28 de noviembre de 2005 que, si bien el empresario tiene la facultad de adoptar las medidas de vigilancia y control que estime oportunas para verificar que el empleado cumple con sus obligaciones laborales, que debe hacerlo siempre "desde el respeto a la dignidad del trabajador". Al respecto indica este tribunal que la utilización de sistemas para la escucha, filmación o lectura de mensajes que pertenezcan a la vida íntima de las personas se considera una "intromisión ilegítima" en su derecho a la privacidad. Asimismo, considera que las medidas empresariales encaminadas a controlar la actividad laboral de sus trabajadores "deben ir precedidas, en todo caso, de la necesaria información a los destinatarios de los sistemas de control establecidos".

La propia Organización Internacional del Trabajo ha recomendado que cuando los trabajadores sean objeto de medidas de vigilancia, éstos deberían ser informados de antemano de las razones que lo motivan, de las horas en que se aplican, de los métodos y técnicas utilizados y de los datos que serán recopilados, tratando el empleador de reducir al mínimo su injerencia en la vida privada. Asimismo, esta organización considera que estas medidas de vigilancia deberían permitirse cuando existan sospechas suficientes de actividad delictiva u otras infracciones graves, pudiendo ser continua si lo requiere la salud, la seguridad y la protección de los bienes de la organización.

Por lo tanto, y como conclusión sobre esta delicada cuestión, podemos afirmar que corresponde en exclusiva a la empresa la autorización para navegar por Internet con fines privados. Además, la empresa puede bloquear el acceso a algunos Websites y a determinados servicios de Internet, así como comprobar el tiempo utilizado en la navegación y cuáles han sido los lugares visitados. Pero sería conveniente alcanzar un acuerdo previo con los representantes sindicales sobre los procedimientos de control y vigilancia establecidos por la empresa.

Para que la vigilancia sea legítima, ésta ha de ser necesaria, dirigida a un fin concreto, realizada de forma abierta y clara, según los principios de adecuación, pertinencia y proporcionalidad, y con las mínimas repercusiones sobre el derecho a la intimidad de los trabajadores. El directivo o empresario no puede actuar "a escondidas" y de forma discriminatoria y masiva en la apertura de correos electrónicos de los trabajadores. En este sentido, conviene tener en cuenta las siguientes recomendaciones:

> ➢ Sería conveniente mostrar un mensaje de aviso en cada inicio de sesión de un usuario en el sistema informático de la organización para informarle de que sus actividades pueden estar siendo registradas por motivos de seguridad.

> ➢ La empresa debería limitarse a listar los correos o la relación de páginas web visitadas y no a leer sus contenidos (al igual que en el caso de las llamadas telefónicas).

> ➢ En el momento de producirse la apertura y lectura de mensajes de correo electrónico el empresario debería contar con testigos, representantes sindicales u otros trabajadores de la empresa, a los oportunos efectos probatorios. Esta misma recomendación se debería tener en cuenta a la hora de acceder a carpetas o documentos guardados en el ordenador asignado a un determinado trabajador.

> ➢ En España es necesario cumplir con lo dispuesto por la Ley Orgánica de Protección de Datos en relación con el fichero de datos que registra el acceso a los servicios de Internet por parte de los trabajadores: adopción de las correspondientes medidas de seguridad; inscripción del fichero en el Registro General de Protección de Datos; consentimiento de los afectados al tratamiento de los datos; limitación en las posibles cesiones de estos datos; etcétera.

Para concluir este apartado, haremos referencia también a la posición del Grupo de Trabajo creado como órgano consultivo de la Unión Europea en materia de protección de datos y vida privada, organizado en base al artículo 29 de la Directiva

95/46/CE, que señala que para que una actividad de control empresarial sea legal y se justifique deben respetarse una serie de principios:

- **Necesidad**: el empleador, antes de proceder a este tipo de actividad, debe comprobar si una forma cualquiera de vigilancia es absolutamente necesaria para un objetivo específico.

- **Finalidad**: los datos deben capturarse con fines determinados, explícitos y legítimos, y no ser tratados posteriormente de manera incompatible con dichos fines.

- **Transparencia**: un empleador debe indicar de forma clara y abierta sus actividades. Por lo tanto, la intervención del correo electrónico sin previo aviso por parte del empleador estará prohibida, excepto en aquellos casos en que exista en el Estado miembro una ley que así lo autorizase.

- **Legitimidad**: el control sólo puede llevarse a cabo cuando sea necesario para la satisfacción del interés legítimo perseguido por el empleador, como puede ser la protección de su empresa de amenazas importantes (protección frente a la entrada de virus informáticos o impedir la revelación de información confidencial o datos de carácter personal a terceros).

- **Proporcionalidad**: los datos personales, incluidos los que se utilicen en las actividades de control, deberán ser adecuados, pertinentes y no excesivos con relación a los fines para los que se recaben.

- **Exactitud y conservación de los datos**: todos los datos legítimamente almacenados por un empleador (procedentes de una cuenta de correo electrónico de un trabajador o de su utilización de Internet) deberán ser correctos y actualizarse con la periodicidad adecuada, y no podrán conservarse por más tiempo del estrictamente necesario para la finalidad prevista.

- **Seguridad**: el empleador debe aplicar las medidas técnicas y organizativas adecuadas para garantizar la protección de todos los datos personales recopilados, impidiendo que puedan ser accedidos por personas no autorizadas.

El citado Grupo de Trabajo de la Unión Europea sostiene que las comunicaciones electrónicas que proceden de locales profesionales pueden estar cubiertas por los conceptos de "vida privada" y de "correspondencia", según lo dispuesto en el apartado 1 del artículo 8 del Convenio Europeo para la Protección de los Derechos Humanos y Libertades Fundamentales, que establece que "toda persona tiene derecho al respeto de su vida privada y familiar, de su domicilio y de su correspondencia".

## 3.6 REFERENCIAS DE INTERÉS

Herramientas para el filtrado y control de contenidos en la conexión a Internet:

- ✓ Optenet: http://www.optenet.com.
- ✓ Rulespace: http://www.rulespace.com.

Referencias legales:

- ✓ Páginas Web con sentencias sobre Derecho Laboral y el uso de las nuevas tecnologías en el trabajo: http://www.delitosinformaticos.com/sentencias/.

# Capítulo 4

# ESTANDARIZACIÓN Y CERTIFICACIÓN EN SEGURIDAD INFORMÁTICA

## 4.1 ESTÁNDARES DE SEGURIDAD

### 4.1.1 Propósito de los estándares

En general, los estándares cumplen hoy en día un importante papel en la sociedad y en el desarrollo de muchas actividades empresariales, sobre todo a raíz de la implantación de las técnicas de gestión de la calidad y la homologación y certificación de productos en numerosos sectores.

Podemos considerar que en el caso de concreto de los estándares de seguridad existen al menos tres razones que justifican su desarrollo e implantación:

1. **Suministrar normas de seguridad a los fabricantes de productos**: los estándares permiten establecer una serie de orientaciones para el desarrollo de nuevos productos. Para cumplir de forma adecuada con este principio, los fabricantes de productos certificados deben ofrecer una documentación exhaustiva sobre la seguridad de estos productos.

2. **Definir métricas de evaluación, de certificación y de acreditación**, aplicadas tanto a procesos como a técnicas de gestión y al desarrollo y comercialización de productos y servicios.

   Las evaluaciones y certificaciones no pueden ser realizadas por el mismo fabricante o vendedor, sino que correspondería este papel a organismos independientes acreditados para llevar a cabo estas tareas.

3. **Transmitir la confianza necesaria a los usuarios y consumidores**: así, por una parte, los usuarios pueden comparar sus requerimientos específicos

de seguridad frente a lo establecido en distintos estándares para poder determinar cuál es el nivel de seguridad que necesitan y, en consecuencia, qué características o atributos deberían exigir a los productos o servicios que vayan a adquirir (definición de especificaciones para las compras).

Por otra parte, gracias a los estándares los usuarios y consumidores pueden determinar más fácilmente cuándo un producto o servicio cumple una serie de requisitos.

En este sentido, los estándares permiten crear un lenguaje común entre los fabricantes y los usuarios y consumidores de los productos, que facilita la adquisición de sistemas y productos tecnológicos.

Antes de proseguir con el estudio de los distintos estándares de seguridad que se han desarrollado tanto a nivel nacional como internacional, conviene precisar el significado de algunos términos que se emplean al abordar esta cuestión.

Así, se suele hablar de **criterios** cuando nos referimos a unas escalas utilizadas para poder medir la seguridad de los sistemas y productos tecnológicos. Las **metodologías** definen cómo debe realizarse la evaluación de acuerdo con los criterios utilizados. Por su parte, los esquemas nacionales e internacionales permiten establecer el marco y los procedimientos de actuación para la evaluación y certificación de la seguridad de los productos tecnológicos.

Asimismo, también es necesario distinguir los conceptos de evaluación, certificación y acreditación en el contexto de la seguridad de la información.

> La **evaluación** consiste en el análisis de la capacidad de un determinado producto para proteger la información de acuerdo a unos criterios establecidos.

Para ello, se realiza un examen detallado de los aspectos de seguridad del producto en cuestión, así como toda una serie de pruebas necesarias para asegurar que éste es eficaz, funciona correctamente y no presenta ninguna vulnerabilidad lógica. La evaluación se lleva a cabo siguiendo una determinada metodología y tiene por objeto determinar si el producto puede ser certificado. La credibilidad de este proceso dependerá de los métodos utilizados y del rigor y nivel de detalle del análisis del producto: ¿qué aspectos de la seguridad se evalúan?; ¿cómo se evalúan?; ¿quién se encarga de llevar a cabo esta evaluación y qué confianza nos merece?

> La **certificación** es el proceso que permite determinar la capacidad de un determinado producto para proteger la información de acuerdo a unos criterios establecidos.

Mediante el proceso de certificación se puede confirmar de forma independientemente la validez de los resultados y conclusiones de la evaluación previa, y si esta evaluación se ha llevado a cabo de acuerdo con el procedimiento establecido.

En principio, de acuerdo con algunos expertos se pueden distinguir cuatro tipos de certificaciones:

- ➤ Certificación de la Seguridad de las Tecnologías de la Información.
- ➤ Certificación de la Seguridad Criptológica.
- ➤ Certificación de la Seguridad Física.
- ➤ Certificación de la Seguridad de Emanaciones Radioeléctricas (según la normativa TEMPEST).

> Por último, la **acreditación** permite valorar la capacidad de los sistemas informáticos para resistir, hasta un determinado nivel de confianza, accidentes o acciones maliciosas que puedan comprometer la confidencialidad, integridad, autenticidad y disponibilidad de la información que manejan.

Se trata, por tanto, de un proceso por el que se confirma que el uso del sistema informático de la organización para procesar, almacenar o enviar información identificada como sensible según los requerimientos del cliente no representa ningún riesgo que se haya considerado inaceptable.

## 4.1.2 Organismos responsables de la estandarización

Los principales organismos responsables de la elaboración de estándares a nivel internacional son, por una parte, la **Comisión Electrotécnica Internacional** (IEC), responsable de la elaboración de normas sobre electrotecnia y electrónica, y por otra parte, la **Organización Internacional de Normalización** (ISO), responsable de la estandarización en el resto de los sectores de actividad. Tanto la ISO como la IEC comparten la responsabilidad de la elaboración de normas relativas a las Tecnologías de la Información y la Comunicación (TICs).

El desarrollo y posterior revisión de las normas internacionales dentro de la ISO es llevada a cabo por los Comités Técnicos (CT), que también pueden establecer Subcomités Técnicos (SC) y/o bien Grupos de Trabajo (GT) para cubrir determinados temas específicos.

Los documentos elaborados por ISO/IEC son, principalmente, de dos tipos:

- ➤ **Norma internacional (ISO/IEC):** norma elaborada por los miembros participantes en un comité técnico, subcomité o grupo de trabajo y aprobada por votación entre todos los participantes.

> **Informe Técnico (TR):** documento técnico elaborado para informar sobre los progresos técnicos de un tema determinado, dar recomendaciones sobre la ejecución de un trabajo y facilitar información y datos distintos a los que generalmente están contenidos en una norma.

Dentro de la ISO/IEC el Subcomité Técnico ISO/IEC JTC 1/SC 27 "Técnicas de Seguridad-Tecnología de la Información" tiene por alcance y área de trabajo la normalización de métodos genéricos y técnicas para la seguridad de las Tecnologías de la Información.

La actividad del SC 27 incluye cuestiones tales como las siguientes:

> La identificación de requisitos genéricos de los servicios de seguridad para los Sistemas y Tecnologías de la Información.

> El desarrollo de técnicas y mecanismos de seguridad, incluyendo los procedimientos de registro y las relaciones de los componentes de seguridad.

> El desarrollo de guías de seguridad.

> El desarrollo del soporte a la gestión, documentación y normas.

> La normalización de algoritmos criptográficos para los servicios de confidencialidad, integridad, autenticación y no repudiación.

Para desarrollar esta actividad el SC27 se estructura en cinco Grupos de Trabajo (GT):

> **GT1:** requisitos, servicios de seguridad y guías.

> **GT2:** mecanismos y técnicas de seguridad.

> **GT3:** criterios de evaluación de la seguridad.

> **GT4:** servicios y controles de seguridad.

> **GT5:** gestión de identidad y privacidad.

Por otra parte, a nivel europeo conviene destacar el papel del **Comité Europeo de Normalización** (CEN), el **Instituto Europeo de Normalización de las Telecomunicaciones** (CENELEC) o el **Instituto Europeo de Normas de Telecomunicación** (ETSI). El CEN emite principalmente Normas Europeas (*European Standards*), Especificaciones Técnicas (*Technical Specifications*) e Informes Técnicos (*Technical Reports*).

En España este papel de elaboración de estándares corresponde a **AENOR**, la Asociación Española de Normalización y Certificación, que asumió la responsabilidad internacional en ISO en 1987 y en IEC en 1995 y es, por tanto, la entidad que representa los intereses españoles en el campo de la normalización ante dichas organizaciones y quien distribuye los productos de ISO/IEC, CEN/CENELEC, así como las normas UNE.

## 4.2 ESTÁNDARES ESTADOUNIDENSES

En este apartado se presentan de forma resumida los principales estándares en materia de Gestión de la Seguridad de la Información que se han desarrollado en Estados Unidos:

### 4.2.1 TCSEC: Trusted Computer System Evaluation Criteria

Los "Criterios de Evaluación de Sistemas Informáticos de Confianza" (*Trusted Computer System Evaluation Criteria*) fueron desarrollados en 1985 por el Centro de Seguridad Informática Nacional[9] de Estados Unidos (NCSC –*National Computer Security Center*–), un organismo dependiente de la Agencia de Seguridad Nacional (NSA) responsable de la fiabilidad de los sistemas informáticos del gobierno de los Estados Unidos.

También son conocidos popularmente como el "libro naranja", por el color de las tapas de su publicación, y definen varias clases de sistemas en función de su nivel de seguridad: D, C1, C2, B1, B2, B3 y A.

> **Clase D (Sin Seguridad)**: se otorga a aquellos sistemas que no cumplen ninguna especificación de seguridad, es decir, no se dispone de protección para el hardware, el sistema operativo es inestable y no existe autenticación con respecto a los usuarios y sus derechos en el acceso a la información. Como ejemplos podríamos citar los sistemas operativos utilizados en los PCs de los años ochenta y principios de los noventa, como MS-DOS o Windows 3.1.

> **Clase C1 (Control de Acceso Discrecional)**: el sistema informático distingue varios tipos de usuarios, disponiendo además de mecanismos fiables de autenticación y de control de acceso a la información por parte de cada usuario. El administrador del sistema es un usuario especial con control total de acceso. Mediante el control de acceso discrecional es posible definir grupos de objetos (archivos, directorios...) y grupos de usuarios que comparten los mismos derechos.

---

[9] Conocido en la actualidad por el nombre de CSRC (*Computer Security Resource Center*).

> **Clase C2 (Protección de Acceso Controlado)**: además de las características ya prevista para la clase o nivel C1, en estos sistemas se debe implementar un mecanismo de auditoría de accesos e intentos fallidos de acceso a los objetos protegidos. También poseen la capacidad de definir un mayor número y tipo de restricciones sobre los usuarios del sistema: qué comandos y aplicaciones pueden ejecutar, limitación del acceso a determinados archivos o servicios, etcétera. Por último, ofrecen la posibilidad de registrar todas las acciones relacionadas con la seguridad para facilitar la auditoría del sistema. Como ejemplos podríamos citar los sistemas operativos Windows NT, Windows 2000, Windows XP y UNIX.

> **Clase B1 (Seguridad Etiquetada)**: estos sistemas soportan la seguridad multinivel, mediante la cual a cada objeto del sistema (ya sea éste un usuario, dato, fichero u otro recurso) se le asigna una etiqueta, con un nivel de seguridad jerárquico (alto secreto, secreto, reservado, etcétera) y con unas determinadas categorías (contabilidad, ventas, personal...). De este modo, cada usuario que accede a un objeto debe poseer un permiso expreso para hacerlo, y viceversa, es decir, el objeto debe incluir a ese usuario entre la lista de los que se encuentran autorizados. Por otra parte, se establecen controles para limitar la propagación o modificación de los permisos de acceso a los distintos objetos del sistema.

> **Clase B2 (Protección Estructurada)**: en este caso se aplica a los sistemas que permiten establecer una jerarquía de objetos a la hora de definir las etiquetas de seguridad, facilitando además la comunicación entre objetos de un nivel superior con otros de un nivel inferior. Así, el sistema será capaz de alertar a los usuarios si sus condiciones de accesibilidad y seguridad han sido modificadas.

> **Clase B3 (Dominios de Seguridad)**: el sistema informático contempla la implantación de "Dominios de Seguridad", reforzados mediante hardware específico para facilitar la aplicación de las políticas de acceso que se hayan definido (cada usuario tiene previamente asignados los lugares y los objetos a los que puede acceder). Así, por ejemplo, el sistema hardware de administración de memoria de estos sistemas está preparado para restringir el acceso a los objetos de diferentes Dominios de Seguridad, gracias a la aplicación de técnicas de aislamiento y separación a nivel lógico.

> **Clase A (Protección Verificada):** se reserva para aquellos casos en los que se han utilizado métodos formales (técnicas matemáticas de verificación formal) en el proceso de diseño, control y verificación del sistema, para garantizar la seguridad de todas las tareas que realiza un usuario sobre los distintos recursos. El hardware y el software son protegidos para evitar infiltraciones ante traslados de los equipos informáticos.

## 4.2.2 Federal Criteria

Se trata de una evolución de TCSEC presentada en el año 1992.

## 4.2.3 FISCAM: Federal Information Systems Controls Audit Manual

Estándar de auditoría y control de la seguridad de los Sistemas de Información Federales desarrollado de la Oficina de Contabilidad General (*General Accounting Office*) de Estados Unidos.

## 4.2.4 NIST SP 800

Estándar para la certificación de sistemas basados en las Tecnologías de la Información, que ha sido desarrollado por el NIST (*National Institute for Standards and Technology*, Instituto Nacional de Estándares y Tecnología), un organismo que depende del Departamento de Comercio de Estados Unidos.

# 4.3 ESTÁNDARES EUROPEOS

A nivel europeo podemos destacar los siguientes estándares y actuaciones destacadas en materia de Gestión de la Seguridad de la Información (propuestos en algunos casos como una evolución y adaptación de los estándares de Estados Unidos):

## 4.3.1 ITSEC: Information Technology Security Evaluation Criteria

Los Criterios de Evaluación de la Seguridad de las Tecnologías de la Información fueron desarrollados conjuntamente por Francia, Alemania, Holanda y el Reino Unido en el año 1991, tomando como referencia el trabajo llevado a cabo previamente por el estándar TCSEC en Estados Unidos.

## 4.3.2 ITSEM: Information Technology Security Evaluation Metodology

Se trata de la metodología de evaluación que se ha definido correspondiente a los criterios ITSEC.

### 4.3.3 Agencia Europea de Seguridad de la Información y las Redes

En marzo de 2003 la Comisión Europea decidió crear la Agencia Europea de Seguridad de la Información y las Redes Informáticas (ENISA –*European Network and Information Security Agency*–), con los siguientes objetivos:

- Obtener un consenso en materia de seguridad informática en Europa que permita mantener la disponibilidad y seguridad necesarias en las redes y sistemas de información de las distintas organizaciones.

- Proveer asistencia para la aplicación de nuevas normativas en este campo.

- Dirigir el desarrollo en estas materias.

- Avisar y coordinar acerca de la información recopilada y analizada.

- Dar soporte a la certificación y estandarización del mercado.

- Facilitar el contacto con terceros países.

Finalmente, mediante el Reglamento número 460/2004 del Parlamento Europeo y del Consejo, de 10 de marzo de 2004, se creó esta Agencia Europea de Seguridad de las Redes y de la Información (DOCE de 13 de marzo de 2004).

Esta nueva Agencia está llamada a desempeñar un importante papel en la aprobación de nuevos estándares relacionados con la seguridad informática en Europa.

## 4.4 ESTÁNDARES INTERNACIONALES

Los principales estándares relacionados con la seguridad de la información y la certificación de los productos tecnológicos han sido desarrollados por la ISO y el IEC. Seguidamente se presenta una relación de los estándares más conocidos a nivel internacional, algunos de los cuales serán analizados posteriormente con un mayor detalle debido a su especial trascendencia:

- **ISO/IEC 13335**: *Guidelines for Management of Information Technologies Security* (Directrices para la Gestión de la Seguridad), es un estándar que define un marco de referencia para las técnicas de gestión de riesgos y los criterios de selección de medidas de seguridad o salvaguardas en los sistemas y redes informáticas. En la actualidad ha sido publicada como la nueva norma ISO/IEC 27005.

- **ISO/IEC 15408**: *Common Criteria*, Criterios Comunes para la evaluación de determinados productos de seguridad, facilitando de este modo el proceso de certificación de los niveles y servicios de seguridad que pueden proporcionar estos productos.

- **ISO/IEC 17799 (BS-7799)**: *Information Security Management* (Gestión de la Seguridad de la Información), estándar que define un código de Buenas Prácticas mediante un conjunto de controles que se pueden aplicar para mejorar la Gestión de la Seguridad de la Información en una organización.

- **ISO/IEC 18045**: *Methodology for IT security evaluation*, describe las acciones que debe llevar a cabo el evaluador y establece las pautas para realizar las evaluaciones correspondientes.

- **ISO/IEC 21827**: *Systems Security Engineering* (Ingeniería de la Seguridad de los Sistemas), se ha propuesto para facilitar la evaluación del nivel de madurez de los procesos relacionados con la Gestión de la Seguridad de la Información.

- **ISO/IEC 27001**: *Information Security Management Systems Requirements* (Requisitos para los Sistemas de Gestión de Seguridad de la Información), norma que permite certificar la implantación de un Sistema de Gestión de Seguridad de la Información en una organización.

- **ISO 31000**: *Risk management – Principles and guidelines*.

- **ISO/IEC 31010**: *Risk management – Risk assessment techniques*.

- **ISM3**: *Information Security Management Maturity Model* (Modelo de Madurez de la Gestión de la Seguridad de la Información), nuevo estándar que se estructura en distintos "niveles de madurez" para facilitar su implantación progresiva en las organizaciones, partiendo de cuáles son los requerimientos básicos de seguridad del negocio o de la actividad que desarrollan.

- **COBIT**: requerimientos de seguridad establecidos por la ISACA (*Information Systems Audit and Control Association* –Asociación para el Control y la Auditoría de los Sistemas de Información–, www.isaca.org).

- **RFC 2196**, documento del IETF (*Internet Engineering Task Force* – Grupo de Trabajo de Ingeniería de Internet–) que constituye un Manual de Seguridad con una serie de directrices aplicables al desarrollo y explotación de un Website en Internet.

- **OCTAVE** (*Operationally Critical Threat, Asset, and Vulnerability Evaluation* –Evaluación de Vulnerabilidades, Activos y Amenazas Críticas–), del Software Engineering Institute (SEI) de la Universidad

Carnegie Mellon. Se trata de una metodología propuesta para facilitar la evaluación y la gestión de los riesgos en una organización.

## 4.4.1 ISO/IEC 15408: *Common Criteria*

ISO/IEC 15408 es el estándar que define una serie de criterios de evaluación unificados y ampliamente aceptados a nivel internacional para poder evaluar la seguridad de los productos tecnológicos, conocidos como Criterios Comunes (*Common Criteria for Information Technology Security Evaluation*). Este estándar surge como el resultado de una laboriosa e intensa negociación entre países para obtener un acuerdo de reconocimiento mutuo de las certificaciones de seguridad de productos tecnológicos, llevada a cabo por un grupo de 14 países entre los que figura España.

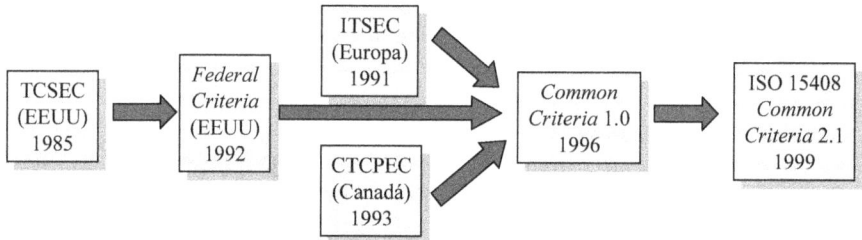

*Figura 4.1. Desarrollo de la ISO/IEC 15408*

En este estándar se definen los siguientes conceptos aplicados a la seguridad de los productos:

> **Perfil de Protección**: es el conjunto de requisitos de seguridad que cumple unas necesidades específicas y que es independiente de la implementación. Se corresponde, por lo tanto, con los requisitos de los usuarios del producto o sistemas.

> **Declaración de Seguridad**: conjunto de requisitos y especificaciones de seguridad de un producto o sistema informático que será utilizado como punto de partida para su evaluación. Se trata, por lo tanto, de la propia especificación del producto o sistema.

> **Objeto a Evaluar**: producto o sistema informático, con su documentación de usuario y administrador asociada, que se somete a una evaluación y cuyas características de seguridad se describen de forma específica en una Declaración de Seguridad.

El estándar ISO/IEC 15408 está estructurado en tres partes:

> **Parte 1**: estructura común y desarrollo de un lenguaje para expresar los requisitos de seguridad de los productos y sistemas informáticos.

> **Parte 2**: catálogos de componentes y de paquetes de requisitos de seguridad funcionales. Permiten establecer las distintas funcionalidades de seguridad de los productos tecnológicos, respondiendo de este modo a la cuestión: ¿qué hace el producto?

> **Parte 3**: catálogos de componentes y de paquetes de requisitos de aseguramiento. Se utilizan para poder definir y evaluar las actividades de diseño, desarrollo, pruebas, entrega y puesta en marcha, gestión de la configuración, mantenimiento, documentación y soporte del producto o sistema en cuestión, pudiendo establecer de este modo la confianza en las funciones de seguridad del producto: ¿está el producto bien construido y cumple con su propósito?

En el estándar ISO/IEC 15408 se establece una organización jerárquica de los Requisitos de Seguridad de los distintos productos y sistemas:

> Los **elementos** representan la expresión de más bajo nivel de un requisito de seguridad que es indivisible y que puede verificarse en la evaluación. Los elementos son los constituyentes a partir de los cuales se construyen los componentes.

> Los **componentes** están formados por los requisitos de seguridad que constituyen el conjunto más pequeño que puede seleccionarse para su inclusión en un paquete.

> Las **familias** son agrupaciones de componentes que comparten objetivos de seguridad pero que pueden diferir en el énfasis o nivel de exigencia.

> Las **clases** son, a su vez, agrupaciones de familias que comparten un enfoque común, difiriendo en la cobertura de los objetivos de seguridad. Así, podríamos citar distintos ejemplos de clases de requisitos de seguridad funcional (utilizando la propia terminología recogida en el estándar):

- Auditoría: FAU.

- Comunicaciones: FCO.

- Utilización de Recursos: FRU.

- Privacidad: FPR.

- Gestión de la Seguridad: FMT.

- Identificación y Autenticación: FIA.

- Protección de los Datos de Usuario: FDP.

- Soporte Criptográfico: FCS.

- Protección de las Funciones de Seguridad: FPT.

> Por último, los **paquetes** son combinaciones de componentes que permiten expresar una serie de requisitos funcionales o de aseguramiento que permiten satisfacer un conjunto de objetivos de seguridad identificables, con la intención de ser reutilizables para definir requisitos en otros Paquetes, Perfiles de Protección o Declaraciones de Seguridad.

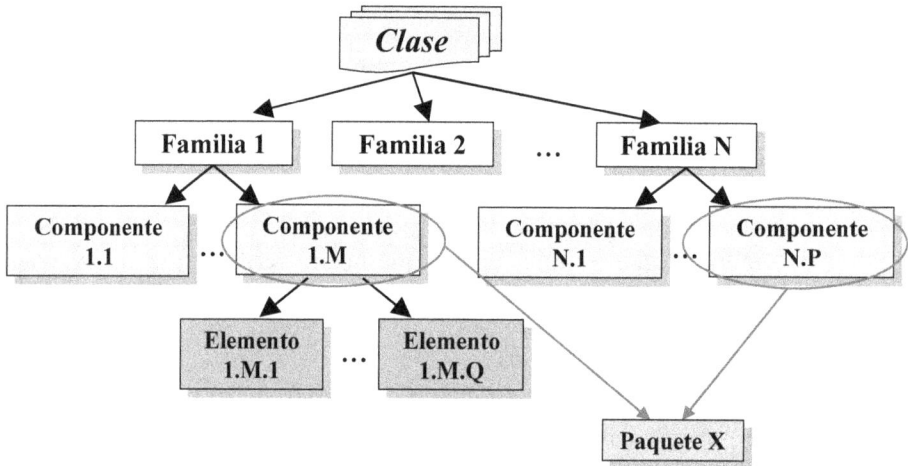

*Figura 4.2. Organización jerárquica de los requisitos de seguridad*

Por otra parte, el estándar define distintos **Niveles de Aseguramiento de las Evaluaciones** (conocidos por el acrónimo en inglés EAL –*Evaluation Assurance Levels*–).

| EAL | Descripción | Equivalente ITSEC |
|---|---|---|
| EAL 1 | Probado Funcionalmente | |
| EAL 2 | Probado Estructuralmente | E1 |
| EAL 3 | Probado y Comprobado Metódicamente | E2 |
| EAL 4 | Diseñado, Probado y Revisado Metódicamente | E3 |
| EAL 5 | Diseñado y Probado Semi-formalmente | E4 |
| EAL 6 | Diseño y Verificado Semi-formalmente, y Probado | E5 |
| EAL 7 | Diseño y Verificado Formalmente, y Probado | E6 |

*Tabla 4.1. Niveles de Aseguramiento de las Evaluaciones (EAL)*

Podemos distinguir distintos tipos de evaluación a la hora de aplicar los "Criterios Comunes":

> **Evaluación del Perfil de Protección**: consiste en demostrar que la definición de un Perfil de Protección determinado es completa, consistente y técnicamente adecuada para su uso como declaración de requisitos de seguridad para un objeto evaluable.

> **Evaluación de la Declaración de Seguridad**: en este caso se trataría de demostrar que esta declaración es completa, consistente y técnicamente apropiada para su uso como base de la evaluación del objeto que describe.

> **Evaluación del Objeto**: pretende demostrar que dicho objeto (producto o sistema a evaluar) cumple los requisitos de seguridad de la Declaración de Seguridad. En este proceso de evaluación se examinan las funcionalidades que se especifican en la Declaración de Seguridad del objeto.

Conviene destacar, por otra parte, que existen distintos aspectos relacionados con la seguridad informática que no están cubiertos por los "Criterios Comunes": medidas de seguridad administrativas y procedimientos de control; procedimientos para la evaluación de los riesgos; seguridad física; seguridad frente al personal; determinadas cualidades de los algoritmos criptográficos (robustez, eficiencia...); etcétera.

También se han propuesto unos **Métodos de Evaluación Comunes**, que tratan de asegurar la aplicación consistente de los "Criterios Comunes" entre diferentes evaluaciones y múltiples esquemas de trabajo. Para ello, documentan en detalle las actividades requeridas para poder evaluar un producto o sistema informático. Actualmente se encuentran en revisión, de cara a su incorporación en el futuro estándar ISO 18045.

Cabe destacar que en España los "Criterios Comunes" han adquirido una especial relevancia desde la constitución del Centro Criptológico Nacional como organismo de certificación de la seguridad de las Tecnologías de la Información (según Real Decreto 421/2004, de 12 de marzo), ya que se utilizan como normas básicas sobre las que se dictamina la certificación de la seguridad de numerosos productos y servicios criptográficos, como todos los relacionados con la firma electrónica.

*Figura 4.3. Centro Criptológico Nacional*

## 4.4.2 ISO/IEC 17799

Este estándar define un conjunto de guías de seguridad de la información reconocidas y aceptadas internacionalmente, es decir, se trata de un código de Buenas Prácticas para la Seguridad de la Información. En concreto, en su versión inicial se especifican un conjunto de 127 controles donde se identifican las mejores prácticas para la Gestión de la Seguridad de la Información en una organización.

Por **Control de Seguridad** nos referimos a una práctica, procedimiento o mecanismo que permite reducir el nivel de riesgo. Los controles se agrupan en 10 **Dominios** o temáticas, de los que se derivan 36 **Objetivos de Control** (resultados que se esperan alcanzar).

De este modo, el estándar ISO/IEC 17799 proporciona una base común para desarrollar normas y procedimientos de seguridad dentro de las organizaciones, aplicables a cualquier tipo organización independientemente de su tamaño o sector de actividad.

Se trata de una norma No Certificable, basada en el estándar BS 7799-1, publicada en 1995 por el British Standard Institute (BSI, Instituto de Estándares Británico).

En la ISO/IEC 17799 se define la información como un activo que posee valor para la organización y, en consecuencia, requiere de una protección adecuada. Asimismo, la Seguridad de la Información se define como "la preservación de su confidencialidad, su integridad y su disponibilidad". El objetivo de la Seguridad de la Información es proteger de forma adecuada este activo para asegurar la continuidad del negocio, minimizar los daños a la organización y maximizar el retorno de las inversiones y las oportunidades de negocio.

El 15 de junio de 2005 se publicaba una nueva versión de esta norma, la ISO/IEC 17799:2005, tras un proceso de revisión de tres años de duración. Esta nueva versión consta de 11 dominios, 39 objetivos de seguridad y 133 controles específicos, adoptando una nueva estructura para presentar estos controles e incorporando una "guía de implantación" para cada control. Además, en esta nueva versión de la norma se ha incluido una sección sobre análisis de riesgos y otra sobre gestión de incidentes, al mismo tiempo que se ha procedido a revisar otros contenidos relacionados con la seguridad física, la seguridad ligada a los Recursos Humanos o el control de accesos.

Desde el 1 de julio de 2007 la norma ISO/IEC 17799:2005 ha pasado a denominarse ISO/IEC 27002, estando incluida desde ese momento en la familia ISO 27000.

## 4.4.3 BS 7799 Parte 2:2002

Esta norma publicada en 1998 por el British Standard Institute (BSI) y revisada en 2002, desarrolla una especificación para la Certificación de Sistemas de Gestión de Seguridad de la Información (SGSI). El proceso de implementación incluye la selección y aplicación de controles de seguridad definidos en la BS7799-1, tras un proceso de evaluación de los riesgos a los que están expuestos los activos y recursos a proteger en el SGSI.

Esta norma ha sido anulada al publicarse la ISO/IEC 27001, que se describirá en el siguiente apartado.

## 4.4.4 Familia ISO/IEC 27000

La ISO/IEC 27000 es una serie de estándares relacionados con los Sistemas de Gestión de Seguridad de la Información (SGSI), cuyos rangos de numeración van de 27000 a 27019 y de 27030 a 27044.

Los objetivos de esta serie de estándares son los siguientes:

- ➢ Contribuir a la mejor identificación y ordenación de las normas de gestión de seguridad de la información.

- ➢ Proporcionar un marco homogéneo de normas y directrices.

- ➢ Proporcionar requisitos, metodologías y técnicas de valoración.

- ➢ Evitar el solapamiento de las normas y favorecer la armonización.

- ➢ Alinearse con los principios generalmente aceptados relativos al gobierno de las organizaciones.

- ➢ Seguir las Directrices de Seguridad y de Privacidad de la OCDE.

- ➢ Emplear un lenguaje y métodos comunes.

- ➢ Facilitar la flexibilidad en la selección e implantación de controles.

- ➢ Ser consistente con otras normas y directivas de ISO.

### 4.4.4.1 ISO/IEC 27000

Esta norma publicada en el año 2009 proporciona una visión general de toda la serie 27000, con los términos y definiciones básicas, una introducción a los Sistemas de Gestión de Seguridad de la Información, y una breve descripción del proceso Plan-Do-Check-Act.

## 4.4.4.2 ISO/IEC 27001

Esta norma fue publicada en octubre de 2005, estableciendo los requisitos para los Sistemas de Gestión de Seguridad de la Información (*Information Security Management Systems Requirements*).

Se trata de la norma principal de esta serie, que tiene su origen en la anterior BS 7799-2:2002 y que permite certificar la implantación de un Sistema de Gestión de Seguridad de la Información en una organización, incorporando los controles de la ISO/IEC 27002. Esta norma fue publicada el 28 de noviembre de 2007 en España por AENOR como la UNE-ISO/IEC 27001:2007.

De acuerdo con la definición propuesta en esta norma, un SGSI es "parte del sistema global de gestión, que sobre la base de un enfoque basado en los riesgos, se ocupa de establecer, implantar, operar, seguir, revisar, mantener y mejorar la seguridad de la información. Nota: El sistema de gestión incluye estructuras organizativas, políticas, actividades de planificación, responsabilidades, prácticas, procedimientos, procesos y recursos".

En este sentido, se trata de un sistema equivalente a otros sistemas de gestión como la ISO 9000 o la ISO 14000, e integrable con ellos, certificable e independiente del tipo, tamaño o área de actividad de la organización.

El SGSI es la herramienta de que dispone la Dirección de una organización para llevar a cabo las políticas y los objetivos de seguridad, protegiendo de este modo los recursos tecnológicos, los activos de información y los procesos de negocio. Define los requisitos de los controles de seguridad de acuerdo con las necesidades de las organizaciones, independientemente de su tipo, tamaño o área de actividad. Los controles de seguridad se tendrán que seleccionar teniendo en cuenta tres fuentes principales:

➢ Análisis de riesgos en la organización.

➢ Requisitos del negocio: cumplimiento de las políticas y normas de seguridad de la empresa y de los estándares del sector.

➢ Obligaciones legales, reglamentarias y contractuales.

De acuerdo con esta norma, podemos establecer las siguientes etapas en el diseño de un SGSI:

1. **Definición del Alcance del SGSI**: los procesos de negocio, los recursos de información afectados, los recursos tecnológicos y organizativos, así como la localización de éstos.

2. **Establecimiento de las Políticas de Seguridad**: la Dirección General, junto con los empleados de los departamentos afectados en la implantación,

debe definir y desarrollar unas Políticas de Seguridad de la Información dentro de la organización.

3. **Preparación de un Documento de Seguridad** en el que se refleje:

    - El compromiso de la Dirección.

    - Definición de la Seguridad de la Información dentro de su organización.

    - Descripción de los principios del Sistema de Gestión de Seguridad de la Información.

    - Definición de responsabilidades de los usuarios y empleados.

    - Referencia al soporte documental del SGSI.

    - Cumplimiento con los requisitos legales.

4. **Análisis y Gestión de Riesgos de forma sistemática**, de acuerdo con las siguientes actividades:

    - Registro de los activos de la organización: información, hardware, software, equipos de redes y comunicaciones, personas, imagen y reputación de la empresa...

    - Análisis de las posibles amenazas.

    - Identificación de vulnerabilidades y estimación de su impacto en la organización.

    - Evaluación del nivel de riesgo, teniendo en cuenta para ello la probabilidad de ocurrencia de una amenaza y de su impacto en la organización.

    - Definición del nivel de riesgo aceptable o residual.

5. **Selección de Controles y Definición de Objetivos de Seguridad**. Será necesario llevar a cabo una revisión de la aplicabilidad de los controles seleccionados, partiendo del análisis de la disponibilidad tecnológica, del coste económico y del esfuerzo requerido para su implantación.

El **Documento de Selección de Controles** (DSC) es el documento que describe los controles relevantes aplicables en la organización, como consecuencia de los resultados del proceso de análisis y valoración de riesgos.

En dicho documento, para cada uno de los controles seleccionados se debe especificar cuáles son los objetivos de seguridad perseguidos, incluyendo una descripción detallada de cada uno de los controles y cuál es la razón que ha aconsejado su selección. Asimismo, para los controles no seleccionados se debe especificar la razón para su exclusión.

Por otra parte, el modelo propuesto para un SGSI es un modelo de mejora continua "PDCA", alineándose de este modo con lo establecido en la norma ISO/IEC 9001:

> *"**Plan**"* (Planificar): definición y establecimiento del SGSI.

> *"**Do**"* (Ejecutar): implantación y operación del SGSI.

> *"**Check**"* (Verificar): comprobación y revisión del SGSI (medir la efectividad de las medidas de seguridad).

> *"**Act**"* (Actuar): mantenimiento y mejora del SGSI.

*Figura 4.4. Modelo PDCA para la implantación de un SGSI*

El **ciclo de vida del SGSI** se articula según las cuatro etapas ya tradicionales en los sistemas de gestión en general, como los de gestión de calidad ISO 9001 o los de gestión medioambiental ISO 14001:

1. **Implantación del SGSI**: contempla actividades tales como la definición de la política de seguridad que incluye la definición del alcance y límites del sistema de gestión de seguridad de la información; el análisis y gestión de riesgos proporcionado a la naturaleza y valoración de los activos y de los riesgos a los que estén expuestos; la evaluación de alternativas y la selección de los controles adecuados para el tratamiento de los riesgos, extraídos de forma justificada de la norma ISO/IEC 27002 y, en su caso, de controles adicionales; la aprobación por la dirección de los riesgos residuales, la autorización por parte de la dirección de la implantación y explotación del sistema de gestión, así como la elaboración de la declaración de aplicabilidad, documento que incluye los controles relevantes y aplicables al sistema de gestión.

2. **Explotación del SGSI**: incluye actividades tales como la formulación y ejecución del plan de gestión de riesgos, la implantación de los controles seleccionados, la definición de cómo medir la efectividad de los controles y la gestión de las operaciones y de los recursos necesarios del sistema de gestión.

3. **Revisión del SGSI**: incluye actividades tales como la revisión de los procedimientos y de los controles implantados para la detección temprana de errores, de brechas e incidentes de seguridad, para determinar si las actividades de seguridad de la información se comportan de conformidad con lo esperado y para ayudar a detectar eventos de seguridad, prevenir incidentes y determinar si las acciones emprendidas para resolver una brecha de seguridad fueron efectivas; la realización de auditorías periódicas del SGSI para determinar la conformidad con la norma que especifica los requisitos del sistema de gestión, con los requisitos identificados en materia de seguridad de la información, la adecuada implantación y gestión de los controles y el funcionamiento conforme a lo esperado; la revisión de la valoración de los riesgos; la revisión del SGSI desde el punto de vista de la dirección para asegurar que el alcance permanece válido y para identificar posibles mejoras.

4. **Mejora del SGSI**: atendiendo a los resultados de las auditorías, a las aportaciones de los actores implicados, a los resultados de la medida de la efectividad, a la detección de amenazas y vulnerabilidades no tratadas adecuadamente y a los cambios que hayan podido producirse, debe mantenerse un proceso de mejora continua que incluya acciones tanto preventivas como correctivas.

En lo que se refiere a la elaboración de la documentación del SGSI, será necesario contemplar toda una serie de documentos:

- Planificación y Diseño del SGSI (incluyendo la definición del alcance).
- Políticas de Seguridad de la Información.
- Registro de Activos de Información y Valoración de Riesgos.
- Documento de Selección de Controles (DSC).
- Procedimientos para la Implantación de los Controles (acciones previstas y responsabilidades).
- Procedimientos para la Gestión y Operación del SGSI (acciones previstas y responsabilidades).

La norma señala que la organización deberá establecer y mantener los procedimientos para controlar la documentación del SGSI, cumpliendo con los siguientes objetivos:

1. Disponibilidad para su lectura.
2. Revisión periódica según las pautas de las Políticas de Seguridad.
3. Control de versiones.
4. Eliminación de los documentos obsoletos.

Por otra parte, la organización también debe establecer y mantener los procedimientos que permitan identificar, mantener, conservar y destruir los registros que evidencien el cumplimiento del SGSI implantado. Estos registros tienen que ser leíbles, identificables y trazables, debiendo ser almacenados de forma adecuada y segura para facilitar su posterior recuperación y evitar daños, pérdidas o posibles manipulaciones de su contenido.

### 4.4.4.3 ISO/IEC 27002

Es el nuevo nombre de la anterior norma ISO/IEC 17799:2005, aprobada como en julio de 2007. Se trata de una guía de buenas prácticas que describe 39 objetivos de control y 133 controles recomendables en cuanto a seguridad de la información, que se agrupan en 11 dominios. La norma ISO/IEC 27001 contiene un anexo que resume todos los controles de la ISO/IEC 27002.

En España fue publicada por AENOR como la UNE-ISO/IEC 27002:2009 el 9 de diciembre de 2009.

Los 11 dominios previstos en esta norma para agrupar los controles de seguridad son los siguientes:

- Análisis de riesgos.
- Política de seguridad.
    - Documento de política de seguridad.
    - Revisión del documento de política de seguridad.
- Organización de seguridad (tanto interna como de terceras partes).
    - Infraestructura de organización de la seguridad.
    - Seguridad en acceso de terceras partes.

- Gestión de activos.
  - Responsabilidad de los activos.
  - Clasificación de la información.
- Seguridad de los Recursos Humanos.
  - Antes del empleo.
  - Durante el empleo.
  - A la terminación del empleo o tras cambios en el mismo.
- Seguridad física.
  - Áreas seguras.
  - Equipamiento de seguridad.
- Gestión de comunicaciones y de operaciones de explotación.
  - Procedimientos operativos y responsabilidades.
  - Gestión del servicio prestado por terceras partes.
  - Planificación y aceptación de sistemas.
  - Protección frente a software malicioso.
  - Copias de seguridad.
  - Gestión de seguridad de red.
  - Manejo de soportes.
  - Intercambio de información.
  - Servicios de comercio electrónico.
  - Registro de eventos.
- Desarrollo y mantenimiento de sistemas.
  - Requisitos de seguridad de los sistemas de información.
  - Procesamiento correcto de las aplicaciones.

- Uso de controles criptográficos.
- Seguridad de los archivos del sistema.
- Seguridad en procesos de desarrollo y mantenimiento.
- Gestión de vulnerabilidades técnicas.

➤ Control de accesos.
- Requisitos de control de acceso.
- Gestión del acceso de usuarios.
- Responsabilidades del usuario.
- Control de acceso a servicios en red.
- Control de acceso al sistema operativo.
- Control de acceso a las aplicaciones.
- Informática móvil y teletrabajo.

➤ Gestión de incidentes.
- Informe de incidentes y debilidades de seguridad de la información.
- Gestión de incidentes de seguridad de la información y mejoras.

➤ Plan de continuidad del negocio.
- Aspectos de seguridad de la información en la gestión de la continuidad.

➤ Conformidad legal.
- Conformidad con requisitos de carácter legal.
- Conformidad con políticas, normas y aspectos.
- Consideraciones de auditoría de sistemas de información.

#### 4.4.4.4 ISO/IEC 27003

Esta norma fue publicada en febrero de 2010 como una guía que describe el proceso de especificación y diseño de un Sistema de Gestión de Seguridad de la Información de acuerdo con la ISO/IEC 27001, centrándose en los aspectos críticos necesarios para su diseño e implementación con éxito. Se trata de una norma no certificable, que tiene su origen en las directrices de la norma BS 7799-2 y en otros documentos publicados por la BSI con recomendaciones y guías de implantación.

#### 4.4.4.5 ISO/IEC 27004

Se trata de una norma publicada en diciembre de 2009 como una guía con un conjunto de métricas y de técnicas de medida que se pueden utilizar para determinar la eficacia de un Sistema de Gestión de Seguridad de la Información y de los controles o grupos de controles implementados según la ISO/IEC 27001. No es una norma certificable.

#### 4.4.4.6 ISO/IEC 27005

Esta norma fue publicada en junio de 2008 a modo de guía con una serie de directrices para la gestión del riesgo en la seguridad de la información. Su publicación revisa y retira las normas ISO/IEC TR 13335-3:1998 e ISO/IEC TR 13335-4:2000. No es una norma certificable.

#### 4.4.4.7 ISO/IEC 27006

Esta norma fue publicada en marzo de 2007 para especificar los requisitos para la acreditación de entidades de auditoría y certificación de Sistemas de Gestión de Seguridad de la Información.

Por otra parte, dentro de la serie 27000 también se incluyen otras normas que todavía están en fase de desarrollo, y que serán publicadas en estos próximos años, entre las que podemos citar por su interés las sigueintes:

- ➢ **ISO/IEC 27007:** consistirá en una guía de auditoría de un Sistema de Gestión de la Seguridad de la Información.

- ➢ **ISO/IEC 27008:** consistirá en una guía de auditoría de los controles seleccionados en el marco de implantación de un Sistema de Gestión de la Seguridad de la Información.

- ➢ **ISO/IEC 27012:** consistirá en un conjunto de requisitos y directrices de gestión de seguridad de la información en organizaciones que proporcionen servicios de Administración Electrónica.

- **ISO/IEC 27013:** consistirá en una guía de implementación integrada de la ISO/IEC 27001 (gestión de seguridad de la información) y de la ISO/IEC 20000-1 (gestión de servicios TI).

- **ISO/IEC 27014:** consistirá en una guía de gobierno corporativo de la seguridad de la información.

- **ISO/IEC 27015:** consistirá en un conjunto de requisitos y directrices de gestión de seguridad de la información en organizaciones del sector financiero y de seguros.

- **ISO/IEC 27031:** consistirá en una guía de continuidad de negocio en cuanto a Tecnologías de la Información y de las Comunicaciones.

- **ISO/IEC 27032:** consistirá en una guía relativa a la ciberseguridad.

- **ISO/IEC 27033:** norma dedicada a la seguridad en redes de ordenadores.

- **ISO/IEC 27034:** consistirá en una guía de seguridad en aplicaciones informáticas.

- **ISO/IEC 27035:** consistirá en una guía de gestión de incidentes de seguridad de la información.

- **ISO/IEC 27036:** consistirá en una guía de seguridad en la externalización de servicios.

- **ISO/IEC 27037:** consistirá en una guía de identificación, recopilación y preservación de evidencias digitales.

## 4.4.5 Estándares relacionados con los sistemas y servicios criptográficos

En el ámbito de las distintas técnicas y servicios criptográficos se pueden citar una serie de normas internacionales aprobadas por ISO/IEC, entre las que destacan las siguientes:

- **ISO/IEC 18014:** servicios de fechado electrónico (*Time Stamping Services*).

- **ISO/IEC 18033:** algoritmos de cifrado simétricos, de bloque, de flujo y asimétricos.

- **ISO/IEC 10118:** funciones *hash* criptográficas.

- **ISO/IEC 9796:** esquemas de firma digital que incorporan funcionalidades de autenticación e integridad (*digital signature schemes*).

- **ISO/IEC 9798:** autenticación de entidades (*entity authentication*).

- **ISO/IEC 15946**: técnicas criptográficas basadas en curvas elípticas.

- **ISO/IEC 11770:** servicios y mecanismos para la gestión de claves.

- **ISO/IEC 13888:** mecanismos de no repudiación.

## 4.6 PROCESO DE CERTIFICACIÓN

El **proceso de certificación** debe ser realizado por una entidad independiente y competente capaz de determinar si un determinado SGSI es correcto, y lo confirma mediante el correspondiente certificado por escrito.

La certificación constituye un reconocimiento al trabajo bien hecho, una garantía de "calidad de la seguridad", que aporta beneficios para la propia organización, sus clientes, inversores y empleados. Sin embargo, la adaptación a la norma no garantiza la inmunidad total de la organización frente a problemas de seguridad, pero permite reducir el riesgo. Conviene recordar, una vez más, que la seguridad total no existe.

El proceso de certificación consta de dos grandes etapas:

1. **Consultoría**: un equipo de consultores con experiencia en la norma ayuda a la organización a cumplir con los requisitos de certificación: Políticas de Seguridad, procedimientos, selección e implantación de controles, etcétera. En esta etapa será necesario determinar las **acciones correctivas** (que eliminan la causa de las no conformidades en la implantación, operación y uso del SGSI) y las **acciones preventivas** (que permiten eliminar la causa de no conformidades potenciales, previniendo su ocurrencia).

2. **Auditoría**: un organismo acreditado, como AENOR en España, se encarga de revisar los distintos procesos y procedimientos de gestión de seguridad exigidos por la norma, así como de revisar la implantación de los distintos controles seleccionados.

Una de las instituciones de referencia a nivel internacional en auditoría de los Sistemas de Información es ISACA (*Information Systems Audit and Control Association* –Asociación para el Control y la Auditoría de los Sistemas de Información–).

## 4.7 REFERENCIAS DE INTERÉS

- AENOR: http://www.aenor.es/.
- Organización Internacional de Normalización (ISO): http://www.iso.org/.
- Comisión Electrotécnica Internacional (IEC): http://www.iec.org/.
- Comité Europeo de Normalización (CEN): http://www.cenorm.be/.
- Comité Europeo de Normalización Electrotécnica (CENELEC): http://www.cenelec.org/.
- Instituto Europeo de Normas de Telecomunicación (ETSI): http://www.etsi.org/.
- Instituto Nacional de Estándares y Tecnología de Estados Unidos (NIST): http://www.nist.gov/.
- Agencia Europea de Seguridad de la Información y las Redes Informáticas (ENISA): http://www.enisa.europa.eu/.
- Asociación para el Control y la Auditoría de los Sistemas de Información (ISACA): http://www.isaca.org.
- OCTAVE (*Operationally Critical Threat, Asset, and Vulnerability Evaluation*): http://www.cert.org/octave/.
- British Standard Institute (BSI): http://www.bsi-global.com/.
- ISO 27000: http://www.iso27000.es/.
- Centro Criptológico Nacional (CCN): http://www.ccn.cni.es/.

# PROBLEMAS DE SEGURIDAD EN LAS REDES Y SISTEMAS INFORMÁTICOS

- ❏ Capítulo 5. Vulnerabilidades de los sistemas informáticos
- ❏ Capítulo 6. Amenazas a la Seguridad Informática
- ❏ Capítulo 7. Virus informáticos y otros códigos dañinos
- ❏ Capítulo 8. Ciberterrorismo y espionaje en las Redes de Ordenadores
- ❏ Capítulo 9. Respuesta a Incidentes de Seguridad y Planes para la Continuidad del Negocio

PARTE II

**Capítulo 5**

# VULNERABILIDADES DE LOS SISTEMAS INFORMÁTICOS

## 5.1 INCIDENTES DE SEGURIDAD EN LAS REDES

Se suele considerar que el primer *"bug"* o fallo informático tuvo lugar el 9 de septiembre de 1945 en el laboratorio de cálculo Howard Aiken de la Universidad de Harvard. Grace Murray Hopper (1906-1992) trabajaba como programadora del ordenador Mark II, cuando intentando averiguar la causa de un fallo de este ordenador (uno de los primeros totalmente electrónicos), descubrió que éste era debido a la presencia de una polilla (*"bug"*) que se había introducido entre los contactos de una de las válvulas del ordenador.

Hasta finales de 1988 muy poca gente se tomaba en serio el tema de la seguridad en redes de ordenadores. Sin embargo, el 22 de noviembre de 1988 Robert Morris protagonizó el primer gran incidente de la seguridad informática: uno de sus programas se convirtió en el famoso *"worm"* o "gusano" de Internet. Miles de ordenadores conectados a la red se vieron inutilizados durante días y las pérdidas se estimaron en millones de dólares. Desde ese momento el tema de la seguridad en las redes de ordenadores ha sido un factor a tener muy en cuenta por cualquier responsable o administrador de sistemas informáticos.

Poco después de este incidente y a la vista de los potenciales peligros que podía entrañar un fallo o un ataque contra los sistemas informáticos estadounidenses, la agencia DARPA (*Defense Advanced Research Projects Agency*, Agencia de Proyectos de Investigación Avanzados de Defensa) creó el famoso CERT (*Computer Emergency Response Team*, Equipo de Respuesta a Emergencias Informáticas), un grupo constituido en su mayor parte por voluntarios cualificados de la comunidad informática, cuyo objetivo principal era facilitar una respuesta rápida a los problemas de seguridad que afectaran a redes de ordenadores conectados a Internet.

Posteriormente, surgieron iniciativas análogas en otros países, como el esCERT en España, actualmente integrado en el INTECO (http://cert.inteco.es/). Han pasado ya unos cuantos años desde la creación del primer CERT y cada día se hace más patente la preocupación por los temas relativos a la seguridad en las redes de ordenadores, sobre todo teniendo en cuenta las noticias de los numerosos ataques informáticos llevados a cabo contra las redes de empresas e instituciones de cierto prestigio.

## 5.2 CAUSAS DE LAS VULNERABILIDADES DE LOS SISTEMAS INFORMÁTICOS

Podemos señalar una serie de causas como las responsables de las vulnerabilidades que afectan a los sistemas informáticos.

### 5.2.1 Debilidad en el diseño de los protocolos utilizados en las redes

Algunos de los protocolos utilizados para ofrecer determinados servicios en redes como Internet han sido diseñados sin prever cómo reaccionar frente a situaciones anómalas o ante un mal comportamiento de una de las partes intervinientes en la comunicación, que podría tratar de "confundir" a la otra para provocar, por ejemplo, un ataque de Denegación de Servicio (DoS).

Otro error de diseño sería intercambiar la información sensible en texto claro, sin cifrar, como en los servicios básicos de conexión remota a otros equipos (Telnet), de transferencia de ficheros (FTP) o de correo electrónico en su versión más básica (SMTP).

De hecho, algunos protocolos de Internet no contemplaron la seguridad en su diseño inicial, al considerar sus inventores que iban a ser utilizados en redes fiables y con usuarios de confianza, como podría ser el escenario de la Internet que conectaba a universidades y centros de investigación de Estados Unidos en los años setenta.

Así, por ejemplo, podríamos citar el caso del protocolo de gestión de red SNMP (*Simple Network Management Protocol*, Protocolo de Gestión de Red Sencillo), también conocido como "*Security Not My Problem*" ("La seguridad no es mi problema"), desarrollado para facilitar la gestión y administración remota de los distintos dispositivos conectados a una red de ordenadores.

En este caso, la información sobre los distintos dispositivos se almacena en una base de datos conocida como MIB, que puede ser consultada a través del protocolo SNMP. Sin embargo, en las primeras versiones de SNMP la seguridad era muy débil, por no decir inexistente, ya que se basaba en el uso de claves compartidas (conocidas como "*community names*"). El protocolo SNMP no resuelve de forma adecuada la seguridad hasta la aprobación de su versión 3 (RFC 2570), que ya contempla el cifrado de la información enviada a través de la red y la autenticación de los dispositivos.

## 5.2.2 Errores de programación

Otra de las causas de muchas vulnerabilidades de los sistemas informáticos la encontramos en los fallos en el diseño y/o en la codificación de los programas.

Además, en bastantes ocasiones los parches y actualizaciones de seguridad suministradas por los fabricantes no arreglan los problemas, o incluso pueden incluir nuevas vulnerabilidades (como en algunas actualizaciones de Windows distribuidas por Microsoft).

Conviene destacar, en este sentido, que suele haber mayores dificultades con los parches para servidores en los que se hayan instalado versiones en idiomas distintos del inglés, ya que en ese caso los parches pueden tardar más tiempo en estar disponibles para los usuarios y administradores. Por este motivo, se recomienda en algunos casos que los sistemas operativos y aplicaciones instaladas en los servidores se hagan desde la versión en inglés.

Es necesario, por otra parte, evaluar la rapidez de respuesta de cada fabricante de software a las vulnerabilidades detectadas en sus aplicaciones. El intervalo de tiempo transcurrido desde que se hace pública una determinada vulnerabilidad hasta que se presenta la correspondiente actualización o parche de seguridad que la corrige recibe el nombre de **"días de riesgo"**.

Otra causa frecuente de vulnerabilidades en las aplicaciones informáticas se debe a un comportamiento incorrecto frente a entradas no validadas, que pueden provocar situaciones indeseadas como el desbordamiento de una zona de memoria utilizada por el programa (*"buffer overflow"*).

Así, por ejemplo, un *"buffer overflow"* se produce cuando un programa intenta escribir en la memoria del ordenador por encima de los límites de una cadena, *array* o zona de memoria reservada[10], posibilitando entonces que se pueda ejecutar un código arbitrario con los privilegios del proceso o usuario actual. Hay que tener en cuenta que el lenguaje C, utilizado para construir numerosas aplicaciones en Internet, no realiza comprobaciones de los límites de las zonas de memoria reservada a las distintas variables declaradas por un programa.

---

[10] Un *"buffer"* es una zona de memoria utilizada por un programa informático o por un servicio del sistema operativo para guardar datos y realizar distintas operaciones. Si se produce un desbordamiento de esta zona de memoria, el programa afectado podrá perder el control y comprometer la seguridad de todo el equipo informático.

## 5.2.3 Configuración inadecuada de los sistemas informáticos

La configuración inadecuada de los sistemas informáticos permite explotar determinadas vulnerabilidades, ya que las opciones que traen por defecto "de fábrica" (es decir, la configuración inicial tras su instalación y puesta en marcha) muchos dispositivos y programas suelen ser poco seguras. Esta situación puede ser motivada, en parte, por una deficiente documentación sobre la configuración del sistema o dispositivo.

Conviene destacar además la importancia de modificar las contraseñas predeterminadas por el fabricante, ya que éstas se suelen mantener en un porcentaje muy alto de dispositivos conectados a las redes (por ejemplo, en los puntos de acceso a redes inalámbricas o en los *routers*), seguramente por desinterés o por falta de una adecuada formación de los administradores y técnicos que los instalan.

Asimismo, podemos citar otras causas frecuentes de vulnerabilidades que se encuentran directamente relacionadas con una inadecuada configuración de los sistemas informáticos:

- Ejecución de más servicios de los necesarios en los equipos, con cuentas de usuario que tienen privilegios excesivos para su función.

- Mantenimiento inadecuado de los sistemas: no se instalan y revisan los parches suministrados por el fabricante. En la actualidad podemos considerar que existe una auténtica competición entre los atacantes y usuarios maliciosos, por una parte, que descubren y tratan de explotar nuevos agujeros de seguridad, y los fabricantes de hardware y de software, por otra, que deben desarrollar e instalar los parches adecuados en los sistemas.

- Algunas aplicaciones informáticas presentan problemas de usabilidad de cara al usuario poco experimentado, que no es consciente de las opciones relacionadas con la seguridad. Así, se ha constatado que en muchos casos el usuario final desconoce cuáles son los cambios que puede provocar la activación o desactivación de una determinada opción de seguridad en el programa que está utilizando.

- *Módems*[11] con una configuración insegura que facilitan el acceso no autorizado de usuarios externos, mediante técnicas conocida como "*War dialing*".

---

[11] Un MÓDEM (Modulador/Demodulador) permite establecer conexiones directas a un equipo o red informática a través de líneas telefónicas (analógicas o digitales), mediante protocolos como PPP o SLIP.

> *Routers* que utilizan protocolos de enrutamiento poco seguros (como el protocolo RIP), que no garantizan la integridad y autenticidad de los mensajes de control mediante los que se intercambian información sobre las rutas. Por este motivo, se recomienda utilizar protocolos de enrutamiento más avanzados, como OSPF o BGP, que incorporan funciones de autenticación y control de la integridad de los mensajes.

> Contar con excesivas relaciones de confianza entre redes y servidores, que facilitan el acceso a servidores sin requerir de autenticación, entre las que podríamos citar las siguientes:

>> - Dominios de confianza en sistemas Windows.
>>
>> - Archivos ".rhosts" y "host.equiv" de UNIX/LINUX y los famosos comandos "r" (rlogin, rcp, rsh...), que facilitan la confianza transitiva entre varios servidores (*"Host Equivalency"* o *"Trusted Host Access"*), de modo que un usuario o equipo se puede conectar a otros equipos sin tener que superar un proceso de autenticación, simplemente porque su dirección IP se encuentra dentro de una lista de "equipos de confianza".

## 5.2.4 Políticas de Seguridad deficientes o inexistentes

Muchas organizaciones no han definido e implantado de forma eficaz unas adecuadas Políticas y Procedimientos de Seguridad, de acuerdo con sus necesidades de seguridad de la información. Así, podríamos citar distintas situaciones que provocan vulnerabilidades en los sistemas informáticos que podrían ser aprovechadas por los atacantes:

> Política de contraseñas poco robusta: contraseñas que se pueden adivinar fácilmente y que no se cambian con frecuencia; contraseñas compartidas entre varios usuarios; usuarios que dejan sus contraseñas anotadas en su mesa o que se despreocupan de su seguridad (la comunican fácilmente a terceros); etcétera.

> Deficiente control de los intentos de acceso al sistema: las cuentas no se bloquean si se producen fallos de autenticación; no se registran los intentos reiterados de conexión en una misma cuenta; falta de seguimiento del tiempo de conexión de una sesión de usuario para detectar situaciones anómalas; etcétera.

> Escaso rigor en el control de acceso a los recursos: usuarios registrados en el sistema con permisos de acceso superiores a los que necesitan.

> Procedimientos inadecuados para la gestión de soportes informáticos o el control de equipos portátiles.

- Escaso control de las copias generadas en papel con información sensible: ausencia de vigilancia de las impresoras o de la documentación archivada en armarios y cajones. Conviene señalar, además, que el "*dumpster diving*" ("buceo en la basura") es una técnica de espionaje empresarial que, sorprendentemente, ha dado muy buenos resultados.

- Falta de control de los tratamientos realizados por terceros: éste sería el caso, por ejemplo, de las empresas de informática encargadas del mantenimiento de equipos y/o de programas.

- Deficiente o inexistente limitación del acceso físico a los equipos más sensibles, dispositivos de red y cableado.

- Instalación de programas poco fiables por parte de los usuarios sin contar con la autorización de los responsables de informática de la organización.

- Despreocupación por la instalación de parches y de nuevas versiones de software en servidores y otros equipos críticos. Desconocimiento de los posibles agujeros de seguridad que podrían afectar a cada sistema o equipo informático.

- Escasa protección de equipos portátiles que los usuarios pueden sacar de la red de la organización, y que podrían resultar vulnerables frente a virus, troyanos y otros códigos dañinos.

- Registros ("*logs*") de los servidores y de los dispositivos de red sin activar, o activados con información insuficiente y/o que apenas son consultados por los responsables.

- Información sensible que se guarda sin cifrar en el sistema.

- Despreocupación por el adecuado almacenamiento de las copias de seguridad, o por los procedimientos implantados para su generación y verificación periódica.

- Transmisión de ficheros y mensajes de correo sin cifrar ni autenticar, sobre todo a través de redes públicas o redes basadas en enlaces de radio. Conviene tener en cuenta este aspecto en las redes inalámbricas, conexiones vía satélite, comunicaciones a través de redes públicas como Internet, etcétera.

## 5.2.5 Desconocimiento y falta de sensibilización de los usuarios y de los responsables de informática

Un principio básico a tener en cuenta desde el punto de vista de la Seguridad Informática es que todas las soluciones tecnológicas implantadas por la organización (cortafuegos, antivirus, sistemas de detección de intrusiones...) pueden resultar inútiles ante el desconocimiento, falta de información, desinterés o ánimo de causar daño de algún empleado desleal.

De hecho, la mayoría de los problemas relacionados con la seguridad suelen tener su origen en el factor humano. Además, en muchas organizaciones las funciones y obligaciones de cada una de las distintas personas que tienen acceso a los datos y a los servicios del sistema de informático no se encuentran claramente definidas.

No suele existir, por otra parte, un interés por el hecho de que los usuarios sean conscientes de la importancia de garantizar la seguridad de la información y de los restantes recursos del sistema informático, así como de los posibles riesgos y de las consecuencias que tendrían para la organización.

Conviene, asimismo, mencionar la falta de compromiso y de sensibilización de la Alta Dirección hacia estas cuestiones como una de las causas que explican esta preocupante situación en muchas organizaciones.

## 5.2.6 Disponibilidad de herramientas que facilitan los ataques

En Internet se pueden localizar todo tipo de programas gratuitos, fáciles de utilizar gracias a sus interfaces gráficas, con detallada documentación sobre su instalación y manejo, que permiten explotar agujeros de seguridad o llevar a cabo ataques más sofisticados contra redes y sistemas informáticos.

Por este motivo, los ataques realizados por personas sin conocimientos informáticos o con unos conocimientos mínimos (a nivel de usuario) se han multiplicado en estos últimos años.

## 5.2.7 Limitación gubernamental al tamaño de las claves criptográficas y a la utilización de este tipo de tecnologías

Los productos y algoritmos criptográficos se consideran tecnología susceptible de doble uso (civil y militar). Por este motivo, muchos países de nuestro entorno, como Estados Unidos y los Estados miembro de la Unión Europea, han establecido distintas medidas para limitar el desarrollo y exportación de este tipo de productos, así como su utilización por parte de las empresas y de los ciudadanos.

Sobre esta polémica cuestión conviene recordar la suscripción del Tratado Internacional de Wassenaar (http://www.wassenaar.org/) por distintos gobiernos para limitar el uso de sistemas criptográficos por parte de los ciudadanos.

De hecho, Estados Unidos impide exportar productos que empleen algoritmos criptográficos simétricos con claves de un tamaño superior a 128 bits, imponiendo un límite de este modo a la seguridad que se podría alcanzar en los sistemas informáticos con la tecnología actual.

Estas medidas han suscitado numerosas protestas de grupos defensoras de las libertades civiles y de los derechos de los ciudadanos en Internet. En palabras de Philip Zimmermann, autor del famoso programa de cifrado PGP (quien estuvo a punto de ir a la cárcel en Estados Unidos por haber sacado del país el código fuente de este programa): "si la intimidad está al margen de la Ley, sólo los que se encuentren al margen de la Ley tendrán intimidad". En este sentido, conviene destacar que los terroristas y delincuentes seguirán utilizando estos sistemas a pesar de su prohibición en algunos países.

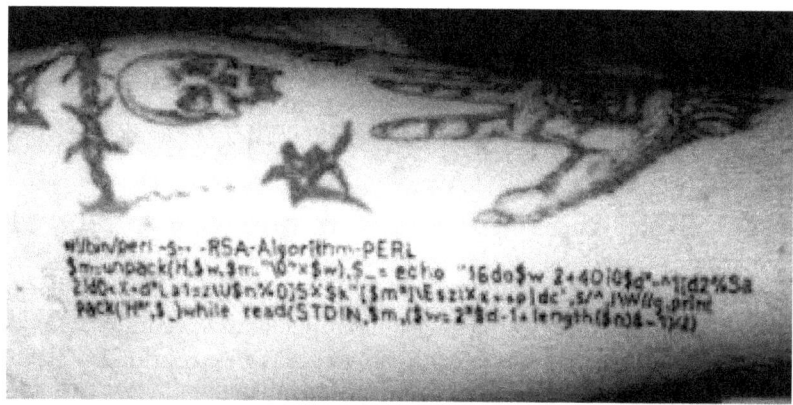

*Figura 5.2. Tatuaje con el código en lenguaje PERL para implementar el algoritmo criptográfico RSA, en un claro desafío a la política estadounidense (en teoría, esta persona no podría salir del país sin autorización, al llevar material de "uso militar")*

Además, la situación se ha visto agravada a raíz de los atentados del 11 de septiembre de 2001, ya que se ha comprobado que los grupos terroristas y el crimen organizado utilizan sistemas criptográficos para tratar de proteger sus comunicaciones.

En España la Ley General de Telecomunicaciones (Ley 32/2003, de 3 de noviembre, conocida como LGT), en su artículo 36, que sustituye al artículo 52 de la anterior LGT, reserva al Estado la potestad de "imponer la obligación de facilitar a un Órgano de la Administración General del Estado o a un organismo público, los algoritmos o cualquier procedimiento de cifrado utilizado, así como la obligación de facilitar sin coste alguno los aparatos de cifra a efectos de su control de acuerdo con la normativa vigente".

## 5.2.8 Existencia de "puertas traseras" en los sistemas informáticos

Las puertas traseras, también conocida como *"backdoors"*, constituyen una vía de acceso no autorizado a un sistema informático, saltándose las medidas de protección previstas e implantadas por sus administradores.

En algunos casos, estas puertas traseras pueden tener su origen en una serie de servicios que se utilizan durante las fases de desarrollo de un sistema informático y que, por error o descuido, se mantienen en la versión final distribuida a los clientes.

Por otra parte, también conviene destacar las dudas y recelos que han surgido estos últimos años acerca de la existencia de funciones indocumentadas y servicios instalados para facilitar el acceso a determinados gobiernos y Agencias de Seguridad. De hecho, distintos informes publicados en estos últimos años han revelado que los programas de Microsoft, Lotus u otras empresas de software norteamericanas estaban especialmente adaptados para facilitar la descodificación de sus documentos por parte de la NSA (la famosa Agencia de Seguridad Nacional de Estados Unidos).

Así, por ejemplo, en marzo de 2000 un informe de la Inteligencia Francesa acusaba a agentes secretos norteamericanos (pertenecientes a la NSA) de trabajar en el interior de la empresa Microsoft para desarrollar programas secretos que se incluían en los productos de esta compañía. Mediante estos programas incluidos en los productos de Microsoft se podrían estar espiando desde Washington las comunicaciones y redes informáticas de todo el mundo.

Por su parte, en marzo de 2001 el semanario alemán *Der Spiegel* publicaba un artículo en el que se afirmaba que los Ministerios de Exteriores y de Defensa de Alemania disponían de cierta información de sus Servicios de Inteligencia, según la cual la NSA controlaba todo el código fuente de Microsoft y podía acceder incluso a datos cifrados en los ordenadores que utilizaban estos programas. En consecuencia, el gobierno alemán decidió no utilizar programas de Microsoft en sus áreas más sensibles, como los ordenadores de sus Fuerzas Armadas.

También el gobierno sueco tuvo conocimiento en 1997 que la NSA disponía de una parte de la clave de codificación del programa de comunicación utilizado por su Administración y que había sido suministrado por la empresa Lotus. El programa era utilizado para las comunicaciones electrónicas confidenciales de los ministros, los altos cargos del gobierno, la Agencia Tributaria sueca y la cúpula de la administración de este país.

Posteriormente, en octubre de 2005 la organización de defensa de los derechos civiles *Electronic Frontiers Foundation* (EFF) daba a conocer las conclusiones de un estudio, en el que afirmaba que varios fabricantes de impresoras como Xerox hacían que sus dispositivos añadiesen a cada página impresa una marca que podía identificar a la impresora que la había generado. Esta organización denunció que esta especie de "código secreto" podría emplearse para identificar a disidentes políticos o personas consideradas como "conflictivas" por el gobierno.

## 5.2.9 Descuido de los fabricantes

En algunos casos los propios fabricantes han contribuido a la propagación de virus y programas dañinos, al incluir su código en los discos duros de sus equipos o en los CD-ROM con los distintos programas y herramientas del sistema.

Así, por ejemplo, a principios de septiembre de 2005 la empresa Creative anunciaba que en el popular modelo de reproductor MP3 Zen Neeon se había distribuido accidentalmente un gusano informático para Windows. Este código dañino, creado hacía más de un año (por lo que en ese momento podía ser detectado por todos los programas antivirus del mercado), podría infectar al ordenador del usuario si éste conectaba el reproductor a su PC e intentaba ejecutar el fichero que contenía el gusano informático.

En junio de 2006 se publicaba la noticia de que la empresa HP había distribuido por error a través de su página web controladores de algunos modelos de sus impresoras que estaban infectados por el virus "FunLove".

## 5.3 TIPOS DE VULNERABILIDADES

En los siguientes apartados de este capítulo se presentará una descripción de los tipos de vulnerabilidades más frecuentes, que pueden afectar tanto a los equipos como a las aplicaciones informáticas.

## 5.3.1 Vulnerabilidades que afectan a equipos

### 5.3.1.1 ROUTERS Y CABLE-MÓDEMS

Las vulnerabilidades detectadas en estos dispositivos permiten acceder a los equipos y redes conectadas por los *routers* y *módems* afectados, o facilitan la ejecución de ataques de Denegación de Servicio (DoS) que tengan como consecuencia el bloqueo total o parcial de las redes de ordenadores conectadas a través de estos dispositivos.

Así, por ejemplo, en noviembre de 2002 se detectaba la presencia de un servicio telnet que se encontraba activo en el puerto 6778/tcp de los dispositivos Alcatel OmniSwitch 7700/7800 con la versión AOL (Alcatel Operating System) 5.1.1, que permitía el acceso a dicho equipo con privilegios administrativos sin necesidad de introducir una contraseña.

A finales de abril de 2004 Cisco Systems daba a conocer un fallo en algunos modelos de sus *routers*, mediante el cual un pirata informático podría conectarse de una forma bastante sencilla a uno de estos dispositivos para forzar su apagado y reinicio, provocando de este modo una interrupción temporal en el servicio de la red de la organización afectada. Si este tipo de ataque se pudiera repetir de forma continua, podría provocar la desconexión de redes específicas (ataques de DoS).

### 5.3.1.2 CÁMARAS WEB Y SERVIDORES DE VÍDEO

Los fallos detectados en este tipo de dispositivos permitirían el control remoto de la cámara por parte de un usuario malicioso (que podría, de este modo, capturar las imágenes y cambiar la configuración de la cámara en cuestión) o la ejecución de un ataque de Denegación de Servicio (DoS) contra el dispositivo vulnerable.

Así, por ejemplo, en marzo de 2003 se daban a conocer varias vulnerabilidades en las cámaras Web de Axis, versiones 2100 y 2400, que podrían ser explotadas por un usuario malicioso para crear archivos arbitrarios o sobrescribir archivos del sistema, causando así un ataque de Denegación de Servicio (DoS). En junio de 2003 se informaba de una nueva vulnerabilidad que permitiría a un usuario malicioso tomar el control total de varios modelos de Webcams y servidores de vídeo Axis.

En enero de 2004 se anunciaba una vulnerabilidad en la cámara de red Canon VB-C10R, que podía ser explotada por usuarios maliciosos para realizar ataques de tipo "*Cross-Site Scripting*" (XSS).

En agosto de 2004 se daba a conocer un nuevo virus, bautizado como "Rbot-GR", que podía asumir el control de las cámaras Web conectadas a ordenadores infectados para luego usarlas, vía Internet, para observar las imágenes y el audio que éstas capturan en hogares y lugares de trabajo.

De hecho, en la actualidad se pueden localizar en Internet listas de cientos de cámaras Web que se encuentran accesibles para cualquiera, ya que sus propietarios no las han protegido o configurado de la forma adecuada.

### 5.3.1.3 VULNERABILIDADES EN OTROS EQUIPOS CONECTADOS A UNA RED: IMPRESORAS, ESCÁNERES, FAXES...

Las vulnerabilidades en este tipo de dispositivos podrían tener como consecuencia la sustracción de información reservada, la Denegación del Servicio para los usuarios de los dispositivos afectados, el cambio de configuración para provocar un funcionamiento incorrecto, etcétera.

La seguridad de las impresoras no suele despertar demasiado interés en los Departamentos de Informática. De hecho, siendo realistas, los usuarios sólo se preocupen de comprobar si tienen papel o no, o si es necesario cambiar el cartucho de tinta o el tóner. Pero cuando se conectan las impresoras a una red, especialmente si ésta tiene salida y entrada desde el exterior, pueden constituir una vía de acceso para intrusos, ya que disponen de una dirección IP y ejecutan diversos protocolos estándar.

Así, en un artículo publicado en *Techweb* en 1999 se informaba de un posible ataque procedente de Rusia a la red interna del Centro Espacial y Naval (Spa War), en San Diego (California), a través de una de sus impresoras. Según indicaba dicho artículo, la intrusión fue descubierta por uno de los ingenieros de telecomunicación del centro, cuando una impresora conectada a la red tardó demasiado en empezar a imprimir un archivo y, tras efectuar un análisis detallado del problema se descubrió que el documento había sido "secuestrado", es decir, había sido enviado desde la impresora a la dirección IP de un ordenador ruso, antes de ser finalmente impreso por el dispositivo en cuestión.

El técnico concluyó que el intruso había conseguido tomar el control de la impresora y, a través de ella, reconfigurado el enrutamiento de la información por un camino distinto al original, añadiendo una nueva IP como nodo de paso: su propio ordenador en Rusia. Afortunadamente, el documento desviado carecía de importancia estratégica, una mera coincidencia, pues por la misma impresora salían a diario informaciones de todo tipo, incluso aquellas clasificadas como "*Top Secret*" o "*For your eyes only*".

Por otra parte, resultaba bastante sencillo conseguir que en la pantalla ("*display*") de una impresora HP LaserJet se mostrasen distintos mensajes en lugar del clásico "*Ready*" ("Listo"). Para ello, bastaría con un sencillo programa gratuito que se puede descargar de Internet para conectarse a la impresora a través de puerto 9100, generando a continuación una instrucción en el lenguaje PJL ("*Printer Job Language*") que ordenase el cambio del texto, mostrando en su lugar cualquier contenido gracioso u ofensivo que pudiera molestar y llamar atención de los usuarios.

Para evitar problemas como los anteriormente descritos en impresoras y otros dispositivos similares, sería conveniente desactivar todos los servicios innecesarios (como los que permiten el control remoto del dispositivo en cuestión), mantener el "*firmware*" actualizado mediante la instalación de los parches publicados por los fabricantes, y no divulgar la contraseña que permite acceder al dispositivo, cambiando la contraseña por defecto configurada por el fabricante.

### 5.3.1.4 TELÉFONOS MÓVILES

El fenómeno conocido como "*snarfing*" o "*bluesnarfing*", que consiste en el acceso y control remoto de teléfonos móviles y agendas electrónicas, se está convirtiendo en un problema cada vez más serio. De hecho, el software para acceder a la información contenida en teléfonos con tecnología Bluetooth se encuentra disponible en numerosos Websites de Internet.

Bluetooth es una tecnología de comunicaciones inalámbricas de corto alcance (para distancias de unos 10 m), y su utilización en todo tipo de dispositivos móviles como teléfonos y agendas electrónicas empieza a ser generalizado.

Las vulnerabilidades detectadas en la tecnología Bluetooth pueden ser explotadas para sustraer o modificar la información contenida en el teléfono (como la agenda o el directorio de números de teléfono de su propietario), para el envío de mensajes SMS o MMS o para establecer una conexión a Internet desde otros terminales utilizando el equipo afectado como intermediario, cargando en su factura mensual el coste de la conexión. Todo ello se podría llevar a cabo mediante una conexión Bluetooth desde otro dispositivo cercano y sin despertar las sospechas del propietario del terminal vulnerable.

Por este motivo, empresas como Sony Ericsson y Nokia han aconsejado a los usuarios de Bluetooth desconectar tal función cuando se encuentren en lugares públicos, como aeropuertos, cafeterías o centros comerciales, para evitar que personas no autorizadas pudieran tener acceso a sus aparatos.

Por otra parte, cabría destacar la aparición en 2004 y 2005 de los primeros virus para teléfonos móviles, como "Cabir.B", "Skulls" o "Mabir", algunos de los cuales también se pueden propagar a través de conexiones Bluetooth.

### 5.3.1.5 AGENDAS ELECTRÓNICAS

Las agendas electrónicas (*Personal Digital Assistants*), al igual que los teléfonos móviles, también pueden resultar vulnerables a conexiones no autorizadas realizadas mediante el puerto de infrarrojos o a través de la tecnología Bluetooth.

Así, por ejemplo, en octubre de 2000 se daba a conocer un error de diseño en el protocolo "HotSync", utilizado por las agendas Palm Pilot, que permitía que cualquier emisor de infrarrojos pudiera hacerse pasar por un servidor "HotSync" ante un dispositivo Palm Pilot, o bien acceder a la comunicación entre un Palm Pilot y un servidor "HotSync". La clave de acceso de un Palm Pilot a un servidor "HotSync" se enviaba cifrada utilizando una sencilla operación XOR (consistente en cambiar los unos por ceros y viceversa en la clave en formato digital), por lo que cualquier detector de infrarrojos en el rango de alcance podría obtener la clave del usuario. Con dicha clave el atacante podría acceder a todos los recursos del Palm Pilot, incluyendo los registros protegidos.

## 5.3.2 Vulnerabilidades que afectan a programas y aplicaciones informáticas

### 5.3.2.1 SISTEMAS OPERATIVOS, SERVIDORES Y BASES DE DATOS

Durante estos últimos años se han descubierto multitud de fallos y vulnerabilidades en todos los sistemas operativos del mercado: las distintas versiones de Windows de Microsoft, las familias de Linux, MacOS, etcétera.

Asimismo, se han descubierto numerosas vulnerabilidades en gestores de bases de datos como Oracle o SQL Server y, de hecho, una de ellas facilitó la rápida propagación del virus SQL Slammer en el año 2003.

Por otra parte, no debemos olvidar las innumerables vulnerabilidades en otras aplicaciones y servicios críticos en muchas redes informáticas, como los servidores Web (como Apache para el entorno UNIX/Linux o Internet Information Server para el entorno Microsoft), servidores FTP, servidores de correo electrónico ("*Mail Transfer Agents*", MTA) como Sendmail, etcétera.

### 5.3.2.2 NAVEGADORES

Desde su presentación en el año 1994, se han detectado multitud de problemas y fallos de seguridad que han afectado a los navegadores más populares: Internet Explorer de Microsoft, Netscape, Opera, Firefox, Chrome o Safari y que podrían acarrear graves consecuencias para sus usuarios: ejecución de código arbitrario, sustracción de determinados ficheros del ordenador, mostrar URLs (direcciones de páginas web) falsas en la barra de direcciones, etcétera.

Así, por citar uno de los muchos ejemplos, en septiembre de 2002 se anunciaba un fallo en la implementación del protocolo SSL (*Secure Sockets Layer*) en Internet Explorer. Aprovechando esta vulnerabilidad un experto informático sueco hizo una demostración de cómo se podía traspasar dinero de otras cuentas a la suya propia, pasando por alto todas las medidas de seguridad, de manera transparente y sin "forzar" ningún tipo de sistema informático. Afortunadamente para estos clientes y para el banco, sólo se trató de una demostración inofensiva por parte de este experto informático sueco, que quería dar a conocer el problema de seguridad.

La vulnerabilidad de falsificación de URLs en Internet Explorer permitió crear páginas maliciosas para engañar a sus usuarios, haciéndoles creer que se encontraban en una página web distinta a la que realmente estaban visualizando. Esta vulnerabilidad fue corregida finalmente por Microsoft en febrero de 2004, tras varios meses de espera desde que fuera publicada por varios expertos de seguridad.

En septiembre de 2004 la compañía Microsoft daba a conocer que el navegador Internet Explorer tenía un grave problema de seguridad al mostrar en pantalla las imágenes con el formato "JPEG" (uno de los formatos más utilizados en Internet). Esta vulnerabilidad podría ser explotada por los creadores de virus y otros códigos dañinos para atacar los equipos afectados.

Por supuesto, también se han anunciado otras vulnerabilidades similares en navegadores como Netscape, Opera, Firefox o Chrome. En este sentido, los usuarios deberían ser conscientes de la importancia de actualizar estos programas con los últimos parches y actualizaciones de seguridad publicadas por sus fabricantes.

### 5.3.2.3 APLICACIONES OFIMÁTICAS COMO WORD O EXCEL

Estas aplicaciones se han visto afectadas por agujeros de seguridad que permitían acceder a información sensible en el equipo de la víctima, ejecutar código mediante lenguajes de macros sin tener en cuenta las medidas de protección contra macros, etcétera.

Así, en septiembre de 2002 Microsoft revelaba la existencia de un fallo de seguridad en su procesador de texto Word que podría permitir el robo de archivos mediante la introducción de un documento con un código oculto. Para ello, el usuario malicioso debería conocer exactamente el nombre del documento y su ubicación, para poder sustraerlo del equipo de la víctima.

Por otra parte, en septiembre de 2003 se anunciaba una nueva vulnerabilidad en Word por la cual se podría crear un documento malicioso que no tuviese en cuenta el nivel de seguridad de macros, de tal modo que se podría ejecutar cualquier macro con código en Visual Basic incluida dentro de dicho documento, realizando distintas acciones en el equipo con los privilegios del usuario que abría el documento en cuestión.

En junio de 2006 se daba a conocer otra vulnerabilidad que afectaba a la hoja de cálculo Excel de Microsoft, cuyas consecuencias podrían resultar extremadamente dañinas para sus usuarios, ya que un fichero de Excel malicioso podría provocar que la propia aplicación Excel descargase y ejecutase en el sistema cualquier tipo de archivo ejecutable.

También en esas mismas fechas se hacían públicas otras vulnerabilidades que afectaban a las aplicaciones incluidas dentro del paquete OpenOffice.

Más recientemente, en marzo de 2009 se daba a conocer la existencia de un fallo de seguridad que afectaba al servicio Google Docs, por el cual se podía acceder a documentos ajenos sin autorización.

### 5.3.2.4 OTRAS UTILIDADES Y APLICACIONES INFORMÁTICAS

Se han detectado varios casos de vulnerabilidad frente a ficheros mal formados en compresores tan populares como WinZip o en aplicaciones de tratamiento de imágenes.

Los reproductores de ficheros de audio también han resultado ser vulnerables a determinados ficheros "maliciosos". Así, por ejemplo, mediante ficheros MP3 maliciosos, con etiquetas ID3v2[12] malintencionadas, se podía provocar un desbordamiento de memoria en el popular reproductor WinAmp y ejecutar código arbitrario en el equipo afectado, que podría incluso facilitar su control remoto a un usuario malicioso.

En agosto de 2003 se anunciaba una vulnerabilidad en el manejo de archivos SMIL del reproductor RealOne que podría facilitar la ejecución de código malicioso

---

[12] Se trata de un tipo de etiqueta que incluye información sobre la canción: título, autor, álbum, año de lanzamiento, sello discográfico, estilo musical, etcétera.

en el ordenador del usuario. Posteriormente, en octubre de 2004 se daba a conocer otra grave vulnerabilidad que afectaba a los ficheros en formato RM de Real Player.

También los juegos con módulos de comunicación en red, como Unreal o Battlefield 1942, han sufrido diversas vulnerabilidades. En este caso, los fallos de seguridad pueden afectar a los servidores de juegos *on-line*, lanzando ataques de Denegación de Servicio (DoS) o añadiendo nuevos jugadores a una partida, saltándose las medidas de seguridad del servidor. No obstante, alguno de estos fallos también podría facilitar la ejecución de código malicioso en el ordenador de un jugador.

Por otra parte, a finales de octubre de 2005 se daban a conocer varias vulnerabilidades graves que afectan al popular programa de telefonía IP Skype, que podrían ser explotadas para conducir un ataque de Denegación de Servicio (DoS) y/o para comprometer el sistema de los usuarios de versiones sin actualizar, debido a posibles desbordamientos de *"buffer"* dentro del programa Skype, que tendrían lugar como consecuencia de determinadas entradas de datos maliciosas.

En noviembre de 2005 se anunciaba otra grave vulnerabilidad que afectaba al popular reproductor multimedia Macromedia Flash Player, creado y distribuido por la empresa Macromedia y empleado para la reproducción de ficheros Shockwave Flash (SWF), que se pueden incluir en páginas web para visualizar un determinado contenido multimedia en un programa navegador que se conecta a un servidor Web. Debido a esta vulnerabilidad un atacante malintencionado podría lograr la ejecución de código arbitrario de forma remota, comprometiendo de este modo los equipos con versiones no actualizadas del reproductor Flash.

En octubre de 2007 se daba a conocer una peligrosa vulnerabilidad en el código de ejecución de sus programas Acrobat Reader, Acrobat Standard y Acrobat 3D, que podría permitir a los piratas informáticos el uso de archivos PDF manipulados para hacerse con el control de ordenadores Windows XP con el navegador Internet Explorer 7 instalado.

## 5.4 RESPONSABILIDADES DE LOS FABRICANTES DE SOFTWARE

En los últimos años se han desatado las críticas contra los fabricantes de software y de equipos informáticos, a raíz de las continuas vulnerabilidades descubiertas en sus productos y a las consecuencias cada vez más graves que éstas provocan a sus usuarios.

De hecho, ya se han presentado demandas para reclamar indemnizaciones por daños y perjuicios contra alguno de estos fabricantes.

Así, por ejemplo, en octubre de 2003 se presentaba una demanda colectiva en el Estado de California contra Microsoft, basada en la reclamación de que su software dominante en el mercado era vulnerable a virus capaces de provocar "fallos masivos y en cascada" en las redes de ordenadores.

La demanda, que fue interpuesta ante la Corte Superior de Los Ángeles, también planteaba que las alertas de seguridad de Microsoft resultaban demasiado complejas para que pudieran ser entendidas por el público en general y, en cambio, servían para dar información a los intrusos sobre cómo aprovechar los fallos de sus programas y sistemas operativos.

Esta demanda alegaba una competencia injusta y la violación de dos leyes de derechos del consumidor de California, una de las cuales tiene el propósito de proteger la privacidad de la información personal en las bases de datos de los ordenadores.

## 5.5 HERRAMIENTAS PARA LA EVALUACIÓN DE VULNERABILIDADES

### 5.5.1 Análisis y evaluación de vulnerabilidades

Una organización puede utilizar herramientas para la evaluación de vulnerabilidades, que permiten conocer la situación real de un sistema y mejorar su seguridad, verificando que los mecanismos de seguridad funcionan correctamente. Asimismo, estas herramientas pueden analizar y evaluar las vulnerabilidades del sistema informático, estableciendo un ranking en función de su severidad.

Con la información obtenida de estas herramientas es posible justificar la implantación de nuevas medidas de seguridad y la obtención de más recursos económicos, así como priorizar las medidas a implantar en función de las vulnerabilidades detectadas, seleccionando aquellas que resulten más adecuadas teniendo en cuenta la relación coste/beneficio.

Así, por ejemplo, en la revisión de equipos y servidores se deberían analizar y evaluar los siguientes aspectos:

➤ Parches del Sistema Operativo.

➤ Seguridad del Sistema de Ficheros.

➤ Cuentas de usuarios.

➤ Servicios y aplicaciones instaladas.

➤ Protocolos y servicios de red.

➤ Control de accesos a los recursos.

➤ Registro y auditoría de eventos.

➤ Configuración de las herramientas de seguridad: antivirus, cortafuegos personales, gestores de copias de seguridad.

A la hora de utilizar una de estas herramientas para el análisis y evaluación de vulnerabilidades en un sistema informático, debemos tener en cuenta varios aspectos importantes para garantizar el éxito de las pruebas realizadas en el sistema:

- Definición del alcance y objetivos de las pruebas a realizar.

- Conocimiento y experiencia del equipo que analiza las vulnerabilidades y realiza las pruebas de intrusión en el sistema.

- Nivel de automatización de las pruebas realizadas, contando con el apoyo de las herramientas y metodologías adecuadas.

- Actualización periódica de la base de datos de vulnerabilidades a analizar.

- Controlar y limitar los posibles riesgos que se deriven de las pruebas: disminución del rendimiento de los equipos, denegación del servicio, exposición de información sensible…

- Realización de las pruebas de forma periódica o en momentos puntuales (antes de la puesta en producción de un nuevo sistema, por ejemplo).

- Registrar las puntuaciones y resultados obtenidos en las distintas pruebas realizadas, para poder analizar la evolución en el tiempo de la seguridad en la organización.

Asimismo, es importante elaborar una completa documentación con los resultados de las pruebas, constituida por lo menos por estos dos tipos de documentos:

- Resumen ejecutivo dirigido a personal no técnico, con una breve descripción de los trabajos realizados y las principales conclusiones y recomendaciones, de forma clara y sencilla (tratando de no abusar de la terminología técnica).

- Informe técnico detallado, que describa el sistema objeto de estudio y los recursos analizados, todas las pruebas realizadas, las vulnerabilidades que han sido detectadas y las medidas propuestas para remediarlas y mejorar la seguridad del sistema.

Por otra parte, en estos últimos años se han propuesto distintos estándares para asegurar la calidad de los trabajos realizados y su evaluación por parte de terceros:

Así, por ejemplo, OSSTMM (*Open Source Security Testing Methodology Manual*) del ISECOM (*Institute for Security and Open Methodologies*) es un manual con una serie de secciones compuestas por módulos que incluyen las distintas pruebas que se podrían realizar en una auditoría técnica de seguridad: seguridad física, seguridad de la información, seguridad de los procesos, seguridad de las tecnologías de Internet (para ofrecer servicios y conectarse a Internet), seguridad en comunicaciones inalámbricas, etcétera. En el manual no se detallan de forma exhaustiva las pruebas, sino que simplemente se indica qué pruebas habría que realizar.

También podríamos citar las recomendaciones del proyecto OWASP (*Open Web Application Security Project*) para evaluar la seguridad de las aplicaciones Web, así como la guía de pruebas de seguridad de red (*Guideline on Network Security Testing*) del NIST (*National Institute of Standards and Technology*), definida en el estándar NIST SP 800-42.

Para la identificación de las distintas vulnerabilidades se suele utilizar un estándar como el CVE (*Common Vulnerabilities and Exposures*, Vulnerabilidades y Exposiciones Comunes), que se encarga de asignar un identificador único a cada vulnerabilidad publicada, facilitando de este modo su seguimiento y control. El estándar CVE se emplea a la hora de publicar parches por parte de los fabricantes, así como en los informes de las herramientas automáticas de análisis de vulnerabilidades. No obstante, la organización también puede identificar vulnerabilidades específicas de sus propias aplicaciones desarrolladas a medida.

También se ha propuesto llevar a cabo una categorización de vulnerabilidades según el formato "*Common Advisory Format Description*" del EISPP (*European Information Security Promotion Programme*), publicado en mayo de 2004.

## 5.5.2 Ejecución de Tests de Penetración en el Sistema

Dentro de la evaluación de la seguridad de un sistema informático, los "**Tests de Penetración**" representan una valiosa herramienta metodológica. Un "test de penetración" consta de las siguientes etapas:

> ➢ Reconocimiento del sistema para averiguar qué tipo de información podría obtener un atacante o usuario malicioso.

> ➢ Escaneo propiamente dicho, consistente en la detección y verificación de vulnerabilidades en servidores estándar y en aplicaciones desarrolladas por la propia organización.

> ➢ Penetración: intento de explotación de las vulnerabilidades detectadas.

> ➢ Generación de informes, con el análisis de los resultados y la presentación de las conclusiones sobre la seguridad del sistema informático.

> ➢ Limpieza del sistema, para restaurar la situación inicial (si su seguridad ha sido comprometida por la explotación de alguna de las vulnerabilidades detectadas).

Los **Tests de Penetración Externos** se realizan desde el exterior de la red de la organización, para tratar de forzar la entrada en algunos de sus servidores o comprometer su seguridad, mediante pruebas como el escaneo de puertos y la detección de los protocolos utilizados; el análisis del tráfico cursado, del rango de direcciones utilizado y de los servicios ofrecidos a través de la red; pruebas de usuarios y de la política de contraseñas; intentos de conexión vía Internet, líneas telefónicas, centrales telefónicas o redes inalámbricas; intentos de ataque de Denegación de Servicio (DoS); explotación de agujeros de seguridad conocidos; propagación del ataque a otros sistemas adyacentes (si se consigue tomar el control de un determinado sistema informático); etcétera.

A su vez, los **Tests de Penetración Internos** se llevan a cabo desde el interior de la red de la organización, mediante pruebas como el análisis de los protocolos utilizados y de los servicios ofrecidos; la autenticación de usuarios y la revisión de la política de contraseñas; la verificación de la seguridad lógica (permisos, acceso a recursos compartidos, restricciones en el uso de los servicios de red...); la explotación de agujeros de seguridad conocidos en los principales servicios y aplicaciones instalados, como los sistemas operativos, bases de datos o servidores de correo interno; el análisis de la seguridad en las estaciones de trabajo; la evaluación del comportamiento de los antivirus y otras herramientas de seguridad; el nivel de detección de la intrusión en los sistemas; etcétera.

Existen en el mercado distintas aplicaciones comerciales y "*freeware*" que permiten llevar a cabo la evaluación de vulnerabilidades y los tests de penetración. Así, algunas de las más conocidas serían Nessus (www.nessus.org), Whisker (reemplazada por Nikto en 2003), SATAN (*Security Analysis Tool for Auditing Networks*), ISS (*Internet Security Scanner*), Retina (www.eEye.com), FoundStone (www.foundstone.com) o SPIKE (www.immunitysec.com).

Nessus, una de las más utilizadas, es una herramienta construida en código abierto para sistemas UNIX y Windows, que emplea el escáner de puertos NMAP para descubrir los servicios del sistema objeto de estudio. Nessus permite definir las pruebas de vulnerabilidades mediante un lenguaje propietario conocido como NASL (*Nessus Attack Scripting Language*), a partir de una base de datos de vulnerabilidades.

Por otra parte, algunas de estas aplicaciones, como Nessus e ISS, también incorporan diversas herramientas para detectar vulnerabilidades en redes inalámbricas.

Sin embargo, estas aplicaciones para detectar y evaluar las vulnerabilidades de un sistema o red informática también presentan algunas limitaciones y problemas:

➢ Falsos Positivos, que hacen perder tiempo a los responsables del sistema.

➢ Falsos Negativos, cuando no se detectan algunas vulnerabilidades del sistema. No obstante, muchos de estos falsos negativos se podrían evitar si se mantuviesen actualizadas las herramientas y bases de datos de vulnerabilidades.

➢ Impacto en el rendimiento del sistema, ya que la utilización de una de estas aplicaciones puede llegar a ralentizar de forma importante el sistema informático.

## 5.6 REFERENCIAS DE INTERÉS

- ✓ CERT: http://www.cert.org/.
- ✓ CERT-INTECO: http://cert.inteco.es/.
- ✓ SANS Institute: http://www.sans.org/.
- ✓ OSSTMM (*Open Source Security Testing Methodology Manual*): http://www.isecom.org/osstmm/.
- ✓ OWASP (*Open Web Application Security Project*): http://www.owasp.org/.
- ✓ NMAP: http://www.insecure.org/nmap/.
- ✓ Nessus: http://www.nessus.org/.
- ✓ Nikto: http://www.cirt.net/code/nikto.shtml/.
- ✓ SATAN (Security Analysis Tool for Auditing Networks): http://ciac.llnl.gov/ciac/ToolsUnixNetSec.html#Satan.
- ✓ ISS (Internet Security Scanner): http://www.iss.net/.
- ✓ Retina: http://www.eEye.com/.
- ✓ FoundStone: http://www.foundstone.com/.
- ✓ Packet Storm: http://www.packetstormsecurity.com/.
- ✓ SPIKE: http://www.immunitysec.com/.

# Capítulo 6

# AMENAZAS A LA SEGURIDAD INFORMÁTICA

## 6.1 CLASIFICACIÓN DE LOS INTRUSOS EN LAS REDES

### 6.1.1 *Hackers*

Los *hackers* son intrusos que se dedican a estas tareas como pasatiempo y como reto técnico: entran en los sistemas informáticos para demostrar y poner a prueba su inteligencia y conocimientos de los entresijos de Internet, pero no pretenden provocar daños en estos sistemas. Sin embargo, hay que tener en cuenta que pueden tener acceso a información confidencial, por lo que su actividad está siendo considerada como un delito en bastantes países de nuestro entorno.

El perfil típico de un *hacker* es el de una persona joven, con amplios conocimientos de informática y de Internet (son auténticos expertos en varios lenguajes de programación, arquitectura de ordenadores, servicios y protocolos de comunicaciones, sistemas operativos, etcétera), que invierte un importante número de horas a la semana a su afición.

La palabra *"hacker"* proviene etimológicamente del término anglosajón *"Hack"* (que podríamos traducir por "golpear con un hacha"). Este término se utilizaba de forma familiar para describir cómo los técnicos arreglaban las cajas defectuosas del teléfono, asestándoles un golpe seco.

En el ámbito de la informática el movimiento *"hacker"* surge en los años cincuenta y sesenta en Estados Unidos, con la aparición de los primeros ordenadores. Los primeros *"hackers"* eran grupos de estudiantes que se imponían como reto conocer el funcionamiento interno y optimizar el uso de estos caros y poco amigables equipos. De hecho, los pioneros fueron unos estudiantes del MIT (Instituto

Tecnológico de Massachussets, en Boston) que tuvieron acceso al TX-0, uno de los primeros ordenadores que empleaba transistores en lugar de las válvulas de vacío.

En la actualidad muchos *"hackers"* defienden sus actuaciones alegando que no persiguen provocar daños en los sistemas y redes informáticas, ya que sólo pretenden mejorar y poner a prueba sus conocimientos. Sin embargo, el acceso no autorizado a un sistema informático se considera por sí mismo un delito en muchos países, puesto que aunque no se produzca ningún daño, se podría revelar información confidencial.

Por otra parte, la actividad de un *"hacker"* podría provocar otros daños en el sistema: dejar "puertas traseras" que podrían ser aprovechadas por otros usuarios maliciosos, ralentizar su normal funcionamiento, etcétera. Además, la organización debe dedicar tiempo y recursos para detectar y recuperar los sistemas que han sido comprometidos por un *"hacker"*.

### 6.1.2 *Crackers* ("*blackhats*")

Los *crackers* son individuos con interés en atacar un sistema informático para obtener beneficios de forma ilegal o, simplemente, para provocar algún daño a la organización propietaria del sistema, motivados por intereses económicos, políticos, religiosos, etcétera.

A principios de los años setenta comienzan a producirse los primeros casos de delitos informáticos, provocados por empleados que conseguían acceder a los ordenadores de sus empresas para modificar sus datos: registros de ventas, nóminas...

### 6.1.3 *Sniffers*

Los *sniffers* son individuos que se dedican a rastrear y tratar de recomponer y descifrar los mensajes que circulan por redes de ordenadores como Internet.

### 6.1.4 *Phreakers*

Los *phreakers* son intrusos especializados en sabotear las redes telefónicas para poder realizar llamadas gratuitas. Los *phreakers* desarrollaron las famosas "cajas azules", que podían emitir distintos tonos en las frecuencias utilizadas por las operadoras para la señalización interna de sus redes, cuando éstas todavía eran analógicas.

### 6.1.5 *Spammers*

Los *spammers* son los responsables del envío masivo de miles de mensajes de correo electrónico no solicitados a través de redes como Internet, provocando el colapso de los servidores y la sobrecarga de los buzones de correo de los usuarios.

Además, muchos de estos mensajes de correo no solicitados pueden contener código dañino (virus informáticos) o forman parte de intentos de estafa realizados a través de Internet (los famosos casos de "*phishing*" que se estudiarán en un posterior capítulo).

### 6.1.6 Piratas informáticos

Los piratas informáticos son los individuos especializados en el pirateo de programas y contenidos digitales, infringiendo la legislación sobre propiedad intelectual.

### 6.1.7 Creadores de virus y programas dañinos

Se trata de expertos informáticos que pretenden demostrar sus conocimientos construyendo virus y otros programas dañinos, que distribuyen hoy en día a través de Internet para conseguir una propagación exponencial y alcanzar así una mayor notoriedad.

En estos últimos años, además, han refinado sus técnicas para desarrollar virus con una clara actividad delictiva, ya que los utilizan para obtener datos sensibles de sus víctimas (como los números de cuentas bancarias y de las tarjetas de crédito, por ejemplo) que posteriormente emplearán para cometer estafas y operaciones fraudulentas.

Así, por ejemplo, a principios de febrero de 2006 se daba a conocer la noticia de que tres expertos informáticos rusos habían desarrollado y posteriormente vendido por 4.000 dólares el código de un virus capaz de explotar la vulnerabilidad del sistema de archivos gráficos WMF de Windows. Este código se expandió rápidamente a través de Internet, al insertarse en comentarios de determinados foros o en algunos programas y utilidades muy populares. Estas aplicaciones infectadas provocaban la instalación de varios programas "*spyware*" y "*adware*" en el ordenador de la víctima, así como otros códigos maliciosos.

### 6.1.8 *Lamers* ("*wannabes*"): "*Script-kiddies*" o "*Click-kiddies*"

Los "*lamers*", también conocidos por "*script kiddies*" o "*click kiddies*"[13], son aquellas personas que han obtenido determinados programas o herramientas para realizar ataques informáticos (descargándolos generalmente desde algún servidor de Internet) y que los utilizan sin tener conocimientos técnicos de cómo funcionan.

---

[13] Términos que podríamos traducir por "niñatos del script" o "niñatos del click".

A pesar de sus limitados conocimientos, son los responsables de la mayoría de los ataques que se producen en la actualidad, debido a la disponibilidad de abundante documentación técnica y de herramientas informáticas que se pueden descargar fácilmente de Internet, y que pueden ser utilizadas por personas sin conocimientos técnicos para lanzar distintos tipos de ataques contra redes y sistemas informáticos.

### 6.1.9 Amenazas del personal interno

También debemos tener en cuenta el papel desempeñado por algunos empleados en muchos de los ataques e incidentes de seguridad informática, ya sea de forma voluntaria o involuntaria. Así, podríamos considerar el papel de los empleados que actúan como "fisgones" en la red informática de su organización, los usuarios incautos o despistados, o los empleados descontentos o desleales que pretenden causar algún daño a la organización.

Por este motivo, conviene reforzar la seguridad tanto en relación con el personal interno ("*insiders*") como con los usuarios externos del sistema informático ("*outsiders*").

### 6.1.10 Ex-empleados

Los ex-empleados pueden actuar contra su antigua empresa u organización por despecho o venganza, accediendo en algunos casos a través de cuentas de usuario que todavía no han sido canceladas en los equipos y servidores de la organización. También pueden provocar la activación de "bombas lógicas" para causar determinados daños en el sistema informático (eliminación de ficheros, envío de información confidencial a terceros…) como venganza tras un despido.

### 6.1.11 Intrusos remunerados

Los intrusos remunerados son expertos informáticos contratados por un tercero para la sustracción de información confidencial, llevar a cabo sabotajes informáticos contra una determinada organización, etcétera.

### 6.1.12 Algunos "*hackers*", "*crackers*" y "*phreakers*" famosos

#### 6.1.12.1 JOHN DRAPER, "CAPITÁN CRUNCH"

Fue conocido por aprovechar los silbatos incluidos como regalo en algunas de las cajas de cereales para realizar llamadas telefónicas gratuitas en Estados Unidos a principios de los años setenta. Estos silbatos generaban tonos de una frecuencia de 2.600 Hz, empleada para la señalización interna en las redes y centralitas del operador de telefonía AT&T en Estados Unidos.

*Figura 6.1. John Draper*

## 6.1.12.2 VLADIMIR LEVIN

Matemático ruso que en 1995 consiguió acceder a través de Internet desde San Petersburgo al sistema informático central de Citybank en Nueva York, para realizar transferencias por valor de 10 millones de dólares desde cuentas corporativas de esta entidad financiera a otras abiertas por él en entidades de otros países como Rusia, Finlandia, Alemania, Holanda o Suiza. Finalmente fue arrestado por la Interpol en el aeropuerto londinense de Heathrow en 1995, extraditado a Estados Unidos y condenado a tres años de cárcel y a una multa de 240.000 dólares.

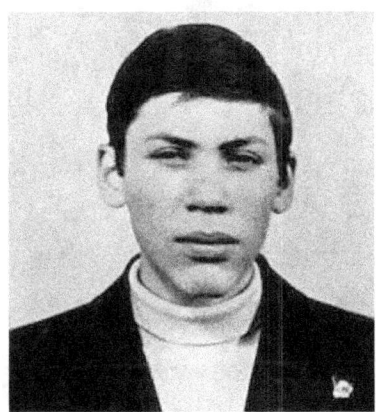

*Figura 6.2. Vladimir Levin*

## 6.1.12.3 KEVIN POULSON

Famoso *"phreaker"* de California, que durante un período de dos años consiguió controlar el sistema de conmutación de su operadora de telefonía local. Gracias a sus conocimientos informáticos pudo intervenir la central de conmutación para que su línea personal de teléfono fuera seleccionada como la ganadora en multitud de concursos y ofertas telefónicas, mientras bloqueaba la de otros usuarios del servicio. De este modo, consiguió ganar 2 automóviles deportivos Porsche, 2 viajes a Hawai y más de 22.000 dólares en efectivo.

Finalmente fue descubierto por el FBI y acusado de diversos delitos: interceptación de comunicaciones y estafas informáticas, entre otros.

*Figura 6.3. Kevin Poulson*

### 6.1.12.4 KEVIN MITNICK

Sin lugar a dudas, Kevin Mitnick es el "*cracker*" más famoso de la historia de la informática. Conocido también por sus apodos "El Cóndor" y "El Chacal de la Red", inició su carrera en 1980, cuando con apenas 16 años consiguió romper la seguridad del sistema informático de su colegio.

*Figura 6.4. Kevin Mitnick*

En los años ochenta y principios de los noventa Kevin Mitnick se hizo famoso por realizar continuas incursiones en ordenadores de universidades, empresas de informática y telecomunicaciones, la NASA o el mismísimo Departamento de Defensa de Estados Unidos, consiguiendo acceder a valiosa información confidencial.

Sus "hazañas" costaron muchos millones de dólares al gobierno de los Estados Unidos. Por este motivo, su foto llegó a estar en la lista de los delincuentes más buscados por el FBI, que le persiguió durante tres años hasta que finalmente consiguió detenerlo en febrero de 1995, gracias a la colaboración del experto informático

Tsutomu Shimomura, un miembro del Centro de Supercomputación de San Diego que también había sufrido uno de los ataques de Kevin Mitnick.

Tras cumplir una condena en la cárcel, fue puesto en libertad en enero de 2000, si bien Mitnick tuvo absolutamente prohibido el uso de ordenadores, teléfonos móviles, televisores o cualquier equipo electrónico capaz de conectarse a Internet hasta el año 2003. Actualmente se dedica a impartir conferencias y seminarios sobre seguridad informática, escribe artículos y libros sobre seguridad informática e incluso aparece como personaje en videojuegos como *Vampire*.

## 6.2 MOTIVACIONES DE LOS ATACANTES

El FBI ha acuñado el acrónimo MICE para resumir las distintas motivaciones de los atacantes e intrusos en las redes de ordenadores: *Money, Ideology, Compromise* y *Ego* (Dinero, Ideología, Compromiso y Autorrealización personal).

En general, podemos considerar la siguiente tipología de motivaciones de los atacantes:

- Consideraciones económicas: llevar a cabo operaciones fraudulentas; robo de información confidencial que posteriormente es vendida a terceros; extorsiones (si no se paga un determinado "rescate" se elimina información o se daña de forma irreparable un sistema que haya sido comprometido); intentos de manipulación de las cotizaciones de valores bursátiles; etcétera.

- Diversión: algunos usuarios de Internet realizan estos ataques como una forma de pasar el rato delante de su ordenador.

- Ideología: ataques realizados contra determinadas organizaciones, empresas y Websites gubernamentales, con un contenido claramente político.

- Autorrealización.

- Búsqueda de reconocimiento social y de un cierto estatus dentro de una comunidad de usuarios.

## 6.3 FASES DE UN ATAQUE INFORMÁTICO

Los ataques contra redes de ordenadores y sistemas informáticos suelen constar de las etapas o fases que se presentan a continuación:

1. Descubrimiento y exploración del sistema informático.

2. Búsqueda de vulnerabilidades en el sistema.

3. Explotación de las vulnerabilidades detectadas (para ello, se suelen utilizar herramientas específicamente construidas para tal fin, conocidas como "*exploits*").

4. Corrupción o compromiso del sistema: modificación de programas y ficheros del sistema para dejar instaladas determinadas puertas traseras o troyanos; creación de nuevas cuentas con privilegios administrativos que faciliten el posterior acceso del atacante al sistema afectado; etcétera.

5. Eliminación de las pruebas que puedan revelar el ataque y el compromiso del sistema: eliminación o modificación de los registros de actividad del equipo ("*logs*"); modificación de los programas que se encargan de monitorizar la actividad del sistema; etcétera. Muchos atacantes llegan incluso a parchear la vulnerabilidad descubierta en el sistema para que no pueda ser utilizada por otros intrusos.

Para poder llevar a cabo un ataque informático los intrusos deben disponer de los medios técnicos, los conocimientos y las herramientas adecuadas, deben contar con una determinada motivación o finalidad, y se tiene que dar además una determinada oportunidad que facilite el desarrollo del ataque (como podría ser el caso de un fallo en la seguridad del sistema informático elegido). Estos tres factores constituyen lo que podríamos denominar como el "**Triángulo de la Intrusión**", concepto que se presenta de forma gráfica en la siguiente figura:

*Figura 6.5. El "Triángulo de la Intrusión"*

En cuanto a los medios y herramientas de disponibles en la actualidad para llevar a cabo sus ataques ("*Hacking Tools*"), podríamos citar las siguientes:

➢ Escáneres de puertos: que permiten detectar los servicios instalados en un determinado sistema informático.

➢ *Sniffers*: dispositivos que capturan los paquetes de datos que circulan por una red. Para ello, también se podría utilizar un equipo conectado a la red con su tarjeta de red (NIC) configurada en "modo promiscuo", para poder procesar todo el tráfico que recibe (aunque vaya dirigido a otros equipos). Por otra parte, existen *sniffers* especializados en la captura de contraseñas u otros datos sensibles (como los números de cuenta o de tarjetas de crédito).

- *"Exploits"*: herramientas que buscan y explotan vulnerabilidades conocidas.

- *"Backdoors kits"*: programas que permiten abrir y explotar "puertas traseras" en los sistemas.

- *"Rootkits"*: programas utilizados por los atacantes para ocultar "puertas traseras" en los propios ficheros ejecutables y servicios del sistema, que son modificados para facilitar el acceso y posterior control del sistema.

- *"Auto-rooters"*: herramientas capaces de automatizar totalmente un ataque, realizando toda la secuencia de actividades para localizar un sistema, escanear sus posibles vulnerabilidades, explotar una determinada vulnerabilidad y obtener el acceso al sistema comprometido.

- *"Password crackers"*: aplicaciones que permiten averiguar las contraseñas de los usuarios del sistema comprometido.

- Generadores de virus y otros programas malignos.

- Herramientas que facilitan la ocultación y la suplantación de direcciones IP (técnicas de *"spoofing"*), dificultando de este modo la identificación del atacante.

- Herramientas de cifrado y protocolos criptográficos (como PGP, SSH, SSL o IPSec): cada vez es más frecuente que el atacante utilice protocolos criptográficos en sus conexiones con los sistemas y máquinas que ha conseguido comprometer, dificultando de este modo su detección y estudio.

## 6.4 TIPOS DE ATAQUES INFORMÁTICOS

A la hora de estudiar los distintos tipos de ataques informáticos, podríamos diferenciar en primer lugar entre los **ataques activos**, que producen cambios en la información y en la situación de los recursos del sistema, y los **ataques pasivos**, que se limitan a registrar el uso de los recursos y/o a acceder a la información guardada o transmitida por el sistema.

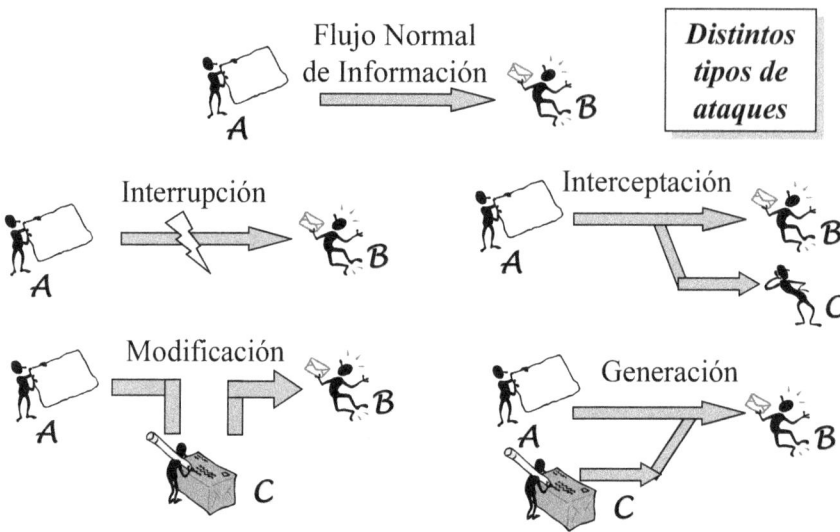

*Figura 6.6. Distintos tipos de ataques en una red de ordenadores*

Seguidamente se presenta una relación de los principales tipos de ataques contra redes y sistemas informáticos:

## 6.4.1 Actividades de reconocimiento de sistemas

Estas actividades directamente relacionadas con los ataques informáticos, si bien no se consideran ataques como tales ya que no provocan ningún daño, persiguen obtener información previa sobre las organizaciones y sus redes y sistemas informáticos, realizando para ello un escaneo de puertos para determinar qué servicios se encuentran activos o bien un reconocimiento de versiones de sistemas operativos y aplicaciones, por citar dos de las técnicas más conocidas.

Así, se puede obtener importante información sobre las organizaciones y empresas presentes en Internet, los nombres de dominio y las direcciones IP que éstas tienen asignadas, por medio de consultas en servicios como Whois, que mantiene una base de datos sobre direcciones IP y nombres de dominio necesaria para el correcto funcionamiento de Internet. Así, se podrían consultar las siguientes fuentes de información sobre nombres de dominio y asignación de direcciones IP en Internet:

> ➢ Base de datos Whois de InterNIC (*Internet Network Information Center*): www.internic.net/whois.html.

> ➢ Servicio de Información de RIPE-NCC (*Réseaux IP Européens Network Coordination Center*) para Europa: www.ripe.net.

> ➢ Servicio de Información de ARIN (*American Registry for Internet Numbers*): www.arin.net.

➢ Servicio de Información de APNIC (*Asian Pacific Network Information Center*), para la región de Asia-Pacífico: www.apnic.net.

➢ Servicio de Información de LACNIC (*Latin America and Caribean Internet Addresses Registry*): http://lacnic.net.

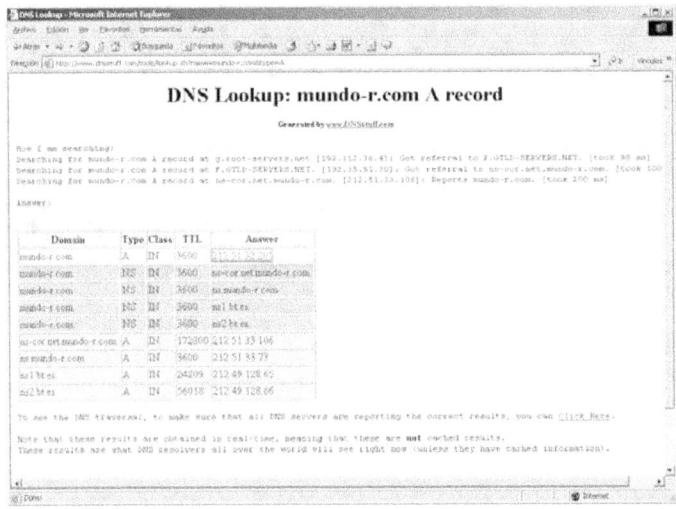

*Figura 6.7. Consulta de la ficha de información sobre un determinado nombre de dominio, perteneciente en este caso a un operador de telecomunicaciones*

En las consultas a servicios como Whois también se puede obtener información relevante sobre las personas que figuran como contactos técnicos y administrativos en representación de una organización (podría facilitar diversos ataques basados en la "Ingeniería Social"); datos para la facturación ("*billing address*"); direcciones de los servidores DNS de una organización; fechas en que se han producido cambios en los registros; etcétera.

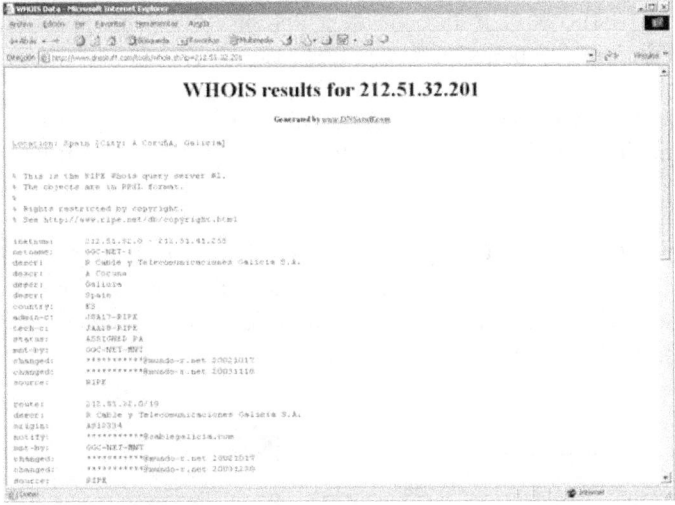

*Figura 6.8. Acceso a la base de datos WHOIS*

Por otra parte, se podrían utilizar herramientas que facilitan todos estos tipos de consultas, como podría ser el caso de "DNS Stuff" (www.dnsstuff.com).

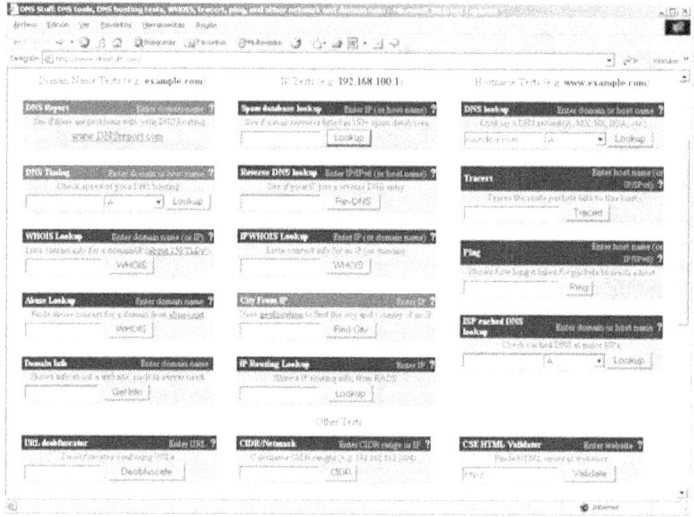

*Figura 6.9. DNS Stuff*

Los intrusos también podrían recurrir a la información que facilitan los propios servidores de nombre de dominio de la organización (servidores DNS). Para realizar consultas a un servidor DNS se pueden utilizar herramientas como "nslookup". Si el servicio DNS no se ha configurado adecuadamente, un usuario externo podría realizar una consulta de transferencia de zona completa, obteniendo de este modo toda la información sobre la correspondencia de direcciones IP a nombres de equipos, las relaciones entre equipos de una organización, o el propósito para el que emplean. Asimismo, mediante una consulta al servicio de nombres de dominio se pueden localizar los servidores de correo de una organización (los cuales figuran como registros MX en una base de datos DNS). Por todo ello, conviene configurar los servidores DNS (o filtrar el tráfico hacia estos servidores en los cortafuegos) para evitar este tipo de transferencias hacia equipos externos.

Para detectar cuáles son los ordenadores conectados a una red informática y obtener información adicional sobre su topología se podrían utilizar herramientas como "*Ping*" o "*Traceroute*".

Así, el servicio PING[14] (*Packet Internet Groper*) permite detectar si un determinado ordenador se encuentra activo y conectado a la red. Para ello, se envía un paquete de control ICMP (paquete "ECHO") a la dirección IP del equipo y se espera la respuesta por parte de éste (paquete "REPLY").

---

[14] El nombre de PING proviene del mundo del sonar, siendo en este caso el pulso sonoro enviado para localizar objetos en un medio submarino.

Por su parte, la herramienta "Traceroute" proporciona una relación de todos los equipos incluidos en una ruta entre dos equipos determinados. Para ello, se envían una serie de paquetes de control ICMP que permiten determinar el número de saltos (nodos o equipos que hay que atravesar) necesarios para alcanzar un determinado equipo ("*host*") destinatario. El número de saltos se determina mediante el campo TTL de la cabecera IP de un paquete, que actúa como un contador de saltos que se va decrementando en una unidad cada vez que el paquete es reenviado por un *router*. Existen herramientas gráficas con una funcionalidad similar a "Traceroute" que permiten visualizar las correspondientes asociaciones de cada elemento IP y su localización en un mapa mundial.

También se puede obtener información interesante sobre una organización recurriendo al análisis de sus páginas web publicadas en Internet, en especial de la revisión del código fuente y de los comentarios incluidos en el propio código de las páginas HTML, ya que permitirán averiguar qué herramientas utilizó el programador para su construcción, así como alguna otra información adicional sobre el sistema (tipo de servidor o base de datos utilizada, por ejemplo).

Para llevar a cabo la identificación de versiones de sistemas operativos y aplicaciones instaladas es necesario obtener lo que se conoce como "**huellas identificativas**" del sistema: cadenas de texto que identifican el tipo de servicio y su versión, y que se incluyen en las respuestas a las peticiones realizadas por los equipos clientes del servicio en cuestión.

Se conoce con el nombre de "*fingerprinting*" al conjunto de técnicas y habilidades que permiten extraer toda la información posible sobre un sistema. Los atacantes utilizarán esta información para tratar de explorar las vulnerabilidades potenciales del sistema en cuestión.

En este sentido, muchos ataques comienzan llevando a cabo un análisis de las respuestas que genera un sistema informático a determinadas peticiones en un servicio o protocolo, ya que existen distintas implementaciones de servicios y protocolos TCP/IP (distintas interpretaciones de los estándares propuestos en los documentos que describen el funcionamiento de Internet –RFCs–). Para ello, los intrusos se encargan de monitorizar los bits de estado y de control de los paquetes IP, los números de secuencia generados, la gestión de la fragmentación de paquetes por parte del servidor, el tratamiento de las opciones del protocolo TCP (RFCs 793 y 1323), etcétera.

En cuanto a las actividades de escaneo de puertos, éstas tienen lugar una vez que se ha localizado e identificado un determinado equipo o servidor conectado a Internet, para descubrir los servicios que se encuentran accesibles en dicho sistema informático (es decir, cuáles son los puntos de entrada al sistema).

Se puede recurrir a distintas técnicas de escaneo, siendo las más conocidas las que se describen a continuación:

a) **Técnica "*TCP Connect Scanning*":**

Esta técnica de escaneo es la más sencilla, ya que consiste en el envío de un paquete de intento de conexión al puerto del servicio que se pretende investigar, para comprobar de este modo si el sistema responde aceptando la conexión o denegándola. No obstante, esta técnica es fácilmente detectable, por lo que se puede configurar al sistema informático para que no responda a este tipo de acciones.

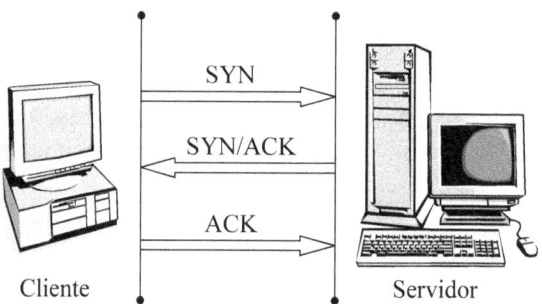

*Figura 6.10. Técnica "TCP Connect Scanning"*

b) **Técnica "*TCP SYN Scanning*":**

En esta técnica de escaneo se intenta abrir la conexión con un determinado puerto para a continuación, en cuanto se confirma que el puerto está abierto, enviar un paquete "RST" que solicita terminar la conexión. Esta técnica de escaneo no es registrada por algunos servidores.

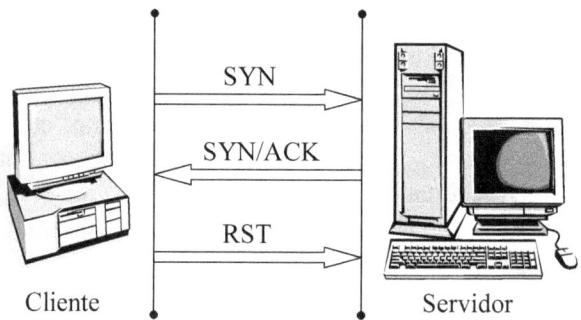

*Figura 6.11. Técnica "TCP SYN Scanning"*

c) **Técnica "*TCP FIN Scanning*":**

También conocida como "*Stealth Port Scanning*" (Escaneo Oculto de Puertos), ha sido propuesta como una técnica de escaneo que trata de evitar ser registrada por los cortafuegos y servidores de una organización.

Se trata, por lo tanto, de una técnica más avanzada que las anteriores, que consiste en el envío de un paquete "FIN" de exploración, de forma que si el puerto está abierto, el servidor ignorará este paquete, mientras que si el puerto está cerrado, el servidor responderá con un paquete "RST". Algunos sistemas, como los de Microsoft, no cumplen de forma estricta el protocolo TCP, respondiendo siempre con un paquete "RST" ante un paquete "FIN", independientemente de si el puerto se encuentra abierto o cerrado (por este motivo, no son vulnerables a este tipo de técnica de escaneo).

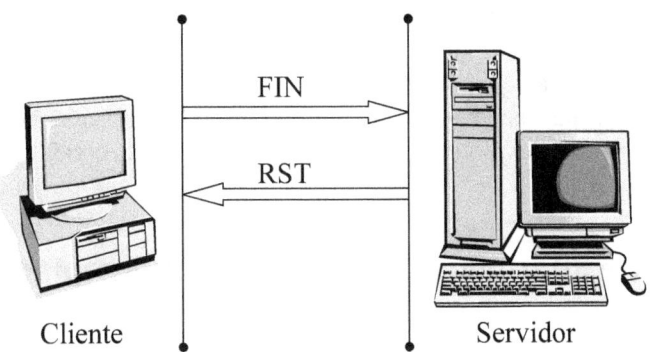

*Figura 6.12. Técnica "TCP FIN Scanning"*

**d) Otras técnicas de escaneo de puertos:**

- **"TCP Null Scanning"**: en esta técnica se envía un paquete TCP con todos los "*flags*" a cero en su cabecera.

- **"TCP ACK Scanning"**: técnica que permite determinar si un cortafuegos actúa simplemente como filtro de paquetes o mantiene el estado de las sesiones.

- **"TCP Fragmentation Scanning"**: técnica de escaneo que recurre a la fragmentación de paquetes TCP.

- **"TCP Window Scanning"**: permite reconocer determinados puertos abiertos a través del tamaño de ventana de los paquetes TCP.

- **"TPC RPC Scanning"**: en los sistemas UNIX esta técnica permite obtener información sobre puertos abiertos en los que se ejecutan servicios de llamada a procedimientos remotos (RPC).

- **"UDP ICMP Port Unreachable Scanning"**: técnica que emplea paquetes UDP para tratar de localizar algunos puertos abiertos.

- Técnicas que se basan en el análisis de los mensajes de error generados ante paquetes de control ICMP malformados enviados a un equipo: modificación maliciosa de la cabecera del paquete, uso de valores inválidos, etcétera.

Los atacantes pueden utilizar numerosas herramientas disponibles en Internet que facilitan el escaneo de puertos, como podrían ser NMAP para UNIX (www.insecure.org/nmap/) o NetScan Tools para Windows (www.nwpsw.com).

### 6.4.2 Detección de vulnerabilidades en los sistemas

Este tipo de ataques tratan de detectar y documentación las posibles vulnerabilidades de un sistema informático, para a continuación desarrollar alguna herramienta que permita explotarlas fácilmente (herramientas conocidas popularmente como "*exploits*").

### 6.4.3 Robo de información mediante la interceptación de mensajes

Ataques que tratan de interceptar los mensajes de correo o los documentos que se envían a través de redes de ordenadores como Internet, vulnerando de este modo la confidencialidad del sistema informático y la privacidad de sus usuarios.

### 6.4.4 Modificación del contenido y secuencia de los mensajes transmitidos

En estos ataques los intrusos tratan de reenviar mensajes y documentos que ya habían sido previamente transmitidos en el sistema informático, tras haberlos modificado de forma maliciosa (por ejemplo, para generar una nueva transferencia bancaria contra la cuenta de la víctima del ataque). También se conocen como "ataques de repetición" ("*replay attacks*").

### 6.4.5 Análisis del tráfico

Estos ataques persiguen observar los datos y el tipo de tráfico transmitido a través de redes informáticas, utilizando para ello herramientas como los "*sniffers*". Así, se conoce como "***eavesdropping***" a la interceptación del tráfico que circula por una red de forma pasiva, sin modificar su contenido.

Una organización podría protegerse frente a los "*sniffers*" recurriendo a la utilización de redes conmutadas ("*switches*" en lugar de "*hubs*") y de redes locales virtuales (VLAN).

No obstante, en redes locales que utilizan "*switches*" (es decir, en redes conmutadas), un atacante podría llevar a cabo un ataque conocido como "*MAC flooding*" para provocar un desbordamiento de las tablas de memoria de un *switch* (tablas denominadas CAM por los fabricantes, "*Content Addresable Memory*") para conseguir que pase a funcionar como un simple "*hub*" y retransmita todo el tráfico que recibe a través de sus puertos (al no poder "recordar" qué equipos se encuentran conectados a sus distintas bocas o puertos por haber sido borradas sus tablas de memoria).

Por otra parte, en las redes VLAN (redes locales virtuales) un atacante podría aprovechar el protocolo DTP (*Dynamic Trunk Protocol*), utilizado para poder crear una VLAN que atraviese varios *switches*, para intentar saltar de una VLAN a otra, rompiendo de este modo el aislamiento físico impuesto por la organización para separar sus distintas redes locales.

También podemos mencionar las técnicas que permiten monitorizar las emisiones electromagnéticas de los equipos (previstas en la normativa TEMPEST) para detectar los datos y comandos que se han introducido a través del teclado, la información visualizada en el monitor o, simplemente, los datos que se han guardado en el propio disco duro del equipo en cuestión.

## 6.4.6 Ataques de suplantación de la identidad

### 6.4.6.1 *IP SPOOFING*

Los ataques de suplantación de la identidad presentan varias posibilidades, siendo una de las más conocidas la denominada "***IP Spoofing***" ("enmascaramiento de la dirección IP"), mediante la cual un atacante consigue modificar la cabecera de los paquetes enviados a un determinado sistema informático para simular que proceden de un equipo distinto al que verdaderamente los ha originado. Así, por ejemplo, el atacante trataría de seleccionar una dirección IP correspondiente a la de un equipo legítimamente autorizado para acceder al sistema que pretende ser engañado. En el documento RFC 2267 se ofrece información detallada sobre el problema del "*IP Spoofing*".

Los propietarios de las redes y operadores de telecomunicaciones podrían evitar en gran medida el "*IP Spoofing*" implantando filtros para que todo el tráfico saliente de sus redes llevara asociado una dirección IP de la propia red desde la que se origina el tráfico.

Otro posible ataque sería el secuestro de sesiones ya establecidas ("***hijacking***"), donde el atacante trata de suplantar la dirección IP de la víctima y el número de secuencia del próximo paquete de datos que va a transmitir. Con el secuestro de sesiones se podrían llevar a cabo determinadas operaciones en nombre de un usuario que mantiene una sesión activa en un sistema informático como, por ejemplo, transferencias desde sus propias cuentas corrientes si en ese momento se encuentra conectado al servidor de una entidad financiera.

Por otra parte, también se han llevado a cabo ataques contra el protocolo ARP (*Address Resolution Protocol*), encargado de resolver las direcciones IP y convertirlas en direcciones físicas en una red local. Mediante estos ataques es posible secuestrar una determinada dirección física[15] de la tarjeta de red de un equipo, para hacerse pasar por este equipo ante el resto de los ordenadores conectados a esa red local.

Para ello, el atacante se encarga de enviar paquetes ARP falsos a la víctima en respuesta a sus consultas, cuando trata de averiguar cuál es la dirección física que se corresponde con una determinada dirección IP, antes de que lo haga el equipo legítimo, pudiendo llevar a cabo de este modo un ataque del tipo "*man-in-the-middle*" ("hombre en el medio"): el equipo del atacante intercepta los paquetes de datos y los reenvía posteriormente a la víctima, sin que los dos equipos que intervienen de forma legítima en la comunicación sean conscientes del problema.

*Figura 6.13. Ataque "man-in-the-middle": el intruso C intercepta la información que el usuario A envía a través de la red, reenviándola posteriormente al usuario B*

### 6.4.6.2 DNS SPOOFING

Los ataques de falsificación de DNS pretenden provocar un direccionamiento erróneo en los equipos afectados, debido a una traducción errónea de los nombres de dominio a direcciones IP, facilitando de este modo la redirección de los usuarios de los sistemas afectados hacia páginas web falsas o bien la interceptación de sus mensajes de correo electrónico.

Para ello, en este tipo de ataque los intrusos consiguen que un servidor DNS legítimo acepte y utilice información incorrecta obtenida de un ordenador que no posee autoridad para ofrecerla. De este modo, se persigue "inyectar" información falsa en el base de datos del servidor de nombres, procedimiento conocido como "envenenamiento de la caché del servidor DNS", ocasionando con ello serios problemas de seguridad, como los que se describen de forma más detallada a continuación:

> ➢ Redirección de los usuarios del servidor DNS atacado a Websites erróneos en Internet, que simulan ser los Websites reales. De este modo, los atacantes podrían provocar que los usuarios descargasen de Internet

---

[15] También conocida como dirección MAC (*Medium Access Control*).

software modificado en lugar del legítimo (descarga de código dañino, como virus o troyanos, desde Websites maliciosos).

> La manipulación de los servidores DNS también podría estar detrás de algunos casos de *"phishing"*, mediante la redirección de los usuarios hacia páginas web falsas creadas específicamente con la intención de obtener datos confidenciales, como sus claves de acceso a servicios de banca electrónica.

> Otra posible consecuencia de la manipulación de los servidores DNS serían los ataques de Denegación de Servicio (DoS), al provocar la redirección permanente hacia otros servidores en lugar de hacia el verdadero, que de este modo no podrá ser localizado y, en consecuencia, visitado por sus legítimos usuarios.

> Los mensajes de correo podrían ser redirigidos hacia servidores de correo no autorizados, donde podrían ser leídos, modificados o eliminados. Para ello, basta con modificar el registro MX (*"Mail Exchanger"*) de la tabla de datos del servidor DNS atacado.

Por otra parte, un servidor DNS afectado por este tipo de ataque podría provocar falsas respuestas en los restantes servidores DNS que confíen en él para resolver un nombre de dominio, siguiendo el modelo jerárquico del servicio DNS, extendiendo de este modo el alcance del ataque de *"DNS Spoofing"*.

El procedimiento seguido en el ataque consiste en engañar a un equipo que trate de acceder a un servidor DNS legítimo. Para ello, el atacante debe identificar cuál es la dirección IP de un servidor DNS real y responder con información falsa antes de que lo haga el verdadero servidor DNS, empleando un identificador adecuado en el mensaje de respuesta (se trata de un identificador asociado a cada consulta realizada al servidor DNS) para que sea dado por válido por el equipo que realiza la consulta, equipo que podría ser el propio servidor DNS interno de la organización, con lo que se estaría introduciendo información falsa en su base de datos.

En una red LAN se puede emplear un *sniffer* para obtener el identificador de la petición en cuestión. El atacante también podría probar aleatoriamente con todos los valores que podría adoptar el identificador, o bien proceder al envío de algunas decenas de consultas DNS para aumentar la oportunidad de alcanzar el identificador de secuencia correcto a partir de alguna predicción anterior.

Asimismo, es posible emplear vulnerabilidades conocidas de predicción de identificadores de consultas DNS. Así, por ejemplo, las versiones antiguas del servidor DNS BIND de UNIX utilizaban un identificador aleatorio para comenzar las consultas y después sólo incrementaban el número para identificar las siguientes preguntas, por lo que resultaba muy fácil explotar esta vulnerabilidad.

Otra posible alternativa para llevar a cabo ataques de *"DNS Spoofing"* sería recurrir a la utilización de virus informáticos que puedan modificar la configuración del protocolo TCP/IP del equipo infectado. Uno de estos virus es el denominado "Qhosts/Delude", dado a conocer en octubre de 2003 y que se caracteriza por realizar una serie de cambios en la configuración TCP/IP del equipo identificado, modificando las direcciones de los servidores de DNS y creando un nuevo archivo "HOSTS" en el disco duro para que, de esta forma, se puedan redireccionar de forma transparente determinadas peticiones de acceso a servicios de Internet, es decir, el equipo infectado utilizará a partir de ese momento un servidor de nombres ilegítimo, que podría estar bajo el control del creador del virus.

Por otra parte, en octubre de 2005 se daba a conocer la existencia de un nuevo código malicioso, denominado PremiumSearch, capaz de engañar a los usuarios de los populares buscadores Google, Yahoo! y MSN, reenviando a los usuarios afectados a enlaces falsos. En este caso, la infección tiene lugar cuando se visita una determinada página web con contenido malicioso, a la que el usuario accede tras haber sido redirigido desde otras páginas con otros contenidos. La infección de PremiumSearch comienza con la instalación en el equipo de un fichero BHO (*Browser Helper Object*) malicioso, aprovechando algunas de las vulnerabilidades más utilizadas para la instalación de *"spyware"*. Como consecuencia de esta acción se lleva a cabo la instalación de una barra de herramientas de Google modificada por terceros (no se trata de la legítima de Google) y se modifica el fichero HOSTS del equipo. La modificación del fichero HOSTS y la instalación del objeto BHO malicioso en el navegador tienen como consecuencia que los usuarios que soliciten las páginas de los buscadores MSN, Yahoo! y Google obtengan una versión falsa, indistinguible de la original salvo porque muestra una serie de resultados modificados en primer lugar, a los que se añaden a continuación (pero no en primer lugar) los que normalmente mostrarían estos buscadores. Además, las búsquedas realizadas sobre la falsa barra de Google también devuelven los mismos resultados modificados.

Llegado a este punto, conviene destacar un problema adicional de los servidores DNS, y es que se suelen dedicar a esta función equipos antiguos y con un mantenimiento deficiente, ejecutando versiones obsoletas de sistemas operativos, sin los parches y actualizaciones recomendadas por los fabricantes. Además, los administradores suelen prestar poca atención a la configuración y mantenimiento de estos equipos. De hecho, un estudio realizado en 2003 por Men & Mice (www.menandmice.com) revelaba que el 68,4% de los servidores DNS presentaba una configuración insegura, facilitando de este modo los ataques de *"DNS Spoofing"*.

Una configuración más segura del servicio DNS se podría alcanzar mediante la separación en dos servidores DNS: un servidor interno para responder a las consultas de los equipos pertenecientes a la red local de la organización, mientras que otro servidor DNS externo se encargaría de la información pública del servicio DNS. De este modo, se trataría de evitar el problema de "envenenamiento de la caché" del servidor DNS.

Por último, conviene señalar que se ha desarrollado una nueva versión del servicio DNS, conocida como DNS Seguro ("DNSSec"), explicada en el RFC 2535 y siguientes (se puede obtener más información sobre DNSSec en la página web http://www.dnssec.net/). Esta nueva versión del servicio DNS trata de garantizar la integridad de la información del servidor de nombres, así como su autenticidad, mediante la utilización de algoritmos criptográficos seguros.

### 6.4.6.3 CAMBIOS EN EL REGISTRO DE NOMBRES DE DOMINIO DE INTERNIC

El registro de nombres de dominio utiliza un sistema de autenticación de usuarios registrados con un bajo nivel de seguridad. Este proceso de autenticación es necesario para poder solicitar cambios ante InterNIC (base de datos central con los nombres de dominio registrados en Internet) o ante alguna de las empresas registradoras de nombres de dominio. Aprovechando esta debilidad en el proceso de autenticación, un usuario malicioso podría tratar de realizar un cambio en el registro de nombres de dominio para provocar una redirección del tráfico destinado a unos determinados dominios hacia otras máquinas, o bien un ataque de Denegación de Servicio contra una determinada organización.

Así, por ejemplo, el 16 de octubre de 1998 alguien envió un mensaje de correo falso a InterNIC, supuestamente en nombre de la empresa America Online, para cambiar la ficha de registro del domino "aol.com", provocando la redirección durante unas horas de todo el tráfico destinado a America Online hacia el proveedor Autonet.net.

Debido a este problema de seguridad en el registro de nombres de dominio, en estos últimos años se ha tratado de reforzar el proceso de autenticación de los usuarios antes de aceptar cambios en las fichas de los nombres de dominio.

No obstante, debemos destacar otro posible problema para las organizaciones que, por despiste, puedan pasar por alto la renovación de los nombres de dominio. Así, la caducidad en la concesión de los nombres de dominio registrados provoca su automática liberación, por lo que podrían ser concedidos a otras empresas o personas físicas que también los hayan solicitado.

### 6.4.6.4 *SMTP SPOOFING*

El envío de mensajes con remitentes falsos (*"masquerading"*) para tratar de engañar al destinatario o causar un daño en la reputación del supuesto remitente es otra técnica frecuente de ataque basado en la suplantación de la identidad de un usuario. De hecho, muchos virus emplean esta técnica para facilitar su propagación, al ofrecer información falsa sobre el posible origen de la infección. Asimismo, este tipo de ataque es muy utilizado por los *"spammers"*, que envían gran cantidad de mensajes de "correo basura" bajo una identidad falsa.

En la actualidad, falsificar mensajes de correo resulta bastante sencillo porque el protocolo SMTP carece totalmente de autenticación. Así, un servidor configurado para aceptar conexiones SMTP en el puerto 25 podría ser utilizado por un usuario externo a la organización, empleando los comandos propios del protocolo, para que envíe mensajes que aparenten tener un origen seleccionado por el atacante cuando realmente tienen otro distinto. La dirección de origen puede ser una dirección existente o una inexistente con el formato adecuado.

No obstante, los servidores de correo también podrían ser configurados para no aceptar envíos de mensajes desde equipos externos a la red local.

### 6.4.6.5 CAPTURA DE CUENTAS DE USUARIO Y CONTRASEÑAS

También es posible suplantar la identidad de los usuarios mediante herramientas que permitan capturar sus contraseñas, como los programas de software espía o los dispositivos hardware especializados que permitan registrar todas las pulsaciones en el teclado de un ordenador[16] ("*keyloggers*"). De hecho, es posible localizar soluciones disponibles en el mercado como KeyGhost (www.keyghost.com) o KeyLogger (www.keylogger.com).

*Figura 6.14. KeyGhost*

Se conoce como "*snooping*" a la técnica que permite observar la actividad de un usuario en su ordenador para obtener determinada información de interés, como podrían ser sus contraseñas. Los programas que permiten realizar esta actividad se conocen con el nombre de "*snoopers*", los cuales pueden ser troyanos u otros "parásitos" que monitorizan dispositivos de entrada como los ratones y los teclados.

Por otra parte, mediante las técnicas de "Ingeniería Social" un usuario podría ser engañado por una persona ajena a la organización para que le facilite sus contraseñas y claves de acceso.

---

[16] Son dispositivos hardware que se pueden conectar al puerto donde se encuentra conectado el teclado, interceptando de este modo la comunicación entre el teclado y la placa base del ordenador.

## 6.4.7 Modificaciones del tráfico y de las tablas de enrutamiento

Los ataques de modificación del tráfico y de las tablas de enrutamiento persiguen desviar los paquetes de datos de su ruta original a través de Internet, para conseguir, por ejemplo, que atraviesen otras redes o equipos intermedios antes de llegar a su destino legítimo, para facilitar de este modo las actividades de interceptación de datos.

Así, la utilización del encaminamiento fuente (*"source routing"*) en los paquetes IP permite que un atacante pueda especificar una determinada ruta prefijada, que podría ser empleada como ruta de retorno, saltándose todas las reglas de enrutamiento definidas en la red. De este modo, utilizando además el *"IP Spoofing"*, un atacante se podría hacer pasar por cualquier máquina en la que el destino pueda confiar, para recibir a continuación los datos correspondientes al equipo que está suplantando.

También es posible llevar a cabo una modificación de las tablas de enrutamiento, utilizando para ello determinados paquetes de control del tráfico, conocidos como paquetes "ICMP Redirect"[17], que permiten alterar la ruta a un determinado destino. Otra alternativa sería la de modificar las rutas a través de los propios protocolos de enrutamiento utilizados, como RIP (puerto UDP 520) o BGP.

Al modificar las rutas, el tráfico atravesará otros equipos y redes antes de alcanzar su destinatario final, facilitando de este modo el *"sniffing"*.

## 6.4.8 Conexión no autorizada a equipos y servidores

Existen varias posibilidades para establecer una conexión no autorizada a otros equipos y servidores, entre las que podríamos destacar las siguientes:

- ➤ Violación de sistemas de control de acceso.

- ➤ Explotación de "agujeros de seguridad" (*"exploits"*).

- ➤ Utilización de "puertas traseras" (*"backdoors"*), conjunto de instrucciones no documentadas dentro de un programa o sistema operativo, que permiten acceder o tomar el control del equipo saltándose los controles de seguridad.

- ➤ Utilización de *"rootkits"*, programas similares a los troyanos, que se instalan en un equipo reemplazando a una herramienta o servicio legítimo

---

[17] Estos paquetes de datos de control se utilizan para informar de rutas alternativas.

del sistema operativo. Los "*rootkits*", además de cumplir con las funciones de la herramienta o servicio que reemplazan en el equipo para no despertar sospechas, incorporan otras funciones ocultas que facilitan, entre otras cosas, el control remoto del equipo comprometido.

> "*Wardialing*": conexión a un sistema informático de forma remota a través de un módem. Los "*wardialers*" son dispositivos que permiten realizar de forma automática multitud de llamadas telefónicas para tratar de localizar módems que se encuentren a la espera de nuevas conexiones y que no hayan sido protegidos y configurados de forma adecuada.

Tampoco debemos olvidar las posibles pérdidas o robos de equipos que contienen información sensible y que, por este motivo, puedan caer en manos de personas ajenas a la organización, las cuales podrían tratar de tomar el control de estos equipos para extraer la información que almacenan o para utilizarlos en conexiones remotas a la red de la organización.

## 6.4.9 Consecuencias de las conexiones no autorizadas a los sistemas informáticos

Las conexiones no autorizadas a los sistemas informáticos pueden acarrear graves consecuencias para la organización afectada por este tipo de ataques e incidentes, entre las que podríamos destacar las siguientes:

> Acceso a información confidencial guardada en un servidor. Los atacantes incluso podrían tener acceso a datos y ficheros que habían sido "borrados" del sistema[18].

> Utilización inadecuada de determinados servicios por parte de usuarios no autorizados, suponiendo una violación de los permisos establecidos en el sistema.

> Transmisión de mensajes mediante un servidor de correo por parte de usuarios ajenos a la organización ("*mail relaying*"). Esto podría facilitar el reenvío masivo de mensajes de *spam* a través de un servidor SMTP configurado de forma inadecuada.

> Utilización de la capacidad de procesamiento de los equipos para otros fines, como, por ejemplo, para tratar de romper las claves criptográficas de otros sistemas.

---

[18] Ficheros o documentos que figuraban como eliminados del Sistema de Ficheros, pero que todavía figuran intactos en el disco duro del equipo.

- Creación de nuevas cuentas de usuario con privilegios administrativos, que faciliten posteriores accesos al sistema comprometido.

- Consumo del ancho de banda de la red de la organización para otros fines.

- Almacenamiento de contenidos ilegales en los equipos: muchos atacantes aprovechan los equipos comprometidos de una organización para guardar y distribuir copias piratas de software, canciones o vídeos, pornografía infantil...

- Modificación o destrucción de archivos y documentos guardados en un servidor.

- *"Website vandalism"*: modificación del contenido y de la apariencia de unas determinadas páginas web pertenecientes a la organización.

## 6.4.10 Introducción en el sistema de *"malware"* (código malicioso)

### 6.4.10.1 VIRUS INFORMÁTICOS, TROYANOS Y GUSANOS

Entendemos por código malicioso o dañino (*"malware"*) cualquier programa, documento o mensaje susceptible de causar daños en las redes y sistemas informáticos. Así, dentro de esta definición estarían incluidos los virus, troyanos, gusanos, bombas lógicas, etcétera.

Cabe destacar la rapidez de propagación de estos programas dañinos a través del correo electrónico, las conexiones mediante redes de ordenadores y los servicios de intercambio de ficheros (P2P) o de mensajería instantánea.

Hasta ahora algunos técnicos y administradores de redes se centraban en otros problemas de mayor nivel de complejidad, como los ataques contra servidores por parte de *crackers* o el análisis de agujeros de seguridad, relegando la protección contra los virus y códigos dañinos a un segundo plano, ya que se consideraba como una tarea que realizan de forma automática los programas antivirus.

Sin embargo, las nuevas formas de propagación de estos códigos dañinos y los graves problemas que ocasionan a las empresas y a los usuarios obligan a replantearse esta estrategia, prestando una mayor atención a la contención y erradicación de este tipo de ataques e incidentes de seguridad informática.

## 6.4.10.2 ATAQUES DE *"CROSS-SITE SCRIPTING"* (XSS)

Los ataques de *"Cross-Site Scripting"* consisten básicamente en la ejecución de código *"Script"*[19] (como Visual Basic Script o Java Script) arbitrario en un navegador, en el contexto de seguridad de la conexión a un determinado servidor Web.

Son ataques dirigidos, por lo tanto, contra los usuarios y no contra el servidor Web. Así, mediante *"Cross-Site Scripting"*, un atacante puede realizar operaciones o acceder a información guardada en un servidor Web en nombre del usuario afectado, suplantando su identidad.

Estos ataques se pueden producir cuando el servidor Web no filtra correctamente las peticiones HTTP de los usuarios, los cuales pueden enviar cadenas de texto a través de formularios o directamente a través de la propia dirección URL de la página web. Estas cadenas de texto podrían incluir código en lenguaje *"Script"*, que a su vez podría ser reenviado al usuario dentro de una página web dinámica generada por el servidor como respuesta a una determinada petición, con la intención de que este código *"Script"* se ejecutase en el navegador del usuario, no afectando por lo tanto al servidor Web, pero sí a algunos de los usuarios que confían en él.

Entre las posibilidades de ataque a través de *"Cross-Site Scripting"* podríamos destacar las siguientes:

> Obtención de *"cookies"* e identificadores de usuarios, que permiten capturar sesiones y suplantar la identidad de los afectados.

> Modificación de contenidos para engañar al visitante víctima del ataque *"Cross-Site Scripting"*, con la posibilidad de construir formularios para robar datos sensibles, como contraseñas, datos bancarios, etcétera.

El ataque típico de *"Cross-Site Scripting"* suele llevarse a cabo a través de un enlace que apunta a un servidor Web vulnerable. La dirección URL se construye de forma especial para que incluya un *"Script"* del atacante, que será transmitido por el servidor afectado al cliente que utilice el enlace para visitar esa dirección Web. De este modo, el código se "originará" aparentemente desde el servidor Web y se ejecutará en su contexto de seguridad, por lo que dicho código podrá acceder a las *cookies* del usuario (incluyendo las de autenticación), además de tener acceso a datos enviados recientemente vía Web, o bien realizar acciones en el Website afectado actuando en nombre de la víctima.

---

[19] Lenguaje de programación que se puede utilizar dentro de las páginas HTML para automatizar una serie de tareas, siendo interpretado por el propio navegador del usuario.

Así, por ejemplo, en un Website que permita realizar búsquedas en Internet mediante consultas HTTP del tipo "http://www.sitio.com/busqueda.asp?busca=texto", el atacante podría construir una dirección URL maliciosa que fuera del tipo "http://www.sitio.com/busqueda.asp?busca=<script_del_atacante>". La víctima, al hacer clic en el enlace anterior, ejecutaría el código *"Script"* en su navegador en el contexto de seguridad del servidor Web de búsquedas. Este enlace malicioso podría estar presente en otra página web, en un mensaje de correo electrónico, en un grupo de noticias, etcétera.

También es posible conseguir una activación automática de los ataques de *"Cross-Site Scripting"*, aprovechando vulnerabilidades conocidas relacionadas con la forma en que ciertos navegadores Web y lectores de correo electrónico interpretan los tipos MIME de los documentos compuestos.

Por ejemplo, un atacante podría convertir un enlace a una imagen incluido en un documento (mediante la etiqueta HTML <img src>, con un enlace aparentemente inofensivo a un fichero gráfico) en una forma de activar un ataque *"Cross-Site Scripting"*, que pase totalmente inadvertida al usuario víctima, ya que éste ni siquiera tendría que hacer clic en el enlace en cuestión: el navegador, al recibir el documento, se encargaría de realizar la petición para mostrar la imagen correspondiente al enlace incluido. Por otra parte, los mensajes de correo en formato HTML también podrían ser utilizados para desencadenar este tipo de ataques.

Debido a que este tipo de ataques no producen daños en el servidor sino en el usuario, en muchos casos no se les ha prestado toda la atención que requirirían, siendo fáciles de erradicar si se filtrasen de forma adecuada todas las peticiones que recibe un determinado servidor Web.

## 6.4.10.3 ATAQUES DE INYECCIÓN DE CÓDIGO SQL

SQL, *"Structured Query Language"* (Lenguaje de Consulta Estructurado), es un lenguaje textual utilizado para interactuar con bases de datos relacionales. La unidad típica de ejecución de SQL es la consulta (*"query"*), conjunto de instrucciones que permiten modificar la estructura de la base de datos (mediante instrucciones del tipo *"Data Definition Language"*, DDL) o manipular el contenido de la base de datos (mediante instrucciones del tipo *"Data Manipulation Language"*, MDL). En los servidores Web se utiliza este lenguaje para acceder a bases de datos y ofrecer páginas dinámicas o nuevas funcionalidades a sus usuarios.

El ataque por inyección de código SQL se produce cuando no se filtra de forma adecuada la información enviada por el usuario. Un usuario malicioso podría incluir y ejecutar textos que representen nuevas sentencias SQL que el servidor no debería aceptar. Este tipo de ataque es independiente del sistema de bases de datos subyacente, ya que depende únicamente de una inadecuada validación de los datos de entrada.

Como consecuencia de estos ataques y, dependiendo de los privilegios del usuario de base de datos bajo el cual se ejecutan las consultas, se podría acceder no sólo a las tablas relacionadas con la operación de la aplicación del servidor Web, sino también a las tablas de otras bases de datos alojadas en el mismo servidor Web. También pueden propiciar la ejecución de comandos arbitrarios del sistema operativo del equipo del servidor Web.

Así, como ejemplos de ataques de inyección de código SQL podríamos considerar los siguientes:

Si en el servidor se va a ejecutar una sentencia SQL del tipo: "*UPDATE tabla SET password='$INPUT[password]' WHERE user= '$INPUT[user_id]';*", pensada en principio para actualizar ("UPDATE") la contraseña de un determinado usuario registrado en el sistema, se podría llevar a cabo un ataque por inyección de código SQL con una dirección URL preparada de forma maliciosa tal y como sigue: "*http://www.servidor.com/script?pwd=clave&uid=1'+or+uid+like'%25admin%25';*", la cual tendría como consecuencia que el atacante conseguiría acceder a la base de datos con el perfil de administrador (usuario "*admin*").

Si en el servidor se va a ejecutar una sentencia SQL del tipo: "*SELECT nombre FROM productos WHERE id LIKE '%$INPUT[cod_prod]%';*", pensada para devolver el nombre de un producto a partir de su código identificador, se podría producir un ataque por inyección de código SQL con una dirección URL como sigue: "*http://www.servidor.com/script?0';EXEC+master..xp_cmdshell(cmd.exe+/c)*", la cual tendría como consecuencia que el atacante podría ejecutar una aplicación del sistema operativo del equipo, en este caso el propio intérprete de comandos ("cmd.exe").

Si en el servidor se va a ejecutar una sentencia SQL del tipo: "*SELECT * FROM usuarios WHERE username = " + username + " AND password =" + password + ";*", se podría producir un ataque si el usuario especifica lo siguiente:

➢ Username: ; drop table users;

➢ Password:

ya que entonces la tabla 'usuarios' sería borrada de la base de datos, denegando el acceso a todos los demás usuarios (ataque de Denegación de Servicio).

Este tipo de ataques se podrían evitar filtrando los datos enviados por el usuario antes de que éstos sean procesados por el servidor, para evitar que se puedan incluir y ejecutar textos que representen nuevas sentencias SQL.

Asimismo, es conveniente no utilizar las consultas SQL basadas directamente en cadenas de texto enviadas desde el navegador del usuario, sino que se deberían construir todas las consultas en el servidor con sentencias preparadas y/o procedimientos almacenados parametrizados, que encapsulen los parámetros y que deberían evitar los caracteres especiales que hubieran podido ser introducidos dentro de ellos por un usuario malicioso.

## 6.4.11 Ataques contra los sistemas criptográficos

Los ataques contra la seguridad de los sistemas criptográficos persiguen descubrir las claves utilizadas para cifrar unos determinados mensajes o documentos almacenados en un sistema, o bien obtener determinada información sobre el algoritmo criptográfico utilizado. Podemos distinguir varios tipos de ataques contra los sistemas criptográficos:

- Los "ataques de fuerza bruta", que tratan de explorar todo el espacio posible de claves para romper un sistema criptográfico.

- Los "ataques de diccionario", que trabajan con una lista de posibles contraseñas: palabras de un diccionario en uno o varios idiomas, nombres comunes, nombres de localidades o accidentes geográficos, códigos postales, fechas del calendario, etcétera.

- Los ataques contra el diseño del algoritmo.

- Los ataques contra los dispositivos hardware o las aplicaciones software que lo implementan.

- Las distintas técnicas de criptoanálisis: criptoanálisis lineal, diferencial, técnicas de análisis estadístico de frecuencias, etcétera.

## 6.4.12 Fraudes, engaños y extorsiones

Los fraudes y estafas financieros a través de Internet se han hecho muy frecuentes en estos últimos años. Se utiliza el término de "*phishing*" para referirse al tipo de ataques que tratan de obtener los números de cuenta y las claves de acceso a servicios bancarios, para realizar con ellos operaciones fraudulentas que perjudiquen a los legítimos propietarios. Generalmente, se utilizan páginas web falsas que imitan a las originales de los servicios bancarios que pretenden suplantar.

El "*pharming*" es una variante del "*phishing*" en la que los atacantes utilizan un virus que conecta a las víctimas desde su ordenador a páginas falsas en lugar de a las legítimas correspondientes a sus propias entidades financieras, para sustraer sus datos (números de cuenta y claves de acceso). El "*pharming*" y el "*phishing*" también pueden ser empleados para robar y utilizar de forma fraudulenta números de tarjetas de crédito.

Estos datos podrían ser utilizados para realizar ataques del tipo "salami", consistentes en la repetición de gran cantidad de pequeñas operaciones, como transferencias bancarias de importe reducido, que podrían pasar inadvertidas a nivel individual, pero que en conjunto ocasionan un importante daño económico.

El "*clickjacking*" es una estratagema que pretende engañar al usuario para que éste haga clic en un enlace o botón que en apariencia es inofensivo, cuando en realidad lo hace sobre otro enlace controlado por terceros. Se trata de una amenaza para la seguridad informática que explota una vulnerabilidad del sistema operativo o el navegador del usuario, presentando una página falsa e invitándole a realizar una acción para tomar el control del sistema.

Por otra parte, se han desarrollado virus y otros programas dañinos para facilitar las extorsiones y estafas a usuarios de Internet. Es lo que se conoce como "*ransom-ware*", software malicioso cuyo fin es el lucro de su creador por medio de rescates.

También podemos considerar dentro de este tipo de ataques la difusión de correos electrónicos con ofertas falsas o engañosas, así como la publicación de falsas noticias en foros y grupos de noticias, con distintas intenciones, como podría el caso de intentar alterar el valor de las acciones de una empresa (de hecho, ya se han producido varias de estas actuaciones en Estados Unidos y en Europa).

Asimismo, debemos tener en cuenta la proliferación de las extorsiones a los usuarios de Internet. Así, por ejemplo, en febrero de 2003 la revista de seguridad informática *CSO Magazine* informaba de varios casos de extorsión contra profesionales, que eran engañados por otros usuarios que conseguían insertar contenidos pornográficos en sus ordenadores personales. El ataque comenzaba cuando la víctima recibía un correo electrónico aparentemente inofensivo, con una invitación para visitar una determinada página web. Si la víctima activaba el enlace en cuestión, se producía una descarga de ficheros de pornografía infantil desde un Website de Bulgaria hacia su ordenador personal. Desde ese momento, comenzaba la campaña de extorsión propiamente dicha, mediante el envío de un mensaje amenazante que solicitaba la transferencia de una determinada cantidad de dinero para no revelar el incidente a la empresa para la cual trabajaba la víctima.

En mayo de 2005 se informaba de varios casos de "*crackers*" que habían conseguido "secuestrar" archivos o páginas web de otros usuarios, solicitando un rescate para proceder a su "liberación". Para ello, los atacantes codificaban los documentos afectados para impedir que su propietario los pudiera abrir, solicitando a continuación un importe de 200 dólares en concepto de "rescate" para devolver al usuario el acceso a sus archivos.

De hecho, los casos de chantaje y extorsión *on-line* se están extendiendo en países como Estados Unidos, a tenor de los últimos estudios publicados. Así, un 17% de las PYMEs norteamericanas había sufrido algún tipo de extorsión por la red, según un estudio de la Universidad Carnegie Mellon dado a conocer en septiembre de 2005. En muchos de estos casos, los chantajistas aseguran tener información confidencial sobre la empresa y amenazan con difundirla si no reciben una determinada cantidad de dinero. Se ha podido comprobar que un porcentaje elevado de estas amenazas eran realizadas por un antiguo empleado de la propia empresa con acceso a datos internos o, incluso, alguien de la competencia. Además, muchas de las empresas amenazadas terminan pagando para evitar mayores problemas.

También han aumentado los casos de extorsión a particulares a través de Internet, consistentes en la publicación o amenaza de publicación de alguna información difamatoria sobre la víctima, utilizando algún medio de la Red (páginas web, foros, grupos de noticias…). En marzo de 2006 se anunciaba la propagación de un nuevo tipo de virus a través de Internet, capaz de bloquear el equipo informático de sus víctimas, solicitando un "rescate" de 300 dólares para revelar la clave para liberar el equipo en cuestión.

## 6.4.13 Denegación del Servicio (Ataques DoS – *Denial of Service*)

Los ataques de Denegación de Servicio (DoS) consisten en distintas actuaciones que persiguen colapsar determinados equipos o redes informáticos, para impedir que puedan ofrecer sus servicios a sus clientes y usuarios. Para ello, existen varias posibilidades de conseguirlo:

- Ejecutar algunas actividades que produzcan un elevado consumo de los recursos de las máquinas afectadas: procesador, memoria y/o disco duro, provocando una caída en su rendimiento. Entre ellas podríamos citar el establecimiento de múltiples conexiones simultáneas, el envío masivo de ficheros de gran tamaño o los ataques lanzados contra los puertos de configuración de los *routers*.

- Provocar el colapso de redes de ordenadores mediante la generación de grandes cantidades de tráfico, generalmente desde múltiples equipos.

- Transmisión de paquetes de datos malformados o que incumplan las reglas de un protocolo, para provocar la caída de un equipo que no se encuentre preparado para recibir este tipo de tráfico malintencionado.

- Sabotajes mediante *routers* "maliciosos", que se encarguen de proporcionar información falsa sobre tablas de enrutamiento que impidan el acceso a ciertas máquinas de la red.

- Activación de programas "bacteria", cuyo objetivo es replicarse dentro de un sistema informático, consumiendo la memoria y la capacidad del procesador hasta detener por completo al equipo infectado.

- Envío masivo de miles mensajes de correo electrónico ("*mail bombing*"), provocando la sobrecarga del servidor de correo y/o de las redes afectadas.

- "Ataque reflector" ("*reflector attack*"), que persigue generar un intercambio ininterrumpido de tráfico entre dos o más equipos para disminuir su rendimiento o incluso conseguir su completo bloqueo dentro de una red informática.

➤ Incumplimiento de las reglas de un protocolo. Para ello, se suelen utilizar protocolos no orientados a conexión, como UDP o ICMP, o bien el protocolo TCP sin llegar a establecer una conexión completa con el equipo atacado.

En relación con esta última posibilidad, el incumplimiento de las reglas de un protocolo, podemos enumerar varios tipos de ataques que han ocasionado numerosos problemas a distintos tipos de sistemas informáticos en los últimos años:

➤ "El ping de la muerte": mediante el comando "*ping –l 65510 direccion_equipo_victima*", que envía un paquete IP de un tamaño superior a los 65.536 bytes, provocando el reinicio o "cuelgue" del equipo víctima que lo recibe (si no ha sido protegido frente a esta eventualidad).

➤ "*Land Attack*": debido a un error en la implementación del protocolo TCP/IP en algunos sistemas Windows, se consigue "colgar" un equipo vulnerable mediante el envío de una serie de paquetes maliciosamente construidos, en los que la dirección y el puerto de origen son idénticos a la dirección y el puerto de destino.

➤ "*Supernuke*" o "*Winnuke*": ataque contra algunos sistemas Windows, que se quedan "colgados" o disminuyen drásticamente su rendimiento al recibir paquetes UDP manipulados (fragmentos de paquetes "*Out-Of-Band*") dirigidos contra el puerto 137.

➤ "*Teardrop*": tipo de ataque consistente en el envío de paquetes TCP/IP fragmentados de forma incorrecta. Los equipos vulnerables que no hayan sido conveniente parcheados se "cuelgan" al recibir este tipo de paquetes maliciosos.

➤ "*SYN Flood*": este ataque se basa en un incumplimiento de las reglas básicas del protocolo TCP por parte del cliente. Al establecer la conexión mediante el procedimiento "*three-way handshake*", se envía una petición de conexión al equipo víctima, pero no se responde a la aceptación de la conexión por parte de este equipo (generalmente se facilita una dirección IP falsa). El equipo víctima deja la conexión en estado de "semi-abierta", consumiendo de este modo recursos de la máquina. Las conexiones "semi-abiertas" caducan al cabo de un cierto tiempo, liberando sus recursos. No obstante, si se envían muchas peticiones de conexión siguiendo el ataque de SYN Flood, se colapsarán los recursos del equipo víctima, que no podrá atender nuevas conexiones legítimas.

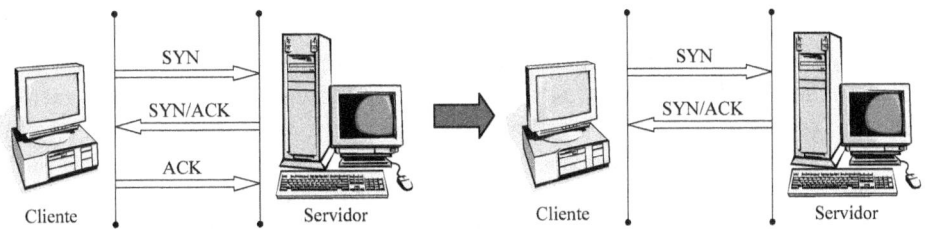

*Figura 6.15. Ataque del tipo "SYN Flood"*

Asimismo, podemos señalar otros tipos de ataques de Denegación de Servicio (DoS) que se han hecho famosos en los últimos años:

> *"Connection Flood"*: tipo de ataque que consiste en intentar establecer cientos o miles de conexiones simultáneas contra un determinado servidor víctima del ataque, con lo que se consumen sus recursos y se degrada de forma notable su respuesta ante usuarios legítimos. Este tipo de ataques se han lanzado con éxito contra los Websites de algunas empresas, como en el caso de la tienda de juguetes *on-line* eToys, cuyo Website llegó a estar colapsado durante varios días por un ataque coordinado llevado a cabo desde cientos de equipos.

> *"Net Flood"*: ataque similar al que se ha expuesto anteriormente, consiste en el envío de tráfico masivo contra una determinada red conectada a Internet, para tratar de degradar su funcionamiento.

> *"Smurf"* ("pitufo"): ataque DoS que se lleva a cabo mediante el envío de una gran cantidad de mensajes de control ICMP (*Internet Control Message Protocol*) de solicitud de eco dirigidos a direcciones de difusión (direcciones *"broadcast"*), empleando para ello la dirección del equipo víctima del incidente, que se verá desbordado por la cantidad de mensajes de respuesta generados en la red de equipos sondeados, que actúa como una red amplificadora del ataque.

> "Bomba UDP": se considera un ataque del tipo *"reflector attack"* ("ataque reflector"), en el que se emplea el protocolo UDP (*User Datagram Protocol*) y uno de los muchos servicios que responden a los paquetes que reciben para crear una congestión en la red que provoque el DoS, generando un flujo de paquetes UDP continuo entre dos sistemas seleccionados. Así, por ejemplo, se podría elegir en el primer equipo el servicio "chargen" (es una herramienta de pruebas disponible en el puerto 9, que genera una serie de caracteres), mientras que en el segundo equipo se podría hacer uso del servicio "echo" (servicio disponible en el puerto 7, que responde a cada uno de los paquetes que recibe), para de este modo conseguir un intercambio interminable de paquetes UDP entre los dos equipos, generando una especie de "tormenta de paquetes UDP". Para evitar este tipo de ataques conviene desactivar estos servicios en los equipos de la red, así como filtrar este tráfico a través de un cortafuegos.

> "*Snork UDP*": ataque similar al anteriormente descrito ("*bomba UDP*"), dirigido contra sistemas Windows. En este caso se emplea un paquete de datos UDP con origen en el puerto 7 (servicio "echo") o el puerto 19 (servicio "chargen"), utilizando como puerto de destino el 135, en el que se ubica el servicio de localización de Microsoft a través del protocolo NetBIOS. De este modo, se consigue un intercambio de paquetes UDP innecesario que reduce el rendimiento de los equipos y de la red afectada. Se trata, por tanto, de otro ataque del tipo "*reflector attack*".

También se han llevado a cabo ataques DoS contra sesiones TCP previamente establecidas, aprovechando una vulnerabilidad en el diseño del protocolo TCP dada a conocer por el CERT/CC a finales de abril de 2004, que afecta a aquellos servicios que se basan en la utilización de sesiones TCP permanentes, sin ningún tipo de autenticación entre los dos extremos de la comunicación. Así, teniendo en cuenta esta vulnerabilidad, un atacante remoto podría forzar el cierre de las sesiones TCP establecidas, mediante un paquete TCP manipulado que sea aceptado por el ordenador destinatario, originando de este modo el ataque DoS.

Uno de los protocolos que podría verse más afectado por esta vulnerabilidad en TCP es BGP (*Border Gateway Protocol*), utilizado para el intercambio de información de enrutamiento entre las redes de los proveedores de acceso a Internet, provocando la desconexión de todas las redes que dependan de un *router* vulnerable al ataque.

Para evitar muchos de los problemas de los ataques de Denegación de Servicio, se puede utilizar algún sistema que permita autenticar los dos extremos de la comunicación, como podría ser el protocolo IPSec con el servicio AH (*Authentication Header*), que permite autenticar todos los paquetes TCP enviados.

Asimismo, es conveniente escanear las redes conectadas a Internet para determinar si son vulnerables al ataque "*Smurf*". Un recurso de gran ayuda sobre esta cuestión podría ser el Website de Powertech, que mantiene en la dirección http://www.powertech.no/smurf/ una información actualizada de rangos de direcciones IP con debilidades ante el ataque "*Smurf*".

Hay que tener en cuenta que en los ataques de Denegación del Servicio (DoS) el atacante suele ocultar su verdadera dirección mediante técnicas de "*IP Spoofing*". Además, en numerosas ocasiones se han empleado este tipo de ataques para encubrir otros ataques simultáneos que pretendían comprometer un sistema o red informático.

## 6.4.14 Ataques de Denegación de Servicio Distribuidos (DDoS)

Los Ataques de Denegación de Servicio Distribuidos (DDoS) se llevan a cabo mediante equipos "*zombis*". Los equipos "*zombis*" son equipos infectados por virus o troyanos, sin que sus propietarios lo hayan advertido, que abren puertas traseras y facilitan su control remoto por parte de usuarios remotos. Estos usuarios maliciosos suelen organizar ataques coordinados en los que pueden intervenir centenares o incluso miles de estos equipos, sin que sus propietarios y usuarios legítimos lleguen a ser conscientes del problema, para tratar de colapsar las redes y los servidores objeto del ataque. Generalmente los equipos "*zombis*" cuentan con una conexión ADSL u otro tipo de conexión de banda ancha, de tal modo que suelen estar disponibles las 24 horas.

Para luchar de forma eficaz contra este tipo de ataques es necesario contar con la colaboración de los proveedores de acceso a Internet, para filtrar o limitar el tráfico procedente de los equipos que participan en el ataque. En este sentido, cabría destacar una iniciativa pionera llevada a cabo a finales de mayo de 2005 por la FTC (Comisión Federal de Comercio estadounidense) para tratar de identificar y poner en "cuarentena" a los clientes de los proveedores de acceso a Internet cuyos ordenadores se hayan convertido (seguramente sin su conocimiento) en una máquina "*zombi*".

Los equipos "*zombis*" también están siendo utilizados por los "*spammers*" para la difusión masiva de sus mensajes de correo no solicitados.

Incluso en algunos países ya se han dado casos de alquiler de redes "*zombi*" (conocidas como "*botnets*") para poder llevar a cabo ataques de Denegación de Servicio Distribuidos (DDoS). Así, por ejemplo, en el Reino Unido varios jóvenes "*crackers*" alquilaban redes con 30.000 ordenadores "*zombi*" por un precio de 100 dólares la hora para realizar ataques masivos de denegación de servicio. Y en el verano de 2004 un empresario de Massachussets pagó a tres "*crackers*" menores de edad para realizar ataques con una red "*zombi*" de 10.000 equipos contra los servidores de las empresas de la competencia.

Asimismo, la disponibilidad de herramientas como TFN ("*Tribe Flood Net*") y TFN2K facilita el desarrollo de este tipo de ataques. En concreto, esta herramienta mejora la comunicación y control de los equipos "*zombis*" utilizando paquetes TCP, UDP o ICMP, así como técnicas criptográficas (como el algoritmo CAST-256) para dificultar la detección del atacante. TFN2K permite programar distintos tipos de ataques ("*flooding*", "*smurf*"...) y cambia de forma frecuente las cabeceras de los paquetes que envía a los equipos "*zombis*" para dificultar su detección por los Sistemas de Detección de Intrusiones (IDS).

Un informe de Microsoft hecho público en 2010 situaba a España como el país europeo donde se estaban produciendo un mayor número de infecciones relacionadas con equipos "zombi", hasta el punto de que sólo en el período comprendido entre abril y julio de 2010 unos 382.000 ordenadores españoles se convirtieron en "zombis".

## 6.4.15 Marcadores telefónicos ("*dialers*")

Los "*dialers*" o "marcadores telefónicos" son pequeños programas que se encargan de marcar números telefónicos que dan acceso a algún tipo de servicio, con una tarifa telefónica muy superior a la normal.

En un principio, este tipo de aplicaciones eran distribuidas por proveedores de acceso a Internet para facilitar a sus clientes el proceso de conexión con el servidor. También se han desarrollado otro tipo de servicios de pago a través de "*dialers*", relacionados en su gran mayoría con la descarga de contenidos pornográficos.

Sin embargo, el problema surgió con la proliferación en Internet de páginas web preparadas para descargar, instalar y ejecutar "*dialers*" de conexión a números de tarifas especiales de forma automática y sin informar al usuario afectado. Asimismo, posteriormente hicieron su aparición nuevos tipos de virus informáticos capaces de instalar los "*dialers*" y propagarse rápidamente a través de Internet.

Estos virus son capaces de crear un nuevo acceso telefónico a redes en el ordenador infectado que se configura como el predeterminado para la conexión a Internet, o bien pueden modificar el acceso telefónico a redes que el usuario utiliza habitualmente para sus conexiones a Internet de tal manera que, cada vez que sea ejecutado, el número marcado no sea el correspondiente al proveedor de servicios de Internet del usuario, sino un número de tarifa especial, ocasionando un grave problema económico a la víctima, quien detectará la situación anormal al recibir sus próximas facturas del servicio telefónico.

## 6.5 CREACIÓN DE ORGANISMOS ESPECIALIZADOS

Para combatir de forma más eficaz las distintas amenazas que afectan a la seguridad de los sistemas informáticos, en estos últimos años se han creado varios organismos especializados cuya misión es alertar a los gobiernos, empresas y ciudadanos en general para poder contener y minimizar los daños ocasionados por los ataques informáticos.

### 6.5.1 CERT/CC (*Computer Emergency Response Team/Coordination Center*)

El CERT, el "Equipo de Respuesta a Emergencias Informáticas", es el primer y más conocido centro de respuesta, creado en diciembre de 1988 por la agencia DARPA de Estados Unidos para gestionar los incidentes de seguridad relacionados con Internet.

Se encuentra en el Instituto de Ingeniería del Software de la Universidad Carnegie Mellon. La dirección en Internet es http://www.cert.org.

## 6.5. 2 CERT INTECO

El Centro de Respuesta a Incidentes de Seguridad fue creado en 2006 en España dentro del Instituto Nacional de Tecnologías de la Información (INTECO).

Su dirección en Internet es http://cert.inteco.es/.

## 6.5.3 Agencia Europea de Seguridad de las Redes y de la Información

Agencia europea creada por decisión del Consejo y del Parlamento (EC 460/2004) con la finalidad de alcanzar un alto nivel de seguridad en las redes y en el tratamiento de la información dentro de la Unión Europea. Esta Agencia comenzó oficialmente sus actividades en septiembre de 2005, tras fijar su sede institucional en la isla de Creta.

Su dirección en Internet es http://www.enisa.europa.eu/.

## 6.5.4 CSRC (*Computer Security Resource Center*)

EL CSRC, "Centro de Recursos de Seguridad Informática", es un centro dependiente del NIST (*National Institute Standards of Technology* de Estados Unidos). Su dirección en Internet es http://csrc.nist.gov/.

## 6.5.5 US-CERT

El US-CERT es un Centro de Respuesta a Incidentes de Seguridad Informática que depende del *National Cyber Security Division* (NCSD) en el Departamento de Seguridad Interior (*Department of Homeland Security* –DHS–) de Estados Unidos.

## 6.5.6 FIRST (*Forum of Incident Response and Security Teams*)

Foro constituido en 1990 con el objetivo de facilitar el intercambio de información sobre incidentes de seguridad entre los distintos miembros que lo integran (Centros de Respuesta a Incidentes de distintos países y organizaciones), así como para la detección, prevención y recuperación de estos incidentes de seguridad.

Su dirección en Internet es http://www.first.org/.

## 6.5.7 Otros centros de seguridad y respuesta a incidentes

Otros países también han puesto en marcha sus respectivos centros de respuesta a incidentes de seguridad, como el AusCERT (*Australian Computer Emergency Response Team*, http://www.auscert.org.au) de Australia o el DFN-CERT (*Computer Emergency Response Team for the German Research Network*, http://www.cert.dfn.de) de Alemania.

En España también podemos destacar los servicios del IRIS-CERT, Centro de Respuesta a Incidentes de Seguridad de la Red IRIS, que da soporte a los Centros de Investigación y Universidades del país, a través de la dirección de Internet http://www.rediris.es/cert/.

Asimismo, el Centro de Alerta Temprana sobre Virus y Seguridad Informática fue creado en julio de 2001 por el Ministerio de Ciencia y Tecnología español, para ofrecer información, alertas y distintos recursos sobre seguridad informática a ciudadanos y empresas, a través de la dirección http://www.alerta-antivirus.es. En la actualidad se encuentra integrado dentro del INTECO, en la dirección http://www.inteco.es/Seguridad.

## 6.5.8 Bases de datos de ataques e incidentes de seguridad

También existen distintos organismos que se encargan de capturar y agrupar los registros de incidencias ("*logs*") y ataques sufridos por distintas organizaciones en una base de datos. DShield (*Distributed Intrusion Detection System*, Sistema de Detección de Intrusiones Distribuido) es una de las bases de datos sobre incidentes de seguridad informática más conocida (http://www.dshield.org/).

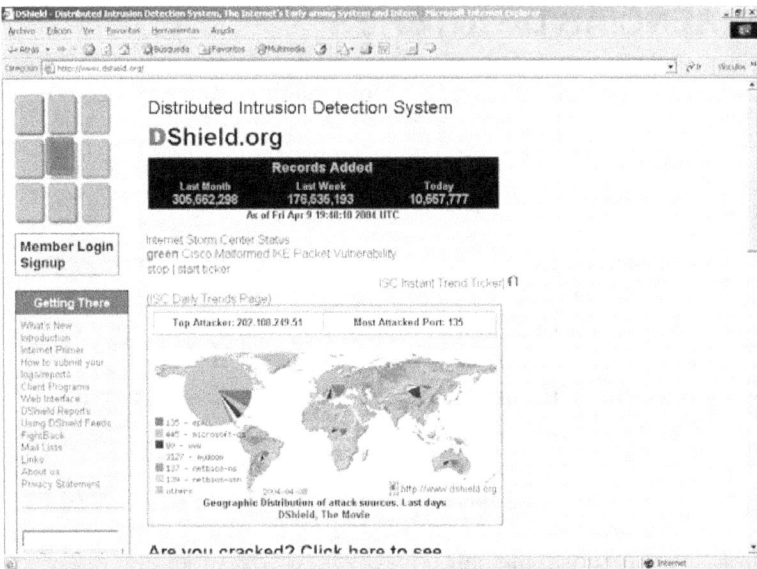

*Figura 6.16. DShield.org*

Otra completa base de datos con referencias sobre incidentes de seguridad se encuentra disponible en Security Focus (http://www.securityfocus.com/).

Asimismo, también podemos encontrar algunos servicios que se encargan de evaluar el estado del tráfico en Internet, como *Internet Health Monitoring* (www.internetpulse.net), que contribuye a la detección y control de los ataques de Denegación de Servicio (DoS).

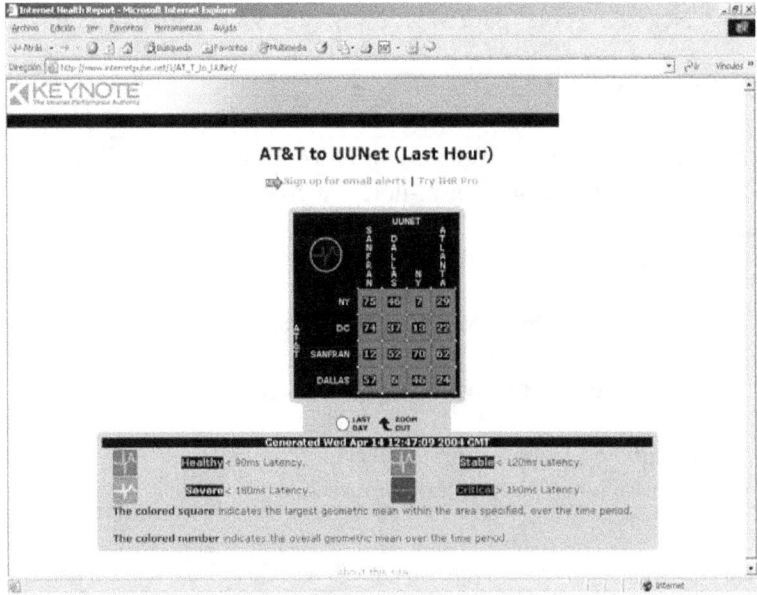

*Figura 6.17. Internetpulse.net*

## 6.6 REFERENCIAS DE INTERÉS

Información sobre nombres de dominio, páginas web y direcciones IP:

- ✓ Base de datos Whois de InterNIC (*Internet Network Information Center*): http://www.internic.net/whois.html.

- ✓ Servicio de Información de RIPE-NCC (*Réseaux IP Européens Network Coordination Center*) para Europa: http://www.ripe.net/.

- ✓ Servicio de Información de ARIN (*American Registry for Internet Numbers*): http://www.arin.net/.

- ✓ Servicio de Información de APNIC (*Asian Pacific Network Information Center*), para la región de Asia-Pacífico: http://www.apnic.net/.

- ✓ Servicio de Información de LACNIC (*Latin America and Caribean Internet Addresses Registry*): http://lacnic.net/.

- ✓ "DNS Stuff": http://www.dnsstuff.com/.

Herramientas para el reconocimiento de sistemas y escaneo de puertos:

- ✓ NMAP (para UNIX): http://www.insecure.org/nmap/.
- ✓ NetScan Tools (para Windows): http://www.nwpsw.com/.

Ataques informáticos:

- ✓ IP Spoofing: ftp://ftp.rfc-editor.org/in-notes/rfc2267.txt, ftp://ftp.rfc-editor.org/in-notes/rfc2827.txt.

- ✓ DNS Seguro: http://www.dnssec.net/.

- ✓ KeyGhost: http://www.keyghost.com/.

- ✓ KeyLogger: http://www.keylogger.com/.

- ✓ Ataque de Denegación de Servicio "*Smurf*": http://www.powertech.no/smurf/.

Centros de respuesta a incidentes:

- ✓ CERT: http://www.cert.org/.
- ✓ CERT - INTECO: http://cert.inteco.es/.
- ✓ ENISA: http://www.enisa.europa.eu/.
- ✓ US-CERT: http://www.us-cert.gov/.
- ✓ CSRC: http://csrc.nist.gov/.
- ✓ FIRST: http://www.first.org/.
- ✓ IRIS-CERT: http://www.rediris.es/cert/.
- ✓ Centro de Alerta Temprana sobre Virus: http://www.alerta-antivirus.es/.
- ✓ AusCERT: http://www.auscert.org.au/.
- ✓ DFN-CERT: http://www.cert.dfn.de/.

Otras direcciones de interés:

- ✓ Dshield: http://www.dshield.org/.
- ✓ Security Focus: http://www.securityfocus.com/.
- ✓ Internet Storm Center: http://isc.sans.org/.
- ✓ Internet Health Monitoring: http://www.internetpulse.net/.

Páginas especializadas en los *hackers*:

- ✓ Hacker Watch: http://hackerwatch.org/.
- ✓ Revista 2600 de la comunidad *hacker*: http://www.2600.com/.
- ✓ Astalavista – The Underground: http://www.astalavista.com/.
- ✓ Chaos Computer Club, mayor comunidad de *hackers* de europa: http://www.ccc.de/.
- ✓ HACKHiSPANO: http://www.hackhispano.com/.

- ✓ Revista Phrack: http://www.phrack.org/.
- ✓ The Hacker's Defense Foundation: http://www.hackerz.org/.
- ✓ AntiOnline: http://www.antionline.com/.

# Capítulo 7

# VIRUS INFORMÁTICOS Y OTROS CÓDIGOS DAÑINOS

## 7.1 CARACTERÍSTICAS GENERALES DE LOS VIRUS INFORMÁTICOS

> Un **Código Malicioso** (*"malware"*) es cualquier tipo de programa desarrollado para causar daños o introducirse de forma no autorizada en algún sistema informático.

Los más conocidos son los virus informáticos, si bien con el desarrollo de las redes de ordenadores y de los servicios de Internet han aparecido en estos últimos años nuevos tipos de códigos maliciosos: caballos de Troya (troyanos), gusanos, etcétera.

El comportamiento de los virus informáticos es similar al de los virus biológicos. Un virus biológico es un agente microscópico de carácter infeccioso, capaz de tener vida independiente, pero que requiere de un huésped u organismo más complejo para sobrevivir, el cual le provee de la energía necesaria para su reproducción. Prácticamente no deja huellas externas que indiquen su presencia durante el período de incubación. Cuando este tipo de parásitos se reproducen suelen generar anomalías metabólicas al huésped que pueden provocar graves enfermedades.

Por su parte, un **Virus Informático** es un programa informático desarrollado en un determinado lenguaje (ensamblador, C y C++, Visual Basic, Java, lenguajes de macros de aplicaciones ofimáticas como Word o Excel, VBScript, JavaScript…), capaz de "infectar" un sistema informático mediante distintos mecanismos de propagación ("auto-replicación"), que contiene una determinada carga dañina para el sistema infectado y que además puede incorporar algunas medidas de autoprotección para "sobrevivir".

Un virus informático trata de reproducirse rápidamente para extender su alcance, alcanzando en la actualidad una propagación exponencial gracias al desarrollo de Internet y de las redes de ordenadores. Por este motivo, muchos de los virus actuales incorporan sus propias rutinas SMTP para facilitar su propagación mediante envíos masivos de mensajes de correo electrónico a otros equipos.

La carga dañina de los virus (parte del programa del virus que se conoce como "*payload*") se puede ejecutar bajo determinadas circunstancias: en una fecha concreta, tras haber encendido un determinado número de veces el sistema, al ejecutar un programa infectado, etcétera. Entre sus posibles consecuencias podríamos citar la aparición de mensajes graciosos o de contenido político o reivindicativo en la pantalla del ordenador, la generación de determinados efectos llamativos en la pantalla (movimiento o desaparición de iconos, pérdida de control del ratón, generación de sonidos y de otros efectos visuales...), la eliminación de determinados tipos de ficheros, la modificación del contenido de algunos ficheros, el formateo del disco duro del equipo, etcétera.

En cuanto a las técnicas de "autoprotección" utilizadas por los virus informáticos para sobrevivir, podríamos citar las siguientes:

➢ Técnicas de ocultamiento o "*stealth*", que consisten básicamente en ofrecer información falseada del sistema que ha sido infectado para no despertar sospechas: fecha y tamaño de los ficheros, cantidad de memoria disponible...

➢ Autocifrado del código para que no pueda ser analizado.

➢ Polimorfismo: el virus se codifica o cifra de manera diferente en cada infección que realiza para dificultar de este modo su detección.

➢ Mantenimiento de un determinado "período de incubación", para no dar pistas sobre la infección y contribuir de este modo a que se pueda alcanzar una mayor propagación del virus antes de ejecutar las acciones dañinas programadas.

➢ Desactivación de antivirus y otros programas de protección instalados en el equipo informático.

➢ "*Armouring*", técnica utilizada para impedir que se pueda leer el código del virus.

Hoy en día los virus informáticos y otros códigos dañinos pueden utilizar multitud de formas de propagación para infectar a sus víctimas:

➢ De disco a disco, copiándose como un fichero más en el sistema de almacenamiento seleccionado (generalmente dentro del sector de arranque). Tras la desaparición de los disquetes, conviene destacar la importancia de los pendrives como nuevos elementos para la propagación de los virus entre ordenadores con puertos USB.

- De programa a programa, insertándose como una porción más de código dentro de la estructura del programa huésped.

- De documento a documento, recurriendo a lenguajes de macros para infectar ficheros de Word, hojas de cálculo de Excel, etcétera.

- A través del correo electrónico o de páginas HTML que incluyen el código dañino mediante lenguajes Script, *applets* Java o controles ActiveX.

- En redes de ordenadores, a través de recursos compartidos por los equipos (discos duros que se comparten como unidades de red), servidores y equipos con agujeros de seguridad, utilizando para su propagación algunos de los protocolos de comunicaciones de Internet.

- A través de herramientas de mensajería instantánea o de aplicaciones de compartición de ficheros "*peer-to-peer*" (como Kazaa, e-Donkey, Morpheus...), aprovechando algunos agujeros de seguridad de estas aplicaciones.

Conviene destacar la importancia adquirida por el correo electrónico para facilitar la propagación de los virus en estos últimos años, recurriendo a mensajes que incluyen contenidos dañinos y que podrían provocar una infección automática de los destinatarios si sus equipos no se encuentran correctamente configurados y actualizados. Así, entre los virus más famosos que se han propagado a través del correo electrónico podríamos mencionar los siguientes:

- Virus en programas ejecutables: "Happy99.exe".

- Virus de macros de Word: "Melissa".

- Virus en Visual Basic Script (VBS): "I love you.txt.vbs".

- Virus incluidos en plantillas html: "VBS/Help".

- Caballos de Troya ("troyanos"): Subseven, NetBus, BackOrifice.

## 7.2 TIPOS DE VIRUS Y OTROS PROGRAMAS DAÑINOS

En estos últimos años se han desarrollado distintos tipos de virus y programas dañinos. En este apartado se presenta una enumeración de los principales tipos de virus informáticos, para estudiar a continuación de forma detallada las principales características de cada uno de ellos:

- **Virus de sector de arranque** ("BOOT").

- **Virus de ficheros ejecutables** (de MS-DOS, WIN32, etcétera).

- **Virus de lenguajes de macros**.

- **Virus de lenguajes** *Script*.

- **Virus construidos en lenguaje Java**.

- **Troyanos**.

- **"*Rootkits*"**.

- **Gusanos**.

- **Bacterias**.

- **"*Hoaxes*"** (bulos que circulan por Internet).

- **"*Jokes*"** (bromas que se gastan a usuarios del sistema).

También es necesario tener en cuenta las nuevas amenazas que representan los virus que afectan a agendas electrónicas, teléfonos móviles o electrodomésticos.

Por otra parte, conviene destacar que en la actualidad casi todos los nuevos programas dañinos incorporan características de los virus, los gusanos y los troyanos, por lo que en los siguientes apartados de este capítulo emplearemos el término genérico de virus informático para referirnos a todos ellos.

## 7.2.1 Virus de *Boot* (sector de arranque)

El punto de entrada de estos virus en el sistema tiene lugar a través de disquetes o discos infectados. Su objetivo principal es el sector de arranque de un disquete o del disco duro (el *Master Boot Record*, MBR), guardando una copia del contenido original en otro sector del disco infectado.

A partir de la infección, el virus se ejecuta antes que el propio Sistema Operativo, quedando residente en la memoria del equipo.

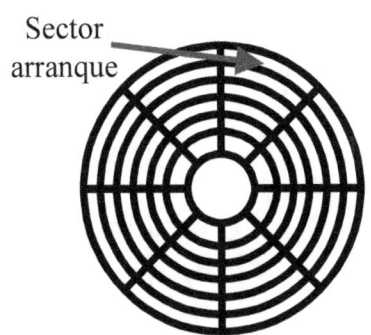

*Figura 7.1. Sector de arranque de un disco duro o disquete*

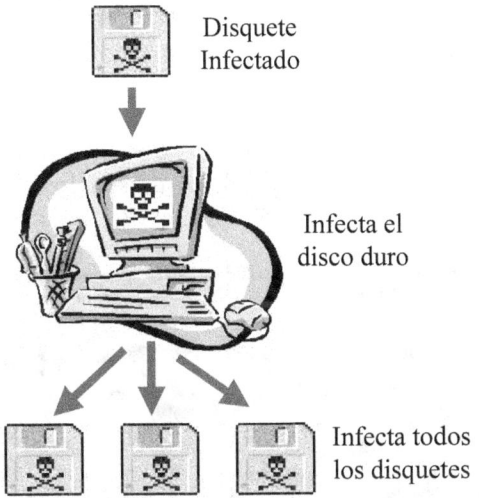

*Figura 7.2. Propagación de un virus de sector de arranque*

## 7.2.2 Virus de ficheros ejecutables

Los virus de ficheros ejecutables pueden infectar programas de MS-DOS, de Windows (Win32) o de otros entornos informáticos.

Para ello, el virus se adosa a un fichero ejecutable y desvía el flujo de ejecución a su propio código, para a continuación retornar al código del programa original (conocido como "*host*") y ejecutar las tareas esperadas por el usuario.

Una vez que se ha activado, el virus se mantiene residente en la memoria del sistema y es capaz de infectar otros ficheros ejecutables que se puedan abrir en ese equipo.

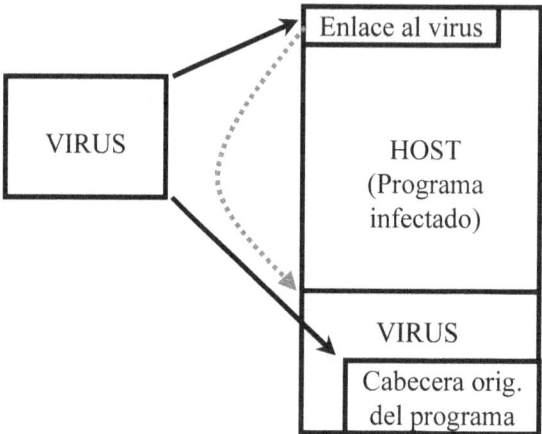

*Figura 7.3. Virus de ficheros ejecutable*

### 7.2.2.1 VIRUS DE MS-DOS

El objetivo principal de este tipo de virus son los ficheros ejecutables del entorno MS-DOS (ficheros de extensión *.COM y *.EXE).

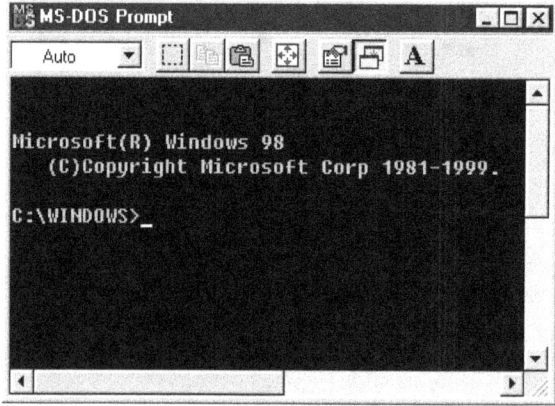

*Figura 7.4. MS-DOS*

Entre los principales síntomas de una infección provocada por este tipo de virus podríamos citar el incremento del tamaño de los ficheros infectados, la disminución de la memoria disponible o la lentitud inusual del sistema.

### 7.2.2.2 VIRUS DE WIN32 (VIRUS DE WINDOWS)

Se programan en lenguajes como Visual Basic o C++ e infectan a ficheros y componentes del entorno Windows: ficheros ejecutables (de extensión *.EXE), Librerías de Código (*Dynamic Link Libraries*, de extensión *.DLL), Controladores de Dispositivos (*Virtual Device Drivers*, de extensión *.VXD), Componentes de Objetos (*Object Components*, de extensión *.OCX) o Salvapantallas (*Screen Savers*, de extensión *.SCR).

Entre los principales síntomas de una infección provocada por este tipo de virus también podríamos citar el incremento del tamaño de los ficheros infectados, la ralentización del sistema Windows o la aparición de entradas inusuales en la lista de tareas del sistema (que se podrían visualizar a través del gestor de tareas o "*task manager*").

Estos virus se instalan en el sistema y quedan residentes, modificando algunas de las entradas del Registro de Windows[20]. Por este motivo, ante sospechas de una posible infección sería conveniente comprobar las siguientes entradas en el Registro de Windows (utilizando el programa Editor del Registro, "Regedit.exe"), para localizar referencias a programas extraños, que podrían ser los ficheros infectados:

> \HKEY_LOCAL_MACHINE\SOFTWARE\Microsoft\Windows\Current Version\Run.

> \HKEY_LOCAL_MACHINE\SOFTWARE\Microsoft\Windows\Current Version\RunOnce.

> \HKEY_LOCAL_MACHINE\SOFTWARE\Microsoft\Windows\Current Version\RunServices.

> \HKEY_LOCAL_MACHINE\SOFTWARE\Microsoft\Windows\Current Version\RunServicesOnce.

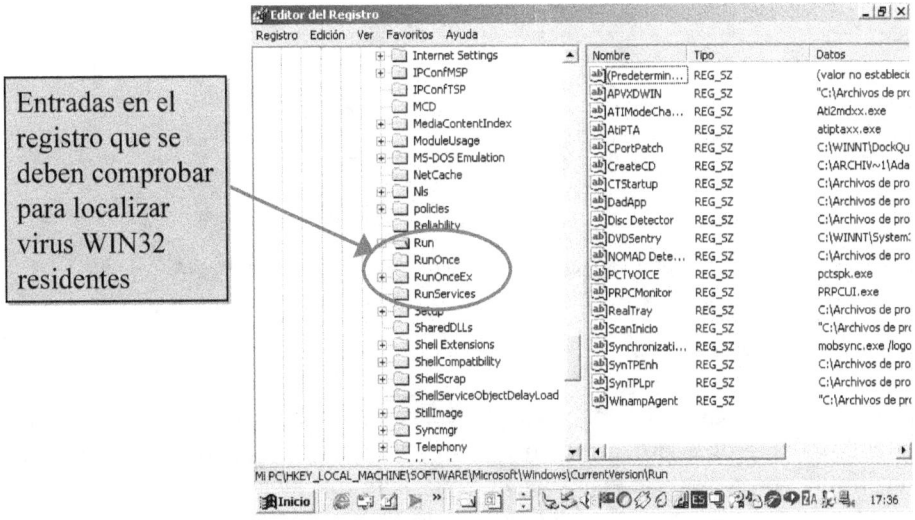

*Figura 7.5. Comprobación de las entradas en el Registro de Windows*

---

[20] El Registro de Windows es una base de datos que guarda información sobre los distintos componentes del sistema, la configuración del equipo y los recursos y aplicaciones instalados.

Algunos de estos virus también añaden una instrucción "run=" en el fichero "Win.ini" del sistema, para activar su ejecución al reiniciarse el equipo.

### 7.2.3 Virus del lenguaje Java

Estos virus afectan a los *applets* Java (ficheros de extensión ".class"), es decir, a los programas desarrollados en el lenguaje Java que se pueden descargar desde Internet para ofrecer alguna nueva funcionalidad al navegador Web o a alguna otra aplicación instalada en el sistema.

En este caso, es posible proteger el sistema si se configura un nivel de seguridad alto en el navegador, para impedir la ejecución de código Java.

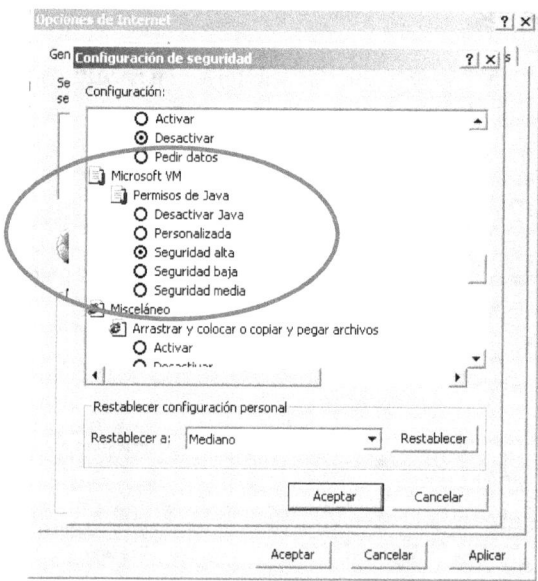

*Figura 7.6. Impedir la ejecución de código Java en el navegador Web*

### 7.2.4 Virus de macros

Se programan en lenguajes de macros de aplicaciones[21] e infectan a documentos del procesador de textos Word, hojas de cálculo Excel o ficheros de Power Point. Así, por ejemplo, cuando se abre un documento infectado en el procesador Word, se copiará el código del virus en la plantilla "Normal.dot", que

---

[21] Los lenguajes de macros son lenguajes que se han desarrollado para facilitar la automatización de tareas en distintas aplicaciones. Para ello, deben incluir determinado código activo (es decir, código que se puede ejecutar en el equipo) en los documentos utilizados por dichas aplicaciones.

actuará en lo sucesivo como elemento transmisor para lograr su propagación a otros documentos de Word guardados en dicho equipo.

Entre los síntomas de una infección provocada por este tipo de virus podríamos destacar el incremento del tamaño de los ficheros infectados, así como el comportamiento inusual de las aplicaciones que los manejan (no permiten imprimir el documento, preguntan al usuario si desea guardar los cambios del documento antes de que se haya producido alguna modificación, etcétera).

## 7.2.5 Troyanos

> Los **Troyanos** o **"Caballos de Troya"**[22] son programas aparentemente inofensivos, con una determinada función o utilidad, pero que contienen código oculto para ejecutar acciones no esperadas por el usuario.

Se trata de programas dañinos que permiten sustraer información confidencial del equipo infectado, mientras se hacen pasar por programas o servicios inofensivos: envío de nombres de usuario y contraseñas a una dirección de correo electrónico, sustracción de determinados ficheros de configuración o con datos sensibles, etcétera.

De hecho, en los últimos años se han producido diversos casos de ataques contra servidores de universidades o empresas que almacenaban programas y utilidades, que eran reemplazados por programas falsos (los troyanos). Así, por ejemplo, en enero de 1999 se produjo un ataque contra el servidor del Departamento de Informática y Matemáticas de la Universidad de Eindhoven, en Holanda, que alojaba programas de seguridad para sistemas Unix. Los atacantes sustituyeron algunos programas de seguridad, como la utilidad "TCP Wrappersm", por otros falsos. En este caso, la versión modificada de esta utilidad enviaba por correo electrónico datos sensibles de la máquina en que se ejecutaba.

También existen troyanos que facilitan el control remoto de los equipos infectados, que se convierten de este modo en lo que se ha dado en llamar como ordenadores "zombi". Tal sería el caso de los famosos "NetBus", "BackOrifice" o "Subseven", por citar algunos de los más conocidos.

Estos troyanos se basan en una arquitectura cliente-servidor: la parte del servidor se instala en el equipo infectado, y responde a los comandos enviados por la parte cliente, que es ejecutada en el ordenador del atacante. De este modo, los equipos "zombi" son controlados de forma remota y pueden ser utilizados como agentes

---

[22] Deben su nombre al famoso "Caballo de Troya", con el que los griegos pudieron conquistar la indómita ciudad de Troya, según cuenta la leyenda.

responsables de la ejecución de un ataque distribuido de denegación de servicio (DDoS, *Distributed Denial of Service*).

Así, en el caso concreto de NetBus, el equipo infectado presentaría una serie de claves en el registro de Windows que delatarían la presencia de este troyano.

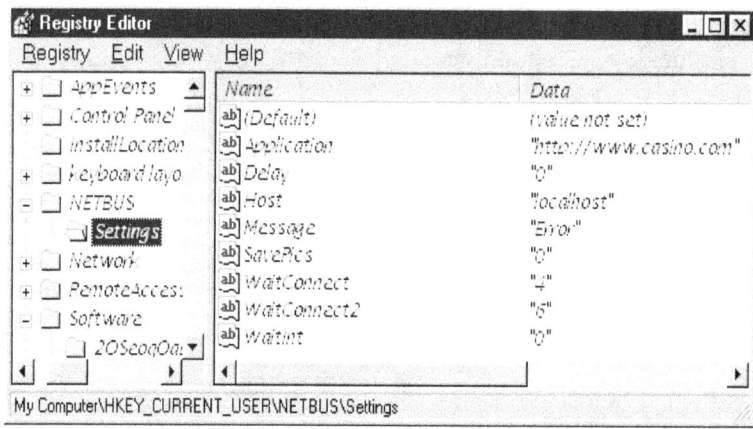

*Figura 7.7. Entrada en el Registro de Windows producida por NetBus*

Además, el usuario malicioso remoto tendría a su disposición un completo panel de control para realizar cualquier tipo de acción u obtener determinada información del equipo víctima de la infección (en el que estaría instalada la parte de servidor del troyano NetBus), tal y como se muestra en la siguiente captura de la pantalla de NetBus:

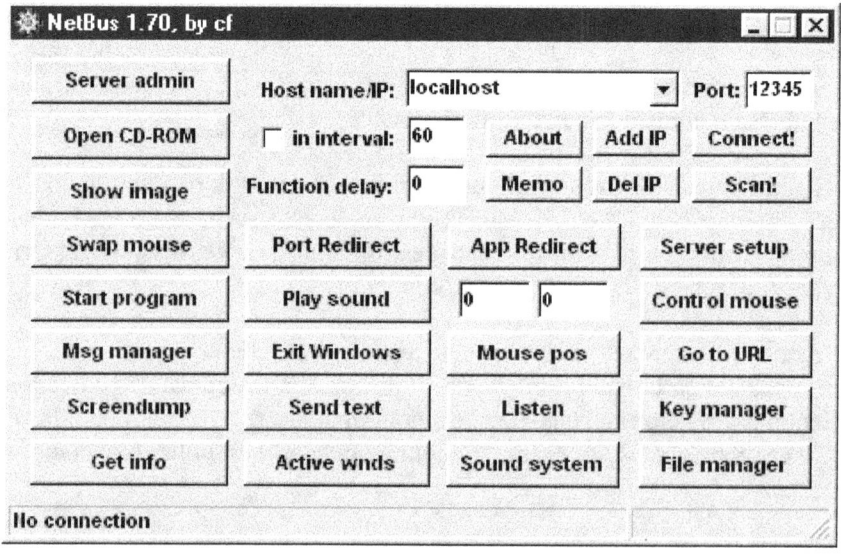

*Figura 7.8. Pantalla de control remoto de NetBus*

Entre los servicios ofrecidos por troyanos como NetBus para facilitar el control remoto de los ordenadores infectados, podríamos citar los siguientes:

- Acceso a la información registrada en los dispositivos de almacenamiento del equipo (discos duros, unidades de CD-ROM...):
  - Funciones específicas para tratar de recuperar contraseñas.
  - Recuperación de la información básica sobre el propio sistema infectado.
  - Posibilidad de modificar la información de configuración (Registro del sistema en equipos Windows).

- Control del entorno de ventanas y del escritorio:
  - Lanzamiento de mensajes emergentes y de cuadros de diálogo que simulan a los del propio sistema operativo.
  - Eliminación o modificación de los iconos del escritorio.
  - Acceso al contenido de la papelera (ficheros y aplicaciones que han sido borradas por el usuario).
  - Cambio de la imagen de fondo del escritorio.
  - Captura de la pantalla del equipo ("*screenshot*"), etcétera.

- Gestión de ficheros: creación, modificación y eliminación de ficheros en el equipo.

- Ejecución de programas o instalación de nuevos programas en el equipo.

- Control de dispositivos instalados en el sistema:
  - Teclado: captura de las pulsaciones del usuario (función muy útil, por ejemplo, para descubrir contraseñas).
  - Ratón: intercambio de los botones, captura de las pulsaciones y movimientos por la pantalla.
  - Tarjetas de sonido: captura o emisión de sonidos.
  - Cámaras Web: captura de imágenes en directo desde la cámara Web conectada al equipo infectado.

- Apertura remota de la unidad de CD o DVD y acceso a sus contenidos.

- Impresoras: impresión de documentos y mensajes.

- Módems: control y cambio de la configuración.

➢ Reinicio o apagado remoto del equipo.

➢ Interceptación de las comunicaciones a otras redes:

- Acceso a mensajes de correo enviados o recibidos.

- Revisión de las páginas web visitadas por la víctima.

- Redirección a otros equipos y a páginas falsas (mediante la falsificación del servicio DNS, por ejemplo).

- Apertura de nuevas páginas web en el navegador del equipo infectado.

- Control y redirección de los puertos de comunicaciones.

- Escaneo de puertos para detectar los servicios utilizados desde el equipo.

➢ Utilización del equipo infectado para el envío masivo de *spam*.

➢ Control remoto del equipo para lanzar todo tipo de ataques contra otros equipos conectados a la red. De este modo, el equipo infectado formaría parte de los ataques DDoS.

Debido a estos dos últimos tipos de actuaciones provocadas por el troyano, se podrían plantear casos de posibles responsabilidades legales del propietario del equipo infectado ante los daños y perjuicios ocasionados a terceros.

## 7.2.6 *Rootkits*

> Los "***Rootkits***" podrían ser considerados como un tipo particular de troyanos utilizados por los atacantes de un sistema informático para ocultar puertas traseras que faciliten el acceso y control del sistema infectado con los máximos privilegios posibles ("*root*").

El término "*rootkit*" proviene del mundo Unix, donde la cuenta del administrador se denomina "*root*" (usuario raíz), mientras que los conjuntos de herramientas software reciben el nombre de "*kits*".

Se distinguen tres tipos de *rootkits*:

> ➢ ***Rootkits* binarios:** reemplazan a una herramienta de administración del sistema, sustituyendo el fichero binario original por otro modificado que incluye nueva utilidades. Así, por ejemplo, es posible sustituir utilidades del tipo "ls", "ps" o "netstat" en un sistema Unix o Linux, o el propio intérprete de comandos "cmd.exe" en Windows.

> ➢ ***Rootkits* de *kernel*:** modifican el propio núcleo (*kernel*) del sistema operativo en el equipo infectado. De este modo, consiguen manipular las respuestas del *kernel* para poder ocultar nuevos archivos, procesos en ejecución, puertos abiertos, etcétera.

> ➢ ***Rootkits* de librerías:** reemplazan las propias librerías del sistema (como los ficheros de extensión DLL en un sistema Windows), incluyendo distintas funciones que son utilizadas por otros programas cuando se ejecutan en el sistema infectado. De este modo, las funciones del troyano pueden afectar a distintos programas que se estén ejecutando en el sistema.

Así, por ejemplo, una función básica de un *rootkit* podría consistir en que la carpeta y los programas instalados por un atacante no sean visibles cuando el usuario desee acceder al contenido de su disco duro con el Explorador de Windows o mediante el comando "dir" en línea de comandos. Asimismo, el *rootkit* podría evitar que los archivos del atacante sean analizados por un programa antivirus, al ocultar la existencia de la carpeta donde éstos han sido guardados.

Es posible detectar la presencia de *rootkits* mediante la comprobación de la integridad de los ficheros del sistema, utilizando para ello programas específicos como CHKROOTKIT (www.chkrootkit.com).

## 7.2.7 Gusanos (*Worms*)

> Los **Gusanos** son programas dañinos que se pueden propagar por sí mismos y con gran rapidez a través de las redes de ordenadores.

Debido a esta característica, los gusanos no necesitan utilizar otro programa, mensaje de correo electrónico o documento con macros como agente para infectar otros equipos, ya que para su propagación recurren a servicios de correo electrónico, servicios de ejecución remota de procedimientos o servicios de conexión remota a otros equipos.

Una vez activos en el equipo infectado, pueden comportarse como un virus o un troyano, con un determinado mecanismo de replicación, de activación y de ejecución de una carga dañina.

Para su replicación tratan de localizar a otros equipos que se encuentren accesibles en la misma red, a través de las tablas de "*hosts*" o las unidades de disco compartidas.

Pueden crear copias totalmente funcionales y ejecutarse sin la intervención del usuario, aprovechando fallos en la configuración y vulnerabilidades conocidas de los equipos informáticos conectados a redes de ordenadores. El precursor fue el famoso gusano de Morris, que en 1988 consiguió colapsar por completo el funcionamiento de Internet.

Podemos citar ejemplos más recientes que lograron infectar cientos de miles de equipos en pocos minutos: así, en el año 2003 el gusano "SQL Slammer" se propagó aprovechando una vulnerabilidad detectada en el servidor de bases de datos SQL Server, mientras que el gusano "Blaster" explotó para su propagación una vulnerabilidad en el servicio RPC (*Remote Procedure Call*) de los equipos Windows.

### 7.2.8 Bacterias

> Las **Bacterias** son programas dañinos diseñados para consumir la memoria del sistema infectado mediante la realización de múltiples copias sucesivas de sí mismos.

### 7.2.9 Bombas lógicas

> Las **Bombas Lógicas** son programas dañinos que han sido desarrollados o introducidos por empleados desleales en una empresa, y que se activan en determinadas circunstancias.

Generalmente se ejecutan cuando el empleado en cuestión es despedido por algún motivo, desencadenando de este modo su particular "venganza" contra la organización.

### 7.2.10 "*Hoaxes*" (Bulos)

> Los "*Hoaxes*" son bulos que se distribuyen a través de Internet, recurriendo a mensajes de correo electrónico que informan sobre la aparición de un nuevo virus extremadamente peligroso, cuando en realidad se trata de una información totalmente falsa.

El mensaje en cuestión intenta provocar la alarma entre los usuarios, y trata de propagarse de forma exponencial a través de Internet, mediante el reenvío del mensaje que realizan los propios usuarios. Para ello, el mensaje incluye textos alarmistas como "… le borrará toda la información de su disco duro…" o "… le destrozará el ordenador...", y suele solicitar de forma expresa que se reenvíe el mensaje a todos sus conocidos para alertarles sobre el posible peligro.

Algunos de estos mensajes incluso llegan a recomendar que se eliminen determinados ficheros del disco duro, lo cual puede provocar daños en el sistema o en algunas de sus aplicaciones, ya que se suele tratar de ficheros legítimos necesarios para su correcto funcionamiento.

Entre los principales problemas que ocasionan estos mensajes aparentemente inofensivos, podríamos destacar los siguientes:

> Pérdida de tiempo y, por tanto, de productividad, por parte de los usuarios.

> Incremento del tráfico en las redes debido a la propia difusión de estos mensajes, que en algunos casos puede ser exponencial, ya que cada usuario trata de reenviarlos a todos sus conocidos y contactos.

> Generación de un clima de desconfianza entre los usuarios hacia los servicios informáticos.

> Posibles fallos en los equipos provocados por la eliminación de ficheros legítimos.

> Continuas llamadas al Departamento de Informática y pérdida de tiempo en las comprobaciones de los equipos.

También se han dado casos de supuestos mensajes de correo enviados en solidaridad con un niño que padece una enfermedad terminal. Estos mensajes falsos solicitan el envío, a su vez, de un mensaje de respuesta a una determinada dirección para que lo pueda leer el niño y se vea reconfortado de este modo con las muestras de afecto y cariño de los internautas. Pero la dirección de respuesta en cuestión (falseada en la cabecera del mensaje de correo) puede pertenecer a una empresa u organización, que de este modo sufre un ataque de *"mail bombing"*, consistente en el "bombardeo" de miles de mensajes de correo electrónico que pueden llegar a desbordar la capacidad de sus servidores.

## 7.2.11 "*Jokes*" (Bromas)

> Los "*Jokes*" (que podríamos traducir por "bromas") son programas de mal gusto, descargados de Internet o recibidos por correo electrónico, que tienen como principal objetivo hacer pensar al usuario que han sido infectados por un virus.

Para ello, estos programas tratan de simular los efectos destructivos de un virus, mostrando mensajes en la pantalla que informan del borrado de ficheros o del formateo del disco duro, generando otros efectos gráficos como el derretimiento de la pantalla o el cambio de posición de los iconos, etcétera.

Estas bromas, aparentemente inofensivas, también representan un coste para la organización, ya que provocan el desconcierto y pérdida de tiempo de los usuarios afectados, además de múltiples llamadas al Departamento de Informática y de la dedicación de un cierto tiempo para la revisión del equipo sospechoso por parte de los técnicos de la organización.

## 7.2.12 Programas que permiten construir virus

Conviene destacar, asimismo, la disponibilidad de varias herramientas, como "Virus Creation Lab", que facilitan la construcción de virus "a la carta", de forma muy sencilla, mediante un entorno gráfico que permite que hasta un usuario sin conocimientos informáticos pueda programar su propio virus.

Se pueden descargar algunas de estas herramientas desde las numerosas páginas web creadas por *hackers*, *crackers* y piratas informáticos.

De hecho, podemos citar algunos virus famosos que aparentemente podrían haber sido creados por una de estas herramientas: tal es el caso del virus "AnnaKournikova" (febrero de 2001) o del "HomePage" (mayo de 2001), virus de Visual Basic Script diseñados con un kit de creación automática publicado en agosto de 2000 y denominado "Vbs Worms Generator".

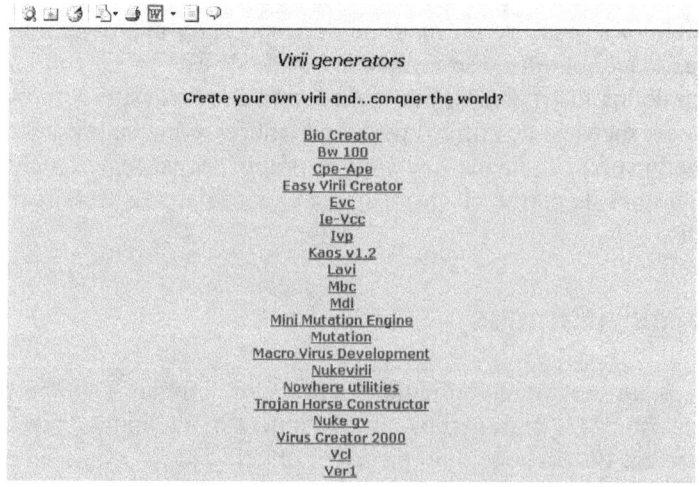

*Figura 7.9. Ejemplo de una página web que ofrece programas generadores de virus*

## 7.3 BREVE HISTORIA DE LOS VIRUS INFORMÁTICOS

La primera referencia sobre los virus data de 1949, cuando el matemático John von Neuman mencionó el concepto de virus informático en su artículo *"Theory and Organization of Complicated Automata"*.

En la década de los sesenta en los laboratorios Bell se desarrollaron juegos (programas informáticos) que eran capaces de luchar entre sí con el objetivo de acaparar el mayor espacio de memoria posible del sistema informático donde se ejecutaban. Estos programas, conocidos como "Core Wars", desarrollaron técnicas de ataque, defensa, ocultamiento y reproducción que posteriormente adoptaron los virus informáticos.

Posteriormente, en 1970 John Shoch y Jon Hupp crearon en el Centro de Investigación de Palo Alto (PARC –*Palo Alto Research Center*–) de Xerox programas autorreplicables que permitían controlar la salud de las redes informáticas. Uno de ellos se denominó "el gusano vampiro", porque se "escondía" en la red y se activaba por las noches. No obstante, días después de haber sido instalado, este gusano se propagó por todas las máquinas de la red del PARC, reproduciéndose hasta tal punto que llegó a colapsar completamente la red y todos los ordenadores conectados. Para eliminar este gusano tuvieron que elaborar otro programa, que podría considerarse como el precursor de los antivirus actuales.

El 10 de noviembre de 1983 el estudiante de doctorado estadounidense Fred Cohen presentó el que actualmente se considera como el primer virus informático de la historia. El propio Cohen describió su programa como un virus capaz de "infectar" a otros programas, incluyendo en los mismos una versión idéntica de sí mismo.

También en 1983, Ken Thompson daba a conocer las "Core Wars", animando a la experimentación con esas pequeñas "criaturas lógicas", noticia que era difundida por la revista *Scientific American*.

En el año 1985 aparecieron los primeros virus para el sistema MS-DOS, que se propagaban a través de disquetes. Finalmente, en el año 1987 se desarrollaron los primeros virus informáticos y otros programas dañinos de gran difusión. Los primeros antivirus comerciales se presentaron al año siguiente, en 1998. Surge entonces la *Computer Virus Industry Association* (Asociación de la Industria de los Virus Informáticos) en Estados Unidos, iniciándose una labor de concienciación sobre la necesidad de defender los sistemas informáticos de los ataques desencadenados por los virus y otros programas dañinos.

Desde entonces podemos distinguir cuatro generaciones de virus informáticos:

- ➢ Virus de ordenador personal que infectan a ficheros ejecutables y sectores de arranque.

- ➤ Virus de macro, capaces de infectar a documentos que soportan lenguajes de macros.

- ➤ Virus que tienen capacidad para propagarse a través de redes como Internet ("gusanos"), mediante el correo electrónico, clientes IRC, servidores conectados a la Red, aplicaciones P2P, etcétera.

- ➤ Virus que pueden afectar a otro tipo de dispositivos: teléfonos móviles, agendas electrónicas, electrodomésticos, etcétera.

Seguidamente se presenta una relación cronológica de algunos de los virus informáticos más famosos, describiendo sus características más innovadoras y sus posibles consecuencias para los sistemas infectados:

- ➤ **"Brain" (1986):** considerado como el primer virus informático difundido fuera de un laboratorio o centro de investigación. Desarrollado en Pakistán, infectaba el sector de arranque de los disquetes, utilizando técnicas de enmascaramiento para conseguir que el ordenador no se percatara de su presencia. Fue el primer virus reseñado en los medios de comunicación (revista *Time Magazine*).

- ➤ **"Stoned" (1987):** otro virus de los pioneros, que infectaba el sector de arranque del disco duro del ordenador.

- ➤ **"Jerusalem" (1987):** también conocido como "Viernes 13", porque los efectos dañinos del virus se desencadenaban en esa fecha. Fue descubierto a finales de 1987 en la Universidad Hebrea de Jerusalén, siendo uno de los primeros en infectar ficheros, borrándolos cuando se ejecutaba. Se trata de uno de los virus más famosos de la historia, debido a su técnica de programación (primero en quedar residente en el sistema) y a que a partir de él se crearon numerosas variantes.

- ➤ **"Gusano de Morris" (1988):** el 2 de noviembre de 1988 Internet, entonces aún llamada ARPANET, sufrió un grave ataque que provocó que toda la red se colapsara a causa de un "gusano" que consumía la memoria de los ordenadores conectados a la red y ralentizaba su funcionamiento. Las copias del gusano se difundían a través del correo electrónico, gracias a una vulnerabilidad del servidor de correo Sendmail de UNIX, consiguiendo infectar en unas pocas horas a los ordenadores de un gran número de universidades y de importantes instituciones científicas como la NASA, el laboratorio de Inteligencia Artificial del MIT (*Massachusetts Institute of Technology*), la red del Departamento de Defensa norteamericano (MILNET), etcétera.

  Se estima que el coste de este incidente, debido al colapso provocado en numerosos servidores que estaban conectados a Internet, sobrepasó el millón de dólares. Afortunadamente, este gusano no provocaba daños en los datos y ficheros almacenados en los servidores. Su creador, Robert Morris Jr., un graduado de Harvard de 23 años que reconoció su error y lo calificó de "fallo catastrófico", fue finalmente detenido y condenado por la Justicia de Estados Unidos.

*Figura 7.10. Robert Morris*

- ➤ **"Dark Avenger" (1990):** inicia una nueva generación de virus procedentes sobre todo de Bulgaria.

- ➤ En 1991 se dan a conocer las primeras herramientas que facilitan la creación de virus, entre las que podríamos citar "Virus Creation Laboratory", "Phalcon/Skism Mass-Produced Code Generator", etcétera.

- ➤ **"Michelangelo" (1992):** virus que infectaba el sector de arranque de los disquetes y el registro maestro de arranque (MBR) de los primeros discos duros, y actuaba el día 6 de marzo, coincidiendo con el aniversario del nacimiento del famoso escultor y pintor Miguel Ángel.

- ➤ **"Concept" (1995):** primer virus de macro. Aprovechaba el lenguaje de macros desarrollado por Microsoft para automatizar tareas en las distintas herramientas de Office, para infectar los documentos de los usuarios del equipo infectado.

- ➤ **"Laroux" (1998) y "AccessiV" (1998):** primeros virus de macro para Excel y Access, respectivamente.

- ➤ **"Strange Brew" (1998):** primer virus desarrollado en el lenguaje Java.

- ➤ **"Chernobyl" o "CIH" (1999):** virus que formateaba el disco duro y que podía ocasionar daños en el propio hardware del ordenador infectado, ya que estaba programado para reescribir la memoria Flash BIOS del equipo, con lo cual éste no era capaz de arrancar y quedaba inservible, siendo necesario avisar al servicio técnico para su recuperación. La única solución consistía en reemplazar la BIOS o la placa base, con el coste y la pérdida de tiempo que ello significaba.

➢ **"Funlove" (1999):** primer gran virus de red, que todavía se encuentra activo a día de hoy, provocando infecciones en redes empresariales.

➢ **"Happy99" (1999):** gusano de correo electrónico que adquirió una cierta notoriedad a principios del año 1999.

➢ **"Melissa" (marzo de 1999):** este virus consiguió infectar 4 millones de ordenadores en tan sólo 3 días, utilizando un mecanismo exponencial de propagación a través del correo electrónico. Cada ordenador infectado intentaba infectar 50 nuevos ordenadores obtenidos de la libreta de direcciones del programa lector de correo.

➢ **"I-Worm.ExploreZip" (junio de 1999):** otro peligroso gusano de correo electrónico que en pocos días consiguió infectar numerosas redes corporativas y miles de ordenadores en todo el mundo. La infección se inició en los grupos de noticias, donde el autor del gusano publicó un mensaje con una copia incluida de éste.

➢ **"VBS/Loveletter", alias "I_Love_You" (mayo de 2000):** primer gusano de correo electrónico escrito en el lenguaje VBScript. De hecho, hasta su aparición los *"scripts"* ejecutables de Windows habían pasado inadvertidos para los expertos en seguridad. El virus de la "carta del amor" (*"Love Letter"*) infectó a 40 millones de ordenadores en tan sólo 6 horas, utilizando un mecanismo exponencial de propagación a través del correo electrónico, ya que cada ordenador infectado intentaba infectar todas las direcciones de la libreta de direcciones del lector de correo electrónico.

➢ **"VBS/Timofonica" (junio de 2000):** virus de origen español realizado en VBScript y que, al igual que el virus "I_Love_You", utilizaba la libreta de direcciones del lector de correo para reenviarse a todas las direcciones que se encontraban en ella. Una vez ejecutado, el virus enviaba un mensaje a móviles de la operadora española Telefónica, cuyo número generaba de manera aleatoria, utilizando para ello la dirección "correo.movistar.net".

➢ **"Nimda" (septiembre 2001):** virus de Win32 que utilizaba distintos mecanismos de propagación, explotando varias vulnerabilidades presentes en servidores Web y en los navegadores:

- Infección a través del correo electrónico aprovechando la vulnerabilidad "IFRAME"[23] de Internet Explorer para conseguir ejecutarse e infectar de forma automática a un equipo, con tan sólo visualizar un mensaje infectado, sin necesidad de que el usuario abra el archivo que contiene el virus. El mensaje de correo en cuestión incluía como adjunto un fichero denominado "readme.exe" con el código vírico. Se trata, además, de uno de los primeros virus que contiene su propio motor SMTP, de forma que no necesita que el usuario tenga configurado un servidor de correo para poder reenviarse a otros usuarios.

- Infección a través del navegador, al visualizar una página web de un servidor infectado. La página web contiene un código en el lenguaje Java Script que intenta abrir el fichero de correo "readme.eml", que incluye el fichero adjunto con el virus:

    <html><script language="Java Script">
    window.open("readme.eml") </script></html>

- Infección a través de la propia red local: Nimda podía recorrer todas las unidades locales y de red e infectar todos los directorios a los que lograba tener acceso (infección a través de recursos compartidos mediante el protocolo NETBIOS de las redes Windows), creando múltiples archivos de mensajes de correo electrónico (.eml) con nombres aleatorios, y modificando los ficheros de extensión .HTML, .HTM o .ASP para que al abrirlos se ejecutase de forma automática el fichero "readme.eml" y se produjera en ese momento la infección del equipo.

- Infección de servidores Web explotando la vulnerabilidad conocida como *Web Server Folder Traversal*, que permitía ejecutar código en los servidores Internet Information Server a través de una determinada petición Web maliciosa[24]. Microsoft ya había publicado el parche de esta vulnerabilidad en octubre de 2000 y, sin embargo, muchos servidores Web no habían sido actualizados correctamente por sus administradores, facilitando de este modo la propagación del nuevo virus. En un servidor Web vulnerable Nimda trataba de ejecutar una sesión TFTP y descargar en un directorio del servidor el archivo "ADMIN.DLL", que contenía el código vírico para tomar el control de la máquina.

---

[23] Los detalles de esta vulnerabilidad habían sido publicados en marzo de 2001.

[24] Se trataba de una petición GET vía HTTP que trataba de tener acceso al intérprete de comandos del sistema: "CMD.EXE".

- La estimación de los daños provocados por el virus "Nimda" supera los 500 millones de dólares.

➢ **"SirCam" (2001):** otro famoso virus desarrollado en el año 2001.

➢ **"CodeRed", "CodeRed II", "CodeBlue" (2001):** primeros virus con capacidad de propagación mediante el protocolo HTTP, a través de servidores Web con un agujero de seguridad (se trataba nuevamente del servidor Internet Information Server de Microsoft). La estimación de los daños provocados por estos virus supera ya los 2.500 millones de dólares.

➢ **"BadTrans.B" (noviembre 2001):** otro famoso virus desarrollado en el año 2001.

➢ **"Klez" (abril 2002):** se trata de uno de los virus más persistentes de todos los tiempos, que emplea distintos métodos de propagación. Así, los virus "Nimda", "BadTrans", "Klez" y otros similares explotaban una debilidad del formato MIME del correo electrónico, modificando la cabecera de los mensajes de correo para hacer referencia a un formato de fichero adjunto confiable para el sistema, consiguiendo de este modo que éste "bajase la guardia" y tratase de ejecutar el contenido adjunto a un mensaje de correo electrónico, sin comprobar si se trataba de un fichero del formato indicado en la cabecera del correo:

- En el caso del virus "BadTrans", la modificación realizada en la cabecera del mensaje de correo era la siguiente:

    Content-Type: audio/x-wav; name="news_doc.DOC.scr" (el virus trataba de simular que el contenido adjunto se correspondía con un fichero de audio).

- En el caso del virus "Nimda", la modificación realizada en la cabecera del mensaje de correo era la siguiente:

    Content-Type: audio/x-wav; name="readme.exe" (el virus trataba de simular que el contenido adjunto se correspondía con un fichero de audio).

- En el caso del virus "Nimda", la modificación realizada en la cabecera del mensaje de correo era la siguiente:

    Content-Type: audio/x-wav; name=200).exe (el virus trataba de simular que el contenido adjunto se correspondía con un fichero de audio).

- Hay que tener en cuenta que los lectores de correo Outlook y Outlook Express de Microsoft utilizan el navegador Internet

Explorer para interpretar los mensajes en formato HTML. El navegador abría de forma automática el archivo adjunto en el correo, al creer que se trataba de un archivo de sonido aparentemente inofensivo para el sistema.

> **"Bugbear" (2002)**: virus similar al "Klez", ya que también aprovechaba la vulnerabilidad "IFRAME". Se replicaba a través del correo electrónico y mediante unidades compartidas de red, siendo capaz de detener los procesos de los programas antivirus y cortafuegos instalados en la máquina infectada. Además, se encargaba de capturar todas las pulsaciones del teclado y abría una puerta trasera en el equipo infectado que permitía el acceso y control indiscriminado de forma remota. "Bugbear.B" es una variante surgida en el año 2003.

> **"SQL Slammer" (2003)**: se trata del virus más novedoso del año 2003, tanto por su técnica de programación como por atacar a sistemas tan críticos para las empresas como son sus bases de datos. Se propagó utilizando una vulnerabilidad del sistema gestor de bases de datos SQL Server de Microsoft. Su rapidez de propagación llegó a colapsar todas las redes infectadas (se estima que en tan sólo 10 minutos consiguió recorrer todo el mundo, dificultando de este modo su contención).

> **"Blaster", "SoBig" y "Mimail" (agosto 2003)**: otros virus famosos del año 2003.

> **"MyDoom" (enero 2004)**: virus que nuevamente bate récords de propagación, abriendo puertas traseras en los equipos infectados y facilitando el control remoto de estos equipos. Además, lanza ataques dirigidos desde los equipos infectados contra los Websites de las empresas SCO y Microsoft (ataques de Denegación de Servicio para tratar de bloquear el funcionamiento de estos Websites).

> **"Sasser" (mayo 2004)**: gusano que aprovecha un desbordamiento de "*buffer*" en el servicio LSASS de los sistemas Windows, para infectar de forma automática a otros sistemas que se encontraban conectados a la red, utilizando una conexión a través del puerto TCP/445. Una vez que tomaba el control, dejaba instalada una "puerta trasera" en el equipo infectado que posibilitaba la posterior intrusión de atacantes remotos. "Sasser" podía infectar todos los sistemas Windows 2000 y Windows XP que no habían aplicado el parche de seguridad "MS04-0112" que Microsoft distribuyó en abril de 2004.

- La propagación de "Sasser" a través de Internet fue exponencial, al realizar un barrido de direcciones IP semialeatorio desde los equipos ya infectados. Cada vez que conseguía contactar con el puerto TCP/445 en alguna de las direcciones IP escaneadas, enviaba el código para explotar la vulnerabilidad LSASS, de forma que si el sistema era vulnerable lograba abrir un intérprete de comandos ("shell") en el puerto TCP/9996. Desde ese intérprete de comandos forzaba una conexión al puerto TCP/5554 del ordenador infectado desde el que había realizado el barrido de direcciones IP, para descargar por FTP el ejecutable del gusano.

- Además de provocar una ralentización general del equipo debido a todos los procesos que lanzaba el gusano para realizar los barridos de direcciones IP, la explotación del desbordamiento de "*buffer*" del servicio LSASS mostraba mensajes de error en el equipo y forzaba el reinicio del sistema, volviéndolo totalmente inoperativo.

➢ **"Bagle" (octubre y noviembre 2004):** gusano capaz de detener la ejecución de varios procesos, entre ellos algunos asociados a herramientas de seguridad informática (como los antivirus y los cortafuegos). Además, abría una puerta trasera (en el puerto TCP 81) en el equipo infectado, facilitando de este modo el acceso no autorizado por parte de otros usuarios remotos conectados a través de Internet.

➢ **"Zafi.D" (diciembre de 2004):** nuevo gusano que se propagaba a través de redes "*peer-to-peer*" y mensajes de correo electrónico. Aprovechó las fechas navideñas para propagarse rápidamente mediante falsos mensajes de felicitación.

➢ **"Skulls" (diciembre de 2004):** uno de los primeros códigos malignos para teléfonos móviles, presentando además características de troyano, ya que se incrustaba en programas "*freeware*", como las melodías o los protectores de pantalla para el teléfono. Infectaba al sistema con el gusano "Cabir.B" (el primer gusano para móviles), que se podía propagar a través de conexiones Bluetooth y afectar a otros teléfonos próximos. Sólo resultaban vulnerables los teléfonos móviles con el sistema operativo Symbian. Al ejecutarse deshabilitaba casi todas las funciones del teléfono, convirtiendo los iconos en calaveras y mostrando un mensaje al usuario en la pantalla del terminal infectado.

➢ **"Santy" y variantes (diciembre de 2004):** gusano que se propagaba a través de los servidores Web PHP[25] que contenían ciertos errores de programación, al no filtrar de forma adecuada los parámetros de entrada de determinadas funciones. Este gusano trataba de localizar los servidores Web potencialmente vulnerables a través de motores de búsqueda como Google o Yahoo!. Para ello, analizaba sintácticamente las direcciones

---

[25] PHP es un lenguaje de "*scripting*" de propósito general, utilizado para crear páginas HTML dinámicas en un servidor Web.

URL de las páginas web que eran ofrecidas por uno de estos servidores, sobrescribiendo las variables con cadenas para aprovecharse de la posibilidad de incluir código dañino que sería ejecutado por el servidor. Cuando tenía éxito, el gusano podía descargar y ejecutar un programa o un *"script"* en el servidor vulnerable.

> **"Commwarrior.A" (marzo 2005) y "Mabir.A" (abril de 2005):** nuevos gusanos que atacaban a los teléfonos móviles con el sistema operativo Symbian. Se propagaban mediante respuestas a mensajes de texto (SMS) o multimedia (MMS), así como a través de conexiones Bluetooth. De este modo, sus consecuencias para la víctima eran un incremento en la factura del teléfono (por el envío de los mensajes a móviles) y una descarga más rápida de la batería del terminal (debido a las conexiones Bluetooth).

> **"PGPCoder" (mayo 2005):** troyano que cifraba los archivos de extensiones .xls, .doc, .txt, .rtf, .zip, .rar, .dbf, .htm, .html, .jpg, .db, .db1, .db2, .asc y .pgp en el sistema infectado, dejando a continuación un mensaje solicitando dinero a los usuarios afectados si querían volver a restaurar sus ficheros (mediante el envío de una clave para descifrarlos).

> **"Conficker" o "Kido" (enero de 2009):** peligroso gusano que infectó a varios millones de equipos, aprovechando una brecha de seguridad en el sistema operativo Windows, y que también se propagaba a través de memorias USB. Como consecuencia de la propagación de este gusano, se daba a conocer en febrero de 2009 que también habían sido infectados varios ordenadores de la Marina del Ejército francés, por lo que como medida de precaución los cazas no despegaron durante esos días, al no poder encender los equipos informáticos que los controlaban como medida de precaución para evitar un posible contagio.

> **"Stuxnet" (septiembre de 2010):** peligroso virus diseñado para atacar sistemas y procesos de control críticos para una organización o incluso un país (sistemas de gestión de aeropuertos, sistemas de generación de energía y refinerías, etcétera). Cuando se dio a conocer la alerta en septiembre de 2010 ya habían sido infectados más de 45.000 sistemas de control industrial de todo el mundo, ubicados principalmente en Irán, Pakistán, India, Indonesia y China. El virus Stuxnet utilizaba hasta cuatro vulnerabilidades de tipo *"zero-day"* (agujeros de seguridad totalmente desconocidos hasta el momento) localizadas en Windows para colarse en los ordenadores y propagarse por Internet. Debido a su gran sofisticación técnica, varios expertos en seguridad informáticos afirmaron que muy probablemente este virus había sido creado por una gran organización o con la ayuda de algún Gobierno, y que podría considerarse como una de las primeras armas para la guerra cibernética.

Podemos apreciar en esta revisión cronológica de los virus y otros programas dañinos cómo han ido refinando sus técnicas de propagación en estos últimos años, explotando en muchos casos varias alternativas a la vez. Por este motivo, su rapidez de propagación se ha incrementado de forma espectacular, de tal modo que hoy en día en apenas unos minutos un nuevo "gusano" podría afectar a cientos de miles de equipos conectados a Internet, ocasionado importantes daños económicos a las organizaciones afectadas.

También conviene destacar que en la mayoría de los casos los virus han aprovechado vulnerabilidades de navegadores, sistemas operativos, servidores u otras aplicaciones informáticas para propagarse.

## 7.4 DAÑOS OCASIONADOS POR LOS VIRUS INFORMÁTICOS

### 7.4.1 Posibles síntomas de una infección por código malicioso

Antes de abordar el estudio de los daños ocasionados por los virus y otros códigos maliciosos en los sistemas informáticos, se presenta a continuación una relación con los 10 síntomas más frecuentes que podrían aparecer en un sistema como consecuencia de la infección por un código malicioso:

1. Desaparición o corrupción de ficheros.
2. Ralentización inusual de los programas y del sistema en general.
3. Inestabilidad del sistema, con frecuentes caídas.
4. Aparición de procesos y servicios desconocidos y que se encuentren activos en el sistema.
5. Cambios en las plantillas del procesador de texto, hoja de cálculo, etcétera.
6. Apertura inusual de puertos.
7. Incremento repentino del envío de mensajes a otros usuarios.
8. Incremento del tráfico en la red.
9. Aparición de elementos inesperados en la pantalla: imágenes, mensajes extraños, cambios en los iconos...
10. Desactivación de algunas aplicaciones: antivirus, cortafuegos...

## 7.4.2 Daños directos: ejecución de las propias rutinas del virus

Los daños directos son el resultado de la ejecución de las propias rutinas del virus o código malicioso. Estos daños pueden variar desde las bromas gráficas aparentemente inofensivas (aparición de mensajes extraños en la pantalla; movimiento de los iconos del escritorio que, por ejemplo, "escapan" del cursor del ratón; aparición de objetos que se desplazan por la pantalla; etcétera) hasta los daños severos que afecten al rendimiento del sistema y la seguridad de sus datos y ficheros.

Entre los principales daños directos severos ocasionados por los virus, podríamos destacar los siguientes:

- Deshabilitación de programas antivirus y de seguridad (cortafuegos personales, filtros antispam, IDS...) que se encuentran en el equipo, facilitando de este modo posteriores infecciones de otros virus o el control remoto del equipo por parte de un usuario externo.

- Destrucción o modificación de ficheros de los discos duros locales y de red a los que tiene acceso desde el equipo infectado. Esta acción podría afectar a todos los ficheros o sólo a los de un determinado formato (por ejemplo, los documentos de texto en formato Word).

- Formateo de discos duros, con la consecuente pérdida de toda la información almacenada.

- Revelación de información sensible a través del correo electrónico (reenvío de documentos a otras personas) o de conexiones a otros equipos en Internet.

- Borrado de la información de la memoria CMOS del equipo que guarda la configuración de la BIOS, dejando el equipo totalmente inutilizado.

## 7.4.3 Daños indirectos

Los daños indirectos se producen como consecuencia de la entrada del virus o programa malicioso en el sistema, independientemente del código dañino que vaya a ejecutar, y entre ellos podríamos destacar los siguientes:

- Ralentización de los equipos infectados, afectando de este modo al rendimiento y a la productividad de los usuarios.

- Pérdida de tiempo de los usuarios del sistema, motivada por las tareas de desinfección de los equipos, reinstalación de programas, reconfiguración de los equipos y recuperación de datos.

> Los *hackers* y *crackers* podrían utilizar las puertas traseras abiertas por algunos virus en los sistemas infectados para tratar de controlar de forma remota estos equipos o sustraer documentos confidenciales.

> Posibilidad de utilizar el equipo infectado para llevar a cabo ataques contra otros ordenadores conectados a Internet, como podría ser el caso de los ataques de Denegación de Servicio realizados contra el Website de una determinada empresa u organización.

## 7.5 TÉCNICAS DE "INGENIERÍA SOCIAL" PARA FACILITAR LA PROPAGACIÓN DE LOS VIRUS

En los últimos años los autores de los virus han recurrido a distintos trucos y técnicas de "Ingeniería Social" para engañar a sus víctimas y facilitar, de este modo, la propagación de sus creaciones.

Los primeros casos tuvieron lugar a través del correo electrónico: así, podríamos citar virus como "Happy99" (1999), que utilizó un mensaje de felicitación del nuevo año para engañar a sus víctimas; el virus de la "carta del amor" ("Love Letter", mayo de 2000), que recurrió a una supuesta declaración de amor para "engatusar" a las personas que ejecutaron el fichero adjunto en el mensaje; o el virus "SirCam" (2001), al que le bastó incorporar frases del tipo "*hola, ¿cómo estás? Te mando este archivo para que me des tu punto de vista*" para que muchos usuarios abrieran el mensaje de correo y provocaran la infección de su equipo.

Asimismo, conviene destacar que en la actualidad muchos virus que se propagan a través de mensajes de correo falsean la dirección del remitente, seleccionando a alguna de las personas que figuran en la libreta de direcciones del equipo infectado. De este modo, dificultan la localización del origen de la infección.

Por otra parte, los mensajes de correo electrónico también podrían incluir diversas imágenes como ficheros adjuntos, siendo una de ellas la correspondiente al fichero del virus.

Otra técnica bastante eficaz para la propagación de los virus consiste en la construcción de mensajes de correo electrónico que suelen tener relación con la actividad que desempeña el usuario del equipo infectado, y que además cambian de contenido a medida que se van propagando por distintos equipos: así, incluyen algún documento que se encuentra el virus dentro del equipo infectado, incorporan fragmentos de textos seleccionados de otros mensajes guardados en carpetas del lector de correo del equipo infectado, o se hacen pasar por mensajes de respuesta a otros que se encuentran en la bandeja de entrada del lector de correo del equipo infectado (como en el caso del virus "Lovgate", de febrero de 2003).

En algunas ocasiones los creadores de virus han recurrido a la utilización de mensajes de correo relacionados con personajes conocidos o determinados eventos y acontecimientos: estreno de la tercera película de Harry Potter en junio de 2004, difusión de fotografías de personajes famosos, virus que se propaga mediante un correo con fichero adjunto con "fotos inéditas del desastre del petrolero Prestige" (virus detectado en diciembre de 2002), virus que trata de engañar a sus víctimas mediante imágenes y vídeos del huracán Katrina (septiembre de 2005), etcétera.

Los virus también pueden propagarse a través de mensajes de correo que simulan haber tenido algún problema con el servidor de correo: el mensaje no ha podido ser entregado a su destinatario, contenía caracteres no válidos, problemas con los ficheros adjuntos, etcétera, como en el caso del virus "MyDoom" de enero de 2004, que incluía textos como "*Undeliverable mail*", "*Returned to sender*" o "*Email delivery service*". De este modo, muchos usuarios abrían el mensaje con el virus para comprobar si efectivamente se había producido un problema con algunos de los mensajes que habían enviado anteriormente desde su equipo.

Por otra parte, los autores de los virus han procurado modificar la extensión del fichero adjunto en un mensaje de correo: ".txt.vbs", ".txt.js", ".txt.exe", ".txt.doc". La mayoría de los usuarios de Windows tienen configurado su sistema operativo para ocultar las extensiones para los tipos conocidos de archivos, por lo que aparentemente el sistema les mostraría un inofensivo fichero de texto (extensión ".txt") adjunto en el correo, cuando en realidad se trata de un fichero que incluye código ejecutable (".vbs" de Visual Basic Script, ".js" de Java Script, ".exe" de un programa ejecutable, ".doc" de un documento de Word que podría contener macros...).

Del mismo modo, los creadores de virus han utilizado diversas técnicas para conseguir ocultar el icono que informa de la presencia de un fichero adjunto en el lector de correo (y que suele representar la figura de un "clip"), tratando de engañar al usuario del equipo para que abra el mensaje confiando en que éste no puede contener código dañino.

En ocasiones se ha recurrido a la construcción de un mensaje de correo procedente de un organismo o empresa conocida. Así, por ejemplo, un virus que simulaba ser un parche de Microsoft (virus "Swen" de septiembre 2003) o que utiliza un mensaje de correo que simula ser un envío legítimo de la empresa Microsoft.

En el caso concreto del virus "Swen", su creador empleó direcciones de remitente en los mensajes de correo con nombres como "MS Technical Assistance" o "Microsoft Internet Security Section". Además, el cuerpo del mensaje en formato HTML tenía el mismo aspecto que la página web de Microsoft, incluidos los logotipos. El texto del cuerpo del mensaje había sido cuidadosamente seleccionado y formateado, con referencias a las versiones de Internet Explorer y Outlook Express que supuestamente corregía el parche del fichero adjunto, así como enlaces a direcciones reales del Website de Microsoft en Internet.

Una vez que tenía lugar la infección del ordenador de la víctima, el virus "Swen" proseguía con sus técnicas de engaño y simulaba la instalación del parche en el equipo, mostrando una ventana de apariencia legítima que tenía por título

*"Microsoft Internet Update Pack"* y que preguntaba al usuario si éste deseaba continuar con la instalación del parche, para a continuación mostrar una barra de progresión de la tarea, simulando la actualización de diferentes componentes del sistema afectado. Posteriormente, de forma periódica el virus "Swen" presentaba en el equipo comprometido una ventana que simulaba ser un error del sistema de correo, en la que se informaba al usuario que algunos datos habían resultado dañados y necesitaba restaurarlos para poder reconfigurar su cuenta de correo, si quería seguir recibiendo y enviando mensajes desde su equipo. Con tal motivo, el virus solicitaba entre otros datos la dirección de correo del usuario, su nombre de usuario, contraseña y los datos de los servidores de correo SMTP y POP3.

Del mismo modo, en España un falso mensaje enviado en nombre del Centro de Alerta Temprana Antivirus en octubre de 2003 a sus suscriptores (utilizando para ello la dirección de envío 'cat@alertaantivirus.es'), incluía el virus "Sober.C" como fichero adjunto. A raíz de este incidente, el Centro de Alerta Temprana Antivirus decidió incorporar la firma electrónica en todos sus mensajes de correo para garantizar su autenticidad e integridad, situación que, a pesar de ser muy recomendable para evitar engaños y frenar la propagación de los virus, todavía no ha sido adoptada por muchas empresas e instituciones.

Un caso similar de propagación a través de un falso mensaje de correo fue utilizado por el virus "Mimail" (noviembre de 2003), suplantando la identidad de la empresa de medios de pago electrónicos PayPal. El cuerpo del mensaje, en inglés, solicitaba al usuario que actualizase la información de su cuenta en PayPal o, de lo contrario, ésta sería cancelada en un plazo de 5 días. Para completar este proceso de actualización, la víctima del engaño debía ejecutar un fichero adjunto en el correo electrónico, fichero que en realidad contenía el código del virus y que solía adoptar nombres como "www.paypal.com.scr", "paypal.asp.scr", "www.paypal.com.pif" o "InfoUpdate.exe". Si el usuario ejecutaba el archivo adjunto, el virus tomaría el control de su equipo y mostraría un formulario con el logotipo de PayPal en el que solicitaba datos sensibles de la cuenta de la víctima, como el número de su tarjeta de crédito, el PIN, el código CVV (los 3 dígitos de comprobación de seguridad que aparecen en el reverso de la tarjeta de crédito) y la fecha de caducidad.

También cabría destacar la propagación de virus y gusanos a través de aplicaciones *"peer-to-peer"* (P2P), canales de *chat* (IRC) o servicios de mensajería instantánea (como el MSN Messenger), recurriendo a varios trucos para engañar a sus víctimas. Así, el virus "Kazoa" (febrero de 2003) se propagaba mediante ficheros que utilizaba como señuelo (fotos de personajes famosos, ganchos eróticos...) e infectaba a usuarios del popular programa de intercambio P2P de ficheros "KaZaa".

Por su parte, el virus "W32/Tang", que además de propagarse por medio del correo electrónico y a través de los populares clientes IRC "Mirc", "Pirch "y "Virc", también utilizaba las aplicaciones P2P más populares como Kazaa, BearShare, e-Donkey y Morpheus. "W32/Tang" buscaba los directorios que estas aplicaciones P2P comparten por defecto en el equipo de la víctima, para sustituir por copias de sí mismo los archivos que se encontraban en dichos directorios: imágenes, vídeos, canciones, documentos de Word, ficheros de Access o libros de Excel. De un modo similar, el virus "Swen" intentaba localizar la carpeta de archivos compartidos del programa KaZaa, para realizar a continuación varias copias de su código con distintos nombres, haciéndose pasar por utilidades, salvapantallas, etcétera.

A finales de octubre de 2005 se daba a conocer la existencia de un troyano que se hacía pasar como una actualización del popular programa de telefonía IP Skype. Para su propagación a través de Internet, recurría a mensajes de correo electrónico que incluían textos como el siguiente: *"Skype for Windows 1.4 - Have you got the new Skype?"*.

En noviembre de 2005, una variante del virus "Sober" trataba de engañar a sus víctimas con falsos mensajes remitidos supuestamente por la CIA o el FBI, en los que se informaba al destinatario del correo de que su dirección IP había sido registrada en más de 30 Websites ilegales, por lo que se le instaba a contestar un cuestionario adjunto.

| |
|---|
| Dear Sir/Madam, |
| We have logged your IP-address on more than 30 illegal Websites. |
| Important: |
| Please answer our questions! |
| The list of questions are attached. |
| |
| Yours faithfully, |
| Steven Allison |
| ++++ Central Intelligence Agency -CIA- |
| ++++ Washington, D.C. 20505 |
| ++++ phone: (703) 482-0623 |

*Tabla 7.1. Mensaje de correo utilizado por un virus para engañar a sus víctimas*

A principios de abril de 2006 la cadena británica BBC advertía a los internautas que en esas fechas se estaban distribuyendo mensajes de correo electrónico no solicitados, conteniendo noticias reales de la propia cadena, para engañar a los usuarios y obligarlos a visitar páginas web maliciosas, que aprovechaban las últimas vulnerabilidades detectadas en el navegador Internet Explorer para instalar un software malicioso capaz de registrar e interceptar todas las conexiones de la línea con entidades financieras.

## 7.6 LA POLÉMICA DE LOS "PROGRAMAS ESPÍA" ("*SPYWARE*")

Los "programas espía" ("*spyware*") son controles ActiveX, *applets* Java o programas en JavaScript o VBScript que se instalan en el equipo del usuario o se ejecutan desde una página web con la intención de registrar los distintos Websites que un usuario visita en sus conexiones a Internet, para remitir posteriormente esta información a la empresa o individuo que los había creado. Muchos de estos "programas espía" han sido distribuidos como parte integrante de diversos programas gratuitos ("*freeware*") que los usuarios podían descargar libremente de Internet sin tener que pagar por su utilización, pero que a cambio incluían determinados mensajes publicitarios en su pantalla (por este motivo, también han sido denominados como "*adware*").

En alguna ocasión estos programas informan de su actuación al usuario, explicándole que se trata de un servicio para mejorar su experiencia en Internet a través de la personalización de los contenidos, aunque para ello la empresa podrá tener acceso a sus hábitos y costumbres de navegación (y esto último no se suele explicar con total transparencia).

Sin embargo, en la mayoría de los casos estos programas espía se instalan sin avisar al usuario, como si se tratase de un virus informático, con la intención de registrar todos los hábitos del usuario víctima del engaño.

Entre sus efectos en el equipo de la víctima podríamos destacar la apertura de ventanas emergentes con publicidad no solicitada o la redirección a determinadas páginas web controladas por los creadores del programa espía. Para ello, el programa espía es capaz de "secuestrar" la página de inicio, las páginas para realizar búsquedas o las páginas que muestran mensajes de error del navegador (cuando éste no es capaz de acceder a una determinada página web, por ejemplo).

Los programas espía más dañinos también son capaces de capturar todo lo que el usuario teclea en el ordenador, incluidos sus nombres de usuario y contraseñas, así como de sustraer información almacenada en el disco duro del equipo, como podría ser la información registrada en las *cookies* del equipo.

Además, algunos de estos programas espía utilizan la conexión a Internet del usuario, sin su conocimiento ni consentimiento explícito, para enviar información sobre su actividad. De este modo, se crea un canal encubierto de comunicaciones entre el ordenador del usuario víctima y el servidor de la compañía o individuo creador del programa espía. A cada usuario se le asigna normalmente un GUID ("*Globally Unique Identifier*", Identificador Global Único) con el fin de poder distinguir su actividad de la de otros usuarios: qué Websites visita, en qué anuncios hace clic o, incluso, qué programas utiliza en su ordenador.

Dado que estos programas espía suelen utilizar en sus comunicaciones el protocolo HTTP del servicio *World Wide Web*, su actividad puede pasar desapercibida para los cortafuegos instalados en la red de la organización. La transmisión de información a la empresa o individuo creador del programa se realiza de forma transparente al usuario, por lo que éste no podrá saber si en un momento dado se está enviando información privada acerca de su persona.

Podemos citar numerosos casos de programas espía y actuaciones que en estos últimos años han vulnerado la privacidad de los usuarios de Internet. Así, por ejemplo, las páginas web de Playboy incluían hace unos años un programa en JavaScript que sondeaba durante la primera visita el disco duro del usuario para detectar qué programas utilizaba y proceder, de este modo, a su catalogación cruzando estos datos con otras bases de datos.

En noviembre de 1999 el periódico *The New York Times* publicaba un artículo en el que afirmaba que la compañía Real Networks tenía información sobre los hábitos musicales de los 13,5 millones de internautas que se habían bajado hasta la fecha su programa RealJukebox. De hecho, este programa se encargaba de informar a la compañía cada vez que el usuario se conectaba a un Website para escuchar música, enviando además información sobre los ficheros musicales almacenados en su disco duro y sobre las preferencias musicales de la persona en cuestión. La compañía alegó en su defensa que la información no se almacenaba ni era proporcionada a terceros, pero los usuarios de RealJukebox no eran conscientes de estas prácticas.

Otro caso bastante polémico se produjo con las "*cookies*" que insertaba la empresa DoubleClick en sus servidores de publicidad, con la intención de registrar los Websites visitados por los internautas para ofrecerles *banners* con mensajes publicitarios adaptados a sus aficiones e intereses personales (servicio que la empresa denominaba "*Intelligent Targeting*"), sin que ellos fueran conscientes de ello. Finalmente, la empresa decidió rectificar en agosto de 2002, tras enfrentarse a varias denuncias en distintos Estados de Estados Unidos.

Por otra parte, algunos programas gratuitos de intercambio de documentos multimedia (canciones o vídeos), como BearShare o LimeWire, también incorporaban "programas espía" para obtener información acerca de las costumbres de navegación de los usuarios o del contenido de sus discos duros, que era utilizada, en principio, para el envío de publicidad personalizada a los clientes de dicho software.

Otros programas populares que enviaban información sobre los hábitos de sus usuarios eran GetRight, NetVampire, CuteFTP, Go!zilla, Audiogalaxy, Babilon Tool, Copernic, CrushPop, CuteMX, EZForms, Gator, FlashGet, Gif Animator, iMesh, JPEG Optimizer, MP3 Downloader, MP3 Fiend, NeoPlanet Browser, Net Scan 2000, Net Tools 2001, NetMonitor, Odigo Messenger, Opera Freeware, Oligo Browser, Real Audioplayer, Spam Buster, TIFNY, TypeItIn, WebCopier, ZipZilla, etcétera. Muchas de estas aplicaciones utilizaban el software espía de la compañía Aureate, que posteriormente pasó a llamarse Radiate.

Por otra parte, algunos buscadores como Google han lanzado barras de navegación con la intención de facilitar el acceso a sus servicios a los internautas. Sin embargo, estas barras de navegación, al estar permanente abiertas mientras el usuario está conectado a Internet, también permiten hacer un seguimiento de todos los Websites visitados por el usuario.

En el caso de Google, su barra de navegación, lanzada en diciembre de 2000, permite acceder rápidamente a las funciones de búsqueda de Google, así como a funciones avanzadas. En la declaración de privacidad de Google se explicaba que mediante su uso *"you may be sending information about the sites you visit to Google"* ("usted puede estar enviando información sobre los sitios que visita a Google"). Durante la instalación se explicaba que esta función es utilizada para optimizar su sistema de búsqueda y que en ningún momento se envían datos personales que puedan identificar a un usuario.

La Privacy Foundation (Fundación para la Privacidad), ubicada en Denver (Colorado), en su estudio *"The Privacy Practices of Web Browser Extensions"* publicado a finales del año 2000 denunciaba que el uso de los programas de espionaje estaba creciendo exponencialmente. Esta organización estimaba que en ese momento ya existían más de 400 "programas espía" escritos en JavaScript, *applets* Java y ActiveX. Estos programas no sólo comportaban una violación de la privacidad, sino que también podían ocasionar daños en los ordenadores en los que se instalaban.

En enero de 2005 la empresa de seguridad Webroot publicaba la lista con el *"top ten"* de los programas espía, construida mediante su herramienta "Spy Audit":

1. **CoolWebSearch (CWS):** toma el control del navegador instalado en el equipo, de tal modo que redirige la página de inicio y las búsquedas hacia determinados Websites controlados por el programa (generalmente, páginas de contenido pornográfico).

2. **Gator (o Gain):** programa que se encarga de abrir ventanas de publicidad en el navegador sin la intervención del usuario. Se copia en el equipo de forma inadvertida cuando el usuario instala determinadas aplicaciones gratuitas, como el famoso programa de intercambio de ficheros P2P Kazaa.

3. **Internet Optimizer:** consigue modificar el funcionamiento del navegador para redireccionar las páginas de error (aquellas que aparecen en el navegador cuando se trata de acceder a una dirección inexistente) hacia otras páginas web controladas por los creadores de este *"spyware"*.

4. **PurityScan:** este programa se podía descargar de forma voluntaria de la dirección www.purityscan.com, con el objetivo de eliminar todas las imágenes pornográficas que se encontraban en el disco duro del equipo del usuario, cuando en realidad se encargaba de abrir determinadas ventanas publicitarias desde el navegador.

5. **n-CASE:** programa que, al igual que el Gator, se instala de forma secreta como parte integrante de otras aplicaciones, encargándose de abrir numerosas ventanas emergentes cuando conoce los hábitos de navegación del usuario.

6. **Transponder o vx2:** también viene incluido en ciertas aplicaciones gratuitas y se encarga de monitorizar los Websites visitados desde el equipo, los nombres de usuario y los datos tecleados en los formularios. Posteriormente, emplea toda esa información para enviar publicidad personalizada al equipo del usuario.

7. **ISTbar/AUpdate:** barra de navegación que se instala en el navegador del usuario, supuestamente para hacer búsquedas en sitios pornográficos, pero en realidad se encarga de secuestrar el navegador para redireccionarlo a determinadas páginas web.

8. **KeenValue:** es otro programa espía que despliega ventanas emergentes publicitarias en el equipo del usuario afectado.

9. **Perfect Keylogger:** audita y graba todos los Websites visitados, las contraseñas y otra información que se escribe en el teclado, por lo que permitiría robar información confidencial del usuario.

10. **TIBS Dialer:** marcador telefónico que conecta al ordenador de la víctima a determinados servicios con contenidos pornográficos y que no son gratuitos.

También ha saltado la polémica con los "*web bugs*" (o "escuchas Web"), utilizados por agencias de publicidad *on-line* o empresas interesadas en recopilar datos demográficos de los usuarios de Internet.

Un "*web bug*" es un fichero gráfico GIF transparente que se inserta dentro de una página web o de un mensaje de correo electrónico en formato HTML, con un tamaño de 1x1 píxeles y con el mismo color del fondo de la página web para pasar desapercibido al lector. Esta imagen se descarga del servidor Web de la empresa cuando el usuario accede a la página en cuestión o lee el mensaje de correo electrónico, por lo que de este modo la agencia podrá recabar datos sobre la dirección IP del ordenador del usuario, la página que está leyendo, la fecha y hora en que fue vista dicha página, etcétera.

En el caso de un mensaje de correo electrónico en formato HTML, la empresa remitente puede saber exactamente cuántas personas han leído dicho mensaje, en qué momento lo han hecho, si ha sido reenviado a otras personas, etcétera, todo ello sin que los usuarios sean conscientes de este tipo de prácticas por parte de algunas empresas. A diferencia de los *banners* y otros elementos publicitarios, cuya presencia es manifiesta, las "escuchas Web" permanecen inadvertidas y pueden representar una seria amenaza para la privacidad de los usuarios de Internet.

Por otra parte, según los datos difundidos por Microsoft a mediados del año 2004, el *"spyware"* era responsable de la mitad de todos los fallos en los ordenadores personales, así como también de gastos multimillonarios a los que tienen que hacer frente fabricantes, proveedores de acceso a Internet y personal técnico.

Por este motivo, se han desarrollado varios programas específicos para detectar la presencia de software espía en el ordenador. Además, hoy en día este tipo de programas potencialmente dañinos también son detectados por los antivirus.

También se ha aprobado alguna legislación específica para combatir estos programas espía. Así, la Cámara de Representantes de Estados Unidos aprobaba en octubre de 2004 un proyecto de ley que prevé multas elevadas, que podrían alcanzar varios millones de dólares, para las compañías o individuos que instalasen secretamente estos "programas espía". De acuerdo con esta ley, las empresas deberán solicitar el permiso explícito de los usuarios para incorporar software con el que puedan tener acceso a sus datos personales o hábitos de navegación.

El problema del *"spyware"* continúa aumentando año tras año. De hecho, a finales de enero de 2006 se daba a conocer la puesta en marcha de la Coalición Stop Badware (Stopbadware.org), impulsada por los investigadores del Oxford Internet Institute y de la Universidad de Harvard, con el objetivo de combatir el envío de correo basura, el uso de programas espía y de todo tipo de software malicioso en Internet.

Una de las primeras medidas adoptadas por esta coalición es la publicación de una lista negra con los nombres de las empresas que utilizan estas técnicas como una práctica habitual en su negocio.

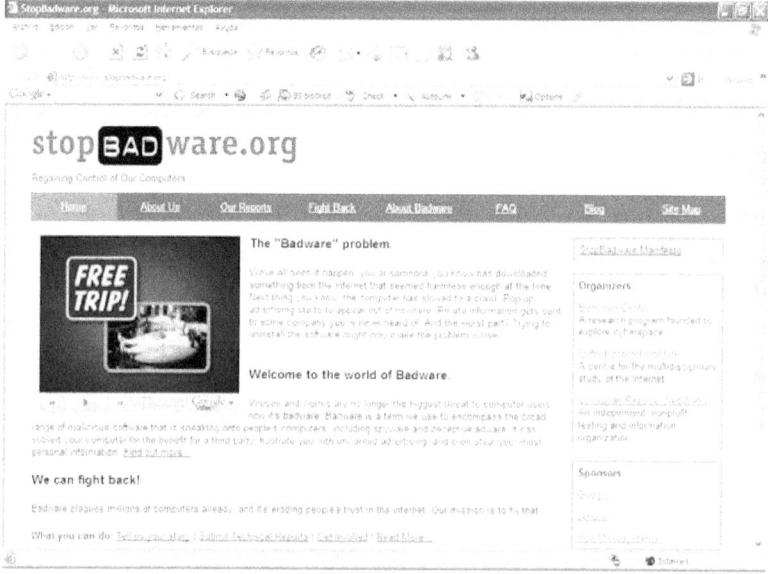

*Figura 7.11. Coalición "Stop Badware"*

## 7.7 ÚLTIMAS TENDENCIAS EN EL MUNDO DE LOS VIRUS

Las últimas tendencias en el mundo de los virus recurren al empleo de múltiples técnicas de propagación combinadas en un único programa dañino:

- ➤ Fichero adjunto en el correo electrónico.

- ➤ Explotación de vulnerabilidades conocidas de servidores y equipos conectados a Internet.

- ➤ Recursos compartidos sin contraseña en redes Windows.

- ➤ Páginas Web con código dañino incluido en el lenguaje HTML (*scripts* y *applets* maliciosos).

En este sentido, se combinan las características de virus y gusanos en una misma aplicación, desarrollando ataques combinados.

Por otra parte, se han desarrollado virus que pueden burlar a los programas antivirus, ya que se propagan a través de ficheros comprimidos protegidos con contraseña, como en el caso del virus "Bagle" (marzo 2004).

También se han desarrollado códigos malignos multiplataforma, capaces de afectar a entornos Windows y Linux/UNIX, como los virus "Frethem" y "Simile", aparecidos en 2002.

Asimismo, en la actualidad proliferan los virus capaces de afectar a otros servicios y aplicaciones de Internet, como los virus que se aprovechan del intercambio de ficheros a través de aplicaciones P2P, o los virus que se propagan a través de programas de mensajería instantánea, como en el caso de "Jitux" (enero de 2004), un virus que utiliza el programa de mensajería Messenger de Microsoft para propagarse, enviando mensajes a todos los contactos activos de la lista de contactos de este programa.

Posteriormente, en marzo de 2007 se daba a conocer la amenaza de una versión del troyano "Warezov", también conocido como "Stration", que se propagaba utilizando la herramienta de mensajería del servicio de telefonía IP Skype. Una amenaza similar fue detectada en abril de 2007, a través de un nuevo gusano denominado "IM-Worm:W32/Pykse.A", que utilizab Skype para replicarse entre los usuarios de la lista de contactos del programa.

Algunos virus pueden convertir los equipos infectados en servidores de determinados contenidos o en "*remailers*" anónimos que facilitan la distribución del correo basura ("*spam*"). Así, por ejemplo, el virus "Migmaf" (julio de 2003) instalaba un servicio de "*proxy*" inverso en el ordenador infectado que redireccionaba las peticiones HTTP contra un servidor central, habitualmente con contenidos de carácter pornográfico. De este modo, los creadores del virus conseguían tener asociados a los nombres utilizados en las direcciones URL de sus páginas web miles de direcciones IP diferentes, ubicadas en redes diversas y potencialmente distribuidas por todo el planeta. Cada vez que un ordenador infectado recibía una conexión al puerto 80/tcp (tráfico HTTP), redireccionaba esta petición hacia el servidor maestro que alojaba los contenidos pornográficos. Una vez recibida la respuesta desde ese servidor, el equipo infectado por el virus la reenviaba al ordenador que había realizado la petición. De esta forma, los usuarios que accedían a las páginas web no sabían en ningún momento cuál era el sistema que realmente les estaba sirviendo el contenido, ya que para ellos el responsable del envío había sido el ordenador infectado por "Migmaf".

Además, el virus "Migmaf" también permanecía a la escucha en el puerto 81/tcp del equipo infectado, para responder a nuevas peticiones realizadas desde el servidor central que lo controlaba. De este modo, el equipo infectado podía ser utilizado, por ejemplo, para distribuir *spam* ocultando la verdadera dirección del remitente, por lo que los receptores de estos mensajes de correo basura podrían considerar que este equipo infectado era el responsable de haber realizado el envío.

Por otra parte, también se han desarrollado virus que se pueden actualizar a través de conexiones a determinados servidores de Internet, facilitando de este modo la descarga de nuevas funciones o la reprogramación del virus para lanzar ataques contra determinados equipos o redes informáticas. Éste sería el caso del virus "Hybris", que destacaba por su capacidad de autoactualización a través de "*plugins*" cifrados con el algoritmo RSA y que podía descargar directamente desde los grupos de noticias de Internet.

A su vez, el virus "Setiri" (agosto de 2002) abría una ventana invisible de Internet Explorer para establecer una conexión a un determinado Website, desde el que podía descargar distintos módulos con nuevas funciones para modificar su comportamiento, recibir comandos y enviar información sensible perteneciente al equipo infectado. Además, en este caso, dado que la transmisión de datos se realizaba a través de un navegador como Internet Explorer, la mayoría de los cortafuegos personales y de la red corporativa no detectarían ninguna actividad anormal en el equipo, ya que el navegador es una de las aplicaciones que se suelen marcar como legítimas y autorizadas para acceder a Internet.

También es necesario destacar la aparición de los primeros virus desarrollados para teléfonos móviles, agendas electrónicas y otros dispositivos similares. De hecho, algunos expertos hablan ya de la posible aparición de virus para electrodomésticos y otros equipos conectados en red.

Así, por ejemplo, en junio de 2004 varias compañías de seguridad informática detectaron el que podría ser considerado como el primer gusano capaz de propagarse a través de teléfonos móviles, que fue bautizado con el nombre de "Cabir". Este gusano afectaba a terminales móviles con el sistema operativo Symbian, instalado en muchos modelos de teléfonos (como algunos de los más populares de fabricantes como Nokia, Siemens o Sony-Ericsson). "Cabir" se propagaba utilizando la tecnología inalámbrica

Bluetooth a través de un archivo llamado "Caribe.sis", que se instalaba automáticamente en el sistema cuando el usuario aceptaba la transmisión. En ese momento, el virus mostraba un mensaje en pantalla con el texto: "Caribe", para a continuación iniciar una búsqueda de nuevos aparatos Bluetooth a los que poder enviarse, provocando como consecuencia de esta actividad una importante reducción del tiempo de operación de la batería del teléfono.

Posteriormente, han surgido otros virus similares capaces de propagarse a través de mensajes cortos (SMS) o multimedia (MMS), incrementando de este modo la factura del teléfono de la víctima y reduciendo la duración de su batería. De hecho, la empresa F-Secure aseguraba en un comunicado de noviembre de 2005 que ya había detectado más de 100 variantes diferentes de virus para teléfonos móviles.

A principios de 2006 se daba a conocer la importante difusión del gusano "Commwarrior" en distintos lugares públicos de España, sobre todo en aquellos sitios donde existe mucha gente con teléfonos móviles y agendas electrónicas, como las terminales del aeropuerto de Barajas, restaurantes o centros de salud. Este gusano utiliza la tecnología inalámbrica Bluetooth y los mensajes multimedia MMS para facilitar su propagación, tratando de autoenviarse mediante este tipo de mensajes a todos los números de la agenda de un teléfono infectado. El usuario puede evitar la infección si no abre estos mensajes con el código del gusano.

Para tratar de ofrecer una solución a estos nuevos problemas que afectan a los teléfonos móviles, en octubre de 2005 Nokia anunciaba que había firmado un acuerdo con la empresa de seguridad Symantec para incorporar en el sistema operativo Symbian de algunos de sus teléfonos móviles la aplicación *Symantec Mobile Security*, con el fin de mejorar la protección para los usuarios frente a los nuevos ataques de virus contra dispositivos móviles.

En octubre de 2005 se daba a conocer la existencia del troyano "Format.A", que se hacía pasar por una herramienta desarrollada para las consolas PSP (*PlayStation Portable*), convirtiéndose así en el primer código dañino que afectaba a consolas de videojuegos. Una vez ejecutado, este troyano se encarga de eliminar archivos fundamentales para el correcto funcionamiento del dispositivo, por lo que, a consecuencia de esta acción, la consola no podrá arrancar. Para propagarse, "Format.A" se anuncia como una aplicación que permite modificar la versión de la BIOS de las consolas PSP para que se puedan ejecutar juegos no originales.

Los reproductores de música MP3, como el famoso iPod de Apple, tampoco se han quedado al margen de la plaga de los virus y códigos dañinos. Así, por ejemplo, en abril de 2007 la empresa Kaspersky Lab anunciaba la detección del primer virus que podría ser capaz de infectara a un iPod y que recibió el nombre de "Podloso". Este virus no representaba un peligro real, ya que se trataba de una "prueba de concepto", es decir, de un programa sin potencial destructivo que fue creado únicamente con el objetivo de demostrar que una determinada plataforma podría ser infectada.

Asimismo, cabría destacar que en estos últimos años se ha popularizado el uso de formatos de archivos que hasta la fecha se consideraban confiables e inofensivos para difundir el código malicioso. Así, por ejemplo, a principios de 2006 surgían los primeros virus capaces de explotar una vulnerabilidad de Windows en el procesamiento de los archivos gráficos en formato WMF (*Windows Meta File*), que permitía la ejecución de código arbitrario en el sistema con la simple visualización de una imagen.

También se han desarrollado virus que se propagan ocultos bajo imágenes aparentemente inofensivas en los formatos JPG, PNG o GIF, gracias a *exploits* bastante sofisticados que permiten aprovechar algunas de las vulnerabilidades publicadas sobre la forma en que los sistemas operativos como Windows procesaban estas imágenes, abriendo de este modo la puerta a la posible ejecución de código arbitrario en el sistema vulnerable con la simple visualización de una de estas imágenes. Así, por ejemplo, en abril de 2007 la revista especializada en seguridad informática "VSAntivirus" advertía sobre una nueva vulnerabilidad en el sistema operativo Windows que permitía la infección del equipo a través de iconos animados, y de hecho el virus "Win32/TrojanDownloader.Ani.G" era capaz de infliltrarse en el ordenador por medio de archivos de formato ".ANI", y la infección se producía cuando la víctima visitaba ciertas páginas construidas maliciosamente o bien cuando recibía correos electrónicos con este tipo de ficheros adjuntos.

Durante el año 2006 se dieron a conocer varios virus que trataban de camuflarse en los ordenadores infectados, simulando la ejecución de determinados servicios y aplicaciones conocidas dentro del sistema, como podía ser el propio navegador Web.

Por otra parte, y gracias a la popularidad de redes sociales como MySpace o Facebook, han surgido ya los primeros códigos maliciosos para tratar de engañar a sus usuarios, modificar sus datos y tratar de suplantar su identidad. Así, por ejemplo, en diciembre de 2006 se daba a conocer la propagación de un gusano que se aprovechaba de un fallo en el programa Quicktime, que muchos usuarios de la red social MySpace utilizaban para visualizar vídeos, para acceder a sus cuentas y modificar los perfiles de los usuarios, añadiendo enlaces a páginas web fraudulentas.

En junio de 2007 se daba a conocer la aparición de un nuevo gusano, denominado "SpreadBanker.A", que utilizaba un vídeo de YouTube para engañar a los usuarios y propagarse por Internet. Este gusano estaba formado por dos componentes: el primero de ellos permitía la conexión a la página de YouTube para la visualización del vídeo utilizado como señuelo, mientras que el segundo componente estaba programado para robar las contraseñas introducidas en las páginas de varios bancos online. Además, era capaz de realizar varias modificaciones en el registro de Windows y de crea copias de sí mismo en varias carpetas pertenecientes a programas P2P, tratando de engañar a sus víctimas recurriendo a nombres atractivos como "sexogratis" o "crackwindowsvista" para atraer a los clientes de esas redes y poder propagarse.

En agosto de 2008, se detectaba la aparición del gusano conocido como "Boface.A", que recurría a falsos mensajes publicados en las redes sociales MySpace y Facebook, con frases gancho como *"Hello, you must see it!"* ("Hola, tienes que ver esto!") para engañar a los usuarios e incitarlos a hacer clic en un enlace que aparentemente conducía a un vídeo de YouTube, pero que en realidad llevaba al usuario a una página web falsa que imitaba a esta conocida Web. Cuando el usuario intentaba visualizar el supuesto vídeo en esta página falsa, se mostraba un mensaje solicitando la instalación de la última versión del reproductor Flash, y si la víctima aceptaba esta instalación se producía la descarga de la copia del gusano y la infección del equipo, que a partir de ese instante se convertía en una máquina "zombi", controlada de manera remota por un ciberdelincuente, que podría robar las claves de la víctima y suplantar su identidad en dichas redes sociales, entre otras actuaciones.

Por último, para cerrar este apartado podemos destacar la repercusión que ha tenido el virus "Stuxnet" en el último trimestre de 2010, ya que se trata de un virus especialmente peligroso y con un gran nivel de sofistificación tecnológica, hasta el punto de que ha sorprendido a numerosos expertos en seguridad informático, que lo consideran como el primer virus creado como un arma para la guerra cibernética, porque está diseñado para atacar sistemas y procesos de control críticos para una organización o incluso un país.

## 7.8 CÓMO COMBATIR LA AMENAZA DE LOS VIRUS Y OTROS CÓDIGOS DAÑINOS

En este apartado del capítulo se presenta una lista de recomendaciones para combatir de forma eficaz la amenaza de los virus y otros programas dañinos:

1. Configuración de los cortafuegos para filtrar puertos que utilizan determinados troyanos y gusanos.

2. Configuración robusta de cada equipo informático: desactivación de servicios innecesarios, cambios de contraseñas por defecto del fabricante, etcétera.

3. Utilización de un Programa Antivirus permanentemente actualizado, que se encuentre siempre activo en el equipo informático. Para ello, conviene adquirir este producto a una empresa que ofrezca un buen soporte técnico a sus clientes, con servicios de alerta y una respuesta urgente ante nuevos virus.

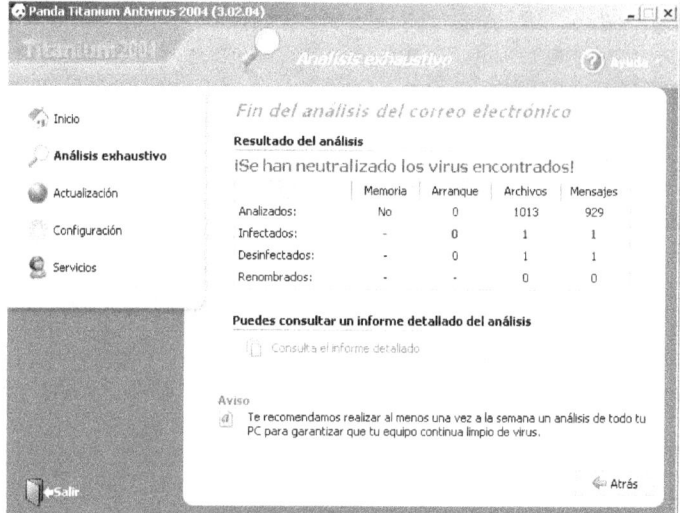

*Figura 7.12. Detección de virus mediante un programa antivirus*

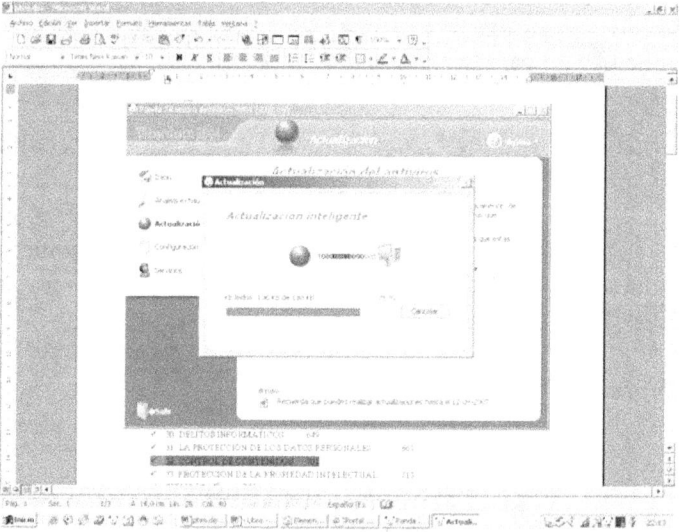

*Figura 7.13. Actualización de un antivirus a través de una conexión a Internet*

4. Comprobación de ficheros y de mensajes de correo electrónico antes de abrirlos: en este sentido, conviene recordar que hoy en día cualquier mensaje de correo puede contener código dañino, aunque no incluya ficheros adjuntos.

5. Bloqueo de los mensajes de correo que incluyan ficheros ejecutables o con determinadas extensiones sospechosas (como ".txt.vbs" o ".htm.exe"), ubicándolos en una carpeta que actúe a modo de "cuarentena", para que puedan ser revisados posteriormente por los responsables de la red informática.

6. Comprobación de pendrives y otros dispositivos de almacenamiento que entren y salgan de cada equipo informático.

7. Análisis de los contenidos de los ficheros comprimidos.

8. Revisión de las copias de seguridad, ya que éstas podrían incluir ficheros infectados. Así, después de haber sufrido un ataque de virus u otros programas dañinos, convendría realizar nuevas copias de seguridad, una vez que los sistemas hayan sido desinfectados.

9. Detección de *"rootkits"* mediante programas específicos, como CHKROOTKIT (www.chkrootkit.com), que se encarga de comprobar la integridad de los principales ficheros del sistema.

*Figura 7.14. Chkrootkit*

10. Los usuarios deberían ser instruidos para desconfiar de los mensajes de correo inesperados o que provengan de una fuente poco habitual.

11. Evitar la descarga de programas de páginas web poco fiables. Asimismo, se deben rechazar ficheros no solicitados en chats, grupos de noticias o foros. También conviene comprobar la integridad del software que se descarga de Internet, mediante algoritmos de digestión como SHA o MD5, que generan la huella digital del fichero en cuestión.

12. Mantenerse alerta ante acciones sospechosas de posibles virus: ralentización del sistema, nuevas entradas en la lista de tareas del sistema operativo, aumento del tamaño de los archivos, aviso de activación de macros en documentos de Word u hojas de cálculo, etcétera.

13. En una red informática conviene actuar con rapidez para identificar y aislar los equipos infectados, ya que la propagación de los virus puede afectar a muchos más equipos en poco tiempo, provocando una auténtica "epidemia de red". Por este motivo, convendría adoptar las siguientes medidas en caso de infección:

- Revisión de todos los equipos mediante el software antivirus.

- Revisión de los registros de actividad ("*logs*") de los servidores, cortafuegos y Sistemas de Detección de Intrusiones (IDS) para detectar qué equipos pueden estar realizando actividades sospechosas en la red.

- Escaneo de puertos para detectar posibles troyanos que se hayan podido instalar en equipos de la red.

- Prestar especial atención a los equipos que han sido desconectados temporalmente o que hayan sido retirados de la red por sus usuarios: éste podría ser el caso, por ejemplo, de un equipo portátil infectado con el virus que se lleva un empleado para su casa o para otra oficina, y que al regresar a la red de la organización podría volver a reproducir la infección.

- Instalación de dispositivos hardware especializados en la detección, seguimiento y control de "epidemias de red".

14. Limitación de la instalación de programas en los equipos del entorno corporativo: una organización necesita utilizar software corporativo, no cualquier programa que los usuarios quieran instalar en sus equipos de trabajo (descargándolos de Internet o copiándolos desde el CD-ROM de una revista, por citar dos de lcasos más habituales).

15. Formación y sensibilización de los usuarios, quienes deberían aplicar medidas de seguridad adecuadas en sus equipos domésticos para reducir el riesgo de introducir nuevos virus en los equipos de trabajo.

16. Mantenimiento en "cuarentena" de todos los ficheros sospechosos. Para ello, se podría utilizar un equipo aislado, en el que se puedan realizar las comprobaciones de ficheros u otros soportes (pendrives, CDs...) que pudieran incluir algún contenido dañino. Asimismo, este equipo podría ser utilizado para la instalación de copias de programas de dudosa procedencia, a fin de estudiar su comportamiento en este sistema antes de autorizar su instalación en otros equipos de la red de la organización.

17. Utilización de certificados digitales en los programas y contenidos activos (macros de documentos, *scripts* en páginas web). Con la utilización de estos certificados es posible firmar digitalmente las aplicaciones corporativas de un sistema, impidiendo la ejecución de software no corporativo o de software corporativo que haya podido ser modificado. Así, por ejemplo, la tecnología "Authenticode" de Microsoft (para Windows 2000 / XP) permite firmar digitalmente los distintos programas y aplicaciones:

- *Drivers* que tienen que estar verificados por Microsoft.

- Documentos de Microsoft Office con macros certificadas.

- Componentes ActiveX que tienen que estar firmados para ser instalados desde Internet, etcétera.

*Figura 7.15. Tecnología Authenticode de Microsoft*

## 7.9 UTILIZACIÓN DE UN PROGRAMA ANTIVIRUS

Tal y como se ha comentado en el apartado anterior, una de las principales medidas para combatir la amenaza que representan los virus y otros programas dañinos pasa por la utilización de un programa antivirus convenientemente actualizado y configurado.

Este programa antivirus debería estar instalado en todos los equipos y estaciones de trabajo dentro de la red de la organización, para poder prevenir de este modo las vías tradicionales de contagio (inserción de pendrives o CDs con ficheros infectados), teniendo en cuenta, además, que el usuario final es vulnerable frente a engaños y ataques de "Ingeniería Social".

Por otra parte, las empresas suelen adoptar también soluciones perimetrales, mediante la instalación de un programa antivirus en un servidor *proxy* que controle la conexión corporativa a Internet, en un servidor de correo o en un dispositivo que filtre todo el tráfico entrante y saliente de la red corporativa.

Por supuesto, la eficacia de estos programas antivirus dependerá en buena medida de una actualización permanente con los ficheros de "firmas" de nuevos virus, así como del soporte proporcionado por la empresa desarrolladora del programa instalado.

*Figura 7.16. Ejemplos de programas antivirus*

En el funcionamiento de un programa antivirus se distinguen dos bloques o módulos principales:

➢ **Módulo de Control**, encargado de las siguientes funciones:

- Seguimiento de la actividad en el sistema informático.
- Protección preventiva del sistema.
- Detección de códigos malignos.
- Configuración del funcionamiento del programa antivirus.

➢ **Módulo de Respuesta**, responsable de las siguientes tareas:

- Generación de alarmas y registro de incidencias.
- Bloqueo de servicios y programas sospechosos.
- Desinfección de programas y documentos infectados (*"file cleaning"*).

Por otra parte, los programas antivirus suelen combinar distintas **estrategias de detección** de los códigos malignos:

➢ Escáner a demanda basado en el reconocimiento de "firmas" (secuencias de código) de códigos malignos, utilizando para ello una base de datos de virus conocidos. El problema de esta alternativa es que el continuo crecimiento de la base de datos de virus (en algunos casos ya supera las 100.000 firmas de códigos malignos) puede afectar al rendimiento del sistema, ya que el antivirus consume cada vez mayores recursos, a medida que se va actualizando su base de datos.

➢ Monitor residente, que permite ofrecer una protección en tiempo real, analizando cualquier archivo antes de que sea utilizado (copiar, ejecutar, instalar) o al ser descargado de Internet. Sin embargo, esta alternativa presenta el inconveniente de una mayor carga del sistema, así como de ocasionar posibles interferencias con otros servicios instalados, ya que el antivirus se encarga de interceptar y monitorizar todas las llamadas al sistema y la gestión de interrupciones en el equipo informático.

➢ Análisis heurístico (basado en la "experiencia"), que permite detectar virus nuevos al reconocer código con un comportamiento sospechoso. En este caso, el problema podrían venir a consecuencia de la aparición de falsos positivos, es decir, de ficheros legítimos que puedan ser detectados como virus por el programa antivirus.

> Comprobación de la integridad de los archivos del sistema (estrategia de "*integrity checking*", también conocida como "vacunación" de ficheros): en este caso el programa antivirus se encarga de generar una base de datos con una suma de control o código de integridad de cada archivo del sistema, para de este modo poder detectar y alertar al usuario de cualquier cambio en el tamaño de los archivos. Sin embargo, hay que tener en cuenta que algunos virus ya tienen en cuenta esta posibilidad y tratan de engañar al sistema ofreciendo información falsa sobre el tamaño y el código de comprobación del fichero infectado.

> Análisis del comportamiento, tratando de detectar todas las acciones sospechosas o potencialmente peligrosas que se realicen en el sistema informático: escribir en el sector de arranque del disco duro, modificar un fichero ejecutable...

En los últimos años se han presentado en el mercado distintas soluciones globales contra las amenazas de seguridad y los códigos dañinos, constituidas por dispositivos que integran varios servicios como el programa antivirus, el filtrado de contenidos, un Sistema de Detección de Intrusiones (IDS), un cortafuegos para la seguridad perimetral y un servidor VPN para crear túneles seguros y habilitar las conexiones remotas.

Además, estos dispositivos ("*appliances*"), que se instalan en el punto de conexión de la red corporativa de la empresa con el exterior, cuentan con un servicio de actualización y mantenimiento remoto por parte del fabricante. Entre ellos podríamos citar Symantec Gateway Security, Panda GateDefender, Mcafee Foundstone o TrendMicro IWSA (*InterScan Web Security Appliance*).

*Figura 7.17. Solución de seguridad integrada: Symantec Gateway Security*

Estos dispositivos de seguridad integrados ("todo-en-uno") incorporan, en sus últimas versiones, avanzados filtros de contenidos, protección contra programas espía ("*spyware*"), filtros "anti-*spam*", protección contra intentos de estafas como el "*phishing*", protección proactiva contra agujeros de seguridad detectados en navegadores y lectores de correo electrónico, etcétera.

Además, ante la proliferación alcanzada por los distintos tipos de virus y códigos maliciosos y su rápida propagación a través de las redes de ordenadores, también se han presentado aplicaciones antivirus específicas para otros dispositivos y equipos informáticos, como podrían ser los cajeros automáticos, teléfonos móviles o electrodomésticos.

Las empresas especializadas en la creación de antivirus y otras herramientas para detectar y erradicar los códigos dañinos constituyeron en mayo de 2008 la

AMTSO (*Anti-Malware Testing Standards Organization*), con el objetivo de crear un foro para la discusión de temas relacionados con los test de productos "*anti-malware*", así como para facilitar el desarrollo de estándares objetivos y guías de buenas prácticas para los test de productos "*anti-malware*".

## 7.10 REFERENCIAS DE INTERÉS

- Centro de Alerta Antivirus del INTECO: http://www.alerta-antivirus.es/, http://www.inteco.es/Seguridad.
- Hispasec: http://www.hispasec.com/.
- Servicio VirusTotal de Hispasec: http://www.virustotal.com/.
- Wild list (lista de virus de mayor difusión): http://www.wildlist.org/.
- Campaña de seguridad en Internet de la Asociación de Internautas: http://www.seguridadenlared.org/.
- Panda Software: http://www.pandasoftware.es/.
- Symantec: http://www.symantec.com/.
- Kaspersky Labs: http://www.kaspersky.com/.
- F-Secure: http://www.f-secure.com/.
- Bit Defender: http://www.bitdefender.com/.
- TrendMicro: http://www.trendmicro.com/.
- McAfee: http://www.mcafee.com/.
- Avast: http://www.avast.com/.
- Sophos: http://www.sophos.com/.
- VirusProt: http://www.virusprot.com/.
- Coalición Stop Badware: http://www.stopbadware.org/.
- CHKROOTKIT: http://www.chkrootkit.com/.
- Anti-Malware Testing Standards Organization (AMTSO): http://www.amtso.org/.

# Capítulo 8

# CIBERTERRORISMO Y ESPIONAJE EN LAS REDES DE ORDENADORES

## 8.1 LA AMENAZA DEL CIBERTERRORISMO Y DE LAS GUERRAS INFORMÁTICAS

Las sociedades avanzadas tienen una dependencia cada mayor de los sistemas informáticos para el control de muchos procesos y actividades cotidianas: control del fluido eléctrico, de la red de abastecimientos de aguas, de las centrales de conmutación telefónicas, del tráfico aéreo, de las redes de señalización semafórica, de los sistemas financieros, etcétera.

Por este motivo, se podría colapsar por completo el funcionamiento de un país desarrollado si se dañasen algunos de sus principales redes y sistemas informáticos. De hecho, expertos militares llevan años estudiando la posible aplicación de los ataques informáticos en los conflictos bélicos del futuro, y distintos gobiernos han decidido crear unidades especiales en sus ejércitos para responder ante posibles ataques informáticos.

Entre las posibles consecuencias de una guerra informática, podríamos citar las siguientes:

➢ Corte del suministro eléctrico y posible descontrol de centrales nucleares, centrales hidroeléctricas y térmicas.

➢ Colapso total de las redes telefónicas y los sistemas de comunicaciones.

➢ Desarrollo de ataques específicos contra los sistemas de comunicaciones militares.

- Caos financiero: ataques a las entidades financieras y a las bolsas, paralizando cualquier gestión y borrando o alterando los datos de todas las cuentas corrientes y otros registros de información.

- Intervención del control del tráfico aéreo y ferroviario, provocando colisiones de aviones y trenes, y dejando inoperantes estas redes de transporte.

- Ataques informáticos de todo tipo protagonizados por virus, programados y controlados de forma remota para activarse en el momento adecuado.

- Destrucción de grandes bases de datos estatales, vitales para el funcionamiento del país, como las de los cuerpos de policía, el Tesoro Público, la Sanidad, la Seguridad Social y el resto de Administraciones Públicas en general.

- Sabotajes locales en la capital y otras ciudades importantes por su población o su actividad económica, alterando el funcionamiento de los semáforos para causar choques en cadena que colapsen durante horas las principales carreteras.

- Otros sabotajes, como por ejemplo los dirigidos a las empresas más importantes y a organismos oficiales locales.

- Lanzamiento de bombas electromagnéticas para neutralizar todos los equipos electrónicos militares no protegidos y silenciar a las principales emisoras de radio y televisión.

En un estudio divulgado en agosto de 2005 por la asociación norteamericana de ingenieros IEEE-USA, titulado *United States Facing Cyber Security Crisis* y distribuido a través de su publicación *Today's Engineer*, se ponía de manifiesto la gran vulnerabilidad de muchas redes y sistemas informáticos de Estados Unidos frente a ataques terroristas y criminales. Las instalaciones afectadas y comprendidas en el estudio van desde los sistemas de control de tráfico aéreo, redes de suministro energético, sistemas financieros, así como redes de inteligencia y militares. En sus conclusiones los autores del estudio definían la actual situación como "al borde de la pérdida de control" en varias de estas instalaciones y sistemas vulnerables.

De hecho, el Departamento de Defensa de Estados Unidos, con sus cerca de 12.000 sitios informáticos y 3,5 millones de ordenadores personales repartidos por todo el mundo, constituye uno de los objetivos favoritos para miles de *hackers* y *crackers* de todo el planeta.

Precisamente uno de los casos más conocidos de un "ciberataque" contra el Pentágono fue protagonizado por el británico Gary McKinnon, quien justo después de los atentados del 11-S de 2001 logró acceder a una red de 300 ordenadores en la base de armamento naval de Earle, en Colt Necks (Nueva Jersey) y robó 950 contraseñas.

El sistema informático de ese centro militar tuvo que ser apagado durante una semana. McKinnon fue perdiendo todas las apelaciones contra su extradición a Estados Unidos, y en julio de 2008 la Cámara de los Lores decidió no evitar dicha extradición, por lo que McKinnon será entregado a las autoridades de ese país, donde se enfrenta a una posible condena de 70 años de cárcel y multas de hasta 1,75 millones de dólares.

Más recientemente, la publicación de decenas de miles de documentos secretos e información confidencial por parte de la organización Wikileaks a finales del año 2010 ha venido a poner de manifiesto las deficientes medidas de seguridad informática en distintos Departamentos del Gobierno de Estados Unidos.

Por otra parte, y según se ha divulgado en algunos medios, ya se han producido cierto tipo de ataques informáticos a gran escala contra las redes y sistemas de un país. Así, por ejemplo, en octubre de 2004 Corea del Norte daba a conocer que había formado a más de medio millar de expertos informáticos capaces de lanzar una guerra virtual contra países como Estados Unidos. Estos expertos norcoreanos siguieron una formación universitaria específica durante cinco años para ser capaces de penetrar los sistemas informáticos de Corea del Sur, Estados Unidos y Japón. Parece ser que podrían estar detrás de algunos ataques realizados en el verano de 2004 contra determinadas redes y sistemas informáticos surcoreanos, pertenecientes a agencias gubernamentales, la Asamblea Nacional, empresas privadas, universidades y distintos medios informativos.

A lo largo de estos últimos años también se ha creado lo que algunos expertos en seguridad informática han dado en llamar la "yihad electrónica", constituida por varios miles de islamistas que se han especializado en la organización y la coordinación de cibercampañas contra los sitios Web israelíes, estadounidenses, católicos o daneses (en este último caso a raíz de la publicación de las caricaturas de Mahoma en ese país).

En abril de 2007 se daba a conocer que un grupo de piratas informáticos chinos habían logrado acceder a los ordenadores personales de varios oficiales de Taiwán y copiar información secreta sobre las maniobras anuales Han Kuang, que simulan la defensa de la isla frente a un ataque chino. Por este motivo, para poder afrontar las nuevas amenazas del ciberterrorismo y las guerras cibernéticas, Taiwán decidió crear un batallón de mujeres especializado en la guerra electrónica e informática, integrado por 100 oficiales y soldados, según informó el Ministerio de Defensa de la isla.

También Estonia anunciaba en mayo de 2007 su intención de crear un centro para proteger las instituciones oficiales de los ataques informáticos, después de que a finales de abril de ese año varios ataques informáticas externos consiguieran paralizar la labor de varios servicios públicos de ese país báltico, así como de algunas entidades financieras y medios de comunicación.

En junio de 2007 un grupo de piratas informáticos checos lograba interrumpir un programa de la cadena de televisión Ceska Televize sobre las montañas de Krkonose, y mostraron los efectos devastadores de la explosión de una bomba atómica en la zona, lo que atemorizó a muchos telespectadores.

En noviembre de 2007 el "ciberespionaje" chino era descrito como "la mayor amenaza" para la tecnología estadounidense por una comisión del Congreso de Estados Unidos, que hacía un llamamiento para incrementar la protección de los secretos industriales y de las redes informáticas. El Reino Unido también daba la voz de alarma ese mismo mes al informar en un estudio titulado "Virtual Criminology" que las redes informáticas del Gobierno y de la Defensa del Reino Unido estaban siendo sometidas a ataques sistemáticos por parte de China y otros países.

En agosto de 2008 un fallo informático en la Agencia Federal de Aviación (FAA) de Estados Unidos provocaba el colapso del tráfico aéreo en todo el país, tal y como reflejaban en directo las noticias de la CNN:

Figura 8.1. Colapso del tráfico aéreo en Estados Unidos por un fallo informático

En marzo de 2009 una investigación llevada a cabo por la Universidad de Toronto revelaba que una red de espionaje informático había logrado penetrar en ordenadores de Gobiernos, embajadas, organizaciones de defensa de los derechos humanos y medios de comunicación, entre otras instituciones, en 103 países.

También en marzo de 2009 la Comisión Europea presentaba un comunicado en el que alertaba a los Estados miembros de la Unión Europea sobre la necesidad de proteger las infraestructuras de información y comunicación. Según dicho informe, la perturbación de estos sistemas podría tener graves incidencias en funciones vitales de la sociedad, y citaba como ejemplos dos casos recientes: el ataque cibernético de gran envergadura que sufrió Estonia en 2007 y la ruptura de cables transcontinentales en 2008.

Posteriormente, un estudio publicado en noviembre de 2009 y titulado *"Virtually Here: The Age of Cyber Warfare"*, realizado por la empresa McAfee, señalaba que algunos expertos en seguridad informática han venido detectando movimientos encaminados a la recogida de más información en Internet y a la creación de mejores capacidades para realizar posibles ataques cibernéticos.

De hecho, en julio de 2010 el Ejército de China anunciaba la puesta en marcha de su primera base militar cibernética para combatir los ataques y amenazas informáticas, según revelaba el periódico oficial en inglés Global Times.

En agosto de 2010 el subsecretario de Defensa de Estados Unidos, William Lynn, reconocía en una entrevista en la revista Foreign Affairs que la infiltración más grave en ordenadores militares de ese país había sido causada por una tarjeta de memoria insertada en un ordenador portátil en Oriente Medio en 2008. Este alto cargo del Pentágono señalaba en dicha entrevista que un "código malicioso, colocado en el ordenador por una agencia de inteligencia extranjera, descargó su programa en una red administrada por el Mando Central militar de Estados Unidos". Este Mando Central, que tiene su sede en Tampa (Florida), supervisa las operaciones militares desde el Mar Rojo al Golfo y el sur de Asia hasta Pakistán.

Posteriormente, el Ejército de Estados Unidos anunciaba en diciembre de 2010 la creación de un nuevo Comando Cibernético, que estaría constituido por unos 30.000 soldados y expertos en seguridad informática que puedan afrontar ataques por Internet.

Pero los Gobiernos no sólo deben afrontar las amenazas del ciberterrorismo y las guerras cibernéticas, sino que también deben mejorar la seguridad física y lógica de sus sistemas y bases de datos, para evitar que por un descuido puedan extraviarse decenas de miles de registros con datos de los ciudadanos.

Así, por ejemplo, en noviembre de 2007 se daba a conocer el caso de que una de las agencias del Ministerio de Hacienda del Reino Unido había extraviado dos discos duros con datos de 25 millones de ciudadanos, que contenían nombres y apellidos, direcciones, fechas de nacimiento, de padres e hijos menores de 16 años, los números de la tarjeta de la Seguridad Social y también, en el caso de diez millones de personas, de sus cuentas bancarias. Unas semanas más tarde, en diciembre de 2007, la ministra de Transportes de este mismo país informaba del extravío de un disco duro que contenía los datos de de más de tres millones de solicitudes para permisos de conducir, incluyendo los nombres, los domicilios, las direcciones de correo electrónico y los números de teléfono personales de solicitantes para obtener el permiso de conducir en el Reino Unido entre entre septiembre de 2004 y abril de 2007.

Al poco de conocerse estas dos pérdidas masivas de datos de ciudadanos británicos, el diario *The Times* demostró que existía un mercado de compraventa de datos personales a través de Internet, lo que puso aún más en entredicho la seguridad en el tratamiento de este tipo de información sensible en el Reino Unido.

## 8.2 CONSECUENCIAS DE LOS FALLOS Y ATAQUES EN LAS EMPRESAS

La mayoría de las empresas y organizaciones de nuestro entorno también podrían ser vulnerables a ataques informáticos llevados a cabo contra sus propios recursos e intereses, en una especie de "guerra informática" a pequeña escala. De hecho, algunas empresas ya han sufrido varios casos de difusión de virus y ataques de denegación de servicio realizados por expertos informáticos que habían sido contratados por algún competidor.

Los avances de las redes y servicios de telecomunicación han facilitado el desarrollo del teletrabajo en algunos sectores y tipos de organizaciones. Además, los empleados que se tienen que desplazar con frecuencia (por ejemplo, los comerciales que constituyen la fuerza de ventas de una empresa) también dependen hoy en día de las conexiones a los recursos informáticos centrales de su organización para poder realizar su trabajo. Todos estos empleados se verían imposibilitados para trabajar con normalidad si se viera interrumpido el funcionamiento de la red y los servicios informáticos de su empresa.

Además, los fallos en los sistemas informáticos pueden tener importantes consecuencias económicas para las empresas. Así, por ejemplo, un fallo informático provocó en septiembre de 2004 varias decenas de cancelaciones e innumerables retrasos en vuelos de Lufthansa en todo el mundo, afectando a miles de pasajeros. El sistema mundial informático de Lufthansa, que facilita la facturación de los pasajeros, se colapsó a las 6:22 horas del jueves 23 de septiembre de 2004, lo que obligó a rellenar a mano las tarjetas de embarque. Los técnicos pudieron solucionar parcialmente el problema seis horas después, aunque no lograron volver a ponerlo en funcionamiento completamente, porque la operación hubiera llevado unas cuatro o cinco horas y habría provocado nuevas demoras en los servicios.

Otro ejemplo similar, de entre los muchos que podríamos seguir citando, tuvo lugar el 24 de agosto de 2005, cuando un fallo informático en un centro de control de tráfico aéreo de Londres provocó grandes retrasos en los vuelos de entrada y salida del Reino Unido, afectando a miles de pasajeros y obligando a cancelar decenas de servicios. La avería, que se produjo a primera hora de la mañana, afectó al sistema de procesamiento de vuelos del Centro Nacional de Servicios de Tráfico Aéreo (NATS), con sede en West Drayton, en el oeste de Londres. Los técnicos tardaron unos veinte minutos en subsanar el fallo, pero cuando lo lograron la avería ya había trastocado los planes de cientos de aviones en todo el país.

Con estos dos ejemplos se pone de manifiesto cómo una pequeña interrupción o determinadas anomalías en el servicio informático de una empresa puede provocar daños muy importantes a la organización, por lo que nos podríamos imaginar cuáles serían las consecuencias si el servicio informático se viera interrumpido durante varios días debido a un ataque o sabotaje a gran escala.

Por otra parte, numerosos estudios publicados sobre esta cuestión reflejan el elevado porcentaje de empresas que han sufrido ataques y fallos informáticos en estos últimos años. Así, por ejemplo, un estudio realizado en Estados Unidos por el Computer Security Institute (Instituto de Seguridad Informática) en colaboración con el FBI en el año 2000 reflejó que el 90% de las organizaciones encuestadas, entre las que se incluían grandes empresas, entidades financieras, universidades, hospitales y agencias gubernamentales, habían detectado agujeros de seguridad en sus sistemas informáticos durante el año 1999, situación que había provocado incidentes de seguridad de una cierta importancia en muchas de ellas.

Un estudio de la empresa especializada en seguridad informática McAfee publicado en febrero de 2009 señalaba que el robo de datos y las infracciones cometidas en los delitos informáticos podían tener para las empresas un coste de un billón de dólares a nivel mundial, debido a la pérdida de propiedad intelectual y a los gastos ocasionados por la reparación de los daños sufridos.

## 8.3 EL ESPIONAJE EN LAS REDES DE ORDENADORES

### 8.3.1 El polémico chip "Clipper" y el papel de la NSA

A principios de los años noventa surgía la polémica en Estados Unidos por la intención del gobierno de ese país de intervenir en todo tipo de comunicaciones a través de redes telefónicas y de ordenadores. Así, en 1994 la Administración Clinton aprobó el *Escrowed Encryption Standard*, que contemplaba el desarrollo de productos con la característica de "*key-escrow*", para facilitar el descifrado de las comunicaciones por parte de organismos del gobierno (como la CIA o el FBI).

A su vez, la NSA (Agencia de Seguridad Nacional) diseñó el polémico chip "Clipper" para el cifrado de comunicaciones de voz, que cumplía con estas especificaciones (al facilitar el descifrado mediante una clave que estaría en poder del gobierno de Estados Unidos). De este modo, el gobierno podría interceptar todas las comunicaciones de sus ciudadanos, al estilo de un "Gran Hermano" Orwelliano.

La NSA (*National Security Agency*, Agencia Nacional de Seguridad de Estados Unidos) es un organismo envuelto en un halo de misterio y de polémica. Fue creada en 1952 por el presidente Harry Truman, como una agencia integrada en el Departamento de Defensa y durante muchos años su existencia se mantuvo en secreto (de ahí los apodos de "*No Such Agency*" o "*Never Say Anything*"). De hecho, la mayor parte de la información sobre esta agencia se encuentra clasificada.

*Figura 8.2. NSA*

La NSA se dedica fundamentalmente al espionaje de todas las comunicaciones que pudieran resultar de interés para los Estados Unidos. Asimismo, la NSA es uno de los principales centros de investigación en criptografía y criptoanálisis del mundo. De hecho, se considera que esta organización es el mayor empleador de matemáticos del mundo, así como uno de los mayores inversores en hardware.

La NSA utiliza su poder e influencias para restringir la disponibilidad pública de los últimos avances y técnicas criptográficas.

## 8.3.2 ECHELON

ECHELON es una red de espionaje electrónico creada en los años cincuenta por la Agencia Nacional de Seguridad norteamericana (NSA), contando con la colaboración de Gran Bretaña, Australia y Nueva Zelanda. ECHELON es un sistema militar de espionaje de todo tipo de comunicaciones electromagnéticas, con capacidad para interceptar llamadas de teléfono (incluso a teléfonos móviles con el sistema GSM, que emplea algoritmos de cifrado), transmisiones por Internet, envíos de fax y télex, transmisión de datos y de llamadas vía satélite, etcétera.

Los principales centros de interceptación de comunicaciones de esta red se encuentran situados en Menwith Hill (Gran Bretaña), Bad Aibling (base militar en Alemania), Sugar Grove (Virgina, Estados Unidos), Sabana Seca (Puerto Rico), Leitrim (Canadá), Shoal Bay (Australia) y Waihopai (Nueva Zelanda).

La capacidad de captación de estas estaciones de radiocomunicaciones se ha venido incrementando en estos últimos años. Así, por ejemplo, la base de Sugar Grove, situada en una remota área de las montañas Shenandoah (en Virginia, Estados Unidos), disponía en 1990 de sólo cuatro antenas de satélite, mientras que en noviembre de 1998 este número ya había aumentado hasta un total de nueve, de las cuales seis se encontraban orientadas a las comunicaciones europeas y atlánticas.

Esta red de espionaje es capaz de capturar grandes cantidades de información y de filtrarla para detectar las transmisiones de otros gobiernos, militares, disidentes, activistas o grupos terroristas. Para ello, cuenta con varios superodenadores capaces de almacenar todos los datos posibles sobre determinados objetivos, que se pueden definir a partir de un nombre, una dirección, un número telefónico, unas determinadas palabras clave u otros criterios seleccionados. Cuando un satélite de la red detecta una comunicación que pueda ser interesante, se captura el mensaje y se envía a los centros especializados de la NSA para su posterior análisis.

La existencia de esta red fue divulgada en los años setenta por un grupo de investigadores británicos. En estos últimos años saltó la polémica al hacerse público que los servicios secretos también estaban interceptando de forma indiscriminada las comunicaciones de las empresas y de toda la ciudadanía en general. De hecho, se ha utilizado para el espionaje industrial y comercial por parte de Estados Unidos, con la colaboración del Reino Unido.

El Parlamento Europeo creó en julio de 2000 la Comisión Echelon tras la publicación de un libro sobre esta red de espionaje escrito por el físico escocés Duncan Campbell. El informe de esta Comisión fue presentado en julio de 2001 y en él se confirma la existencia de la red Echelon y su implicación en el espionaje a distintos gobiernos, organizaciones y empresas europeas. Este informe causó un profundo malestar entre los eurodiputados de varios Estados miembro, ya que en él se exponían algunos casos en los que empresas europeas habían perdido contratos en otros países, al filtrarse el contenido de sus propuestas a compañías norteamericanas que competían por los mismos contratos.

Algunos medios de comunicación revelaron entonces que en mayo de 1977, la NSA, la CIA y el Departamento de Comercio norteamericano habían creado una estructura secreta, la *Office of Intelligence Liaison*, que enviaba automáticamente al Departamento de Comercio de Estados Unidos toda información que pudiera resultar de interés para las empresas norteamericanas activas en el extranjero, como ayuda a sus operaciones y contratos internacionales.

Así, podemos citar varios casos concretos de espionaje que han salido posteriormente a la luz a través de distintos medios de comunicación:

- ➢ La compañía francesa Thompson CSF perdió en 1994 un contrato de 220.000 millones de pesetas en Brasil para el desarrollo de un sistema de supervisión por satélite de la selva amazónica. Este proyecto fue finalmente concedido a la empresa norteamericana Raytheon.

- ➢ En 1995 el consorcio europeo Airbus perdió en el último momento un contrato de más de 800.000 millones de pesetas que iba a firmar con el gobierno de Arabia Saudí y que finalmente fue concedido a Boeing, gracias a la interceptación de las llamadas telefónicas y los faxes enviados por los directivos de Airbus.

> La interceptación y escucha de transmisiones de Greenpeace por parte de Estados Unidos durante su campaña de protesta contra las pruebas nucleares francesas en el Atolón de Mururoa en 1995.

> El espionaje de las comunicaciones de la delegación francesa durante las reuniones para alcanzar los acuerdos de liberalización comercial de la Ronda de Uruguay, las negociaciones del consorcio europeo Panavia para vender el avión de combate Tornado a los países de Oriente Medio, o la Conferencia Económica Asia-Pacífico de 1997.

> También se han dado otros casos de espionaje a la industria automovilista japonesa.

También se ha comentado que la red ECHELON pudo ser utilizada para facilitar la localización de Dzokhan Dudayev, terrorista checheno que fue asesinado mediante un misil teledirigido por los rusos mientras hablaba desde su teléfono móvil.

Se puede obtener más información sobre la red ECHELON consultando la página web del físico británico Duncan Campbell (http://duncan.gn.apc.org/).

## 8.3.3 ENFOPOL (*Enforcement Police*)

El proyecto Enfopol nació en Bruselas en 1995, como una serie de requisitos técnicos para que los operadores de telecomunicaciones adecuasen sus sistemas para facilitar la interceptación de las comunicaciones de sus usuarios, incluyendo los nuevos servicios de Internet, en el ámbito de Europa y otros países, ante eventuales demandas de pinchazos policiales autorizados judicialmente. Posteriormente, en el año 1999 el Parlamento Europeo aprobaba la Resolución Enfopol.

De este modo, los Servicios de Seguridad Estatales podrían tener acceso al contenido de las comunicaciones de los usuarios y a la información sobre el tráfico cursado tanto en Internet, como en los servicios de llamadas móviles terrestres, los servicios de llamadas de larga distancia e internacionales, la transmisión de datos o los mensajes de correo de voz.

Entre otros datos, los operadores deberían facilitar los números de teléfono, tanto de los que realizan la llamada como de los que la reciben; direcciones IP; direcciones de correo electrónico; identificadores y contraseñas de acceso; número de cuenta desde la que se paga el servicio; etcétera.

En España, la Ley de Servicios de la Sociedad de la Información contempla la obligación de retención de datos de tráfico. En virtud de lo dispuesto en esta Ley, los operadores de redes y servicios de comunicaciones electrónicas, los proveedores de acceso a redes y los prestadores de servicios de alojamiento de datos tienen la obligación de retener los datos de conexión y tráfico generados por las comunicaciones establecidas durante la prestación de un servicio de la sociedad de la información (conexión a Internet, hospedaje de páginas web...), por un período de tiempo de hasta 12 meses.

Los operadores de redes y servicios y los proveedores de acceso deberán conservar únicamente los datos necesarios para facilitar la localización de los equipos terminales (es decir, se tiene que registrar la dirección IP asignada a cada usuario en una conexión a Internet, pero no qué páginas web o servicios de Internet ha utilizado).

A raíz de los atentados de Madrid (11 de marzo de 2004) y, especialmente, de Londres (7 de julio de 2005) distintos gobiernos europeos liderados por el británico se han mostrado partidarios de facilitar el acceso de la Policía a las llamadas telefónicas y los correos electrónicos de los ciudadanos, por lo que en la actualidad se están estudiando varios paquetes de medidas sobre esta cuestión.

Así, por ejemplo, el Reino Unido anunciaba en agosto de 2008 una propuesta para controlar los mensajes de correo electrónico, el uso de Internet, los mensajes de móvil SMS y las llamadas telefónicas de los ciudadanos británicos. De hecho, en ese momento ya era obligatorio en el Reino Unido que las grandes empresas de telecomunicaciones, como BT, Orange u O2 mantuvieran un registro del tráfico de las llamadas de cada ciudadano desde teléfonos fijos y móviles.

Por su parte, Francia también anunciaba en septiembre de 2008 la creación de la base de datos denominada "Edvige" (Explotación Documental y Valorización de la Información General), registrando detalles como los rasgos físicos, el origen étnico, los datos fiscales y financieros, así como el número de teléfono de cientos de miles de ciudadanos.

En Alemania la Cámara Alta del Parlamento aprobaba en diciembre de 2008 una controvertida ley que permite a la policía criminal (la Oficina Federal de Investigaciones Criminales, conocida por sus siglas BKA) actuar en materia antiterrorista fuera de las fronteras alemanas e instalar programas espía en los ordenadores privados de ciudadanos sospechosos de terrorismo.

## 8.3.4 CARNIVORE

CARNIVORE es un polémico programa desarrollado en el año 2000 por el FBI en Estados Unidos para interceptar y leer mensajes de correo electrónico y otras comunicaciones entre presuntos criminales, espías y terroristas, contando para ello con la colaboración de los operadores de redes de telecomunicaciones.

Desde entonces este costoso programa (el proyecto tuvo un coste superior a los 170 millones de dólares) fue utilizado de forma importante a partir de los atentados del 11-S en Estados Unidos.

Sin embargo, en enero de 2005 el FBI anunciaba su intención de desechar este programa y reemplazarlo por otras soluciones comerciales convencionales que resultaban mucho más económicas.

Por otra parte, en noviembre de 2004 se daba a conocer la noticia de que la Agencia de Inteligencia de Estados Unidos (CIA) había aportado fondos para el desarrollo de nuevos métodos de escucha automática y no detectable de servicios de *chat* en Internet. En la actualidad la investigación también se centra en la interceptación de las conversaciones mediante telefonía IP (transmisión de voz a través de la propia Internet).

## 8.4 REFERENCIAS DE INTERÉS

- ✓ NSA: http://www.nsa.gov/.
- ✓ Página personal del físico Duncan Campbell, autor de un libro sobre la red Echelon: http://duncan.gn.apc.org/.
- ✓ Información adicional sobre la red Echelon: http://www.fas.org/irp/program/process/echelon.htm.
- ✓ Información sobre el programa Carnivore del FBI ofrecida por el EPIC (*Electronic Privacy Information Center*): http://www.epic.org/privacy/carnivore/.

# Capítulo 9

# RESPUESTA A INCIDENTES DE SEGURIDAD Y PLANES PARA LA CONTINUIDAD DEL NEGOCIO

## 9.1 INCIDENTES DE SEGURIDAD

> Por **"Incidente de Seguridad"** entendemos cualquier evento que pueda provocar una interrupción o degradación de los servicios ofrecidos por el sistema, o bien afectar a la confidencialidad o integridad de la información.

Un incidente de seguridad puede ser causado por un acto intencionado realizado por un usuario interno o un atacante externo para utilizar, manipular, destruir o tener acceso a información y/o recursos de forma no autorizada. Aunque un incidente también podría ser la consecuencia de un error o trasgresión (accidental o deliberada) de las políticas y procedimientos de seguridad, o de un desastre natural o del entorno (inundación, incendio, tormenta, fallo eléctrico...).

En España, la Ley Orgánica de Protección de Datos define una incidencia como "cualquier anomalía que afecte o pudiera afectar a la seguridad de los datos", en el contexto de los ficheros con datos de carácter personal.

## 9.2 PLAN DE RESPUESTA A INCIDENTES

La definición e implantación de un Plan de Respuesta a Incidentes debería tener en cuenta una serie de actividades y tareas, entre las cuales podríamos destacar todas las que se presentan en la siguiente relación:

> Constitución de un Equipo de Respuesta a Incidentes.

> Definición de una Guía de Procedimientos.

> Detección de un incidente de seguridad.

> Análisis del incidente.

> Contención, erradicación y recuperación.

> Identificación del atacante y posibles actuaciones legales.

> Comunicación con terceros y relaciones públicas.

> Documentación del incidente de seguridad.

> Análisis y revisión "a posteriori" del incidente.

*Tabla 9.1. Actividades contempladas en un Plan de Respuesta a Incidentes*

## 9.2.1 Equipo de Respuesta a Incidentes de Seguridad Informática (CSIRT)

El **Equipo de Respuesta a Incidentes de Seguridad Informática** (CSIRT, *Computer Security Incident Response Team*) está constituido por las personas que cuentan con la experiencia y la formación necesaria para poder actuar ante las incidencias y desastres que pudieran afectar a la seguridad informática de una organización.

Generalmente sólo las grandes organizaciones cuentan con un equipo de personas contratadas para cumplir con esta función. En la mayoría de las organizaciones que no cuentan con un Equipo de Respuesta formalmente constituido, será necesario identificar quiénes son las personas responsables de acometer cada una de las tareas que se hayan definido en el Plan de Respuesta a Incidentes, definiendo claramente las responsabilidades, funciones y obligaciones de cada persona implicada en dicho Plan.

La organización deberá mantener actualizada la lista de direcciones y teléfonos de contacto para emergencias, para poder localizar rápidamente a las personas clave.

En algunos casos será necesario contratar a las personas con la necesaria experiencia y cualificación profesional (conocimientos técnicos, habilidades de comunicación…). La experiencia es un factor determinante para poder actuar de forma correcta evitando errores a la hora de responder de forma rápida y eficaz ante los incidentes de seguridad.

Asimismo, conviene prestar especial atención a la formación continua de los miembros del Equipo de Respuesta a Incidentes (o de las personas que deban asumir esta responsabilidad si no existe el equipo como tal), contemplando tanto los aspectos técnicos como los aspectos legales (delitos informáticos).

Estas personas deben contar con la dotación de medios técnicos y materiales necesarios para poder cumplir con eficacia su misión. Para comprobar la idoneidad de los medios disponibles, el entrenamiento de los miembros del equipo y las actividades definidas en el Plan de Respuesta a Incidentes, conviene llevar a cabo simulacros de forma periódica en la organización.

### 9.2.2 Procedimientos y actividades a realizar

Como parte integrante del Plan de Respuesta a Incidentes, la organización debe definir una guía de actuación clara y detallada con los procedimientos y acciones necesarias para la restauración rápida, eficiente y segura de la capacidad de procesamiento informático y de comunicaciones de la organización, así como para la recuperación de los datos dañados o destruidos.

El objetivo perseguido con la Guía de Procedimientos es conseguir una respuesta sistemática ante los incidentes de seguridad, realizando los pasos necesarios y en el orden adecuado para evitar errores ocasionados por la precipitación o la improvisación.

Una buena Guía de Procedimientos permitirá minimizar los daños ocasionados y facilitar la recuperación del sistema afectado.

Además, esta guía debe completar la adquisición de información detallada sobre cada incidente de seguridad para mejorar los procedimientos de actuación ante futuros incidentes y reforzar la protección actual de los sistemas informáticos de la organización.

Por supuesto, también debe tratar de forma adecuada las cuestiones legales que se pudieran derivar de cada incidente de seguridad, así como los aspectos relacionados con la imagen y reputación de la organización y las relaciones públicas.

### 9.2.3 Detección de un Incidente de Seguridad

La organización debería prestar especial atención a los posibles indicadores de un incidente de seguridad, como una actividad a contemplar dentro del Plan de Respuesta a Incidentes. Seguidamente se presenta una relación de los principales indicadores de posibles incidentes de seguridad:

> ➢ Precursores de un ataque: actividades previas de reconocimiento del sistema informático, como el escaneo de puertos, el escaneo de

vulnerabilidades en servidores, el reconocimiento de versiones de sistemas operativos y aplicaciones...

- Alarmas generadas en los Sistemas de Detección de Intrusiones (IDS), en los cortafuegos o en las herramientas antivirus.

- Registro de actividad extraña en los "*logs*" de servidores y dispositivos de red o incremento sustancial del número de entradas en los "*logs*".

- Aparición de nuevas carpetas o ficheros con nombres extraños en un servidor, o modificaciones realizadas en determinados ficheros del sistema (librerías, *kernel*, aplicaciones críticas...), que se pueden detectar mediante herramientas de revisión de la integridad de ficheros.

- Caída o mal funcionamiento de algún servidor: reinicios inesperados, fallos en algunos servicios, aparición de mensajes de error, incremento anormal de la carga del procesador o del consumo de memoria del sistema...

- Notable caída en el rendimiento de la red o de algún servidor, debido a un incremento inusual del tráfico de datos.

- Cambios en la configuración de determinados equipos de la red: modificación de las políticas de seguridad y auditoría, activación de nuevos servicios, puertos abiertos que no estaban autorizados, activación de las tarjetas de red en modo promiscuo (para poder capturar todo el tráfico que circula por la red interna mediante "*sniffers*"), etcétera.

- Existencia de herramientas no autorizadas en el sistema.

- Aparición de nuevas cuentas de usuario o registro de actividad inusual en algunas cuentas[26]: conexiones de usuarios en unos horarios extraños (por ejemplo, por las noches o durante un fin de semana), utilización de la misma cuenta desde distintos equipos a la vez, bloqueo reiterado de cuentas por fallos en la autenticación, ejecución inusual de determinados servicios desde algunas cuentas, etcétera.

---

[26] Para ello, se pueden utilizar aplicaciones como "*finger*" y "*who*" en sistemas UNIX/LINUX, que muestran los usuarios que se encuentran conectados al sistema, desde qué terminal o equipo están conectados y en qué momento iniciaron su sesión.

➢ Informes de los propios usuarios del sistema alertando de algún comportamiento extraño o de su imposibilidad de acceder a ciertos servicios.

➢ Detección de procesos extraños en ejecución dentro de un sistema, que se inician a horas poco habituales o que consumen más recursos de los normales (tiempo de procesador o memoria)[27].

➢ Generación de tráfico extraño en la red: envío de mensajes de correo electrónico hacia el exterior con contenido sospechoso, inusual actividad de transferencia de ficheros, escaneo de otros equipos desde un equipo interno...

➢ Notificación de un intento de ataque lanzado contra terceros desde equipos pertenecientes a la propia organización.

➢ Desaparición de equipos de la red de la organización.

➢ Aparición de dispositivos extraños conectados directamente a la red o a algunos equipos de la organización (en este último caso podrían ser, por ejemplo, dispositivos para la captura de pulsaciones de teclado en los equipos).

Conviene tener en cuenta que los ataques informáticos se están volviendo cada vez más sofisticados, por lo que es difícil conseguir detectarlos a tiempo. Incluso existen herramientas que facilitan este tipo de ataques ocultando su actividad y que se pueden obtener de forma gratuita en Internet.

Por otra parte, la gran cantidad de información que se genera en los "*logs*" y en las distintas herramientas de seguridad puede dificultar su posterior estudio, debido sobre todo a la pérdida de tiempo provocada por los "falsos positivos". Por este motivo, es necesario contar con herramientas y filtros que faciliten la detección y clasificación de los incidentes.

## 9.2.4 Análisis de un Incidente de Seguridad

El Plan de Respuesta a Incidentes debe definir cómo el equipo de respuesta debería proceder al análisis de un posible incidente de seguridad en cuanto éste fuese detectado por la organización, determinando en primer lugar cuál es su alcance: ¿qué equipos, redes, servicios y/o aplicaciones se han podido ver afectados? ¿Se ha podido comprometer información confidencial de la organización o de sus usuarios y clientes? ¿Ha podido afectar a terceros?

---

[27] Para ello, podría resultar de utilizar el comando "ps" en sistemas UNIX/LINUX, que muestra la relación de procesos en ejecución en el sistema.

Seguidamente, el equipo de respuesta debería determinar cómo se ha producido el incidente: qué tipo de ataque informático (si lo ha habido) ha sido el causante, qué vulnerabilidades del sistema han sido explotadas, qué métodos ha empleado el atacante, etcétera.

Se podría utilizar una "**Matriz de Diagnóstico**" para facilitar la actuación del equipo en momentos de máximo estrés, evitando que se puedan tomar decisiones precipitadas que conduzcan a errores, constituyendo además un valioso apoyo para el personal con menos experiencia en la actuación frente a incidentes de seguridad.

| Síntoma | Código malicioso | Denegación de Servicio (DoS) | Acceso no autorizado |
|---|---|---|---|
| Escaneo de puertos | Bajo | Alto | Medio |
| Caída de un servidor | Alto | Alto | Medio |
| Modificación de ficheros de un equipo | Alto | Bajo | Alto |
| Tráfico inusual en la red | Medio | Alto | Medio |
| Ralentización de los equipos o de la red | Medio | Alto | Bajo |
| Envío de mensajes de correo sospechosos | Alto | Bajo | Medio |

*Tabla 9.2. Ejemplo de Matriz de Diagnóstico*

Asimismo, conviene realizar una valoración inicial de los daños y de sus posibles consecuencias, para a continuación establecer un orden de prioridades en las actividades que debería llevar a cabo el equipo de respuesta, teniendo para ello en consideración aspectos como el posible impacto del incidente en los recursos y servicios de la organización y en el desarrollo de su negocio o actividad principal.

En este sentido, los documentos RFC 1244 y RFC 2196 (del IETF, *Internet Engineering Task Force*) proponen la siguiente priorización de las actividades a realizar por parte de un equipo de respuesta a incidentes:

1. **Prioridad uno:** proteger la vida humana y la seguridad de las personas.

2. **Prioridad dos:** proteger datos e información sensible de la organización.

3. **Prioridad tres:** proteger otros datos e información de la organización.

4. **Prioridad cuatro**: prevenir daños en los sistemas informáticos (pérdida o modificación de ficheros básicos para las aplicaciones y los servidores).

5. **Prioridad cinco:** minimizar la interrupción de los servicios ofrecidos a los distintos usuarios (internos y externos).

## 9.2.5 Contención, Erradicación y Recuperación

Dentro del Plan de Respuesta a Incidentes, el equipo de respuesta debe elegir una determinada estrategia de **contención** del incidente de seguridad. Una primera opción sería llevar a cabo una rápida actuación para evitar que el incidente pueda tener mayores consecuencias para la organización: apagar todos los equipos afectados, desconexión de estos equipos de la red informática, desactivación de ciertos servicios, etcétera. Esta estrategia de contención es la más adecuada cuando se puedan ver afectados servicios críticos para la organización, se pueda poner en peligro determinada información confidencial, se estén aprovechando los recursos de la organización para lanzar ataques contra terceros o cuando las pérdidas económicas puedan ser considerables.

Una segunda alternativa sería retrasar la contención para poder estudiar con más detalle el tipo de incidente y tratar de averiguar quién es el responsable del mismo. Esta estrategia se puede adoptar siempre y cuando sea posible monitorizar y controlar la actuación de los atacantes, para de este modo reunir las evidencias necesarias que permitan iniciar las correspondientes actuaciones legales contra los responsables del incidente. No obstante, se corre el riesgo de que el incidente pueda tener peores consecuencias para la organización o para terceros (y en este último caso la organización podría ser considerada culpable por no haber actuado a tiempo).

Por otra parte, en algunos tipos de ataque las medidas de contención adoptadas podrían desencadenar mayores daños en los sistemas informáticos comprometidos. Así, por ejemplo, un equipo controlado por un *cracker* podría estar ejecutando un servicio que se encargaría de realizar "*pings*" periódicos a determinados servidores o comprobar el estado de las conexiones de red, de tal modo que si se detectase una desconexión del equipo del resto de la red, se desencadenaría otro proceso encargado de eliminar todas las pruebas del disco duro del equipo.

También hay que tener en cuenta que en los ataques de Denegación de Servicio (DoS) puede resultar necesario contar con la colaboración de las empresas proveedoras de acceso a Internet o de administradores de las redes de otras organizaciones para contener el ataque.

Por su parte, la **erradicación** es la etapa del Plan de Respuesta a Incidentes en la que se llevan a cabo todas las actividades necesarias para eliminar los agentes causantes del incidente y de sus secuelas, entre las que podríamos citar posibles "puertas traseras" instaladas en los equipos afectados, *rootkits*[28] u otros códigos malignos (virus, gusanos...), contenidos y material inadecuado que se haya introducido en los servidores, cuentas de usuario creadas por los intrusos o nuevos servicios

---

[28] Un *rootkit* es un programa dañino que simula actuar como una herramienta o servicio legítimo del sistema infectado. Para ello, el atacante se encarga de reemplazar el fichero original del programa que pretende suplantar.

activados en el incidente. También será conveniente llevar a cabo una revisión de otros sistemas que se pudieran ver comprometidos a través de las relaciones de confianza con el sistema afectado.

Por último, la **recuperación** es la etapa del Plan de Respuesta a Incidentes en la que se trata de restaurar los sistemas para que puedan volver a su normal funcionamiento. Para ello, será necesario contemplar tareas como la reinstalación del sistema operativo y de las aplicaciones partiendo de una copia segura, la configuración adecuada de los servicios e instalación de los últimos parches y actualizaciones de seguridad, el cambio de contraseñas que puedan haber sido comprometidas, la desactivación de las cuentas que hayan sido utilizadas en el incidente, la revisión de las medidas de seguridad para prevenir incidentes similares y la prueba del sistema para comprobar su correcto funcionamiento.

## 9.2.6 Identificación del atacante y posibles actuaciones legales

Dentro del Plan de Respuesta a Incidentes, la identificación del atacante es necesaria para poder emprender acciones legales para exigir responsabilidades y reclamar indemnizaciones. No obstante, conviene tener en cuenta que generalmente sólo se podrá identificar la máquina o máquinas desde las que se ha llevado a cabo el ataque, pero no directamente al individuo responsable de su utilización.

La identificación del atacante puede ser una tarea que consuma bastante tiempo y recursos, por lo que no debería interferir en la contención y erradicación del incidente. Algunas organizaciones optan por no perseguir legalmente a los atacantes por el esfuerzo necesario: costes, trámites judiciales, publicación en los medios...

Además, los ataques realizados desde otros países con ciertas lagunas legales en el tratamiento de los delitos informáticos pueden dificultar las reclamaciones judiciales, ya que se complica en gran medida el proceso de extradición de los responsables[29].

Existen distintas técnicas para determinar la dirección IP del equipo (o equipos) desde el que se ha llevado a cabo el ataque contra el sistema informático: utilización de herramientas como "*ping*", "*traceroute*" o "*whois*"; consulta en los registros inversos de servidores DNS; etcétera.

---

[29] En estos casos se requiere de la existencia de un tratado de cooperación judicial entre los países involucrados en el proceso.

No obstante, es necesario tener en cuenta una serie de obstáculos que pueden dificultar esta tarea:

> Mediante técnicas de "*IP Spoofing*" se podría enmascarar la dirección en algunos tipos de ataque.

> El atacante podría estar utilizando equipos de terceros para realizar sus acciones, situación que se produce con bastante frecuente hoy en día.

> El atacante podría haber empleado una dirección IP dinámica, asignada a su equipo por un proveedor de acceso a Internet.

> El equipo del atacante podría estar situado detrás de un servidor *proxy* con el servicio NAT activo (traducción de direcciones internas a una dirección externa), compartiendo una dirección IP pública con otros equipos de la misma red.

Por este motivo, en muchos casos será necesario solicitar la colaboración de los responsables de otras redes y de los proveedores de acceso a Internet que pudieran haber sido utilizados por los atacantes.

Una tarea que también podría contribuir a la identificación del atacante es el análisis de las actividades de exploración (escaneos de puertos y de vulnerabilidades en el sistema) que suelen anteceder a un ataque, sobre todo si éstas han podido ser registradas por los "*logs*" de los equipos afectados o por el Sistema de Detección de Intrusiones (IDS).

En cuanto a la ejecución de acciones contra el atacante, se recomienda presentar una denuncia ante las unidades policiales especializadas en este tipo de incidentes o ataques informáticos, para poder emprender de este modo las correspondientes actuaciones policiales y judiciales.

Conviene destacar que si la organización decidiese actuar por su propia cuenta, "tomando la justicia por su mano", es decir, realizar ataques a modo de represalia contra los equipos desde los que aparentemente se está produciendo un intento de intrusión contra sus propios equipos y redes informáticas, esta actuación podría tener graves consecuencias para la organización. Si el atacante ha utilizado técnicas de enmascaramiento (como "*IP Spoofing*"), la organización podría lanzar un ataque contra equipos y redes inocentes, con las correspondientes responsabilidades legales que se derivan de esta actuación, por lo que podría ser denunciada por las organizaciones propietarias de estos equipos atacados a modo de represalia.

## 9.2.7 Comunicación con terceros y Relaciones Públicas

El Plan de Respuesta a Incidentes tiene que contemplar cómo la organización debería comunicar a terceros la causa y las posibles consecuencias de un incidente de seguridad informática.

Así, dentro de este Plan de Respuesta deberían estar previstos los contactos con organismos de respuesta a incidentes de seguridad informática (como el CERT), con las fuerzas de seguridad (Policía o Guardia Civil en España), con agencias de investigación y con los servicios jurídicos de la organización.

También podría ser necesario establecer contactos con proveedores de acceso a Internet, ya sea el proveedor de la propia organización o el proveedor o proveedores que dan servicio a equipos desde los que se ha originado un ataque contra la organización.

Del mismo modo, en algunos casos sería recomendable contactar con los fabricantes de hardware y/o software que se hayan visto involucrados en el incidente, debido a una vulnerabilidad o una mala configuración de sus productos.

En el Plan de Respuesta a Incidentes también se deben contemplar los contactos con terceros que pudieran haber sido perjudicados por el incidente de seguridad, como en el caso de que se hubieran utilizado ordenadores de la organización para realizar un ataque contra sistemas y redes de otras entidades. De este modo, se podrían limitar las responsabilidades legales en las que podría incurrir la organización por culpa del incidente de seguridad.

Por otra parte, hay que tener en cuenta el cumplimiento de la normativa existente ya en algunos países, que obliga a la notificación de los incidentes de seguridad a determinados organismos de la Administración, así como a los ciudadanos (generalmente clientes de la organización) que pudieran verse afectados por dicho incidente. En los contactos con los clientes de la organización, el personal debería poder transmitir seguridad y tranquilidad, indicando en todo momento que "la situación está controlada".

Por último, también será conveniente definir un Plan de Comunicación con los Medios: agencias de noticias, prensa, emisoras de radio y TV... Para ello, la organización debería establecer quién se encargará de hablar con los medios y qué datos se podrán facilitar en cada momento. El interlocutor debería estar preparado para responder a preguntas del estilo: ¿quién ha sido el responsable del ataque o incidente?; ¿cómo pudo suceder?; ¿hasta qué punto se ha extendido por la organización?; ¿qué medidas están adoptando para contrarrestarlo?; ¿cuáles pueden ser sus consecuencias técnicas y económicas?; etcétera.

En la comunicación con los medios, la organización debería procurar no revelar información sensible, como los detalles técnicos de las medidas adoptadas para responder al incidente de seguridad, y evitar en la medida de lo posible las especulaciones sobre las causas o los responsables del incidente de seguridad.

## 9.2.8 Documentación del Incidente de Seguridad

El Plan de Respuesta a Incidentes debería establecer cómo se tiene que documentar un incidente de seguridad, reflejando de forma clara y precisa aspectos como los que se presentan en la siguiente relación:

> - Descripción del tipo de incidente.
> - Hechos registrados (eventos en los "*logs*" de los equipos).
> - Daños producidos en el sistema informático.
> - Decisiones y actuaciones del equipo de respuesta.
> - Comunicaciones que se han realizado con terceros y con los medios.
> - Lista de evidencias obtenidas durante el análisis y la investigación.
> - Comentarios e impresiones del personal involucrado.
> - Posibles actuaciones y recomendaciones para reforzar la seguridad y evitar incidentes similares en el futuro.

*Tabla 9.3. Documentación de un incidente de seguridad*

La *Trans-European and Education Network Association* (TERENA) ha desarrollado un estándar para facilitar el registro e intercambio de información sobre incidentes de seguridad: el estándar RFC 3067, con recomendaciones sobre la información que debería ser registrada en cada incidente ("*Incident Object Description and Exchange Format Requirements*").

Conviene destacar que una correcta y completa documentación del incidente facilitará el posterior estudio de cuáles han sido sus posibles causas y sus consecuencias en el sistema informático y los recursos de la organización. Por supuesto, será necesario evitar que personal no autorizado pueda tener acceso a esta documentación sensible.

## 9.2.9 Análisis y revisión *a posteriori* del incidente

Dentro del Plan de Respuesta a Incidentes se tiene que contemplar una etapa para el análisis y revisión *a posteriori* de cada incidente de seguridad, a fin de determinar qué ha podido aprender la organización como consecuencia del mismo.

Con tal motivo, será necesario elaborar un informe final sobre el incidente, en el que se puedan desarrollar los siguientes aspectos de forma detallada:

1. Investigación sobre las causas y las consecuencias del incidente:

    - Estudio de la documentación generada por el equipo de respuesta a incidentes.

    - Revisión detallada de los registros de actividad (*"logs"*) de los ordenadores y dispositivos afectados por el incidente.

    - Evaluación del coste del incidente de seguridad para la organización: equipos dañados, software que se haya visto afectado, datos destruidos, horas de personal dedicado a la recuperación de los equipos y los datos, información confidencial comprometida, necesidad de soporte técnico externo, etcétera.

    - Análisis de las consecuencias que haya podido tener para terceros.

    - Revisión del intercambio de información sobre el incidente con otras empresas e instituciones, así como con los medios de comunicación.

    - Seguimiento de las posibles acciones legales emprendidas contra los responsables del incidente.

2. Revisión de las decisiones y actuaciones del equipo de respuesta a incidentes:

    - Composición y organización del equipo.

    - Formación y nivel de desempeño de los miembros.

    - Rapidez en las actuaciones y decisiones: ¿cómo respondió el personal involucrado en el incidente?; ¿qué tipo de información se obtuvo para gestionar el incidente?; ¿qué decisiones se adoptaron?

3. Análisis de los procedimientos y de los medios técnicos empleados en la respuesta al incidente:

    - Redefinición de aquellos procedimientos que no hayan resultado adecuados.

    - Adopción de las medidas correctivas que se consideren necesarias para mejorar la respuesta ante futuros incidentes de seguridad.

    - Adquisición de herramientas y recursos para reforzar la seguridad del sistema y la respuesta ante futuros incidentes de seguridad.

4. Revisión de las Políticas de Seguridad de la organización.

    - Definición de nuevas directrices y revisión de las actualmente previstas por la organización para reforzar la seguridad de su sistema informático.

## 9.3 PRÁCTICAS RECOMENDADAS POR EL CERT/CC

El CERT/CC (*Computer Emergency Response Team/Coordination Center*) ha propuesto una serie de actividades para mejorar la respuesta de una organización ante los incidentes de seguridad informática. Seguidamente se presenta un extracto con algunas de las principales actividades propuestas por este organismo, agrupadas en tres fases o etapas:

### 9.3.1 Preparación de la respuesta ante incidentes de seguridad

- Definición del plan de actuación y los procedimientos para responder a los incidentes, especificando, entre otras cuestiones, a quién se debe informar en caso de incidente o qué tipo de información se debe facilitar y en qué momento (fase del incidente).

- Documentación del plan de actuación y de los procedimientos para responder a los incidentes.

- Comprobación de que el plan de actuación y los procedimientos previstos cumplen con los requisitos legales y las obligaciones contractuales con terceros (como, por ejemplo, exigencias de los clientes de la organización).

- Adquisición e instalación de herramientas informáticas y dispositivos que faciliten la respuesta ante incidentes. Conviene disponer de equipos redundantes, dispositivos de red y medios de almacenamiento para poder recuperar el funcionamiento normal del sistema.

- ➢ Verificación de los procedimientos y dispositivos de copias de seguridad.

- ➢ Creación de un archivo de discos de arranque y un conjunto de copias con todas las aplicaciones y servicios necesarios para el funcionamiento de los sistemas informáticos, así como de los parches y actualizaciones correspondientes.

- ➢ Formación y entrenamiento del personal afectado por este plan y procedimientos de actuación.

- ➢ Mantenimiento actualizado de una base de datos de contactos (personas y organizaciones).

## 9.3.2 Gestión del incidente de seguridad

- ➢ Aislamiento de los equipos afectados por el incidente, realizando además una copia de seguridad completa de sus discos duros.

- ➢ Captura y protección de toda la información asociada con el incidente: registros de actividad ("*logs*") de los equipos y dispositivos de red, ficheros dentro de los servidores, tráfico intercambiado a través de la red, etcétera.

- ➢ Catalogación y almacenamiento seguro de toda esta información para poder preservar las evidencias. Convendría disponer de copias de seguridad con la información del estado previo y del estado posterior al incidente de los equipos y sistemas afectados.

- ➢ Revisión de toda la información disponible para poder caracterizar el tipo de incidente o intento de intrusión. Análisis detallado de los registros de actividad ("*logs*") y del estado de los equipos para determinar cuál puede ser el tipo de ataque o incidente, qué sistemas se han visto afectados, qué modificaciones han realizado o qué programas han ejecutado los posibles intrusos dentro de estos sistemas.

- ➢ Comunicación con todas las personas y organismos que deberían ser informados del incidente, cumpliendo con lo establecido en las políticas y procedimientos de respuesta a incidentes. Mantenimiento de un registro detallado de todas las comunicaciones y contactos establecidos durante la respuesta ante el incidente.

- ➢ Participación en las medidas de investigación y de persecución legal de los responsables del incidente.

- ➢ Aplicación de soluciones de emergencia para tratar de contener el incidente: desconectar los equipos afectados de la red corporativa;

desactivar otros dispositivos y servicios afectados; apagar temporalmente los equipos más críticos; cambiar contraseñas e inhabilitar cuentas de usuarios; monitorizar toda la actividad en estos equipos; verificar que se dispone de copias de seguridad de los datos de los equipos afectados por el incidente; etcétera.

➢ Eliminación de todos los medios posibles que faciliten una nueva intrusión en el sistema: cambiar todas las contraseñas de los equipos a los que hayan podido tener acceso atacantes o usuarios no autorizados; revisar la configuración de los equipos; detectar y anular los cambios realizados por los atacantes en los equipos afectados; restaurar programas ejecutables y ficheros binarios (como las librerías del sistema) desde copias seguras; mejorar, si es posible, los mecanismos de registro de la actividad en estos equipos.

➢ Recuperación de la actividad normal de los sistemas afectados: reinstalación de aplicaciones y servicios, incluyendo los parches y actualizaciones de seguridad; restauración de los datos de los usuarios y las aplicaciones desde copias de seguridad; recuperación de las conexiones y servicios de red; verificación de la correcta configuración de estos equipos.

### 9.3.3 Seguimiento del incidente de seguridad

➢ Identificación de las lecciones y principales conclusiones de cada incidente, recurriendo para ello al análisis "*post-mortem*" de los equipos afectados por el incidente y entrevistando a las personas implicadas en la gestión del incidente.

➢ Implementación de las mejoras de seguridad propuestas como consecuencia de las "lecciones aprendidas" en cada incidente: revisión de las políticas y procedimientos de seguridad, realización de un nuevo análisis detallado de las vulnerabilidades y riesgos del sistema, etcétera.

## 9.4 OBLIGACIÓN LEGAL DE NOTIFICACIÓN DE ATAQUES E INCIDENCIAS

La obligación legal de notificación de ataques e incidencias que puedan afectar a la seguridad informática es una medida que ya ha sido adoptada por el Estado de California en Estados Unidos. Así, en este Estado desde el 1 de julio de 2003 todos los Websites de comercio electrónico están obligados por ley a informar a sus clientes cuando se haya producido una violación de la seguridad de su sistema informático.

De hecho la "Senate Bill 1386" fue aprobada en California en septiembre de 2002, después de que tuviese lugar una intrusión en los sistemas de nóminas de este Estado, a consecuencia de la cual los datos de más de doscientos mil empleados del

Estado cayeron en manos de los atacantes, con un notable riesgo de fraudes y robos de identidad.

En virtud de lo dispuesto por esta ley, toda empresa afectada por un ataque o incidencia informática deberá informar de este hecho por correo electrónico a sus clientes, indicándoles que el número de su tarjeta de crédito o algún otro dato de carácter personal podría haber sido sustraído de los ordenadores de la empresa. Esta alerta informativa se tendrá que enviar tanto en caso de robo de información como cuando hayan sido descubiertas brechas de seguridad en el Website de la empresa.

Esta ley del Estado de California no contempla la aplicación de multas a quienes no cumplan con este requisito, pero sí abre las puertas a todo tipo de procesos legales contra las empresas afectadas.

En la actualidad se estudia la posibilidad de aplicar esta misma medida a todas las empresas que cotizan en bolsa en Estados Unidos.

## 9.5 INFORMÁTICA FORENSE

### 9.5.1 Fundamentos de la Informática Forense

> La **Ciencia Forense** nos proporciona los principios y técnicas que facilitan la investigación de los delitos criminales, mediante la identificación, captura, reconstrucción y análisis de las evidencias.

La Ciencia Forense recurre a la aplicación de un método científico para analizar las evidencias disponibles y formular hipótesis sobre lo ocurrido.

El trabajo de la Ciencia Forense se basa en el "Principio de Transferencia de Locard"[30], según el cual cualquier persona u objeto que entra en la escena del crimen deja un rastro en la escena o en la propia víctima, y viceversa, es decir, también se lleva consigo algún rastro de la escena del crimen.

> Por su parte, la **Informática Forense** se encarga de adquirir, preservar, obtener y presentar datos que han sido procesados electrónicamente y guardados en un medio computacional (definición propuesta por el FBI).

Un equipo de análisis forense estará constituido por expertos con los conocimientos y experiencia necesarios en el desarrollo de estas actividades. Además,

---

[30] Formulado por Edmond Locard, francés fundador del Instituto de Criminalística de la Universidad de Lyon, considerado como uno de los padres de la Ciencia Forense.

sus miembros deberían contar con el entrenamiento adecuado, prestando especial atención a la puesta al día de sus conocimientos y habilidades.

Para poder realizar este trabajo resultará fundamental contar con los medios y el material especializado para las distintas técnicas del análisis forense, así como disponer de un manual detallado de los procedimientos de actuación, definiendo de forma clara y precisa todas las actividades que se realizarán en cada una de las etapas del análisis forense en sistemas informáticos.

Podemos señalar que una interesante referencia para el análisis forense en los sistemas informáticos es la guía *Best Practices for Seizing Electronic Evidence*, publicada por el Servicio Secreto de Estados Unidos y accesible en la dirección de Internet http://info.publicintelligence.net/usssbestpractices.pdf.

*Figura 9.1. Servicio Secreto de Estados Unidos*

## 9.5.2 Etapas en el análisis forense de un incidente informático

Podemos distinguir las siguientes etapas en el análisis forense de un incidente informático:

1. Identificación y captura de las evidencias.

2. Preservación de las evidencias.

3. Análisis de la información obtenida.

4. Elaboración de un informe con las conclusiones del análisis forense.

Seguidamente se estudiarán las actividades y aspectos a tener en cuenta en cada una de estas actividades[31].

---

[31] Se puede obtener más información en el documento RFC 3227: "*Guidelines for Evidence Collection and Archiving*".

## 9.5.2.1 CAPTURA DE LAS EVIDENCIAS

> Una **evidencia** es toda aquella información que podrá ser capturada y analizada posteriormente para interpretar de la forma más exacta posible el incidente de seguridad: en qué ha consistido, qué daños ha provocado, cuáles son sus consecuencias y quién pudo ser el responsable. También se pueden considerar como evidencias los campos magnéticos y los pulsos electrónicos emitidos por los equipos informáticos.

A pesar de ser intangibles, las evidencias digitales o electrónicas pueden ser admitidas como prueba en un juicio, si se ofrecen unas determinadas garantías en las distintas etapas del análisis forense, mediante el aislamiento de la escena del crimen para evitar la corrupción de ésta y de las posibles evidencias que en ella puedan hallarse.

Asimismo, es posible generar distintas copias de las evidencias digitales para facilitar su conservación y posterior análisis. La tecnología informática permitirá averiguar si alguna de estas copias ha sido modificada o falsificada, comparándola con la original.

Debemos tener en cuenta, por lo tanto, que el proceso de captura de evidencias digitales no debe alterar el escenario objeto de análisis. En la práctica esto es muy difícil de conseguir, ya que las herramientas utilizadas van a modificar la memoria del sistema informático en el que se ejecutan. De hecho, la ejecución de determinados comandos en el sistema podría alterar la información registrada en el disco: así, por ejemplo, un simple listado del contenido de un directorio va a modificar la fecha de último acceso a cada fichero.

Además, conviene utilizar herramientas grabadas en pendrive, en un CD-ROM o en otro soporte de almacenamiento, que se puedan ejecutar directamente sin requerir instalación ni utilizar un entorno gráfico, para que resulten lo menos intrusivas posible y no afecten a la imagen en los discos duros del sistema.

No es recomendable emplear las propias herramientas del sistema, ya que éstas podrían haber sido manipuladas por terceros, mediante "*rootkits*" o troyanos. Asimismo, es necesario emplear medios forénsicamente estériles para guardar una copia de las evidencias digitales, es decir, medios que no hayan tenido datos previos en ellos.

También es conveniente obtener la imagen fotográfica de todas las pantallas que muestra el sistema informático durante el proceso de captura de las evidencias digitales.

La captura de las evidencias digitales se complica aún más con las **evidencias volátiles**, entendiendo como tales a toda aquella información que se perderá al apagar un equipo informático objeto de análisis. Podemos considerar la siguiente relación de evidencias digitales volátiles:

- Volcado de la memoria global del sistema y de cada proceso: ante la dificultad de realizar un análisis en profundidad, se podrá utilizar el volcado de memoria para buscar determinadas cadenas de caracteres que puedan dar pistas sobre el incidente que ha afectado al equipo.

- Procesos y servicios en ejecución dentro del sistema: de cada proceso o servicio sería conveniente identificar el fichero ejecutable y los parámetros de ejecución, así como la cuenta de usuario bajo la que se ejecuta, los ficheros que está usando y qué otro proceso o servicio lo ha llamado (árbol de ejecución), para posteriormente poder comparar esta información con la situación estable del sistema objeto de estudio.

- Controladores (*drivers*) instalados para gestionar distintos recursos hardware del sistema.

- Información de la situación y configuración de los servicios y las tarjetas de red: configuración del protocolo TCP/IP, puertos abiertos, caché del protocolo ARP, caché de DNS, enlaces entre los protocolos y las distintas interfaces de red…

- Usuarios y grupos de usuarios activos dentro del sistema: qué sesiones se encuentran abiertas en el momento de llevar a cabo el análisis del equipo.

Tras haber capturado todas las evidencias volátiles, se procederá a obtener la información de los discos duros del sistema. Para ello, conviene apagar de forma repentina el equipo, de modo que se pueda evitar que en el proceso de apagado desde el sistema operativo se puedan borrar algunas evidencias, ya que el atacante podría haber incluido alguna rutina para eliminar evidencias de sus actuaciones dentro del sistema cuando éste fuera apagado. Seguidamente se procederá a arrancar el sistema informático procurando no alterar la información existente en los discos duros: arranque desde CD-ROM o disquete, cargando un sistema operativo como MS-DOS o Linux.

Para la obtención de la imagen de los discos del sistema informático se tendrá que realizar una duplicación de la información de los discos duros del equipo a analizar, empleando herramientas especializadas como dd, Ghost, Safeback o EnCase, que son capaces de realizar una duplicación sector a sector de cada disco duro, copiando todos los bits en el proceso.

Así, estas herramientas especializadas en la duplicación de discos duros pueden copiar los bits pertenecientes a ficheros válidos, aunque hayan sido registrados como ocultos por el sistema operativo, bits que determinan el "*used space*" (espacio utilizado) del disco; los bits de los ficheros marcados como eliminados y que forman parte del "*free space*" (espacio libre o disponible); e incluso los bits que se encuentran en las zonas marcadas como no utilizadas dentro de cada sector ("*slack space*") y en los espacios de separación entre particiones y sectores[32].

## 9.5.2.2 PRESERVACIÓN DE LAS EVIDENCIAS DIGITALES

A la hora de preservar las evidencias digitales será necesario contemplar una serie de tareas de tipo técnico y de medidas de carácter organizativo, teniendo en cuenta las recomendaciones de la IOCE (*International Organization on Computer Evidence*, Organización Internacional sobre Evidencias Informáticas).

Así, en primer lugar, se deberá utilizar un adecuado método de identificación, precinto, etiquetado y almacenamiento de las evidencias, considerando la posible incorporación de una firma temporal ("*digital timestamp*") en cada evidencia para que quede registrado el momento en que fue capturada.

Estas evidencias digitales deberán ser preservadas de factores ambientales adversos: campos magnéticos, fuentes de radiación, etcétera. Por este motivo, se recomienda conservar los soportes informáticos donde se han registrado las evidencias digitales en bolsas de plástico antiestáticas.

Asimismo, es necesario garantizar que los datos digitales adquiridos de copias no puedan ser alterados, por lo que para su obtención se deberían emplear herramientas de generación de imágenes bit a bit, que incorporen códigos de comprobación (*checksums* o algoritmos de huella digital como SHA-1 o MD5) para facilitar la comprobación de la integridad de estos datos.

Otro aspecto de gran importancia es la documentación de todo el proceso de adquisición de evidencias, llevado a cabo por profesionales con los conocimientos adecuados. En dicha documentación se debe reflejar de forma clara y precisa la identificación de las personas que intervienen en el proceso, así como el momento y lugar en que se captura cada una de las evidencias. También se puede prever la posibilidad de realizar una grabación en vídeo por parte del equipo encargado de la captura de evidencias digitales.

Por último, resultará fundamental, sobre todo desde un punto de vista legal, el mantenimiento de la cadena de custodia de las evidencias. Con tal motivo, deben estar perfectamente definidas las obligaciones y funciones de cada uno de los miembros del equipo de análisis forense.

---

[32] Estos espacios son empleados en ocasiones por usuarios expertos para guardar información que no resulta accesible desde el propio sistema operativo del equipo.

## 9.5.2.3 ANÁLISIS DE LAS EVIDENCIAS OBTENIDAS

El análisis de las evidencias digitales capturadas en las etapas anteriores podría ser realizado mediante herramientas especializadas (como EnCase) que permiten analizar la imagen obtenida de los discos duros sin tener que volcarla a otro disco o unidad de almacenamiento.

La labor de análisis puede comenzar con la búsqueda de información (cadenas de caracteres alfanuméricos) en el volcado de la memoria del sistema o en las imágenes de los discos duros para localizar ficheros sospechosos, como podrían ser programas ejecutables, "*scripts*" o posibles troyanos.

A continuación se podrán ejecutar estos ficheros sospechosos en un entorno de pruebas totalmente controlado (por ejemplo, en una máquina virtual creada mediante la herramienta VMware con la misma configuración que el sistema que ha sufrido el incidente), para estudiar su comportamiento: interacción con el sistema, llamadas a otras aplicaciones o ficheros que intenta modificar (para esto último se pueden emplear herramientas como Filemon o Regmon en los sistemas Windows).

Asimismo, se tendrá que realizar una comprobación de la integridad en los ficheros y librerías del sistema, para detectar posibles manipulaciones (presencia de *rootkits* en el sistema). Para ello, será necesario disponer de la información sobre el estado del sistema previo al incidente (firmas digitales de los ficheros y librerías, mediante algoritmos como SHA-1 o MD5). También es posible consultar una base de datos de firmas para instalaciones típicas de distintos sistemas operativos, como la base de datos NSRL (*National Software Reference Library*) del Instituto de Estándares NIST de Estados Unidos (www.nsrl.nist.gov).

El análisis de las evidencias también debe contemplar la revisión de los ficheros de configuración del sistema, donde se establecen los parámetros básicos de arranque, los servicios que se van a ejecutar y las directivas de seguridad. Por este motivo, será necesario comprobar la ejecución programada de aplicaciones, así como revisar la configuración de las aplicaciones servidoras que se ejecutaban en el sistema informático objeto de estudio (servidor WWW, servidor FTP...) y los registros de actividad de estas aplicaciones ("*logs*"). Se debería tener en cuenta, además, la posibilidad de obtener datos adicionales de los "*logs*" de otros equipos y dispositivos de la red (como, por ejemplo, los cortafuegos o los IDS) para llevar a cabo un análisis más completo de estos registros de actividad.

En relación con los ficheros incluidos en la copia del disco o discos del sistema, conviene realizar las siguientes tareas:

- ➢ Identificación de los tipos de archivos, a partir de sus extensiones o del estudio de los "números mágicos" (*Magic Numbers*), es decir, de la información contenida en la cabecera de cada fichero.

- ➢ Visualización del contenido de los ficheros gráficos.

> Estudio de las fechas de creación, cambio y último acceso a los ficheros, para detectar qué ficheros han experimentado cambios o han sido creados en las fechas próximas al incidente. Hay que tener en cuenta la fecha y hora del sistema en el momento de obtener las evidencias.

> Revisión de los permisos de acceso y ejecución de los ficheros, así como de la información sobre quiénes son sus propietarios.

> Revisión de los distintos ficheros temporales obtenidos en la imagen del sistema: memoria temporal (caché) del navegador, direcciones URL que se han tecleado en la caja de direcciones, contenido del historial del navegador, caché del protocolo ARP, archivo de paginación del sistema (*swap*), *spooler* de impresión, etcétera.

La tarea de análisis de los ficheros se puede ver dificultada por el hecho de que algunos de estos ficheros se encuentren comprimidos y/o cifrados (en este último caso resultará mucho más difícil el análisis si se ha utilizado un algoritmo de cifrado robusto).

Del mismo modo, será difícil localizar y analizar los ficheros ocultos mediante distintas técnicas dentro del sistema:

> Activación del atributo "oculto" en las propiedades de algún fichero para que no sea mostrado por el sistema operativo.

> Información y ficheros ocultos en otros ficheros mediante técnicas esteganográficas.

> Mecanismo ADS ("*Alternate Data Streams*") del sistema de ficheros NTFS de Windows, utilizado para mantener información sin estructura asociada a un fichero (un icono, por ejemplo). No obstante, este mecanismo puede ser empleado por un intruso para ocultar archivos asociados a otros sin que sean detectados por el administrador del sistema.

El equipo de análisis forense deberá tener especial cuidado a la hora de localizar aquellos ficheros marcados como borrados en el disco pero que todavía no habían desaparecido de éste, es decir, los sectores que todavía no habían sido asignados a otros ficheros, por lo que formaban parte del "*free space*" (espacio libre del disco).

Con las herramientas adecuadas también es posible recuperar fragmentos de antiguos ficheros, además de facilitar el análisis de los datos que pudieran encontrarse en los espacios de separación entre particiones y sectores, así como en el espacio no utilizado dentro de cada sector ("*slack space*").

### 9.5.3 Herramientas de análisis forense

Las herramientas de análisis forense permiten asistir al especialista durante el análisis de un delito informático, automatizando buena parte de las tareas descritas en los apartados anteriores para facilitar la captura, preservación y posterior análisis de las evidencias digitales.

Además, se distinguen por su capacidad para trabajar con distintos sistemas de ficheros: FAT y FAT32, NTFS de Windows, Ext2/3 de Linux, HFS de Macintosh, etcétera.

De las herramientas de análisis forense disponibles en el mercado podríamos considerar que las más populares serían EnCase, Autopsy, The Forensic Toolkit, The Sleuth Kit o The Coroner's Toolkit, entre otras.

### 9.5.4 Organismos y medios especializados en Informática Forense

Entre los principales organismos internacionales especializados en la Informática Forense destacan la IACIS (*International Association of Computer Investigative Specialists*) y la IOCE (*International Organization on Computer Evidence*).

La IACIS (Asociación Internacional de Especialistas en Investigación Informática) es una organización sin ánimo de lucro dedicada a la formación de los profesionales de la ley en el área del análisis informático forense (www.iacis.com).

*Figura 9.2. IACIS*

Por su parte, la IOCE (Organización Internacional sobre las Evidencias Informáticas) es un organismo creado en 1995 para constituir un foro en el que las agencias de ley de todo el mundo pudieran intercambiar información sobre el análisis forense informático (www.ioce.org).

*Figura 9.3. IOCE*

Asimismo, también podríamos citar revistas especializadas en Informática Forense, como *The International Journal of Digital Evidence* (www.ijde.org).

## 9.6 PLAN DE RECUPERACIÓN DEL NEGOCIO

Las empresas son cada vez más conscientes de la necesidad de estar preparadas para poder responder ante todo tipo de desastres y situaciones catastróficas, como podrían ser los incendios, inundaciones, terremotos, consecuencias de huracanes, etcétera. Sin embargo, estas situaciones también se podrían producir debido a los daños ocasionados por sabotajes, robos o, incluso, por atentados terroristas.

En este contexto, la definición e implantación de un **Plan de Recuperación del Negocio**, también conocido como **Plan de Continuidad del Negocio** o **Plan de Contingencias**, constituye un elemento fundamental para poder garantizar una respuesta adecuada frente a desastres y situaciones catastróficas, asegurando la integridad y la recuperación de los datos.

En este Plan de Recuperación se deben especificar los objetivos y prioridades a tener en cuenta por la organización en caso de un desastre que pueda afectar a la continuidad de su negocio. Para ello, es necesario contemplar la disponibilidad de los recursos y medios adecuados que permitan restaurar el funcionamiento del sistema informático de la organización, así como recuperar los datos, aplicaciones y servicios básicos que se utilizan como soporte al negocio de la organización:

- Disponibilidad de un Centro Alternativo o Centro de Reserva para la ubicación de los principales recursos informáticos (servidores y bases de datos corporativas).

- Existencia de líneas de *back-up* para las comunicaciones.

- Sistemas de almacenamiento RAID en los servidores.

- Implantación de *clusters* de servidores con balanceo de carga.

- Herramientas para llevar a cabo una replicación de los documentos y las bases de datos, que puede ser síncrona, asíncrona o periódica.

Asimismo, se tiene que definir en el Plan de Recuperación del Negocio cuál va a ser la composición de un equipo de dirección que se encargará de coordinar todas las tareas de recuperación frente a un desastre, realizando esta labor desde un determinado centro de control, cuya ubicación también tiene que haber sido previamente especificada en el Plan de Recuperación.

Un elemento fundamental dentro del Plan de Recuperación del Negocio es la existencia de un **Centro Alternativo**, también conocido como **Centro de Respaldo** o **Centro de Back-up**, si bien en la práctica sólo las grandes empresas podrán disponer de un local o edificio dedicado exclusivamente a esta misión. Este centro tendría que estar equipado con los equipos informáticos adecuados y contar con copias de seguridad de los datos más críticos para el negocio suficientemente actualizadas.

Este Centro Alternativo debería contar con las mismas medidas de seguridad informática que las instalaciones principales de la organización. Para su correcta implantación es necesario contemplar no sólo el equipamiento de hardware y de software, sino también aspectos organizativos relacionados con su gestión. Asimismo, se debe tener presente este Centro Alternativo a la hora de instalar nuevos sistemas informáticos en la organización, para que pueda estar puesto al día y sea compatible con los nuevos sistemas implantados.

Las organizaciones pueden adoptar distintas estrategias a la hora de implantar un Centro Alternativo:

a) No se dispone de un Centro Alternativo y no existen copias de seguridad externas. En esta situación el tiempo de recuperación puede ser impredecible e, incluso, dependiendo de la gravedad del desastre, es posible que nunca se puedan llegar a recuperar totalmente los datos, programas y la documentación del sistema afectado. Debemos señalar que un importante porcentaje de empresas y organizaciones de todo tipo (sobre todo las de menor tamaño) todavía se encuentra en esta situación.

b) Transporte periódico de copias de seguridad a un almacén. En este caso podemos considerar que ya existen un Plan de Recuperación del Negocio, gracias a la existencia de copias de seguridad más o menos actualizadas en otra ubicación física. No obstante, el tiempo de recuperación puede ser alto, posiblemente superior a una semana, ya que no se dispone de un Centro Alternativo con equipos adecuados para volver a poner en marcha las aplicaciones y servicios informáticos de la organización.

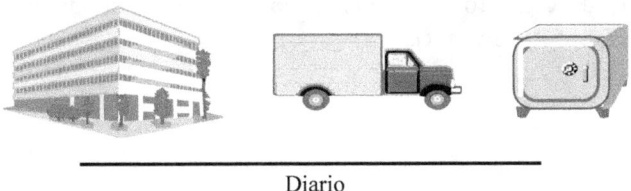

Diario

*Figura 9.4. Transporte de copias de seguridad a un almacén*

c) Centro Alternativo "Frío": Se trata de un Centro Alternativo que cuenta con un equipamiento suficiente de hardware, software y de comunicaciones para mantener los servicios críticos de la organización. Asimismo, en este centro se guardan copias de seguridad de los datos y aplicaciones de la organización. El tiempo de recuperación puede ser de uno a varios días, ya que es necesario restaurar los datos y las aplicaciones desde las copias de seguridad, poniendo en funcionamiento los distintos equipos del Centro Alternativo.

d) Centro Alternativo "Caliente": Se trata de un Centro Alternativo que cuenta con el equipamiento de hardware, software y de comunicaciones necesario para mantener los servicios críticos de la organización, y en el que además estos equipos se encuentran en funcionamiento y disponen de una réplica de todos los datos y aplicaciones del sistema informático, que se realizan de forma diaria o incluso cada hora. De este modo, el tiempo de recuperación es de unas pocas horas, inferior a un día.

e) Centro Alternativo "Caliente" en una configuración en "espejo" ("*mirror*"): Se trata de un Centro Alternativo con el mismo equipamiento que el Centro Principal y que trabaja de un modo paralelo a éste, pudiendo entrar en acción inmediatamente a la caída del Centro Principal. Se trata, por tanto, de un sistema redundante, adecuado para situaciones que requieran de una alta disponibilidad.

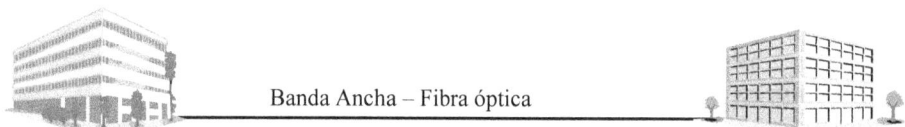

*Figura 9.5. Centro Alternativo "Caliente"*

Por otra parte, debemos destacar la importancia de documentar el sistema informático al mayor nivel de detalle posible, ya que en caso de desastre no siempre se podrá disponer de las personas clave para poder disponer de esta información.

En una empresa de pequeño o mediano tamaño se podría plantear la posibilidad de subcontratar este Centro Alternativo a una empresa especializada, por ejemplo, un "*Data Center*" de un operador de telecomunicaciones, formalizando la relación mediante un contrato en el que se contemple las condiciones y el nivel de servicio (*Service Level Agreement*).

Un procedimiento para la recuperación frente a desastres debería contemplar las siguientes actividades:

- ➢ Detección y respuesta al desastre en el Centro Principal:
  - Adopción de las medidas de contención previstas dependiendo del tipo de desastre: incendio, inundación, explosión…
  - Comunicación a las personas y organismos externos indicados según el tipo de desastre.

- ➢ Traslado de la actividad al Centro Alternativo:
  - Traslado del personal necesario al Centro Alternativo.
  - Puesta en marcha de los servidores y equipos informáticos.
  - Volcado de los datos disponibles en las copias de seguridad más recientes.
  - Recuperación de las aplicaciones y servicios necesarios para la continuidad de las operaciones, priorizando el orden de esta recuperación en función de su importancia o criticidad para el funcionamiento de la organización.
  - Verificación del nivel de servicio recuperado.
  - Registro de todos los incidentes ocurridos durante este proceso.

- ➢ Recuperación del Centro Principal siniestrado.

El resultado de este procedimiento de recuperación se puede determinar a partir de indicadores como el RTO (*Recovery Time Objective*), que informa de en cuánto tiempo se puede recuperar el sistema informático de la organización, así como el RPO (*Recovery Point Objective*), que indica hasta dónde se puede recuperar el sistema.

Debemos destacar la importancia de llevar a cabo auditorías y pruebas periódicas para garantizar la correcta ejecución de los procedimientos previstos para la continuidad del negocio: detección y respuesta al desastre en el Centro Principal, traslado de la actividad al Centro Alternativo y recuperación del Centro Principal siniestrado. Asimismo, en todo este proceso también resulta fundamental la adecuada formación y entrenamiento periódicos del personal que pueda estar implicado en las actividades de recuperación.

## 9.7 REFERENCIAS DE INTERÉS

- ✓ Base de datos NSRL (*National Software Reference Library*) del NIST: http://www.nsrl.nist.gov/.

- ✓ Páginas de incidentes del CERT: http://www.cert.org/incident_notes/.

- ✓ IACIS: http://www.iacis.com/.

- ✓ IOCE: http://www.ioce.org/.

- ✓ RFC 2350 - Expectations for Computer Security Incident Response: http://www.ietf.org/rfc/rfc2350.txt.

- ✓ RFC 3227 - Guidelines for Evidence Collection and Archiving: http://www.ietf.org/rfc/rfc3227.txt.

- ✓ Computer Forensic: http://www.computer-forensic.com/.

- ✓ The International Journal of Digital Evidence: http://www.ijde.org/.

- ✓ The Electronic Evidence Information Center, con recursos sobre análisis forense digital: http://www.e-evidence.info/.

# IDENTIFICACIÓN DE USUARIOS Y SISTEMAS BIOMÉTRICOS

- ❏ Capítulo 10. Autenticación, Autorización y Registro de Usuarios
- ❏ Capítulo 11. Sistemas Biométricos

PARTE III

# Capítulo 10

# AUTENTICACIÓN, AUTORIZACIÓN Y REGISTRO DE USUARIOS

## 10.1 MODELO DE SEGURIDAD AAA

El Modelo de Seguridad AAA (*Authentication, Autorization & Accounting*), que podríamos traducir por "Autenticación, Autorización y Contabilidad (Registro)", se utiliza para poder identificar a los usuarios y controlar su acceso a los distintos recursos de un sistema informático, registrando además cómo se utilizan dichos recursos.

Este modelo se basa, por lo tanto, en tres elementos fundamentales:

- **Identificación y autenticación de los usuarios**: La **identificación** es el proceso por el que el usuario presenta una determinada identidad para acceder a un sistema, mientras que la **autenticación** permite validar la identidad del usuario[33].

- **Control del acceso** a los recursos del sistema informático: equipos, aplicaciones, servicios y datos, en función de las políticas establecidas por la organización.

- **Registro del uso de los recursos** del sistema por parte de los usuarios y de las aplicaciones, utilizando para ello los "*logs*" (registros de actividad) del sistema.

---

[33] También se puede aplicar el proceso de autenticación para la validación de la identidad de un dispositivo hardware o de una aplicación o servicio software.

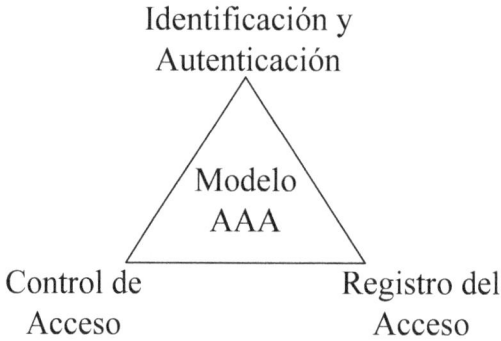

*Figura 10.1. Modelo AAA*

## 10.2 CONTROL DE ACCESO (SEGURIDAD LÓGICA)

Mediante el **Control de Acceso** a los distintos recursos del sistema es posible implementar las medidas definidas por la organización, teniendo en cuenta las restricciones de acceso a las aplicaciones, a los datos guardados en el sistema informático, a los servicios ofrecidos (tanto internos como externos) y a otros recursos de tipo lógico del sistema.

La implantación del control de acceso en un sistema informático depende fundamentalmente de la Gestión de Cuentas de Usuarios y de la Gestión de Permisos y Privilegios.

Para ello, el modelo de seguridad que se aplica en los sistemas operativos se basa en la definición y gestión de determinados **objetos lógicos** (dispositivos lógicos, ficheros, servicios) y **sujetos** (usuarios y grupos, procesos, roles) a los que se conceden derechos y privilegios para realizar determinadas operaciones sobre los objetos.

Podemos distinguir dos tipos de control de acceso:

> **Control de Acceso Obligatorio** (MAC, *Mandatory Access Control*): los permisos de acceso son definidos por el sistema.

> **Control de Acceso Discrecional** (DAC, *Discretionary Access Control*): los permisos de acceso los controla y configura el propietario de cada objeto.

Para definir la lista de sujetos que pueden acceder a cada objeto del sistema se utilizan **Listas de Control de Acceso** (ACL –*Access Control Lists*–). De este modo, es posible contemplar restricciones de acceso no sólo ya en función de la identidad del sujeto (usuario o proceso), sino también en función del horario y/o de la ubicación física del sujeto. Asimismo, en los sistemas gráficos se pueden establecer determinadas limitaciones en la interfaz de usuario de las aplicaciones, indicando qué menús, campos de información, botones u otros elementos gráficos puede visualizar cada usuario.

En sistemas informáticos antiguos (como el sistema operativo MS-DOS o las redes Windows 95/98) se recurría a otra alternativa menos segura: el control de acceso basado en contraseñas. En este caso, cada recurso del sistema (fichero, carpeta compartida o unidad de red) estaba protegido por una determinada contraseña de acceso, de tal modo que sólo los usuarios que tuvieran conocimiento de dicha contraseña podrían acceder al recurso en cuestión. Obviamente, mediante esta alternativa resulta mucho más difícil implantar una adecuada gestión de la seguridad lógica en el sistema, ya que no se puede identificar directamente al usuario o proceso que accede al objeto protegido.

## 10.3 IDENTIFICACIÓN DE USUARIOS

Podemos definir la **identidad** de un individuo (usuario del sistema informático) como el conjunto de cualidades únicas e irrepetibles que lo permiten distinguir de otros.

Los identificadores de los usuarios pueden ser intrínsecos, cuando dependen únicamente de la naturaleza del sujeto, o extrínsecos, cuando se fundamentan en alguna otra propiedad externa. Así, podemos establecer la siguiente clasificación:

> **Identificadores Intrínsecos**: impronta ADN de la persona, fondo del ojo, iris, huellas dactilares, fisonomía de las manos, rasgos faciales, timbre de voz, cinemática de la firma manuscrita, olor corporal...

> **Identificadores Extrínsecos**: PINs, contraseña (*password*), firma manuscrita, número de cuenta bancaria, tarjeta inteligente, terminal desde el que se conecta el usuario...

En definitiva, los elementos utilizados para identificar a un usuario pueden basarse en:

> **Lo que se sabe:** contraseñas (*passwords*), PINs.

> **Lo que se posee (*token*):** tarjeta de crédito, tarjeta inteligente, teléfono móvil, llave USB (*pendrive*)...

SecureKey (www.securikey.com)

*Figura 10.2. Pendrive para acceder a un sistema*

> **Lo que se es:** características biométricas del individuo.

> **Lo que se sabe hacer:** firma manuscrita, etcétera.

> **Dónde se encuentra el usuario:** conexión desde un determinado equipo u ordenador con una dirección IP previamente asignada, en un acceso a través de redes físicas protegidas y controladas (que no permitan que los usuarios puedan manipular las direcciones de los equipos).

## 10.4 VERIFICACIÓN DE CONTRASEÑAS

### 10.4.1 Principios básicos

El mecanismo que se ha venido utilizando en la práctica con mayor frecuencia para identificar a los usuarios se basa en los nombres de usuario (*"login"*) y las contraseñas (*"password"*).

De este modo, a cada usuario se le asigna un identificador o nombre de usuario, que tiene asociada una determinada contraseña (*password*) que permite verificar dicha identidad en el proceso de autenticación. Obviamente, la seguridad del proceso de autenticación depende totalmente de la confidencialidad de la contraseña.

Por este motivo, toda contraseña debería cumplir con unos mínimos requisitos para garantizar su seguridad, los cuales deberían estar definidos en la Política de Gestión de Contraseñas del sistema:

> Tamaño mínimo de la contraseña: número mínimo de caracteres que la puedan componer (hoy en día se recomienda un tamaño mínimo de 6 caracteres).

> Caducidad de la contraseña: período de validez para su uso en el sistema antes de que tenga que ser sustituida por otra.

> Registro del historial de contraseñas previamente seleccionadas por un usuario para impedir que puedan volver a ser utilizadas.

> Control de la adecuada composición de una contraseña, a fin de conseguir que ésta sea difícil de adivinar. Para ello, la contraseña debería estar formada por una combinación de todo tipo de caracteres alfanuméricos (por lo menos una letra y un número, así como algún signo de puntuación), evitando la repetición de secuencias de caracteres. Además, no debería estar relacionada con el propio nombre de usuario, nombres de familiares o mascotas, fechas de cumpleaños u otras fechas señaladas, matrícula del coche, domicilio, DNI, nombre de la empresa, etcétera También es necesario comprobar la robustez de la contraseña frente a

"ataques de diccionario", basados en listas de nombres o palabras comunes.

La autenticación de usuarios basada en contraseñas es un mecanismo ampliamente extendido, soportado por prácticamente todos los sistemas operativos del mercado.

Sin embargo, debemos tener en cuenta que su seguridad depende de una elección segura de la contraseña y de su correcta conservación por parte del usuario, siendo el factor humano uno de los principales puntos débiles de la seguridad informática. Por este motivo, los usuarios deberían asumir su responsabilidad en este proceso, aplicando unas mínimas normas de seguridad:

- Al iniciar una sesión por primera vez en el sistema, se debería obligar al usuario a cambiar la contraseña previamente asignada a su cuenta.

- La contraseña no debería ser anotada en un papel o agenda, ni guardada en un archivo o documento sin cifrar.

- La contraseña sólo debería ser conocida por el propio usuario.

- La contraseña nunca debería ser revelada a terceros, salvo en circunstancias excepcionales (investigación de un incidente de seguridad llevada a cabo por el propio Departamento de Informática, por ejemplo).

- Si la contraseña ha tenido que ser revelada a terceros, el propietario debería cambiar dicha contraseña lo antes posible, una vez haya terminado la situación de emergencia que justificaba su revelación.

- Ante la menor sospecha de que la contraseña pudiera haber sido comprometida, ésta debería ser cambiada de forma inmediata por el usuario.

- El usuario no debería emplear la misma contraseña o una muy similar en el acceso a distintos sistemas.

En definitiva, la sensibilización de los usuarios es un aspecto fundamental para garantizar una adecuada gestión de las contraseñas.

Por otra parte, se tendrían que cambiar todas las contraseñas por defecto del sistema (salvo durante el proceso de instalación) y proceder a la desactivación de las cuentas genéricas (como los usuarios anónimos). Asimismo, el sistema debería estar configurado para no permitir cuentas con contraseñas vacías o inhabilitadas. Las contraseñas de los usuarios nunca deberían mostrarse directamente en pantalla (se tienen que utilizar asteriscos para ocultar lo que teclea el usuario) ni ser volcadas en un listado de impresora.

En los sistemas informáticos no se guarda la contraseña de cada usuario en un fichero, sino que se registra un dato derivado de ella a través de una función de resumen (función *hash*).

Sin embargo, las contraseñas poco robustas son vulnerables frente a ataques de fuerza bruta (es decir, ataques que traten de probar todas las posibles combinaciones de caracteres) o ataques basados en un diccionario de palabras comunes.

Existen herramientas que facilitan esta tarea, tanto para los sistemas Windows (L0phtCrack) como para los sistemas UNIX (JohnTheRipper), ya que permiten generar los resúmenes de las contraseñas a través de una búsqueda exhaustiva (fuerza bruta) o de la lista de palabras de un diccionario, para comparar estos resúmenes con los que se encuentran registrados en el fichero de contraseñas del sistema, tratando de este modo de revelar las contraseñas elegidas por sus usuarios.

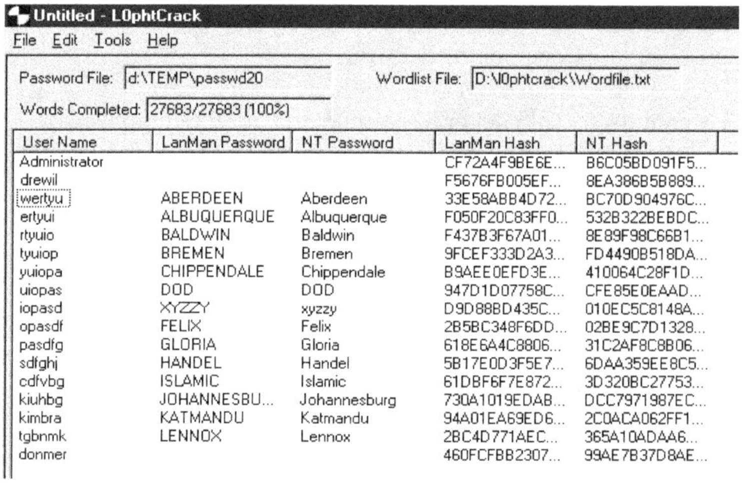


| User Name | LanMan Password | NT Password | LanMan Hash | NT Hash |
|---|---|---|---|---|
| Administrator | | | CF72A4F9BE6E... | B6C05BD091F5... |
| drewil | | | F5676FB005EF... | 8EA386B5B889... |
| wertyu | ABERDEEN | Aberdeen | 33E58ABB4D72... | BC70D904976C... |
| ertyui | ALBUQUERQUE | Albuquerque | F050F20C83FF0... | 532B322BEBDC... |
| rtyuio | BALDWIN | Baldwin | F437B3F67A01... | 8E89F98C66B1... |
| tyuiop | BREMEN | Bremen | 9FCEF333D2A3... | FD4490B518DA... |
| yuiopa | CHIPPENDALE | Chippendale | B9AEE0EFD3E... | 410064C28F1D... |
| uiopas | DOD | DOD | 947D1D07758C... | CFE85E0EAAD... |
| iopasd | XYZZY | xyzzy | D9D88BD435C... | 010EC5C8148A... |
| opasdf | FELIX | Felix | 2B5BC348F6DD... | 02BE9C7D1328... |
| pasdfg | GLORIA | Gloria | 618E6A4C8806... | 31C2AF8C8B06... |
| sdfghj | HANDEL | Handel | 5B17E0D3F5E7... | 6DAA359EE8C5... |
| cdfvbg | ISLAMIC | Islamic | 61DBF6F7E872... | 3D320BC27753... |
| kiuhbg | JOHANNESBU... | Johannesburg | 730A1019EDAB... | DCC7971987EC... |
| kimbra | KATMANDU | Katmandu | 94A01EA69ED6... | 2C0ACA062FF1... |
| tgbnmk | LENNOX | Lennox | 2BC4D771AEC... | 365A10ADAA6... |
| donmer | | | 460FCFBB2307... | 99AE7B37D8AE... |

*Figura 10.3. Revelación de contraseñas con el programa L0phtCrack*

Por este motivo, se deberían controlar el acceso al fichero de contraseñas del sistema, para garantizar su confidencialidad e integridad. Ni siquiera los propios administradores del sistema deberían tener acceso a las contraseñas de otros usuarios. En los sistemas UNIX, la aplicación de la técnica de "*password shadowing*" permite guardar las contraseñas cifradas en un fichero independiente, para evitar que pueda ser capturado por un intruso del sistema.

Otro problema a tener en cuenta es la interceptación de contraseñas que se transmiten por la red o que se introducen a través de un teclado. Mediante programas troyanos que ofrecen determinados servicios de red (como telnet o rlogin), aplicaciones que registran todas las pulsaciones en el teclado de un sistema (conocidas como "*keyloggers*"), determinados dispositivos hardware (como llaves USB), programas espía o *sniffers* especializados en la captura de contraseñas, como "dsniff" o SpectorPro (www.spectorsoft.com), es posible interceptar el nombre de usuario (*login*) y la contraseña (*password*) de un usuario.

Asimismo, algunos sistemas todavía permiten enviar por una red informática las contraseñas en texto claro, sin cifrar. De hecho, muchas aplicaciones de Internet, como el servicio FTP o el acceso a los buzones de correo mediante el protocolo POP3, en su configuración básica (la que aplican la mayoría de los usuarios) envían las contraseñas sin cifrar, siendo, por lo tanto, vulnerables ante los *sniffers* que puedan interceptar el tráfico de la red. Por este motivo, se han diseñado protocolos de desafío/respuesta, que no requieren del envío de la contraseña por parte del usuario que desea acceder al sistema.

## 10.4.2 Protocolos de Desafío/Respuesta (*Challenge/Response*)

En los protocolos de "Desafío/Respuesta" (*Challenge/Response*), el usuario que se identifica ante el sistema lo hace demostrando que tiene una capacidad que comparte en secreto con el autenticador, como podría ser una contraseña asociada a una cuenta de usuario, la clave secreta en un sistema de criptografía simétrico, etcétera.

De este modo, el proceso de identificación no proporciona ninguna información sobre el secreto compartido, ya que simplemente el usuario debe demostrar ante el autenticador que conoce dicho secreto. Por este motivo, no es necesario que el usuario envíe a través de una red la contraseña que permite validar su identidad, evitando el problema de la interceptación de contraseñas en las redes de ordenadores.

Este protocolo de autenticación, como su propio nombre indica, se basa en un desafío y una respuesta: una parte envía, por ejemplo, un número aleatorio a la otra, que entonces lo transforma mediante algún procedimiento que tenga en cuenta el secreto compartido entre ambas partes (por ejemplo, se podría cifrar dicho número mediante la clave secreta del usuario que se desea conectar a un servidor) y devuelve el resultado.

Así, por ejemplo, un navegador puede demostrarle a un servidor Web que conoce la clave de acceso por medio de un corto intercambio de datos, pero sin tener que enviar directamente la clave secreta a través de Internet. De este mismo modo, tiene lugar la autenticación en el acceso a distintos servidores, como los basados en Windows (mediante NTLM y Kerberos) o en el sistema de telefonía GSM, a través de una clave de usuario incluida en la tarjeta inteligente SIM que se incorpora a cada Terminal.

## 10.4.3 Otras alternativas para la gestión de contraseñas

### 10.4.3.1 LISTA DE CONTRASEÑAS (OTP: *ONE TIME PASSWORD*)

En estos sistemas basados en una lista de contraseñas, cada usuario posee varias contraseñas que va usando sólo una vez y de forma consecutiva, constituyendo un mecanismo de autenticación de contraseñas de un solo uso (*"one time password"*). De este modo, si un intruso lograse adivinar una contraseña y entrar en el sistema suplantando la identidad del usuario afectado, esta contraseña tan sólo le serviría en una ocasión. Además, un usuario podría averiguar si se ha producido un acceso no autorizado por la alteración de la secuencia de contraseñas.

En algunos casos sería posible utilizar una lista de contraseñas impresas en papel o en una tarjeta de cartón, si bien existen alternativas mucho más robustas que recurren a la generación de contraseñas mediante algún tipo de software de cifrado o por medio de un dispositivo hardware especializado, como una tarjeta criptográfica (*smart card*) que solicite un PIN al usuario para poder ser utilizada antes de generar la contraseña que corresponda dentro de la lista.

### 10.4.3.2 CONTRASEÑA VARIABLE

En los sistemas de contraseña variable el usuario posee una contraseña de un gran número de caracteres, de la que el sistema sólo comprueba algunos caracteres al azar. Así, como ejemplo de estos sistemas, podríamos citar las matrices que se utilizan en servicios de banca electrónica o banca telefónica, donde sólo se solicitan algunas posiciones de la contraseña del usuario.

### 10.4.3.3 LAS IMÁGENES COMO CONTRASEÑAS

En esta alternativa las contraseñas se basan en una elección aleatoria de fotografías que la persona tiene que realizar de entre varias series de imágenes que se le van mostrando. Cuando la secuencia seleccionada por el usuario es la correcta, se permite su acceso al sistema informático.

Este tipo de contraseñas obedecen más a las habilidades innatas al ser humano y garantizan su intransferibilidad.

### 10.4.3.4 TARJETAS DE AUTENTICACIÓN (*"AUTHENTICATION TOKENS"*)

Estos sistemas de autenticación se basan en la utilización de dos factores: la posesión de un dispositivo físico (tarjeta de autenticación –*authentication token*–) y el conocimiento del PIN que permite utilizar dicha tarjeta.

La tarjeta no envía la clave en el proceso de autenticación, ya que el sistema recurre a un protocolo de desafío/respuesta, ofreciendo de este modo una mayor seguridad en el sistema de autenticación frente a los sistemas tradicionales basados en el conocimiento de una contraseña.

Sin embargo, como inconvenientes de este sistema deberíamos tener en cuenta el incremento de costes derivados de la tarjeta y de la utilización de lectores especializados, así como los problemas que se podrían derivar de la pérdida o robo de la tarjeta. Por este motivo, el usuario debe responsabilizarse de conservar dicha tarjeta de forma segura. Además, el hecho de tener que utilizar una tarjeta siempre puede representar una mayor incomodidad para el usuario (¡otra tarjeta más en su bolsillo!).

## 10.5 AUTENTICACIÓN BASADA EN CERTIFICADOS DIGITALES

Como alternativa a los sistemas basados en contraseñas, se podrían emplear Certificados Digitales para validar la identidad de los usuarios y de los equipos que forman parte de una red. Cada certificado incluye información sobre la identidad del usuario y su clave pública, utilizada para verificar la autenticidad e integridad de sus mensajes firmados electrónicamente.

Los certificados son emitidos por una Autoridad de Certificación, es decir, se recurre a un Tercero de Confianza para avalar la identidad de los usuarios. En un capítulo posterior se estudiará de forma detallada el papel de los certificados digitales.

## 10.6 IDENTIFICACIÓN DE LOS USUARIOS REMOTOS

### 10.6.1 Protocolos de autenticación de acceso remoto

La identificación de los usuarios remotos resulta mucho más compleja, debido a que el proceso de autenticación se tiene que realizar a través de redes inseguras.

Por este motivo, se han propuesto varios protocolos de autenticación de acceso remoto empleados inicialmente en las conexiones basadas en acceso telefónico mediante un módem (recurriendo a un protocolo como PPP), si bien en la actualidad algunos de estos protocolos de autenticación se están utilizando en otro tipo de conexiones como las establecidas en las redes locales inalámbricas.

Los principales protocolos de autenticación de acceso remoto son los siguientes:

> ➢ **PAP** (*Password Authentication Protocol*, RFC 1334): es un protocolo poco robusto, ya que se envía la contraseña del usuario sin cifrar a través de la red.

> ➢ **CHAP** (*Challenge Handshake Authentication Protocol*, RFC 1994): es un protocolo de autenticación del tipo desafío/respuesta, basado en un

secreto compartido, por lo que no es necesario enviar la contraseña (bastaría con comprobar que el usuario remoto conoce un secreto compartido). Para ello, utiliza el algoritmo de digestión MD4.

> **EAP** (*Extensible Authentication Protocol*, RFC 2284): protocolo de autenticación de capa superior[34] que permite utilizar distintos algoritmos de autenticación (por eso se llama "extensible"), facilitando además la autenticación mutua. Este protocolo especifica cuatro tipos de mensajes que pueden intercambiar las entidades que intervienen en el proceso de autenticación: "*Request*" (petición del "autenticador" al "suplicante"), "*Response*" (respuesta del "suplicante"), "*Success*" y "*Failure*".

También se podría utilizar un servicio de "*call-back*" (llamada de retorno) en el proceso de autenticación, como un mecanismo para la verificación de la autenticidad de una conexión remota vía módem. En este caso, el usuario que desea acceder al sistema realiza la llamada y se autentica contra el sistema, finalizando a continuación su llamada. Si la autenticación es positiva, el servidor se encargará de llamar al número en el que en teoría debería encontrarse el equipo perteneciente al usuario autenticado. De este modo, si un intruso tratase de suplantar la identidad del usuario mediante un ataque de "*spoofing*", el servidor devolvería la llamada al usuario legítimo y no al intruso.

Como medida de precaución adicional, en los sistemas basados en el procedimiento de "*call-back*" el equipo del usuario debería verificar que la llamada de retorno proviene del número correspondiente al servidor al que se había conectado previamente.

## 10.6.2 Servidores de autenticación

En lugar de implantar complejos protocolos de autenticación en cada servidor de la red o en cada punto de presencia de un proveedor de acceso a Internet, se puede utilizar un único **Servidor de Autenticación** centralizado en toda la red o sistema informático. La función de servidor de autenticación consiste en ofrecer un servicio de autenticación mutua entre los distintos usuarios y servidores, mediante la autenticación usuario/servidor y servidor/usuario.

Para la puesta en marcha de un servidor de autenticación se podría utilizar un sistema basado en algoritmos criptográficos simétricos (en los que el servidor se encarga de guardar una clave secreta para cada usuario y que comparte con él, de modo que el proceso de autenticación se basa en este secreto compartido) o en

---

[34] Es decir, la autenticación no se realiza a nivel de enlace, en la red local, sino en las capas superiores de los protocolos de comunicaciones.

criptografía de clave pública (mediante la utilización certificados digitales que prueban la identidad de los usuarios y de los servidores).

El servidor de autenticación se encarga de guardar una base de datos centralizada de los usuarios, de tal modo que ya no es necesario guardar una copia de la base de datos de usuarios en los propios servidores.

En este esquema basado en un servidor de autenticación se definen tres roles:

> **Suplicante** (*Supplicant*): equipo del usuario que solicita acceder al sistema.

> **Autenticador** (*Authenticator*): servidor al que desea acceder el usuario.

> **Servidor de Autenticación** (*Authentication Server*).

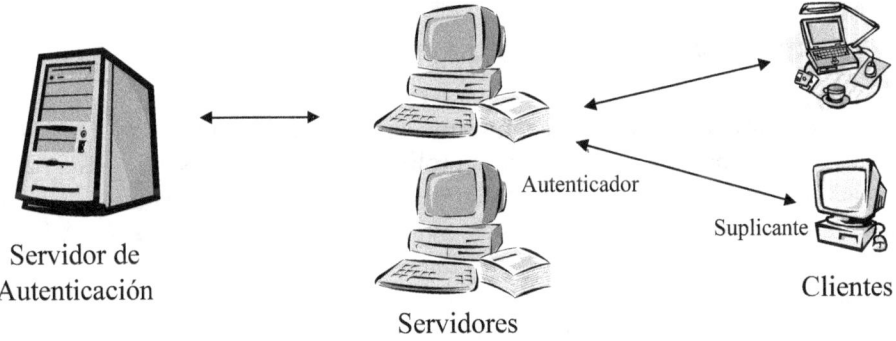

*Figura 10.4. El papel del Servidor de Autenticación*

El esquema de funcionamiento del proceso de autenticación es el que se describe a continuación:

1. El "suplicante" se pone en contacto con el "autenticador" y se identifica.

2. El "autenticador" solicita la correspondiente autorización del servidor de autenticación.

3. En función del protocolo utilizado, el servidor de autenticación solicitará el envío de una contraseña o la demostración de que se conoce un secreto compartido (cifrado de un determinado mensaje de prueba).

4. El servidor de autenticación responderá afirmativa o negativamente a la petición de autenticación.

5. El "autenticador" permitirá o bloqueará el acceso a la red o al sistema por parte del "suplicante".

Como ejemplos de servidores de autenticación podríamos citar RADIUS, TACACS+ o Kerberos.

## 10.7 INICIO DE SESIÓN ÚNICO ("*SINGLE SIGN-ON*")

Los sistemas de autenticación para el Inicio de Sesión Único ("*single sign-on*": SSO) permiten que los usuarios sólo tengan que recordar una única contraseña, que les permitirá autenticarse para acceder a múltiples servidores dentro de una red. Así han surgido los sistemas de identificación globales para Internet, que pretenden facilitar la conexión a varios Websites o servicios de Internet con una única contraseña.

Los dos sistemas de identificación globales más conocidos que se propusieron en estos últimos años fueron el Passport de Microsoft y el desarrollado por la Liberty Alliance.

## 10.8 GESTORES DE CONTRASEÑAS

Los usuarios de los sistemas informáticos y de los servicios de Internet deben afrontar el problema ocasionado por la proliferación de contraseñas. Así, por una parte, cada usuario debe recordar varias contraseñas de acceso a distintos servicios y recursos: cuentas de correo, acceso como usuario registrado a distintos Websites, PIN de sus tarjetas de crédito, PIN del teléfono móvil, PIN de acceso a la oficina, contraseña del ordenador, PIN de la alarma del hogar... Sin embargo, no se recomienda emplear siempre la misma contraseña en todos estos servicios y recursos, ya que se incrementa el riesgo. Tampoco es recomendable anotarlas en un papel o agenda, ni generarlas a partir de información trivial (fechas de cumpleaños, nombres de familiares o de mascotas, etcétera).

Los gestores de contraseñas son aplicaciones especializadas en almacenar las credenciales de un usuario (identificador de usuario y contraseña) dentro de una base de datos, con el objetivo de simplificar el manejo de estas credenciales y de mejorar su seguridad.

En estas aplicaciones las credenciales de un usuario se guardan de forma cifrada, para evitar que puedan ser conocidas por intrusos. También pueden incorporar un generador de contraseñas complejas, sin que el usuario tenga que memorizar su composición.

Como ejemplos de gestores de contraseñas disponibles en el mercado, podríamos citar productos como Password Safe, SplashID, PasswordVault, Just1Key (http://www.just1key.com/), Aurora Password Manager, Handy Password, Keepass Password Safe, etcétera.

Por otra parte, las últimas versiones de los navegadores Web más populares llevan integrados sus propios gestores de contraseñas. No obstante, su ámbito de utilización se encuentra reducido a la autenticación a través del servicio *World Wide Web* y se ha cuestionado su seguridad en distintos estudios.

## 10.9 REFERENCIAS DE INTERÉS

- ✓ RSA Security, empresa especializada en dispositivos para la autenticación de usuarios: http://www.rsasecurity.com/.
- ✓ Actividentify: http://www.actividentity.com/.
- ✓ Kerberos: http://web.mit.edu/kerberos/www/.
- ✓ RADIUS: http://www.gnu.org/software/radius/radius.html.
- ✓ TACACS: http://www.javvin.com/protocolTACACS.html.
- ✓ SpectorPro: http://www.spectorsoft.com.
- ✓ Just1Key: http://www.just1key.com.
- ✓ John the Ripper: http://www.openwall.com/john/.

# Capítulo 11

# SISTEMAS BIOMÉTRICOS

## 11.1 CARACTERÍSTICAS DE LOS SISTEMAS BIOMÉTRICOS

> La **Biometría** es una disciplina científica que permite identificar a las personas basándose en sus características fisiológicas o de comportamiento.

Se trata de una disciplina de una gran proyección de cara al futuro, aunque no exenta de polémica, sobre todo a raíz de las medidas recientemente adoptadas por países como Estados Unidos para registrar los datos biométricos de todos los ciudadanos que deseen viajar al país.

En el futuro la biometría permitiría simplificar el uso o, incluso, llegar a prescindir de las claves y contraseñas de los usuarios en los sistemas informáticos, incrementando la comodidad, la facilidad de uso y la seguridad de los propios usuarios. Sin embargo, en la actualidad los sistemas biométricos todavía presentan algunas limitaciones y carencias que dificultan su implantación masiva.

La identificación en un **Sistema Biométrico** consta de cuatro fases:

1. **Captura de los datos biométricos:** un sensor permite leer y registrar una muestra de la característica física a analizar, ya sea mediante una imagen, un sonido u otra medición de tipo digital o analógico.

2. **Extracción de las características discriminantes:** se procesan los datos capturados para poder obtener sus elementos constitutivos fundamentales.

3. **Localización y obtención de patrones auténticos:** según la presunta identidad del sujeto en cuestión, se extraen de una base de datos las características auténticas correspondientes a esa identidad.

4. **Comparación de las improntas y decisión sobre la identidad del usuario:** En esta última fase será necesario tener en cuenta los posibles cambios en las condiciones que rodean la captura de los datos biométricos, a fin de mejorar la respuesta del sistema biométrico.

Los sistemas biométricos son, por lo tanto, sistemas basados en el reconocimiento de patrones, distinguiendo en su funcionamiento dos procedimientos básicos:

> **Procedimiento de inscripción** (*"enrollment"*): la muestra biométrica se adquiere mediante un sensor y es procesada para obtener un patrón único para cada individuo, a partir de las características invariantes que la definen. Este patrón es almacenado de forma segura en el sistema.

> **Procedimiento de emparejamiento** (*"matching"*): comparación del patrón obtenido cuando el usuario se quiere identificar con el almacenado en la base de datos, para determinar el grado de coincidencia

Para poder evaluar la fiabilidad de un sistema biométrico se han propuesto los siguientes indicadores:

> **Tasa de Falsos Rechazos** (FRR, *False Reject Rate*): porcentaje de usuarios que son rechazados de forma incorrecta por el sistema.

> **Tasa de Falsos Positivos** (FAR, *False Acceptance Rate*): porcentaje de usuarios que son aceptados de forma incorrecta por el sistema.

> **Tasa de Error de Cruce** (CER, *Crossover Error Rate*): porcentaje en el que la tasa FRR iguala a la tasa FAR del sistema. Cuanto menor sea este porcentaje, mayor será la fiabilidad del sistema.

La tasa de Falsos Rechazos y la tasa de Falsos Positivos están relacionadas entre sí, por lo que a la hora de diseñar un sistema biométrico es necesario llegar a un compromiso entre ambos.

Por otra parte, también se pueden considerar otros factores para evaluar el funcionamiento de estos sistemas:

> Tiempo necesario para registrar inicialmente a cada usuario en el sistema (*"enrollment time"*), a partir de las muestras de las características biométricas que van a ser analizadas. Según algunos autores, hoy en día se puede considerar aceptable un tiempo de registro de hasta unos 2 minutos.

> Rendimiento del sistema (*"throughput rate"*): velocidad a la que el sistema puede identificar o autenticar a los individuos. Hoy en día se consideran aceptables en valores de unos 10 individuos por minuto.

> Aceptabilidad del sistema por parte de las personas, teniendo en cuenta aspectos tales como las molestias ocasionadas para capturar los datos biométricos o el nivel de invasividad percibida por el sujeto (confort físico y psicológico: no es lo mismo registrar la geometría de las manos que escanear el fondo de la retina del ojo del individuo).

En cuanto a las aplicaciones prácticas de los sistemas biométricos, podemos considerar su utilización en dos tipos de situaciones distintas:

> Averiguación de la identidad de un usuario (**identificación**): búsqueda en una base de parámetros biométricos de los datos biométricos capturados por el sistema, para tratar de averiguar la identidad del usuario, siempre y cuando éste haya sido previamente registrado en el sistema. Se trata de la aplicación típica para fines policiales y de lucha contra el terrorismo.

> Verificación de la identidad de un usuario (**autenticación**): comparación de los datos biométricos obtenidos por un sensor con los registrados para el usuario cuya identidad se desea verificar. En este caso, se trataría de llevar a cabo una autenticación del usuario para la entrada a un sistema informático, control de acceso físico a un edificio, etcétera.

## 11.2 TIPOS DE SISTEMAS BIOMÉTRICOS

Se han propuesto diversos tipos de sistemas biométricos, dependiendo de las características físicas o de comportamiento empleadas para determinar la identidad de la persona. En este apartado se presentará una descripción detallada de los sistemas más conocidos.

### 11.2.1 Reconocimiento de voz

Los sistemas basados en el reconocimiento de voz son bastante conocidos por el público en general, debido sobre todo a que en estos últimos años se han comercializado distintas aplicaciones y herramientas informáticas que facilitan la conversión de voz en texto (programas de dictado como *Via Voice* de IBM) o el reconocimiento de determinados comandos vocales, utilizados en este último caso en numerosos modelos de teléfonos móviles (que permiten la asociación de un comando vocal a determinadas operaciones o a registros de la agenda del teléfono) o en automóviles, por citar algunos de los ejemplos más conocidos.

La biometría basada en el reconocimiento de voz utiliza la técnica de análisis espectral de las ondas sonoras que emite un individuo, es decir, de su descomposición en las distintas componentes de frecuencia, ya que éstas dependen de las características del aparato fonador: pulmones, tráquea, laringe y cuerdas vocales. También se pueden tener en cuenta otras características de la voz, como la velocidad o la inflexión, para refinar el análisis.

El usuario que desea acceder al sistema debe pronunciar unas frases fijas o bien leer un texto independiente. En los modelos de texto fijo, el sistema biométrico tiene almacenado un conjunto limitado de palabras que es capaz de reconocer para cada persona. Con este planteamiento resultan más sencillos y fáciles de implementar, si bien son vulnerables ante un "ataque de repetición" ("*replay attack*"), que consiste en la grabación y posterior reproducción mediante un magnetófono (o incluso un moderno teléfono móvil) de las frases o palabras que el usuario legítimo pronuncia para acceder al sistema.

Por su parte, en los modelos de texto independiente el sistema biométrico solicita al usuario que pronuncie unas palabras o frases extraídas de un conjunto bastante amplio. Son sistemas más robustos que los de texto fijo, pero requieren de un mayor entrenamiento previo por parte del usuario, presentando además una menor fiabilidad.

También hay que tener en cuenta que para poder identificar a una persona por reconocimiento de voz se debe disponer de ciertas condiciones ambientales para el registro de los datos (ausencia de ruidos, reverberaciones o ecos), que no siempre se pueden conseguir en todas las situaciones. Así, por ejemplo, un ambiente de trabajo en una oficina podría resultar bastante ruidoso en algunas ocasiones: impresoras, llamadas de teléfono, movimiento de sillas, voces de los compañeros, etcétera.

Por otra parte, el timbre vocal también cambia con la edad, por lo que será necesario volver a registrar los componentes básicos de la voz correspondientes a un individuo. Además, la textura sonora depende del estado físico del locutor, por lo que se puede ver muy afectada por situaciones como una congestión nasal, una faringitis, afonías o cambios en el estado de ánimo. Así, por ejemplo, después de una "noche de marcha" hasta altas horas de la madrugada, el sistema informático podría empeñarse en no reconocer a la persona en cuestión cuando ésta vuelva a su trabajo al día siguiente.

## 11.2.2 Reconocimiento de firmas manuscritas

Estos sistemas biométricos no se limitan a la verificación estática de la firma realizada por la persona, sino que se tienen en cuenta diversas características dinámicas (DSV, *Dynamic Signature Verification*), tras un período de entrenamiento inicial. Para ello, se registran distintos aspectos de la operación de firmado:

> Tiempo empleado por la persona.

> Número de veces que se separa el bolígrafo del papel.

> Ángulo con que se realiza cada trazo.

> Presión ejercida en los cambios de sentido, etcétera.

Como posible aplicación de esta técnica podríamos citar la comercialización de los primeros bolígrafos "biométricos": en marzo de 2005 la compañía Secure Signature Systems presentaba un modelo de bolígrafo que incorporaba varios sensores capaces de registrar y comparar la forma en que realiza la firma una persona.

## 11.2.3 Huellas dactilares

La huella dactilar de una persona ha sido un patrón bastante bueno para determinar su identidad de forma inequívoca. Cada huella dactilar está compuesta por una serie de segmentos curvos, arcos y remolinos (elementos conocidos como "minucias"). Está aceptado por la comunidad científica que dos dedos nunca poseen huellas similares, ni siquiera entre gemelos o entre dedos de la misma persona.

La identificación mediante huellas dactilares tiene una larga historia. De hecho, desde finales del siglo XIX hasta nuestros días se vienen realizando con éxito clasificaciones sistemáticas de huellas dactilares en entornos policiales y forenses, por lo que ha sido una de las primeras técnicas propuestas como sistemas de identificación biométrica.

Podemos considerar que esta técnica fue desarrollada fundamentalmente por F. Galton y E. Henry a finales del siglo XIX. Galton demostró la unicidad y la permanencia de las huellas dactilares, mientras que gracias a los estudios de Henry se creó el primer modelo de la estructura de una huella dactilar: el famoso "sistema Henry" para la clasificación de las huellas.

Hasta 1960 se seguían procedimientos manuales para la identificación mediante huellas dactilares, procedimientos que eran bastante lentos y costosos. Sin embargo, desde esta época las policías de Londres y de París empezaron a desarrollar los primeros sistemas automatizados para la identificación mediante huellas dactilares.

En definitiva, actualmente el procedimiento para la identificación de una persona basado en una huella dactilar requiere que ésta sitúe su dedo sobre un sensor/lector de huellas para que se pueda tomar una imagen de la huella en cuestión. Esta imagen es sometida a un proceso de normalización mediante un sistema de espejos para corregir los ángulos. Seguidamente, a la imagen normalizada se le extraen las minucias (ciertos arcos, bucles o remolinos de la huella) que se comparan con las que se tienen registradas en una base de datos de huellas dactilares. Conviene destacar que el sistema no es capaz de analizar la huella en sí, sino la distribución espacial relativa de estas minucias.

En estos últimos años se han comercializado distintos dispositivos lectores de huellas dactilares para ordenadores y sistemas informáticos, montados sobre tarjetas PC-Card o llaves USB, o incluso integrados en el propio teclado del equipo informático, acompañados de un software de reconocimiento que se debe instalar en el equipo.

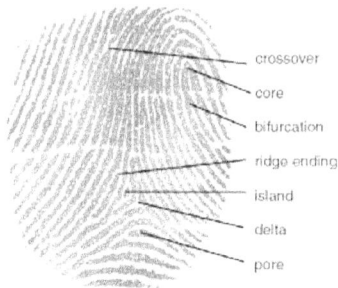

*Figura 11.1. Minucias de una huella dactilar*

**Microsoft Fingerprint
Reader (abril 05)**

*Figura 11.2. Lector desarrollado por Microsoft*

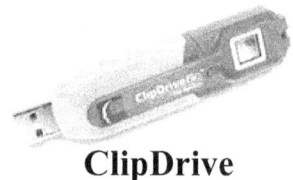

**ClipDrive**

*Figura 11.3. Dispositivo USB para el reconocimiento de la huella dactilar*

**Sony Fingerprint
Memory Stick**

*Figura 11.4. Dispositivo lector basado en una tarjeta PC-Card*

Los sistemas de reconocimiento de huellas dactilares son sistemas relativamente baratos en comparación con otras alternativas disponibles en el mercado. De hecho, se han presentado innumerables aplicaciones basadas en el reconocimiento de huellas dactilares durante estos últimos meses: teléfonos móviles que pueden reconocer a la persona que los sostiene en su mano, ordenadores y agendas electrónicas con lectores incorporados en sus teclados, cajas registradoras de supermercados, etcétera.

Sin embargo, la proliferación de estos sistemas también cuenta con una serie de detractores que sostienen que se trata de medios de identificación poco seguros, ya que de este modo los usuarios irían dejando su huella dactilar por todas partes (supermercados, aeropuertos...), por lo que no sería difícil que alguien pudiera reproducirla, utilizando para ello un poco de silicona para registrar la huella dactilar de una persona y poder suplantar posteriormente su identidad.

Asimismo, conviene destacar otra serie de inconvenientes de estos sistemas basados en la lectura de la huella dactilar:

- ➢ La incapacidad temporal de autenticar usuarios que se hayan podido herir en el dedo del que se va a obtener la huella dactilar, debido a cortes o quemaduras. Se podría superar esta limitación registrando dos o tres huellas dactilares para cada persona.

- ➢ Existen una serie de factores que pueden ocasionar lecturas erróneas de la huella dactilar, como la presencia de suciedad en el dedo, la presión ejercida sobre el lector o el propio estado de la piel de la persona.

- ➢ La dificultad de probar que la huella dactilar se obtiene de un dedo vivo y no de una falsificación construida con materiales como la silicona. Una posible solución para solventar esta vulnerabilidad del sistema sería recurrir a la utilización de sensores que también midan la temperatura corporal y el ritmo cardíaco de la persona, detectando además la posible presencia de algún tipo de material extraño entre el dedo y el sensor.

Por otra parte, hay que tener en cuenta que el factor psicológico puede actuar en contra de estos sistemas, ya que tradicionalmente el reconocimiento de las huellas dactilares se ha asociado con la detección de criminales o a la utilización por parte de regímenes totalitarios.

## 11.2.4 Patrones basados en la geometría de las manos

Estos sistemas biométricos recurren al análisis de la geometría de la mano como técnica para determinar la identidad de las personas. Para ello, el usuario debe situar su mano sobre un dispositivo lector con unas guías que marcan la posición correcta para la lectura. A continuación unas cámaras se encargan de tomar una imagen superior y otra lateral de la mano en cuestión, de las que se extraen datos tridimensionales característicos (como pueden ser la anchura, longitud, área, algunas distancias, reconocimiento de las líneas de la misma...) que describen la extremidad y permiten identificar a la persona.

Se encuentran entre los sistemas biométricos más rápidos y su probabilidad de error puede ser aceptable en algunos casos. Como ejemplo de un producto comercial basado en esta tecnología podríamos citar el *Hand Key* de la empresa Ingersoll Rand Security Technologies (www.handreader.com).

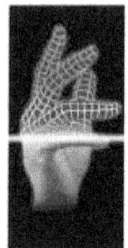

*Figura 11.5. Handreader*

Los analizadores de la geometría de la mano son capaces de aprender a la vez que identifican a un usuario. Para ello, se encargan de actualizar su base de datos con los cambios que se puedan producir en la muestra: pequeño crecimiento, adelgazamiento o el proceso de cicatrización de una herida. Por este motivo, son capaces de identificar correctamente a un usuario cuya muestra inicial se adquirió hace algunos años, pero que ha ido accediendo al sistema con regularidad. La capacidad de reajustarse ante los cambios y su rapidez en el proceso de reconocimiento contribuyen a que sean bastante bien aceptados entre los usuarios, a pesar de su alta tasa de falsos positivos.

En relación con su menor fiabilidad, debido a la alta tasa de falsos positivos que se puede llegar a obtener, es necesario destacar la posibilidad de que dos personas tengan la mano lo suficientemente parecida como para que el sistema las confunda. Por ello, estos sistemas se suelen emplear para la verificación de la identidad (autenticación en un control de acceso físico a un edificio, por ejemplo) y no tanto para la identificación de los individuos.

## 11.2.5 Patrones faciales

El reconocimiento de patrones faciales es el método innato utilizado por las personas para reconocer a sus semejantes dentro de su especie.

La técnica biométrica que explota esta característica recurre a la creación de una imagen facial a partir de atributos faciales como la localización y el tamaño de los ojos, cejas, labios o nariz. Se trata de un método muy poco intrusivo y que no requiere de la cooperación del individuo, ya que basta con utilizar una cámara para capturar las imágenes necesarias. En muchos casos el usuario no tiene por qué enterarse de que el sistema está tratando de identificarlo.

No obstante, los rasgos faciales pueden experimentar ciertos cambios a lo largo del tiempo (envejecimiento, cambio radical de ciertos atributos, como la barba, el pelo o el bigote, utilización de gafas) o pueden ser disimulados mediante disfraces y técnicas de maquillaje, circunstancias que dificultan el reconocimiento facial.

La aparición de las cámaras digitales de alta resolución lo ha convertido en un sistema bastante popular desde mediados de los años noventa, sobre todo en Estados Unidos, donde está siendo utilizado en los sistemas de vigilancia que se han implantado en aeropuertos u otros lugares públicos para la identificación de criminales y presuntos terroristas.

Como ejemplo de aplicación comercial, la empresa Nec presentó en marzo de 2004 un algoritmo de reconocimiento facial capaz de capturar datos faciales en 3D. El citado algoritmo utiliza descriptores GIB (*Geodesic Illumination Basis*) para describir diferencias en la iluminación de la piel, como dato registrado, partiendo de una exploración facial en 3D.

Por otra parte, al incorporar cámaras digitales de alta resolución, los propios teléfonos móviles ya son capaces de "reconocer" a sus legítimos propietarios. Así, en marzo de 2005 la compañía japonesa Omron presentaba el programa OKAO *Vision Face Recognition Sensor*, que permite vincular la imagen de un determinado rostro con la activación válida del terminal.

## 11.2.6 Análisis del fondo del ojo

La distribución de los vasos sanguíneos de la retina humana es otro elemento característico de cada individuo, circunstancia que también ha motivado su utilización como elemento base de otra familia de sistemas biométricos. Ya desde el siglo XIX los científicos pudieron constatar esta peculiar característica del ojo humano, que además permanece invariable en el tiempo, salvo en caso de traumatismo o de padecer una enfermedad degenerativa del ojo.

En estos sistemas biométricos el usuario a identificar debe situar el ojo próximo a un sensor que se encarga de recorrer el fondo la retina mediante una emisión de radiación infrarroja de baja intensidad, realizando un recorrido en forma de espiral. De este modo, mediante esta técnica se pueden detectar los distintos nodos y ramas que constituyen la estructura capilar de la retina, información que puede ser posteriormente comparada con la que se encuentra almacenada en una base de datos de individuos previamente registrados en el sistema.

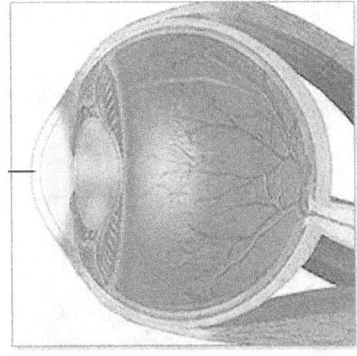

*Figura 11.6. Análisis del fondo del ojo*

La empresa eyeDentify posee la patente de esta tecnología. Esta empresa fue fundada en 1976 y comenzó a desarrollar su tecnología a partir de 1984, comercializando algunos productos como "*The Eyedentification*" o "*Icam* 2001".

*Figura 11.7. EyeDentify*

Se trata de un sistema caro, aunque de los más efectivos por su alta fiabilidad. Sin embargo, muchos usuarios lo han rechazado por considerarlo demasiado intrusivo.

## 11.2.7 Análisis del iris

El iris humano es una estructura compleja y única del individuo, que permanece inalterable durante toda su vida. Se ha podido comprobar que no existen dos iris iguales, ya que ni siquiera coincide su patrón entre gemelos univitelinos.

Este órgano se encuentra aislado y protegido del entorno exterior, ya que se sitúa en el ojo detrás de la córnea y del humor acuoso. Por este motivo, no puede ser modificado con una intervención quirúrgica sin que el individuo corra un grave riesgo de dañar la vista. Además, gracias a su respuesta fisiológica a la luz, es posible detectar la presencia de un iris muerto o de un plástico que trate de simular este órgano.

La identificación basada en el reconocimiento del iris es más moderna que la del análisis del fondo de ojo. El procedimiento seguido en esta técnica parte de la captura una imagen del iris en un entorno correctamente iluminado. Esta imagen se somete posteriormente a deformaciones pupilares y se extraen unos determinados patrones, que a su vez son transformados mediante una serie de operaciones matemáticas (empleando la Transformada Rápida de Fourier, FFT) hasta obtener datos suficientes para la identificación del individuo. Esta muestra recibe el nombre de "*iriscode*" y ocupa unos 256 Kilobytes.

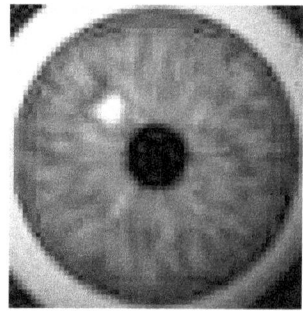

*Figura 11.8. Reconocimiento del iris*

Este sistema ya está siendo utilizado por algunas empresas para controlar el acceso a información restringida, ya que se trata de uno de los que ofrecen una mayor seguridad. De hecho, la probabilidad de una falsa aceptación es la menor de todos los sistemas biométricos (se trata, por lo tanto, de uno de los sistemas más fiables), y además es posible detectar, con una alta probabilidad, si el iris es natural o no, para evitar el uso de órganos replicados o simulados.

Los oftalmólogos Leonard Flom y Aran Safir obtuvieron una patente en 1987 por la técnica de reconocimiento del iris humano. Una segunda patente fue concedida en 1994 al investigador John Daugman por desarrollar un algoritmo matemático que permite codificar, ordenar y clasificar los datos obtenidos a partir de la imagen digital del iris. Estos tres investigadores fundaron la empresa IrisScan en 1990, que posteriormente fue rebautizada con el nombre de *Iridian Technology* en 1993.

*Figura 11.9. Cámara para el escaneo del iris*

Entre las aplicaciones comerciales de esta tecnología podemos citar su utilización en varios modelos de cajeros automáticos (así, la empresa NCR ha vendido alguno de estos cajeros a entidades financieras españolas); el registro de clientes habituales en un hotel (uno de los pioneros en implantarlo fue el hotel Nine Zero de Boston en Estados Unidos); registro de reclusos en el sistema federal de prisiones de Estados Unidos, para autorizar el traslado de presos desde un centro a otro; etcétera.

Otra aplicación práctica la encontramos desde el año 2006 en el aeropuerto de Ámsterdam (Schiphol), donde los viajeros frecuentes pueden utilizar el sistema Privium (www.privium.com) para agilizar su identificación en los controles de seguridad. En este caso el iris del individuo es registrado y sus datos son impresos en una tarjeta que puede utilizar para pasar más rápido por los controles de seguridad del aeropuerto. Otros aeropuertos internacionales de Europa y Estados Unidos están considerando la posibilidad de poner en marcha un sistema similar.

## 11.2.8 Otros sistemas biométricos

Se han propuesto otros sistemas biométricos alternativos a los descritos en los apartados anteriores, si bien todavía cuentan con una menor aceptación o se encuentran en fase de desarrollo y experimentación.

Podríamos citar técnicas basadas en la medición de la emisión de calor corporal mediante un termograma, sistemas que recurren al análisis de la distribución de los vasos sanguíneos en los brazos o en las palmas de las manos de la persona o, más de cara al futuro, también se podría trabajar con sistemas biométricos basados en la obtención de la improna del ADN de la persona, recurriendo a técnicas mucho más rápidas que las actuales.

Así, por ejemplo, la empresa Fujitsu presentaba en abril de 2007 la tecnología Palm Secure, que permitía identificar a un ciudadano por el mapa de venas de la palma de su mano que, al estar situadas dos o tres milímetros bajo la epidermis, son un rasgo biométrico infalsificable. Alguna entidad financiera española, como La Caixa, anunció su intención de probar este nuevo sistema biométrico que, según sus creadores, destaca porque resulta más confortable, más higiénico y más seguro que los basados en lectores clásicos de huellas dactilares, dado que no hay riesgo de que se puedan cometer errores por la suciedad que se acumula en el dispositivo lector. En junio de 2007 se daba a conocer el dato de que unas 16.000 oficinas bancarias y 16.400 cajeros automáticos de Japón habían implantado este nuevo sistema de identificación de lectura biométrica basado en el patrón de las venas de la palma de la mano.

Por otra parte, investigadores japoneses daban a conocer en julio de 2005 una nueva tecnología que permite almacenar los datos en las uñas de los dedos de la persona. De hecho, en un experimento inicial consiguieron grabar 5 Megabytes de datos en una sola uña, con lo cual se abre una nueva vía a múltiples aplicaciones, entre las cuales también podría considerarse el almacenamiento de datos en el propio cuerpo humano para facilitar el reconocimiento de una persona.

Los **Sistemas Biométricos Multimodales** intentan paliar los problemas de falso rechazo (no admitir a un usuario válido) y falsa aceptación (dar paso a un usuario no autorizado) mediante la combinación de varias de las técnicas propuestas, incluyendo además la posibilidad de emplear el nombre de usuario y una contraseña de validación. De este modo, se habla de "Sistemas de Autenticación de dos vías" o, incluso, de "Sistemas de Autenticación de tres vías".

Como ejemplo práctico podemos citar el caso de la empresa BioID, que propone la combinación de varias tecnologías de reconocimiento aplicadas simultáneamente: reconocimiento de los patrones de la cara, de la voz y del movimiento de los labios, por ejemplo, en un sistema biométrico multimodal.

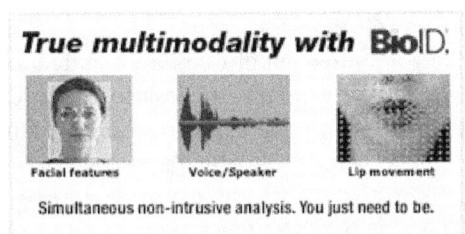

*Figura 11.10. Tecnología multimodal de BioID*

## 11.3 IMPLANTACIÓN DE LOS SISTEMAS BIOMÉTRICOS

Los sistemas biométricos presentan todavía muchas limitaciones que dificultan su utilización de forma masiva. Así, en primer lugar conviene destacar el elevado coste de algunos de los dispositivos biométricos (especialmente los de mayor fiabilidad), debido a que se trata en muchos casos de tecnologías novedosas y en las que existe poca oferta de productos en el mercado.

Por otra parte, las discapacidades o defectos físicos de las personas representan un obstáculo muy difícil de superar para algunas de estas tecnologías (el caso de las personas ciegas y los sistemas biométricos basados en el reconocimiento del iris o del fondo de la retina, por citar un ejemplo). Asimismo, otro problema a considerar es el grado de permanencia en el tiempo de las características biométricas de las personas, ya que los rasgos faciales o la geometría de las manos, por ejemplo, cambian con el transcurso del tiempo, y otras características físicas o antropométricas podrían ser alteradas por algún tipo de enfermedad degenerativa.

Otra cuestión relevante es el nivel de intrusividad del sistema biométrico a la hora de capturar las características biométricas, ya que ciertos sistemas requieren de la colaboración activa del individuo y pueden ser considerados como demasiado intrusivos, como en el caso de los que se basan en el reconocimiento del iris o del fondo de la retina del ojo.

Además, hay que tener en cuenta que muchos de estos sistemas no gozan de una gran popularidad en la actualidad, ya que los ciudadanos los asocian a un control policial y a una pérdida de su intimidad y privacidad, por lo que es necesario analizar el rechazo social que puede llegar a provocar la biometría en determinadas aplicaciones.

Tampoco está claro que todas las técnicas biométricas propuestas cumplan con la propiedad de unicidad, es decir, que garanticen con total seguridad el hecho de que no puedan existir en el mundo dos individuos con las mismas características biométricas "a los ojos" del sistema empleado.

Asimismo, muchos de los sistemas comercializados hasta la fecha todavía no ofrecen un alto grado de fiabilidad. De hecho, en mayo de 2002 el matemático japonés Tsutomu Matsumoto consiguió engañar a varios de los sistemas de reconocimiento dactilar comercializados en el mercado, empleando para ello un dedo artificial construido con gelatina de gominolas en el que había marcado unas huellas legítimas extraídas de un vaso (el coste de los medios necesarios para realizar este experimento apenas alcanzó los 10 dólares, por lo que se encuentra al alcance de cualquiera). Con este procedimiento este investigador pudo engañar a los sistemas más sofisticados en el 80% de los casos, incluidos aquellos que aseguraban realizar un "reconocimiento termal" del dedo para evitar este tipo de situaciones.

La revista alemana *C't* decidió completar el estudio de Matsumoto llevando a cabo un test más amplio en 11 dispositivos biométricos comerciales presentados en la feria CEBIT de ese año, consiguiendo engañar a todos ellos con procedimientos relativamente sencillos. Así, los sistemas basados en patrones faciales fallaron al dar por buena la foto o el vídeo de la cara de una persona previamente registrada. Los sistemas de huellas dactilares resultaron nuevamente vulnerables a los dedos de gelatina. Por último, en el caso de los dispositivos basados en el escaneo de iris, fue suficiente con una fotografía de alta resolución del ojo legítimo con un agujero en el medio, tras la cual se situaba otra persona con su propia pupila para simular que el ojo fotografiado estaba vivo y poder engañar así al sistema.

De hecho, en palabras del propio NIST (*National Institute of Standards Technology*, de Estados Unidos), "el reconocimiento de huellas dactilares funciona bien, pero debe mejorar mucho para usarse a escalas masivas; las tecnologías de reconocimiento facial no están aún maduras y el escáner de iris se basa en tecnología propietaria que hace difícil la evaluación de su exactitud. Ningún sistema biométrico funciona suficientemente bien como para que podamos fiarnos sólo de él. Siempre parecen más fuertes y fáciles de lo que son en la práctica".

El propio experto en seguridad Bruce Schneier nos ha advertido también contra los riesgos de la biometría: "Por seguridad, nunca debe tenerse una misma contraseña para dos sistemas diferentes. Pero, cuando use mi dedo para poner en marcha el coche, acceder a mis datos médicos, leer el correo... si me roban los datos dactilares no podré cambiar de dedo como de contraseña. ¿Qué pasará entonces?...".

A pesar de todos estos inconvenientes y del escaso grado de madurez de algunas de estas tecnologías, están siendo implantadas de forma masiva en países como Estados Unidos, sobre todo a raíz de los atentados del 11 de septiembre de 2001 contra las Torres Gemelas de Nueva York.

Así, por ejemplo, este país puso en marcha el *Machine Readable Passport* (MRP –Pasaporte Legible por una Máquina–) desde el 1 de octubre de 2001: se trata de un pasaporte digital que incluye los datos biométricos (huella dactilar y fotografía digitalizada) y de filiación de la persona, registrados en un chip totalmente integrado en el pasaporte.

Debido a sus características y al chip que incorpora es un documento mucho más difícil de falsificar que los tradicionales. En virtud del endurecimiento de los controles de seguridad en las fronteras y aeropuertos de Estados Unidos, los ciudadanos que no posean este tipo de pasaporte deberán tramitar un visado para poder entrar en el país.

Además, en aplicación de la polémica Ley *"Enhanced Border Security and Visa Reform Act"*, que tiene por objeto reforzar los controles de seguridad en las fronteras del país y su política de visados, desde octubre de 2003 se captura la huella dactilar y la fotografía de cada persona a su entrada en Estados Unidos a través de uno de sus aeropuertos, para poder comparar estos datos biométricos con los que previamente hayan sido grabados en el pasaporte digital (MRP) del viajero.

Con esta medida se pretende agilizar la identificación de delincuentes y terroristas, gracias a un complejo sistema informático que consulta en tiempo real bases de datos policiales con los individuos que se consideren potencialmente peligrosos para la seguridad del país. La medida ha provocado el rechazo de otros países, pero finalmente se ha aplicado tal y como había sido prevista en dicha Ley.

Por otra parte, existe un proyecto similar de pasaporte electrónico impulsado por la Organización Internacional de Aviación Civil (ICAO, *International Civil Aviation Organisation*), con la intención de construir un registro biométrico internacional, cuyo lanzamiento está previsto para el año 2015.

Si este plan se llegase finalmente a materializar en los términos previstos, todos los pasaportes incorporarían un registro biométrico con distintos datos característicos de su titular: patrón de la cara, el iris de sus ojos y/o las huellas dactilares. Además, los pasaportes también incluirían tarjetas RFID (de radiofrecuencia) para facilitar la lectura de sus datos incluso de forma remota (a unas decenas de metros de distancia).

En este caso, numerosas organizaciones de Derechos Humanos de todo el mundo se han unido para manifestar su desacuerdo con esta iniciativa, que puede representar una amenaza a las libertades civiles, ya que los sistemas de transporte de viajeros (aeropuertos, trenes, metro o estaciones de autobuses) se podrían convertir en infraestructuras globales de vigilancia de los ciudadanos.

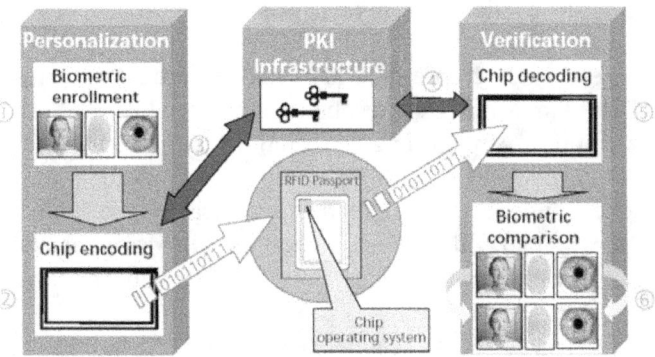

*Figura 11.11. Pasaporte electrónico propuesto por la ICAO*

No obstante, los atentados terroristas sufridos por capitales europeas como Madrid o Londres han vuelto a suscitar la polémica, ya que los Estados occidentales se muestran cada vez más interesados en la implantación de algunos de estos sistemas para reforzar la seguridad interior y combatir de forma más eficaz la nueva amenaza del terrorismo internacional.

Así, por ejemplo, el FBI estadounidense anunciaba en febrero de 2008 la adjudicación de un contrato de 1.000 millones de dólares para crear una gigantesca base de datos con información física de los ciudadanos, incorporando datos biométricos para facilitar la identificación de posibles delincuentes y terroristas según sus rasgos físicos, como la palma de la mano, el iris, rasgos faciales o cicatrices. En ese momento el FBI ya contaba con una base de datos con más de 55 millones de huellas dactilares.

## 11.4 IMPLANTACIÓN DE MICROCHIPS EN LAS PERSONAS

Para concluir este capítulo dedicado a la biometría haremos mención a una técnica reciente y, en cierta medida, relacionada con los sistemas biométricos. Esta técnica consiste en la implantación de un microchip en el cuerpo de la persona, el cual almacena una determinada información (en principio, se trata de un código de 16 dígitos) que facilita su posterior identificación y seguimiento. Este microchip se puede insertar con anestesia local debajo de la piel del individuo.

Entre sus posibles aplicaciones, podríamos citar las siguientes:

- Identificación de personas con fines médicos, como en el caso de la implantación en pacientes con enfermedades como el alzheimer.

- Localización de personas, constituyendo un instrumento de seguridad para evitar secuestros de personas relevantes.

- Control y vigilancia de delincuentes y terroristas, que podrían cumplir parte de sus condenas fuera de la prisión.

De hecho, el 13 de octubre de 2004 la Agencia de Alimentos y Fármacos de Estados Unidos (la famosa FDA) aprobó la comercialización de los microchips fabricados por la empresa Applied Digital Solutions para uso médico. En este caso el producto en cuestión, conocido como VeriChip, es un microchip del tamaño de un grano de arroz que contiene el número de identificación de un paciente y que se implanta debajo de la piel, en la parte superior del brazo, mediante una sencilla intervención quirúrgica con anestesia local que sólo dura unos minutos.

Posteriormente, un escáner manual es capaz de leer el número del paciente al situarse sobre la zona donde se ha insertado el microchip, facilitando de este modo el acceso rápido a la ficha del paciente en una base de datos donde se podría incluir su historial clínico completo, incluyendo posibles alergias a medicamentos y los tratamientos que le han sido prescritos en los últimos años.

Gracias a esta tecnología los profesionales de la salud podrían localizar rápidamente información vital sobre una persona que se encuentre inconsciente o que tenga dificultades para comunicarse.

También podríamos citar otra aplicación basada en los implantes de microchips: el desarrollo de las "armas inteligentes", capaces de reconocer a su legítimo propietario gracias a la implantación de un microchip en su mano. De este modo, el gatillo del arma sólo se podría activar cuando reconociera el código de la persona autorizada para su uso, a partir de la información del microchip obtenida mediante un sensor electrónico. Según se ha informado en distintos medios, esta tecnología ya está siendo desarrollada por algunas empresas estadounidenses fabricantes de armas, como FN Manufacturing, de Carolina del Sur.

Sin embargo, esta tecnología también ha desatado la polémica, provocando el rechazo de números colectivos defensores de la privacidad de los ciudadanos, preocupados por las consecuencias de la progresiva informatización de todos los aspectos relacionados con nuestras vidas. Así, por ejemplo, en febrero de 2006 se daba a conocer que algunas empresas de Estados Unidos, como Citywatcher (una empresa de videovigilancia), ya estaban implantando microchips en algunos de sus empleados para controlar el acceso a las zonas de seguridad restringidas de la compañía, provocando con esta medida las críticas de grupos defensores de la privacidad de los ciudadanos.

Su uso se está extendiendo a otros países, hasta el punto de que la Secretaría de Justicia mexicana también utiliza este tipo de tecnología para identificar a sus empleados. En España una discoteca en Barcelona fue la primera en utilizar estos microchips para identificar y facilitar el acceso de sus clientes VIP.

*Figura 11.12. La polémica del "hombre cibernético"*

En diciembre de 2005 se anunciaba otra tecnología desarrollada por el gigante japonés de la telefonía NTT, llamada RedTacton, que permite emplear el cuerpo humano como medio de transmisión de datos, haciendo circular por los miembros una corriente eléctrica de un voltaje muy débil.

La primera aplicación de esta nueva tecnología consiste en el intercambio de los datos de identificación y de contacto (nombre, dirección, cargo y teléfono móvil) mediante un simple apretón de manos, utilizando para ello un dispositivo que apenas pesa 50 gramos y que podría reemplazar en el futuro a las tarjetas de visita. Sin embargo, en el futuro esta tecnología también podría tener otras aplicaciones en el terreno de la biometría, al posibilitar el registro e intercambio de datos de identificación del individuo.

## 11.5 REFERENCIAS DE INTERÉS

Websites de instituciones que ofrecen información sobre la biometría:

- ✓ Biometrics Catalog: http://www.biometricscatalog.org/.
- ✓ Biometric Consortium: http://www.biometrics.org/.
- ✓ Biometrics Institute: http://www.biometricsinstitute.org/.
- ✓ The International Biometric Society: http://www.tibs.org/.

Algunas empresas que ofrecen soluciones comerciales de la tecnología biométrica:

- ✓ L-1 Identity Solutions: http://www.l1id.com/.
- ✓ BioID: http://www.bioid.com/.
- ✓ Precise Biometrics: http://www.precisebiometrics.com/.
- ✓ Privium IrisScan: http://www.privium.com/.

# FUNDAMENTOS Y APLICACIONES DE LA CRIPTOGRAFÍA

- Capítulo 12. Fundamentos de Criptografía
- Capítulo 13. Esteganografía y Marcas de Agua (*"Watermarks"*)
- Capítulo 14. Firma Electrónica
- Capítulo 15. Protocolos Criptográficos

**PARTE IV**

# Capítulo 12

# FUNDAMENTOS DE CRIPTOGRAFÍA

## 12.1 CRIPTOGRAFÍA, CRIPTOANÁLISIS Y CRIPTOLOGÍA

> La **Criptografía** es la ciencia que se encarga de estudiar las distintas técnicas empleadas para transformar ("encriptar" o "cifrar"[35]) la información y hacerla irreconocible a todos aquellos usuarios no autorizados de un sistema informático, de modo que sólo los legítimos propietarios puedan recuperar ("desencriptar" o "descifrar") la información original.

El término "Criptografía" proviene del griego "*Kriptos*" (oculto) y "*Grafos*" (escritura), por lo que significa etimológicamente el "arte de escribir de un modo secreto o enigmático".

Mediante la criptografía es posible garantizar la confidencialidad, la integridad y la autenticidad de los mensajes y documentos guardados en un sistema o red informático.

> El **Criptoanálisis** es la ciencia que se ocupa de estudiar herramientas y técnicas que permitan romper los códigos y sistemas de protección definidos por la criptografía.

---

[35] Algunos autores consideran más correcto el término "cifrar" en lugar de "encriptar", si bien en la práctica es habitual encontrar cualquiera de estas dos posibilidades en los libros y artículos sobre Criptografía. La Real Academia de la Lengua Española sólo reconoce por ahora el término "cifrar". Sin embargo, en la literatura anglosajona el término utilizado habitualmente es "*to encrypt*".

La criptografía y el criptoanálisis están muy relacionados con varias disciplinas científicas como la Teoría de la Información, la Teoría General de Números o las Leyes y Teoremas de la Matemática Discreta.

> Por último, a la ciencia de inventar sistemas de cifrado de la información (criptografía) y de desbaratarlos (criptoanálisis) se la conoce colectivamente con el término de **Criptología**.

## 12.2 FUNCIONAMIENTO DE UN SISTEMA CRIPTOGRÁFICO

Un criptosistema o sistema criptográfico está constituido por un conjunto de algoritmos y técnicas criptográficas que permiten ofrecer una serie de servicios de seguridad de la información: confidencialidad, autenticidad e integridad.

Un sistema criptográfico moderno se basa en un determinado **algoritmo de encriptación o de cifrado** que realiza unas transformaciones sobre el texto original, conocido como **texto claro**, para obtener un texto modificado, conocido como **texto cifrado** o **criptograma**.

Mediante el procedimiento inverso, utilizando un determinado **algoritmo de desencriptación o de descifrado**, se puede recuperar el texto original. El funcionamiento de los algoritmos de cifrado y descifrado depende de unas claves, que determinan totalmente el resultado obtenido. De este modo, aunque los algoritmos sean públicos y conocidos por todos, si no se dispone de las claves, resulta imposible (siempre y cuando los algoritmos sean lo suficientemente robustos) realizar el proceso de descifrado.

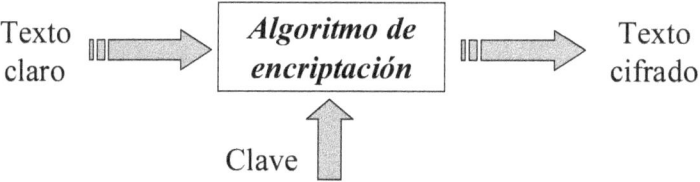

*Figura 12.1. Esquema del proceso de cifrado*

De hecho, hoy en día se recomienda que el algoritmo de cifrado sea público y se encuentre bien documentado, ya que de esta forma podrá ser sometido a estudios rigurosos por parte de expertos criptográficos a nivel internacional para determinar su robustez. Por ello, no es recomendable confiar en "productos milagrosos" de fabricantes que oculten los detalles de sus algoritmos propietarios (práctica de seguridad basada en el "oscurantismo").

Algunos algoritmos criptográficos se han querido mantener en secreto (como en el caso de los empleados en la telefonía móvil digital) y al cabo de un cierto tiempo se han publicado los detalles técnicos de su funcionamiento, gracias a la utilización de técnicas de "ingeniería inversa" o al acceso a información confidencial de las propias empresas responsables del diseño y comercialización de los productos basados en estos algoritmos.

En definitiva, la robustez del sistema criptográfico se basa en la clave utilizada. Esta condición ya fue planteada por primera vez por el investigador Kerckhoffs en el siglo XIX: en un sistema criptográfico se debería asumir que tarde o temprano un atacante podrá conocer los detalles del algoritmo y disponer de textos en claro y sus correspondientes textos cifrados.

Esta situación es, en la práctica, más frecuente de lo que se pudiera pensar a priori, ya que muchos mensajes que se van a cifrar pueden contener palabras o determinados patrones conocidos (tal es el caso del formato de las tramas de determinados protocolos, como las cabeceras de los mensajes de correo electrónico).

La clave actúa como modificador del algoritmo, de tal modo que un mismo algoritmo criptográfico podrá ser utilizado por multitud de usuarios y de organizaciones. Además, un cambio de clave permite modificar el método de cifrado, sin tener que modificar el programa informático que lo implementa. De este modo, no es necesario inventar, probar e instalar nuevos métodos de cifrado a cada paso.

No obstante, conviene distinguir entre la "**clave**" del sistema, término que se suele emplear cuando nos referimos a la información generada por una máquina, en un formato no legible por un humano ya que se trata de una secuencia de bits o de símbolos de una determinada longitud, y el término "**contraseña**" ("*password*"), reservado para la secuencia de información establecida por una persona mediante una determinada combinación de caracteres alfanuméricos que debe memorizar para poder utilizarla posteriormente.

En la actualidad la mayor parte de los algoritmos criptográficos son públicos y se basan en una serie de operaciones elementales sobre los datos que constituyen el texto original: **transposiciones** (cambiar el orden de los símbolos que forman parte del texto) y **sustituciones** (reemplazar unos símbolos por otros). Los símbolos del texto original (caracteres alfanuméricos) se codifican mediante bits y, sobre estos bits, se realizan varias secuencias de transposiciones y sustituciones, de acuerdo con los pasos definidos por el algoritmo en cuestión.

Las sustituciones añaden "confusión" al mensaje que se está cifrando. De este modo, mediante la "confusión" se oscurece la relación entre el texto claro y el texto cifrado, dificultando el análisis de patrones estadísticos.

A su vez, las transposiciones de símbolos provocan una "difusión" de la información en el mensaje que se está cifrando. Con la "difusión" se consiguen disimular las redundancias del texto claro al extenderlas por todo el texto cifrado.

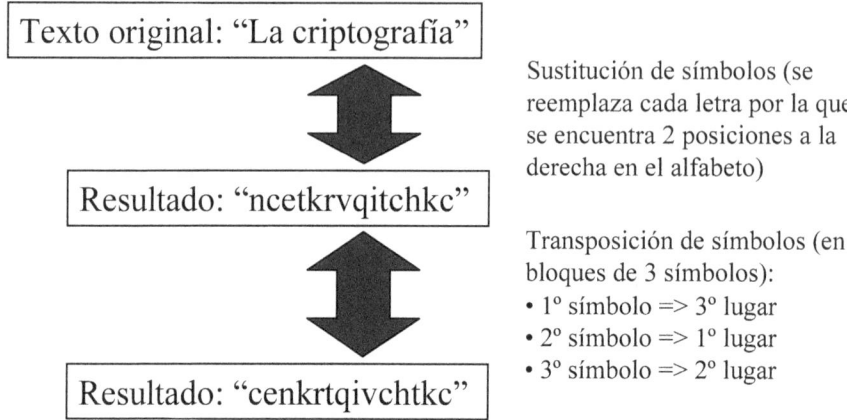

Figura 12.2. Sustituciones y transposiciones de símbolos

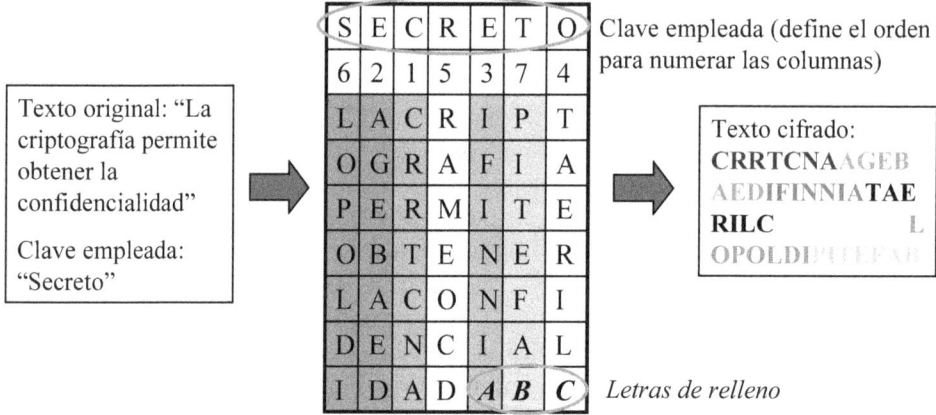

Figura 12.3. Ejemplo de cifrado por transposición

En las **técnicas de sustitución monoalfabética** cada uno de los caracteres o símbolos se representa con otro carácter en una relación uno a uno. No obstante, también se pueden utilizar **técnicas de sustitución polialfabética**, en las cuales diversos caracteres del texto cifrado representan al mismo carácter o símbolo del texto original, ya que en estos casos se emplean varios alfabetos de cifrado para dificultar el análisis de los criptogramas.

## 12.3 HISTORIA DE LOS SISTEMAS CRIPTOGRÁFICOS

Los primeros sistemas criptográficos se remontan a la época de los griegos y de los romanos. Así, por ejemplo, el famoso cilindro "*scytale*" era empleado por los griegos en el 500 a.C.: se enrollaba una tira de cuero alrededor de un cilindro, para escribir el mensaje sobre el cuero, de modo que al desenrollarlo se veía una lista de letras sin sentido aparente. El mensaje correcto sólo se podía leer al enrollar el cuero sobre un cilindro del mismo diámetro.

La técnica de "**Cifrado César**" fue utilizada durante el Imperio Romano, que consiste en una simple sustitución de cada letra del mensaje a cifrar por otra distanciada tres posiciones en el alfabeto latino.

Posteriormente, una de las primeras técnicas polialfabéticas fue desarrollada por el sabio renacentista Leon Battista Alberti, quien diseñó un grupo de discos con el alfabeto grabado, de modo que cuando éstos rotaban unos intervalos establecidos (gobernados por una clave de cifrado) se conseguía que diferentes letras del texto cifrado representaran a la misma letra del texto original en diversos puntos del criptograma o texto cifrado.

Otro histórico algoritmo de sustitución polialfabética es el conocido como "cifrado de Vigenère", propuesto en 1586 por el diplomático francés Blaise de Vigenère, si bien no se comenzó a utilizar de forma importante hasta casi 200 años después. Este algoritmo se basa en la utilización de un "Cuadrado de Vigenère" para realizar el cifrado. Este sistema criptográfico pudo ser finalmente "roto" a mediados del siglo XIX. A pesar de ello, fue utilizado por el Ejército Confederado en la Guerra Civil de Estados Unidos, lo cual facilitó el acceso a información confidencial por parte del Ejército del Norte, factor decisivo en alguna de sus principales batallas.

Se considera que durante la Segunda Guerra Mundial nació la Criptografía Moderna, basada en la Teoría de la Información, la Matemática Discreta, la Teoría de los Grandes Números y la Ciencia de la Computación.

Así, se desarrollaron en esa época máquinas criptográficas cada vez más complejas, basadas en la técnica de los discos rotativos, como la famosa "Enigma" de los alemanes, que empleaba tres discos rotativos y 1.020 claves posibles. Otras máquinas de cifrado basadas en discos rotativos fueron la TYPEX del Reino Unido o la Converter M-209 de Estados Unidos.

Estas máquinas de cifrado habrían sido más seguras si se hubieran utilizado de la forma adecuada. Los inventores de "Enigma" creían que ésta era infalible y su sistema de cifrado no podría ser comprometido por sus adversarios. Sin embargo, en su manejo se cometieron numerosos errores que facilitaron posteriormente la tarea de los criptoanalistas:

- Cadenas de texto predecibles incluidas en los mensajes cifrados: "*Mein Fuehrer*! ...", "Ninguna novedad", "Objetivo descubierto", etcétera.

- Utilización de la misma clave durante un extenso período de tiempo.

- Cifrado del mismo mensaje con claves nuevas y antiguas, cuando estas últimas ya habían sido comprometidas.

- Descuidos de los operadores, que transmitían secuencias de caracteres repetidas (como el espacio en blanco: " " " " ") al dejar pulsada una tecla en la máquina.

> No se seguían los procedimientos definidos en el manual de operación: selección adecuada de la posición inicial de los discos rotativos.

*Figura 12.4. Máquina "Enigma" de la 2ª Guerra Mundial*

En este sentido, cabría destacar el importante trabajo de criptoanálisis realizado por un equipo de matemáticos polacos para los Aliados en Bletchley Park (70 kilómetros al Norte de Londres), liderado por el científico Alan Turing, para romper los códigos de los alemanes y el sistema de cifrado de su famosa máquina "Enigma".

De hecho, se ha estimado que debido al trabajo de los criptoanalistas de los Aliados se pudo acortar la duración de la Segunda Guerra Mundial en unos dos años, gracias a lo cual se pudo evitar la muerte de muchas más personas.

Así, por ejemplo, en la batalla del Pacífico, los japoneses nunca pudieron descifrar las comunicaciones de los norteamericanos, y por este motivo confiaron hasta el final en la robustez de sus propios sistemas de cifrado, despreocupándose en muchas ocasiones de una adecuada gestión de las claves (cambios frecuentes, no utilización de claves antiguas…). Esta situación permitió que los norteamericanos pudiesen descifrar información crucial para poder anticiparse en acciones de gran importancia en el transcurso de la contienda: la localización y hundimiento de los portaaviones japoneses en la batalla de Midway en 1942, o el derribo en 1943 del avión que transportaba al almirante Yamamoto, el principal estratega de la flota japonesa.

De un modo similar, los alemanes confiaron en exceso en la total seguridad de sus máquinas "Enigma", descuidando los procedimientos recomendados para su correcta operación (realizar los cambios de claves con la periodicidad adecuada, transmisión cifrada de textos fácilmente predecibles, etcétera).

También los Aliados cometieron errores en sus comunicaciones que tuvieron como consecuencia la pérdida de varios buques por acciones de los alemanes.

La necesidad de implementar algoritmos complejos y más robustos propició el desarrollo de los primeros ordenadores electromecánicos y electrónicos durante la Segunda Guerra Mundial. En cierta medida, podemos considerar que la necesidad de realizar operaciones cada vez más complejas de cifrado/descifrado y de criptoanálisis fueron el punto de partida de la Informática tal y como la conocemos hoy en día, ya que hasta ese momento se habían desarrollado ingenios mecánicos para tabular datos, que utilizaban tarjetas perforadas para su introducción, como las máquinas creadas por IBM para procesar los datos del censo de Estados Unidos.

En la actualidad, los potentes equipos informáticos capaces de realizar millones de operaciones por segundo pueden completar complejísimas operaciones de cifrado, compuestas por sucesivas transposiciones y sustituciones de símbolos, en unas pocas milésimas de segundo.

## 12.4 CRIPTOANÁLISIS

El criptoanálisis se ocupa del estudio de las distintas técnicas y métodos que permiten "romper" los algoritmos de cifrado. En la práctica, el criptoanálisis se suele llevar a cabo estudiando distintos pares "mensaje de texto original/mensaje cifrado (criptograma)" generados utilizando la misma clave.

### 12.4.1 Tipos de ataques contra un sistema criptográfico

Podemos distinguir varias situaciones en un ataque basado en el criptoanálisis:

➢ **Ataques basados sólo en el texto cifrado**: el criptoanalista dispone de varios textos cifrados y su objetivo será recuperar los textos en claro y, si fuera posible, la clave utilizada en el sistema criptográfico.

➢ **Ataques basados en texto claro conocido**: el criptoanalista dispone de varios textos cifrados y de los textos en claro de partida, y su objetivo será tratar de determinar la clave utilizada para poder descifrar nuevos textos cifrados. Esta situación es en la práctica más frecuente de lo que se pudiera pensar a priori, ya que muchos mensajes que se van a cifrar pueden contener palabras o símbolos de inicio y de finalización conocidos: cabeceras en mensajes de correo electrónico, determinados formatos de documentos o cabeceras de paquetes de datos de un determinado protocolo. Además, en algunas situaciones se cifran cadenas de texto predecibles, como ocurría en los ataques contra los criptosistemas alemanes y japoneses durante la Segunda Guerra Mundial.

> **Ataques basados en texto claro seleccionado**: el criptoanalista no sólo dispone de varios textos cifrados y de los textos en claro de partida, sino que además ha podido seleccionar los textos en claro que van a ser cifrados (aquellos que le podrían facilitar más información sobre las diversas transformaciones realizadas por el sistema criptográfico).

> **Ataques adaptativos basados en texto claro conocido**: en este caso, además de poder seleccionar varios textos en claro y obtener sus correspondientes textos cifrados, el criptoanalista puede modificar su elección de los mensajes a cifrar teniendo en cuenta los resultados generados por cifrados previos. De este modo, en un ataque de tipo adaptativo el criptoanalista puede ir seleccionando bloques pequeños de texto en claro en etapas sucesivas para obtener información más precisa sobre el sistema criptográfico.

## 12.4.2 Técnicas de criptoanálisis

Seguidamente se describen algunas de técnicas más utilizadas en las actividades de criptoanálisis:

> **Criptoanálisis diferencial**: trata de encontrar correlaciones entre el texto claro y el texto cifrado obtenido a la salida del sistema criptográfico, partiendo del conocimiento de la existencia de ciertas diferencias entre varios textos claros que se han introducido en el sistema.

> **Criptoanálisis lineal**: trata de encontrar correlaciones entre la clave, el texto claro y el texto cifrado obtenido a la salida del sistema criptográfico basado en un cifrado en bloque.

> **Criptoanálisis basado en claves relacionadas**: trata de encontrar correlaciones entre los cambios en la clave, el texto claro y el texto cifrado obtenido a la salida del sistema criptográfico.

> **Técnicas de análisis estadístico de frecuencias**: los primeros métodos para "romper" los cifrados de sustitución polialfabética se basaban en el análisis estadístico de frecuencias, partiendo del estudio de las cadenas de texto repetidas en el mensaje cifrado para determinar la longitud de la clave y la correspondencia entre los caracteres cifrados y sin cifrar.

Hay que tener en cuenta que los distintos idiomas presentan ciertas características que facilitan el análisis estadístico: las vocales son más frecuentes que las consonantes, y existen determinadas combinaciones de 2 letras (digramas) y de 3 letras (trigramas) que se presentan muy a menudo en los textos. Así, por ejemplo, en el castellano son muy frecuentes los digramas "de" y "en" o los trigramas "que" y "con".

Por lo tanto, en un análisis estadístico el criptoanalista estudia las apariciones de algunas letras, digramas, trigramas o de determinadas palabras (las más frecuentes en ese idioma), para determinar cuál ha sido el sistema de sustitución empleado en el cifrado, con la inestimable ayuda hoy en día de un equipo informático.

> **Interceptación de claves**: ataques de intermediación ("*man-in-the-middle*"), mediante el cual se pueden interceptar directamente las claves sin despertar sospechas de los usuarios del sistema criptográfico y sin que sea necesario estudiar los textos cifrados.

## 12.5 CLASIFICACIÓN DE LOS SISTEMAS CRIPTOGRÁFICOS

En primer lugar, podemos distinguir entre los sistemas criptográficos simétricos y los asimétricos, atendiendo a la naturaleza de la clave utilizada. En los primeros se emplea la misma clave en el proceso de cifrado y en el de descifrado, mientras que los segundos se caracterizan por utilizar dos claves distintas pero relacionadas entre sí, una para el cifrado de los datos y otra para el descifrado.

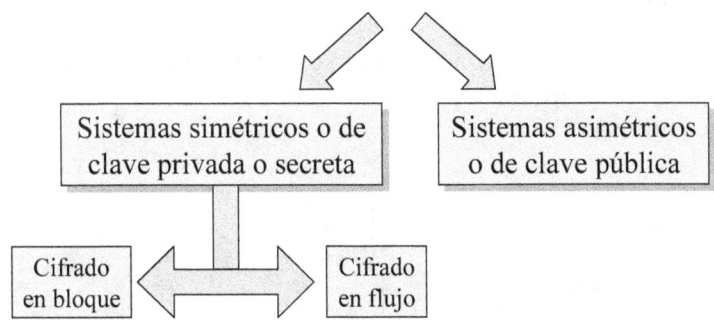

*Figura 12.5. Clasificación de los sistemas criptográficos*

Por otra parte, los sistemas criptográficos simétricos pueden tener dos formas de funcionamiento:

- **Cifrado en bloque o poligráfico ("*block cipher*")**: el mismo algoritmo de cifrado se aplica a un bloque de información (grupo de caracteres o número de bytes) repetidas veces, usando la misma clave. De este modo, es posible combinar varias sustituciones y transposiciones.

    En la actualidad se suele trabajar con bloques de bits, ya que los mensajes a cifrar se codifican previamente mediante bits (utilizando el código ASCII, por ejemplo).

El mecanismo conocido como "*padding*" (relleno) puede ser necesario para completar algunos de los bloques de un determinado mensaje con bits adicionales hasta alcanzar el tamaño de bloque con el que trabaja el algoritmo.

Estos sistemas presentan un problema si se pierde algún bit y se produce la "desincronización" entre el emisor y el receptor, ya que a partir de ese momento todos los bloques serán descifrados de forma incorrecta, salvo que se emplee alguna estructura de bits que permita delimitar los límites de los bloques y facilite la sincronización.

Entre los algoritmos de cifrado en bloque más conocidos podríamos citar DES, IDEA, AES, RC5 o Blowfish.

- **Cifrado en flujo, bit a bit o byte a byte ("*stream cipher*")**: el algoritmo de cifrado se aplica a un elemento de información (carácter, bit) mediante un flujo que constituye la clave y que en teoría es aleatorio y de un tamaño superior al del mensaje.

  Para generar el flujo que constituye la clave, se emplea un generador de secuencias pseudoaleatorias y un circuito electrónico conocido como Registro de Desplazamiento Lineal. Por este motivo, estos algoritmos resultan muy eficientes si se implementan mediante hardware especializado.

  En este tipo de algoritmos sólo se realizan sustituciones, mediante una operación XOR entre cada bit de información y cada bit de la secuencia que forma la clave:

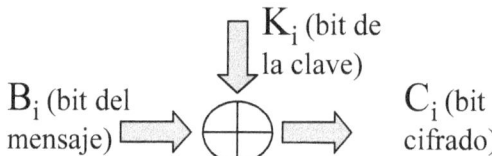

*Figura 12.6. Cifrado en flujo mediante una operación XOR*

Los algoritmos de cifrado en flujo se emplean en situaciones donde los errores de transmisión son altamente probables, ya que de este modo no se propagan los errores. Asimismo, presentan la ventaja, frente a los sistemas de cifrado en bloque, de que la información se puede cifrar o descifrar sin tener que esperar a que se complete un bloque de un determinado tamaño de bits, por lo que son especialmente apropiados para los sistemas de comunicaciones en tiempo real (como en la telefonía móvil digital). Entre los algoritmos más conocidos podemos citar RC4 o A5, este último empleado en la telefonía móvil digital GSM.

Por otra parte, en el algoritmo de cifrado en flujo conocido como "**Cifrado de Vernam**" se emplea una secuencia de cifrado aleatoria de longitud igual o mayor que el mensaje. Se considera un sistema del tipo "*one-time system*", ya que la clave se emplea una sola vez, por lo que teóricamente se trata de un sistema irrompible. No obstante, conviene destacar la dificultad para su utilización en la práctica, ya que el transmisor y el receptor tienen que utilizar la misma clave y han de encontrarse perfectamente sincronizados (para ello, se podría transportar la clave a través de algún canal seguro, como podría ser el caso del propio transporte en persona con unas adecuadas medidas de seguridad para proteger la clave). Se cree que ha sido utilizado en enlaces de la máxima seguridad, como la línea telefónica ("*hotline*") Washington-Moscú.

Por último, podemos citar también el sistema CTAK ("*Ciphertext Auto Key*"), un sistema de cifrado en flujo con capacidad de auto-sincronización ("*self-synchronising stream cipher*"). Esta idea fue patentada en 1946 y ha sido utilizada fundamentalmente en comunicaciones militares. En un sistema CTAK cada bit de la secuencia que constituye la clave se obtiene de forma automática a partir de un determinado número de bits cifrados anteriormente, gracias a un mecanismo de retroalimentación de la salida del algoritmo. De este modo, el sistema se "autosincroniza" de forma automática y no se tiene que transmitir la secuencia que constituye la clave. Sin embargo, este sistema presenta el problema de la propagación de los errores, que pueden afectar a un número importante de bits del mensaje transmitido debido al mecanismo de retroalimentación.

## 12.6 SISTEMAS CRIPTOGRÁFICOS SIMÉTRICOS

### 12.6.1 Fundamentos de los sistemas simétricos

En los **Sistemas Criptográficos Simétricos** se emplea la misma clave para realizar tanto el cifrado como el descifrado del texto original, tal y como se representa en las siguientes figuras. En estas figuras se ilustra cómo el usuario A emplea una clave para cifrar la información que desea transmitir a otro usuario B; este último deberá utilizar la misma clave para recuperar la información original:

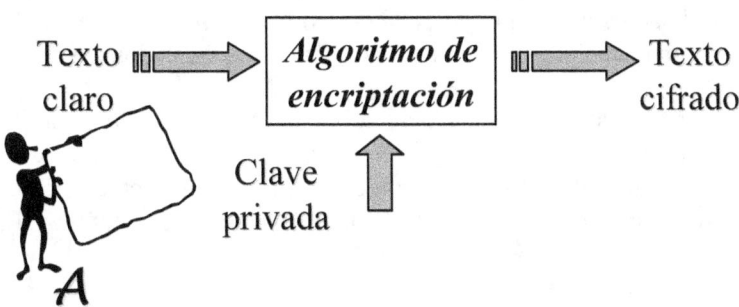

*Figura 12.7. Cifrado mediante un algoritmo simétrico*

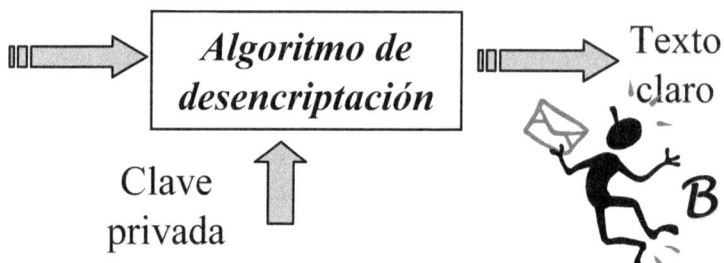

*Figura 12.8. Descifrado mediante un algoritmo simétrico*

Estos algoritmos se caracterizan por ser muy rápidos y eficientes desde el punto de vista computacional, ya que se basan en operaciones matemáticas sencillas realizadas sobre los símbolos del mensaje original. Por ello, requieren de un reducido tiempo de cálculo para realizar el cifrado y descifrado de los mensajes.

Sin embargo, presentan un importante problema: cómo intercambiar la clave utilizada para el cifrado/descifrado a través de un canal seguro. Sin duda, se trata de una cuestión de especial relevancia, ya que toda la seguridad del sistema depende de la confidencialidad de la clave (ésta sólo puede ser conocida por los usuarios A y B). Por este motivo, a este tipo de sistemas criptográficos también se les da el nombre de **sistemas criptográficos de clave privada**.

Por otra parte, también debemos tener en cuenta el problema de la gestión de claves, ya que se requiere una clave distinta para cada posible interacción entre dos usuarios del sistema, por lo que el número de claves secretas necesarias crece en un orden igual a $n^2$, siendo *n* el número de usuarios distintos del sistema[36].

Entre los algoritmos simétricos más utilizados hoy en día podemos citar DES (y sus variantes, como triple-DES), RC2, IDEA o AES, que se describen brevemente a continuación.

### 12.6.2 DES (*Data Encryption Standard*)

Se trata del algoritmo simétrico más extendido a nivel mundial, diseñado por la NSA (*National Security Agency*) en colaboración con IBM a mediados de los años setenta para las comunicaciones seguras del gobierno de los Estados Unidos.

Este algoritmo se comenzó a desarrollar a finales de 1960 por la empresa IBM, dentro de un proyecto de investigación denominado LUCIFER y cuyo objetivo era desarrollar un algoritmo de cifrado comercial basado en técnicas de cifrado en bloque. En noviembre de 1976 el DES, también conocido como DEA (*Data*

---

[36] Se requieren n*(n-1)/2 claves distintas, con n = nº de usuarios.

*Encryption Algorithm*), fue adoptado como un estándar federal y autorizado para su utilización en comunicaciones del gobierno de Estados Unidos.

La descripción oficial del estándar fue publicada el 15 de enero de 1977 (estándar FIPS[37] 46), tras su revisión por parte de la NSA (Agencia de Seguridad Nacional de Estados Unidos), que introdujo algunos cambios en el algoritmo para que no fuera tan robusto desde el punto de vista computacional, reduciendo el tamaño de la clave.

Hasta su aparición no existía un estándar oficial y reconocido, por lo que cada fabricante vendía sus equipos y programas basados en algoritmos propietarios, sin que el cliente pudiera comprobar su robustez y seguridad

DES fue aprobado posteriormente por la ANSI (*American National Standards Institute*) como un estándar para el sector privado en 1981 (estándar ANSI X3.92), con la denominación de DEA (*Data Encryption Algorithm*).

El algoritmo DES emplea bloques de 64 bits, que se codifican mediante claves de 56 bits que gobiernan múltiples operaciones de transposición y sustitución. Estas operaciones se realizan en 16 rondas, utilizando bloques de transposición y bloques de sustitución:

> Bloques de transposición: también conocidas como "cajas P", se encargan de la "difusión" de los bits del bloque que se está cifrando en cada ronda aplicando distintas funciones de permutación.

> Bloques de sustitución: también conocidas como "cajas S", se encargan de añadir "confusión" al bloque de bits que se está cifrando en cada ronda del algoritmo.

Actualmente DES ya no se considera un algoritmo seguro, debido al avance experimentado por la capacidad de cálculo de los ordenadores. De hecho, se puede "romper" la clave en un tiempo relativamente corto (en apenas un par de días) construyendo un equipo mediante circuitos programables (*Field Programmable Gate Array*, FPGA) de bajo coste. Así, en septiembre de 1998 un juzgado de Alemania declaraba DES desfasado e inseguro para aplicaciones financieras en ese país.

## 12.6.3 DES Múltiple

Este algoritmo consiste en la aplicación del algoritmo DES en varias etapas al mensaje original, empleando distintas claves en cada etapa, para mejorar de esta forma su robustez. Se trata, por lo tanto, de una combinación de cifradores en bloque.

---

[37] *Federal Information Processing Standard.*

El más conocido es el Triple-DES, en el que se aplica el algoritmo DES tres veces: se codifica con la clave K1, se decodifica con la clave K2 y se vuelve a codificar con la clave K1, tal y como se representa en las siguientes figuras:

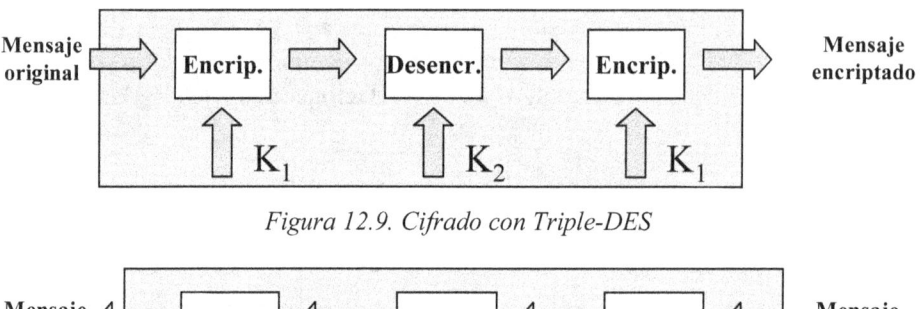

*Figura 12.9. Cifrado con Triple-DES*

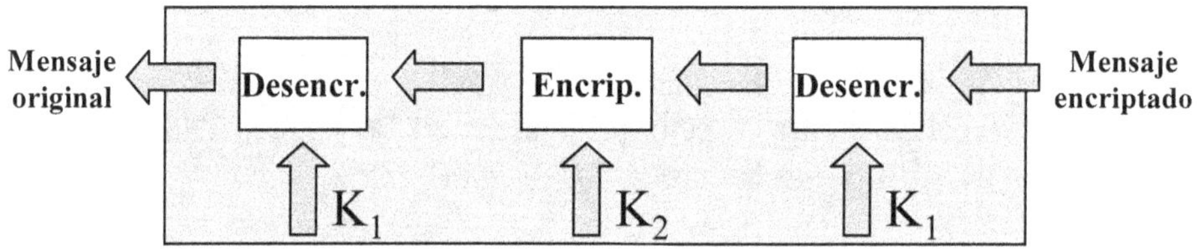

*Figura 12.10. Descifrado con Triple-DES*

### 12.6.4 IDEA (*International Data Encryption Algorithm*)

Algoritmo desarrollado en Suiza (en el Instituto Federal Suizo de Tecnología, *Swiss Federal Institute of Technology*) a principios de los 90, fruto del trabajo de los investigadores Xuejia Lai y James Massey. Este algoritmo, que destaca por ser muy rápido, realiza sus operaciones en 8 rondas, emplea claves de 128 bits y trabaja con bloques de 64 bits, siendo bastante resistente a las técnicas de criptoanálisis lineal y diferencial.

### 12.6.5 Blowfish

Algoritmo desarrollado por el experto en seguridad Bruce Schneier en 1993. Se trata de un algoritmo de cifrado que trabaja con bloques de 64 bits y que realiza 16 rondas, consistente cada una de ellas en una permutación dependiente de la clave y una sustitución dependiente de la clave y de los datos, empleando claves variables de hasta 448 bits.

Ha sido optimizado para poder ser ejecutado en procesadores de 32 bits y resulta bastante más rápido que el DES, por lo que ha sido elegido por bastantes empresas en los últimos años.

### 12.6.6 Skipjack

Algoritmo desarrollado por la NSA para el gobierno de Estados Unidos, dentro del proyecto del polémico chip cifrador "*Clipper*". Se trata de un algoritmo clasificado como secreto, que trabaja con bloques de 64 bits, claves de 80 bits y que realiza sus operaciones en 32 rondas.

### 12.6.7 CAST

Algoritmo que realiza sus operaciones en 8 rondas sobre bloques de 64 bits y emplea claves de 40 a 64 bits. Debe su nombre a sus inventores: Carlisle, Adams, Stafford y Tavares.

### 12.6.8 RC2

Desarrollado por la empresa RSA Labs como un algoritmo de cifrado simétrico que trabaja con bloques de 64 bits y claves de tamaño variable, diseñado para operar con los mismos modos de trabajo que el DES, pero siendo el doble de rápido.

### 12.6.9 RC4

Algoritmo desarrollado por la empresa RSA Labs y presentado en diciembre de 1994, fue diseñado para el cifrado en flujo y permite trabajar con claves de tamaño variable.

### 12.6.10 RC5

Se trata de un algoritmo propuesto por RSA Labs como una mejora del RC4, para incrementar su robustez y ofrecer una mayor eficiencia computacional. Se trata, por lo tanto, de un rápido sistema de cifrado en bloque, que se basa en la realización de varias rotaciones dependientes de los datos (entre 0 y 255 rondas), trabajando sobre bloques de tamaño de 32, 64 ó 128 bits, y claves de tamaño variable (entre 0 y 2.048 bits).

### 12.6.11 GOST

Este algoritmo es un estándar desarrollado por el gobierno de la antigua URSS como respuesta al algoritmo norteamericano DES. GOST realiza sus operaciones en 32 rondas y emplea claves de 256 bits.

### 12.6.12 AES (*Advanced Encryption Standard*)

Algoritmo conocido como "Rijndael" y diseñado por los belgas Vicent Rijmen y Joan Daemen. Resultó el ganador de un concurso convocado por el NIST (*National Institute of Standards Technology*) para la elección de un algoritmo sustituto del DES, concurso al que se presentaron 15 algoritmos candidatos. AES fue adoptado como estándar FIPS 197 (*Federal Information Processing Standard*) en noviembre de 2002.

Se trata de un algoritmo de cifrado en bloque, que utiliza bloques de 128 bits y claves variables de longitudes de entre 128 y 256 bits, con varios modos de operación.

## 12.7 SISTEMAS CRIPTOGRÁFICOS ASIMÉTRICOS

Los **Sistemas Criptográficos Asimétricos** surgen a principios de los años setenta para dar respuesta al problema de intercambio de la clave de los sistemas simétricos. Se basan en problemas numéricos muy complejos (como la factorización en números primos o el cálculo de logaritmos discretos). En estos sistemas se utilizan dos claves distintas: una para realizar el cifrado y otra para el proceso de descifrado; por este motivo, reciben el nombre de asimétricos.

En 1976 Whitfield Diffie y Martin Hellman propusieron un innovador sistema de cifrado en el que se empleaban claves de cifrado y descifrado diferentes, pero que se encontraban relacionadas entre sí mediante un determinado algoritmo o función matemática. En 1978 Ron Rivest, Adi Shamir y Leonard Addleman publicaron el conocido algoritmo RSA, desarrollando así la idea de Diffie y Hellman.

*Figura 12.11. Ron Rivest, Adi Shamir y Leonard Addleman*

Veamos con el siguiente ejemplo cómo es el funcionamiento de un Sistema Criptográfico Asimétrico:

Un determinado usuario B genera dos claves que están relacionadas entre sí mediante una compleja función matemática (para ello, se aprovechan las propiedades de la aritmética modular, si bien queda fuera del alcance de este capítulo profundizar en la base matemática que hay detrás de estos algoritmos).

Una de estas claves se hace pública, ya que es la que otros usuarios del sistema deberán emplear para cifrar los datos enviados a B. Si el usuario A tiene que enviar datos de forma confidencial a B, debe proceder a su cifrado empleando la clave pública de B.

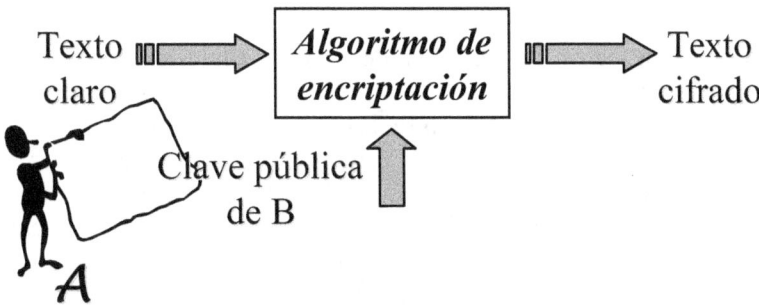

*Figura 12.12. Cifrado mediante un algoritmo asimétrico*

El texto cifrado obtenido a partir de la clave pública de B sólo puede ser descifrado utilizando el correspondiente algoritmo y la clave privada de B.

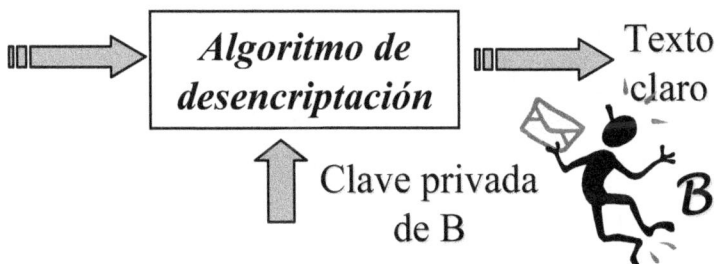

*Figura 12.13. Descifrado mediante un algoritmo asimétrico*

Por lo tanto, en los sistemas asimétricos, también conocidos como **sistemas de clave pública**, cada usuario posee una pareja de claves: su "clave privada" (que debe guardar en secreto y que utiliza para descifrar) y su "clave pública" (que será conocida y que otros usarán para cifrar).

Como ya se ha comentado, las claves privada y pública de cada usuario están relacionadas entre sí mediante una serie de características matemáticas, a través de lo que se conoce como funciones unidireccionales "con trampa": se utiliza la función en sentido directo o de cálculo fácil para cifrar y descifrar (es la operación llevada a cabo por los usuarios legítimos) y, en cambio, se fuerza el sentido inverso o de cálculo muy difícil de la función para aquellos impostores que pretendan criptoanalizar el mensaje cifrado.

Entre las funciones matemáticas más utilizadas podríamos citar la factorización de números primos grandes (algoritmo RSA), la exponenciación modular (algoritmo Diffie-Hellman) o el cálculo de logaritmos discretos (algoritmos de ElGamal y de Schnorr).

Con este planteamiento se resuelve el problema del intercambio de la clave privada, que presentaban los sistemas simétricos.

De este modo, la gestión de claves ("*key management*") es mucho más sencilla en los sistemas asimétricos. La "gestión de claves" se refiere a los procesos y mecanismos utilizados para la generación y el mantenimiento de las claves que facilitan las comunicaciones seguras entre los usuarios de un sistema. Con estos sistemas criptográficos asimétricos, cada usuario sólo debe memorizar su clave privada, ya que las claves públicas son conocidas por todos. De este modo, se reduce el número de claves necesarias en el sistema, y ya no es necesario realizar una comunicación inicial con un servidor de claves (servidor KDC) antes del establecimiento de una sesión entre dos usuarios.

Sin embargo, los algoritmos empleados son más lentos y consumen mayores recursos computacionales, ya que deben realizar operaciones matemáticas más complejas. De hecho, sólo algunos de los algoritmos propuestos son seguros y realizables desde un punto de vista práctico:

- RSA (1978).

- Diffie-Hellman (1976).

- ElGamal (1985), variante propuesta del algoritmo Diffie-Hellman.

- Schnorr (1990).

Estos algoritmos emplean claves mucho más largas para ofrecer un nivel de protección equivalente a la de los algoritmos simétricos: 512, 1.024 ó 2.048 bits, trabajando sobre bloques de bits del mensaje a cifrar. Por este motivo, son entre 100 y 1.000 veces más lentos que los simétricos, ya que requieren de mayores recursos computacionales, por lo que algunos autores se han referido al algoritmo RSA como "*Really Slow Algorithm*" (Algoritmo Realmente Lento).

No obstante, se está investigando el desarrollo de nuevos algoritmos de clave pública basados en las Curvas Elípticas (la primera propuesta en este sentido ya es del año 1985). Estos Criptosistemas de Curvas Elípticas (ECC –*Eliptic Curve Cryptosystem*s–) podrían reducir de forma considerable el tamaño de las claves, por lo que sus algoritmos serían bastante más rápidos que los empleados actualmente en los sistemas criptográficos asimétricos, por lo que podrían ser implementados en tarjetas criptográficas de bajo coste.

En la práctica se suele recurrir a los dos tipos de sistemas criptográficos presentados: mediante un sistema asimétrico los usuarios intercambian de forma segura la clave que van a utilizar para cifrar y descifrar los datos en un sistema simétrico, tal y como se muestra en las siguientes figuras:

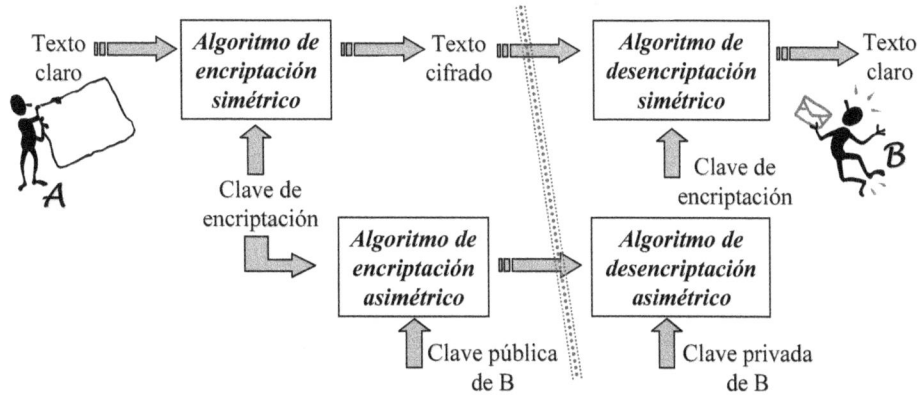

*Figura 12.12. Combinación de sistemas criptográficos simétricos y asimétricos*

En el ejemplo planteado, el usuario A utiliza una determinada clave de cifrado para cifrar el mensaje original y, a su vez, procede a cifrar esta misma clave con la clave pública del usuario B, de modo que sólo B pueda recuperar la clave necesaria para descifrar el mensaje original (porque, para obtener esta clave, es necesario emplear la clave privada de B).

La técnica anteriormente descrita para proteger la confidencialidad de una clave simétrica mediante un algoritmo de cifrado asimétrico se conoce con el nombre de "**Sobre Digital**".

Con la combinación de los sistemas simétricos y asimétricos se consigue garantizar totalmente la confidencialidad de la comunicación, y se mejora en la rapidez de los procesos de cifrado y descifrado.

Asimismo, la gestión de las claves resulta mucho más sencilla, ya que cada usuario sólo debe "memorizar" su clave privada (que queda registrada en su ordenador o en una tarjeta "*chip*"), ya que las claves públicas son conocidas por todos los usuarios del sistema.

Por otra parte, la aparición de los sistemas asimétricos ha permitido desarrollar otra serie de funciones criptográficas, como la autenticación y la integridad de los mensajes transmitidos, tal y como se describe en el siguiente apartado.

## 12.8 AUTENTICACIÓN MEDIANTE LOS SISTEMAS CRIPTOGRÁFICOS ASIMÉTRICOS

Supongamos ahora que el usuario A cifra un mensaje con su clave privada. Con esta forma de proceder no consigue garantizar, ni mucho menos, la confidencialidad del sistema informático, ya que cualquier otro usuario que conozca la clave pública de A (y no olvidemos que se llama "clave pública" porque precisamente se ha dado a conocer y se encuentra a disposición de los usuarios del sistema) podrá recuperar el mensaje original.

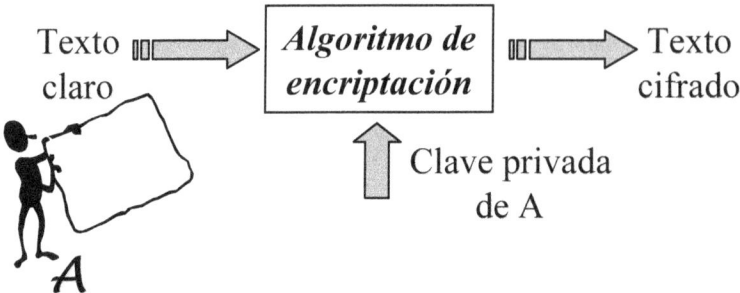

*Figura 12.13. Autenticación mediante un sistema criptográfico asimétrico (I)*

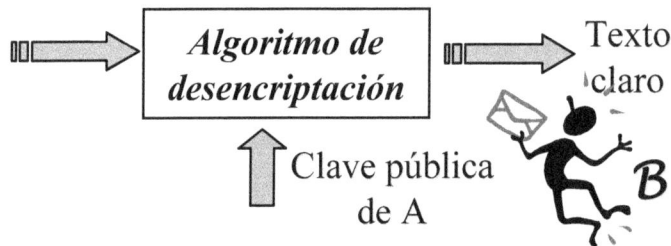

*Figura 12.14. Autenticación mediante un sistema criptográfico asimétrico (II)*

Sin embargo, con este planteamiento se consigue garantizar la **autenticidad** del mensaje: si el mensaje se puede descifrar con la clave pública de A, es porque ha sido generado con la clave privada de A y, por lo tanto, podemos asumir que lo ha generado A (porque sólo este usuario conoce su clave privada).

## 12.9 ALGORITMOS DE DIGESTIÓN DE MENSAJES. CONCEPTO DE "HUELLA DIGITAL"

La función de integridad en un sistema informático se puede conseguir utilizando un **algoritmo de "digestión"**, que se caracteriza por reducir el mensaje original a una secuencia de bits que lo identifica y que se denomina **"huella digital"** o **"compendio"** del mensaje.

Por lo tanto, los algoritmos de digestión de mensajes (*Message Digestion* o *Fingerprint*) realizan una serie de operaciones matemáticas sobre el mensaje original para calcular un valor de tamaño fijo (de 128, 160, 256, 384 ó 512 bits), la "huella digital", utilizando para ello una función de dispersión unidireccional (de un solo sentido, es decir, no se puede reconstruir el mensaje a partir de su "compendio" o "huella digital") que cumple una serie de propiedades criptográficas como:

➢ Conociendo la "huella digital", no obtenemos ninguna información sobre el mensaje original.

➢ No es factible encontrar dos mensajes originales que generen la misma "huella digital". La probabilidad de colisión, entiendo como tal la obtención de la misma secuencia de bits a partir de dos mensajes distintos, es muy remota, prácticamente nula.

> Un cambio cualquiera en el mensaje de entrada debe modificar, en promedio, la mitad de los bits que se generan a la salida del algoritmo, es decir, un pequeño cambio en el mensaje cambia totalmente su "huella digital".

Estos algoritmos también se conocen como "**algoritmos *hash***" y, entre los más populares, se encuentran MD2, MD4, MD5 y SHA.

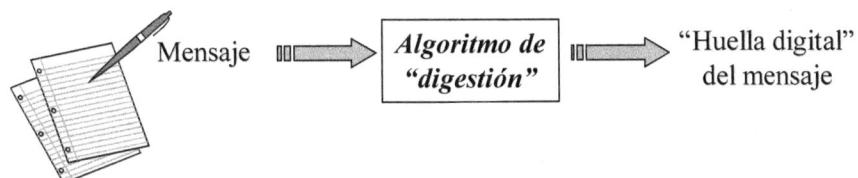

*Figura 12.15. Obtención de la "huella digital" de un mensaje*

Los algoritmos MD4 (1990) y MD5 (1992), diseñados por Ron Rivest, generan compendios de 128 bits.

A su vez, el algoritmo SHA (*Secure Hash Algorithm*) fue desarrollado por el NIST (*National Institute of Standards and Technology*) para generar compendios de 160 bits, siendo publicado como norma federal en 1993 (FIPS[38] PUB 180). El algoritmo SHA-1 es una revisión técnica de SHA realizada en el año 1995.

Podemos señalar dos aplicaciones principales de los algoritmos de digestión:

> MDC (*Modification Detection Codes*): creación de un código o secuencia de bits que permite detectar si el contenido de un mensaje ha sido modificado.

> MAC (*Message Authentication Codes*): obtención de un código o secuencia de bits que permite probar la integridad del contenido y la autenticación del origen de un mensaje, al generar una clave que depende tanto del usuario como del propio mensaje[39]. Esta aplicación ha propiciado el desarrollo de la Firma Electrónica, así como el desarrollo de mecanismos para el control de la integridad y autenticidad del software.

---

[38] *Federal Information Processing Standard*.

[39] Se aplica la función *hash* a los datos del mensaje y a una clave conocida por el usuario (generalmente su clave privada).

## 12.10 DE QUÉ DEPENDE LA SEGURIDAD DE LOS SISTEMAS CRIPTOGRÁFICOS

### 12.10.1 Robustez del esquema de cifrado diseñado

Todavía no ha sido posible demostrar desde un punto de vista matemático la seguridad de los algoritmos simétricos y asimétricos. Por ello, para cada sistema criptográfico propuesto resulta conveniente realizar un estudio estadístico del algoritmo, para poder analizar en qué medida cumple con las propiedades de "confusión", "difusión" y "completitud".

La característica de "**completitud**" del algoritmo se cumple si cada bit de texto cifrado depende de todos y cada uno de los bits de la clave. En otro caso, se podrían realizar ataques contra determinadas partes de la clave, en una estrategia de "divide y vencerás".

Por su parte, las propiedades de "confusión" y de "difusión" ya fueron introducidas en un apartado anterior de este capítulo, al estudiar las operaciones de sustitución y de transposición. Recordemos que la "**confusión**" permite ocultar la relación entre el texto claro y el texto cifrado, dificultando el análisis de patrones estadísticos (se consigue generar la "confusión" mediante operaciones de sustitución de símbolos), mientras que la "**difusión**" pretende disimular las redundancias del texto claro al extenderlas por todo el texto cifrado (característica que se consigue gracias a las operaciones de transposición de símbolos).

El único sistema teóricamente irrompible es el cifrado de Vernam, un sistema "*one-time pad*" propuesto en 1917 por Gilbert Vernam, con una clave aleatoria y de un tamaño igual al del mensaje que va a ser cifrado, y que además sólo se puede utilizar una vez. En este caso, el texto cifrado no proporciona ninguna información sobre el texto en claro, excepto por su longitud.

No obstante, Claude Shannon ya había teorizado en 1948 que un sistema del tipo "*one-time pad*" sólo sería posible si el número de claves es igual o superior al número posible de mensajes a cifrar. Shannon definió la "**entropía**" de un criptosistema como la medida del tamaño del espacio de claves. Así, una longitud de x bits genera un total de 2x claves.

Por la complejidad de las claves, resulta prácticamente imposible utilizar un sistema del tipo "*one-time pad*" y, de hecho, se cree que sólo ha sido utilizado en comunicaciones secretas con espías en Estados Unidos y en la ex-URSS.

Se habla entonces de "**Seguridad Computacional**", comparando los distintos algoritmos desde el punto de vista de su **complejidad computacional**, entendiendo como tal el tiempo de cálculo y el espacio de memoria requeridos para resolver un determinado problema (en este caso, el problema consistiría en la obtención de la clave que permitiría descifrar un mensaje cifrado).

Si el esfuerzo requerido para realizar el criptoanálisis, en cuanto a la potencia de cálculo necesaria y el trabajo realizado por expertos matemáticos, resulta desproporcionado en función del valor de la información protegida, el algoritmo se considera suficientemente robusto para ese tipo de información. En definitiva, se trata de que el coste necesario (adquisición de equipos y medios técnicos, personal especializado…) y el esfuerzo (tiempo invertido) para descifrar una información sean superiores al valor que ésta pueda tener.

La seguridad desde un punto de vista práctico se basa en la robustez frente a los "**ataques de fuerza bruta**" (que tratan de explorar todo el espacio posible de claves para romper un criptosistema), "**ataques de diccionario**" (que trabajan con una lista de posibles contraseñas: palabras de un diccionario en uno o varios idiomas, nombres comunes, nombres de localidades o accidentes geográficos, códigos postales, fechas del calendario…) y los **ataques contra la implementación del algoritmo**.

Para ello, se tiene que incrementar la longitud de las claves, a medida que se dispone de sistemas informáticos más potentes[40], es decir, de ordenadores capaces de probar miles o cientos de miles de claves por segundo. Un tamaño de clave de 128 bits es el mínimo recomendado para los algoritmos criptográficos simétricos que se utilizan en la actualidad, resultando de este modo en un espacio total de posibles claves que asciende a la más que impresionante cifra de 340.000.000.000.000.000.000.000.000.000.000.000.000 (340 seguido de 36 ceros).

Es necesario tener en consideración la amenaza que representan los ordenadores paralelos y el paradigma del "*grid computing*" ("computación en malla"). Así, en enero de 1999, gracias a la acción conjunta de más de 100.000 ordenadores a través de Internet se consiguió averiguar una clave DES de 56 bits en menos de un día. De este modo, la combinación de varios miles de ordenadores puede proporcionar la potencia de cálculo suficiente para realizar ataques de fuerza bruta contra los criptosistemas actuales.

De hecho, el experto en criptografía Bruce Schneier cita en su famoso libro *Applied Cryptography* que se podría llevar a la práctica el caso conocido como de la "Lotería China", que consistiría en la instalación un chip criptográfico en cada equipo receptor de TV adquirido por los cientos de millones de ciudadanos chinos. Cuando el gobierno chino desease obtener la clave de un determinado algoritmo criptográfico, podría distribuir el trabajo entre los cientos de millones de receptores, por lo que en cuestión de unos pocos minutos en alguno de estos receptores se mostraría la clave obtenida, y el gobierno premiaría al ciudadano para que informase del hallazgo (de ahí el nombre de "Lotería China").

---

[40] Recuérdese el papel de la Ley de Moore como predictor del incremento de prestaciones de los equipos informáticos, que han venido doblando su capacidad de cálculo y de almacenamiento cada 18 meses (aproximadamente) desde finales de los 70 hasta nuestros días.

Además, en los próximos años el desarrollo de los ordenadores cuánticos, mucho más rápidos que los actuales basados en el sistema binario, podría proporcionar un espectacular incremento en la potencia de cálculo disponible, por lo que sería necesario revisar el tamaño de las claves de los algoritmos criptográficos actuales.

Seguidamente se presenta una tabla que refleja el tiempo estimado para realizar ataques de fuerza bruta basados en equipos informáticos, mediante el diseño y construcción de componentes hardware especializados para poder averiguar las claves de un determinado algoritmo criptográfico:

|  | Longitud de la clave en bits | | | | |
|---|---|---|---|---|---|
| Coste del equipo (1995) | 40 bits | 56 bits | 64 bits | 80 bits | 128 bits |
| $100 mil | 2 segs | 35 hrs | 1 año | 70.000 años | $10^{19}$ años |
| $1 millón | 0,2 segs | 3.5 hrs | 37 días | 7.000 años | $10^{18}$ años |
| $100 millones | 2 millisegs | 2 mins | 9 hrs | 70 años | $10^{16}$ años |
| $1 billón | 0,2 millisegs | 13 segs | 1 hr | 7 años | $10^{15}$ años |
| $100 billones | 2 microsegs | 0,1 seg | 32 segs | 24 días | $10^{13}$ años |

Fuente: libro *Criptografía aplicada*, de Bruce Schneier (2ª edición, John Wiley & Sons, 1996)

*Tabla 12.1. Tiempo empleado en ataques de fuerza bruta en función del tamaño de la clave*

Conviene destacar, no obstante, que los ataques basados en software realizados desde un ordenador de propósito general resultan considerablemente más lentos que los llevados a cabo mediante hardware especializado.

Por otra parte, algunos algoritmos (como DES) pueden presentar el problema de la elección de algunas claves consideradas como débiles, es decir, claves que podrían reducir de forma importante el espacio de búsqueda en ataques de fuerza bruta. Se ha descubierto que en el caso concreto del algoritmo DES existen 16 claves débiles que pueden comprometer la seguridad del sistema criptográfico.

Por tanto, a la hora de evaluar un algoritmo es necesario detectar este problema, para poder descartar las claves consideradas como débiles. Cuando en un algoritmo todas las claves son del mismo nivel de robustez, se considera que el espacio de claves es "lineal" o "plano". En cambio, cuando el algoritmo presenta algunas claves consideradas como débiles, se dice que su espacio de claves es "no lineal".

En cuanto a la utilización de técnicas de compresión en combinación con la criptografía, conviene recordar que los criptoanalistas utilizan las redundancias que se presentan de forma natural en un lenguaje para obtener información sobre los textos claros que han sido cifrados. Por este motivo, se recomienda utilizar técnicas de compresión en combinación con los algoritmos criptográficos ya que, de este modo, con la compresión previa de la información se consiguen reducir las redundancias de los mensajes a cifrar, así como su tamaño (reduciendo en consecuencia el esfuerzo computacional para cifrar la información).

## 12.10.2 Adecuada gestión de las claves

Otro elemento que, sin duda, resulta de vital importancia para la seguridad de un sistema criptográfico es garantizar una adecuada gestión de las claves. De hecho, no debemos olvidar que puede resultar mucho más económico pagar un millón de dólares a una persona con acceso a determinadas claves de sistemas criptográficos en una embajada, por poner un ejemplo conocido a través de algunos casos famosos de espionaje entre Estados Unidos y la URSS, que poner en marcha un equipo de científicos y adquirir la infraestructura técnica y computacional necesaria para llevar a cabo actividades de criptoanálisis.

Sin embargo, la limitación gubernamental del tamaño de las claves representa un serio obstáculo para mejorar la seguridad de los sistemas criptográficos. Muchos gobiernos restringen o prohíben la utilización de herramientas criptográficas avanzadas. Así, por ejemplo, en Francia y en Estados Unidos no están permitidas técnicas criptográficas que el gobierno no sea capaz de descifrar (con la excusa de que pueden ser empleados por terroristas, narcotraficantes y otros delincuentes) y, por este motivo, se limita el tamaño de las claves.

La tecnología criptográfica, incluyendo no sólo los productos que la implementan, sino la propia descripción del funcionamiento de los algoritmos y protocolos criptográficos, se encuentra sometida a la regulación de la norma ITAR (*International Traffic in Arms Regulations*), ya que ha sido incluida en la misma categoría que las armas de fuego, misiles, armas nucleares o agentes químicos y biológicos.

Por otra parte, los algoritmos criptográficos requieren de una utilización mucho mayor del procesador y de la memoria en los equipos informáticos. Para equipos informáticos de prestaciones más reducidas se pueden emplear tarjetas criptográficas o chips específicos que liberen al procesador de las operaciones de cifrado/descifrado, como se comentará en el siguiente apartado. Sin embargo, en algunos casos se ha recurrido a implementaciones menos robustas de los algoritmos criptográficos o a un tamaño menor de las claves, para mejorar el rendimiento en los equipos informáticos.

Se trata, por lo tanto, de establecer un compromiso entre el tamaño de las claves (que determina en gran medida la robustez del sistema criptográfico) y el consumo de recursos computacionales (que influye en el rendimiento del sistema informático). En este sentido, conviene recordar que muchos dispositivos móviles con reducida capacidad de cálculo y memoria de trabajo pueden presentar ciertas limitaciones (por lo menos en el estado actual de las tecnología informática) para poder implantar sistemas criptográficos de última generación.

## 12.11 IMPLEMENTACIÓN PRÁCTICA DE LOS ALGORITMOS

### 12.11.1 Hardware especializado vs Software

A la hora de implementar los algoritmos criptográficos en un sistema informático, y debido a la complejidad de las operaciones que se tienen que realizar con los datos, el hardware especializado resulta mucho más rápido que la implementación mediante software utilizando un procesador de propósito general.

Este hardware especializado puede consistir en alguna de las siguientes alternativas:

> Tarjeta criptográfica que se añade a la placa de un ordenador, que se podría configurar para que realizase el cifrado automática de todos los ficheros guardados en el disco duro o en un *pendrive*.

*Figura 12.16. Tarjeta criptográfica*

> "Caja de cifrado" para comunicaciones, capaz de realizar el cifrado en todos los mensajes y ficheros enviados desde la red de la organización hacia sistemas ubicados en otras redes.

*Figura 12.17. "Caja de cifrado" para comunicaciones*

> Tarjeta "chip", que consiste en una tarjeta de plástico con un formato similar al de una tarjeta de crédito que incorpora un chip especializado en las operaciones criptográficas.

Los criptoprocesadores, también conocidos por las siglas en inglés HSM (*Hardware Security Modules*), permiten almacenar las claves y realizar todas las operaciones criptográficas de una forma segura. En la norma NIST FIPS 140-1 (*Security Requirements for Cryptographic Modules*) se propone una clasificación de los criptoprocesadores en función de su nivel de seguridad, distinguiendo en la práctica cuatro niveles, desde el nivel 1 para los de menor seguridad hasta el nivel 4 para los más robustos.

Conviene destacar que la implementación hardware de un algoritmo suele resultar bastante más segura que la implementación software. En el proceso de cifrado/descifrado mediante software, las claves pueden resultar vulnerables al encontrarse en la memoria o en el disco duro del equipo informático que está realizando el proceso. De hecho, un atacante que haya comprometido el equipo podría tratar de localizar claves criptográficas en el fichero de memoria virtual ("*swap file*") del sistema operativo, e incluso podría tratar de modificar el propio programa encargado de la implementación del algoritmo o instalar algún tipo de software "malicioso" en el equipo que pudiera comprometer la seguridad de las claves.

Por este motivo, algunos organismos como la NSA sólo autorizan el cifrado mediante hardware. No obstante, ya se han propuesto ataques contra tarjetas criptográficas basados en el análisis de la cantidad de energía eléctrica consumida por el chip al realizar las distintas operaciones con los datos.

También podemos señalar algunas ventajas de la implementación software, como podrían ser la mayor flexibilidad y portabilidad del algoritmo, que se podría ejecutar de este modo en un mayor número de sistemas, o la facilidad para la actualización del algoritmo mediante nuevas versiones que corrijan fallos o mejoren sus prestaciones. De hecho, en los últimos años se han lanzado al mercado distintos programas informáticos para el cifrado de ficheros o de mensajes de correo electrónico.

## 12.11.2 Utilización en protocolos de comunicaciones para redes de ordenadores

En las redes de ordenadores se pueden adoptar dos estrategias distintas a la hora de utilizar algoritmos criptográficos: realizar el cifrado "enlace a enlace" o "extremo a extremo", tal y como se describe a continuación.

El cifrado "enlace a enlace" ("*link-by-link encryption*") tiene lugar en las capas inferiores de los protocolos, es decir, a nivel físico, nivel de enlace o nivel de red (según el modelo de referencia OSI de ISO), estableciendo una clave de sesión compartida por los dos equipos que intervienen en cada enlace o comunicación, de forma independiente del resto de la red.

Entre sus ventajas podríamos destacar que se trata de un modo de operación del algoritmo criptográfico totalmente transparente al usuario, y que no se ofrece ninguna información sobre el tráfico de datos (origen o destino, por ejemplo), ya que todo se envía cifrado.

Como inconvenientes debemos tener en cuenta la sobrecarga de trabajo en los dispositivos de red, que deben soportar el cifrado/descifrado de los paquetes transmitidos y, por lo tanto, requieren de una mayor capacidad de procesamiento. Además, si uno solo de los nodos intermedios resultase comprometido se podría revelar información confidencial a terceros. Por este motivo, se tiene que garantizar la seguridad lógica y física de todos los nodos de la red.

Por su parte, el cifrado "extremo a extremo" ("*end-to-end encryption*") tiene lugar en las capas superiores de los protocolos, es decir, a nivel de transporte, nivel de sesión, nivel de presentación o nivel de aplicación (según el modelo de referencia OSI de ISO). De esta forma, el proceso de cifrado/descifrado sólo es realizado por los equipos terminales, sin sobrecargar a los equipos de red. Además, otra ventaja importante es que en este modo de operación la confidencialidad no depende de la seguridad de los nodos intermedios.

Sin embargo, como inconvenientes de el cifrado "extremo a extremo" cabe destacar que se complica la gestión de las claves y que, si un atacante pudiese capturar y analizar el tráfico transmitido por la red (mediante un *sniffer*, por ejemplo), éste podría obtener información sobre las características básicas de la comunicación: origen, destino o protocolo utilizado, ya que estos datos no se transmiten cifrados.

Por supuesto, también se podrían combinar ambas estrategias de cifrado: "enlace a enlace" dentro de la red y "extremo a extremo" entre los equipos que intervienen en la comunicación.

Como ejemplos prácticos de aplicación de los sistemas criptográficos en distintos servicios de Internet, podemos destacar algunos de los más conocidos:

- Cifrado a nivel de aplicación: S/MIME, S-HTTP.
- Cifrado a nivel de sesión: SSH.
- Cifrado a nivel de transporte: SSL.
- Cifrado a nivel de red: IPSec.

Debemos señalar una última consideración acerca de los protocolos de transmisión de datos que emplean códigos detectores y correctores de errores en los paquetes de datos transmitidos. En este caso, los códigos detectores y correctores de errores deberían aplicarse sobre el conjunto del mensaje cifrado y no sobre el mensaje en texto claro, ya que en caso contrario, el proceso de descifrado contribuiría a la propagación de los errores en la transmisión que pudieran haber sido provocados por ruidos o interferencias.

Otra cuestión a tener en cuenta es que si bien la criptografía constituye una herramienta imprescindible para garantizar la confidencialidad y autenticidad de las comunicaciones en una organización, también puede representar un serio obstáculo para el funcionamiento de los antivirus, filtros anti-*spam* y otras herramientas de seguridad que traten de impedir la entrada de contenidos dañinos o la salida de información sensible de la organización.

Por último, podemos destacar que recientemente se han presentado herramientas que son capaces de cifrar las conversaciones mantenidas por los usuarios de los servicios de voz IP a través de Internet. Entre ellas destaca Zfone (http://zfone.com/), creada por el experto en criptografía Philip Zimmermann.

### 12.11.3 Cifrado de datos para su almacenamiento en un soporte informático

En la aplicación de la criptografía para la protección de datos y ficheros almacenados en un soporte informático, la clave utilizada para el cifrado adquiere el mismo valor que el documento o fichero cifrado. En este caso, la criptografía convierte un secreto de mayor tamaño, el documento o fichero a proteger, en un secreto de menor tamaño, la clave de cifrado que se ha utilizado.

Por este motivo, resulta de vital importancia una adecuada conservación de las claves, a fin de evitar su pérdida o que éstas pudieran ser consultadas por personal no autorizado. En la transmisión de datos a través de una red de ordenadores, la pérdida de la clave de cifrado representa un problema menor, ya que siempre se podrán retransmitir los datos cifrados con una nueva clave. Sin embargo, cuando los datos y documentos se almacenan cifrados en un determinado soporte informático, la pérdida de la clave puede provocar que no sea posible recuperar los documentos que hayan sido protegidos mediante dicha clave.

Además, convendría evitar que el mismo fichero o documento protegido se haya guardado sin cifrar en otro soporte informático, ya que en ese caso un atacante podría obtener suficiente información como para tratar de descubrir la clave de cifrado recurriendo a distintas técnicas de criptoanálisis, para posteriormente poder utilizar esa clave para leer otros ficheros y documentos protegidos.

## 12.12 GESTIÓN DE CLAVES

### 12.12.1 La problemática de la gestión de claves

La gestión de claves constituye uno de los problemas de más difícil solución en la criptografía, siendo necesario resolver cuestiones como la transmisión de las claves a través de un canal seguro y su adecuada distribución entre los usuarios del sistema; el almacenamiento y conservación segura de las claves; la definición de un procedimiento de revocación de claves que hayan sido comprometidas; etcétera.

Si atendemos a las especificaciones de la norma ISO 11770, el ciclo de vida de una clave consta de cinco estados: generación, activación, desactivación, reactivación y destrucción.

En la práctica, en los sistemas criptográficos se pueden distinguir dos tipos de claves:

> ➤ Claves de corta duración (**claves de sesión**): se emplean para el cifrado de un único mensaje o para el cifrado de la información intercambiada en una sesión establecida entre dos equipos o usuarios.

> ➤ Claves de larga duración (**claves de usuario o claves primarias**): se emplean para el servicio de autenticación (es decir, para la autenticación del usuario basada en la técnica del secreto compartido con el servidor) y para asegurar la confidencialidad de los datos, ya sea mediante el cifrado de datos transmitidos o bien para la protección de datos almacenados en un soporte informático.

También es posible definir una jerarquía de claves, distinguiendo entre las **claves maestras** y las **claves subordinadas o de aplicación**. Las claves subordinadas se emplean para cifrar determinados ficheros o documentos dentro del sistema informático, mientras que las claves maestras se utilizan para proteger el acceso a las claves subordinadas.

La organización debería definir y garantizar la correcta implantación de una serie de procedimientos relacionados con la gestión de las claves, especificando quiénes son en cada caso los responsables y custodios de las claves, cuál es la jerarquía de claves (para poder aplicar la mayor seguridad a la protección de las claves maestras) y en qué situaciones y tipos de datos o documentos se tendría que utilizar cada clave.

En estos procedimientos de gestión de las claves debemos tener en cuenta las siguientes actividades fundamentales:

1. Generación de las claves.

2. Transmisión de las claves a los usuarios legítimos (distribución).

3. Activación y utilización de las claves.

4. Almacenamiento y recuperación de las claves.

5. Cambio de las claves.

6. Destrucción de las claves.

## 12.12.2 Generación y cambio de las claves

Para la generación de las claves se puede recurrir a generadores pseudoaleatorios, que podrían utilizar vectores de inicialización basados en la identificación del equipo, el estado de sus registros internos, la fecha y hora de su reloj interno, etcétera.

No obstante, conviene tener en cuenta que se podrían llevar a cabo ataques contra estos generadores para tratar de predecir la secuencia pseudoaleatoria obtenida. Por este motivo, es recomendable analizar si se ha obtenido una clave que pueda ser considerada como poco segura para el algoritmo criptográfico utilizado.

Se han propuesto estándares como el ANXI X9.17 para la generación de claves a partir de la obtención de secuencias pseudoaleatorias.

Por otra parte, la organización debe preocuparse de definir e implantar un procedimiento para el cambio de las claves, situación que puede ser propiciada por distintas circunstancias: expiración del período de validez de la clave, clave que haya sido comprometida...

## 12.12.3 Transmisión de las claves a los distintos usuarios

El estándar ANSI X9.17 identifica dos tipos de claves: las claves de "cifrado de claves" (**claves maestras**) y las claves para el cifrado de datos, estableciendo de este modo una jerarquía de claves en el sistema criptográfico.

Las claves de "cifrado de claves" se emplean para la transmisión segura de las claves definidas para el cifrado de datos. Por este motivo, las claves de "cifrado de claves" se distribuyen manualmente mediante algún procedimiento seguro, aunque también podría incluirse en algún dispositivo para facilitar esta distribución (por ejemplo, en una tarjeta "*chip*").

El desarrollo de los sistemas basados en la criptografía de clave pública ha venido a facilitar el intercambio de las claves, como se ha visto en los epígrafes anteriores.

Asimismo, también se han propuesto otros sistemas para la gestión distribuida de las claves, basados en "anillos de confianza", utilizados en aplicaciones informáticas de criptografía como PGP, que proponen una solución para la introducción de nuevos usuarios en el sistema (en el caso concreto de PGP, éstos deben contar con el respaldo de otros usuarios de confianza).

A la hora de transmitir las claves entre los usuarios es necesario contemplar la posibilidad de que se puedan producir ataques de intermediario ("*man-in-the-middle*"), que permitan interceptar las claves sin que los propios afectados lleguen a tener constancia del problema.

En la siguiente figura se presenta un ejemplo de ataque de "*man-in-the-middle*" contra un sistema basado en criptografía de clave pública. En este caso, el usuario B envía su clave pública al usuario A, pero la intercepta un usuario C, que a su vez reenvía su clave pública haciéndose pasar por B, actuando de intermediario "invisible" para ambos.

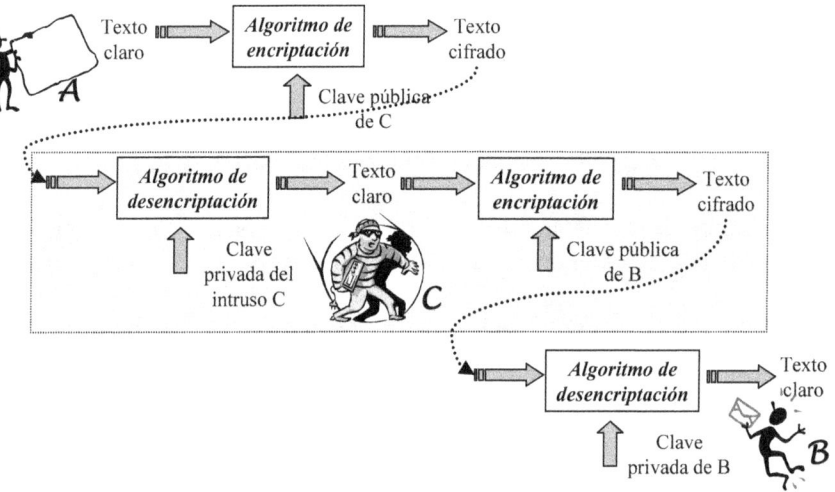

*Figura 12.18. Ejemplo de ataque de intermediario "man-in-the-middle"*

Para evitar este tipo de situaciones se ha recurrido a la utilización de los Certificados Digitales, que permiten acreditar que una determinada clave pública pertenece a un usuario del sistema.

## 12.12.4 Activación y utilización de las claves

Una vez hayan sido activadas dentro del sistema, las claves podrán ser utilizadas para los distintos propósitos que se hayan definido:

➢ Cifrado de documentos y ficheros.

➢ Autenticación de usuarios.

➢ Cifrado de las comunicaciones.

➢ Generación de firma electrónica, etcétera.

En la práctica se aconseja que cada clave sólo sea utilizada para un determinado cometido o para alcanzar una determinada función de seguridad. Así, por ejemplo, no es recomendable emplear la misma clave para tratar de garantizar la confidencialidad y al mismo tiempo la integridad de la información.

## 12.12.5 Almacenamiento de las claves

La organización podría establecer un determinado procedimiento para que los usuarios pudiesen almacenar en un disco duro de forma segura las claves difíciles de memorizar, cifrándolas mediante otro algoritmo y una determinada clave de acceso.

Asimismo, podríamos considerar la posibilidad de utilizar tarjetas con un chip ROM donde se grabe la clave (tarjetas conocidas como "*ROM keys*") o tarjetas inteligentes ("*smart card*"). De este modo, la clave queda asociada a un dispositivo físico ("*token*"), que el usuario debe introducir en un lector para poder utilizar la clave. Así, en cierto sentido el funcionamiento sería similar al de una llave convencional que se tiene que introducir en la cerradura adecuada.

Por otra parte, es recomendable disponer de una copia de seguridad centralizada de todas las claves de los empleados de una organización (protegidas de forma segura), para poder recuperarlas cuando fuera necesario, como podría ser el caso del fallecimiento de una persona o de la situación producida cuando un empleado abandonase la empresa sin revelar las claves utilizadas para cifrar documentos de sus proyectos.

## 12.12.6 Destrucción de las claves

La primera medida relacionada con la validez y la destrucción de las claves sería la de imponer un determinado intervalo de tiempo para su caducidad. En este sentido, conviene destacar que cuanto mayor sea el período de utilización de una clave, mayor es la posibilidad de que ésta pueda ser comprometida, situación que se produciría, por ejemplo, cuando un usuario tuviese un descuido y perdiese su clave o la anotase en un sitio poco seguro.

Asimismo, cuanto más se utilice una clave mayor será el impacto en la organización provocado por su pérdida o caída en manos de terceros, ya que podrían existir muchos más documentos cifrados con dicha clave.

Del mismo modo, cuanto más se utilice una clave, mayor será el interés de otras organizaciones y personas en poder romper el sistema mediante distintas técnicas de criptoanálisis, debido a que en ese caso mayor será la recompensa a su esfuerzo. Además, dispondrán de más información para poder hacerlo con mayor facilidad.

Por todo ello, es necesario definir un determinado tiempo de vida o fecha de caducidad de las claves.

En cuanto al tratamiento de las claves comprometidas, el usuario afectado debería informar inmediatamente del incidente, para que la organización pueda avisar al resto de los usuarios, de modo que la clave comprometida pudiera ser descartada, mediante un procedimiento de revocación. Se recomienda no utilizar una misma clave para distintas aplicaciones y servicios, ya que en caso de pérdida o compromiso el impacto en el sistema sería bastante mayor. Además, es importante garantizar una eliminación segura de las claves obsoletas o que hayan sido comprometidas, ya que con estas claves un atacante podría tener acceso a mensajes antiguos que se hubieran conservado cifrados en algún soporte informático de la organización.

Por último, la organización debe contemplar algún procedimiento para poder recuperar claves, resolviendo situaciones como las acontecidas cuando algún empleado ha perdido la clave de cifrado de unos determinados documentos protegidos.

### 12.12.7 Servidor para la distribución de claves

La organización puede utilizar un Centro o Servidor de Confianza para facilitar la distribución de claves en una red. Si se emplean algoritmos simétricos, el centro de confianza se denomina Servidor KDC (*Key Distribution Center*, Centro de Distribución de Claves). Asimismo, en los criptosistemas basados en algoritmos asimétricos, este centro de confianza se conoce como Servidor KCC (*Key Certification Center*, Centro de Certificación de Claves) o Autoridad de Certificación.

En el caso de utilizar un servidor KDC (*Key Distribution Center*), cada usuario mantiene una sola clave secreta compartida con el KDC, que se emplea para el proceso de autenticación. Este servidor KDC interviene en la administración de las claves de sesión entre los distintos usuarios (individuos, servidores y equipos) de la red. No obstante, de este modo también podría descifrar todos los mensajes de los usuarios, por lo que su seguridad debería ser extremada.

Para el establecimiento de una clave de sesión $K_s$ se sigue un protocolo como el que se describe a continuación:

- ➢ El usuario A y el servidor B poseen sus respectivas claves secretas $K_a$ y $K_b$, que son conocidas únicamente por el servidor KDC.

- ➢ El usuario A genera una clave de sesión $K_s$ por algún procedimiento previamente determinado, enviando a continuación al servidor KDC su identidad (A) y un mensaje cifrado con su clave secreta $K_a$ que contiene el identificador del servidor B con el que se desea comunicar y la clave de sesión $K_s$.

- ➢ El servidor KDC, a su vez, envía al servidor B un mensaje cifrado con la clave secreta $K_b$, en el que se incluye el identificador de A y la clave de sesión $K_s$ que éste ha generado.

- ➢ De este modo, A y B pueden intercambiarse de forma segura una clave de sesión $K_s$, empleando algoritmos de cifrado simétricos.

Como alternativa también se podría plantear que el servidor KDC se encargase de generar la correspondiente clave de sesión $K_s$ para enviársela a continuación a los usuarios y equipos interesados mediante sus correspondientes claves secretas, $K_a$ y $K_b$.

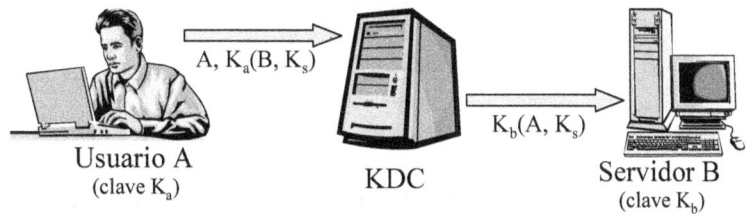

Figura 12.19. Establecimiento de una clave de sesión mediante un servidor KDC

## 12.12.8 Algoritmos de intercambio seguro de claves

El algoritmo IKE (*Internet Key Exchange*, RFC 2409) define un mecanismo de distribución de claves, que emplea técnicas de criptografía asimétrica como el algoritmo de Diffie-Hellman para el envío seguro de la clave de sesión entre dos usuarios o equipos.

IKE es utilizado en el protocolo IPSec para el intercambio seguro de claves de sesión entre los usuarios. IKE se basa, a su vez, en los algoritmos ISAKMP (RFC 2408) y OAKLEY (RFC 2412).

ISAKMP (*Internet Security Association and Key Management*) es un protocolo que permite crear asociaciones de seguridad entre dos ordenadores que se van a comunicar a través de una red, especificando no sólo las claves de sesión sino también los algoritmos de cifrado que van a utilizar ambas partes. Por su parte, OAKLEY es un protocolo para la generación de claves de sesión.

## 12.13 REFERENCIAS DE INTERÉS

El libro *Applied Crytography: Protocols, Algorithms and Source Code in C, 2ⁿᵈ Edition*, del experto en seguridad Bruce Schneier, constituye una excelente referencia para profundizar en el conocimiento de los distintos algoritmos y técnicas criptográficas.

Productos criptográficos y empresas especializadas:

- ✓ RSA Security: http://www.rsasecurity.com/.
- ✓ Entrust: http://www.entrust.com/.
- ✓ Global Technologies Group Inc.: http://www.gtgi.com/.
- ✓ Safenet: http://www.safenet-inc.com/.

- ✓ Technical Communications Corporation: http://www.tccsecure.com/.
- ✓ Litronic: http://www.litronic.com/.
- ✓ CryptoSys: http://www.cryptosys.net/.

Otras direcciones de interés:

- ✓ CriptoRed, Red Iberoamericana de Criptografía y Seguridad de la Información: http://www.criptored.upm.es/.
- ✓ Criptonomicón: http://www.iec.csic.es/criptonomicon/.
- ✓ Kriptópolis: http://www.kriptopolis.org/.
- ✓ RFC del algoritmo MD4: http://www.ietf.org/rfc/rfc1320.txt.
- ✓ RFC del algoritmo MD5: http://www.ietf.org/rfc/rfc1321.txt.
- ✓ RFC del algoritmo SHA: http://www.ietf.org/rfc/rfc3174.txt.
- ✓ National Security Agency: http://www.nsa.gov/.
- ✓ Bruce Schneier, uno de los mayores expertos en seguridad informática y criptografía: http://www.schneier.com/.
- ✓ Crypto: http://www.crypto.com/.

# Capítulo 13

# ESTEGANOGRAFÍA Y MARCAS DE AGUA ("*WATERMARKS*")

## 13.1 ESTEGANOGRAFÍA

### 13.1.1 Los orígenes de la Esteganografía

La palabra "Esteganografía" proviene del griego "*steganos*" (oculto) y "*graphos*" (escritura), por lo que la podríamos definir como la ciencia de la "escritura encubierta u oculta".

> La **Esteganografía** estudia todas las posibles técnicas utilizadas para insertar información sensible dentro de otro fichero, denominado "fichero contenedor" (que podría ser un gráfico, un documento o un programa ejecutable), para tratar de conseguir que pueda pasar inadvertida a terceros, y sólo pueda ser recuperada por parte de un usuario legítimo empleando para ello un determinado algoritmo de extracción de la información.

Mediante las técnicas esteganográficas no sólo se modifica el contenido de la información, sino que también se intenta ocultar su propia existencia, tratando de conseguir que ésta pase inadvertida ante terceros, por lo que podríamos considerarlas como unas técnicas de "camuflaje" de la información.

De este modo, se podrían publicar los ficheros con la información camuflada en foros o a través de servidores FTP en Internet, pasando inadvertida ante todas las personas excepto ante aquella o aquellas que expresamente conozcan la existencia de la información oculta.

Desde la más remota antigüedad se han venido empleando distintas técnicas esteganográficas para ocultar la información, como podrían ser las tintas invisibles: así, por ejemplo, en la época de los griegos y de los romanos se empleaba el zumo de limón para escribir información sensible en papiros, de modo que esta tinta sólo se mostraba al someter el documento al calor, pasando inadvertida para aquellos que desconocían esta técnica de "camuflaje".

Otra técnica utilizada por los griegos consistía en tatuar la información sensible en la cabeza rasurada de un esclavo, de modo que el mensaje quedaba oculto al crecer el pelo de su cuero cabelludo.

En el año 1499 Trithemius publicó el que se considera como primer libro sobre Esteganografía. Posteriormente, ya durante la Segunda Guerra Mundial, los alemanes utilizaban micro puntos para ocultar información dentro de documentos impresos, haciéndolos pasar por signos de puntuación.

De hecho, tradicionalmente se han venido utilizando estas técnicas en el ámbito de las comunicaciones militares, así como por parte de organizaciones criminales. Por este motivo, en algunos países se ha prohibido la utilización de aplicaciones informáticas de esteganografía.

## 13.1.2 Funcionamiento de las técnicas esteganográficas modernas

Las técnicas esteganográficas modernas utilizan aplicaciones informáticas para ocultar la información. Para ello, se utiliza un fichero contenedor como soporte para camuflar una serie de bits con la información sensible que se desea ocultar.

Se han propuesto varias alternativas para ocultar la información en un fichero informático:

> **Alternativa 1: Sustitución de algunos bits del fichero contenedor por los de la información que se desea ocultar.**

> Mediante esta alternativa no se modifica el tamaño del fichero original. Si se utiliza un fichero de sonido como fichero contenedor, se pueden utilizar los bits que no son audibles por el oído humano para ser reemplazados por los bits de información. En el caso de los ficheros de imágenes, se podrían sustituir los bits menos significativos.

> De hecho, cuanto mayor sea la calidad del fichero, mayor número de bits del fichero original podrán ser sustituidos por bits de información. Por este motivo, se suelen utilizar ficheros de sonido de 16 bits de resolución o ficheros de imágenes de 24 bits como ficheros contenedores.

Una persona no podría apreciar a simple vista (u oído) un cambio significativo o degradación de la calidad del fichero contenedor de la información. Se tendría que recurrir a un análisis de la estructura del fichero para poder apreciar los cambios realizados por la técnica esteganográfica.

> **Alternativa 2: Inserción de bits de información adicionales al final del fichero o documento contenedor.**

En este caso se añaden los bits de información a partir de la marca de fin de fichero (EOF, *–End of File–*). Sin embargo, esta opción presenta el inconveniente de que sí se modifica el tamaño del fichero, por lo que podría despertar mayores sospechas ante terceros.

> **Alternativa 3: Creación de un fichero contenedor "ad-hoc" partiendo de la información que se desea ocultar.**

El programa de esteganografía utiliza un esquema basado en una contraseña para recuperar la información oculta. No obstante, se puede mejorar la robustez del sistema cifrando la información antes de introducirla en el programa de esteganografía, mediante una combinación de criptografía y de esteganografía.

Podemos utilizar varios factores para analizar el comportamiento de las técnicas esteganográficas, así como para poder establecer una comparación entre las distintas técnicas propuestas. Los factores más importantes serían los siguientes:

1. Cantidad de información que permite ocultar en un fichero.

2. Dificultad para detectar la presencia de información oculta.

3. Robustez de la información oculta frente a cambios en el fichero contenedor.

4. Facilidad para recuperar la información.

Conviene destacar que el objetivo principal del atacante de una técnica esteganográfica será determinar si existe o no información oculta en un fichero. Por este motivo, cuanta más información se trate de ocultar en un fichero más fácil será detectar su presencia.

También podemos señalar algunos inconvenientes que presentan las técnicas esteganográficas.

En primer lugar, si el fichero contenedor es manipulado se puede perder la información que se ha ocultado en el fichero. Así, por ejemplo, un simple cambio de formato de compresión de una imagen, convirtiendo una imagen JPEG al formato TIFF o BMP, para volver a codificarla después como JPEG, provoca la pérdida de la información que se había ocultado. Por ello, este procedimiento puede ser adoptado por una organización si sospecha que alguno de sus empleados está ocultando información mediante estas técnicas.

Por otra parte, la esteganografía no garantiza la autenticidad ni la integridad de la información (aunque sí se podría conseguir su confidencialidad a través de la indetectabilidad de la información).

El lector puede profundizar en el estudio de las distintas técnicas esteganográfica en el libro *The Code Breakers* de David Kahn.

### 13.1.3 Programas informáticos para la esteganografía

Seguidamente se presentan algunas de las herramientas más conocidas que utilizan distintas técnicas esteganográficas para ocultar la información:

> **"S-Tools"**: aplicación freeware para el entorno Windows que permite ocultar información en ficheros de audio (WAV) y de imágenes (GIF y BMP), recurriendo a los tres bits menos significativos de los bytes del fichero contenedor. La información oculta queda protegida mediante una contraseña. También ofrece la opción de comprimir la información, así como de cifrar la información recurriendo a un algoritmo criptográfico como DES, Triple DES o IDEA.

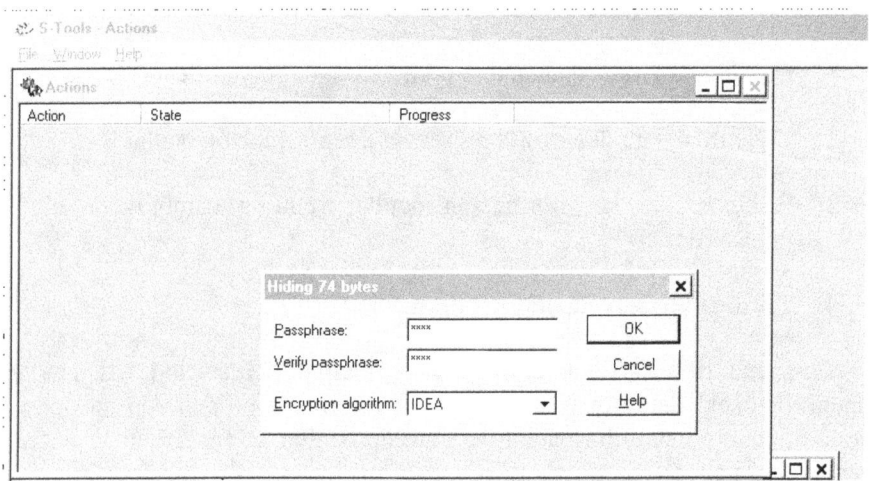

*Figura 13.1.S-Tools*

> **"Hide and Seek"**: herramienta que permite ocultar información en ficheros de imágenes GIF recurriendo al bit menos significativo de cada byte del fichero contenedor, aplicando además una técnica de dispersión para repartir la información a ocultar por todo el fichero de una forma pseudoaleatoria.

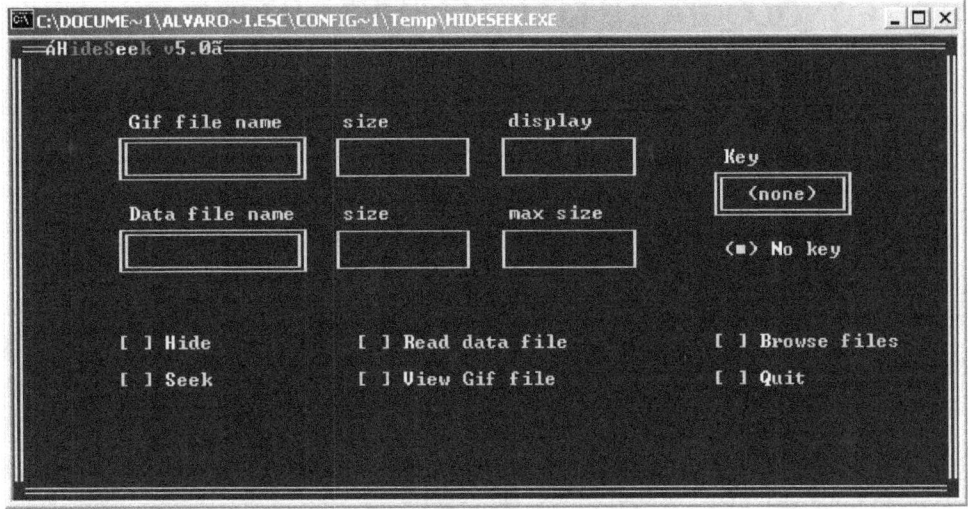

*Figura 13.2. Hide and Seek*

➤ **"Jsteg"**: aplicación que permite ocultar información en ficheros de imágenes JPEG, recurriendo a los coeficientes de compresión de la Transformada del Coseno Discreto (algoritmo de compresión empleado en las imágenes JPEG).

➤ **"EZ-Stego"**: aplicación que permite ocultar información en ficheros de imágenes GIF recurriendo al bit menos significativo de cada byte del fichero contenedor.

➤ **"GIF Shuffle"**: aplicación que permite ocultar información en ficheros de imágenes GIF recurriendo para ello a la manipulación de la tabla de colores de la imagen (reordenando los bits de la tabla de colores de acuerdo a un patrón que representa la información a ocultar).

➤ **"Camouflage"**: aplicación que consigue ocultar información en ficheros de distintos formatos, insertándola al final del fichero en cuestión, a partir de la marca de fin de fichero.

➤ **"Spam Mimic" (www.spammimic.com)**: aplicación que permite generar mensajes de correo similares a los de *spam* (publicidad no solicitada), y que incluyen el texto con la información a ocultar como parte del texto general del cuerpo del mensaje de correo.

Se podrían descargar éstas y otras aplicaciones de esteganografía de varias páginas web, como por ejemplo: http://www.jjtc.com/Security/stegtools.htm.

## 13.2 TECNOLOGÍA DE MARCAS DE AGUA ("*WATERMARKS*")

> Una "**marca de agua digital**" es un código de identificación que se introduce directamente en el contenido de un archivo multimedia (texto, imagen, audio o vídeo), con el objetivo de incluir determinada información generalmente relacionada con los derechos de autor o de propiedad del contenido digital en cuestión.

Su presencia debe resultar inadvertida para el sistema de percepción humano, pero ha de ser fácil de detectar mediante un determinado algoritmo de extracción.

Un sistema de marcas de agua consta de un algoritmo de marcado y otro de detección de la marca que, generalmente, requieren del uso de una clave similar a la utilizada en los sistemas criptográficos. De este modo, sólo la persona u organización en posesión de la clave adecuada podrá tener acceso a la marca de agua que ha sido introducida en un determinado fichero o contenido digital.

El uso de marcas de agua como sistema de protección es casi tan antiguo como la fabricación del papel. De hecho, desde hace varios cientos de años los autores o propietarios de un documento u obra de arte valiosa lo marcaban con un sello de identificación (que podría ser visible o no), no sólo para establecer su propiedad, origen o autenticidad, sino para desalentar a aquellos que pudieran intentar robarlo.

### 13.2.1 Aplicaciones de las marcas de agua digitales

Se describen a continuación las principales aplicaciones de las marcas de agua digitales:

> ➤ Identificación de la fuente, el autor, el propietario, el distribuidor y/o el consumidor autorizado de un fichero con contenido digital: vídeo, audio, imagen o texto. De este modo, una marca de agua puede insertarse en un determinado fichero como prueba de propiedad.

> ➤ Marca de agua transaccional ("*fingerprinting*"): incluye los datos del propietario y los datos del comprador de un fichero, fruto de una transacción entre ambas partes. De este modo, además de demostrar la propiedad de los contenidos multimedia, también se podría determinar a quién atribuir la responsabilidad de una posible distribución ilegal de las copias que hayan sido vendidas.

> ➤ Autenticación de ficheros, indicando quién es el autor legítimo del mismo: esta aplicación podría resultar de gran interés, por ejemplo, para marcar imágenes médicas como las radiografías (asociando cada radiografía digital a un determinado paciente mediante la marca de agua), o para marcar las fotografías enviadas por un reportero gráfico a un periódico.

> Clasificación de contenidos: la marca de agua podría indicar el tipo de contenido incluido en un fichero, para facilitar su clasificación o la aplicación de determinadas reglas y filtros de contenidos.

> Control de copias y restricción en el uso de un determinado contenido. Las marcas de agua diseñadas para el control de copias contienen la información determinada por su propietario acerca de las reglas de uso y copiado de los contenidos en los que se insertan. De este modo, es posible limitar el número de copias realizadas, el número de reproducciones de un determinado contenido, la fecha hasta la que es válida su reproducción o el tipo de terminal autorizado para la reproducción, por citar algunas de las aplicaciones más conocidas.

> Seguimiento de la difusión de copias de los ficheros protegidos: se han propuesto sistemas automatizados basados en marcas de agua que permiten rastrear las transmisiones de televisión y radio, las comunicaciones a través de redes de ordenadores y otros canales de distribución para determinar cuándo y dónde se ha utilizado un determinado contenido multimedia.

## 13.2.2 Propiedades de las marcas de agua digitales

Para poder cumplir con su papel, las marcas de agua que se insertan en un determinado fichero o contenido digital deben poseer una serie de propiedades, entre las que podríamos destacar las siguientes:

1. **Robustez**: capacidad de resistir a cambios producidos en el fichero o contenido digital (retoque de imágenes mediante distintas técnicas como la rotación, traslación, escalado, recorte o aplicación de algún filtro; compresión de vídeos; manipulación de canciones o de otros ficheros de audio; etcétera).

   Una marca de agua se considera robusta si puede ser detectada en el fichero cuando éste ha sido sometido a una serie de cambios por el usuario. La clave fundamental para conseguir que una marca de agua sea robusta es introducirla en las componentes perceptiblemente más significativas de la señal o de su espectro (es decir, de las componentes de la señal en el dominio de la frecuencia).

2. **Resistencia a manipulaciones**: esta propiedad determina la resistencia de la marca de agua frente a los **ataques activos** (aquéllos que traten de eliminar la marca, manipular su información o insertar una marca falsa que podría ser considerada como legítima por el sistema) y frente a los **ataques pasivos** (aquellos ataques en los que simplemente se trate de detectar la presencia de la marca en un contenido digital).

3. **Imperceptibilidad**: la imperceptibilidad mide el nivel o grado de transparencia de una marca de agua para el sistema perceptual humano (ya sea la vista o el oído). Una marca de agua es imperceptible (o transparente) si la degradación que causa en los archivos donde ha sido insertada es muy difícil de apreciar por parte de una persona.

4. **Indetectibilidad**: una marca se considera indetectable si su inserción en un archivo no produce cambios significativos en las propiedades estadísticas de éste, de tal modo que no se podrá detectar la presencia de la marca utilizando métodos estadísticos.

5. **Facilidad para modificar la información incluida en la propia marca** (o inserción de varias marcas de agua relacionadas entre sí). Esta característica o propiedad permite realizar un seguimiento de un archivo multimedia desde su creación hasta que llega a sus distribuidores y, en última instancia, a los compradores que lo van a utilizar. Asimismo, también posibilita el control del número de copias realizadas o del número de reproducciones de un determinado fichero o contenido digital.

6. **Viabilidad del sistema**, que vendrá determinada por la complejidad tecnológica (algunos sistemas de marcas de agua requieren de un alto coste computacional, debido a los algoritmos empleados, por lo que no son fáciles de implementar en dispositivos portátiles) y por el coste económico necesario para su implementación.

El "*Data Payload*" es la cantidad de información (medida en bits) que puede contener una marca. En este sentido, conviene destacar que en un sistema de marcas de agua existe un compromiso entre la robustez deseada, la tasa de bits de la marca (cantidad de información introducida en el fichero o contenido digital) y su nivel de imperceptibilidad e indetectibilidad.

## 13.2.3 Soluciones comerciales para las marcas de agua

Seguidamente se presentan algunas de las soluciones comerciales más conocidas basadas en la tecnología de marcas de agua:

➢ Digimarc (www.digimarc.com): se trata de una de las empresas referentes en tecnología de marcas de agua.

➢ Alpha-tec (www.alphatecltd.com): empresa que ofrece los productos EIKONAmark (para imágenes), AudioMark (para ficheros de audio) y VideoMark (para vídeos), entre otros.

➢ Verance (www.verance.com): permite insertar marcas de agua en ficheros de formato DVD-Audio.

➢ Blue Spike (www.bluespike.com): comercializa soluciones que permiten insertar marcas de agua en ficheros de texto, audio o imágenes.

## 13.2.4 Comparación entre la esteganografía y las marcas de agua

Como conclusión de este capítulo se presenta en el siguiente cuadro una comparación entre las técnicas esteganográficas y las basadas en las marcas de agua digitales:

| Características | Esteganografía | Tecnología de Marcas de Agua |
|---|---|---|
| Cantidad de información incluida en el fichero | Tanta como sea posible | Una pequeña cantidad para cumplir con los objetivos |
| Facilidad de detección | Debe ser muy difícil de detectar | No importa tanto el que pueda ser detectada, lo más importante es que sea muy difícil de eliminar |
| Objetivo de un atacante | Descubrir la información oculta | Eliminar la información de la marca de agua |
| Aplicaciones | Ocultación de mensajes por parte de directivos, militares, criminales... | Protección de los derechos de autor del contenido digital |

*Tabla 13.1. Comparación entre la esteganografía y las marcas de agua*

## 13.3 REFERENCIAS DE INTERÉS

✓ Página Web de herramientas esteganográficas: http://www.jjtc.com/Security/stegtools.htm.

✓ Spam Mimic: http://www.spammimic.com.

✓ Digimarc: http://www.digimarc.com.

✓ Alpha-tec: http://www.alphatecltd.com.

✓ Verance: http://www.verance.com.

✓ Blue Spike: http://www.bluespike.com.

# Capítulo 14

# FIRMA ELECTRÓNICA

## 14.1 QUÉ ES LA FIRMA ELECTRÓNICA

Después de haber revisado los principales conceptos sobre criptografía asimétrica, autenticación y generación de huellas digitales de mensajes en un capítulo anterior de este libro, nos encontramos en disposición de introducir el concepto de **firma electrónica o digital** de un mensaje, fundamental para posibilitar el desarrollo del comercio electrónico y los servicios digitales de forma segura a través de Internet.

En primer lugar, se presenta la definición de firma electrónica propuesta por el organismo internacional ISO (documento ISO 7498-2):

> La **firma electrónica** son los datos añadidos a un conjunto de datos que permiten al receptor probar el origen y la integridad de los datos, así como protegerlos contra falsificaciones.

Por lo tanto, la firma electrónica de un mensaje o transacción permite garantizar la integridad, la autenticación y la no repudiación en un sistema informático. Para su obtención, se sigue un esquema bastante sencillo: el creador de un mensaje debe cifrar la "huella digital" del mensaje con su clave privada y enviarla al destinatario acompañando al mensaje cifrado. El cifrado asimétrico (mediante un algoritmo como RSA) se aplica sobre la "huella digital" del mensaje y no sobre el propio mensaje, debido al elevado coste computacional que supondría el cifrado de todo el mensaje, ya que esta alternativa resultaría mucho más lenta y compleja.

*Figura 14.1. Obtención de la firma electrónica o digital de un mensaje*

En la siguiente figura se muestra el procedimiento seguido por un usuario A para enviar un mensaje cifrado a otro usuario B acompañado de la correspondiente firma electrónica:

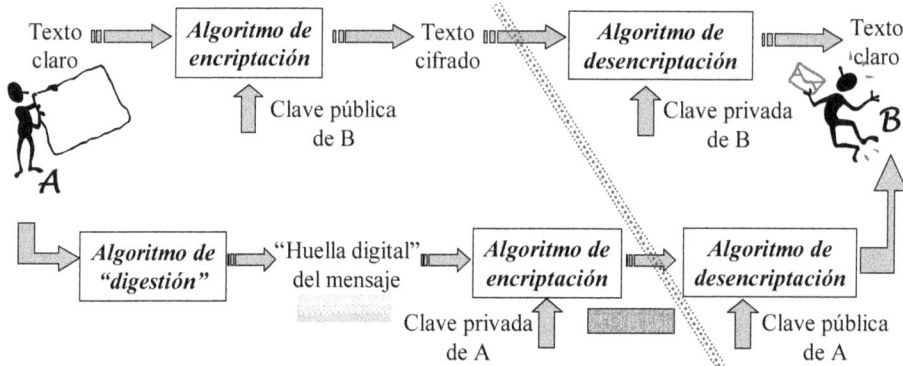

*Figura 14.2. Utilización de la firma electrónica o digital (I)*

Una vez recibido el mensaje cifrado por A, el usuario B realiza los siguientes pasos para comprobar la autenticidad e integridad del mensaje:

1. Recupera el mensaje original descifrando el texto cifrado con su clave privada. Como sólo él conoce esta clave, se garantiza la confidencialidad en la red informática.

2. Aplica un algoritmo de digestión (algoritmo "*hash*") para generar la huella digital del mensaje que acaba de recibir.

3. Utiliza la clave pública de A para descifrar la huella digital del mensaje original. Conviene recordar que esta huella digital había sido cifrada por el usuario A con su clave privada (constituía la firma electrónica de A sobre el mensaje original).

4. Compara la huella digital descifrada con la que acaba de generar a partir del mensaje recibido y, si ambas coinciden, podrá estar seguro de que el mensaje es auténtico y se ha respetado su integridad.

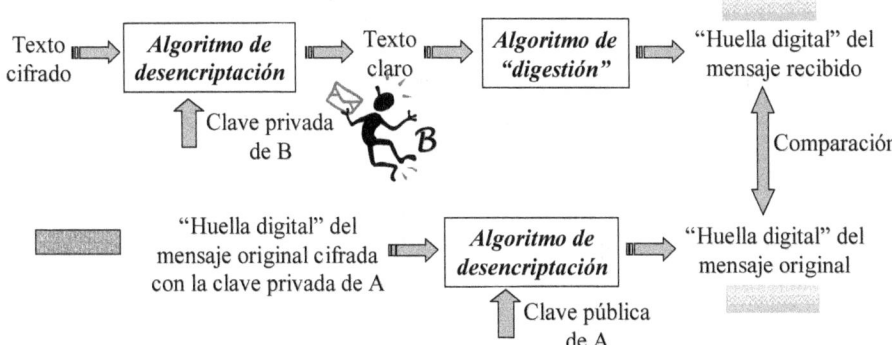

*Figura 14.3. Utilización de la firma electrónica o digital (II)*

En definitiva, con el esquema propuesto basado en un sistema criptográfico y la firma electrónica se consigue garantizar la confidencialidad, la integridad y la autenticación de los mensajes transmitidos.

En 1991 se adoptó el primer estándar para la firma electrónica, el ISO/IEC 9796, que utiliza el algoritmo de clave pública RSA. También se ha propuesto otro estándar conocido como *Digital Signature Standard* (DSS), basado en el algoritmo ElGamal.

## 14.2 CARACTERÍSTICAS DE LA FIRMA ELECTRÓNICA

Seguidamente se presentan las principales características de la firma electrónica:

- Es **personal,** ya que sólo el legítimo propietario la puede generar. La firma electrónica asocia al firmante con un determinado documento y prueba su participación en el acto de la firma.

- Podemos considerar que es **prácticamente infalsificable**. El intento de un usuario ilegal de falsificar tal firma resulta prácticamente imposible con los recursos computacionales disponibles en la actualidad.

- Es **fácil de autenticar**.

- Es **fácil de generar**.

- Es **no repudiable**.

- Además de depender del autor, garantizando de este modo la **autenticidad**, también depende del mensaje que se firma, garantizando así también su **integridad**, es decir, la validez del contenido firmado.

## 14.3 AUTORIDADES DE CERTIFICACIÓN

Los sistemas criptográficos de clave pública, tal y como se han descrito en un capítulo anterior de este libro, plantean dos importantes problemas para su implementación práctica:

> ¿Cómo puede un usuario estar seguro de que la clave pública enviada por un determinado sujeto se corresponde con dicho sujeto?

> ¿Cada usuario debe almacenar las claves públicas de todos los sujetos con los que se pueda comunicar?

Por otra parte, el firmante debe garantizar la seguridad de su clave privada, ya que en caso contrario alguien podría firmar en su nombre. Además, el acto de firma debe ser consciente: dado que se ha asumido desde siempre que la firma manuscrita representa la manifestación física del consentimiento de un individuo, este mismo principio se aplica ahora a la firma electrónica.

Para resolver estos problemas y proporcionar mayores garantías en los sistemas que emplean firman digitales, surgen las **Autoridades de Certificación**, que actúan como Terceras Partes de Confianza (*Third Trusty Party*). El papel de estas autoridades consiste en garantizar la identidad de todos los usuarios registrados mediante la emisión de **Certificados Digitales**. Estos Certificados Digitales constituyen, además, un método seguro para distribuir las claves públicas de los usuarios.

Para poder cumplir con su misión, las Autoridades de Certificación también cuentan con la colaboración de las Agencias de Registro Locales, que se encargan de la comprobación de la identidad del usuario antes de la expedición del certificado, así como de las Autoridades de Validación, que pueden comprobar la validez de un Certificado Digital ante la petición de un interesado.

En España las Agencias de Registro Locales son las oficinas de la Seguridad Social, de la Agencia Tributaria o de otros organismos públicos.

Gracias al papel desempeñado por las Autoridades de Certificación, cada usuario del sistema criptográfico no necesita almacenar las firmas digitales de todos los demás usuarios. En cada transmisión de un mensaje cifrado el emisor procederá al envío de un certificado digital que lo identifique con el "sello de validez" de una Autoridad de Certificación (es decir, estará firmado electrónicamente por ésta).

Para obtener dicho certificado, el usuario debe aportar una serie de credenciales que la correspondiente Autoridad de Certificación se encargará de verificar. Así, por ejemplo, en España, la Fábrica Nacional de Moneda y Timbre (FNMT) requiere la presentación del DNI y de la firma manuscrita de la persona que solicita un certificado digital, quien podrá aportar esta documentación ante una Agencia de Registro Local.

Tras haber verificado todos los datos que se van a incluir como identificador en el certificado, la Autoridad de Certificación genera dicho certificado y el usuario podrá obtenerlo de múltiples formas: obteniendo en persona un pendrive que contiene el certificado digital, descargándolo de un servidor Web previa identificación mediante un número de petición y una contraseña, etcétera. El certificado en sí es público, por lo que el poseer los certificados de otras personas no permite suplantar su identidad.

Cada certificado digital contiene el nombre del usuario y su clave pública, así como su período de validez y, para dotarlo de mayor seguridad (garantizar su autenticidad e integridad), está firmado con la clave privada de la Autoridad de Certificación.

## 14.3.1 Funciones de una Autoridad de Certificación

Seguidamente, se enumeran las principales funciones desempeñadas por una Autoridad de Certificación:

> - Generación y actualización de las claves de los usuarios y emisión de los certificados digitales.
> - Gestión del directorio y distribución de las claves.
> - Revocación de las claves y certificados digitales.
> - Renovación de certificados una vez alcanzada su fecha de expiración.
> - Declaración de la Política de Certificación.

Es posible distinguir dos tipos de solicitudes de emisión de certificados digitales:

> - **Solicitud de firma de certificado** (*Certificate Signing Request*, CSR): el solicitante crea con un software la pareja de claves privada-pública y, junto a sus datos identificativos, entrega su clave pública a la Autoridad de Certificación para que sea firmada por ésta.
>
> - **Solicitud de certificado completo**: el solicitante sólo entrega sus datos identificativos y recibirá el certificado digital y su clave privada asociada, de modo que en este caso la pareja de claves es generada directamente por la Autoridad de Certificación.

En cuanto a la gestión del directorio de claves, en la práctica se suele utilizar el estándar LDAP para acceder a su información[41].

En relación con la revocación de claves y certificados, conviene tener en cuenta que un **Certificado Revocado** es aquel que ha perdido su validez antes de su fecha de expiración, debido a diversas circunstancias: la clave privada del usuario ha sido comprometida, la persona ha sido despedida de la empresa y no puede firmar en su representación, etcétera.

Para informar a los usuarios del sistema de este tipo de incidencias, las Autoridades de Certificación se encargan de generar y distribuir una **Lista de Certificados Revocados** (CRL), que todos los usuarios deberían consultar antes de dar por válido un determinado certificado. Por este motivo, se ha definido el protocolo OCSP (*Online Certificate Status Protocol*, RFC 2560), que devuelve respuestas firmadas ante preguntas de si un determinado certificado todavía sigue siendo válido.

La Autoridad de Certificación también debe encargarse del mantenimiento de los Registros de Verificación de Confianza (*Trust Verification Records*), registros que permiten probar cuándo y cómo se ha verificado la autenticidad de una firma electrónica, como respuesta, por ejemplo, a una petición OCSP.

Por otra parte, la Declaración de la **Política de Certificación** (*Certification Practice Statements*, CPS) consiste en una declaración de las prácticas empleadas por una Autoridad de Certificación para emitir y gestionar los certificados:

> - Cómo se comprueba la identidad de un usuario antes de emitir el certificado.
> - Qué datos y qué atributos se incluyen en cada certificado.
> - Cómo se comprueba la validez de un certificado que esté siendo utilizado.
> - Renovación de los certificados emitidos.
> - Revocación de los certificados y claves comprometidas.
> - Publicación y actualización de las listas de certificados revocados.
> - Política de confidencialidad sobre los datos manejados.
> - Definición de las obligaciones de los usuarios.

---

[41] LDAP es un protocolo diseñado para consultar la información guardada en un servicio de directorio como X.500.

> ➤ Publicación del listado de aplicaciones en las que se podrían utilizar los certificados emitidos, así como aquellas en las que los certificados no serían válidos.
>
> ➤ Responsabilidad legal y posibles indemnizaciones que asume la Autoridad de Certificación frente a operaciones fraudulentas.
>
> ➤ Medidas de seguridad físicas y lógicas implantadas por la Autoridad de Certificación.
>
> ➤ Auditorías periódicas previstas.

Debemos destacar la importancia de garantizar la seguridad física y lógica de la Autoridad de Certificación. Si la seguridad de una Autoridad de Certificación se viese comprometida, también estarían en peligro todos los usuarios y aplicaciones que dependan de ella. Por este motivo, en la Unión Europea se ha aprobado la norma de certificación ETSI TS 101 456, específica para Autoridades de Certificación ("*Policy requirements for Certification Authorities issuing qualifes certificates*").

Los usuarios también tienen que ser conscientes de cuáles son sus responsabilidades, entre las que debemos destacar la obligación de proporcionar información correcta y completa para incluir en su certificado digital, así como su deber de proteger su clave privada e informar a la Autoridad de Certificación ante su posible compromiso o pérdida.

## 14.3.2 Infraestructura de Clave Pública

Se conoce como **Infraestructura de Clave Pública** (en inglés *Public Key Infrastructure*, PKI) a la infraestructura que está constituida por las Autoridades de Certificación, las Autoridades de Registro y la tecnología de certificados digitales. PKI proporciona un mecanismo para la generación y distribución de claves y gestión de certificados digitales, garantizando su integridad, autenticidad y validez.

En este contexto, un **Dominio de Certificación** está constituido por un conjunto de Autoridades de Certificación que se rigen por una misma Política de Certificación o CPS (*Certification Practice Statements*).

Una Infraestructura de Clave Pública puede seguir un modelo jerárquico o un modelo de certificación cruzada.

En el modelo jerárquico existen Autoridades de Certificación Raíz, que generan sus propios certificados, así como Autoridades de Certificación Subordinadas, que obtienen sus certificados de las anteriores. En este caso, se define una **Ruta de Certificación** como una secuencia de Autoridades de Certificación que intervienen en la comprobación de la validez de un certificado.

Por su parte, en el modelo de certificación cruzada ("*cross-certification*"), las Autoridades de Certificación se certifican unas a otras de forma bilateral.

## 14.3.3 Autoridades de Certificación en España y a nivel internacional

Seguidamente, se enumeran algunas de las más importantes Autoridades de Certificación en funcionamiento en España:

- Fábrica Nacional de la Moneda y Timbre (FNMT): emite los certificados para la declaración de la renta *on-line*, así como para realizar otros trámites con las Administraciones Públicas a través de Internet (http://www.fnmt.es/).

- Dirección General de Policía: emite los certificados digitales para los DNI electrónicos (http://www.dnielectronico.es/).

- Camerfirma: iniciativa del Consejo Superior de Cámaras de Comercio para la emisión de certificados en el ámbito empresarial y profesional (http://www.camerfirma.com/).

- *Internet Publishing Service Certification Authority* (IPSCA, http://www.ipsca.com/).

- Autoridad de Certificación de la Abogacía (http://www.acabogacia.org/).

- Agencia Notarial de Certificación (http://www.ancert.com/).

- IZENPE (http://www.izenpe.com/), impulsada por el gobierno del País Vasco.

- Agencia de Certificación Electrónica (ACE): constituida en 1997 por Telefónica, VISA España, Sistema 4B y la CECA (http://www.ace.es/).

Asimismo, podemos mencionar otras Autoridades de Certificación a nivel internacional, como Verisign (www.verisign.com/), Thawte (http://www.thawte.com/) o Entrust (http://www.entrust.net/).

## 14.3.4 Redes o anillos de confianza

En aquellas situaciones en las que no se dispone de Autoridades de Certificación ni de Registro, se puede constituir una red de usuarios basada en la confianza entre todos los que la integran.

El caso más conocido es el del sistema de correo PGP, que emplea "Anillos de Confianza". En estos sistemas, para aceptar la identificación de un nuevo usuario a través de su clave pública se considerará suficiente con que ésta venga firmada por un determinado número de claves válidas (claves privadas) de otros usuarios que forman parte de la red y que se consideran de confianza.

## 14.4 CERTIFICADOS DIGITALES

Tal y como hemos comentado en epígrafes anteriores, cada certificado digital contiene el nombre del usuario y su clave pública, así como su período de validez y, para dotarlo de mayor seguridad (garantizar su autenticidad e integridad), está firmado con la clave privada de la Autoridad de Certificación.

En la siguiente tabla se especifican los campos incluidos en un certificado digital, según la norma X.509 de la ITU:

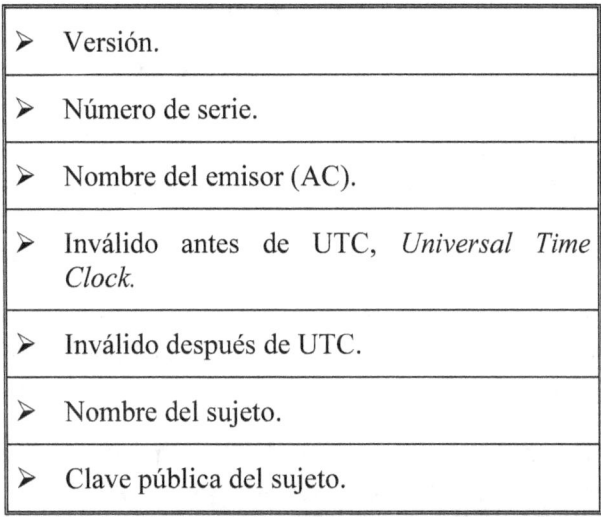

Tabla 14.1. Estructura de un certificado X.509

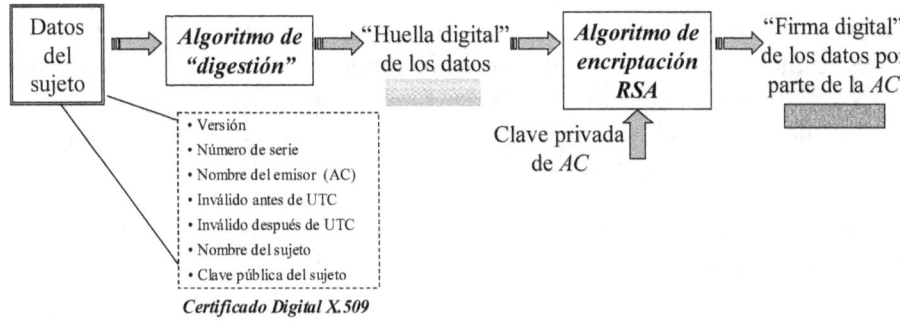

Figura 14.4. Generación de un "Certificado digital" por una "Autoridad de Certificación"

Los certificados digitales se propusieron inicialmente como un mecanismo de control de acceso al servicio de directorio X.500. Con los certificados digitales se pretendía evitar el acceso a datos sensibles de los usuarios registrados en el directorio.

El servicio de directorio X.500 introduce el concepto de "**Nombre Distintivo**" (DN) para designar a cualquier sujeto en el planeta Tierra, basado en un sistema jerárquico. Así, por ejemplo, el "Nombre Distintivo" del autor de este libro podría ser el siguiente:

> ➤ *Country*: C => C = "ES".
>
> ➤ *State or Province*: SP => SP = "Pontevedra".
>
> ➤ *Locality*: L => L = "Vigo".
>
> ➤ *Organization*: O => O = "Escuela de Negocios Caixanova".
>
> ➤ *Organizational Unit*: OU => OU = "Departamento de Formación".
>
> ➤ *Common Name*: CN => CN = "Álvaro Gómez Vieites".

*Tabla 14.2. Ejemplo de nombre distintivo en el servicio de directorio X.500*

Se puede utilizar este esquema de nombramiento para identificar al sujeto dentro de un certificado digital X.509, si bien posteriormente en el estándar X.509v3 se añadió el soporte a nombres que siguieran otro formato, recurriendo a un "nombre alternativo" definido según el estándar RFC 822, el cual podría ser, por ejemplo, el correo electrónico del sujeto.

El estándar X.509v1 se presentó en 1988 como una definición de la ITU. Posteriormente, el estándar X.509v2 añadió dos campos más a la versión anterior. Finalmente, en 1999 se aprobó el estándar X.509v3 (RFC 2459), que introduce el campo de extensiones del certificado para facilitar la inclusión de información adicional.

Este campo de extensiones del certificado permite definir, entre otras cuestiones, cómo puede ser utilizado el certificado por parte del usuario: uso para la firma electrónica; no repudiación de documentos; intercambio cifrado de claves de sesión; autenticación de cliente o de servidor; firma de código; sellado temporal de documentos ("*time stamping*"); etcétera.

La definición de "**Perfiles de Certificados**" ha permitido incorporar extensiones específicas al estándar X.509v3, entre las que podríamos citar las siguientes:

➢ PKIX ("*Internet PKI Profile*"): requiere ciertas extensiones que permiten especificar cuál va a ser el uso de la clave privada. Incorpora nombres alternativos del sujeto relacionados con Internet, como direcciones de correo, direcciones URL o nombres DNS de equipos.

➢ FPKI: "*US Federal PKI Profile*".

➢ MISSI: "*US Department of Defense Profile*".

➢ ISO 15782: es un perfil de certificados definido para aplicaciones relacionadas con la banca y las entidades financieras.

➢ SEIS: "*Secured Electronic Information in Society*".

También se podrían considerar otros perfiles de certificados definidos por gobiernos como el alemán o el australiano, así como por empresas como Microsoft.

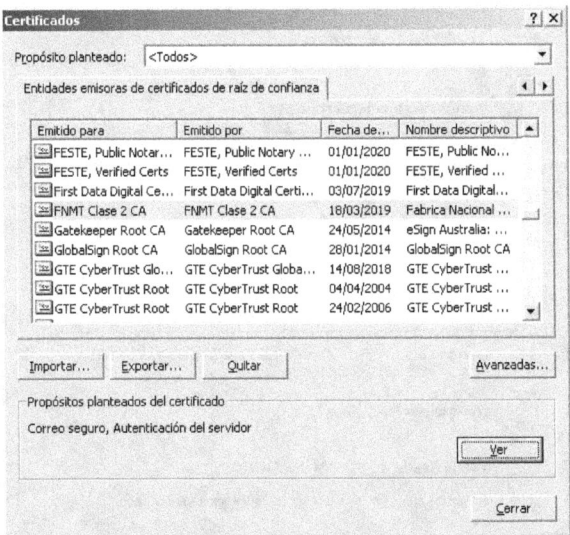

*Figura 14.5. Certificados Raíz instalados en un equipo*

Por otra parte, un **Certificado Raíz** es un certificado emitido por una Autoridad de Certificación para sí misma, incluyendo su clave pública y estando firmado con su clave privada. Suele venir instalado en el navegador para poder reconocer los certificados emitidos por dicha Autoridad de Certificación, si bien también podría ser instalado posteriormente por el propio usuario, sobre todo en aquellos casos en los que sea necesario añadir nuevos Certificados Raíz de otras Autoridades de Certificación con las que vaya a trabajar el usuario.

Gracias a la utilización de los Certificados Raíz se cumple con la condición de que la clave pública de la Autoridad de Certificación pueda ser conocida por todos los sujetos que participan en el sistema de Infraestructura de Clave Pública (PKI).

## 14.4.1 Tipos de certificados digitales

Podemos distinguir distintos tipos de certificados digitales, atendiendo al sujeto o entidad que pretenden identificar:

### 14.4.1.1 CERTIFICADOS DE USUARIO FINAL

Son los certificados emitidos para una persona física, por lo que contienen sus datos personales (nombre, apellidos y NIF). Pueden estar soportados por una tarjeta criptográfica o bien ser grabados en un fichero protegido dentro del ordenador del usuario. Además, en este último caso se pueden integrar con el navegador y con los programas lectores de correo para utilizar estos servicios de Internet de forma segura.

También se pueden emitir este tipo de certificados a favor de una determinada organización o persona jurídica.

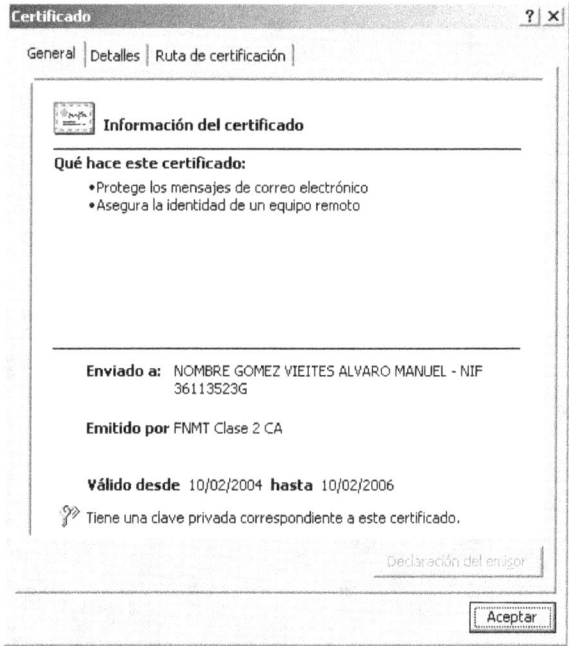

*Figura 14.6. Ejemplo de Certificado Digital de usuario final*

### 14.4.1.2 CERTIFICADOS DE FIRMA DE SOFTWARE O DE UN COMPONENTE INFORMÁTICO

Se emiten a favor de una determinada organización y se utilizan para verificar los distintos productos y herramientas software que han sido desarrollados por ésta.

Contienen los datos identificativos (como el nombre y el CIF) y se utilizan integrados con herramientas de firma de software, como MS Authenticode, J2SDK, etcétera.

### 14.4.1.3 CERTIFICADOS DE SERVIDOR SSL

Son certificados digitales emitidos para garantizar la autenticidad de un determinado servidor perteneciente a una organización. En este sentido, se integran en servidores Web que soporten el protocolo SSL.

## 14.4.2 Clases de certificados digitales de usuario final

También es posible establecer varias clases de certificados digitales, teniendo en cuenta el proceso de identificación seguido y el tipo de información que se incluye en cada certificado:

- **Clase 1**: Antes de su emisión se verifican el nombre y la dirección de correo electrónico del usuario, aunque éstos podrían ser falseados por un usuario malicioso, ya que sólo basta con enviar a la Autoridad de Certificación un correo indicando el nombre y la dirección de correo electrónico del solicitante.

- **Clase 2**[42]: En este caso una persona con autoridad suficiente se encarga de verificar el DNI del usuario u otro documento acreditativo de su identidad (licencia de conducción, documento de la Seguridad Social...), antes de proceder a la emisión del correspondiente certificado digital.

- **Clase 3**: Para su emisión es necesario verificar, además de la identidad del usuario, la información relativa al nivel de crédito que se le puede conceder.

- **Clase 4**: El certificado digital también incluye información sobre la posición de la persona dentro de una organización.

## 14.4.3 Certificados de atributos para el control de accesos

Un **Certificado de Atributos** (*Attribute Certificate*) es una estructura de datos, firmada por una Autoridad de Certificación, que enlaza los valores de unos determinados atributos con la información de identificación de su propietario. A diferencia de los certificados de clave pública, en este caso el objetivo que se persigue es el de ofrecer un servicio de autorización (control de acceso) y no se está autenticando directamente al portador del mismo, aunque si se combina con un servicio de autenticación (es decir, en un certificado de identidad), permitiría probar quién es el usuario y qué tipo de operaciones se le permiten realizar dentro del sistema informático.

---

[42] El emitido en España por la FNMT (Fábrica Nacional de Moneda y Timbre) para la presentación telemática de las declaraciones de impuestos.

A pesar de que el Certificado de Identidad permite transportar atributos, no es recomendable utilizarlos para representar derechos o privilegios de acceso a recursos por diferentes motivos:

- ➢ A veces es deseable el anonimato del usuario que desea acceder al recurso.

- ➢ El período de validez de un privilegio o atributo puede ser bastante inferior (minutos, horas...) si lo comparamos con el período de validez de un certificado de clave pública (meses, un año...), lo que implicaría la revocación del certificado y posterior emisión de uno nuevo, con un aumento de las CRL.

- ➢ La Autoridad de Certificación tiene la función de ser fuente de autoridad para identidades, pero no tiene por qué ser la fuente de autoridad para privilegios, es decir, para conceder permiso de utilización de los recursos de una determinada organización.

- ➢ La autorización posee ciertas características como la delegación (traspasar ciertos privilegios o un subconjunto de éstos a otra persona durante un período de tiempo), que no proporcionan los Certificados de Identidad.

Para solventar los inconvenientes anteriores, se pueden utilizar los Certificados de Atributos. De hecho, se ha propuesto la arquitectura PMI (*Privilege Management Infrastructure*, Infraestructura de Gestión de Privilegios), definida por la ITU en la Recomendación X.509v4, como el conjunto de hardware, software, personas, políticas y procedimientos necesarios para crear, gestionar, almacenar, distribuir y revocar Certificados de Atributos.

Así, por ejemplo, una aplicación inmediata sería la autorización en el entorno Web para el control de accesos a distintos servicios ofrecidos por un servidor. De este modo, se podría consultar la legitimación del usuario: ¿está capacitado para llevar a cabo la operación que solicita?

La arquitectura de una PMI (*Privilege Management Infrastructure*) consta, por lo tanto, de los siguientes elementos:

- ➢ Autoridad de Atributos (AA–*Attribute Authority*): se encarga de expedir y revocar certificados de atributos, es decir, es responsable de asignar o delegar privilegios a los usuarios finales o a otras Autoridades de Atributos.

- ➢ Certificado de Atributos del usuario: contiene la información sobre los privilegios o roles que posee un determinado usuario.

> Verificador del certificado de atributos, cuyo papel es comprobar la validez de un Certificado de Atributos cuando es presentado por el usuario para acceder a los recursos del sistema.

> Directorios donde poder obtener y almacenar los certificados y listas de certificados revocados (ACRL). No obstante, los Certificados de Atributos suelen tener un período de validez inferior que los Certificados de Identidad, por lo que es posible que expiren antes y no sea necesaria su revocación.

## 14.5 SERVICIOS BASADOS EN LA FIGURA DEL "TERCERO DE CONFIANZA"

### 14.5.1 El sellado temporal de mensajes

Muchas transacciones registradas en documentos públicos requieren de una validación temporal de dichos documentos, para garantizar la veracidad de una fecha de vencimiento de un contrato, por citar un ejemplo típico.

En un documento en papel la fecha se incluye dentro del mismo documento y, posteriormente, se firma autográficamente por las partes interesadas. Sin embargo, en los documentos electrónicos podemos recurrir a la autenticación de la fecha y hora mediante una entidad que interviene a modo de "notario digital", ofreciendo el servicio conocido como "sellado temporal" (*time stamping*) del mensaje, definido en la norma ISO/IEC 18014.

El sellado de fecha y hora resulta imprescindible, por ejemplo, en el caso de un concurso público o privado de ofertas, para garantizar que se presentó la oferta dentro del plazo. Asimismo, conocer el momento preciso de la firma de un contrato de seguro puede resultar esencial para el cobro de una indemnización. De este modo, con el "sellado temporal" de documentos se garantiza su autenticidad, aunque posteriormente la clave privada del sujeto que lo crea haya tenido que ser revocada por alguna causa.

Por lo tanto, el papel de la Autoridad de Fechado Digital es certificar que un documento electrónico existe en un determinado instante de tiempo. Para ello, este "notario digital" actúa sobre los datos enviados por el creador de un determinado mensaje (estos datos serían el mensaje cifrado, la firma electrónica del mensaje original y la clave de cifrado, tal y como se muestra en la siguiente figura), añadiendo una fecha en formato UTC (*Universal Time Clock*) que registra el momento en que se realiza el sellado temporal y generando a continuación la firma electrónica de los datos obtenidos, utilizando para ello su clave privada.

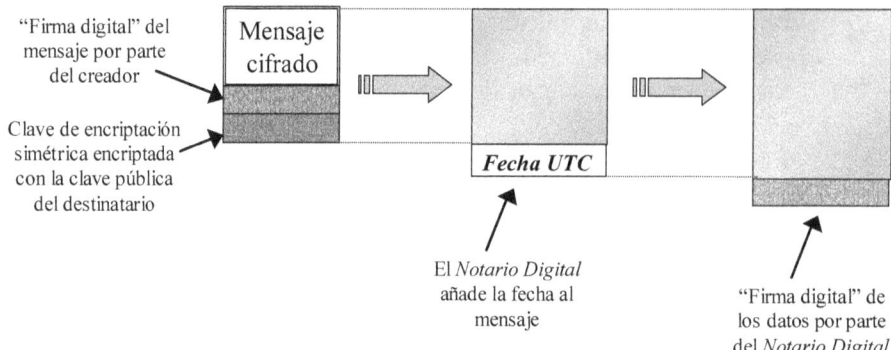

*Figura 14.7. Sellado temporal de un mensaje por un Notario Digital*

Cada "Sello Digital Temporal" incluye la identidad de la Autoridad Certificadora que respalda el servicio, así como la fecha y la hora proporcionadas por un sistema sincronizado de tiempo y una firma electrónica que certifica la validez de la identidad citada. Para proporcionar este servicio, es necesario disponer de un servidor de tiempos muy preciso, por lo que se suele recurrir al protocolo NTP (*Network Time Protocol*) para poder establecer la sincronización con un reloj independiente de alta precisión y estabilidad, que permita conocer la fecha y hora exactas con un margen de error muy pequeño.

## 14.5.2 Otros servicios de valor añadido

Además, del sellado temporal, podemos considerar otros servicios de valor añadido ofrecidos por las Autoridades de Certificación, entre los que podríamos destacar los siguientes:

> ➤ **Servicio de notificaciones telemáticas**. Permite identificar de forma segura el emisor y el receptor de una comunicación, además de confirmar el envío, la entrega y la recepción de los mensajes. Para ello, la Autoridad de Certificación aporta las pruebas firmadas y fechadas de las comunicaciones, dejando constancia del contenido y de los momentos en que las notificaciones han tenido lugar.

> ➤ **Custodia segura de documentos electrónicos**. En este caso, la Autoridad de Certificación se encarga de guardar en sus equipos informáticos una copia segura de determinados documentos electrónicos, garantizando que no se va a alterar su contenido. Este servicio, que podríamos considerar como una versión digital de las cajas de seguridad privadas de los bancos, puede resultar de gran interés para proteger los documentos electrónicos que reflejan transacciones o contratos entre partes, por si fuera necesario aclarar alguna discrepancia.

> **Firma de contratos electrónicos.**

> **Sistemas de voto electrónico seguro**, que ya se están aplicando en las Juntas de Accionistas de grandes empresas, para facilitar la participación de los accionistas desde cualquier lugar en que puedan encontrarse en el momento de la celebración de la Junta. En este caso, deberíamos tener en cuenta cuáles son los requisitos que, de manera general, debería cumplir un sistema de voto electrónico (aplicable incluso en elecciones políticas y en referéndums):

- Universalidad: se debe garantizar que cada persona que así lo desee pueda utilizar el sistema de voto electrónico.

- Igualdad: se debe garantizar que a cada persona le corresponda en exclusiva un único voto.

- Libertad: cada usuario podrá ejercer libremente su derecho a voto.

- Votación directa: el voto debe ser emitido directamente por cada ciudadano.

- Facilidad en el uso del sistema ("usabilidad").

- Seguridad del sistema: el sistema debe garantizar la autenticación tanto del usuario como de la "mesa electoral" (que en este caso estaría constituida por el ordenador que registra el voto).

- Confidencialidad del voto: garantizando para ello el secreto tanto en las comunicaciones (mediante técnicas criptográficas robustas) como en el almacenamiento del voto emitido, por medio de un proceso informático que permita disociar el voto en cuestión del usuario que lo ha emitido.

- Trazabilidad del proceso de votación.

## 14.6 UTILIZACIÓN PRÁCTICA DE LA FIRMA ELECTRÓNICA

### 14.6.1 Estándares en la Tecnología de Clave Pública: PKCS

Los estándares PKCS (*Public Key Cryptography Standards*) fueron desarrollados por la empresa RSA en colaboración con Apple, Digital, Lotus, Microsoft, MIT, Northern Telecom, Novell y Sun, estando accesibles en la dirección http://www.rsasecurity.com/rsalabs/pkcs/.

Se trata de una serie de estándares que pretenden impulsar el desarrollo de la firma electrónica, la criptografía de clave pública y los servicios de certificación electrónica. Seguidamente se presentan los principales estándares PKCS:

- **PKCS#1:** define el algoritmo RSA para el cifrado y descifrado de mensajes y documentos.

- **PKCS#3:** define el algoritmo Diffie-Hellman para el intercambio seguro de claves.

- **PKCS#5:** define un algoritmo para cifrar mensajes mediante una contraseña DES compartida.

- **PKCS#6:** sintaxis para certificados digitales, basada en el estándar X.509.

- **PKCS#7:** sintaxis para describir mensajes que han sido cifrados y firmados digitalmente.

- **PKCS#8:** sintaxis para la información sobre claves privadas, incluyendo sus posibles atributos de utilización.

- **PKCS#9:** definición de atributos extendidos para certificados digitales.

- **PKCS#10:** sintaxis estándar para la petición de un certificado a una Autoridad de Certificación.

- **PKCS#11:** define una interfaz de programación (API denominada "Cryptoki") para el acceso a dispositivos físicos que almacenan información criptográfica y realizan funciones criptográficas ("*smart cards*").

- **PKCS#12:** define un formato para guardar o transportar claves públicas, claves privadas o certificados digitales.

## 14.6.2 Seguridad de los sistemas basados en la firma electrónica

La seguridad de los sistemas criptográficos descritos en los apartados anteriores depende de varios factores, entre los que podríamos destacar:

- La validez de los algoritmos criptográficos empleados.

- La correcta implementación de los algoritmos y protocolos por parte de los fabricantes de software. De hecho, estas empresas pueden cometer errores de programación que provocan agujeros de seguridad en los sistemas, los cuales tendrán que ser corregidos mediante parches y actualizaciones de las aplicaciones.

> El tamaño de las claves empleadas en los algoritmos criptográficos: el número de bits utilizados para construir las claves determinan la robustez de los algoritmos.

> La confianza depositada en el proceso de generación y distribución de la pareja de claves de cada usuario y de los certificados digitales, para lo cual resulta fundamental el papel de una Infraestructura de Clave Pública (PKI).

En el proceso de generación de claves se puede recurrir a dos alternativas: que la pareja de claves pública y privada sean generadas por el propio usuario, que las debe presentar a continuación ante una Autoridad de Certificación para que ésta pueda generar el correspondiente certificado digital, frente a la opción de que dichas claves sean generadas por una Autoridad de Certificación.

Conviene destacar que si se empleasen claves de un tamaño reducido, el algoritmo sería vulnerable a un ataque de "fuerza bruta", que consiste en probar todas las posibles combinaciones mediante ordenadores muy rápidos, capaces de realizar millones de operaciones por segundo. Por este motivo, a medida que se incrementa la potencia de cálculo de los ordenadores, se recomienda aumentar el tamaño de las claves para mejorar la robustez de los algoritmos criptográficos.

No obstante, en este aspecto nos encontramos con una importante limitación: la política restrictiva de muchos gobiernos, que consideran el material criptográfico avanzado como tecnología militar, por lo que impiden su utilización por parte de civiles y su exportación fuera de sus fronteras, justificando esta política para tener un mayor control sobre el crimen organizado y el terrorismo.

Por otra parte, otro aspecto de vital importancia es que los procesos de creación y de verificación de una firma electrónica tienen que realizarse en un entorno de confianza. Para ello, resulta fundamental que sólo el legítimo propietario pueda tener acceso a su clave privada.

Sin embargo, muchos usuarios todavía no son conscientes de las implicaciones técnicas y legales de la pérdida de su clave privada, así como de su obligación de conservar de forma segura el dispositivo de creación de firma. A todo ello debemos añadir la dificultad actual que supone para un usuario medio la descarga, instalación en su equipo informático y exportación de sus claves y certificados digitales, ya que es un proceso que todavía requiere de una serie de conocimientos técnicos.

Además, el robo o extravío de un ordenador portátil que tenga instalados certificados digitales de un determinado usuario u organización podría tener como consecuencia su utilización fraudulenta por parte de terceros, que podrían llegar a suplantar la identidad de la víctima.

Por último, no debemos olvidar la fiabilidad de las aplicaciones de firma electrónica y de sus componentes, como el visor de documentos del equipo utilizado por el usuario. Estas aplicaciones se ejecutan en sistemas informáticos que podrían estar sometidos a ataques e infecciones de virus, comprometiendo de este modo el proceso de creación de la firma electrónica.

Así, por ejemplo, un programa malicioso instalado en un sistema informático que haya sido manipulado por un atacante, podría tratar de engañar al usuario para que firme electrónicamente un mensaje o transacción totalmente distintos a los que se le muestran en la pantalla de su ordenador.

### 14.6.3 Dispositivos personales de firma electrónica

Otro aspecto a considerar desde el punto de vista de la utilización práctica de la firma electrónica es la elección de un soporte adecuado para guardar las claves privada y pública de cada usuario, con su correspondiente certificado digital. En este sentido, se han propuesto en los últimos años distintas alternativas, como la utilización de una tarjeta inteligente (*"smart card"*) o de un pendrive, debido a su alta portabilidad.

Las tarjetas inteligentes (*"smart cards"*) incorporan mecanismos de protección que impiden la lectura y duplicación de la información que contienen. De hecho, el acceso a estos datos exige introducir de forma correcta un código de acceso (PIN), bloqueándose de forma automática la tarjeta si se producen tres intentos erróneos consecutivos de introducción del PIN. Además, si la tarjeta es criptográfica, los procesos de firma y cifrado se realizan internamente, por lo que en ese caso la clave privada nunca tiene que salir de la tarjeta, mejorando la seguridad del sistema.

Algunos fabricantes han diseñado lectores de tarjetas que se pueden incorporar fácilmente a los teclados de los ordenadores, lo cual puede facilitar en gran medida la extensión del uso de los sistemas criptográficos de clave pública.

Sin embargo, en la actualidad la mayoría de los usuarios todavía guardan las claves privada y pública directamente en el disco duro de su ordenador, convenientemente protegidas por una contraseña de acceso, un código PIN similar al de las tarjetas de crédito (salvo que el usuario haya decidido desactivar esta opción).

*Figura 14.8. Lector de tarjetas inteligentes*

El hecho de que los certificados y las claves secretas deban estar almacenados en el disco duro de los usuarios puede ser fuente de un gran número de problemas. Por este motivo, la utilización de tarjetas inteligentes protegidas por sistemas biométricos supondría un gran avance: los sensores biométricos podrían sustituir los sistemas de identificación tradicionales por una identificación de la persona basada en sus características físicas (identificación biométrica).

Los sistemas de seguridad propuestos serán capaces de reconocer al usuario por su retina, la huella de la palma de la mano, su voz u otras características físicas únicas en cada uno de nosotros. De este modo, cada usuario podría utilizar de una forma mucho más cómoda y segura sus claves privada y pública, sin necesidad de recurrir a una contraseña de acceso (código PIN).

Debemos destacar, no obstante, algunos problemas de estos dispositivos personales de firma electrónica. Así, en primer lugar es necesario garantizar la fiabilidad de las aplicaciones de firma electrónica (y sus distintos componentes, como el visor de documentos) con las que se tiene que comunicar la tarjeta o dispositivo de creación de firma, tal y como se comentó en un epígrafe anterior.

Por otra parte, se ha descubierto una vulnerabilidad en algunas de estas tarjetas inteligentes, ya que mediante una monitorización externa del consumo eléctrico del chip incluido en la tarjeta se podría obtener información sobre el sistema criptográfico utilizado y las claves del usuario al que pertenece la tarjeta.

Por último, no debemos olvidar las posibles consecuencias del extravío o robo de uno de estos dispositivos de firma electrónica, ya que en ese caso otros individuos podrían no sólo suplantar la identidad de la víctima, sino también firmar documentos en su nombre, utilizando su propia firma electrónica (a menos que se revoquen a tiempo el certificado digital y las claves públicas y privada que éste tenía asignadas).

## 14.6.4 Utilización de un servidor de firma electrónica

Se ha propuesta la utilización de un servidor de firma electrónica en las organizaciones de un cierto tamaño, ya que de este modo se podría implantar un sistema para guardar las claves privadas y sus correspondientes certificados digitales en un entorno seguro y centralizado, facilitando la implantación y gestión de la política de uso de la firma electrónica dentro de la organización.

Además, gracias al papel de este servidor sería posible incorporar información adicional en cada una de las operaciones de firma, que estarían intervenidas por el servidor de firma electrónica.

Así, podríamos distinguir los siguientes tipos de firma electrónica:

- ➢ Generación de una firma para un documento (**firma simple**): consiste en la producción, bajo petición de un usuario, de una firma para un solo documento, de acuerdo con una Política de Firma Electrónica. Puede realizarse de forma inmediata o de forma programada, es decir, en este segundo caso el usuario puede solicitar al sistema que la firma se produzca sin su nueva intervención, en otro momento del tiempo.

- ➢ Generación de una firma para una serie de documentos (**firma de lotes**): consiste en la producción, bajo petición de un usuario, de una firma para una serie de documentos, de acuerdo con una determinada política de firma electrónica, de modo que la firma garantiza todos los documentos a la vez, en el orden seriado exacto en que se encuentran. También puede realizarse de forma inmediata o de forma programada.

- ➢ Generación de una serie de firmas para una serie de documentos (**firma múltiple**): consiste en la producción de una firma electrónica diferente para cada documento de la serie presentada, de acuerdo con una determinada política de firma electrónica. También puede realizarse de forma inmediata o de forma programada.

- ➢ Generación de una firma para un documento-tipo (**firma automática**): consiste en la producción programada de una firma electrónica, de acuerdo con una determinada Política de Firma Electrónica, siempre que se presente un documento perteneciente a un determinado tipo, como podría ser, por ejemplo, una factura o una nota de gastos.

- ➢ Generación de comprobantes de firmas producidas: consiste en la producción, almacenamiento y, en su caso, impresión, de comprobantes que ofrezcan evidencia de los documentos firmados.

Asimismo, conviene destacar el papel del servidor de firma electrónica a la hora de gestionar los certificados de una organización de forma centralizada. De hecho, la posibilidad de utilizar certificados de personas jurídicas implica una serie de importantes ventajas, así como una serie de nuevos riesgos para las organizaciones. El servidor de firma electrónica permitiría gestionar los permisos de utilización de estos certificados digitales ligados a distintos tipos de restricciones.

De este modo, se podría contemplar la restricción en función del tipo de uso del certificado, es decir, sólo se podría utilizar un determinado certificado para unas operaciones previamente especificadas por la organización en su política de firma electrónica, como podría ser el caso de la presentación telemática de una declaración de impuestos ante la Agencia Tributaria, o bien para la firma de contratos con proveedores por un importe inferior a una determinada cantidad.

Por otra parte, también se podría contemplar un procedimiento de autorización previa, de tal modo que para que una persona pueda utilizar un certificado digital en una determinada operación, el servidor de firma electrónica deberá solicitar la autorización a una persona de rango superior en la organización. De este modo, se puede establecer un sistema de control previo a la firma de documentos, que se llevaría a cabo antes de cada operación de firma electrónica.

En definitiva, podemos afirmar que en el futuro muchas organizaciones implantarán un servidor de firma electrónica dentro de su red, sobre todo teniendo en cuenta los actuales problemas, limitaciones y dificultades técnicas de los sistemas basados en el uso de la firma electrónica y los certificados digitales:

- La dificultad y el coste asociados al despliegue de dispositivos seguros de creación de firma personales, como las tarjetas inteligentes.

- La complejidad de gestión de aplicaciones informáticas de creación de firma, que deben funcionar de forma coordinada con los dispositivos seguros de creación de firma electrónica.

- La necesidad de incorporar funcionalidades de firma electrónica a diversas aplicaciones informáticas relacionadas con la gestión documental y el soporte a los flujos de trabajo (herramientas de "*workflow*").

- La falta actual de mecanismos de firma electrónica que permitan generar múltiples firmas sobre múltiples documentos, a partir de una única invocación al proceso de firma electrónica.

- La limitación actual para poder incluir determinada información adicional a la firma electrónica dentro de un documento, antes de que éste sea remitido a su destinatario, como podría ser un sello temporal o una información sobre el nivel de autorización con el que está actuando el usuario que firma dicho documento.

➢ La necesidad de archivar y poder auditar posteriormente las operaciones de firma realizadas por una persona dentro de una organización.

## 14.7 DOCUMENTO NACIONAL DE IDENTIDAD ELECTRÓNICO

> En el Artículo 15 de la Ley de Firma Electrónica en España se define el **Documento Nacional de Identidad Electrónico** como el documento nacional de identidad que acredita electrónicamente la identidad personal de su titular y permite la firma electrónica de documentos.

*Figura 14.9. Propuesta de DNI Electrónico en España*

El DNI electrónico está soportado en España por una tarjeta de policarbonato de alta seguridad que incorpora un *"chip"* con capacidades criptográficas ("tarjeta inteligente"). Esta tarjeta es proporcionada por la Fábrica Nacional de Moneda y Timbre e incluye diversos elementos de seguridad para dificultar en gran medida su falsificación: hologramas, imagen láser cambiante, letras táctiles, estructuras superficiales en relieve, tintas reactivas de ultravioleta, fondo de seguridad, microtexto, imágenes codificadas, información criptográfica y biométrica grabada en el *chip*, etcétera.

El *chip* criptográfico utilizado dispone de una certificación según la norma de "Criterios Comunes" (*Common Criteria*), con un nivel de seguridad EAL4+, de acuerdo con el perfil de protección europeo para tarjetas inteligentes.

La información incluida en este *chip* está firmada por la Dirección General de Policía, que se ha constituido como Autoridad de Certificación pública para garantizar su integridad y autenticidad, constando de los siguientes elementos:

> ➤ Datos identificativos y de filiación del ciudadano.
>
> ➤ Un certificado electrónico de autenticación, utilizado para poder verificar la identidad del ciudadano.
>
> ➤ Un certificado electrónico de firma electrónica reconocida, para poder firmar electrónicamente documentos con la misma validez jurídica que la firma manuscrita. La utilización de la clave privada estará protegida por un PIN o contraseña de acceso.
>
> ➤ Datos biométricos como la huella digitalizada y/o la fotografía digitalizada del ciudadano.
>
> ➤ La imagen digitalizada de la firma manuscrita del ciudadano.

*Tabla 14.3. Contenido del DNI Electrónico*

Al emplear una tarjeta inteligente, los datos incluidos son mucho más robustos y difíciles de falsificar, por lo que este tipo de documentos de identificación puede constituir una eficaz herramienta para combatir el terrorismo y el crimen organizado.

En virtud de lo dispuesto por la Ley 59/2003 de 19 de diciembre, todas la personas físicas o jurídicas, públicas o privadas, deberán reconocer la eficacia del documento nacional de identidad electrónico para acreditar la identidad y los demás datos personales del titular que consten en el mismo, así como para acreditar la identidad del firmante y la integridad de los documentos firmados con los dispositivos de firma electrónica en él incluidos.

El gobierno español decidió dar un fuerte impulso a la implantación del DNI electrónico en España. Para ello el 23 de diciembre de 2005 el gobierno aprobaba el Real Decreto 1553/2005, por el que se regula la expedición del documento nacional de identidad y sus certificados de firma electrónica, derogando y superando toda la regulación anterior de rango reglamentario relativa al DNI. Además, este Decreto desarrolla las previsiones generales sobre el DNI electrónico que habían sido previstas por la Ley 59/2003, de 19 de diciembre, de Firma Electrónica.

Tal y como ha sido diseñado, el DNI electrónico en España también puede ser utilizado como un dispositivo seguro de creación de firma, al incluir un certificado de firma reconocida.

Por este motivo, conviene destacar que ante la pérdida o sustracción de un DNI "tradicional", este documento simplemente podría ser utilizado por algún otro individuo para tratar de suplantar nuestra identidad. Sin embargo, si un ciudadano perdiera o le fuera sustraído su DNI electrónico, al incorporar el dispositivo de creación de firma, otros ciudadanos podrían tratar de firmar documentos o realizar determinadas transacciones en su nombre, siempre y cuando tuvieran conocimiento del código de acceso que permite utilizar la clave privada del individuo para firmar electrónicamente en su nombre.

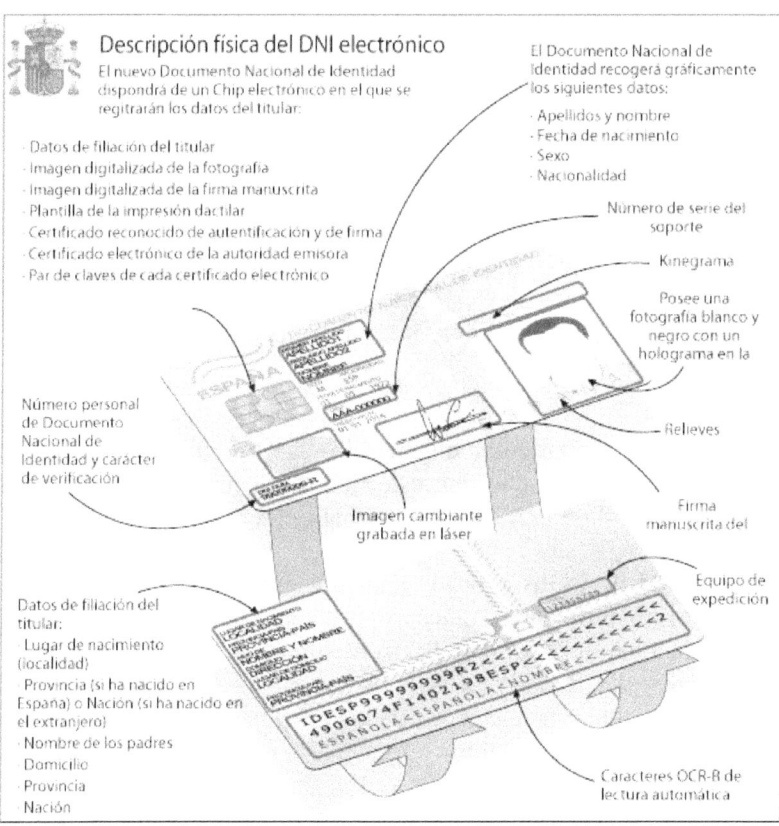

*Figura 14.10. Características del DNI Electrónico (Fuente: www.dnielectronico.es)*

Por otra parte, otros países europeos han adoptado medidas similares a las del gobierno español. Así, por ejemplo, Bélgica anunciaba en septiembre de 2004 que sería el primer país europeo en adoptar de forma masiva el DNI electrónico. Esta nueva tarjeta también incluye los datos biométricos del usuario. La decisión de implantar el DNI electrónico en Bélgica se remonta a julio del año 2001, cuando el gobierno de este país puso en marcha una experiencia piloto desarrollada en 11 enclaves del país, mediante la cual se distribuyeron 70.000 tarjetas. Gracias a los resultados positivos alcanzados en esta primera fase del proyecto, el gobierno belga decidió expedir DNI electrónicos para todos los ciudadanos belgas.

También el Reino Unido aprobaba en diciembre de 2004 un proyecto de ley para dotar a los ciudadanos británicos de un documento nacional de identidad electrónico para combatir el terrorismo, y hacerlo obligatorio a partir de 2013. Se trata de una medida polémica, ya que los ciudadanos del Reino Unido llevaron un documento nacional de identidad hasta 1952, cuando el entonces primer ministro, Winston Churchill, decidió retirarlo porque se creía que complicaba la relación entre la policía y los ciudadanos.

En Italia existe también un proyecto similar de implantación de un DNI electrónico, conocido como *"Electronic Identity Card"* (EIC).

## 14.8 FACTURA ELECTRÓNICA

La factura electrónica es la versión electrónica equivalente desde el punto de vista funcional y legal de la factura en papel. Se trata de un documento electrónico (generalmente en formato XML o PDF) que ha sido firmado digitalmente con un certificado reconocido, para garantizar su integridad y autenticidad.

En España la Ley de Medidas de Impulso de la Sociedad de la Información (Ley 56/2007, de 28 de diciembre) define la factura electrónica como "un documento electrónico que cumple con los requisitos legal y reglamentariamente exigibles a las facturas y que, además, garantiza la autenticidad de su origen y la integridad de su contenido, lo que permite atribuir la factura a su obligado tributario emisor".

Por lo tanto, la validez legal de la factura electrónica es idéntica a la de las facturas en papel, siempre y cuando haya sido firmada apropiadamente.

La implementación de la factura electrónica es casi inmediata, sin que sea necesario realizar modificaciones importantes en los Sistemas de Información de una organización, ya que basta con instalar una herramienta de e-factura para comenzar a facturar de forma electrónica y con todas las garantías posibles. No obstante, lo más habitual es integrar estas soluciones en el ERP o sistema integrado de gestión que utiliza la empresa para sus tareas de facturación.

Entre las ventajas que aporta a las empresas, profesionales y otras entidades (Administraciones Públicas, Fundaciones, etc.), podríamos destacar especialmente las siguientes:

> **Importante ahorro de costes**: reducción de la carga de trabajo administrativo; eliminación de los costes de la impresión de documentos en papel, de su transporte y almacenamiento. Hay que tener en cuenta que algunos estudios cifran el coste de emisión y posterior manipulación de cada factura impresa en unos 1,5 € por factura.

> **Reducción de tiempos de gestión** y mejora de la eficiencia, con un mayor control de acciones erróneas.

> **Integración con las aplicaciones de software de gestión de la empresa:** Administración y Contabilidad automatizadas.

> Obtención de **información en tiempo real**, lo cual puede contribuir a un uso más eficaz de los recursos financieros y control de la tesorería.

> **Reducción del impacto medioambiental**, por la eliminación del papel y del transporte de las facturas impresas.

Hay que tener en cuenta que en España (según datos de 2009) se generan unos 4.500 millones de facturas al año, por lo que el ahorro de costes derivado de la extensión del uso de la factura electrónica puede tener un impacto significativo en nuestra economía y la mejora de la competitividad de nuestras empresas.

Según datos de un estudio presentado en 2009, la Asociación Española de Codificación Comercial (AECOC) cifraba el ahorro por factura electrónica recibida en 0,70 €, mientras que la empresa emisora evitaría gastar 1,85 € gracias al nuevo formato electrónico. A su vez, los técnicos de la Agencia Tributaria ofrecían su propia estimación del ahorro que podría representar la factura electrónica para las empresas, cifrando dicho ahorro anual en unos 15.000 millones de euros (el 1,5% del PIB español).

Además, la legislación recientemente aprobada en España obligará a utilizar la factura electrónica como única fórmula válida para facturar los productos vendidos y servicios prestados a muchas Administraciones Públicas. Desde el 16 de octubre de 2007, el formato "AEAT-CCI" ha sido adoptado por la Administración General del Estado, pasando a llamarse "Facturae". Se trata de un formato para construir las facturas electrónicas que es de obligada utilización por aquellos que sean o puedan ser proveedores de la Agencia Tributaria y otras Instituciones de la Administración General del Estado en España.

Para cumplir con la normativa vigente en España y garantizar que una factura electrónica tenga la misma validez legal que una emitida en papel se deben cumplir con los siguientes requisitos:

- El documento electrónico que la representa debe contener los campos obligatorios exigibles a toda factura.

- Debe estar firmado mediante una firma electrónica avanzada basado en certificado reconocido.

- Tiene que ser transmitido de un ordenador a otro recogiendo el consentimiento de ambas partes.

El artículo 6 del RD 1496/2003 regula el contenido de una factura, estableciendo los siguientes campos obligatorios (tanto en papel como en soporte electrónico):

- Número de factura.
- Fecha expedición.
- Razón social del emisor y del receptor.
- NIF del emisor y del receptor.
- Domicilio del emisor y del receptor.
- Descripción de las operaciones (base imponible).
- Tipo impositivo.
- Cuota tributaria.
- Fecha de la prestación del servicio (si es distinta a la de expedición).

El expedidor de la factura electrónica debe cumplir con las siguientes obligaciones:

- Creación de la factura mediante una aplicación informática, teniendo en cuenta además los contenidos obligatorios mínimos fijados por la normativa fiscal.

- Utilización de una firma electrónica reconocida. No obstante, de acuerdo con la normativa aprobada en España también se podría seguir utilizando un sistema EDI, en cuyo caso las partes deben reflejar con precisión los medios empleados para garantizar la autenticidad e integridad.

- Remisión telemática de la factura

- Conservación de copia o matriz de la factura: En relación con este punto, la Agencia Tributaria establece que "se entiende por Matriz de una factura

(...) un conjunto de datos, tablas, base de datos o sistemas de ficheros que contienen todos los datos reflejados en las facturas junto a los programas que permitieron la generación de las facturas".

- ➢ Contabilización y anotación en registros de IVA.

- ➢ Conservación durante el período de prescripción.

- ➢ Garantía de accesibilidad completa de cada factura, de tal modo que el sistema informático facilite las siguientes funcionalidades:

    1. Visualización.

    2. Búsqueda selectiva.

    3. Copia.

    4. Descarga en línea e impresión.

Asimismo, la normativa aprobada en España prevé la posibilidad de subcontratar todas las fases anteriores a un tercero, sin que la empresa emisora quede eximida de sus responsabilidades.

Por otra parte, el destinatario de la factura electrónica también debe tener en cuenta una serie de obligaciones prevista por la normativa aplicable:

- ➢ El destinatario de la factura tiene la obligación de verificar la validez de la firma y por tanto el certificado firmante. Para ello debe disponer del software que permita verificar la validez de esa firma.

- ➢ El destinatario tiene que conservar de forma ordenada las facturas en formato electrónico y permitir el acceso completo y sin demora. Para ello debe tener algún mecanismo que permita poder consultar las facturas en línea de modo que se visualicen, se puedan buscar cualquiera de los datos de los libros de Registro de IVA, se puedan realizar copias o descargas en línea de las facturas y se las pueda imprimir en papel cuando sea necesario.

Por último, conviene destacar que para poder emitir una factura electrónica se requiere del consentimiento expreso del destinatario por cualquier medio, verbal o escrito. Además, en cualquier momento el destinatario que esté recibiendo facturas o documentos sustitutivos electrónicos podrá comunicar al proveedor su deseo de recibirlos en papel, en cuyo caso el proveedor deberá respetar el derecho de su cliente.

Por tanto, se puede utilizar la facturación electrónica con sólo parte de los clientes. También se pueden emitir facturas en papel y en formato electrónico en un mismo ejercicio para el mismo cliente.

## 14.9 REFERENCIAS DE INTERÉS

- ✓ Fábrica Nacional de la Moneda y Timbre (FNMT): http://www.fnmt.es/.

- ✓ DNI Electrónico: http://www.dnielectronico.es/.

- ✓ Camerfirma: http://www.camerfirma.com/.

- ✓ Internet Publishing Service Certification Authority (ipsCA): http://www.ipsca.com/.

- ✓ Autoridad de Certificación de la Abogacía: http://www.acabogacia.org/.

- ✓ Agencia Notarial de Certificación: http://www.ancert.com/.

- ✓ IZENPE: http://www.izenpe.com/.

- ✓ Agencia de Certificación Electrónica: http://www.ace.es/.

- ✓ Verisign: http://www.verisign.com/.

- ✓ Thawte: http://www.thawte.com/.

- ✓ Entrust: http://www.entrust.net/.

- ✓ PKCS: http://www.rsasecurity.com/rsalabs/pkcs/.

- ✓ Portal Facturae: http://www.facturae.es.

- ✓ AEAT: http://www.aeat.es.

- ✓ Asociación Centro de Cooperación Interbancaria (CCI): http://www.asociacioncci.es/Paginas/eFactura_AEAT-CCI.aspx.

# Capítulo 15

# PROTOCOLOS CRIPTOGRÁFICOS

## 15.1 REQUISITOS DE SEGURIDAD EN LAS TRANSACCIONES ELECTRÓNICAS

En las transacciones electrónicas realizadas a través de un medio como Internet intervienen varias personas o entidades, sin que tenga lugar un contacto físico entre ellas, ya que éstas pueden estar separadas por cientos o incluso miles de kilómetros de distancia:

- El comprador: persona o empresa que adquiere un producto o servicio y realiza el pago correspondiente.

- El vendedor: persona o empresa que entrega el producto o servicio.

- Entidad financiera del comprador.

- Entidad financiera del vendedor.

- Pasarela de pagos o medio de pago electrónico que permite realizar la transferencia de dinero entre el comprador y el vendedor.

- Empresa de logística encargada del transporte del producto, si éste es de naturaleza tangible.

Teniendo en cuenta este escenario, bastante más complejo y expuesto a riesgos que el del comercio tradicional, las transacciones electrónicas requieren cumplir con una serie de requisitos desde el punto de vista de la seguridad:

> ➢ **Confidencialidad de la transacción**: sólo las partes intervinientes pueden tener acceso al contenido de la transacción.
>
> ➢ **Anonimato**: la identidad del comprador no debería ser conocida por el vendedor o, cuando menos, los datos relativos al medio de pago utilizado por el comprador (tarjeta de crédito, número de cuenta…), ya que al vendedor le bastaría con la confirmación de la transferencia del dinero a su cuenta por parte de las entidades financieras intervinientes en la operación[43]. Las entidades financieras pueden tener acceso a la identidad del comprador, pero no a la información relativa a los productos incluidos en la transacción
>
> ➢ **Autenticación de todos los participantes**.
>
> ➢ **Integridad**: los mensajes y datos intercambiados no podrían ser modificados por los intervinientes ni por terceros.
>
> ➢ **No repudiación de la transacción**.
>
> ➢ **Protección frente a posibles intentos de réplica**.
>
> ➢ **Flexibilidad**: aceptación de posibles sistemas de pago.
>
> ➢ **Facilidad de uso**.
>
> ➢ **Eficiencia**: relación entre el coste de la transacción y el precio del producto o servicio.
>
> ➢ **Confianza en el sistema** por parte de los usuarios.

## 15.2 PROTOCOLOS CRIPTOGRÁFICOS

Para garantizar la seguridad en las transacciones realizadas a través de redes informáticas como Internet, se emplean determinados protocolos criptográficos, que permiten ofrecer varios de los servicios de seguridad mencionados en el apartado

---

[43] Salvo que algunos productos requieran de la identidad del comprador para el servicio de garantía o asistencia posventa, o en el caso de que se tenga que realizar la entrega física del producto en su domicilio.

anterior (idealmente un protocolo tendría que cumplir con todos los requisitos expuestos).

> Los **Protocolos Criptográficos** son algoritmos distribuidos que constan de una secuencia de pasos o etapas que tienen que ser realizados por dos o más entidades para alcanzar unos determinados objetivos de seguridad.

Los protocolos criptográficos emplean, entre otros, esquemas de cifrado simétricos y asimétricos, firmas electrónicas, funciones *hash*, generadores de números pseudoaleatorios, etcétera.

Para desarrollar las plataformas de comercio electrónico se han propuesto dos protocolos específicos, que permiten realizar transacciones de forma segura a través de Internet: se trata del protocolo SSL y del protocolo SET, cuyas principales características se describen en los siguientes epígrafes de este capítulo.

Conviene destacar, no obstante, que estos protocolos sólo permiten proteger los datos intercambiados en una transacción entre un navegador y un servidor Web. Sin embargo, no garantizan la seguridad más allá de esta comunicación, por lo que si estos datos no son protegidos posteriormente de forma adecuada en los equipos participantes (por ejemplo, en la base de datos del servidor Web), podrían ser vulnerables a ataques y robos por parte de usuarios remotos, independientemente de que hayan sido transmitidos de forma segura a través de Internet.

## 15.2.1 Los protocolos SSL (*Secure Sockets Layer*) y TLS

El protocolo SSL (*Secure Sockets Layer*) fue desarrollado por la empresa Netscape en 1994 para garantizar la seguridad en el intercambio de datos entre un navegador y un servidor Web, siendo en la actualidad el más utilizado para realizar transacciones comerciales en Internet. SSL permite garantizar la confidencialidad, la autenticación y la integridad[44] de los mensajes intercambiados.

Por su parte TLS (*Transport Layer Security*) es una nueva propuesta que nace como una evolución de SSL 3.0, desarrollada por el IETF (explicada en el documento RFC 2246). Tanto SSL como TLS son protocolos de nivel de transporte, por lo que podrían ser utilizados para el cifrado de protocolos de aplicación como Telnet, FTP, SMTP, IMAP o el propio HTTP. Se ubican, por tanto, entre el protocolo TCP y la Capa de Aplicación.

---

[44] Para ofrecer el servicio de integridad de los mensajes se recurre a un código de autenticación de mensajes (MAC, *Message Authentication Code*).

El esquema de funcionamiento de SSL es bastante sencillo:

1. Se produce un intercambio inicial de claves públicas entre cliente y servidor, utilizando para ello certificados digitales. Tanto el navegador como el servidor se encargan de comprobar la validez de los certificados digitales. Para simplificar el funcionamiento del protocolo y los requisitos exigidos al cliente, también se admite un modo de operación en que sólo envía su certificado el servidor Web con su clave pública, lo cual permite verificar la identidad de dicho servidor, pero no la del cliente.

2. Se negocian los parámetros del protocolo de cifrado simétrico (DES, T-DES, RC4, IDEA) que se va a emplear en la sesión. Básicamente se trata de definir el tamaño de la clave, dependiendo de las características soportadas por el navegador del cliente.

3. Se genera una clave privada de cifrado simétrica para la sesión. Esta clave sólo será válida para esta sesión, por lo que la seguridad del sistema en posteriores sesiones de trabajo no se verá comprometida aunque se consiga interceptar esta clave.

4. Se intercambia de forma segura la clave privada mediante un algoritmo de cifrado asimétrica como RSA, utilizando para ello la clave pública del servidor Web.

5. Desde este momento todos los datos que intercambien el servidor Web y el navegador del cliente serán cifrados con la clave privada generada para la sesión. Como prueba de que la comunicación se realiza de forma segura, se muestra una imagen en la barra de estado del navegador: un candado si es el Explorer de Microsoft y una llave si se emplea el navegador de Netscape.

Las conexiones SSL sobre HTTP se establecen a través del puerto 443, a diferencia del tráfico HTTP normal, que utiliza el puerto 80. Además, las conexiones SSL se pueden distinguir en la URL (dirección de la página web) por el comienzo 'https://'.

La actual limitación de este protocolo viene dada por no garantizar la autenticación del cliente, ya que no se exige que éste disponga de una clave pública avalada por un certificado digital (aunque SSL 3.0 sí contempla la utilización de certificados digitales en el cliente), por lo que con este protocolo no se puede cumplir la función de "no repudiación", dejando de este modo las puertas abiertas a la realización de transacciones fraudulentas en Internet o a ataques del tipo "*man-in-the-middle*".

Por otra parte, existe la posibilidad de utilizar un servidor *proxy* para facilitar la conexión segura de equipos remotos que envíen peticiones sin cifrar: el *proxy* se encarga de establecer el canal seguro SSL con el servidor, actuando de intermediario con los equipos remotos que no puedan trabajar directamente con el protocolo SSL.

Para garantizar la seguridad de la conexión, en la actualidad se recomienda emplear un servidor SSL con un tamaño de clave de 128 bits para el cifrado simétrica y de 1.024 bits para el algoritmo de cifrado asimétrica (clave pública de 1.024 bits). Un tamaño de clave inferior se considera bastante vulnerable frente a ataques de fuerza bruta.

No se debería utilizar la versión 2.0 del protocolo SSL, ya que es vulnerable frente a un ataque de *"downgrade"*[45], que podría forzar al servidor a emplear una clave de 40 bits para el cifrado simétrica, totalmente insegura hoy en día frente a ataques de fuerza bruta.

Sin embargo, algunos estudios publicados sobre la seguridad de los servidores SSL en Internet ponían de manifiesto que en bastantes casos no se estaba utilizando la última versión del protocolo, que se recurrían a tamaño de claves menores de los recomendados, que los certificados del servidor estaban caducados o que se estaban utilizando certificados autofirmados (estos certificados no permiten garantizar la autenticidad del servidor, al no recurrir al papel de una Autoridad de Certificación para acreditar esta identidad).

Del mismo modo, en muchos casos los usuarios de los navegadores Web no suelen comprobar si los certificados digitales de servidor siguen siendo válidos (que no han sido revocados y su período de validez sigue estando vigente) y pueden aceptar conexiones SSL con contraseñas de tamaño menor al recomendado. Asimismo, en la configuración por defecto de estos navegadores se permite guardar en la memoria caché del programa páginas SSL sin cifrar, cuyo contenido podría ser revelado a terceros si el equipo fuera comprometido o sufriera algún tipo de ataque informático.

## 15.2.2 Protocolo S-HTTP (*Secure Hypertext Transport Protocol*)

S-HTTP es un protocolo que fue diseñado para proporcionar seguridad en las aplicaciones basadas en el *World Wide Web*. Este protocolo actúa a nivel de aplicación, cifrando los mensajes intercambiados entre el navegador y el servidor Web, ofreciendo los servicios de confidencialidad, autenticación e integridad de los mensajes.

Asimismo, extiende el protocolo HTTP para poder llevar a cabo transacciones seguras a través de Internet.

---

[45] Podríamos traducir *"downgrade"* por "reducción del nivel de seguridad".

Este protocolo está soportado por algunos servidores Web comerciales y por la mayoría de los navegadores. Sin embargo, apenas se utiliza en la actualidad, ya que se prefiere recurrir a un protocolo de nivel de transporte como SSL, que permite cifrar no sólo los datos del servicio *World Wide Web*, sino también los de otros servicios y aplicaciones de Internet.

### 15.2.3 El protocolo SET (*Secure Electronic Transaction*)

Este protocolo fue desarrollado en 1996 por VISA y MasterCard, con el apoyo de importantes empresas como IBM, Microsoft, Netscape, RSA y Verisign, para dar soporte a las transacciones electrónicas realizadas en Internet con tarjeta de crédito.

El 19 de diciembre de 1997 Visa y MasterCard constituyeron la firma SET Secure Electronic Transaction LLC, conocida como "SETCo", para tratar de impulsar la implantación de la especificación SET.

El protocolo SET ofrecía una solución bastante adecuada para la realización de transacciones seguras en Internet, ya que:

> Permitía autenticar a todas las partes que intervienen (no sólo al vendedor, como en el caso de SSL).

> El vendedor no tenía acceso a la información de la tarjeta de crédito del cliente.

> Las entidades financieras no tenían acceso a los datos de la compra, ya que solamente se encargan de autorizar la transacción a partir de los datos de la tarjeta de crédito. Para ello, se introducía el concepto de firma electrónica dual, generada a partir de la huella digital (secuencia "*hash*") de dos mensajes: el pedido y la orden de pago.

*Figura 15.1. SET*

En cada transacción a través de SET intervenían, por lo tanto, seis entidades distintas:

> El comprador.

> El vendedor.

> La entidad financiera del comprador (emisor de la tarjeta).

> La entidad financiera del vendedor.

> La pasarela de pagos.

> La Autoridad de Certificación: su papel resulta fundamental para garantizar la identidad de todos los demás usuarios del sistema mediante la emisión de certificados digitales.

En la siguiente figura se muestra el esquema de funcionamiento del protocolo SET:

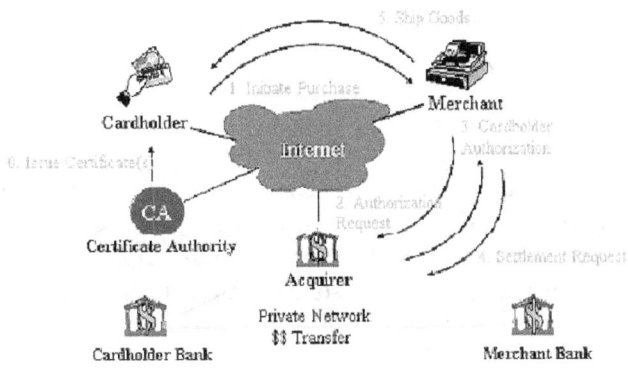

*Figura 15.2. Esquema de funcionamiento del protocolo SET*

Los pasos que se representan en el esquema anterior son los siguientes:

1. El cliente se conecta al comerciante y procede a comprobar su identidad, consultando para ello un certificado digital que ha sido emitido y firmado por la Autoridad de Certificación, y que le ha enviado el propio comerciante.

2. El cliente inicia una transacción enviando al comerciante un formulario de pedido y un certificado digital firmado por la Autoridad de Certificación. El comerciante no podrá acceder al número de tarjeta del cliente, si bien podrá verificar su identidad mediante el certificado previamente emitido por la Autoridad de Certificación.

3. El comerciante envía la autorización a la entidad financiera con la que trabaja, donde ésta la descifrará y accederá al número de tarjeta. La entidad verificará la firma del cliente y la del comerciante con los certificados de éstos emitidos por la Autoridad de Certificación.

4. La entidad financiera solicitará al emisor de la tarjeta la autorización para realizar el cargo.

5. La entidad financiera autorizará al comerciante la operación y firmará la transacción.

6. El cliente obtendrá los artículos o servicios y el recibo firmado por el comerciante, que servirá de justificante de la transacción (el cliente no podrá repudiar la operación).

7. El comerciante pedirá a la entidad la captura de la transacción.

8. La entidad pagará al comerciante según su contrato.

9. El cliente recibirá mensualmente la factura correspondiente a la utilización de la tarjeta.

En todo este proceso las comunicaciones se realizaban de forma totalmente segura, utilizando algoritmos de cifrado. Por este motivo, el esquema de funcionamiento del protocolo SET era bastante complejo y costoso tanto en ancho de banda como en tiempo de cálculo necesario para realizar las operaciones criptográficas. Esta característica limitaba su aplicación sólo para el caso de transacciones de gran valor, ya que el coste de su utilización no estaba justificado para la realización de "micropagos".

Por otra parte, SET requería del uso de certificados digitales por parte de los servidores y de los clientes, así como de un adecuado desarrollo de las Autoridades de Certificación. Asimismo, se necesitaba un software específico en el equipo de los clientes ("monedero electrónico") y en el de los comercios que deseasen utilizar este protocolo como soporte a sus transacciones en Internet.

También hay que tener en cuenta que se trataba de un estándar que había sido definido por un consorcio liderado por VISA y MasterCard, por lo que despertó el recelo de muchas empresas y entidades financieras ante el riesgo de que el mercado pudiera pasar a estar dominado por estas dos empresas de medios de pago.

En definitiva, SET era un protocolo robusto y que ofrecía un nivel de seguridad suficiente, pero a costa de hacerlo muy pesado y complejo de utilizar. La implantación de SET fue bastante lenta y, por este motivo, en la actualidad ha sido abandonado y los comerciantes y entidades financieras interesadas en vender a través de Internet han optado por soluciones más sencillas basadas en SSL, que ofrece menos garantías, especialmente para el vendedor.

## 15.2.4 Protocolo SSH

El protocolo SSH permite establece una conexión segura a máquinas remotas, con autenticación mutua robusta, cifrado de los datos transmitidos y chequeo de la integridad de los datos.

SSH fue desarrollado en 1995 por el informático Tatu Ylönen, con la intención de reemplazar servicios inseguros como Telnet, rlogin, rcp, rsh o FTP.

Este protocolo utiliza un proceso seguro de autenticación del usuario (ya que no se envían las contraseñas al servidor sin cifrar), permitiendo ejecutar comandos y copiar ficheros desde y hacia máquinas remotas de forma segura, a través de una comunicación cifrada. De hecho, permite una canalización segura de cualquier conexión TCP/IP con una máquina remota.

El protocolo consta de tres bloques o partes fundamentales:

> **Nivel de Transporte** (sobre TCP/IP), que se encarga de la autenticación del servidor, del establecimiento de un canal cifrado para garantizar la confidencialidad de la comunicación, de la comprobación de la integridad de los mensajes, así como de la generación de un identificador único de sesión.

Para el intercambio de claves entre los dos equipos intervinientes en la comunicación se utiliza el algoritmo de Diffie-Hellman. Asimismo, se recurre a algoritmos de clave pública para la autenticación del servidor (certificados X.509 y certificados PGP), a algoritmos de clave simétrica para la confidencialidad de la comunicación (Triple-DES, Blowfish IDEA...) y a funciones *hash* para comprobar la integridad de los datos y mensajes transmitidos (MD5, SHA1).

A la hora de establecer la comunicación, tanto el cliente como el servidor SSH negocian los algoritmos criptográficos que se van a utilizar a lo largo de la comunicación.

La autenticación del servidor tiene lugar antes de que el usuario pueda transmitir sus credenciales de autenticación, para evitar de este modo que algunos programas troyanos se intenten hacer pasar por el servidor para obtener el nombre y la contraseña del usuario.

> **Nivel de Autenticación de Usuario**, ofreciendo varios mecanismos de autenticación:

- Autenticación basada en un algoritmo de clave pública, de modo que la autenticación del usuario se establece en base a la posesión de la clave privada correspondiente a una clave pública. Se trata de la opción recomendada por los fabricantes que ofrecen SSH en sus productos.

- Autenticación basada en un nombre de usuario y una contraseña (*password*).

- Autenticación basada en la procedencia de la conexión (dirección IP del equipo que se conecta al servidor).

A través de una autenticación robusta, SSH puede ofrecer protección frente a ataques de suplantación de identidad, como *IP Spoofing*, *DNS Spoofing*, ataques del tipo "*man-in-the-middle*", etcétera.

➢ **Nivel de Sesión**, responsable de la asignación de identificadores de sesión, los cuales permiten multiplexar varias comunicaciones distintas a través de un mismo "túnel cifrado".

Podemos citar algunas aplicaciones desarrolladas con un planteamiento similar al del protocolo SSH, como la aplicación conocida como "Secure FTP" (SFTP), un cliente del protocolo FTP que utiliza los mismos métodos de cifrado y autenticación que SSH para establecer conexiones seguras con servidores FTP.

*Figura 15.3. Ejemplo de cliente SSH para Windows*

No obstante, debido a su gran popularidad en Internet, se han creado muchos programas troyanos que se hacen pasar por clientes o servidores SSH para sustraer información confidencial del usuario víctima del engaño.

También conviene tener en cuenta que tanto SSH como SSL podrían ser utilizados por un atacante para cifrar sus comunicaciones y crear túneles seguros que puedan atravesar los cortafuegos de la red de una organización, para acceder de este modo a equipos internos que hayan sido comprometidos previamente por el atacante (mediante la ejecución de un programa troyano, por ejemplo).

## 15.3 REFERENCIAS DE INTERÉS

> ✓ Versión en código abierto de SSL: http://www.openssl.org/.
>
> ✓ Versión en código abierto de SSH: http://www.openssh.com.

# ASPECTOS TÉCNICOS DE LA SEGURIDAD EN LAS REDES DE ORDENADORES

- ❑ Capítulo 16. Herramientas para la Seguridad en Redes de Ordenadores
- ❑ Capítulo 17. Seguridad en Redes Privadas Virtuales
- ❑ Capítulo 18. Seguridad en las Redes Inalámbricas
- ❑ Capítulo 19. Desarrollo seguro de aplicaciones en Internet

**PARTE V**

# Capítulo 16

# HERRAMIENTAS PARA LA SEGURIDAD EN REDES DE ORDENADORES

## 16.1 EL PROBLEMA DE LA SEGURIDAD EN LA CONEXIÓN A INTERNET

Internet es una red de redes de ordenadores que fue diseñada en los años setenta partiendo de unos recursos bastante limitados, sobre todo si los comparamos con los que se encuentran disponibles en la actualidad en cualquier organización. Así, en aquel momento la capacidad de memoria y de procesamiento de los equipos informáticos era bastante limitada, varios órdenes de magnitud inferior a la de los actuales equipos, y debemos tener en cuenta además que la capacidad de las líneas de comunicaciones para datos era extremadamente reducida, del orden de unos pocos cientos de bits por segundo.

Por lo tanto, el diseño inicial de Internet se realizó con la premisa de utilizar protocolos y servicios muy sencillos, poco exigentes en cuanto a recursos informáticos y a ancho de banda consumido. Además, el entorno de trabajo de la primera etapa de Internet estaba constituido por varias universidades y centros de investigación de Estados Unidos, con el objetivo fundamental de facilitar el intercambio de información entre los profesores e investigadores: básicamente, envío de mensajes de correo electrónico en formato texto, así como difusión de algunos documentos de texto con resultados de estudios y trabajos de investigación.

En consecuencia, teniendo en cuenta los limitados recursos disponibles y que se estaba trabajando en un entorno "confiable", con aplicaciones y servicios sencillos y que no manejaban datos especialmente sensibles, se prestó una atención escasa o prácticamente nula a los aspectos relacionados con la seguridad.

Por todo ello, en la actualidad debemos asumir que la inseguridad es una parte intrínseca de Internet, como una consecuencia de las limitaciones de su diseño inicial.

Una organización puede tratar de gestionar la seguridad informática en la conexión a Internet, pero nunca podría eliminar totalmente los posibles riesgos o amenazas que traten de aprovechar las limitaciones en algunos de los protocolos y servicios de Internet.

Podemos señalar distintas cuestiones a tener en cuenta a la hora de gestionar la seguridad en la conexión de una empresa a Internet:

- Garantizar la confidencialidad e integridad de las comunicaciones, mediante la utilización de protocolos criptográficos suficientemente robustos.

- Implantar un sistema de autenticación de los usuarios de los servicios.

- Controlar los accesos a los servicios ofrecidos por la organización, tanto por parte de los usuarios internos como de los usuarios externos.

- Controlar y supervisar la utilización de los servicios públicos de Internet por parte de los empleados de la organización.

- Garantizar la disponibilidad de los servicios y del funcionamiento de la red de la organización.

- Controlar los accesos a los equipos de la propia organización.

- Evitar los intentos de intrusión que exploten "agujeros de seguridad" en los ordenadores y dispositivos de conexión a la red, etcétera.

De hecho, una empresa u organización puede proporcionar una serie de servicios a los usuarios de Internet a través de uno o varios servidores dedicados, equipos informáticos de altas prestaciones que ofrecen recursos e información y que se encuentran permanentemente conectados a Internet, con el objetivo de facilitar información corporativa y sobre los productos (catálogo electrónico de productos), poder realizar transacciones comerciales (venta de productos), prestar servicio y apoyo técnico posventa a los clientes, etcétera.

Estos servicios se deben facilitar de una forma segura, controlando el acceso a los datos y a los recursos del servidor o servidores conectados a Internet y garantizando en todo momento la disponibilidad de la conexión y del servidor, evitando posibles ataques de Denegación de Servicio.

En este sentido, se pueden adoptar dos estrategias de defensa: **Defensa equipo a equipo** y **Defensa Perimetral**.

En la estrategia de **Defensa equipo a equipo**, cada equipo de la red de la empresa conectado a Internet debe estar perfectamente configurado y será auditado de forma sistemática, para monitorizar su utilización y registrar los intentos de acceso no autorizados. Se trata de una estrategia difícil de poner en práctica, ya que se pueden cometer errores en la configuración al tener que comprobar un número importante de equipos y se dificulta el trabajo de las personas dentro de la organización por la adopción de estrictas medidas de control y seguridad.

Por su parte, en la estrategia de **Defensa Perimetral** se crea una barrera entre la red interna de la organización y el mundo exterior, canalizando todo el tráfico potencialmente hostil a través de un único punto de acceso que se encuentra bien protegido y monitorizado: un dispositivo denominado "**cortafuegos**" (también conocido como "*firewall*"), cuya finalidad es auditar todos los intentos de conexión desde la red de la empresa hacia el exterior, y viceversa, permitiendo sólo aquellos que hayan sido expresamente autorizados por los responsables informáticos de la empresa.

De este modo, se concentra la defensa en un número más reducido de elementos, por lo que éstos pueden estar sometidos a un mayor control por parte de los responsables, al tiempo que se pueden aplicar medidas menos restrictivas en la red interna que faciliten el trabajo a sus usuarios.

La correcta implantación de soluciones técnicas, basadas en dispositivos hardware y/o aplicaciones software, requiere disponer de personal con un conocimiento detallado del funcionamiento de Internet y de la familia de protocolos TCP/IP, así como con experiencia en la configuración de los equipos y las soluciones implantadas. Otros aspectos importantes son el adecuado mantenimiento y actualización con los parches y revisiones publicadas por los fabricantes, además de llevar a cabo una monitorización continua del funcionamiento de las soluciones implantadas.

Para decidir cuáles son las soluciones técnicas más adecuadas en cada caso, es necesario analizar el papel de la empresa bajo dos puntos de vista distintos y complementarios: como "cliente" de los servicios disponibles en Internet o bien como "servidor" que ofrece sus propios servicios dentro de Internet.

Bajo el primer punto de vista, al analizar el papel de la empresa como "cliente" de los servicios de Internet se deberían responder las siguientes cuestiones:

> ➤ Qué servicios de Internet van a estar disponibles para los distintos usuarios internos de la red informática de la organización: correo electrónico, acceso al *World Wide Web*, videoconferencia IP, *chats*…

> ➤ Qué empleados podrán utilizar cada uno de estos servicios y para qué finalidad, estableciendo de este modo una Política de Control de Accesos.

> ➤ Cómo se va a restringir y controlar el acceso a estos servicios, implantando mediante distintas herramientas y aplicaciones las directrices definidas en la Política de Control de Accesos.

➢ En qué medida se va a registrar la actividad en las conexiones a Internet para detectar situaciones anómalas o no autorizadas por la organización.

La solución a estas cuestiones exige implantar determinadas soluciones técnicas, acompañadas de una adecuada formación y sensibilización del personal que va a tener acceso a estos servicios de Internet.

Por otra parte, al analizar el papel de la empresa como "servidor" en Internet se deberían tener en cuenta las siguientes cuestiones:

➢ Qué servicios se van a prestar a los usuarios externos:

- Proporcionar información corporativa y sobre los productos de la empresa.

- Realizar transacciones comerciales (venta de productos).

- Prestar servicio y apoyo técnico a los clientes, etcétera.

➢ Cómo se va a garantizar la disponibilidad de estos servicios.

➢ Cómo se va a gestionar la seguridad en el servidor o servidores de la empresa dedicados a estas funciones (implantación de servidores seguros).

➢ En qué medida se van a integrar estos servicios con la red interna de la organización.

➢ Cómo se va a registrar y supervisar la utilización de estos servicios para evitar intentos de ataque o de violación de las políticas de control de acceso establecidas.

Asimismo, en lo que se refiere a la ubicación de su propio servidor Web, la organización podría considerar la posibilidad de utilizar un servidor (o *cluster* de servidores) propio conectado directamente a Internet desde la red de la organización o bien proceder a la subcontratación de este servicio a un proveedor de acceso a Internet.

En este último caso, cabría la posibilidad de optar entre dos modalidades de subcontratación:

➢ "*Hosting*" u **Hospedaje**: modalidad en la que el servidor Web se encuentra en una máquina propiedad del proveedor de acceso a Internet. A su vez, el servidor podría ser compartido ("*virtual hosting*") o bien se podría disponer de un servidor dedicado exclusivamente para el servicio Web de la organización, opción más cara pero más robusta y de mayor rendimiento.

> "*Housing*": ubicación de un ordenador propiedad de la empresa en una sala especialmente acondicionada del proveedor de acceso a Internet.

## 16.2 LA SEGURIDAD EN LA RED INTERNA DE LA ORGANIZACIÓN

En lo que se refiere a la seguridad en la red interna de la organización, debemos tener presente la aplicación del principio básico de Defensa en Profundidad, que exige establecer varios niveles o capas de seguridad para no depender exclusivamente de la seguridad perimetral.

Así, una primera medida a considerar sería la segmentación de la red interna y la puesta en marcha de distintas redes locales virtuales (VLAN). Mediante protocolos como el IEEE 802.1q es posible definir redes virtuales a través de múltiples *switches*, implantando de este modo un aislamiento entre las distintas redes locales de una organización.

Convendría, no obstante, limitar la utilización del protocolo DTP (*Dynamic Trunk Protocol*) en los *switches*, que permite crear una VLAN que atraviese varios *switches*, ya que un atacante podría utilizar este protocolo para intentar saltar de una VLAN a otra, rompiendo de este modo el aislamiento físico impuesto por la organización para separar sus distintas redes locales.

Asimismo, para mejorar la seguridad de los dispositivos de la red sería conveniente utilizar entradas ARP[46] estáticas en dispositivos críticos para evitar posibles ataques de "*ARP Spoofing*", es decir, que un atacante o usuario malicioso pueda crear entradas falsas en las tablas de conversión de direcciones que provoquen la redirección del tráfico de unos equipos a otros. También la asignación estática de direcciones MAC para cada uno de los puertos de los *switches* permitiría evitar ataques del tipo "*MAC flooding*".

Por otra parte, es recomendable emplear cortafuegos en la red interna para aislar el tráfico entre departamentos o supervisar los accesos a determinados segmentos de la red en los que se ubiquen los recursos más importantes para la organización.

Un aspecto fundamental para mejorar la seguridad en la red interna es la configuración robusta de los servidores. Estos equipos suelen ser fáciles de localizar por parte de un atacante y contienen recursos e información valiosa que los hace más atractivos, por lo que se debería prestar especial atención a su seguridad.

---

[46] ARP (*Address Resolution Protocol*) es el protocolo que se encarga de mantener las tablas de conversión de direcciones IP a direcciones físicas (direcciones MAC).

Otra medida a tener en cuenta es que no se debería conectar a la red interna de la organización un equipo que haya estado conectado directamente a Internet u otras redes externas (caso típico de un equipo que haya tenido que trabajar fuera de la organización), hasta que éste haya sido revisado de forma exhaustiva. En estos casos se recomienda llevar a cabo un formateo del disco y una reinstalación completa del sistema y de las aplicaciones del equipo para minimizar los riesgos.

## 16.3 EL PAPEL DE LOS SERVIDORES *PROXY*

### 16.3.1 Características de un servidor *proxy*

Para conseguir controlar los accesos a Internet desde una red local se suele utilizar un servidor *proxy*, que realiza el papel de intermediario entre los equipos de la red local e Internet.

> Por lo tanto, un **servidor** *proxy* es un equipo que actúa de intermediario entre los equipos internos y otras redes externas a la organización, encargándose de realizar las peticiones a los servidores de Internet en nombre de los equipos internos[47]. Los equipos y servidores de Internet no pueden conocer la identidad del equipo en nombre del cual actúa el *proxy*.

De este modo, todas las conexiones pasan a través de un único equipo, que se encarga de su supervisión y control, proporcionando además mayor seguridad a la red de la empresa frente a intentos de acceso desde el exterior.

Gracias a esta configuración, el administrador puede permitir o denegar el acceso a Internet y a los servicios de la empresa de manera selectiva. Se consigue así que todo el tráfico de la organización pase a través del servidor *proxy*, evitando que un equipo interno pueda establecer una conexión directa con algún otro equipo o servidor ubicado en Internet, obligando a los usuarios a cumplir con las restricciones que se hayan impuesto en la utilización de los servicios de Internet.

Al utilizar un servidor *proxy* todos los equipos pueden compartir una única línea de comunicaciones (línea ADSL, cable de fibra óptica, línea Frame Relay…) y una única dirección IP. Desde el exterior sólo se puede acceder al servidor *proxy*, ya que todos los restantes equipos de la red interna de la organización se encuentran ocultos detrás del servidor *proxy*.

---

[47] De ahí que se haya utilizado el término en inglés "*proxy*", que podríamos traducir al castellano por la palabra "intermediario".

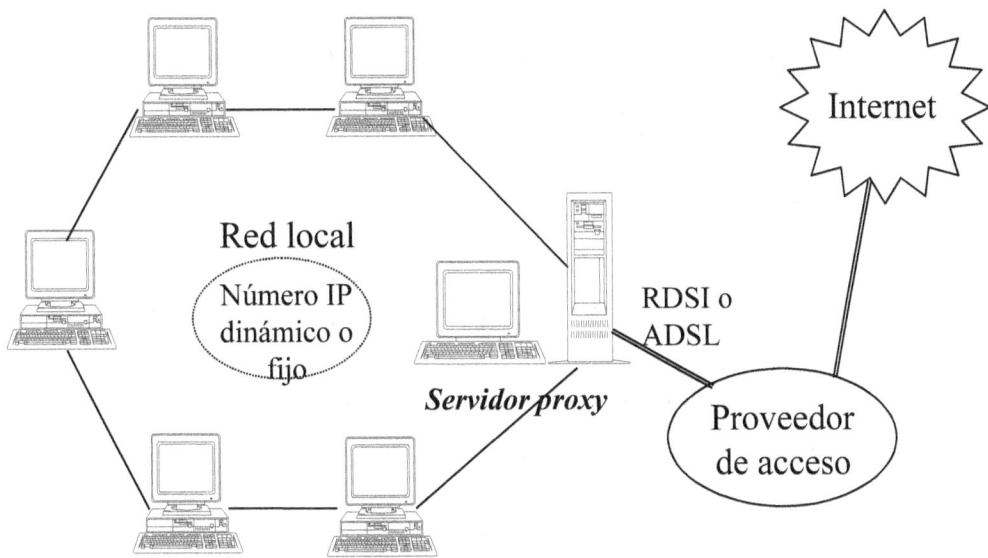

*Figura 16.1. Conexión compartida a través de un servidor proxy*

El servidor *proxy* se encarga de realizar una traducción de direcciones a través del protocolo NAT (*Network Address Translation*), que permite convertir las direcciones IP internas de los equipos de la red de la organización en una dirección IP externa para poder acceder a los servicios de Internet.

De esta manera, es posible utilizar una única dirección IP (o un rango reducido de direcciones válidas en Internet) compartida por todos los equipos de la red interna, que utilizarán direcciones privadas (en los rangos definidos por el RFC 1918) no enrutables en Internet, por lo que estos equipos no serán visibles desde el exterior.

Antes de implantar un servidor *proxy*, la empresa deberá definir qué servicios de Internet se podrán utilizar (correo electrónico, acceso a determinadas páginas web, transferencia de ficheros, *chat*...) y qué empleados tendrán acceso a cada servicio y con qué finalidad.

Para ello, puede resultar necesario implantar una serie de restricciones y emplear algunas de las funciones del servidor *proxy* que permiten llevar a cabo un control y registro de las conexiones a Internet, con la posibilidad de contemplar franjas horarias, distintas prioridades en el ancho de banda disponible y la implantación de filtros de acceso a contenidos.

| Clientes \ Servidores | SERVIDOR S1 DESTINO IP1 | SERVIDOR S2 DESTINO IP2 | SERVIDOR S3 DESTINO IP3 |
|---|---|---|---|
| USUARIO A ORIGEN IP-X | APLICACIÓN PROTOCOLO PUERTO | APLICACIÓN PROTOCOLO PUERTO | |
| USUARIO B ORIGEN IP-Y | APLICACIÓN PROTOCOLO PUERTO | | |
| USUARIO C ORIGEN IP- Y | | APLICACIÓN PROTOCOLO PUERTO | APLICACIÓN PROTOCOLO PUERTO |
| USUARIO C ORIGEN IP- Z | | APLICACIÓN PROTOCOLO PUERTO | |

*Figura 16.2. Restricción en el control del acceso a los servicios de Internet a través de un proxy*

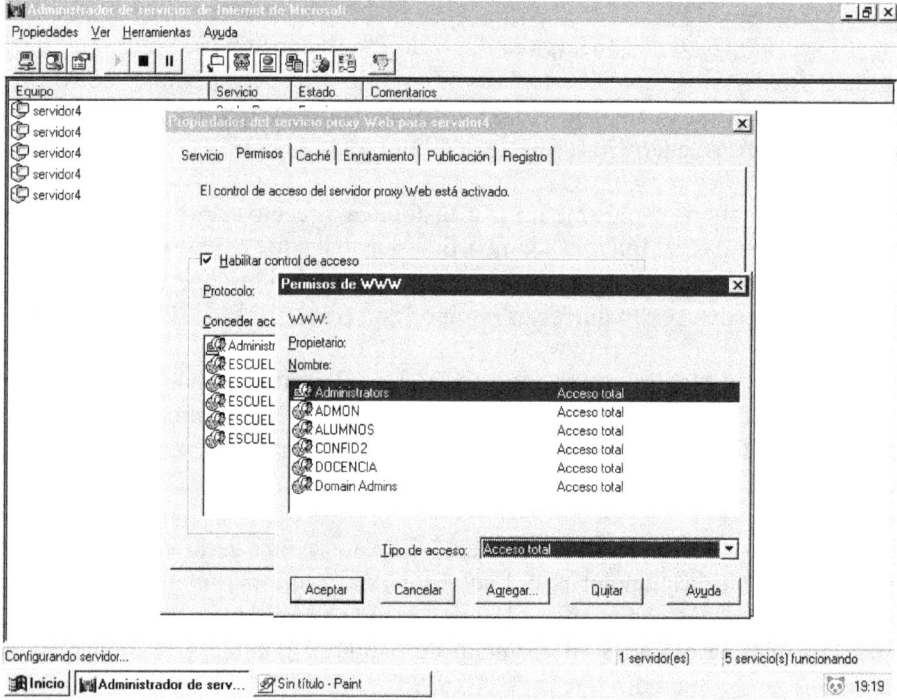

*Figura 16.3. Definición de control de los accesos a los servicios de Internet por grupos de usuarios en un servidor proxy*

Por supuesto, se requiere de una configuración robusta y fiable del equipo o equipos que actúen como servidores *proxy*, para evitar ataques e intentos de intrusión. Para su implantación se suele recurrir a un equipo con dos o más tarjetas de red ("*multihomed host*").

Asimismo, es posible instalar un antivirus en el servidor *proxy*, que permita filtrar todos los contenidos infectados con virus (mensajes de correo con ficheros adjuntos, código incluido en páginas HTML…) y que se pueda actualizar de forma automática a través de Internet.

Cabe destacar que en este caso no sólo se protege de ficheros adjuntos con virus en mensajes de correo electrónico, sino que también se detecta y bloquea el acceso a páginas web que incorporan contenidos dañinos, descarga de ficheros vía FTP…

Por este motivo, se trata de una solución más completa en comparación con otras alternativas basadas en un servidor de correo electrónico interno y un antivirus instalado en dicho servidor (de este modo, sólo se protegería el correo electrónico, pero no la descarga directa de ficheros, la navegación por páginas web, etcétera).

Otras características interesantes de un servidor *proxy* son la posibilidad de bloquear el acceso a determinadas direcciones IP y dominios de Internet, así como la incorporación de una memoria "caché" de páginas web que permite acelerar de forma notable la navegación por Internet desde los equipos de la organización.

Esta memoria "caché" puede ser pasiva, si se limita a registrar las páginas web y documentos solicitados explícitamente por los usuarios, o activa, cuando se puede anticipar a las peticiones de los usuarios, registrando documentos y páginas web que posiblemente vayan a solicitar éstos en las próximas horas (teniendo para ello en cuenta sus hábitos de navegación en el pasado).

A nivel técnico, el servidor *proxy* actúa como una pasarela de aplicación ("*application gateway*"). De hecho, se podrían implementar *proxies* específicos para el acceso a determinados servicios de Internet a través de protocolos como HTTP o FTP.

No obstante, algunas aplicaciones y servicios de Internet pueden no funcionar correctamente a través de un servidor *proxy*. En muchos casos es necesario instalar un software cliente del *proxy* en los equipos de la red interna que deseen acceder a los servicios de Internet a través del servidor *proxy*.

Se han definido protocolos como SOCKS para que los equipos internos puedan acceder a múltiples servicios de Internet a través del *proxy* de forma más transparente. El protocolo SOCKS, en sus últimas versiones (SOCKS v5, propuesto en 1996, analizado en el documento RFC 1928), soporta el tráfico de protocolos como HTTP, TELNET, FTP o HTTPS, tráfico UDP (aplicaciones de voz y videoconferencia IP), así como diversos esquemas de autenticación del usuario. La versión anterior del protocolo SOCKS (SOCKS v4) sólo soportaba algunos servicios basados en TCP.

En el siguiente cuadro se presentan de forma resumida las principales funciones ofrecidas por un servidor *proxy*:

> - Definición de los permisos de acceso a los servicios de Internet, controlando qué equipos y qué usuarios pueden utilizarlos. Posibilidad de contemplar franjas horarias y filtros de acceso a contenidos.
>
> - Compartición de un número limitado de direcciones públicas externas entre varios equipos de la red interna de la organización. Traducción de las direcciones internas a direcciones externas mediante el protocolo NAT.
>
> - Bloqueo del acceso a determinadas direcciones IP y dominios de Internet.
>
> - Auditoría de la utilización de los servicios de Internet y del consumo de ancho de banda (por usuario, por departamento, por tipo de servicio...).
>
> - Memoria caché de páginas más visitadas (optimización del ancho de banda).
>
> - Filtrado de paquetes[48] e instalación de filtros de aplicación y de filtros de detección de intrusiones.
>
> - Instalación de un antivirus perimetral.

*Tabla 16.1. Funciones de un servidor proxy*

Como ejemplos de servidores *proxy* podríamos destacar algunos productos como el ISA Server de Microsoft, Squid para Linux, Wingate, etcétera.

## 16.3.2 Servicio de *proxy* inverso

El servicio de *proxy* inverso se ha propuesto para implantar un acceso controlado desde el exterior a uno o varios servidores de la organización. De este modo, se puede reforzar la seguridad en los servidores Web, FTP, DNS... ubicados en la red de la empresa, ya que los usuarios externos sólo podrán acceder a sus servicios e información a través del equipo que actúa de *proxy* inverso.

---

[48] Función que también ofrecen los cortafuegos ("*firewalls*").

Además, en este caso el servidor *proxy* podría encargarse del balanceo de la carga de trabajo entre los distintos servidores para mejorar el servicio a los usuarios remotos.

Como alternativa se podría recurrir a los servicios de *hosting* o de *housing*, para evitar la adopción de medidas de seguridad en la red de la empresa.

## 16.4 EL PAPEL DE LOS CORTAFUEGOS ("*FIREWALLS*")

### 16.4.1 Características básicas de un cortafuegos

> Un **cortafuegos** ("*firewall*") es un dispositivo que realiza un filtrado de paquetes de datos a partir de unas reglas definidas por el administrador de la red, teniendo en cuenta las direcciones IP fuente o destino (es decir, de qué ordenador provienen y a qué ordenador van dirigidos los paquetes de datos) y el servicio de red al que se corresponden.

Un cortafuegos está constituido por un dispositivo hardware, es decir, por una máquina específicamente diseñada y construida para esta función, aunque también podría utilizarse un software que se instala en un ordenador conectado a la red de la organización.

Al emplear un cortafuegos todo el tráfico entrante o saliente a través de la conexión corporativa debe pasar por una única máquina, por lo que el administrador puede permitir o denegar el acceso a Internet y a los servicios de la empresa de manera selectiva. Se consigue, de este modo, que todo el tráfico de la organización pueda ser filtrado por esta máquina, obligando a los usuarios, tanto internos como externos, a cumplir las restricciones que se hayan impuesto.

No obstante, a diferencia de un servidor *proxy*, en este caso los equipos internos sí podrían establecer una conexión directa con otras máquinas y servidores remotos ubicados en Internet, siempre y cuando esta conexión sea autorizada por el cortafuegos.

De este modo, el cortafuegos permite establecer dos zonas de trabajo independientes: la zona fiable o de confianza, correspondiente a los equipos de la red interna de la organización, en contraposición con la zona no fiable, en la que se ubicarían todos los demás equipos externos.

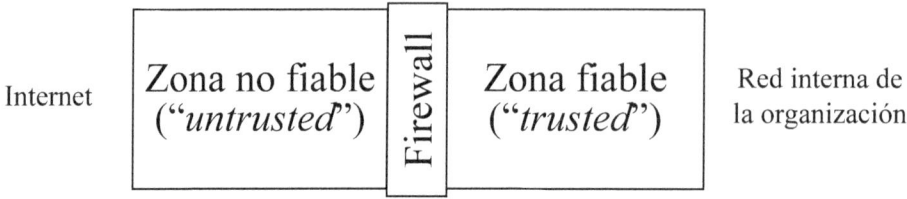

*Figura 16.4. Implantación de la Seguridad Perimetral mediante un cortafuegos*

El cortafuegos también puede ser configurado para facilitar la conexión de usuarios remotos a través de túneles seguros, utilizando protocolos de redes privadas virtuales (VPN).

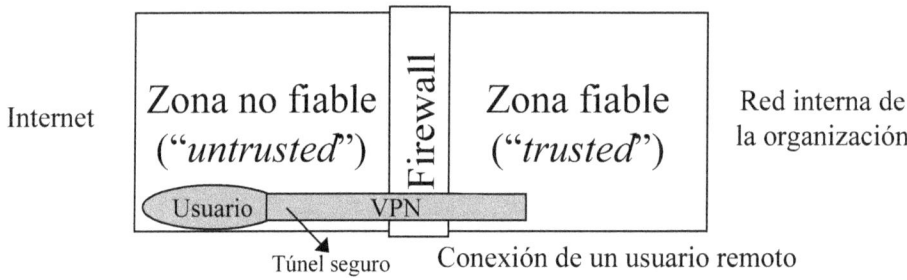

*Figura 16.5. Conexión de un usuario remoto a través de un túnel VPN*

Una configuración típica de un cortafuegos que permite aislar físicamente la red interna del exterior es la que se puede establecer mediante un equipo conocido como "*host bastión*", que cuenta con dos tarjetas de red, conectadas a dos redes diferentes, por lo que también recibe el nombre de "*dual-homed bastion host*". Su papel es crítico para garantizar la seguridad de la red (de ahí el nombre de "bastión"), ya que permite establecer reglas de filtrado desde el nivel de red hasta el nivel de aplicación.

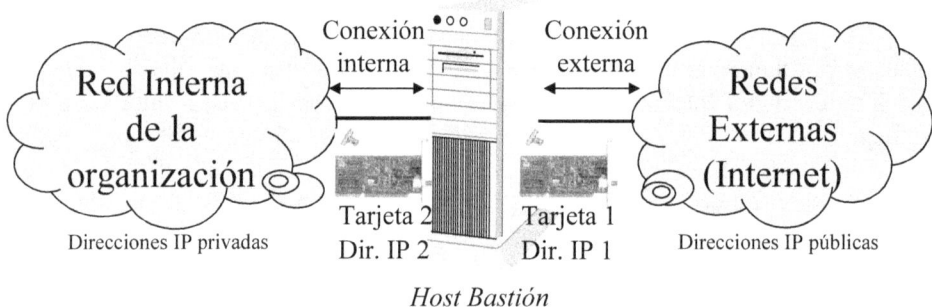

*Figura 16.6. Instalación típica de un cortafuegos mediante un Host Bastión*

Si dispusiera de más tarjetas de red recibiría el nombre de "*multi-homed bastion host*". También podría utilizarse un equipo con una única tarjeta de red ("*single-homed bastion host*"), pero en este caso un usuario interno podría manipular su equipo para conectarse directamente al *router* que ofrece la salida al exterior y, de un modo similar, un atacante externo podría tratar de modificar el *router* externo para tener acceso directo a los equipos de la red interna, saltándose el filtro del "*host bastión*".

Dado que el "*host bastión*" es un equipo conectado directamente a las redes externas, su configuración debe ser muy robusta y estar actualizada con los últimos parches de seguridad. Para funcionar como cortafuegos debe tener inhabilitadas las funciones de enrutamiento, garantizando de este modo el aislamiento entre las redes a las que está conectado. Así, los usuarios internos no podrían saltarse este equipo para acceder a equipos y servicios de la red externa, y viceversa, los usuarios externos no podrían acceder directamente a la red interna, ya que ambas redes se encuentran físicamente aisladas, siendo necesario atravesar las dos tarjetas del "*host bastión*" para poder comunicarse entre ellas.

En la actualidad algunos *routers*[49] también incluyen funciones básicas de filtrado de paquetes, por lo que se conocen como *screening routers* (*routers apantallados*), introduciendo de este modo un nivel adicional de seguridad, ya que pueden eliminar parte del tráfico no deseado antes de que actúe el cortafuegos. El propio proveedor de acceso a Internet se puede encargar de las tareas de filtrado de paquetes (en muchas ocasiones el *router* externo de la organización pertenece al proveedor de acceso a Internet).

Entre los principales ejemplos de cortafuegos disponibles en el mercado, podríamos citar los siguientes:

- Firewall-1 de CheckPoint (www.checkpoint.com).
- PIX de Cisco (www.cisco.com).
- Netscreen Firewall (www.juniper.net).
- Watchguard Firebox (www.watchguard.com).
- Symantec Raptor (www.symantec.com).

Netscreen y PIX de Cisco destacan por sus elevadas prestaciones ("*throughput*"), mientras que otros cortafuegos como el Firewall-1 de Checkpoint destacan por sus capacidades de registro de tráfico y de configuración de las funciones de filtrado.

---

[49] Los *routers* son los dispositivos de encaminamiento que facilitan la interconexión de distintas redes de ordenadores.

## 16.4.2 Servicios de protección ofrecidos por un cortafuegos

Podemos destacar los siguientes servicios de protección ofrecidos por un cortafuegos:

- Bloqueo del tráfico no autorizado por la organización: servicios de Internet que se deseen restringir, bloqueo de determinadas direcciones de equipos o de ciertas páginas web, etcétera.

- Ocultación de los equipos internos de la organización, de forma que éstos puedan resultar "invisibles" ante posibles ataques provenientes del exterior. Asimismo, los cortafuegos pueden ocultar información sobre la topología de la red interna, los nombres de los equipos, los dispositivos de red utilizados, etcétera.

- Registro de todo el tráfico entrante y saliente de la red corporativa.

- Redirección del tráfico entrante hacia determinadas zonas restringidas o especialmente vigiladas (zonas DMZ).

En lo que se refiere a la función principal de filtrado de paquetes de un cortafuegos, las reglas de filtrado se pueden definir teniendo en cuenta las direcciones IP origen y destino de los paquetes de datos, el tipo de protocolo utilizado, así como el servicio al que se corresponden (especificado mediante un número de puerto de comunicaciones).

Estas reglas de filtrado se configuran mediante las listas de control de acceso (ACL, *Access Control List*). Así, por ejemplo, en algunos equipos Cisco la sintaxis de estas listas de control de acceso es la siguiente:

```
access-list 50 deny 192.168.0.25 log
```

que, en este caso, establece la condición de prohibir ("*deny*") todo el tráfico para el equipo de dirección IP 192.168.0.25 y establece un registro del tráfico ("*log*").

Por supuesto, para definir correctamente los filtros es necesario conocer en profundidad los protocolos y servicios de Internet. Estas reglas de filtrado son difíciles de definir y de verificar, por lo que deberían ser revisadas con frecuencia por parte de los administradores de la red.

| Nº Regla | IP Origen | Puerto Origen | IP Destino | Puerto Destino | Opciones del Protocolo (Flags) | Acción a ejecutar | Observaciones |
|---|---|---|---|---|---|---|---|
| 1 | 192.168.10.2 | 1400 | 196.62.126.2 | 21 | | Permitir | |
| 2 | | | | | | | |
| 3 | | | | | | | |
| 4 | | | | | | | |
| 5 | | | | | | | |
| 6 | | | | | | | |
| 7 | | | | | | | |
| 8 | | | | | | | |

*Tabla 16.2. Ejemplo de plantilla para definir las reglas de filtrado de un cortafuegos*

Otra función adicional que puede realizar un cortafuegos es la de ocultar el rango de direcciones IP de los equipos de la red interna de la organización, llevando a cabo una traducción de direcciones a través del protocolo NAT (*Network Address Translation*). También se puede recurrir a una técnica conocida como PAT (*Port Address Translation*) para realizar la traducción ("mapeo") de puertos internos a puertos externos.

De esta manera, es posible utilizar una única dirección IP o un rango reducido de direcciones válidas en Internet, compartidas por todos los equipos de la red interna, que utilizarán direcciones privadas (en los rangos definidos por el estándar RFC 1918) no enrutables en Internet, por lo que estos equipos no serán visibles desde el exterior. También sería posible emplear direcciones IP sin clase ("*claseless*"[50]) dentro de la organización.

Asimismo, podemos destacar otras funciones ofrecidas hoy en día por los cortafuegos:

> ➤ Limitación del ancho de banda utilizado por tipo de tráfico o protocolo.

> ➤ Cifrado extremo-a-extremo para crear túneles seguros.

> ➤ Seguimiento del tráfico cursado, proporcionando estadísticas sobre el ancho de banda consumido por la organización, distribuido entre los distintos servicios y los distintos equipos de los usuarios.

> ➤ Monitorización de los ataques o intentos de intrusión: seguimiento del número y tipo de ataques desde el exterior; detección y bloqueo de las

---

[50] Se han propuesto las direcciones IP sin clase ("*claseless*") ante la escasez de direcciones IP dentro de Internet, debido a las limitaciones en el diseño de la versión actual del protocolo IP (IPv4).

actividades de reconocimiento, como el escaneo de puertos; protección frente a los intentos de intrusión y ataque más frecuentes (*IP Spoofing*, *SYN Flooding*…); generación de alarmas, alertas e informes.

## 16.4.3 Tipos de cortafuegos

En la práctica, podemos distinguir tres tipos de cortafuegos:

> **Cortafuegos que actúan a nivel de paquetes de datos**: se encargan del filtrado de los paquetes IP teniendo en cuenta las direcciones origen y destino, así como los puertos utilizados. Son los más sencillos y los que ofrecen mejores prestaciones, ya que consumen menos recursos computacionales y de ancho de banda.

> **Cortafuegos que actúan a nivel de circuito**: en este caso, además de la información sobre las direcciones origen y destino y de los puertos utilizados, también tienen en cuenta los estados de la sesión ("*stateful inspection*"). De este modo, las reglas de filtrado tienen en cuenta la información de la cabecera de los paquetes IP ("*flags*") relativa al estado de la sesión y los números de secuencia de los paquetes. Por este motivo, al tener conocimiento del paquete que se espera en cada caso, estos cortafuegos pueden detectar y evitar cierto tipo de ataques, como los que intenten llevar a cabo un secuestro de sesión ("*session hijacking*").

> **Cortafuegos que funcionan como "pasarelas de aplicación" ("*gateways*")**[51]: se encargan de analizar todos los paquetes de datos correspondientes a un determinado servicio o aplicación, teniendo en cuenta las reglas del protocolo en cuestión y los estados de la sesión, y no sólo los datos de los paquetes individuales. Por este motivo, sólo se pueden utilizar para el servicio o aplicación para el que han sido diseñados, por lo que se requiere un "*gateway*" o "pasarela de aplicación" por cada servicio, utilizando un protocolo como SOCKS para la comunicación con los equipos internos.

En los "*gateways*" o pasarelas de aplicación, la interpretación de la semántica de los paquetes los hace más seguros que los basados en el simple filtrado de puertos y direcciones IP, pero a costa de resultar menos transparentes para los usuarios. Son cortafuegos con inspección de estado, que comprueban si el contenido de cada paquete de un determinado servicio o aplicación se corresponde con lo que realmente se espera, por lo que pueden hacer un seguimiento de los datos intercambiados a través del servicio en cuestión, con el objetivo de impedir ataques o manipulaciones de los

---

[51] En algunos casos se considera a estos cortafuegos equivalentes a los servidores *proxy* descritos en el epígrafe anterior de este capítulo.

datos que traten de comprometer la seguridad o el normal funcionamiento de dicho servicio. Por la mayor complejidad de sus funciones son, en términos de velocidad, menos eficientes. Conviene destacar, además, que sólo sirven para proporcionar seguridad en un determinado servicio o aplicación: HTTP, FTP, SMTP, etcétera.

Así, como un ejemplo práctico, se podrían filtrar las conexiones FTP y denegar el uso del comando "PUT" (que permite subir ficheros al servidor FTP) a usuarios anónimos. Otro ejemplo podría consistir en un "*gateway*" para el servicio World Wide Web que permita la descarga de ficheros PDF, bloqueando en cambio la descarga de ficheros MP3 (música) o AVI (vídeo digital).

Los "*gateways*" consumen más recursos computacionales que otros cortafuegos y suelen requerir de la instalación de un software especial en los equipos de usuario (motivo por el que son menos transparentes). Por este motivo, los "*gateways*" soportan mejor las aplicaciones que trabajan con puertos dinámicos.

## 16.4.4 Configuración típica de una red protegida por un cortafuegos

En la siguiente figura se muestra una configuración típica de una conexión corporativa protegida por un sistema de defensa perimetral basado en un cortafuegos y en el establecimiento de una "Zona Desmilitarizada" (DMZ).

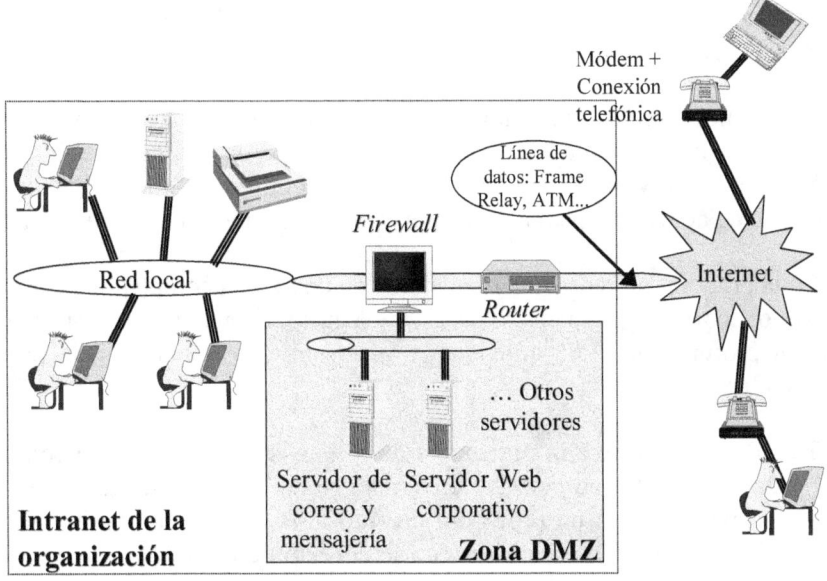

*Figura 16.7. Conexión corporativa a Internet utilizando un router y un cortafuegos*

La "**Zona Desmilitarizada**"[52] (DMZ, *Delimitarized Zone*), también conocida como "*screened subnet*", es un segmento de la red de la organización que se encuentra en una zona perimetral, en el cual se van a ubicar los servidores que pueden ser accesibles desde el exterior. Se trata de una red planteada como una zona intermedia que permite mejorar el aislamiento entre la parte pública y la parte privada de la red de una organización.

En la práctica, se suelen utilizar dos *routers* para definir la zona DMZ, uno exterior y otro interior, así como un cortafuegos con tres tarjetas de red ("*tri-homed bastion host*"), aunque también se podría recurrir a una configuración que utilice varios cortafuegos.

Los servidores ubicados en la zona DMZ, que se encargan de ofrecer determinados servicios a usuarios externos, se tienen que configurar con especial cuidado, reforzando todas las medidas de seguridad: instalación de últimos parches y actualizaciones, desactivación de servicios innecesarios, revisión de los permisos asignados a las cuentas... Además, no se deberían guardar datos sensibles en un servidor ubicado dentro de la DMZ.

El cortafuegos permite realizar conexiones desde el exterior hacia los equipos de esta "Zona Desmilitarizada" y puede impedir totalmente cualquier intento de conexión hacia el resto de la red local de la organización.

Por este motivo, se recomienda separar los servicios internos de los ofrecidos a usuarios externos, tratando de evitar que en un mismo equipo se puedan instalar ambos tipos de servicios.

Asimismo, convendría emplear direcciones IP privadas para todos los servidores que se encuentran en la parte interna de la red de la organización. También se podría ubicar un servidor *proxy* o un "*gateway*" dentro de la zona DMZ, que actúe como pasarela de aplicación para algunos servicios ofrecidos a los usuarios internos.

En la práctica, en redes de ordenadores de una cierta complejidad es necesario utilizar varios cortafuegos para reforzar la seguridad, aplicando el principio de "defensa en profundidad", disponiendo de varios niveles o barreras de protección frente a los intrusos.

También se recurre a la utilización de lo que se ha denominado como "zona muerta" ("*Dead Zone*"), que consiste en un segmento de red intercalado entre dos *routers* en el que se utiliza un protocolo distinto a TCP/IP (como podría ser IPX o NetBEUI), para impedir que un intruso que se conecte desde Internet pueda atravesar

---

[52] Como curiosidad, el término "Zona Desmilitarizada" tiene su origen en la Guerra de Corea y se refiere a la franja de terreno que se definió para separar a los dos ejércitos en contienda (el famoso Paralelo 38°N).

dicho segmento y acceder a la parte más interna de la red de una organización. Para su implantación es necesario recurrir a técnicas de conversión de protocolos, realizadas por los propios *routers* que delimitan la "zona muerta".

## 16.4.5 Recomendaciones para la configuración de un cortafuegos

Es posible trabajar con dos paradigmas de seguridad en los dispositivos cortafuegos:

a) Se permite cualquier servicio, excepto aquellos que expresamente se hayan prohibido.

b) Se prohíbe cualquier servicio, excepto aquellos que expresamente hayan sido permitidos.

El segundo paradigma es la más recomendable, aunque resulte más incómodo para los usuarios de la red. En este caso, sólo se abren determinados puertos en el cortafuegos a medida que algunos servicios autorizados así lo requieran.

Por otra parte, es posible aplicar las distintas reglas de filtrado en función del tipo de usuario y de la situación (tipo de conexión, momento del día o de la semana, etcétera).

Así, por ejemplo, se podría contemplar en el cortafuegos que algunos usuarios internos tuvieran permiso de salida para determinados servicios que se encuentren restringidos para el resto de los usuarios de la organización, limitando las redes y direcciones concretas a las que éstos se pueden conectar. Del mismo modo, se podrían definir a qué usuarios remotos se va a facilitar el acceso a determinados servicios desde el exterior de la organización.

Podemos presentar una serie de recomendaciones de aplicación general para la definición de las reglas de filtrado de paquetes en un cortafuegos:

➢ Bloquear los paquetes que incluyan direcciones de difusión ("*broadcast*"), ya que éstas pueden ser empleadas por los atacantes que traten de llevar a cabo diversos ataques de denegación del servicio (DoS) como "*smurf*".

➢ Bloquear los paquetes de entrada con dirección fuente correspondiente a las direcciones internas de la red de la organización, ya que constituyen una prueba evidente de un intento de suplantación de identidad ("*spoofing*") que puede ser utilizado en los ataques de denegación de servicio (DoS), de reenvío masivo de mensajes de correo ("*mail relaying*") o para la obtención del acceso a otros servicios de la red.

> Bloquear todos los paquetes de entrada con direcciones privadas referenciadas en el estándar RFC 1918. Estas direcciones IP no pueden ser utilizadas por ninguna red para acceder a Internet, ya que no son enrutables.

> Bloquear los paquetes de entrada con direcciones fuente "127.0.0.1"[53], utilizados normalmente para enrutamiento interno del ordenador.

> Bloquear los paquetes de salida con dirección fuente correspondiente a direcciones externas a la red, ya que constituyen una evidencia de un intento de manipulación de los paquetes de datos por parte de un usuario mal intencionado.

> Bloquear los paquetes con encaminamiento fuente, donde la ruta que deben seguir es fijada previamente por el remitente.

> Bloquear los paquetes del protocolo de control ICMP que, en respuesta a peticiones como "ping" o "traceroute", pueden facilitar información sobre la estructura de la red de la organización.

> Bloquear los paquetes ICMP "Redirect", que permiten modificar las tablas de enrutamiento de los *routers*.

> Bloquear todos los paquetes con un tamaño inferior al mínimo permitido o con determinados valores inválidos en su cabecera, ya que pueden representar intentos de ataques de Denegación de Servicio (DoS).

> Bloqueo del tráfico de las aplicaciones "*peer-to-peer*", como Kazaa, iMesh, e-Mule, e-Donkey, Audiogalaxy, BitTorrent, etcétera.

En relación con el bloqueo de las aplicaciones "*peer-to-peer*", conviene tener en cuenta que los empleados de una organización pueden utilizar estas herramientas para el intercambio de ficheros protegidos por derechos de autor, como canciones de música, películas o libros, provocando responsabilidades legales por la infracción de estos derechos.

Asimismo, estas aplicaciones consumen un importante ancho de banda de la red de la organización y de su conexión a Internet, pudiendo provocar su colapso si no se limita su utilización.

También conviene señalar que algunas de estas herramientas han sido utilizadas para distribuir virus y otros contenidos dañinos, aprovechando agujeros de seguridad que no habían sido parcheados por los usuarios (y son aplicaciones que

---

[53] Número IP que representa la propia dirección interna de un equipo.

generalmente quedan fuera de las tareas de mantenimiento realizadas por los administradores de la red de la organización).

Por otra parte, una organización con varias delegaciones debería implantar una red privada virtual (VPN) y supervisar desde un único punto la conexión corporativa a Internet, impidiendo que las delegaciones tuvieran una conexión directa a Internet u otras redes.

Seguidamente se presenta una lista de puertos que conviene bloquear para los equipos externos a una red (según la recomendación de *The Sans Institute*)[54]:

> ➢ Servicios que permiten la conexión remota: telnet (23/tcp), SSH (22/tcp), FTP (21/tcp), rlogin (512/tcp, 513/tcp, 514/tcp).

> ➢ Protocolo NetBIOS en redes Windows, que permite la conexión a recursos compartidos en la red (carpetas, impresoras, discos duros): 137/udp, 138/udp, 139/tcp, 445/tcp y 445/udp.

> ➢ RPC y el servicio NFS de redes UNIX: Portmapper/rpcbind (111/tcp y 111/udp), NFS (2049/tcp y 2049/udp), lockd (4045/tcp y 4045/udp).

> ➢ Servicio X Windows (terminal gráfico en UNIX): de 6000/tcp hasta 6255/tcp.

> ➢ Servicios de directorio y nombres de dominio en máquinas que no actúan como servidores: DNS (53/udp), LDAP (389/tcp y 389/udp).

> ➢ Correo electrónico: SMTP (25/tcp) bloqueado en todos los equipos que no actúan como servidores de correo, para evitar que puedan ser utilizados para el reenvío masivo de correos ("mail relays"); POP3 (109/tcp y 110/tcp); IMAP (143/tcp).

> ➢ Finger (79/tcp): mediante este servicio se facilita información detallada de los usuarios de un sistema (datos básicos, tiempo de conexión…), por lo que conviene deshabilitar este servicio o restringir su acceso sólo a equipos de la red local[55].

> ➢ TFTP (69/udp): protocolo de transferencia de ficheros sencillo, que no proporciona ninguna seguridad, por lo que conviene desactivarlo en todos los servidores.

---

[54] En cada caso se indica el número de puerto seguido de la indicación de si el servicio utiliza el protocolo TCP o UDP a nivel de transporte.

[55] Un atacante podría emplear la información facilitada por el servicio FINGER para llevar a cabo técnicas de "Ingeniería Social" contra determinados usuarios del sistema.

- Servicios como "echo" (7/tcp) y "chargen" (19/tcp y udp) que pueden ser utilizados en ataques de Denegación de Servicio (DoS).

- Otros servicios a los que conviene bloquear el acceso desde el exterior: time (37/tcp y 37/udp), NNTP (119/tcp), NTP (123/tcp y udp), LPD (515/tcp), syslog (514/udp), SNMP (161/tcp y udp, 162/tcp y udp), BGP (179/tcp), SOCKS (1080/tcp), puertos inferiores a 20/tcp y 20/udp.

- Servicios relacionados con las conexiones Web en máquinas que no actúan como servidores: HTTP (80/tcp, 8000/tcp, 8080/tcp, 8888/tcp…), SSL (443/tcp).

## 16.4.6 Limitaciones de los cortafuegos

Debemos tener en cuenta que un cortafuegos no es la solución definitiva para todos los problemas de seguridad en una red de ordenadores. Así, por ejemplo, un cortafuegos no puede impedir ataques basados en la "Ingeniería Social": engaños realizados por agentes externos contra usuarios de la red de la organización para conseguir sus claves o para que les envíen determinada información o ficheros de los equipos de la red.

Un cortafuegos tampoco puede impedir determinados actos de los usuarios del sistema contrarios a las Políticas de Seguridad: grabar información sensible en un CD o en un pendrive, envío de dicha información por medio del correo electrónico a terceros, etcétera.

Además, existen determinados tipos de ataques que emplean protocolos comunes, como el HTTP, para poder traspasar el cortafuegos y enviar comandos o recibir información desde los equipos víctimas, aprovechando que los puertos utilizados por el protocolo HTTP suelen estar abiertos en los cortafuegos. En este caso, se trata de una limitación de las técnicas de filtrado de paquetes, que podría solventarse con una pasarela de aplicación ("*gateway*").

Por otra parte, determinadas aplicaciones, como las de mensajería instantánea o de intercambio de ficheros P2P ("*peer-to-peer*"), también se las han ingeniado para cambiar con frecuencia de puerto o para utilizar puertos destinados a otros servicios como el HTTP y poder saltarse, de este modo, los filtros de un cortafuegos.

Un cortafuegos tampoco resulta efectivo contra los ataques internos realizados por un virus u otro código dañino que haya conseguido tomar el control de un ordenador de la red. Aunque las redes privadas se encuentren protegidas en su perímetro, no debemos olvidar que en ocasiones se conectan a ellas dispositivos móviles, como los ordenadores portátiles. Además, se da con bastante frecuencia el caso de los usuarios que conectan sus ordenadores portátiles a Internet desde sus hogares o desde un cibercafé, se infectan con un virus o troyano por no contar con una protección adecuada y, posteriormente, conectan el portátil a la red local de su empresa provocando la propagación de la infección a los sistemas corporativos.

Los cortafuegos tampoco pueden ofrecer una protección adecuada contra ataques del tipo "*flooding*", provocados por un *router* mal configurado o por un equipo malicioso. En estos casos sería necesario identificar el origen del ataque y ponerse en contacto con la organización o el proveedor de acceso a Internet al que pertenece para que éste pueda ser desconectado.

Por otra parte, las conexiones directas mediante los protocolos PPP o SLIP a través de un módem podrían facilitar el acceso a un equipo interno de la red de la organización, saltándose por completo las reglas de filtrado y otras restricciones impuestas por el cortafuegos. Por este motivo, la organización no debería permitir la conexión de equipos a través de módem sin la adecuada autorización.

Todas las conexiones exteriores a través de módem deberían ser autenticadas (de hecho, lo recomendable sería utilizar un servidor de autenticación tipo RADIUS para los usuarios externos). Además, se debería utilizar un único punto de acceso a la red mediante líneas telefónicas, a través de una batería ("*pool*") de módems. Se tendrían que configurar los módems para que adopten los parámetros predeterminados al principio de cada nueva llamada ("*reset*" al finalizar cada llamada), para evitar reprogramaciones inadecuadas por parte de un usuario remoto.

Asimismo, se tendría que comprobar que todas las conexiones terminan de forma correcta y que no queda ninguna abierta una vez terminada la sesión de un usuario. El registro de todos los intentos de conexión ("*log*" de conexiones) a través de módem facilitará la detección y análisis de los comportamientos sospechosos.

Por último, debemos tener en cuenta ciertas consideraciones sobre el consumo de ancho de banda, ya que un cortafuegos puede provocar una notable caída de prestaciones en la red protegida (sobre todo si éste tiene poca capacidad computacional), puesto que hoy en día las redes locales trabajan a 100 Mbps o incluso a 1 Gbps, generando un volumen muy alto de paquetes de datos que puede desbordar la capacidad de análisis del cortafuegos.

### 16.4.7 Cortafuegos personales

Debido a la proliferación de las conexiones de banda ancha desde los propios hogares, gracias a los operadores de cable de fibra óptica y a las líneas ADSL, los usuarios particulares también necesitan disponer de herramientas que filtren los paquetes de datos y protejan sus propios equipos informáticos de posibles ataques realizados desde el exterior. Por este motivo, en los últimos años se han lanzado al mercado cortafuegos de uso personal, que se pueden instalar en un equipo de un usuario para supervisar todas las conexiones con el exterior (incluidos los accesos a los servicios de Internet).

Además, estos cortafuegos personales también se encargan de monitorizar los programas locales que tratan de acceder a Internet, informando de ello al usuario para que éste pueda decidir sobre si se concede o no el acceso. Otras funciones previstas en estos cortafuegos serían el bloqueo de intentos de intrusión y otro tipo de ataques llevados a cabo desde Internet, así como el registro de todas las conexiones realizadas desde el equipo. En algunos casos también ofrecen la detección de virus y otros códigos dañinos e incorporan filtros anti-*spam*.

En las siguientes figuras se puede comprobar el funcionamiento de un cortafuegos de uso personal, Zone Alarm (www.zonealarm.com), que ha tenido bastante éxito entre los usuarios de Internet por tratarse de un software bastante amigable y gratuito en su versión básica.

Figura 16.8. Cortafuegos personal Zone Alarm

Figura 16.9. Detección de un intento de conexión no autorizada

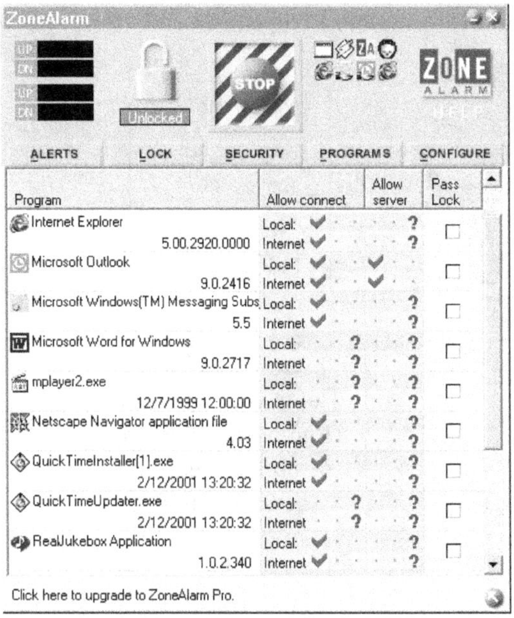

*Figura 16.10. Control de las aplicaciones locales que tienen acceso a Internet*

## 16.5 SERVIDORES DE AUTENTICACIÓN PARA CONEXIONES REMOTAS

Los servidores de autenticación se emplean para facilitar el control de las conexiones externas a una red informática y la autenticación de usuarios remotos.

### 16.5.1 RADIUS

El protocolo de autenticación RADIUS (*Remote Authentication Dial-In User Service*, RFC 2865 del año 2000) se basa en la figura de un servidor centralizado de autenticación, encargado de autenticar las conexiones remotas de forma segura. De este modo, se independiza el proceso de autenticación, liberando de esta tarea a los servidores de la red de la organización o a los puntos de presencia de un proveedor de acceso a Internet. También facilita las tareas de autorización y registro de usuarios (servidor AAA).

La primera versión de este protocolo fue aprobada en 1997 (RFC 2058). El servidor RADIUS puede utilizar un protocolo como PAP, CHAP o EAP para comprobar la identidad del usuario. Además, RADIUS utiliza el protocolo UDP para el intercambio de información con los otros equipos.

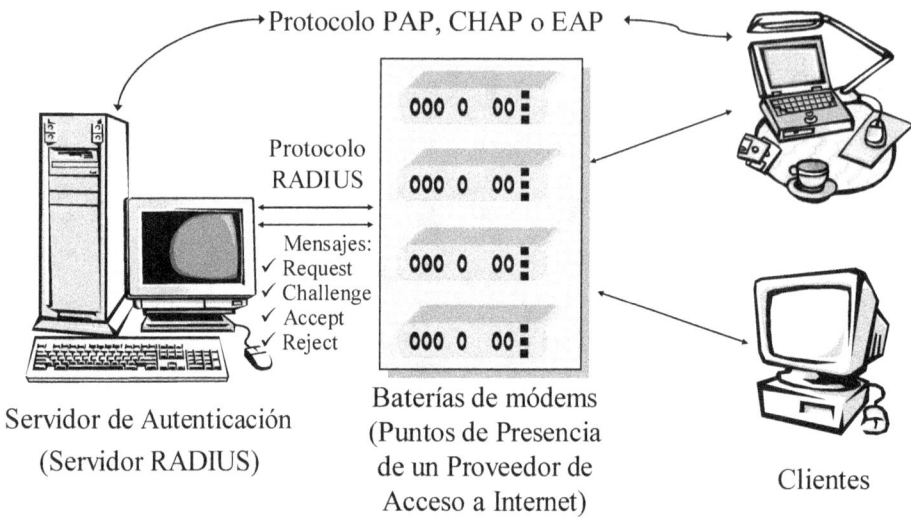

*Figura 16.11. Autenticación mediante RADIUS*

### 16.5.2 TACACS y TACACS+

El protocolo TACACS (*Terminal Access Controller Access Control System*, RFC 1492) es un protocolo similar a RADIUS, que emplea TCP para la transmisión de datos en lugar de UDP. Por su parte, el protocolo TACACS+ es una versión mejorada que separa la función de autenticación de usuarios de la función de autorización.

### 16.5.3 Servidor Kerberos

El protocolo Kerberos (RFC 1510) define cómo implementar un servidor de autenticación centralizado para redes potencialmente inseguras, en entornos cliente-servidor, cuya función es autenticar a los usuarios frente a servidores y a éstos frente a los usuarios (autenticación mutua), así como distribuir las claves secretas de sesión.

Se trata de un servidor que se conoce como KDC (*Key Distribution Center*), que utiliza un sistema de criptografía simétrica (por defecto, Kerberos emplea el algoritmo de cifrado DES). De este modo, se elimina la necesidad de que las contraseñas de los usuarios u otra información sensible de éstos tengan que viajar por la red cada vez que se quiera acceder a un determinado servidor, ya que el proceso de autenticación se basa en un secreto compartido, la clave privada de cada usuario, que también conoce el servidor KDC. Además, mediante un proceso de autenticación única el usuario podrá acceder a todos los servicios y aplicaciones del sistema ("*single sign-on*" o inicio de sesión única).

Kerberos nació en 1993 en el MIT (Instituto Tecnológico de Massachussets), partiendo del proyecto Athena, tomando su nombre de la mitología griega: Kerberos era el perro de tres cabezas y una cola de serpiente que vigilaba la entrada a Hades (el infierno).

*Figura 16.12. El sistema Kerberos*

Kerberos se basa en tres objetos de seguridad (tres cabezas):

- **Servicio de Autenticación** (AS, *Authentication Service*): autentica a los usuarios y les facilita las credenciales necesarias para que puedan acceder al servidor de tickets. Mantiene una base de datos de los usuarios y de sus respectivas claves privadas (claves del algoritmo de cifrado simétrico).

- **Servicio de Entrega de Tickets** (TGS, *Tickets Granting Service*): una vez comprobada la credencial del usuario y su petición de acceso a un determinado servidor de la red, si esta petición es autorizada se entrega el ticket que facilita el acceso al servidor para ese usuario.

    Un ticket contiene el identificador del usuario y su dirección en la red, así como un sello temporal que limita su período de validez. Por este motivo, un sistema basado en Kerberos precisa de una fuente temporal fiable para mantener actualizado el reloj de todos los equipos.

- **Autenticador**: testigo construido por el cliente o el servidor a modo de credencial, para probar la identidad y la actualidad de la comunicación. Este testigo se encuentra cifrado, para garantizar su confidencialidad e integridad.

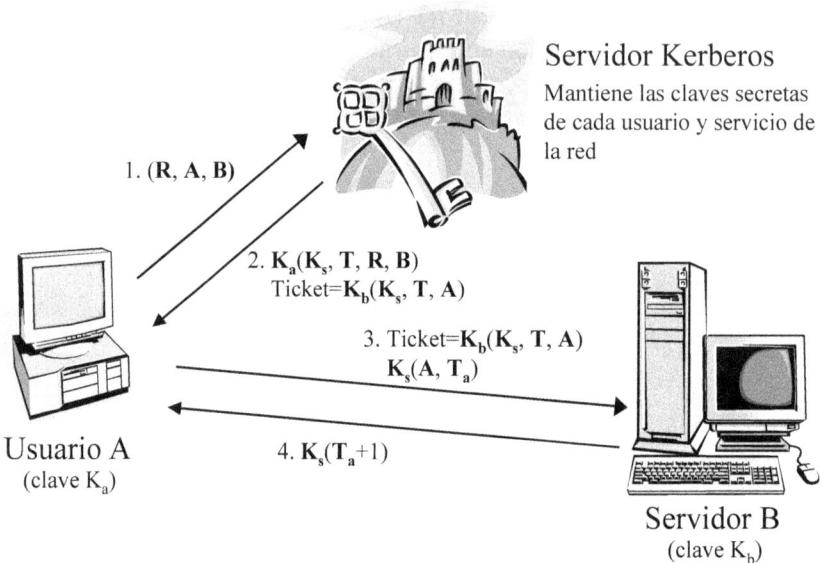

*Figura 16.13. Funcionamiento de Kerberos*

Seguidamente se describe el funcionamiento del proceso de autenticación basado en un servidor Kerberos, tal y como se ilustra en la figura anterior:

1. El usuario A solicita al servidor Kerberos un ticket para poder conectarse al servidor B, así como una clave de sesión. Para ello, envía un mensaje que incluye un valor aleatorio R y los identificadores en la red de los equipos A y B.

2. El servidor Kerberos genera una clave de sesión aleatoria $K_s$ y define el período de validez T del ticket. A continuación envía al usuario A los valores $K_s$, T, R y el identificador de B, en un mensaje cifrado con la clave secreta $K_a$. Asimismo, envía otro mensaje cifrado con la clave secreta $K_b$ que servirá de ticket de acceso al servidor B, y que incluye la clave de sesión $K_s$ y los valores T y R. Seguidamente, el usuario A recupera la clave de sesión $K_s$ y el período de validez T del ticket, así como el valor aleatorio R y el identificador del servicio B para el que fue emitido el ticket. El usuario A comprueba que el valor aleatorio R se corresponde con el que él previamente había enviado al servidor Kerberos y guarda el valor T como referencia para la comunicación.

3. El usuario A genera un mensaje que actuará de autenticador, para demostrar al servidor B su identidad y la actualidad de la comunicación. Para ello, este mensaje incluye su identidad A y un sello temporal $T_a$ para la sincronización, siendo cifrado con la clave de sesión $K_s$. Asimismo, envía al servidor B el ticket facilitado previamente por el servidor Kerberos. El servidor B descifra el ticket recibido con su clave secreta $K_b$, recuperando de esta forma la clave de sesión $K_s$, el período de validez del

ticket T y la identidad del usuario A. A continuación utiliza la clave de sesión $K_s$ para descifrar el mensaje autenticador y recuperar los valores identidad de A y $T_a$, comprobando que las identidades del ticket y del autenticador coinciden, y que el sello temporal $T_a$ es válido y se encuentra en los límites del período de validez T.

4. Si todas estas comprobaciones son satisfactorias, el servidor B se convence de la autenticidad de la identidad de A y le envía la conformidad para acceder al servicio mediante un mensaje cifrado con la clave de sesión $K_s$ que incluye el valor $T_a + 1$. Por último, el usuario A descifra este último mensaje con la clave de sesión $K_s$ y verifica que el valor recuperado es $T_a + 1$, lo cual le asegura que la clave de sesión $K_s$ fue correctamente recibida por el servidor B.

No obstante, conviene destacar posibles problemas de seguridad en el sistema Kerberos, derivados de un posible comportamiento malicioso de un equipo cliente que haya sido comprometido por un atacante (instalación de código "malicioso" en dicho equipo, por ejemplo).

Asimismo, la seguridad del Servicio de Autenticación y del Servicio de Entrega de Tickets resulta crucial para el correcto funcionamiento del sistema, por lo que el equipo (o equipos) donde se ejecuten estos servicios debe estar configurado de forma suficientemente robusta, tratando de evitar, por ejemplo, que pueda ser objeto de un ataque de denegación de servicio, que tendría como consecuencia que los usuarios legítimos no podrían acceder a los distintos servidores de la red de la organización.

Por otra parte, también se han propuesto otros sistemas de autenticación similares a Kerberos, como SESAME (*Secure European System for Applications in a Multivendor Environment*), que se basa en la utilización de la criptografía de clave pública (protocolo de autenticación de Needham-Schroeder) para simplificar el proceso de gestión de las claves, o el protocolo KryptoKnight, propuesto por IBM, basado al igual que Kerberos en la figura de un Servidor KDC (*Key Distribution Center*).

## 16.6 ANÁLISIS DE LOS REGISTROS DE ACTIVIDAD ("*LOGS*")

Los "*logs*" de los equipos informáticos (en especial, de los servidores) y de los dispositivos de red facilitan el registro de posibles incidentes y funcionamientos anómalos, la existencia de fallos en la configuración de una aplicación, la posible desconexión de algún dispositivo del sistema, los cambios realizados en la configuración de los equipos, la utilización de recursos sensibles por parte de los usuarios del sistema, etcétera. Además, proporcionan estadísticas que permiten evaluar el rendimiento del sistema informático.

No obstante, en algunos casos se podría estar registrando información que podría afectar a la privacidad de los usuarios, por lo que será necesario tener en cuenta las posibles consideraciones desde el punto de vista legal (obligación de informar a los usuarios que se está registrando su actividad en el sistema).

En lo que se refiere a los "*logs*" del sistema operativo, se podrían configurar para registrar los procesos en ejecución dentro del sistema, los inicios y cierres de sesión por parte de los usuarios, las llamadas al sistema, las aplicaciones ejecutadas por los usuarios, los accesos a ficheros y a otros recursos (impresoras…), los posibles problemas de seguridad (intentos de acceso no autorizado a los recursos o fallos de las aplicaciones), etcétera.

Así, por ejemplo, en los sistemas UNIX se podría utilizar la herramienta "System log", mientras que en los sistemas Windows se puede recurrir al registro de eventos ("*event log*").

También será necesario configurar los "*logs*" de los dispositivos de red (*routers*, cortafuegos…), de los servidores y de las aplicaciones instaladas en algunos equipos.

En los servidores Web se emplea el formato CLF (*Common Log Format*) o el ELF (*Extended Log Format*), registrando los siguientes datos de cada petición realizada por un cliente remoto:

> ➤ Dirección IP o nombre de dominio de la máquina remota (cliente) que se conecta al servidor Web.
>
> ➤ Identificación remota del cliente.
>
> ➤ Nombre de autenticación del usuario.
>
> ➤ Fecha y hora de la conexión.
>
> ➤ Petición formulada por el cliente (por ejemplo: "GET/index.html HTTP/1.0").
>
> ➤ Estado HTTP devuelto por el servidor al cliente.
>
> ➤ Número de bytes enviados al cliente.
>
> ➤ Agente de usuario (tipo de navegador utilizado): campo ELF.
>
> ➤ URL de procedencia ("*referrer log*"): campo ELF.

*Tabla 16.3. Registro de las conexiones a un servidor Web*

Para garantizar la adecuada protección de los *"logs"*, será necesario almacenarlos de forma segura en un entorno distinto al del sistema protegido, para evitar que los intrusos los puedan modificar o eliminar: grabación de los registros en discos WORM (*Write Once Read More*), generación de una copia en papel, etcétera.

En algunos casos se puede recurrir a una gestión centralizada de los *"logs"*, mediante un servidor de *"logs"* que se encargue de guardar copias de todos los registros enviados por los dispositivos de red y los servidores. Para ello, se podrían utilizar aplicaciones como "syslog" para centralizar los registros. De este modo, se refuerza la seguridad frente a intrusos que pretendan eliminar su rastro manipulando los *"logs"* de los equipos.

Además, un servidor centralizado de *"logs"* permite conservar los registros durante un mayor período de tiempo, lo que puede facilitar el análisis detallado de estos registros, incluyendo el estudio de la relación entre eventos incluidos en los *"logs"* de distintos equipos y dispositivos (elementos de red, herramientas de seguridad...).

Para poder comparar los distintos *"logs"* conviene mantener todos los relojes de los equipos y dispositivos perfectamente sincronizados. Para ello, se podría utilizar el protocolo NTP (*Network Time Protocol*, www.ntp.org).

Los administradores de la red tienen a su disposición una serie de herramientas para analizar toda la información registrada en los *"logs"*, entre las que se encuentran distintos tipos de filtros y aplicaciones que permiten detectar de forma automática patrones de ataques o situaciones de potencial peligro.

En este sentido, se debería considerar el problema de que el exceso de información registrada en el sistema pueda llegar a desbordar a sus administradores, provocando una situación bastante habitual en muchas organizaciones: que los datos de los registros de actividad no sean analizados de forma adecuada.

Por otra parte, suele ser muy recomendable realizar un estudio previo del tráfico en la red para facilitar la posterior detección de situaciones anómalas: consumo de ancho de banda por usuarios y departamentos, patrones horarios del tráfico, servicios y protocolos utilizados... El protocolo de gestión de red SNMP se podría utilizar para recabar parte de esta información de los dispositivos de red.

En los servidores Windows se pueden utilizar tres tipos de registros:

- **Registro de Aplicación**: muestra los mensajes, la información del estado y los sucesos generados desde las aplicaciones y servicios instalados en el sistema.

- **Registro del Sistema**: incluye los errores, advertencias y sucesos generados por el propio sistema operativo y sus servicios esenciales.

➢ **Registro de Seguridad**: muestra los registros de éxito y de fracaso de los servicios auditados, es decir, cuando un usuario intenta acceder a un recurso auditado y se le concede (éxito) o se le deniega (fracaso) el acceso.

Mediante el Visor de Sucesos es posible acceder a la información de estos tres registros.

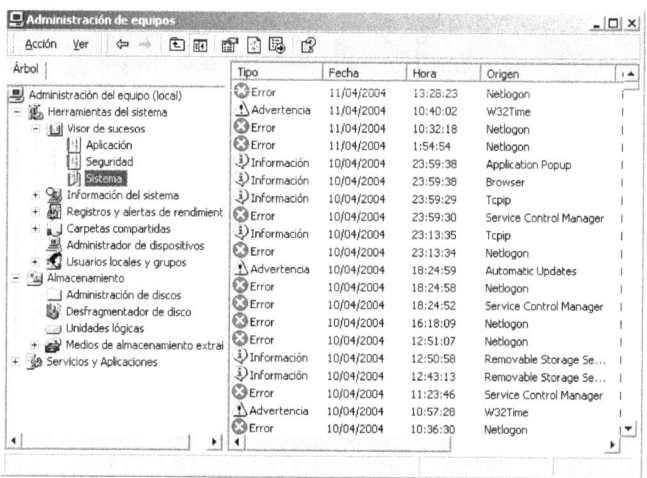

*Figura 16.11. Visor de Sucesos en un equipo Windows*

El Registro de Seguridad en Windows permite auditar varias clases de actividades o sucesos:

> ➢ Eventos de inicio de sesión interactivo.
>
> ➢ Eventos de inicio de sesión en el dominio.
>
> ➢ Gestión de cuentas.
>
> ➢ Acceso a objetos.
>
> ➢ Acceso al Directorio Activo.
>
> ➢ Utilización de privilegios.
>
> ➢ Seguimiento de procesos.
>
> ➢ Eventos de sistema.
>
> ➢ Cambios de política de seguridad.

*Tabla 16.4. Sucesos que se pueden registrar en un equipo Windows*

## 16.7 SISTEMAS DE DETECCIÓN DE INTRUSIONES (IDS)

### 16.7.1 Características básicas de los IDS

> Los **Sistemas de Detección de Intrusiones** (*Intrusion Detection Systems*, IDS) son los sistemas encargados de detectar y reaccionar de forma automatizada ante los incidentes de seguridad que tienen lugar en las redes y equipos informáticos.

Para ello, estos sistemas se encargan de monitorizar el funcionamiento de los equipos y de las redes en busca de indicios de posibles incidentes o intentos de intrusión, avisando a los administradores del sistema informático ante la detección de cualquier actividad sospechosa mediante una serie de alarmas e informes.

En la arquitectura de un IDS podemos distinguir los siguientes elementos funcionales básicos:

➢ Una fuente de información que proporciona eventos del sistema o red informática.

➢ Una base de datos de patrones de comportamiento considerados como normales, así como de los perfiles de distintos tipos de ataque.

➢ Un motor de análisis encargado de detectar evidencias de intentos de instrucción.

➢ Un módulo de respuesta capaz de llevar a cabo determinadas actuaciones a partir de las indicaciones del motor de análisis.

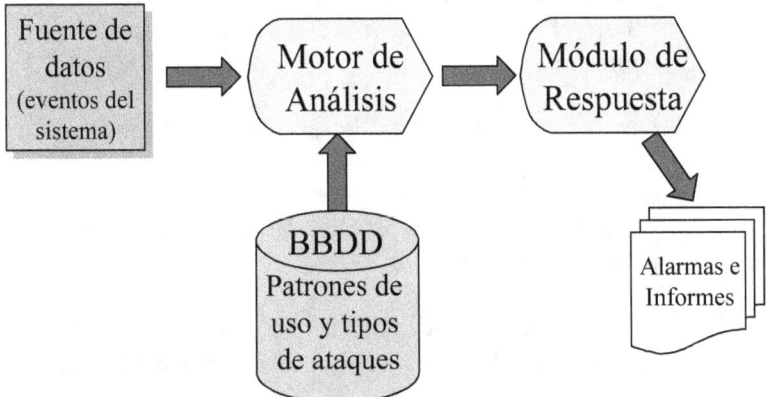

*Figura 16.12. Arquitectura de un Sistema de Detección de Intrusiones (IDS)*

Por otra parte, un IDS puede utilizar dos modelos de detección:

- Detección de un mal uso ("*misuse*"): tipos ilegales de tráfico, secuencias utilizadas para realizar ataques contra los equipos ("*exploits*"), escaneo de puertos, etcétera.

- Detección de un uso anómalo: análisis estadístico del tráfico en la red, monitorización de procesos y del comportamiento de los usuarios, con el fin de poder detectar aquellos comportamientos que se puedan considerar anómalos según los patrones de uso registrados hasta el momento: franjas horarias, utilización de puertos y servicios…

    Se trataría, por lo tanto, de detectar cambios de comportamiento no justificados en lo que se refiere a ficheros accedidos, aplicaciones utilizadas en el trabajo, cantidad de tráfico cursado en la red, conexiones de usuarios en horarios poco habituales, etcétera.

Gracias a su módulo de respuesta, un IDS es capaz de actuar de forma automática a los incidentes detectados. Las **respuestas pasivas** se limitan a registrar las posibles intrusiones o usos anómalos, así como a generar informes y alertas dirigidas a los administradores de la red (correos electrónicos, mensajes SMS…).

Por su parte, mediante las **respuestas activas** el IDS podría responder a la situación anulando conexiones o bloqueando el acceso a determinados equipos o servicios de la red, para tratar de limitar las consecuencias del incidente.

- Anular las conexiones TCP inyectando paquetes de reinicio en las conexiones del atacante.

- Reconfiguración de los cortafuegos de la red para filtrar el tráfico que pueden estar causando el incidente.

- Desconexión automática de servidores y dispositivos de red.

- Bloqueo de cuentas o prohibición de la ejecución de determinados comandos.

- Localización del origen del ataque y notificación a los proveedores de acceso a Internet u organizaciones implicadas.

*Tabla 16.5. Ejemplos de respuestas activas de un IDS*

No obstante, los sistemas IDS también presentan una serie de problemas y limitaciones, como podrían ser la generación de falsas alarmas, ya sean éstas **falsos negativos**, que se producen cuando el IDS no es capaz de detectar algunas actividades relacionadas con incidentes de seguridad que están teniendo lugar en la red o en los equipos informáticos, o bien **falsos positivos**, que se producen cuando el IDS registra y genera alertas sobre determinadas actividades que no resultan problemáticas, ya que forman parte del funcionamiento normal del sistema o red informático.

Por otra parte, en los entornos conmutados, es decir, en las redes locales que utilizan "*switches*", resulta más difícil monitorizar el tráfico de la red. Por este motivo, en estos casos resulta conveniente la instalación en la red de "*switches*" dotados de puertos especiales, conocidos como "*spanning ports*" o "*mirrored ports*", que faciliten la captura de todo el tráfico cursado por parte de un sistema IDS.

Asimismo, es necesario tener en cuenta la imposibilidad de analizar las comunicaciones cifradas (conexiones que empleen protocolos como SSH, SSL, IPSec...). Por este motivo, resulta conveniente examinar los datos una vez hayan sido descifrados por los equipos destinatarios dentro de la red de la organización.

Los sistemas IDS también pueden tener un cierto impacto en el rendimiento de la red y podrían ocasionar una sobrecarga de tareas administrativas si generasen un elevado número de informes y registros de actividad.

Entre los principales IDS disponibles en el mercado, podríamos citar SNORT, Real Secure de Internet Security Systems, Sentivist de la empresa NFR, NetRanger de Cisco, etcétera.

## 16.7.2 Tipos de IDS

### 16.7.2.1 HIDS ("*HOST IDS*")

Los "*Host IDS*" pueden detectar las intrusiones a nivel de "*host*", es decir, a nivel de un equipo informático, observando para ello si se han producido alteraciones significativas de los archivos del sistema operativo o analizando los "*logs*" del equipo en busca de actividades sospechosas.

Un "*Host IDS*" requiere de la instalación de un dispositivo sensor, conocido como "agente", en el equipo informático objeto de monitorización. Este sensor software trabaja a bajo nivel, interceptando las llamadas a las funciones básicas del sistema operativo. Además, se encarga de analizar cada actividad y proceso en ejecución dentro del equipo, razón por la que también presenta el inconveniente de disminuir el rendimiento del equipo.

Las principales tareas realizadas por un "*Host IDS*" son las que se presentan a continuación:

- ➢ Análisis de los registros de actividad ("*logs*") del núcleo ("*kernel*") del sistema operativo, para detectar posibles infiltraciones.

- ➢ Verificación de la integridad de los ficheros ejecutables. Para ello, es necesario mantener una base de datos con el estado exacto de cada uno de los archivos del sistema y de las aplicaciones instaladas, a fin de detectar posibles modificaciones de los mismos ("*integrity check*"). Herramientas como Tripwire (www.tripwire.org) facilitan esta función.

- ➢ Exploración periódica/planificada de programas privilegiados ("setuid" de sistemas UNIX/LINUX).

- ➢ Auditoría periódica de los permisos asignados a los recursos del sistema.

- ➢ Búsqueda y evaluación periódica de vulnerabilidades de software conocidas.

- ➢ Revisión detallada del proceso de instalación de nuevas aplicaciones en el sistema, a fin de poder detectar caballos de Troya u otros códigos malignos.

### 16.7.2.2 MHIDS ("*MULTIHOST IDS*")

Este tipo de IDS permiten detectar actividades sospechosas en base a los registros de actividad de diferentes equipos informáticos ("*hosts*"). Por este motivo, también se les conoce como sistemas "IDS Distribuidos" (DIDS, *Distributed IDS*).

### 16.7.2.3 NIDS ("*NETWORK IDS*")

Los "*Network IDS*" se instalan en una red de ordenadores para monitorizar el tráfico de red en busca de cualquier actividad sospechosa: escaneo de puertos; intentos de explotación de agujeros de seguridad en los servicios instalados en los equipos de la red; ataques conocidos contra determinados protocolos; intentos de ejecución de *scripts* CGI vulnerables en los servidores; etcétera.

Para ello, un "*Network IDS*" trata de detectar el tráfico anómalo que suele acompañar a los intentos de intrusión, analizando para ello el contenido de los paquetes de datos que se transmiten a través de la red de la organización.

Entre las distintas situaciones de tráfico anómalo, podríamos citar las siguientes:

- Enrutamiento anormal de los paquetes de datos.

- Fragmentación de paquetes deliberada.

- Utilización de una dirección IP no válida o en desuso en uno de los tramos de red internos ("*IP Spoofing*").

- Afluencia de paquetes DNS con identificadores consecutivos, que incluyen la supuesta respuesta a una misma encuesta (situación típica de un ataque de "*DNS Spoofing*").

- Invasión de paquetes TCP SYN desde una o varias direcciones (situación típica de un ataque de denegación de servicio del tipo de "*SYN Flooding*").

- Invasión de paquetes ICMP o UDP de eco (típicos de ataques como "*Smurf*" y "*Fraggle*").

- Falsa correspondencia entre las direcciones MAC conocidas y las direcciones IP de los equipos.

- Tormentas de tráfico ARP, que podrían revelar un intento de "envenenamiento de las tablas ARP" (situación típica de un ataque de "*ARP Spoofing*").

Uno de los sistemas NIDS más conocidos es SNORT. Este sistema decide qué paquetes de los que circulan por una red resultan sospechosos, empleando para ello una base de datos de reglas que se aplican teniendo en cuenta el contenido y los formatos de cabecera de los paquetes de datos.

Además, se pueden descargar nuevas reglas directamente desde bases de datos disponibles en Internet, que permiten catalogar nuevos tipos de incidentes, *exploits* y vulnerabilidades de sistemas.

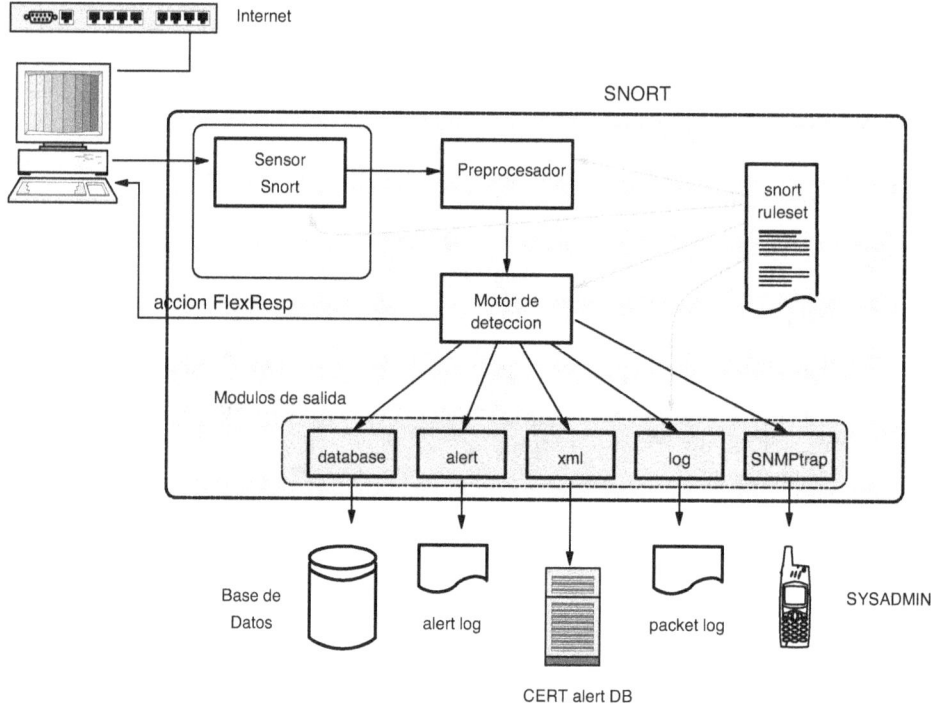

*Figura 16.13. Arquitectura del IDS Snort*

#### 16.7.2.4 IPS ("*INTRUSION PREVENTION SYSTEMS*")

Un sistema IPS (*Intrusion Prevention System*) es un sistema que permite prevenir las intrusiones. Se trata, por lo tanto, de un tipo de sistema que pretende ir un paso más allá de los IDS, ya que puede bloquear determinados tipos de ataques antes de que éstos tengan éxito.

### 16.7.3 Arquitecturas de los IDS

Las arquitecturas de IDS se han propuesto con el objetivo de facilitar la interoperabilidad y reutilización de módulos, así como la reducción de la complejidad en la gestión y configuración de los IDS.

Gracias a la aprobación de protocolos de comunicación específicos, es posible lograr el intercambio de datos entre elementos de distintos fabricantes que pueden formar parte de un IDS. De este modo, se facilita la captura de eventos generados por distintas fuentes, proporcionando una imagen más amplia y detallada de las actividades maliciosas en un determinado entorno.

En una arquitectura de IDS se distinguen los elementos Agentes (que se encargan de monitorizar la actividad en el sistema objeto de estudio), los elementos Transceptores (se encargan de la comunicación), los elementos Maestros (centralizan y analizan los datos) y una Consola de Eventos (módulo de interfaz con los usuarios).

Las arquitecturas de IDS más importantes son CIDF e IDWG.

**CIDF** (*Common Intrusion Detection Framework*) es una arquitectura promovida por la Agencia Federal de Estados Unidos DARPA (*Defense Advanced Research Projects Agency*) y finalizada en 1999, que ha tenido una escasa aceptación comercial.

Esta arquitectura está constituida por los siguientes elementos:

> Generador de eventos: obtención y descripción de eventos mediante objetos denominados GIDOs (*Generalized Intrusion Detection Objects*).

> Analizador de eventos: incorpora los algoritmos de detección de ataques.

> Base de datos de eventos: se utiliza el lenguaje CISL (*Common Intrusion Specification Language*) para expresar los diferentes eventos.

> Unidades de respuesta: se encargan de cerrar las conexiones, terminar procesos, bloquear el acceso a los servidores, etcétera.

Por su parte, la arquitectura **IDWG** (*Intrusion Detection Working Group*) propone el formato IDEF (*Intrusion Detection Exchange Format*) para facilitar el intercambio de información sobre los incidentes de seguridad.

En este caso se distinguen los módulos Sensor, Analizador, Fuente de Datos y Manager:

> El Analizador es el componente que analiza los datos recolectados por el Sensor, buscando señales de actividad no autorizada o indeseada.

> El Sensor recolecta datos de la Fuente de Datos: paquetes de red, "*logs*" de auditoría del sistema operativo, "*logs*" de aplicaciones… (información que el IDS emplea para detectar cualquier actividad indeseada o no autorizada).

> El Manager es el componente desde el cual se administran los restantes elementos del IDS: se encarga de la configuración de los sensores y analizadores, de la consolidación datos, de la generación de informes, etcétera.

La arquitectura IDWG ha definido un modelo de datos orientado a objetos basado en lenguaje XML para describir los eventos, conocido como IDMEF (*Intrusion Detection Message Exchange Format*). Asimismo, IDWG prevé dos mecanismos de comunicaciones: el protocolo IAP (*Intrusion Alert Protocol*), para intercambiar datos de alertas de intrusiones de forma segura entre las entidades de detección, y el protocolo IDXP (*Intrusion Detection Exchange Protocol*), que permite intercambiar datos en general entre las entidades de detección de intrusiones.

## 16.8 LOS "HONEYPOTS" Y LAS "HONEYNETS" (SEÑUELOS)

> Un *"honeypot"* es un servidor configurado y conectado a una red para que pueda ser sondeado, atacado e incluso comprometido por intrusos. Se trata, por lo tanto, de un equipo o sistema que actúa a modo de señuelo o trampa para los intrusos.

El concepto de sistema trampa ya fue propuesto hace algunos años por Cliff Stoll en su libro *Cukoo's Egg*.

> Por su parte, una *"honeynet"* (red señuelo) es una red completa que ha sido configurada y conectada a otras redes para que pueda ser sondeada, atacada e incluso comprometida por intrusos.

Los "honeypots" y "honeynets" proporcionan varios mecanismos para la monitorización, registro y control de las acciones de los intrusos. De este modo, permiten analizar cómo los intrusos emplean sus técnicas y herramientas para intentar entrar en un sistema o en una red informática (cómo consiguen analizar y explotar sus vulnerabilidades) y comprometer su seguridad (cómo pueden alterar o destruir los datos, instalar programas dañinos o controlar de forma remota los equipos afectados). Además, estas actividades de monitorización y registro se realizan tratando de pasar de forma inadvertida para los intrusos.

Tal y como afirmaba el general chino Sun Tzu en su libro *El Arte de la Guerra* (siglo V A.C.), "lo que posibilita a un gobierno inteligente y a un mando militar sensato vencer a los demás y lograr triunfos extraordinarios es la información previa". Además, también en palabras de este famoso estratega, "la mejor forma de protegerse es saber cómo me van a atacar".

Por lo tanto, los "honeypots" y las "honeynets" entrarían dentro de las aplicaciones del tipo "*know your enemy*" ("conoce a tu enemigo"), que permiten aprender de las herramientas y técnicas de los intrusos para proteger mejor a los sistemas reales de producción, construyendo una base de datos de perfiles de atacantes y tipos de ataques. También podrían facilitar la captura de nuevos virus o códigos dañinos para su posterior estudio.

Asimismo, estos sistemas permiten desviar la atención del atacante de los verdaderos recursos valiosos de la red de la organización.

En cuanto al diseño de una *honeynet*, se han propuesto dos arquitecturas conocidas como GenI (año 1999) y GenII (año 2002), siendo la segunda más fácil de implementar y más segura para la organización.

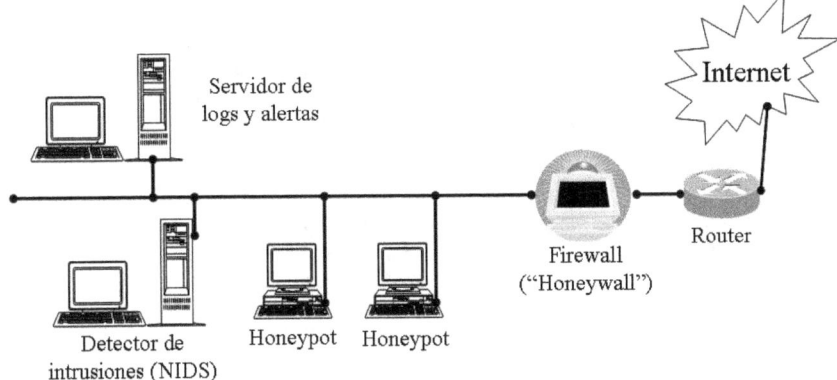

*Figura 16.14. Diseño de una honeynet*

Los elementos integrantes de una *honeynet*, según el esquema anterior, serían uno o varios *honeypots* (servidores que actuarían de señuelos), un sistema de detección de intrusiones en red (NIDS), un servidor de "*logs*", un dispositivo que se haría pasar por un cortafuegos (*honeywall*) y un *router*.

También se podría considerar la posibilidad de incorporar un dispositivo que aplique la técnica de "*bait and switch*", según la cual se monitoriza el tráfico procedente de Internet y se desvía aquel que pudiera ser considerado como "hostil" hacia el sistema trampa (*honeynet*), dejando que el resto del tráfico "normal" pueda dirigirse a la red interna de la organización.

En definitiva, podemos considerar que los sistemas basados en señuelos (*honeynets* y *honeypots*) ofrecen los siguientes servicios y funciones:

> Conexión segura de la red corporativa a Internet.

> Captura de datos sobre los intrusos: en el cortafuegos, en el NIDS y en los propios registros ("*logs*") de los *honeypots*.

> Centralización de la información capturada en un servidor de *logs*, por motivos de seguridad.

> Control de las acciones del intruso, ya que éste debe quedar confinado dentro de la *honeynet*, sin que pueda atacar a otras redes o equipos.

En los *honeypots* se suelen instalar versiones modificadas del intérprete de comandos ("shell" en un sistema Unix/Linux o "cmd.exe" en un sistema Windows), como "ComLog", un troyano que reemplaza al "cmd.exe" para registrar y reenviar los comandos tecleados por el usuario, así como otras herramientas que permitan registrar las actuaciones de los intrusos (SpyBuddy, KeyLogger, etcétera).

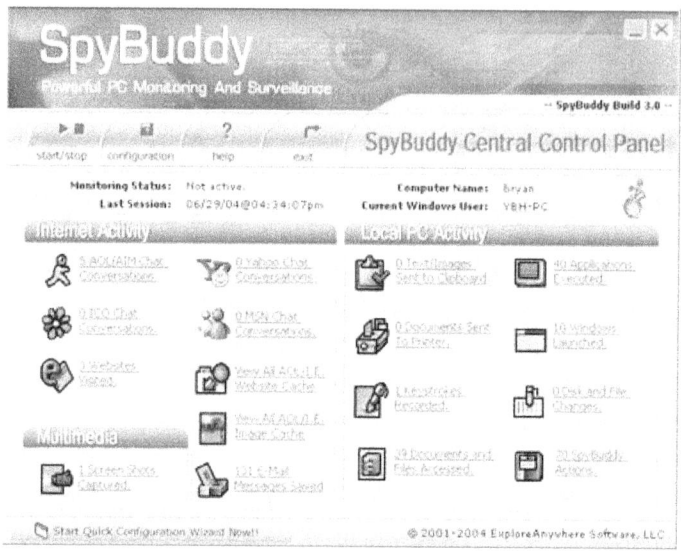

*Figura 16.15. SpyBuddy*

SpyBuddy es una herramienta comercial que permite registrar las teclas pulsadas por el usuario del equipo; monitorizar la creación, acceso, modificación y eliminación de ficheros y directorios; realizar un seguimiento de los programas que se ejecutan en el equipo; etcétera.

En estos últimos años se ha propuesto el desarrollo de *honeynets* virtuales, en una configuración en la que todos los equipos y servicios se ejecutan en un único ordenador, recurriendo para ello a un software de virtualización, como VMWare (www.vmware.com). Este software de virtualización permite la ejecución simultánea de varios sistemas operativos, con distintos tipos de servicios y aplicaciones, en un mismo equipo físico, de tal modo que, a pesar de compartir los recursos de este ordenador (conocido como "*host* anfitrión"), aparenten estar ejecutándose en máquinas distintas e independientes.

Una *honeynet* virtual presenta como ventaja unos menores costes y espacio requerido que en una red física, facilitando la gestión centralizada de todos los servicios y aplicaciones incluidos en la *honeynet*.

Por otra parte, debemos tener en cuenta otras consideraciones acerca del uso de estas herramientas, ya que se trata de proyectos de elevado riesgo, debido a las amenazas y tipos de ataques que se van a producir contra los equipos y redes de la organización. Por este motivo, en los equipos y redes señuelo no se deberían incluir datos o información sensible, ni servicios en producción.

Además, los posibles ataques contra estos equipos y redes no deberían comprometer a los usuarios y clientes de la red informática de la organización y, mucho menos, podrían afectar a terceros. Para ello, es necesario establecer las medidas de control y bloqueo de los posibles ataques e intentos de intrusión llevados a cabo contra redes y equipos de terceros desde los equipos que hayan sido comprometidos en la *honeynet*, ya que de lo contrario la organización podría incurrir en responsabilidades legales por los daños ocasionados a terceros desde sus propios equipos y redes informáticas.

Otra cuestión legal que se podría contemplar surge en torno a la discusión de hasta qué punto es lícito emplear estas herramientas para espiar a los intrusos, sin que éstos hayan sido advertidos previamente de que sus actividades están siendo registradas por la organización.

Para concluir este apartado, podemos citar algunos ejemplos de herramientas y proyectos de interés relacionados con los *honeypots* y las *honeynets*.

Así, podemos encontrar en Internet aplicaciones que permiten simular determinados servicios para registrar los posibles intentos de ataque e intrusión, como BackOfficer Friendly, Specter, Honeyd, Decoy Server de Symantec, Deception Toolkit, etcétera.

Por su parte, el proyecto HoneyNet (www.honeynet.org) se remonta a junio del año 2000, con el objetivo de "estudiar las técnicas, tácticas y motivaciones de la comunidad de atacantes y compartir las lecciones aprendidas". En la actualidad este proyecto está integrado por profesionales de distintos perfiles y áreas de conocimiento: informáticos, psicólogos, ingenieros de redes, etcétera.

## 16.9 OTRAS HERRAMIENTAS Y APLICACIONES DE UTILIDAD

Podemos destacar otras herramientas y aplicaciones que pueden resultar de ayuda para gestionar y supervisar la seguridad en las redes de ordenadores.

Así, por ejemplo, podríamos citar en primer lugar determinadas herramientas y comandos incluidos en el propio sistema operativo de un ordenador, entre las que destacan las siguientes[56]:

➢ Netstat: comando que muestra el estado de las conexiones de red.

➢ NBTStat: muestra el estado de las conexiones actuales que utilizan NetBIOS sobre TCP/IP.

➢ IpConfig: informa sobre la configuración de las tarjetas de red del equipo.

➢ Ping: envía un "ping" al equipo especificado para comprobar si se encuentra activo en la red.

---

[56] En Windows se pueden ejecutar desde el intérprete de comandos.

> Tracert: informa de la ruta seguida para alcanzar un determinado equipo conectado a la red.

> Route: muestra y manipula las tablas de enrutamiento del equipo.

> ARP: muestra y modifica las tablas de conversión de direcciones IP a direcciones físicas (direcciones MAC).

> Nslookup: inspecciona los contenidos de los archivos de un servidor DNS.

> Finger: muestra información sobre un determinado usuario del sistema.

> Whois: relaciona nombres de dominio con direcciones IP.

> Telnet: permite iniciar una sesión remota en otro servidor, emulando un terminal virtual.

> FTP: permite enviar y descargar ficheros de otro servidor, a través del protocolo FTP.

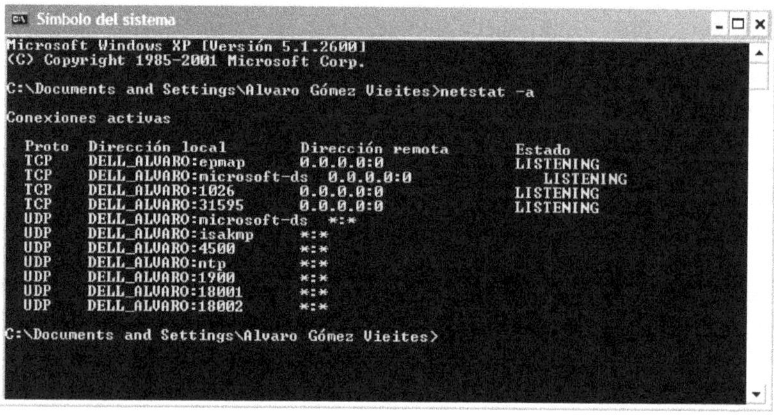

*Figura 16.16. Ejecución de la herramienta "Netstat" en un sistema Windows*

Por otra parte, los "*wrappers*" son programas que permiten controlar el acceso y utilización de otros programas y servicios que se ejecutan en un ordenador.

A su vez, los analizadores de protocolos y "*sniffers*" son programas "husmeadores", que interceptan y analizan el tráfico en la red, recurriendo para ello a la utilización de dispositivos de escucha del tráfico en la red ("*network taps*"), que actúan en modo promiscuo y que son difíciles de detectar ya que no tienen asociada una dirección IP.

Así, por ejemplo, podríamos citar "*sniffers*" y analizadores de protocolos como Nmap, Ntop, NetScanTools, LANSleuth o Ethereal, que permiten detectar protocolos y servicios no autorizados por la organización, además de llevar a cabo un completo análisis del tráfico habitual en la red de una organización (protocolos y servicios utilizados, cantidad de información transmitida, evolución de la situación por franjas horarias y por días de la semana, comportamiento por segmentos de la red...), ya que de este modo será más fácil la detección de situaciones anómalas a posteriori.

Los sistemas "anti-*sniffers*" son herramientas capaces de detectar la existencia de tarjetas de red que se encuentren funcionando en modo promiscuo para capturar todo el tráfico de la red.

También pueden resultar de gran ayuda las herramientas para la evaluación de vulnerabilidades. Estas herramientas, entre las que podríamos citar a Nessus o a Internet Security Scanner, se encargan de llevar a cabo un análisis automático de un sistema informático, para tratar de localizar algunas de las vulnerabilidades más conocidas.

Además, el sondeo de seguridad complementa al análisis de vulnerabilidades con tareas como la detección y la revisión de la instalación y configuración de los equipos de seguridad (cortafuegos, antivirus, IDS, etcétera).

En este caso, se podrían realizar pruebas de intrusión (tests de penetración), en las que no sólo se detectasen las vulnerabilidades, sino que se tratasen de explotar aquellas que hayan sido identificadas y que pudieran comprometer el sistema, así como otros sistemas accesibles desde el afectado. Esta tarea se puede completar posteriormente con un análisis de riesgos en el sistema informático, en el que se pretende determinar cuál es el nivel de riesgo a partir del análisis de posibles amenazas y vulnerabilidades.

También podemos considerar las herramientas que se encargan de monitorizar de forma permanentemente la actividad en la red de la empresa, para evitar que determinada información o documentos "sensibles" puedan ser enviados al exterior sin la adecuada autorización, debido a distintos factores: virus informáticos, actuaciones de empleados desleales, explotación de algún agujero de seguridad en un equipo informático de la organización, etcétera.

Por último, podemos destacar que en los últimos años se han presentado en el mercado distintas soluciones integradas "todo-en-uno", constituidas por dispositivos que incorporan varios servicios de seguridad como el programa antivirus, el filtrado de contenidos, el filtrado de "correo basura" (*spam*), una herramienta para el análisis de vulnerabilidades del sistema, un Sistema de Detección de Intrusiones (IDS), un cortafuegos para la seguridad perimetral y/o un servidor VPN para crear túneles seguros y habilitar las conexiones remotas. Además, estos dispositivos, que se instalan en el punto de conexión de la red corporativa de la empresa con el exterior, cuentan con un servicio de actualización y mantenimiento remoto por parte del fabricante.

Como ejemplo destacado de estos dispositivos integrados podríamos citar la gama de productos FortiGate de la empresa Fortinet (www.fortinet.com).

## 16.10 REFERENCIAS DE INTERÉS

Servidores *proxy*:

- ✓ ISA Server: http://www.microsoft.com/isaserver/.
- ✓ Squid: http://www.squid-cache.org/.
- ✓ Wingate: http://www.wingate.com/.

Cortafuegos:

- ✓ Firewall-1 de CheckPoint: http://www.checkpoint.com/.
- ✓ PIX de Cisco: http://www.cisco.com/.
- ✓ Netscreen Firewall: http://www.juniper.net/.
- ✓ Watchguard Firebox: http://www.watchguard.com/.
- ✓ Symantec Raptor: http://www.symantec.com/.
- ✓ ZoneAlarm: http://www.zonealarm.com/.
- ✓ Fortigate de la empresa Fortinet: http://www.fortinet.com/.

Sistemas IDS:

- ✓ Tripwire: http://www.tripwire.org/.
- ✓ Snort: http://www.snort.org/.
- ✓ Specter: http://www.specter.com/.

*Honeypots* y *honeynets*:

- ✓ VMWare: http://www.vmware.com/.
- ✓ Honeyd: http://www.honeyd.org/.
- ✓ HoneyNet Project: http://www.honeynet.org/.

Otras herramientas y aplicaciones de interés:

- ✓ Nessus: http://www.nessus.org/.

# Capítulo 17

# SEGURIDAD EN REDES PRIVADAS VIRTUALES

## 17.1 EL PAPEL DE LAS REDES PRIVADAS VIRTUALES

Las empresas y organizaciones necesitan conectar sus centros de producción, oficinas y puntos de venta para intercambiar datos en tiempo real sobre la situación de los *stocks*, los pedidos realizados o los servicios solicitados por los clientes y los empleados, por citar algunos de los casos más habituales.

Para ello, se requieren enlaces dedicados que proporcionen un medio de comunicación fiable y seguro entre los distintos centros y delegaciones de la organización. No obstante, estas líneas dedicadas de una cierta capacidad tienen un coste muy elevado, por lo que sólo están al alcance de las grandes empresas.

Además, hoy en día muchos empleados necesitan acceder de forma remota a los recursos informáticos de la organización: teletrabajadores que realizan buena parte del trabajo desde sus hogares, comerciales que acceden a la información comercial actualizada desde sus equipos portátiles, directivos que se encuentran de viaje y necesitan seguir conectados a la oficina central de la empresa desde un hotel o una oficina remota, etcétera. Para todas estas situaciones resulta inviable establecer un enlace dedicado punto a punto.

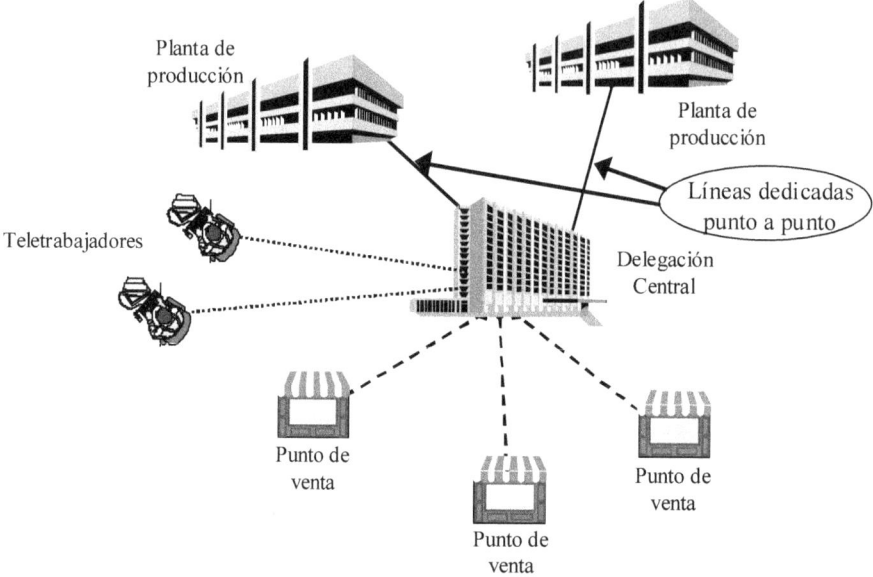

*Figura 17.1. Red privada de una organización*

> Una **Red Privada Virtual** (*Virtual Private Network* –VPN–) es un sistema de telecomunicación consistente en una red de datos restringida a un grupo cerrado de usuarios, que se construye empleando en parte o totalmente los recursos de una red de acceso público, es decir, es una extensión de la red privada de una organización usando una red de carácter público.

Una red privada virtual constituye una alternativa económica y flexible para la conexión de teletrabajadores, empleados móviles y oficinas y delegaciones remotas a la red local central de una empresa.

Al utilizar una red privada virtual, las empresas pueden desentenderse de la complejidad y costes asociados a la conectividad telefónica y las líneas dedicadas punto a punto. Los usuarios de la organización simplemente se conectan al nodo geográficamente más cercano del operador de telecomunicaciones que ofrece su red pública para construir la red privada virtual. Es este operador el que se encarga de la gestión de bancos de módems y servidores de comunicaciones, realizando el grueso de la inversión en tecnologías de acceso. Además, también cabe destacar la posibilidad de utilizar Internet para establecer la red privada virtual de la organización, si bien en este caso no se puede garantizar la calidad del servicio y se incrementan los posibles problemas asociados a la seguridad de la conexión.

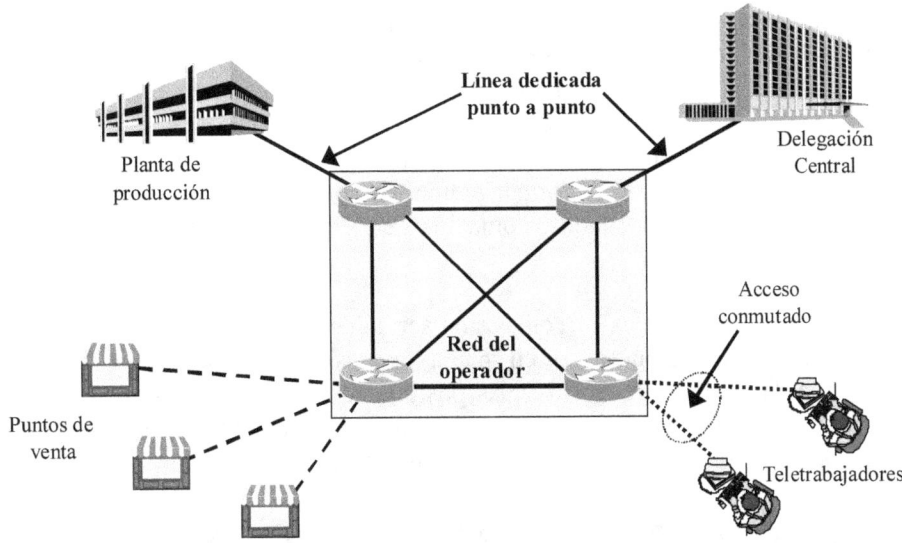

*Figura 17.2. Red Privada Virtual (VPN)*

Podemos considerar que son dos los factores que explican el desarrollo experimentado por las redes privadas virtuales en los últimos tiempos: el primero es el económico, pues resulta más barato usar medios de comunicación públicos con recursos compartidos por muchos usuarios, que otros que exigen una mayor cantidad de recursos dedicados y por los que los operadores de telecomunicaciones cobran precios mayores.

El otro motivo es la flexibilidad que aportan estos sistemas, pues los puntos remotos pueden llegar a conectarse a la red del operador de telecomunicaciones mediante accesos conmutados a través de conexiones ADSL, UMTS, RDSI, etc. Además, pueden mezclarse diferentes formas de acceso para dar respuesta a las necesidades de cada tipo de extremo a comunicar.

De este modo, se distinguen dos tipos de accesos en una red privada virtual:

> **Accesos dedicados**, mediante líneas dedicadas punto a punto, enlaces Frame Relay, enlaces ATM, etcétera.

> **Accesos conmutados**, a través de la red telefónica básica mediante conexiones ADSL, UMTS, RDSI, etc., constituyendo una red privada virtual del tipo VPDN (*Virtual Private Dial-In Network*).

Por lo tanto, una red privada virtual puede contribuir de forma decisiva a mejorar el intercambio de información en la organización que la utiliza, facilitando asimismo la integración con los principales proveedores y clientes a través de conexiones VPN, aportando múltiples ventajas para los participantes: información en tiempo real sobre pedidos, integración de los sistemas informáticos, intercambio electrónico de documentos, etcétera.

Sin embargo, una red privada virtual basada en redes públicas puede presentar problemas relacionados con la seguridad de las comunicaciones, el ancho de banda disponible o la calidad de servicio (*Quality of Service* –QoS–). Por la propia naturaleza de las redes públicas usadas como soporte a la red privada virtual, se comparte el canal de comunicación con una gran cantidad de usuarios que podrían tener acceso a los datos de la organización si no se empleasen las medidas y protocolos de seguridad adecuados, como los que se van a analizar en el siguiente apartado.

Por todas las ventajas ofrecidas, los servicios para implantar redes privadas virtuales constituyen un mercado en plena expansión. La existencia de nuevos operadores de datos que ofrecen diversas posibilidades tanto en el acceso a Internet como a otras redes públicas IP con calidades y costes cada vez más competitivos está contribuyendo al desarrollo de las redes privadas virtuales.

## 17.2 PROTOCOLOS PARA REDES PRIVADAS VIRTUALES

Las tecnologías de seguridad clave en las redes privadas virtuales son los protocolos de encapsulamiento o "*tunneling*", que permiten cifrar y encapsular los paquetes de datos enviados a través de las redes públicas. De este modo, gracias al "encapsulamiento" de los datos es posible trabajar con protocolos distintos en la red pública del operador y en la red privada de la organización: los datos de un protocolo se envían usando los medios ofrecidos por otro protocolo, como sucede, por ejemplo, en el transporte de IPX (el protocolo de las redes Novell) a través de redes TCP/IP.

### 17.2.1 PPTP, L2F y L2TP

Los primeros protocolos de "*tunneling*" fueron *Point to Point Tunneling Protocol* (**PPTP** –Protocolo para Túneles en Conexiones Punto a Punto–), desarrollado por Microsoft y otros fabricantes y *Layer 2 Forwarding* (**L2F** –Reenvío a Nivel 2–), de Cisco.

El protocolo **PPTP** encapsula paquetes PPP (*Point to Point Protocol*, el protocolo más utilizado para el acceso remoto a Internet a través de conexiones punto a punto) en "datagramas" del protocolo IP (protocolo de nivel de Red). PPTP ha tenido una importante difusión gracias a su incorporación en los sistemas operativos de Microsoft. Entre sus características más destacadas se encuentra la de implementar un control de flujo que permite evitar saturaciones de tráfico tanto en clientes como en servidores, mejorando el rendimiento al minimizar el número de paquetes descartados y, por tanto, las retransmisiones.

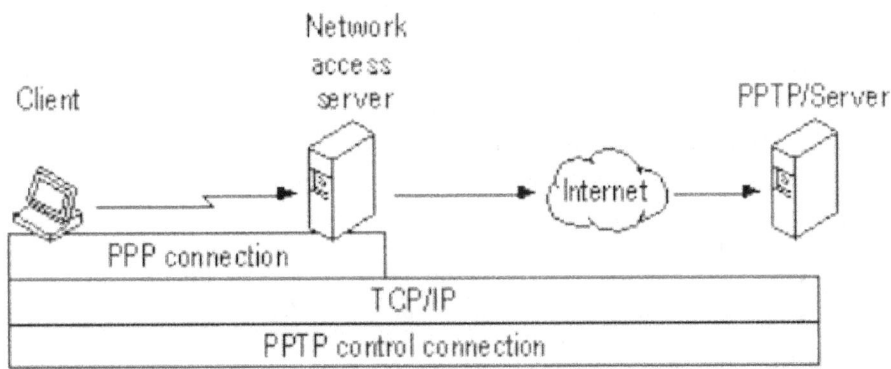

*Figura 17.3. Funcionamiento del protocolo PPTP (esquema de la propia Microsoft)*

Por su parte, el protocolo **L2F** utiliza protocolos de nivel 2 como Frame Relay o ATM para la creación de túneles, por lo que se considera una solución más extensible que PPTP, que trabaja exclusivamente sobre el protocolo IP, en el nivel 3 de la arquitectura de redes. Además, a diferencia de PPTP, el protocolo L2F ofrece autenticación de los extremos del túnel y soporta varias comunicaciones independientes a través de un único túnel.

Gracias a un acuerdo alcanzado por todas las compañías involucradas, ambos protocolos han convergido en uno nuevo denominado *Layer 2 Tunneling Protocol* (**L2TP** –Protocolo para Túneles a Nivel 2–), que permite aprovechar las mejores características de PPTP y de L2F. De este modo, **L2TP** ofrece múltiples túneles simultáneos en un solo cliente, lo que será de gran importancia en el futuro, cuando los túneles soporten reserva de ancho de banda y calidad de servicio (*Quality of Service*).

## 17.2.2 IPSec

Para mejorar la seguridad del protocolo IP y facilitar la construcción de redes privadas virtuales sobre Internet, el *Internet Engineering Task Force* (IETF), entidad independiente y de reconocido prestigio, responsable de la mayoría de los protocolos de Internet, ha desarrollo una nueva versión de IP (dentro del proyecto IPv6), denominada **IPSec** (*Internet Protocol Security*, RFC 2401), planteado como un lenguaje universal independiente de los protocolos propuestos por distintos fabricantes.

IPSec es una ampliación del protocolo IP que puede funcionar de modo transparente en las redes existentes, y que además permite establecer conexiones seguras en redes privadas virtuales, mediante la creación de túneles seguros y garantizando la autenticación de los equipos. IPSec se considera como una opción en IPv4, pero su utilización será obligatoria en la nueva versión IPv6.

El protocolo IPSec proporciona confidencialidad, autenticidad del remitente, integridad de los datos transmitidos y protección contra reenvíos no autorizados de datos. Para ello, consta de tres protocolos:

> *Authentication Header* (AH, RFC 2402), que proporciona la autenticación del remitente, la integridad de los datos y, opcionalmente, protección contra el reenvío.

> *Encapsulating Security Payload* (ESP, RFC 2406), que se encarga del cifrado de los datos para garantizar la confidencialidad. También puede proporcionar las funciones de autenticación del remitente, de integridad de los datos transmitidos y de protección contra el reenvío, cuando ESP se utiliza conjuntamente con AH.

> *Security Association* (SA –Asociación de Seguridad–), que permite definir el conjunto de políticas y claves para establecer y proteger una conexión, es decir, qué protocolos y algoritmos criptográficos se emplean, cuáles son las claves de sesión establecidas y cuál es el período de validez de la conexión. Una Asociación de Seguridad queda determinada mediante un valor conocido como *Security Parameter Index* (SPI), una dirección IP de destino y un identificador de protocolo.

Estos protocolos emplean métodos criptográficos como DES (*Data Encryption Standard*) o Triple-DES para el cifrado y mecanismos de firma electrónica para la autenticación mediante funciones resumen (como MD5 o SHA-1).

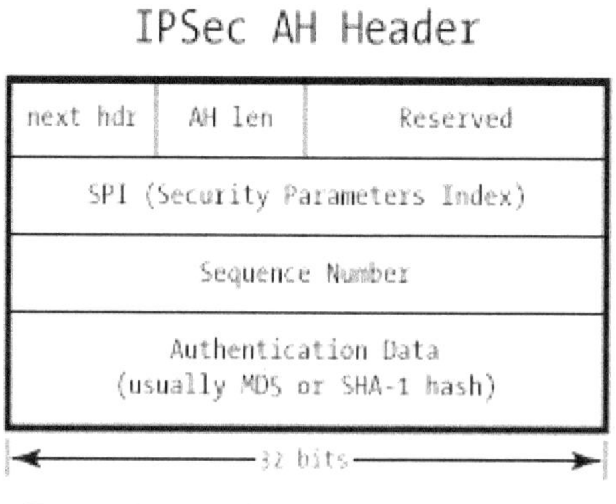

### IPSec AH Header

| next hdr | AH len | Reserved |
|---|---|---|
| SPI (Security Parameters Index) | | |
| Sequence Number | | |
| Authentication Data (usually MD5 or SHA-1 hash) | | |

|←——— 32 bits ———→|

*Figura 17.4. Cabecera de un paquete AH*

La cabecera de un paquete AH incluye un campo con datos de autenticación, de tamaño variable y que está constituido por un Valor de Comprobación de Integridad (ICV, *Integrity Check Value*), el cual se obtiene mediante una función *hash* a partir de los datos del paquete.

Asimismo, el campo SPI (*Security Parameters Index*) de la cabecera de un paquete AH es un valor de 32 bits que permite identificar la Asociación de Seguridad (SA) utilizada para el paquete de datos, quedando de este modo definidos los protocolos criptográficos y claves de sesión empleados por el remitente y el destinatario.

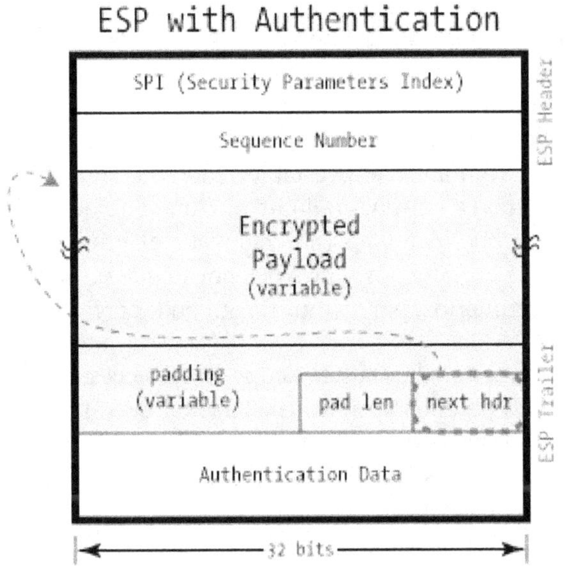

*Figura 17.5. Cabecera de un paquete ESP que incluye el servicio de autenticación*

El cifrado en ESP puede realizarse mediante técnicas de cifrado en bloque (*block cipher*) o de cifrado en flujo (*stream cipher*).

En el protocolo IPSec, para cada sesión en la que se comunican dos redes o equipos terminales, se emplean una clave de sesión y una de autenticación en cada sentido (cuatro en total). Por este motivo, se utilizan mecanismos de distribución y gestión de claves como IKE (*Internet Key Exchange*, RFC 2409), basado en algoritmos de criptografía asimétrica como Diffie-Hellman y RSA, para la creación y el intercambio seguro de claves de sesión entre los usuarios de la red.

IKE se apoya, a su vez, en los algoritmos ISAKMP (RFC 2408) y OAKLEY (RFC 2412). ISAKMP (*Internet Security Association and Key Management*) es un protocolo que permite crear Asociaciones de Seguridad (SA) entre dos ordenadores que se van a comunicar a través de una red. Por su parte, OAKLEY es un protocolo de generación de claves de sesión.

En el protocolo IPSec se han previsto dos modos de funcionamiento:

> **Modo transporte**, que permite establecer una comunicación segura extremo a extremo, ya que los propios equipos terminales utilizan el protocolo IPSec para cifrar los datos transmitidos. En este caso no se cifra la cabecera de los paquetes IP.

> **Modo túnel**, estableciendo una comunicación segura entre *routers*, en la que se lleva a cabo el cifrado de los paquetes IP (incluyendo su cabecera) y se les añade a continuación otra cabecera para facilitar su enrutamiento. Este modo de funcionamiento permite establecer túneles VPN sin que los equipos terminales tengan que emplear directamente el protocolo IPSec.

## 17.2.3 Redes privadas virtuales basadas en SSL

Otra posible opción para la creación de una red privada virtual consiste en la utilización de conexiones mediante el protocolo SSL entre los equipos y servidores que intervienen en la comunicación, estableciendo túneles basados en conexiones seguras sobre TCP, a través del puerto 443/tcp. Conviene destacar, además, que este puerto, al igual que el puerto 80/tcp (utilizado por el protocolo HTTP) suele estar abierto en casi todos los cortafuegos y proxies, por lo que no se tiene que reconfigurar la red (abriendo nuevos puertos, por ejemplo) para poder crear los túneles VPN.

Asimismo, con esta alternativa tampoco es necesario cumplir con ningún requisito especial en los equipos remotos (instalación de software específico), ya que se puede utilizar el propio navegador Web para establecer la conexión segura a través del protocolo SSL, con lo que se reducen los costes relacionados con la implantación y operación de la red privada virtual. En algunos casos se podría optar por instalar un pequeño componente en el navegador (*plugin*, control ActiveX o componente Java) que se puede encargar de establecer la conexión segura y canalizar todo el tráfico TCP del equipo remoto a través del canal SSL.

Por este motivo, en la actualidad se han propuesto numerosos productos y servicios que emplean el protocolo SSL como base para la creación de redes privadas virtuales, aprovechando las ventajas de esta alternativa: ubicuidad (se puede establecer una conexión VPN desde cualquier punto, sin necesidad de dispositivos hardware o aplicaciones software específicas), flexibilidad y sencillez (la modificación en la red y en los equipos remotos es mínima).

En los últimos años se han integrado otros servicios de seguridad dentro de las conexiones VPN mediante el protocolo SSL: verificación de la versión del sistema operativo y de los parches instalados en el equipo remoto, verificación de la dirección URL de destino, comprobación de la dirección IP y de la dirección física (dirección MAC de la tarjeta de red) del equipo remoto, autenticación mutua mediante certificados digitales X.509v3, verificación de la configuración del equipo remoto (clases y valores dentro del Registro de Windows).

En definitiva, frente a otros protocolos como IPSec o L2TP, la opción de utilizar SSL para crear conexiones VPN proporciona una mayor transparencia frente a cortafuegos y *proxies*, permite utilizar equipos remotos con menos requerimientos (no se necesitan dispositivos hardware ni aplicaciones software específicas, ya que basta con disponer de una navegador Web) y puede ofrecer servicios de seguridad adicionales.

## 17.2.4 Otras consideraciones

Dado que los *routers* son los dispositivos que tienen que examinar todos los paquetes que salen de una red local, empiezan a incorporar los protocolos utilizados para encapsular los datos en túneles y garantizar de este modo la seguridad en las comunicaciones a través de redes públicas como Internet.

De hecho, algunos fabricantes de *routers* han definido protocolos específicos para facilitar el encapsulamiento de los datos y la creación de túneles seguros, como el protocolo **GRE** (*Generic Routing Encapsulation*, RFC 1701 y 2784) propuesto por la empresa Cisco y que es capaz de soportar tráfico *"multicast"* (de multidifusión).

Para escenarios VPN en entornos dinámicos (conexiones remotas de trabajadores que pueden acceder a la red de la organización desde su casa, desde un hotel o desde un cibercafé) se están adoptando soluciones basadas en el protocolo SSL, mientras que para redes privadas estáticas (como en el caso de una conexión permanente entre delegaciones o centros de trabajo de una misma empresa) se siguen utilizando protocolos "tradicionales" como IPSec, PPTP o L2TP para la creación de los túneles VPN sobre líneas *Frame Relay*, ATM o Punto a Punto.

Algunas empresas también están utilizando protocolos como SSL o IPSec dentro de sus propias redes locales, para reforzar la seguridad en la conexión desde algunos equipos clientes a servidores u otros equipos críticos.

Al utilizar túneles cifrados, se garantiza un aislamiento frente al resto del tráfico de la red interna, evitando problemas derivados de la presencia de *sniffers* o de códigos maliciosos que hayan sido introducidos por un atacante en algún equipo de la organización. Por este mismo motivo, también se están utilizando estos protocolos para mejorar la seguridad en las conexiones a la red corporativa provenientes de redes locales inalámbricas.

Por otra parte, no debemos olvidar uno de los principales problemas de seguridad en las redes privadas virtuales: los ataques realizados contra los propios equipos remotos, que podrían resultar comprometidos y afectados por la instalación de código "malicioso". De este modo, aunque la comunicación se realice de forma segura a través de túneles cifrados, el funcionamiento de la red no sería seguro debido al mal funcionamiento de uno de sus equipos remotos, que podría estar controlado por un agente externo a la organización.

Asimismo, las conexiones cifradas mediante túneles VPN a través de protocolos como SSL están siendo utilizadas por intrusos y por programas maliciosos (como virus, troyanos y *"spyware"*), para poder enviar tráfico cifrado sin que pueda ser detectado o filtrado por cortafuegos, antivirus u otras herramientas de seguridad.

## 17.3 REFERENCIAS DE INTERÉS

- VPN Consortium: http://www.vpnc.org/.
- IPSec: http://en.wikipedia.org/wiki/IPSec.
- Utilización de IPSec en equipos Windows: http://www.windowsecurity.com/articles/Securing_Data_in_Transit_with_IPSec.html.
- Guía ilustrada de IPSec: http://www.unixwiz.net/techtips/iguide-ipsec.html.
- Protocolo L2TP: http://en.wikipedia.org/wiki/L2TP.
- Protocolo GRE: http://www.networksorcery.com/enp/protocol/gre.htm.
- Open VPN: http://openvpn.net/.

# Capítulo 18

# SEGURIDAD EN LAS REDES INALÁMBRICAS

## 18.1 SEGURIDAD TRADICIONAL EN LAS REDES INALÁMBRICAS

Las redes inalámbricas (WLAN) suelen recurrir a varias medidas de seguridad que podríamos considerar como muy elementales para evitar su utilización por parte de usuarios no autorizados.

Así, por ejemplo, se ha considerado que el uso de los identificadores SSID (*Service Set Identifiers*) constituye un instrumento básico de seguridad. Un SSID es un nombre de red utilizado por todos los equipos y los Puntos de Acceso que integran una red inalámbrica. Con la implantación de esta medida, cada dispositivo cliente que desee conectarse a la red inalámbrica debe incluir el SSID adecuado en su configuración de red, por lo que sólo los dispositivos que conozcan esta especie de "clave compartida" podrán acceder a los servicios de la red inalámbrica.

Sin embargo, en la configuración por defecto de muchos Puntos de Acceso se encuentra activada una función para difundir su SSID a través del equipo transmisor (difusión del identificador de la red), por lo que sería conveniente desactivar esta función si se quiere mejorar en cierta medida la seguridad, ya que de otro modo cualquier intruso podría escuchar las transmisiones de los Puntos de Acceso y obtener el valor del identificador SSID de la red, facilitando con ello sus intentos de intrusión.

No obstante, conviene señalar que incluso aunque se desactivase la transmisión del SSID por parte de los Puntos de Acceso, un intruso podría utilizar un "*sniffer*" de radio para detectar la transmisión del SSID por parte de cualquier cliente legítimo de la red inalámbrica.

En lo que se refiere a la autenticación de los terminales o equipos cliente, se han adoptado dos posibles esquemas en los protocolos más básicos de las redes inalámbricas: la Autenticación por Clave Abierta (*Open Systems Authentication*), en la que no existe realmente un proceso de autenticación, o bien la Autenticación por Clave Compartida (*Shared Key Authentication*), en la que todos los terminales con acceso autorizado a la red inalámbrica comparten la misma clave de acceso.

Asimismo, también se ha recurrido a una autenticación optativa de terminales a partir de las direcciones MAC (*Media Access Control*) que identifican a cada una de las tarjetas de red de estos dispositivos, implantando para ello unas Listas de Control de Acceso (ACL –*Access Control Lists*–) en las que se incluyen sólo las direcciones que están autorizadas para poder trabajar en la red, de tal modo que los Puntos de Acceso rechazarán a cualquier dispositivo cuya dirección física no se encuentre en dichas listas.

No obstante, conviene destacar que esta dirección MAC podría ser falseada por un intruso mediante técnicas de "*spoofing*" (suplantación de la identidad), cambiando la dirección de su propia tarjeta inalámbrica: tras "escuchar" las transmisiones, podría seleccionar una dirección MAC de un dispositivo válido en la red, una vez que éste se haya desconectado. Asimismo, también se podría robar o extraviar una tarjeta de red con una dirección MAC autorizada.

La autenticación a partir de las direcciones MAC constituye, por lo tanto, un método poco fiable y que además requiere de una importante carga de trabajo manual, ya que es necesario realizar la configuración de la lista de direcciones MAC a las que se permite el acceso.

En cuanto a la confidencialidad de los datos transmitidos por los equipos conectados a la red, hay que tener en cuenta que en una red inalámbrica se transmite y se recibe toda la información vía radio, por lo que cualquier intruso podría "escuchar" este tráfico con un equipo de radiofrecuencia (antena y receptor que puede adquirir por muy poco dinero).

Por este motivo, es recomendable emplear algoritmos de cifrado, como los previstos en el estándar WEP. El problema en la implantación práctica de las redes inalámbricas es que en muchas de estas redes no se emplea el cifrado por desconocimiento o descuido de sus administradores.

Por último, también conviene destacar que en muchas redes inalámbricas se emplea la configuración por defecto del fabricante y no se modifican las claves de las tarjetas de red ni de los Puntos de Acceso, situación que facilita en gran medida la labor de los intrusos.

## 18.2 POSIBLES ATAQUES CONTRA REDES INALÁMBRICAS

Seguidamente se presenta una relación de los principales tipos de ataques dirigidos contra las redes inalámbricas:

### 18.2.1 Conexión no autorizada a la red inalámbrica

Mediante una conexión no autorizada un intruso podría utilizar el ancho de banda de la organización para acceder a Internet, provocando una disminución del rendimiento en la red para sus usuarios legítimos.

Asimismo, se podría emplear la conexión a través de la red inalámbrica para llevar a cabo actividades delictivas en Internet (actividades que se estarían originando desde la propia red de la organización, por lo que ésta podría ser responsable de los daños y perjuicios ocasionados a terceros): ataques contra otras redes, distribución de pornografía infantil, descarga de ficheros protegidos por derechos de autor (como la música o las películas), robo de números de tarjetas de crédito, fraudes y amenazas contra otros usuarios.

### 18.2.2 Análisis del tráfico y sustracción de información confidencial

Para llevar a cabo este tipo de ataques, los intrusos pueden utilizar "*sniffers*" para redes inalámbricas, programas especialmente diseñados para interceptar el tráfico transmitido vía radio en este tipo de redes. Entre los más conocidos podríamos citar:

- NetStumbler (www.netstumbler.org).
- AiroPeek y OmniPeek (www.wildpackets.com).
- Ethereal (www.ethereal.com).
- Kismet (www.kismetwireless.net).
- Ettercap.
- Dstumbler.

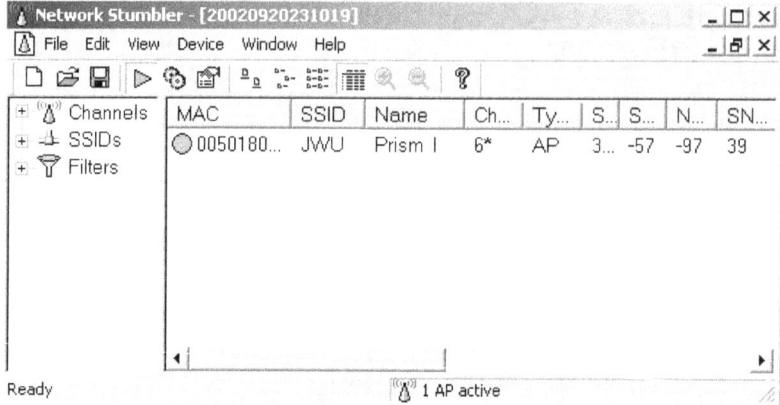

*Figura 18.1. NetStumbler*

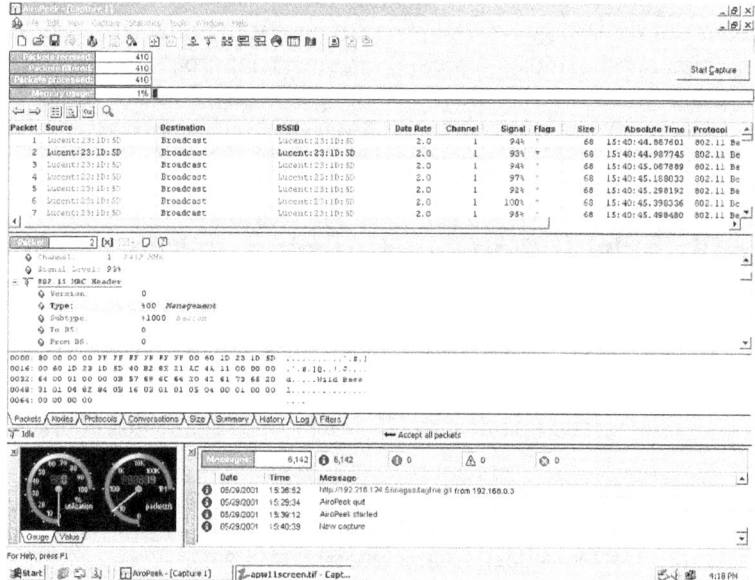

*Figura 18.2. AiroPeek*

Estas herramientas se encargan de analizar las señales transmitidas por los Puntos de Acceso y los equipos con tarjetas inalámbricas, y pueden ofrecer una completa lista de información sobre cada equipo detectado: identificador SSID de la red, indicación de si se está utilizando el protocolo WEP, tipo de equipo (es un Punto de Acceso o un terminal), dirección MAC del equipo, canal de frecuencia que está utilizando, nivel de potencia de la señal.

Además, conviene tener en cuenta que a partir del prefijo de la dirección MAC se puede conocer el fabricante de la tarjeta o Punto de Acceso, ya que cada fabricante tiene asignados unos rangos de direcciones MAC. Con esta información un intruso puede tener conocimiento de cuál es la configuración y la contraseña por defecto que aplica el fabricante, así como cuáles pueden ser los fallos de seguridad del dispositivo.

| Fabricante | MAC |
|---|---|
| 3COM | 00-50-DA |
| | 00-01-03 |
| | 00-04-76 |
| | 08-00-02 |
| Cisco | 00-40-96 |
| D-Link | 00-05-5D |
| | 00-40-05 |
| | 00-90-4B |

*Figura 18.3. Prefijos de las direcciones MAC de algunos fabricantes*

Así, por ejemplo, el identificador SSID empleado por defecto por algunos fabricantes sería "tsunami" en los equipos Cisco, "101" en 3COM, "intel" en Intel, etcétera.

Toda esta información sobre la red inalámbrica se puede completar con la posición exacta (latitud y longitud) si se cuenta con un receptor GPS. De hecho, se pueden integrar los "*sniffers*" con aplicaciones de mapas para representar la situación de los Puntos de Acceso sobre estos mapas, proporcionado información sobre el nivel de la señal y la configuración de seguridad de la red (activación del protocolo WEP u otro más robusto).

Para concluir este apartado, podemos destacar que se pueden utilizar dos modalidades de análisis de tráfico:

> **Escaneo Activo:** el equipo atacante transmite tramas de sondeo (*probe request*) para tratar de descubrir si existe algún Punto de Acceso disponible.

> **Escaneo Pasivo:** el equipo atacante se limita a escuchar el tráfico transmitido en su zona, para descubrir equipos de usuarios y Puntos de Acceso. Esta actividad pasa totalmente inadvertida para la red que está siendo observada.

### 18.2.3 Instalación de un Punto de Acceso falso

Mediante este tipo de ataque, los equipos de los usuarios legítimos se conectan a este Punto de Acceso falso, siendo de este modo engañados por el intruso. Así se abre la posibilidad, por ejemplo, para realizar ataques del tipo "*man-in-the-middle*" que permitan sustraer contraseñas u otra información confidencial.

### 18.2.4 Instalación de Puntos de Acceso no autorizados

Los Puntos de Acceso y los equipos con tarjetas inalámbricas que son desplegados por algunos usuarios dentro de la propia red de la organización sin contar con la correspondiente autorización, con la intención de poder trabajar "con más libertad", constituyen otro motivo de preocupación para los administradores de las redes. De hecho, estos Puntos de Acceso y equipos no autorizados (conocidos como *Rogue Access Points*) suelen presentar problemas derivados de una configuración insegura debido al desconocimiento de sus usuarios.

## 18.2.5 Interferencias electromagnéticas ("*jamming*")

Las interferencias electromagnéticas contra las redes inalámbricas pueden afectar seriamente a su rendimiento, provocando ataques de Denegación de Servicio (DoS).

Así, por ejemplo, en mayo de 2004 estudiantes de una universidad australiana describían una vulnerabilidad intrínseca al protocolo 802.11 que podía ser utilizada para realizar un ataque de Denegación de Servicio. Para ello, bastaba con utilizar agendas electrónicas (PDAs) con una conexión Wi-Fi para poder perturbar la señal emitida por los Puntos de Acceso de una red inalámbrica, de forma que el resto de nodos y otros Puntos de Acceso de la red afectada situados dentro del rango de alcance de la señal quedasen inhabilitados durante el transcurso de la interferencia, ya que éstos detectarían que todos los canales de radiofrecuencia se encontraban ocupados.

Desde el punto de vista de los equipos de los usuarios, el efecto perceptible de estas interferencias y ataques de Denegación de Servicio es que la red inalámbrica se encuentra colapsada de tráfico y no permite la transmisión o recepción de datos.

## 18.2.6 Descubriendo redes inalámbricas desde redes cableadas

Los Puntos de Acceso de una red inalámbrica son dispositivos de red como los *switches* y los *routers*, y suelen incorporar funciones de configuración remota vía Web y el protocolo de gestión de red SNMP.

Por este motivo, estos Puntos de Acceso podrían ser sondeados desde una conexión a través de la red local cableada (una red tipo Ethernet) para analizar su configuración y obtener información que permita lanzar posteriormente un ataque contra la red inalámbrica.

## 18.2.7 Ataques contra los terminales de usuarios de redes inalámbricas

Los ataques contra los terminales de los usuarios se pueden producir en redes públicas ("*hotspots*") ubicadas en aeropuertos, cafeterías, estaciones de tren, hoteles y palacios de congresos, por parte de usuarios maliciosos que traten de acceder o engañar a los equipos de otros usuarios.

Asimismo, conviene tener en cuenta que en la actualidad muchos ordenadores portátiles y agendas electrónicas incorporan tarjetas inalámbricas configuradas para trabajar de forma automática en redes inalámbricas, sin que sea necesaria la intervención del usuario (de hecho, muchos propietarios de ordenadores portátiles pueden no ser conscientes de esta nueva funcionalidad). Un atacante podría descubrir la existencia de uno de estos equipos, para tratar de comprometer su seguridad a través de la conexión inalámbrica, mediante la instalación de un troyano o de un *"keylogger"*, o bien explotando un agujero de seguridad de su sistema operativo. De este modo, el atacante podría tener acceso a los recursos e información de este equipo, conectándose además en su nombre a los servicios de Internet.

### 18.2.8 *"WarDriving"* y *"WarChalking"*

Las prácticas conocidas como *"WarDriving"* y *"WarChalking"* se hicieron muy populares a partir el año 2001.

Mediante la práctica conocida como *"WarDriving"* unos individuos equipados con el material apropiado (ordenador portátil o agenda electrónica, tarjeta de red inalámbrica –WNIC– y antena de radiofrecuencia) tratan de localizar puntos de acceso a redes inalámbricas (nodos). Herramientas disponibles en Internet como AirSnort o NetStumbler facilitan además esta tarea.

Por su parte, las prácticas que reciben el nombre de *"WarChalking"* consisten en dibujar una serie de símbolos en las paredes o aceras para indicar la presencia de un acceso inalámbrico, especificando el tipo de nodo y sus características (ancho de banda, si utiliza el protocolo WEP, etcétera).

*Figura 18.4. WarChalking*

Además, como complemento de estas prácticas los atacantes pueden localizar en Internet numerosas bases de datos y mapas de redes inalámbricas, como NodeDB (www.nodedb.com).

## 18.3 EL PROTOCOLO WEP

El protocolo WEP (*Wired Equivalent Privacy*) es el sistema de cifrado estándar aprobado en la norma 802.11b. Pretende ofrecer un nivel de seguridad en una red inalámbrica equivalente al de una red de cable.

WEP contempla dos fases en su funcionamiento:

1. Autenticación del terminal.

2. Cifrado de los datos mediante un algoritmo simétrico y claves de "64" ó "128" bits.

Los fabricantes de productos para redes inalámbricas anunciaron el lanzamiento de WEP como un sistema muy seguro, sobre todo cuando decidieron emplear claves de "128" bits (cuando en realidad el tamaño se reduce a 104 bits) en sus productos. Sin embargo, los técnicos sólo habían indicado en sus especificaciones iniciales que se trataba de un sistema "razonablemente seguro". De este modo, desde el punto de vista del marketing se trasladó al mercado la idea de que el sistema WEP era mucho más seguro de lo que realmente podía ofrecer la tecnología utilizada, situación que posteriormente se vio agravada por el descubrimiento de varias limitaciones y fallos en su diseño.

Para llevar a cabo la autenticación de terminales, en el estándar 802.11b se han previsto dos posibles modalidades:

➢ *Shared Key Authentication* (SKA): se emplea una clave compartida ("*shared key*") para autenticar a los terminales. El Punto de Acceso envía un texto de prueba aleatorio ("desafío") al terminal, que debe cifrarlo usando la clave compartida para demostrar que conoce esta clave. De este modo, no es necesario enviar la clave para autenticarse, ya que sólo basta con demostrar que se conoce.

➢ *Open Systems Authentication* (OSA): no se utiliza ninguna clave (clave abierta), por lo que cualquier estación se podría conectar a la red, simplemente enviando el identificador SSID correcto para esa red inalámbrica. Debemos destacar que realmente en esta modalidad no se produce la autenticación del terminal.

Para el cifrado de los datos que se transmiten vía radio, WEP utiliza el algoritmo de cifrado simétrico RC4, con claves de 64 o 128 bits compartidas entre los equipos conectados a la red. Sin embargo, estas claves no se suelen cambiar con frecuencia, ya que en WEP no se ha previsto un protocolo de intercambio de claves entre los equipos, por lo que éstas se tendrían que cambiar de forma manual en cada equipo y cada Punto de Acceso a la red.

En WEP se reservan 24 bits de la clave para construir el llamado "Vector de Inicialización" (IV), por lo que en realidad el cifrado es de 40 o de 104 bits (se reduce de este modo su robustez frente a ataques de fuerza bruta). El propósito del Vector de Inicialización es garantizar que dos tramas de datos idénticas no produzcan el mismo texto cifrado; para ello, éste se tiene que transmitir sin cifrar como parte integrante de cada trama de datos.

Hay que señalar que RC4 es un algoritmo muy eficiente desde el punto de vista computacional, ya que realiza una operación XOR entre el texto claro y la clave. Por este motivo, se puede ejecutar en un hardware con prestaciones reducidas, como el de las tarjetas de red inalámbricas (WNIC). Además, se trata de una tecnología exportable fuera de Estados Unidos, ya que el algoritmo y el tamaño de las claves no lo convierten en un sistema demasiado robusto a los ojos del gobierno de este país.

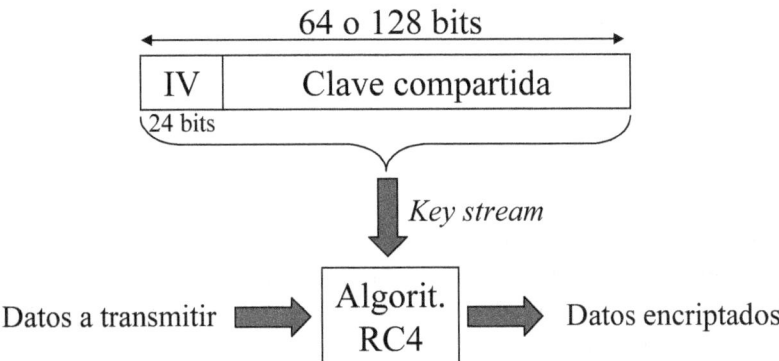

*Figura 18.5. Cifrado de los datos en WEP (clave simétrica y compartida)*

Sin embargo, a pesar de su amplia aceptación, WEP es un protocolo bastante vulnerable, quizá por haber sido desarrollado y comercializado con demasiada rapidez. De hecho, a partir del año 2000 se han venido publicando numerosas vulnerabilidades que afectan a la seguridad de las redes que utilizan este protocolo. Desde el año 2001 se pueden localizar distintas herramientas en Internet capaces de explotar todas estas vulnerabilidades.

Así, herramientas como AirSnort o WEPCrack son capaces de determinar la clave utilizada por el protocolo WEP (sobre todo cuando la clave empleada es estática), analizando para ello varios cientos de Megabytes de tráfico en la red inalámbrica. En redes con mucho tráfico se pueden conseguir en pocas horas un número de tramas suficientes para llevar a cabo los ataques contra el protocolo (de hecho, podría bastar con menos de 7 horas de tráfico en una red con mucha actividad). Sin embargo, para un uso doméstico, debido a que el tráfico es mucho más reducido, WEP todavía podría considerarse como una opción bastante segura.

*Figura 18.6. AirSnort*

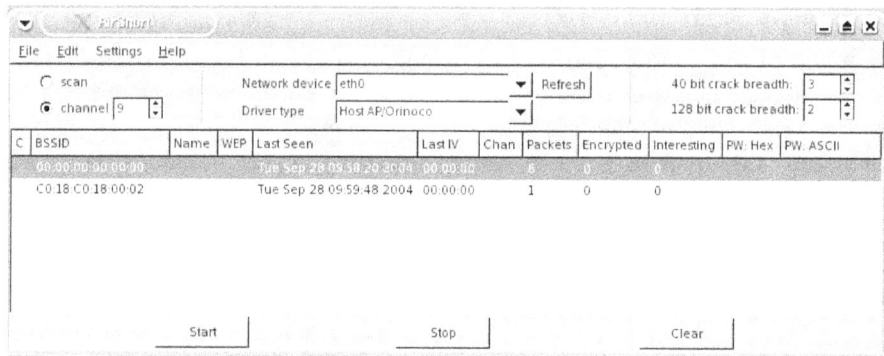

*Figura 18.7. AirSnort*

Estos ataques de fuerza bruta se ven favorecidos por el pequeño tamaño de la clave empleada. No obstante, debido a un diseño poco robusto del protocolo WEP, un aumento del tamaño de la clave tampoco contribuye a mejorar de forma notable la seguridad, ya que la complejidad del protocolo crece linealmente y no de forma exponencial con el incremento del tamaño.

Por otra parte, WEP no ofrece un proceso de autenticación de terminales demasiado seguro. De hecho, no se contempla la autenticación mutua, por lo que un equipo podría conectarse a un Punto de Acceso falso. De este modo, el usuario podría ser "secuestrado" por un atacante, haciéndole creer que se encuentra conectado a la red legítima cuando no es así.

Asimismo, debido a una debilidad importante en el diseño del proceso de autenticación, en la modalidad conocida como Autenticación de Clave Compartida (*Shared Key Authentication*, SKA) se emplea la misma clave que posteriormente se utilizará para cifrar las transmisiones. Conviene destacar que no se recomienda utilizar la misma clave para implementar dos funciones criptográficas distintas, como pueden ser la autenticación y el cifrado, ya que el sistema criptográfico puede resultar más vulnerable a los ataques.

De hecho, en el proceso de Autenticación de Clave Compartida, el Punto de Acceso transmite un texto en claro (desafío), al que debe responder posteriormente el propio terminal con el envío al entorno radioeléctrico del correspondiente texto cifrado, con lo que se ofrece a un atacante una pareja de texto en claro y texto cifrado para comenzar el criptoanálisis, que le permitiría obtener, en caso de éxito, la misma clave que se emplea para cifrar la información transmitida por el equipo del usuario.

Además, WEP es un protocolo vulnerable a ataques de repetición (*replay attacks*), ya que no se dispone de un contador o referencia temporal y no se protege el número de secuencia en las tramas de datos: no se definió esta función en el diseño inicial de WEP, por lo que un atacante podría modificar el número de secuencia de una trama transmitida al medio inalámbrico.

Las claves de cifrado WEP son estáticas, características que dificulta la administración de la red, sobre todo cuando ésta tiene un número importante de equipos, ya que se requiere del cambio manual de las claves en los equipos y Puntos de Acceso.

En definitiva, todos estos problemas y vulnerabilidades de WEP han tenido como consecuencia un cierto descrédito en el mercado de la tecnología de redes inalámbricas, por las continuas noticias sobre los fallos y agujeros de seguridad detectados. Así, muchos directivos y profesionales puede pensar que esta tecnología "es un juguete para usuarios domésticos, pero no para un uso profesional".

## 18.4 ESTÁNDARES PROPUESTOS PARA MEJORAR LA SEGURIDAD DE LAS REDES WIFI

El camino hacia unos estándares más seguros en estas redes dependen en gran medida del grupo de trabajo 802.11i del IEEE, creado específicamente para mejorar la seguridad en las redes inalámbricas.

Para incrementar la seguridad en estas redes se han propuesto dos soluciones:

1. Desarrollar un nuevo protocolo compatible con todo el hardware ya instalado en el mercado, que permita resolver los problemas de seguridad del protocolo WEP: surge así el estándar WPA (*Wi-Fi Protected Access*), aprobado en abril de 2003.

2. Desarrollar en paralelo un nuevo protocolo más robusto, que utilice un nuevo algoritmo criptográfico: se define así el protocolo RSN (*Robust Security Network*), el nuevo estándar oficial del grupo 802.11i, aprobado definitivamente en junio de 2004, que utiliza el algoritmo criptográfico AES (*Advanced Encryption Standard*) para mejorar la seguridad de las redes inalámbricas.

En ambas soluciones se separa el proceso de autenticación del proceso de cifrado de los datos, utilizando para ello dos algoritmos totalmente independientes entre sí.

### 18.4.1 Protocolo WPA – Wi-Fi Protected Access

Se trata de un sistema más robusto que WEP, aprobado en abril de 2003 por la Alianza WiFi (*Wi-Fi Alliance*), dentro del estándar 802.11i.

WPA destaca por su compatibilidad con el hardware ya instalado en el mercado (tarjetas de red y Puntos de Acceso), que utilizaban el algoritmo simétrico RC4 del protocolo WEP como base para el cifrado de las transmisiones.

Asimismo, WPA emplea un nuevo protocolo de cifrado conocido como TKIP ("*Temporal Key Integrity Protocol*"), que permite reforzar la seguridad de las claves y proteger la red contra los ataques por falsificación o por repetición. Conviene destacar que este protocolo es compatible con el hardware utilizado para el algoritmo RC4.

En WPA se utilizan claves de cifrado de 128 bits que se pueden asignar de forma dinámica por usuario y por sesión, por lo que este sistema es mucho más robusto a ataques de fuerza bruta, superando además el problema de las claves estáticas y de tamaño reducido del protocolo WEP.

Por otra parte, para garantizar la integridad de los mensajes se utiliza un código MIC (*Message Integrity Check*), basado en un algoritmo conocido como "Michael", muy eficaz desde el punto de vista computacional, ya que permite realizar los cálculos necesarios sólo mediante desplazamientos y sumas (no requiere de multiplicaciones), por lo que se puede ejecutar en el hardware disponible en las tarjetas inalámbricas y los Puntos de Acceso sin penalizar su rendimiento (es decir, sin degradar las prestaciones de la red).

En comparación con WEP, el Vector de Inicialización (IV) del algoritmo de cifrado incrementa su tamaño de 24 a 48 bits, y se modifica su papel para poder utilizarlo también como contador que permita evitar la réplica de las tramas de datos.

Por último, en WPA se emplea una autenticación de usuarios más robusta, basada en la norma 802.1x y el protocolo de autenticación EAP.

## 18.4.2 Autenticación robusta en redes inalámbricas: estándar 802.1x

Debemos destacar la problemática de la autenticación en las redes inalámbricas, bastante más compleja que en otro tipo de redes. Así, por ejemplo, en un entorno de acceso remoto mediante líneas telefónicas (*módems*), una vez autenticado correctamente el usuario ya no es necesario realizar una autenticación de cada transmisión de datos, puesto que se asume que no se va a producir un "pinchazo" en la línea telefónica para secuestrar la sesión iniciada por el usuario.

En cambio, en una red inalámbrica no sólo basta con la autenticación inicial del usuario, sino que es necesario garantizar que cada trama de datos es auténtica, para evitar un posible "secuestro de sesión" (situación que se podría producir si un usuario malicioso pudiese suplantar la identidad de otro, aprovechando una conexión ya establecida en la red inalámbrica). Para conseguir este requisito de seguridad, se podrían emplear claves de sesión compartidas por el equipo del usuario y el Punto de Acceso al que éste se encuentra asociado, recurriendo a un esquema similar al del protocolo SSL o TLS en las conexiones seguras en Internet entre un navegador y un servidor Web.

El estándar 802.1x, aprobado en 2001, define un método seguro de autenticación y autorización de conexiones a una red local (no necesariamente una red inalámbrica), en el que la autenticación se basa en la identidad del usuario y no en el equipo desde el que se conecta.

En el proceso de autenticación del estándar 802.1x el usuario puede emplear contraseñas o certificados digitales. Además, se recurre a protocolos de autenticación de capa superior (protocolos de autenticación y autorización conocidos como "AAA", *Authentication, Authorization, Accounting*), empleando un Servidor de Autenticación como RADIUS para poder centralizar el proceso de autenticación. De este modo, no es necesario guardar información sobre los usuarios en los Puntos de Acceso, por lo que la administración de la red es bastante más sencilla y se consigue reforzar su seguridad, ya que basta con utilizar una única base de datos centralizada de usuarios de la red.

Por lo tanto, en el estándar 802.1x se distinguen tres elementos: el cliente que pretende autenticarse ("suplicante"), el Punto de Acceso o servidor al que se quiere conectar ("autenticador") y el Servidor de Autenticación.

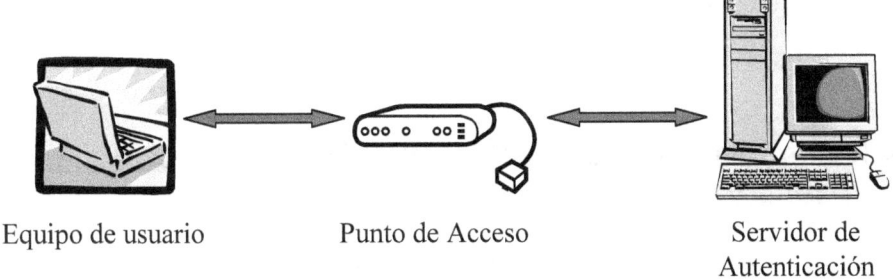

*Figura 18.8. Autenticación de usuario en el estándar 802.1x*

En el esquema de funcionamiento del proceso de autenticación según el estándar 802.1x se distinguen tres pasos o etapas:

1. El equipo de usuario establece la asociación con el Punto de Acceso.

2. El equipo de usuario utiliza el protocolo EAPOL para intercambiar información con el Servidor de Autenticación a través del Punto de Acceso.

3. Si el Servidor de Autenticación autentica al equipo de usuario, éste podrá conectarse a la red a través del Punto de Acceso.

Dentro del estándar 802.1x se emplea EAPOL (*EAP Over LAN*), una variante del protocolo EAP (*Extensible Authentication Protocol*, RFC 2284) para establecer la comunicación entre el equipo del usuario y el Punto de Acceso. Se trata de un protocolo de autenticación de capa superior, que protege las credenciales de los usuarios y la seguridad de los datos. Facilita una autenticación mutua robusta, entre el usuario y la red.

Posteriormente distintos fabricantes han desarrollado versiones específicas del protocolo EAP:

> EAP-TLS desarrollado por Microsoft para Windows XP. Se basa en la utilización de certificados digitales por parte de todos los usuarios, por lo que requiere de una Infraestructura de Clave Pública (PKI), característica que complica su implantación.

> EAP-TTLS, de Certicom, que permite a los usuarios autenticarse mediante un nombre de usuario y una contraseña. Emplea certificados digitales en los servidores de autenticación, mientras que no se requieren para los usuarios.

> EAP-PEAP (*Protected EAP*), desarrollado por Microsoft, Cisco y RSA. No requiere del uso de certificados digitales y permite realizar el proceso de autenticación de forma protegida, ya que se cifran los propios datos de la sesión EAP.

> EAP-LEAP, desarrollado por Cisco.

## 18.4.3 El nuevo estándar WPA2-RSN (*Robust Security Network*)

El nuevo estándar 802.11i WPA2, también conocido por RSN (*Robust Security Network*), se basa en el algoritmo criptográfico AES (*Advanced Encryption Standard*), el sustituto del clásico DES.

Para ello, se recurre a un modo de operación de AES conocido como CCMP (*Counter Mode-CBC MAC Protocol*), que permite garantizar la confidencialidad y la integridad de las tramas de datos transmitidas gracias a las siguientes características:

> "*Counter Mode*" ("Modo Contador"): se emplea un contador para modificar el texto claro antes de cifrarlo, consiguiendo de este modo que un mismo bloque de texto claro genere en distintas ocasiones bloques de texto cifrado distintos.

> Control de la integridad de las tramas mediante el método CBC (*Cipher Block Chaining*), que permite generar un código de integridad para cada trama.

Además, en el estándar RSN se recurre a la generación de claves de sesión para proteger las tramas de datos transmitidas, una vez que se ha superado correctamente el proceso de autenticación. Así, de esta forma se distinguen las claves primarias (claves de usuario, utilizadas en el proceso de autenticación) de las claves temporales o de sesión, empleadas para cifrar las transmisiones de datos en la red inalámbrica.

## 18.5 RECOMENDACIONES PARA REFORZAR LA SEGURIDAD

Para concluir este capítulo se presentan una serie de recomendaciones que permitan reforzar la seguridad de las redes inalámbricas:

1. **Separación de la red inalámbrica de la red local interna de la organización.**

   Los usuarios de la red inalámbrica deberían ser tratados como los que proceden de una conexión remota a través de Internet. Para ello, se pueden instalar cortafuegos que permitan separar los dos entornos, y los usuarios de la red inalámbrica tendrían que autenticarse a través de un servidor de autenticación como RADIUS para poder acceder a la red interna.

   Además, sería conveniente utilizar conexiones seguras recurriendo a protocolos como IPSec, SSL, SSH u otros similares que permiten crear túneles VPN.

2. **Detección de intentos de intrusión en la red inalámbrica.**

   Para implantar esta medida sería necesario instalar equipos receptores en el edificio capaces de detectar señales anómalas, direcciones MAC no registradas o clonadas, el incremento de las tramas de autenticación o la presencia de Puntos de Acceso falsos.

   Se puede recurrir a soluciones comerciales disponibles ya en el mercado, como podría ser Air Defense (www.airdefense.net), un Sistema de Detección de Intrusiones (IDS) para redes inalámbricas.

3. **Configuración más segura de la red inalámbrica.**

   Una configuración más segura requeriría de las siguientes medidas:

   - Utilizar WEP, WPA o, a ser posible, el nuevo protocolo WPA2-RSN, mucho más seguro que los anteriores.

   - Implantar mecanismos de asignación dinámica de claves por usuario y por sesión (requieren de equipos compatibles con el estándar 802.1x).

   - Recurrir a procesos de autenticación mutua y robusta entre los terminales y los Puntos de Acceso.

- Utilizar el filtrado de direcciones MAC mediante Listas de Control de Acceso.

- Cambiar los claves y configuraciones por defecto de los equipos y los Puntos de Acceso.

- Cambiar con frecuencia las claves de los equipos.

- Inhabilitar la difusión del identificador SSID de la red por parte de los Puntos de Acceso ("*beacon*"), así como la respuesta a las tramas de sondeo ("*probe request*" dirigidas a la dirección de difusión –*broadcast*–).

- Inhabilitar el servicio DHCP para la red inalámbrica, empleando direcciones IP fijas para los equipos.

- Actualizar de forma periódica el *firmware* de los Puntos de Acceso y los controladores (*drivers*) de las tarjetas de red para subsanar posibles agujeros de seguridad.

- Inhabilitar los servicios y protocolos que no se consideren esenciales en los Puntos de Acceso (configuración remota vía Web, protocolo SNMP, etcétera), y proteger el acceso a las herramientas de configuración de estos dispositivos.

- Desconectar la red inalámbrica cuando no esté siendo utilizada (por las noches o durante los fines de semana).

4. **Instalar herramientas que permitan analizar vulnerabilidades en redes inalámbricas.**

   Algunas aplicaciones para analizar vulnerabilidades incorporan ya herramientas para detectar vulnerabilidades en redes inalámbricas.

5. **Medidas físicas en el edificio de la organización.**

   Es necesario considerar la seguridad física de los Puntos de Acceso y de otros equipos de la infraestructura de red local (como *hubs* y *switches*), para impedir que éstos puedan ser manipulados por usuarios no autorizados.

   Asimismo, conviene utilizar algunos materiales atenuantes en el perímetro exterior del edificio, para poder reducir el nivel de las señales electromagnéticas generadas por las redes inalámbricas, evitando de este modo que se propaguen fuera del edificio. Algunos de estos materiales podrían ser:

- Una cobertura metálica en las paredes exteriores (podría servir con una pintura metálica).

- Vidrio aislante térmico en las ventanas.

- Persianas venecianas de metal (en sustitución de las de plástico).

Por otra parte, la limitación de la potencia de transmisión de los dispositivos y Puntos de Acceso permite reducir las emisiones hacia el exterior. Hay que tener en cuenta que a mayor potencia de transmisión, se producen mayores interferencias entre los propios Puntos de Acceso (provocando un menor rendimiento de la red), así como un mayor nivel de señal fuera de las propias oficinas o instalaciones de la organización, facilitando su detección por parte de los atacantes. Por este mismo motivo, conviene situar los Puntos de Acceso lejos de las paredes exteriores del edificio.

## 18.6 REFERENCIAS DE INTERÉS

*Sniffers* y herramientas similares para redes inalámbricas:

- ✓ NetStumbler: http://www.netstumbler.org/.
- ✓ AiroPeek y OmniPeek: http://www.wildpackets.com/.
- ✓ Ethereal: http://www.ethereal.com/.
- ✓ Kismet: http://www.kismetwireless.net/.

Localización de redes inalámbricas:

- ✓ NodeDB: http://www.nodedb.com/.

# Capítulo 19

# DESARROLLO SEGURO DE APLICACIONES EN INTERNET

## 19.1 LOS PROBLEMAS DE SEGURIDAD EN LAS APLICACIONES WEB

Según un estudio realizado durante los últimos años por WebCohort y publicado en febrero de 2004, el 90% de las aplicaciones Web era vulnerable ante algún tipo de ataque. En estos datos se incluían Websites de comercio electrónico, banca online, comercio B2B o Administración Electrónica. Teniendo en cuenta los datos publicados en este estudio, los problemas más comunes en las aplicaciones basadas en el Web eran las vulnerabilidades ante ataques del tipo *"Cross-Site Scripting"* (80%), inyección de código SQL (62%) o falsificación de parámetros y datos de entrada (60%). Debido a estos problemas de seguridad, los atacantes podrían acceder a datos confidenciales, modificar la información alojada en el servidor Web o tomar el control remoto del servidor mediante la ejecución de comandos del sistema operativo.

Este tipo de ataques que explotan alguna vulnerabilidad de la aplicación que se ejecuta en el servidor Web utilizan el propio protocolo HTTP, por lo que pueden saltarse dispositivos como los cortafuegos o los Sistemas de Detección de Intrusiones (IDS).

Podríamos citar miles de ejemplos de fallos de diseño y programación en aplicaciones basadas en un entorno Web, pero nos limitaremos a citar algunos casos concretos que, a día de hoy, ya han sido totalmente resueltos:

Así, en septiembre de 2004 se daba a conocer una vulnerabilidad que afectaba al carro de la compra del centro comercial virtual "Yahoo!Store" del famoso portal Yahoo! (http://store.yahoo.com/), por el que un usuario remoto podría modificar el precio de los productos que iba a adquirir en una de sus tiendas virtuales. Yahoo! fue puesto al corriente de esta vulnerabilidad el 15 de agosto, aplicando una corrección el día 8 de septiembre de 2004 y notificándolo a los propietarios de las tiendas virtuales afectadas.

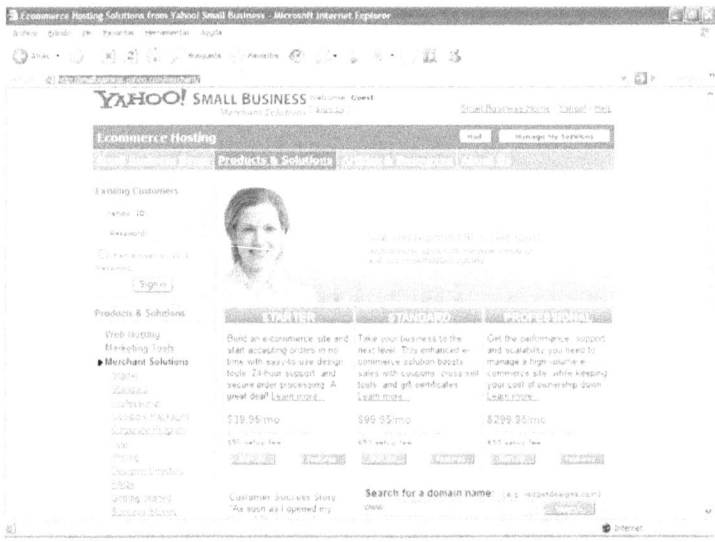

*Figura 19.1. Yahoo!Store" (http://store.yahoo.com/)*

En este caso, durante la transacción correspondiente a una compra un usuario remoto podría enviar una respuesta HTML modificada a Yahoo!Store con una opción no válida del producto seleccionado, o bien con una opción válida pero con un precio modificado. El sistema de gestión de pedidos de Yahoo!Store aceptaría la orden del cliente utilizando el precio o la configuración indicada por éste en su petición, de tal modo que si el proveedor de dicho producto no se preocupase de revisar la petición antes de darla por válida, el producto se podría vender con un precio o con unas opciones de configuración incorrectas.

En el sistema de gestión de pedidos de Yahoo!Store las listas de configuración de los productos permiten especificar la compra de accesorios adicionales, distintos tamaños del producto en cuestión, contratación de garantías o varias modalidades de transporte. Así, por ejemplo, una de estas opciones referida a la posibilidad de contratar un transporte urgente para el pedido es la que se presenta en el siguiente código en HTML:

```
<SELECT NAME="Express Shipping">
<OPTION>No</OPTION>
<OPTION>Yes (+8.95)</OPTION>
</SELECT>
```

En España podríamos citar los casos dados a conocer en junio de 2003, que afectaban a los Websites de la entidad financiera Uno-e y de la empresa líder en comercio B2C, El Corte Inglés. En el caso de Uno-e, simplemente modificando en la dirección URL de la página web el parámetro con el identificador de un usuario, era posible acceder a los datos de otro usuario sin que fuera necesaria una nueva autenticación por parte del servidor de la entidad financiera (sin embargo, no se podía realizar ninguna operación con estos datos, por lo que el fallo sólo permitía tener acceso a información que debería ser confidencial).

Por su parte, el Website de El Corte Inglés era vulnerable a una ataque del tipo "*Cross-Site Scripting*", por lo que un atacante podría aprovechar esta vulnerabilidad para crear un formulario de identificación falso con el que engañar a los posibles clientes de esta empresa, con la finalidad de obtener sus datos o tratar de secuestrar su sesión, mediante el robo de las "*cookies*" de datos del usuario.

Por último, citaremos otro ejemplo de un fallo de seguridad bastante importante en la programación de un servidor Web, que afortunadamente también ya está resuelto. Se trata de la página web de la compañía Air Europa, que presentaba bastantes deficiencias en su seguridad a finales del año 2002, como ilustraremos en las siguientes pantallas.

Supongamos que un cliente deseaba adquirir un billete de avión para realizar un viaje entre Santiago y Londres, vía Madrid, aprovechando las ofertas de su página web (www.aireuropa.com) por la Navidad de 2002.

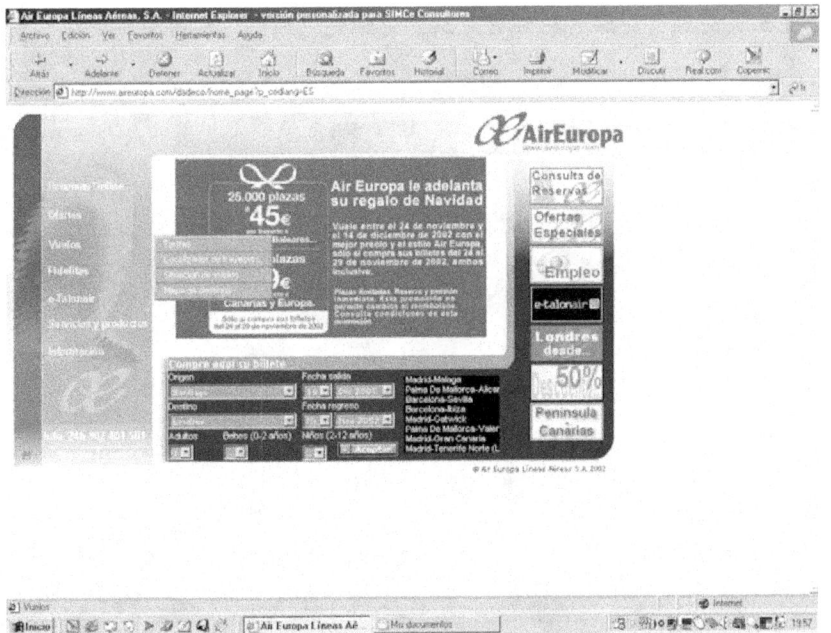

*Figura 19.2. Página Web de Air Europa en diciembre de 2002*

El cliente seleccionaba el origen y el destino de su viaje, Santiago y Londres, respectivamente:

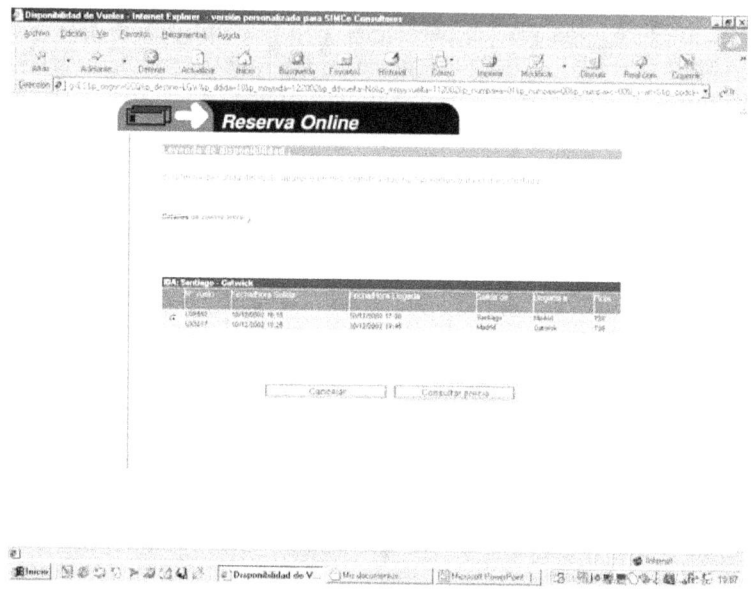

*Figura 19.3. Air Europa (dic. 2002) – Selección de destino*

A continuación se muestran varios tipos de billetes y el precio aplicable en cada caso:

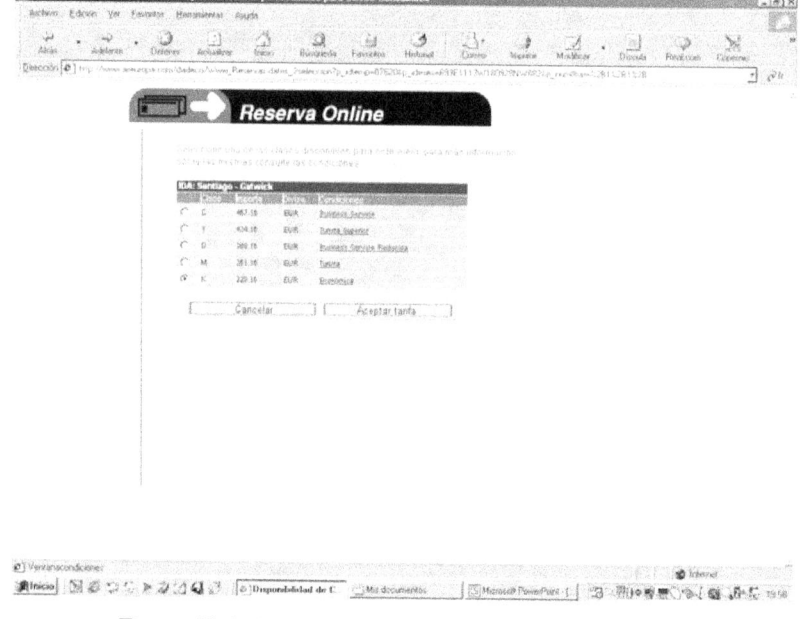

*Figura 19.4. Air Europa (dic. 2002) – Precio del billete*

El cliente seleccionaba la opción más económica, por un importe oficial de 229,15 €, haciendo clic en el correspondiente botón para aceptar esta tarifa:

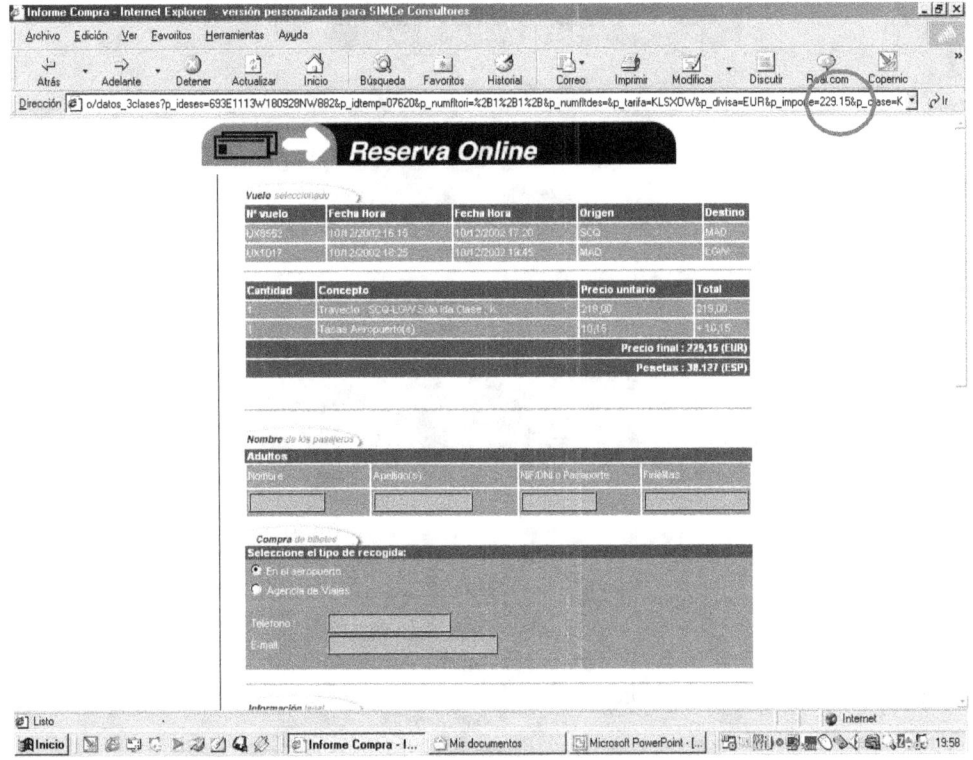

Figura 19.5. Air Europa (dic. 2002) – Confirmación tarifa y billete

En este caso se había cometido un grave error de programación, al pasar el precio del billete como un parámetro incluido en la propia dirección URL de la página web. Además, se solicitaban los datos del cliente sin utilizar una conexión a través de un servidor Web seguro (servidor SSL), que permitiese cifrar la comunicación y garantizar la confidencialidad e integridad de los datos.

Por este motivo, el usuario podría modificar el precio mostrado en la dirección URL de la página web (que además se acompañaba de una etiqueta descriptiva con el texto "p_importe", para simplificar aún más esta tarea), tecleando una cantidad distinta a la de la tarifa oficial del billete y haciendo de nuevo clic en la caja de direcciones para actualizar el contenido de la página web. En el ejemplo de la siguiente pantalla se tecleó 9,15 € en lugar del importe inicialmente propuesto de 229,15 €:

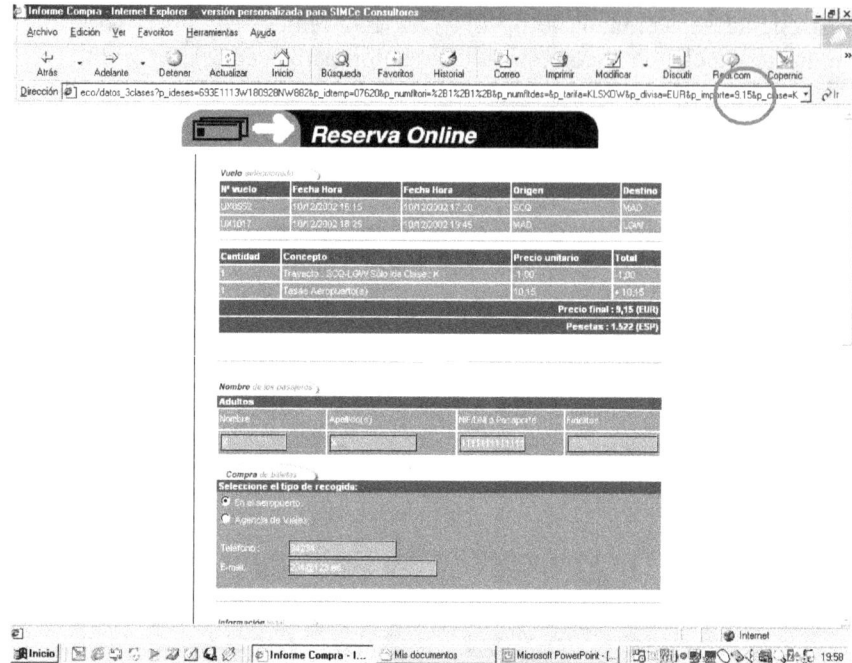

*Figura 19.6. Air Europa (dic. 2002) – Manipulación del precio del billete*

A continuación se confirmaba la operación con los datos del cliente y la modalidad de pago seleccionada:

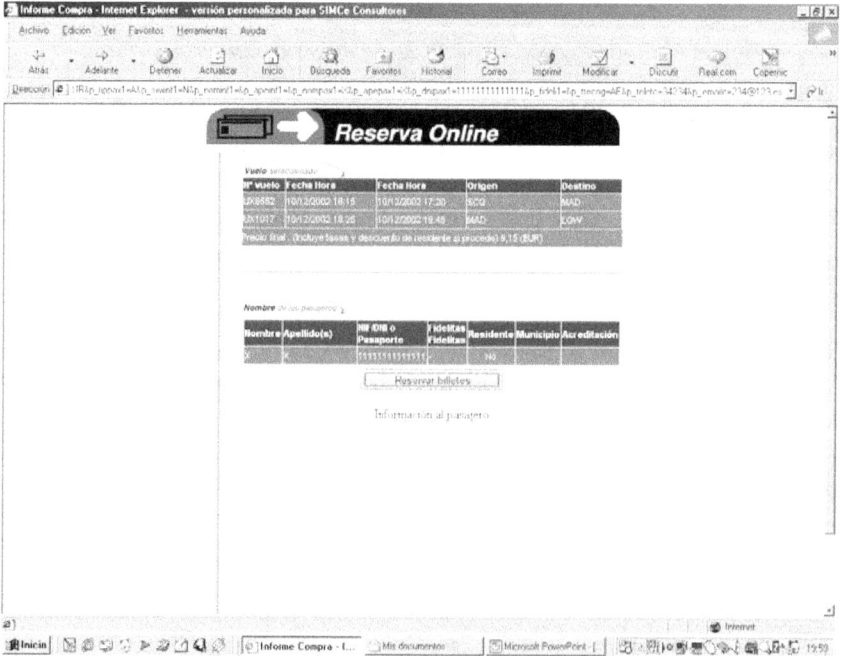

*Figura 19.7. Air Europa (dic. 2002) – Validación de la operación y reserva de billetes*

En este caso, al no realizar la comprobación de los datos recibidos, el propio sistema informático de Air Europa se conectaba a la pasarela de pagos de la entidad financiera con la que trabajaba esta compañía aérea en ese momento, indicando que se debía cobrar al cliente una cantidad de 9,15 € para cerrar la compra del billete:

*Figura 19.8. Air Europa (dic. 2002) – Conexión a la pasarela de pagos del banco*

## 19.2 EL MODELO DE DESARROLLO DE APLICACIONES BASADAS EN EL WEB

Dentro del *World Wide Web* es posible utilizar el navegador como un cliente universal para acceder a las aplicaciones y a los datos cargados en los servidores Web de la red de una organización, permitiendo la interoperabilidad de distintos sistemas informáticos.

De hecho, se ha desarrollado un nuevo modelo de acceso a aplicaciones de gestión y bases de datos basado en una arquitectura de tres niveles, en la que intervienen el navegador Web que actúa como cliente universal, el servidor Web corporativo y el servidor de aplicaciones de gestión y de acceso a bases de datos.

Por lo tanto, los elementos fundamentales de la arquitectura de tres niveles son los que se presentan a continuación:

> ➢ **Interfaz o nivel de cliente, realizada por el Servidor Web:** se encarga de la presentación y captación de la información, además de contener ciertas reglas de validación de datos.

> **Reglas de negocio, implementadas por el Servidor de Aplicaciones:** son las encargadas de gestionar los datos de acuerdo con las funcionalidades previstas por el negocio.

> **Acceso a datos o base de datos, gestionado por el Servidor de Bases de Datos:** se encarga de almacenar y recuperar los datos o el acceso a sistemas heredados.

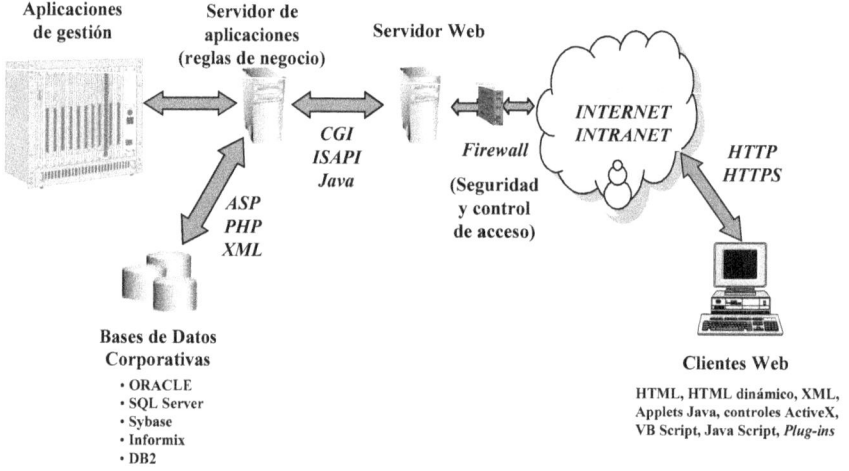

*Figura 19.9. Arquitectura de tres niveles*

# 19.3 DESARROLLO DE APLICACIONES WEB SEGURAS

## 19.3.1 Principios fundamentales y recomendaciones básicas de seguridad

En el desarrollo de una aplicación Web es necesario contemplar los siguientes procesos críticos:

> Proceso de autenticación del usuario, a través de la validación de las correspondientes credenciales.

> Autorización, teniendo en cuenta los permisos de acceso a los distintos recursos lógicos del sistema.

> Gestión de las sesiones de los usuarios, mediante un adecuado seguimiento del estado de cada sesión.

➢ Cifrado de los datos sensibles, para garantizar la confidencialidad, integridad y autenticidad de la información, teniendo en cuenta que se van a utilizar redes públicas como Internet para realizar todo tipo de transacciones.

➢ Disponibilidad del servicio.

En relación con la gestión de las sesiones, debemos tener en cuenta una importante limitación debido al diseño inicial del protocolo HTTP, ya que éste es un protocolo sin estado, de modo que cada petición a un servidor Web es tratada de forma independiente de las anteriores. Por este motivo, se han tenido que definir mecanismos, como las "*cookies*" o las variables de sesión del servidor, para poder preservar la información de la sesión entre distintas peticiones de un mismo usuario.

En este contexto, podemos proponer una serie de recomendaciones y principios básicos con el fin de diseñar y construir aplicaciones Web más seguras, que se presentan en los siguientes párrafos.

En primer lugar, debemos tener en cuenta que la seguridad por el "oscurantismo" no es una buena práctica. Los posibles atacantes podrían descubrir las técnicas utilizadas para proteger el servidor Web, por lo que es necesario recurrir a sistemas suficientemente robustos y fiables.

Asimismo, conviene estudiar de forma detallada las configuraciones por defecto de muchas aplicaciones y servicios comerciales, ya que en muchos casos éstas suelen trabajar con niveles bajos de seguridad e incluyen cuentas de usuario genéricas o conocidas que convendría eliminar o desactivar. De hecho, lo recomendable sería que estas aplicaciones adoptasen la política "*secure by default*" (seguro en la configuración por defecto), pero no siempre es así.

Se deberían instalar sólo los servicios mínimos necesarios en cada máquina, diseñando además un sistema totalmente compartimentalizado, mediante la separación de privilegios entre distintas cuentas de usuarios, otorgando los privilegios mínimos necesarios para cada usuario o grupo de usuarios. Los procesos que se vayan a ejecutar en el sistema deberían hacerlo con los privilegios mínimos necesarios.

En virtud del principio de "Defensa en Profundidad", se tendrían que adoptar los mecanismos de seguridad suficientes en distintos niveles o capas. Además, conviene utilizar en todo momento componentes software de confianza.

Otra regla de oro es procurar que no se ofrezca información de interés a los posibles atacantes. Por este motivo, conviene eliminar los comentarios de las páginas HTML, así como los ficheros de pruebas, copias de seguridad o ficheros no utilizados de los directorios publicados por el servidor Web. Otras medidas a tener en cuenta serían el control del código fuente que puede recibir el usuario en una página web (código en lenguaje *Script*), limitar la información incluida en los mensajes de error u otros mensajes que la aplicación puede mostrar al usuario, así como configurar el servidor Web para impedir que se puedan listar o navegar a través de los directorios (en este caso, también se podría incluir un fichero "index.htm" por defecto en cada directorio).

Por otra parte, los mecanismos de seguridad deben diseñarse para que sean lo más sencillos posibles, tratando de evitar complicaciones innecesarias para los usuarios.

Los propios analistas y programadores deberían utilizar un entorno de desarrollo seguro, con un lenguaje de programación que facilite la codificación segura, sometiendo a la aplicación a distintas pruebas de seguridad:

- Validación del diseño inicial en papel.
- Utilización de analizadores de código fuente para detectar errores lógicos y de codificación.
- Utilización de herramientas especializadas en la detección y análisis de vulnerabilidades, como Canvas (http://www.immunitysec.com/products-canvas.shtml).
- Diseño de casos de prueba para proceder a la verificación de la aplicación.
- Validación de la interfaz de usuario.

En todo momento se debe recordar una regla básica: un navegador no es una aplicación cliente de confianza. Además, ésta se encuentra en manos de un usuario no técnico y que tampoco resulta de confianza, por lo que los desarrolladores deberán centrar sus esfuerzos en reforzar la parte del servidor.

Por todo ello, nunca nos deberíamos fiar de la información enviada desde un navegador, sin que antes haya sido filtrada y revisada convenientemente por el servidor. Cualquier usuario podría visualizar el código y modificar el contenido de una página web descargada por un navegador utilizando un simple editor de texto. Además, mediante herramientas como WebSleuth (http://sandsprite.com) se pueden interceptar y modificar los datos enviados desde el navegador al servidor Web (como las cabeceras HTTP o el valor de las "*cookies*").

No es recomendable incluir información sensible en campos ocultos de un formulario, como podría ser el caso del precio de un producto, el importe de una compra o la tarjeta en la que se va a cargar la operación. Tampoco es recomendable fiarse de la validación de los datos de entrada realizada en el propio navegador a través de lenguajes *scripts* ("*client-side scripting*"), que podrían ser modificados por un usuario con los suficientes conocimientos técnicos.

Del mismo modo, nunca se debería aceptar un identificador de sesión enviado directamente por un navegador en su primera petición a un servidor, ya que podría tratarse de un intento de secuestro de una sesión correspondiente a otro usuario. Se supone que es el servidor y no el equipo cliente el que tiene que asignar un identificador de sesión a cada nueva conexión realizada por un usuario.

Por último, quizá el aspecto más importante es la adecuada sensibilización de la gerencia y de los propios analistas y programadores. En muchos proyectos se ha priorizado la reducción de costes y la reducción de los plazos ("*time-to-market*") en detrimento de la seguridad. Conviene, por lo tanto, trabajar para conseguir que la organización considere la seguridad como un objetivo prioritario en el desarrollo de todas sus aplicaciones.

## 19.3.2 Actividades para el desarrollo seguro de aplicaciones

### 19.3.2.1 PROTECCIÓN DE LA INFORMACIÓN TRANSMITIDA

Un aspecto de gran importancia en el desarrollo de aplicaciones Web es garantizar la confidencialidad e integridad de los datos intercambiados entre el equipo cliente y el servidor Web.

Debemos tener en cuenta que para el intercambio de datos e información entre el cliente y el servidor Web, el protocolo HTTP contempla varios tipos de comandos o métodos:

- **GET:** utilizado para recibir información del servidor, empleando para ello la propia dirección URL de la petición. Dado que los datos intercambiados se muestran en la dirección URL, este método no ofrece ninguna seguridad.

- **POST:** método utilizado para recibir y/o enviar información del servidor a través de variables de sesión, sin utilizar la propia dirección URL, por lo que los datos intercambiados no se visualizan en la URL.

- **HEAD:** utilizado para obtener meta-información sobre un objeto del servidor como, por ejemplo, el tamaño de un fichero, sin tener que llegar a descargarlo.

- **PUT:** petición del cliente para guardar un determinado objeto en una carpeta del servidor. En el envío del objeto a través del método PUT se especifica la localización de destino en la propia petición. En cambio, cuando se envía información a través del método POST, en la petición se indica el programa del servidor que se debe encargar de procesar dicha información, pero no se especifica la localización donde ubicarla, por lo que se trata de un método más seguro. Por este motivo, los servidores Web deberían restringir la utilización del método PUT.

- **DELETE:** petición del cliente para eliminar un determinado objeto del servidor Web.

Es recomendable enviar la información sensible desde el cliente al servidor a través de peticiones POST. Las peticiones GET muestran los datos en la propia URL de la página web (datos *"URL-encoded"*) y éstos quedan además registrados en el historial del navegador, por lo que podrían ser revelados a terceros.

Los datos y parámetros enviados a través de una dirección URL (*"URL query string"*) están constituidos por parejas de nombres y valores, de acuerdo con la sintaxis:

> ? <variable> = <valor>

Como ejemplo, la petición http://www.google.com?search&q=seguridad se corresponde con la realización de una búsqueda en Google sobre la palabra clave "seguridad". Así, la expresión "q=seguridad" indica que se está realizando la pregunta (q = *"question"*) sobre la palabra "seguridad".

Los datos enviados a través de una dirección URL también podrían ser almacenados en la memoria caché de un servidor *proxy* o en el registro de actividad (*"log"*) de un servidor Web. Asimismo, a través de una cabecera Referrer HTTP estos datos incluidos en la propia URL podrían ser enviados a otros Websites, o incluso a anunciantes que vayan a insertar un *banner* en la página web visitada por el usuario.

Para el envío de información más sensible, como las credenciales para la autenticación de un usuario o los datos de una transacción o compra en Internet, se recomienda utilizar una conexión cifrada mediante protocolos como SSL o TLS.

De hecho, sería conveniente forzar una conexión segura SSL o TLS desde el principio, sobre todo en determinado tipo de Websites, como en los servicios de banca electrónica. En otro caso, se podría redirigir al usuario a una página que comience por HTTPS en cuanto vaya a tener lugar el intercambio de información más sensible.

Mediante el cifrado es posible garantizar la confidencialidad e integridad de la información, evitando el secuestro de sesiones, los ataques de repetición (*"replay attacks"*) o la manipulación por terceros de la información intercambiada entre el cliente y el servidor.

Como desventaja habría que destacar el mayor coste computacional (tanto en el servidor Web como en el navegador del usuario) y un mayor consumo de ancho de banda debido a la utilización de los protocolos criptográficos.

## 19.3.2.2 AUTENTICACIÓN DEL USUARIO

En el desarrollo de aplicaciones Web conviene llevar a cabo una revisión cuidadosa de los procesos de registro, modificación de datos y recuperación de contraseñas de un usuario. En la práctica se suele implantar un sistema de autenticación de usuarios basado en un nombre de usuario y contraseña.

La autenticación básica es la forma más sencilla, en la que se transmite el identificador y la contraseña del usuario sin cifrar entre el equipo cliente y el servidor Web. Se podría reforzar la seguridad en este tipo de autenticación utilizando una conexión SSL que permita transmitir la información cifrada entre el cliente y el servidor Web.

La autenticación basada en un Protocolo de Desafío/Respuesta es mucho más robusta, puesto que no se tiene que transmitir la contraseña del usuario a través de la red. El proceso de identificación y autenticación del usuario no proporciona ninguna información a posibles intrusos, ya que el usuario simplemente debe demostrar ante el servidor Web que conoce un secreto compartido por ambos (como podría ser la contraseña correspondiente a ese usuario).

Asimismo, también se podría implementar un sistema de autenticación basado en Certificados Digitales de cliente, mediante protocolos como SSLv3 o SET.

No es recomendable fiarse en el servidor Web del "*referrer*" (página web de procedencia), del nombre DNS de la máquina o de su dirección IP, ya que éstos podrían ser falseados mediante ataques de "*spoofing*". Así, por ejemplo, un usuario malicioso podría modificar las cabeceras HTTP en una sesión entre un navegador y un servidor Web.

Por este motivo, en las aplicaciones más críticas será conveniente recurrir a certificados digitales para validar la autenticidad de los usuarios. Además, se recomienda realizar una redirección a una nueva página tras superar el proceso de autenticación. De este modo, gracias a la redirección tras el proceso de autenticación otro usuario no podría utilizar el historial del navegador en el mismo equipo para volver atrás y visualizar una página privada del usuario anterior.

En el servidor Web se debería bloquear la cuenta de un usuario tras varios intentos consecutivos de autenticación que resulten fallidos. Se trata de una medida necesaria para impedir los ataques de fuerza bruta.

Por otra parte, en algunos servidores Web se empiezan a implantar determinadas contramedidas para comprobar que el interlocutor del servicio Web es un ser humano y no un robot (conocido como agente Web o "*webcrawler*") que intente establecer una sesión presentando unas credenciales para tener acceso a determinada información o a ciertos servicios. De esta forma, el servidor Web puede controlar operaciones como la creación de cuentas de correo o el acceso a información sobre el registro de nombres de dominio, que en algunos casos estaban siendo realizadas de forma masiva por este tipo de robots digitales en Internet.

Para llevar a cabo esta comprobación sobre la naturaleza humana del interlocutor ("*prove-you're-human countermeasure*"), se solicita responder a un problema de muy fácil solución para una persona, pero que resulta prácticamente imposible de resolver para un ordenador. La medida más utilizada en la práctica consiste en generar de forma dinámica una imagen que contenga una determinada secuencia alfanumérica en su interior, solicitando a continuación al interlocutor que teclee en el campo de un formulario dicha secuencia alfanumérica. Para imposibilitar el reconocimiento de la secuencia mediante un algoritmo de OCR (Reconocimiento Óptico de Caracteres), se somete a la imagen a operaciones como el mezclado de fuentes, generación de ruido y otros cambios de las características visuales, que la hacen indistinguible para un ordenador.

*Figura 19.10. Ejemplo de contramedida para la comprobación de que el interlocutor de un servidor Web es un humano y no un robot*

Entre las distintas herramientas disponibles en el mercado para implementar este tipo de contramedidas de comprobación de la naturaleza humana del interlocutor de un Website, podemos destacar a CAPTCHA (www.captcha.net).

*Figura 19.11. CAPTCHA*

Por último, en el proceso de autenticación de usuarios en una aplicación Web también es necesario contemplar la situación bastante habitual de que un usuario se olvide de su contraseña. En este caso, se pueden adoptar las siguientes estrategias para la recuperación de las contraseñas de los usuarios:

> ➢ Pregunta/respuesta previamente registrada por el usuario: el usuario debe responder correctamente a una determinada pregunta (el nombre de su mascota favorita, su primer colegio, etcétera) que él mismo habría indicado en el momento del registro en el servidor Web, antes de que se pueda mostrar su contraseña a través de una página web.

> Envío de la contraseña a la dirección de correo electrónico indicada en el momento de registro del usuario. En este caso, a ser posible, el mensaje de correo debería enviarse cifrado.

### 19.3.2.3 GESTIÓN DE SESIONES DE USUARIO

El protocolo HTTP es, por diseño, un protocolo sin estado ("*stateless*"), de tal modo que cada petición de un ordenador cliente va a ser procesada de forma independiente por parte del servidor Web. Esta característica dificulta la realización de transacciones o el mantenimiento de información sobre el usuario que visita varias páginas de un determinado servidor Web (asociando y relacionando entre sí la información de todas estas páginas web).

Gracias al mantenimiento del estado de una sesión es posible recordar de forma automática dónde se encuentran el usuario y el servidor Web en medio de una determinada "conversación". Así, la información de estado facilita el que se puedan utilizar resultados intermedios en el procesamiento de un pedido o transacción, como podría ser el caso de la selección de distintos productos y cantidades en un carrito de la compra virtual; recordar decisiones tomadas por el usuario en su navegación por el Website como, por ejemplo, la selección del idioma de navegación; utilizar información previamente facilitada por el usuario, como podría ser su nombre y domicilio para el envío de unos productos; extender la autenticación del usuario a través de todas las páginas web que visita durante toda la sesión, sin que sea necesario llevar a cabo una reautenticación de éste; etcétera.

Sin embargo, dado que este problema no ha sido contemplado por el protocolo HTTP, muchas de las soluciones diseñadas y programadas para gestionar las sesiones de usuario se han centrado más en el rendimiento del servidor y no tanto en su seguridad. El problema se complica aún más cuando el Website está compuesto por un conjunto de servidores (*cluster*) que se reparten la carga de la atención a las peticiones de los clientes.

Se tiene que recurrir a un mecanismo externo al protocolo HTTP para poder mantener el estado de una sesión, utilizando los denominados "*tokens*" de sesión, "identificadores de sesión" constituidos por cadenas alfanuméricas que se transmiten entre el servidor Web y el cliente. El servidor Web debe encargarse entonces de asignar el "*token*" de sesión al usuario una vez superado correctamente el proceso de autenticación.

Dado que no es recomendable fiarse de los datos de la parte del cliente, ya que podrían ser manipulados por un usuario malicioso, se recomienda utilizar un "*token*" de sesión que haga referencia a propiedades y datos de usuario guardados en la memoria del servidor Web y no en la memoria del equipo cliente.

Asimismo, sería recomendable realizar una transmisión cifrada de los "*tokens*" de sesión para evitar el secuestro de sesiones (*hijacking*). Una forma de proteger la integridad de estos "*tokens*" de sesión consiste en la utilización de una función *hash*, de manera que sea posible comparar el *"token"* enviado por el servidor con el que se recibe en cada momento de la comunicación de parte del cliente.

También conviene tener en cuenta cómo se van a eliminar los *"tokens"* de sesión del equipo del cliente al terminar la conexión con ese servidor Web.

En la práctica se han propuesto varias alternativas para intercambiar estos *"tokens"* de sesión entre el servidor y el cliente:

1. Como parte integrante de la propia dirección URL de una página web (*"URL query strings"*), en una petición GET: parejas de nombres y valores, con la sintaxis: ?<variable>=<valor>.

2. Como parte de la cabecera HTTP en una petición POST.

3. Incluidos en campos ocultos (*hidden fields*) de formularios Web o bien a través de marcos ocultos (*hidden frames*) dentro de una página web.

4. Mediante *"cookies"* que se almacenan en el propio navegador Web y que registran el "identificador de sesión" asignado al usuario por el servidor. En este caso podríamos distinguir entre *"cookies* persistentes" (aquellas que se almacenan en el disco duro del usuario) y *"cookies* no-persistentes" (sólo se guardan en memoria RAM y se destruyen al cerrar el navegador). Asimismo, las *cookies* seguras son aquellas que sólo pueden ser enviadas al servidor al que pertenecen mediante una conexión HTTPS (protocolo criptográfico SSL).

No obstante, las *cookies* (incluso las "no-persistentes") podrían ser modificadas en el equipo del cliente y reenviadas al servidor mediante peticiones URL. Asimismo, ante un fallo de seguridad del navegador o mediante un ataque del tipo *"Cross-Site Scripting"*, personas no autorizadas podrían tener acceso a las *cookies* guardadas en el disco duro del equipo afectado, suplantando de este modo la identidad del usuario ante el servidor Web.

Entre otros consejos a tener en cuenta a la hora de gestionar las sesiones de los usuarios de una aplicación Web, se recomienda definir un *"time-out"* (temporización) de sesión para forzar su expiración ante un período de inactividad por parte del usuario, evitando de este modo problemas de secuestro de sesiones o ataques de fuerza bruta. Asimismo, se deberían bloquear las direcciones IP de equipos desde los que se intenten realizar ataques de fuerza bruta contra el servidor Web.

También es conveniente proceder a una re-autenticación del usuario antes de realizar operaciones especialmente sensibles, como la confirmación de transferencias de dinero desde una cuenta corriente en un servicio de banca electrónica.

Entre los principales problemas que se deberían tratar de evitar a la hora de gestionar las sesiones en una aplicación Web, podemos destacar los siguientes:

> ➢ Secuestro de una sesión de usuario activa (*hijack*), situación que podría ocurrir, por ejemplo, si un intruso pudiera capturar una "*cookie*" con los datos del identificador de sesión.

> ➢ Ataques de repetición ("*replay attacks*"), consistentes en el reenvío de mensajes que ya habían sido intercambiados entre el cliente y el servidor Web.

> ➢ Generación de un "*token*" de sesión válido por parte de un atacante que pretenda engañar al sistema.

> ➢ Manipulación de "*cookies*" capturadas a través de la red mediante herramientas como WebSleuth, que permiten visualizar y manipular el contenido de las "*cookies*" intercambiadas con el servidor Web.

### 19.3.2.4 VALIDACIÓN DE ENTRADAS Y SALIDAS DE DATOS EN LAS APLICACIONES

Tal y como se ha indicado en un epígrafe anterior, un navegador Web no es una aplicación cliente de confianza. Por ello, el servidor Web nunca se debería fiar directamente de la información enviada desde un navegador, sino que ésta debe ser filtrada y revisada de forma conveniente.

Por supuesto, tampoco es recomendable fiarse de las validaciones realizadas en la parte del cliente, ya que podrían ser fácilmente manipuladas por un atacante que tuviera acceso al código incluido en una página web.

Los programadores podrían limitar el tamaño y el rango de caracteres permitidos en los campos de un formulario Web. Además, conviene controlar el uso de la función de autocompletar los campos de un formulario Web, ya que si ésta se encuentra activa (mediante el atributo "autocomplete=on" asociado a cada campo del formulario), el navegador podría completar de forma automática el contenido de los campos de un formulario utilizando valores introducidos previamente en otras sesiones.

Dado que los campos de un formulario Web, aunque se encuentren ocultos, pueden ser manipulados en el equipo del cliente por un usuario malicioso, el servidor podría generar un resumen o código de integridad[57] de la cadena de texto resultante de concatenar las parejas de nombres y valores de estos campos, antes de enviarlos al cliente, para poder garantizar de esta forma la integridad de todos los parámetros y datos incluidos en los campos de un formulario Web.

---

[57] Mediante una función *hash* o un algoritmo de "digestión" de mensajes.

Debemos tener en cuenta además que un usuario malicioso podría realizar una modificación de las cabeceras HTTP. Una cabecera HTTP contiene información de control que se intercambia entre el servidor Web y el navegador del cliente. Consiste en una serie de líneas en texto ASCII con unos nombres y unos valores, tal y como se muestra en el siguiente ejemplo:

> ➢ Host: www.sitioweb.com
>
> ➢ Pragma: no-cache
>
> ➢ Cache-Control: no-cache
>
> ➢ User-Agent: Lynx/2.8.4dev.9 libwww-FM/2.14
>
> ➢ Referrer: http://www.sitioweb.com/login.asp
>
> ➢ Content-type: application/x-www-form-urlencoded
>
> ➢ Content-length: 52

*Tabla 19.1. Ejemplo de cabecera HTTP*

Un navegador Web no permite modificar estas cabeceras HTTP, pero es posible construir un programa sencillo que realice esta modificación interceptando los datos que se envían entre el equipo cliente y el servidor Web. Mediante la modificación de las cabeceras HTTP es posible sustituir el valor del "Referrer" (URL de la página de la que procede la petición) para falsear una identidad. También se podría manipular el valor del parámetro de configuración "Accepted-Language", donde se especifica el idioma preferido por el usuario, dato que utilizan algunos servidores Web para personalizar sus páginas conforme al perfil del usuario, accediendo para ello a una tabla de una base de datos; un usuario malicioso podría tratar de manipular el valor de este parámetro para inyectar comandos SQL en la base de datos de configuración del servidor Web.

En definitiva, el servidor Web debería adoptar una postura defensiva, monitorizando cualquier actividad inusual o inesperada por parte del usuario para prevenir distintos tipos de ataques, entre los cuales podríamos considerar los siguientes:

> ➢ Prevención de los ataques de tipo "*Cross-Site Scripting*" (XSS).
>
> ➢ Prevención de ataques de inyección de código SQL incluido en entradas de datos.
>
> ➢ Prevención de ataques que realicen una llamada a una función del sistema operativo (ejecución no autorizada de comandos del sistema). Estas llamadas directas al sistema se utilizan en muchos lenguajes de programación para realizar tareas relacionadas como el manejo de ficheros

y directorios, manipular las entradas y salidas de datos de las aplicaciones o enviar correos electrónicos. Mediante este tipo de ataques, un usuario malicioso podría ejecutar, por ejemplo, el intérprete de comandos del sistema operativo (cmd.exe en un entorno Windows)[58].

- ➢ Prevención de ataques que traten de acceder a otras carpetas o directorios dentro del servidor Web, mediante la inclusión de caracteres utilizados para describir las rutas en los sistemas de ficheros: "../". Estos ataques suelen ir combinados con los anteriormente descritos, de inyección de código SQL o de llamadas directas a comandos o funciones del sistema operativo. Para evitarlos, convendría también filtrar cadenas de texto que incluyan los caracteres "../".

- ➢ Prevención de ataques que exploten la Codificación URL exigida por el protocolo HTTP.

En relación con este último tipo de ataques, debemos explicar primero qué es la **Codificación URL**: dado que en una dirección URL[59] no se permiten caracteres No-ASCII (es decir, no son válidos todos aquellos caracteres que se encuentren por encima del valor 128 en la codificación ISO-8859-1), se recurre a la codificación URL, consistente en la utilización de "secuencias de escape" que comienzan con el carácter "%" seguido del código del carácter en hexadecimal.

Así, por ejemplo, de acuerdo con este esquema de codificación, la cadena de texto "http://" se representaría mediante la secuencia de códigos: "http%3A%2F%2F", ya que el carácter ":" tiene asociado el código hexadecimal "3A", mientras que el carácter "/" tiene asociado el código hexadecimal "2F".

Por su parte, la URL http://www.google.com?q=seguridad tendría la siguiente codificación URL: http%3A%2F%2Fwww%2Egoogle%2Ecom%3Fq%3Dseguridad.

No obstante, como cualquier carácter (incluidos los ASCII) puede ser representado mediante el esquema de codificación URL, esta técnica podría ser utilizada para disfrazar muchos tipos de códigos maliciosos que se quieran enviar al servidor Web. Por lo tanto, conviene tener especial cuidado con el juego de caracteres admitido por el servidor Web. Se debería definir el juego de caracteres admitidos en la

---

[58] Así, por ejemplo, un servidor Web con el sistema UNIX o LINUX que espera la introducción de una dirección de correo electrónico en un determinado formulario podría resultar vulnerable a una entrada maliciosa del tipo:

"nombre_correo@dominio.com < /etc/passwd"

que provocaría el envío del fichero "passwd" (con las contraseñas cifradas de los usuarios del servidor) a la dirección de correo electrónico indicada por el usuario malicioso.

[59] La especificación de una dirección URL se define en el documento RFC 1738.

aplicación Web, por medio de las etiquetas HTML: <meta http-equiv="Content-Type" content="text/html"; charset=ISO-8859-1/>.

Para prevenir los ataques que puedan explotar la codificación URL, el servidor Web debería filtrar todos los caracteres con un significado especial en HTML, es decir, todos aquellos que tienen un efecto en el formato o en el comportamiento de una página web: Así, por ejemplo, en el cuerpo de un documento HTML, "<" introduce una etiqueta, mientras que "&" introduce una entidad de carácter. En los atributos, las comillas marcan el final del valor de un atributo y "&" introduce una nueva entidad de carácter. En una URL, "&" denota una entidad de carácter o separa parámetros en una *query string*; el espacio, el tabulador y el carácter de nueva línea indican el final de la URL.

También conviene filtrar el carácter nulo ("\0" o "%00" en la codificación URL), ya que en el lenguaje C el carácter nulo indica el final de una cadena de texto. Dado que muchas aplicaciones Web utilizan funciones de bajo nivel desarrolladas en el lenguaje C, aquellas aplicaciones que no realicen un adecuado filtrado de las entradas de datos, podrían ser engañadas por un usuario malicioso mediante la inserción del carácter nulo en algunos parámetros críticos.

Cuando se emplea la representación UTF-8 (*Unicode Transformation Format*), como una simplificación del juego de caracteres Unicode, hay que tener en cuenta los pasos que sigue una aplicación o un servidor Web para llevar a cabo la "decodificación UTF-8", ya que el filtrado de caracteres conflictivos (como "../") debería realizarse una vez se hayan completado tanto la "decodificación URL" como la posterior "decodificación UTF-8". Realizar este filtrado de caracteres antes de la "decodificación UTF-8" podría dar lugar a la inserción de estos caracteres potencialmente peligrosos.

### 19.3.2.5 INTERACCIÓN ENTRE EL CLIENTE Y EL SERVIDOR WEB

Otra cuestión a considerar en el desarrollo de aplicaciones Web es cómo se produce la interacción entre el navegador del equipo cliente y el servidor Web.

La interacción entre el navegador y el servidor Web es necesaria para poder ofrecer contenidos dinámicos y resolver consultas de acceso a bases de datos. Los primeros servidores Web no tenían ningún medio de acceder a bases de datos y de devolver los resultados de una consulta en forma de HTML. Este problema se resolvió poco después con la aparición de CGI (*Common Gateway Interface*), una especificación que define un medio para que los servidores Web intercambien información con software externo.

A través de la interfaz CGI el servidor procesa la información suministrada por el equipo cliente, utilizando para ello un programa en C, C++, Perl u otros lenguajes de programación, generando a continuación un documento HTML que se devuelve al programa navegador del equipo cliente.

El principal problema de las aplicaciones CGI es su pobre eficiencia en situaciones de carga elevada en el servidor. En efecto, cada vez que un cliente Web hace una referencia a un programa CGI, se crea un proceso totalmente nuevo en el servidor para su ejecución, con la asignación de recursos que ello representa: carga, inicialización y ejecución del código incluido en el programa CGI para, finalmente, generar el código HTML que ha de ser devuelto al navegador. Por este motivo, una elevada tasa de peticiones CGI simultáneas puede acabar desbordando la capacidad de un servidor Web (y podría ser aprovechada esta vulnerabilidad para realizar ataques de Denegación de Servicio contra el servidor).

Para solventar este problema, Netscape y Microsoft crearon sendas Interfaces de Programas de Aplicación (APIs) propietarias para sus servidores Web, *Netscape Server API* (*NSAPI*) e *Internet Services API* (*ISAPI*), introduciendo mejoras notables en el rendimiento, además de incorporar un mayor número de nuevos componentes Web. Sin embargo, las características específicas de cada fabricante dificultan en gran medida la portabilidad de las aplicaciones desarrolladas.

La interfaz CGI asíncrona, también conocida como "*FastCGI*", se ha desarrollado para tratar de combinar las ventajas que ofrece la interfaz CGI (simplicidad, aislamiento de procesos, solución estándar independiente del lenguaje y de la plataforma) con las derivadas de la utilización de APIs propietarias en el servidor (eficiencia y posibilidad de realizar nuevas operaciones en el servidor). Para ello, se simplifica la gestión de procesos encargados de responder a las peticiones en el servidor Web.

Como otra alternativa a la interfaz CGI y a la interacción con el servidor, Sun desarrolló un nuevo lenguaje de programación orientado a objetos, Java, basado en el lenguaje C++, que se caracteriza por ser un lenguaje totalmente independiente de la plataforma en la que se ejecuta, con lo que se garantiza la máxima portabilidad. Con el lenguaje Java se pueden crear aplicaciones denominadas *applets*, que se ejecutan dentro del navegador Web, con lo que se reduce notablemente la necesidad de intercambiar datos con el servidor y la carga de trabajo de éste.

Más recientemente se ha propuesto la utilización de "*servlets*", programas codificados en Java que se ejecutan, como alternativa a la interfaz CGI, en servidores Web. Se trata, pues, de componentes de servidor, independientes de la plataforma (sistema operativo y tipo de servidor HTTP), codificados en Java y que permiten modificar dinámicamente las funciones del servidor. La utilización de *servlets* constituye una de las últimas tendencias en la programación de aplicaciones Web para servidores, con una importante aceptación que crece día a día. Una de sus principales características reside en el hecho de que no precisan de la creación de un nuevo proceso para cada petición, lo que les proporciona una gran ventaja de rendimiento frente a las aplicaciones CGI. Asimismo, un *servlet* puede reenviar solicitudes a otros servidores, lo que permite equilibrar la carga entre los servidores Web de una organización.

Un último mecanismo de interacción con el servidor consiste en integrar comandos especiales en los documentos HTML, que el servidor Web debe analizar y procesar para, de este modo, poder incrustar dinámicamente bloques de datos y contenidos en cada documento que finalmente se envía al navegador Web. La primera de estas técnicas se denominó *"Server Side Includes"* (SSI), compuesta por un conjunto de comandos propietarios de cada fabricante. Posteriormente se han desarrollado técnicas de segunda generación, como es el caso de ASP (*Active Server Pages*) de Microsoft y PHP (*Personal Home Pages*), que ofrecen posibilidades muy superiores en lo que a generación dinámica de contenidos se refiere, constituyendo una alternativa muy eficaz para el acceso a bases de datos desde un navegador Web.

Por su parte, la aparición de HTML Dinámico y de los lenguajes de *Script* ha permitido desarrollar un modelo de objetos y de gestión de eventos en el entorno del navegador que facilita la programación para alcanzar una mayor interacción con el usuario. Desde la aparición del formato HTML Dinámico todo elemento que se incluye en una página web se considera un objeto y, como tal, es manipulable a través de los lenguajes de *Script*, como VBScript o JavaScript.

En un navegador Web un evento tiene lugar cada vez que un usuario realiza una acción y ésta es notificada al programa. Así, podemos hablar de eventos de teclado (cuando el usuario pulsa una tecla o una combinación de teclas), eventos de ratón (cuando el usuario hace un "clic", un "doble clic", pasa el ratón por encima de un área activa, sale de ésta, etcétera), eventos de foco (cuando se sitúa el foco o atención sobre un determinado elemento de la página web) y eventos de cambio de estado (cuando se termina de cargar el documento o cuando vence una temporización). Los lenguajes de *Script* incorporan funciones para responder ante todos estos eventos del navegador.

De este modo, en la actualidad es posible incorporar distintos tipos de elementos activos en las páginas web, para mejorar la interactividad con el usuario (mediante páginas dinámicas e interactivas) sin que ello represente una mayor carga de trabajo para el servidor. Por una parte, es posible utilizar sentencias escritas en lenguajes *Script*, que se encuentran embebidas en el propio código HTML de las páginas web y que son interpretadas directamente por el navegador. Por otra parte, también se podrían descargar desde el servidor determinados programas para que se ejecuten en el ordenador cliente, como los *applets* Java, los controles ActiveX de Microsoft o los *plugins* de Netscape.

### 19.3.2.6 OTRAS CUESTIONES A CONSIDERAR

En el desarrollo de aplicaciones Web es necesario tener en cuenta los posibles problemas provocados por los servidores *proxy* que emplean los proveedores de acceso a Internet, con el objetivo de registrar en su memoria caché las páginas y contenidos previamente solicitados por algún usuario, para poder reducir de este modo el consumo de ancho de banda en sus redes.

De hecho, algunas aplicaciones Web no funcionan correctamente a través de los *proxies*, ya que en algunos casos éstos no son totalmente transparentes para el equipo cliente, debido a que realizan un filtrado de puertos. Además, estos servidores *proxy* pueden representar un riesgo para la información de autenticación de los usuarios, sobre todo cuando ésta es enviada sin cifrar y se guarda en la memoria caché del *proxy*. Otro problema a tener en cuenta es que las memorias caché de los *proxies* podrían incluir contenidos no actualizados, que serían enviados a los usuarios que se quisieran conectar a un servidor Web, sin tener en cuenta la presencia de nuevos contenidos en dicho servidor.

Por ello, para evitar que datos sensibles puedan ser capturados y registrados en la memoria caché de los servidores *proxy* se pueden adoptar las siguientes medidas:

- Construir las páginas web utilizando en la cabecera las etiquetas "no-cache" y "no-pragma-cache":

    <META HTTP-EQUIV="Pragma" CONTENT="no-cache">

- Definir las páginas web sensibles como "pre-expire", mediante la etiqueta:

    <META HTTP-EQUIV="Expires" CONTENT="-1">

- Utilizar protocolos criptográficos como SSL o TLS, ya que los contenidos cifrados no son registrados por la memoria caché de los *proxies*.

Por otra parte, en lo que se refiere a la ubicación del servidor Web, la organización podría considerar la posibilidad de utilizar un servidor (o *cluster* de servidores) propio conectado directamente a Internet desde la red de la organización[60], o bien proceder a la subcontratación de este servicio a un proveedor de acceso a Internet.

En este último caso, cabría la posibilidad de optar entre dos modalidades de subcontratación:

- "*Hosting*" u **Hospedaje**: modalidad en la que el servidor Web se encuentra en una máquina propiedad del proveedor de acceso a Internet. A su vez, el servidor podría ser compartido ("*virtual hosting*") o bien se podría disponer de un servidor dedicado exclusivamente para el servicio Web de la organización, opción más cara pero más robusta y de mayor rendimiento.

---

[60] El cual debería estar ubicado en una zona DMZ, tal y como se explicó en un capítulo anterior del libro.

> "*Housing*": ubicación de un ordenador propiedad de la empresa en una sala especialmente acondicionada del proveedor de acceso a Internet.

En ambos casos, se debería firmar un contrato con el proveedor de acceso a Internet para garantizar un adecuado nivel de servicio por su parte, que contemple aspectos como la atención 24H-365D, la realización de copias de seguridad, la monitorización del rendimiento del servidor Web o la dedicación por parte de personal especializado.

Por último, no debemos olvidar que es fundamental realizar un adecuado dimensionamiento del Website de la organización, en cuanto a capacidad de los servidores Web (memoria, discos duros, procesadores, número de equipos trabajando en paralelo) y del ancho de banda contratado para la conexión a Internet.

De hecho, muchos Websites "se han muerto de éxito" debido a un dimensionamiento deficiente y a una falta de previsión del crecimiento de la demanda.

Así, por ejemplo, el Website del supermercado virtual de Caprabo se presentaba en Barcelona el 23 de enero de 2001, ofreciendo el servicio de comercio electrónico en Cataluña, Madrid y Palma de Mallorca, con un catálogo de más de 5.000 productos a la venta. Sin embargo, en unas pocas horas la empresa tuvo que desconectar temporalmente sus servicios Web debido al alud de peticiones de compra, ya que en esas primeras horas la demanda superaba en 10 veces la capacidad de sus servidores. A los pocos días se restauró el servicio con más equipos y un mayor ancho de banda en las líneas de conexión a Internet, para poder dar respuesta a la gran demanda que se había generado.

Del mismo modo, el Website www.jibjab.com publicaba en julio de 2004 la parodia de George Bush y del senador John Kerry, mediante una canción titulada "*this land is my land*", alusiva a las elecciones presidenciales que se iban a celebrar a finales de 2004. Desde que la noticia salió en medios como la Fox o CNBC, el tráfico a este Website se multiplicó, alcanzando un volumen de varios Terabytes de datos al mes, con la descarga de millones de ficheros desde todas las partes del mundo.

## 19.4 INICIATIVAS PARA MEJORAR LA SEGURIDAD DE LAS APLICACIONES

En estos últimos años han surgido varias iniciativas encaminadas a mejorar la seguridad de las aplicaciones informáticas en general y de los proyectos Web en particular.

Así, podríamos citar los proyectos OWASP (*Open Web Application Security Project*) y CCured.

El proyecto OWASP (www.owasp.org) tiene como objetivo ofrecer una metodología de libre acceso y utilización, que pueda ser utilizada como material de referencia para el diseño y desarrollo de aplicaciones y servicios Web seguros.

Por su parte, CCured es una iniciativa de la Universidad de Berkeley para reducir o eliminar los desbordamientos de *"buffer"* en el lenguaje C, que se emplea en muchas de las librerías y componentes utilizados para el desarrollo de aplicaciones. Mediante este proyecto se pretende conseguir una traducción automática de un código fuente en lenguaje C a otra versión del programa que incluya las comprobaciones de seguridad necesarias para evitar los desbordamientos de *"buffer"*. Además, CCured protege contra usos incorrectos de los punteros y las zonas de memoria, impidiendo el uso de punteros para acceder a objetos incompatibles.

También podemos mencionar la iniciativa *"Trusted Computing"* (que podríamos traducir por "Informática de Confianza"). El *Trusted Computing Group* fue constituido por Microsoft, IBM, HP, Intel, AMD, entre otras empresas, con el objetivo de desarrollar ordenadores y sistemas informáticos más seguros, en los que se puedan implantar medidas como las que se mencionan a continuación:

- El usuario u otras aplicaciones que se ejecuten en el sistema informático no podrán acceder a zonas de memoria de programas protegidos.

- Sólo se podrá ejecutar el software que el fabricante del ordenador haya autorizado expresamente.

- Limitación de acceso a programas dañinos, como los virus y troyanos.

- Restricción en la descarga o reproducción de contenidos digitales (música, películas, libros...) protegidos por los derechos de autor.

No obstante, han surgido varias voces críticas contra *"Trusted Computing"*, ya que esta nueva plataforma puede ir en contra de los intereses del software de código abierto, que el propio usuario puede modificar para adaptarlo a sus intereses.

Entre las primeras medidas adoptadas por la iniciativa *"Trusted Computing"* podemos mencionar la desaparición de la BIOS (*Basic Input/Output System*, sistema básico de entrada/salida) de los ordenadores personales, así como la incorporación de medidas de protección en los procesadores para evitar desbordamientos de memoria que puedan provocar la ejecución de código arbitrario.

La BIOS es el primer software que ejecuta el procesador en el momento de arrancar un ordenador personal, justo antes de la carga del sistema operativo. Su función básica es realizar un chequeo del ordenador y ofrecer acceso a los recursos hardware y los periféricos conectados al sistema. La BIOS es uno de los pocos componentes de la arquitectura de los PC que prácticamente no ha variado desde sus orígenes. Como sustituto de la BIOS, Intel y Microsoft propusieron una especificación denominada EFI (*Extensible Firmware Interface*), cuyo objetivo es conseguir un arranque más rápido del ordenador, realizando además otras actividades como la detección de la presencia de virus informáticos, especialmente aquellos que se instalan en el sector de arranque o que modifican los archivos de inicialización del sistema operativo.

En lo que se refiere a la incorporación de medidas de protección en los procesadores para evitar desbordamientos de *buffer* que puedan ser aprovechados para la ejecución de código arbitrario, en el diseño de estos nuevos procesadores los datos que se encuentran en un *buffer* son considerados como de solo lectura, por lo que no podrán ser ejecutados.

## 19.5 REFERENCIAS DE INTERÉS

- Sleuth: http://sandsprite.com/.
- CAPTCHA: http://www.captcha.net/.
- OWASP: http://www.owasp.org/.
- Trusted Computing Group: https://www.trustedcomputinggroup.org/home.

# SEGURIDAD EN EL USO DE LOS SERVICIOS DE INTERNET

- Capítulo 20. La navegación segura por el *World Wide Web*
- Capítulo 21. Utilización segura del Correo Electrónico
- Capítulo 22. La lucha contra el *Spam*
- Capítulo 23. El "*Phishing*" y las estafas en Internet
- Capítulo 24. Los medios de pago en Internet

**PARTE VI**

# Capítulo 20

# LA NAVEGACIÓN SEGURA EN EL *WORLD WIDE WEB*

## 20.1 EL SERVICIO *WORLD WIDE WEB*

El *World Wide Web* es el servicio que ha provocado una auténtica revolución en el acceso a la información, basado en una interfaz gráfica amigable y muy fácil de usar. Fue desarrollado por el investigador Tim Berners-Lee en el CERN (Centro de Investigaciones Nucleares Avanzadas) de Berna (Suiza), a finales de los años ochenta (exactamente, este nuevo servicio de Internet se presentó en 1989) y se basa en dos elementos fundamentales:

> ➤ Documentos que contienen información en múltiples formatos (multimedia): texto, gráficos, iconos, imágenes, animaciones, sonido…

> ➤ Vínculos entre distintas partes o elementos de estos documentos: hiperenlaces en los que el usuario puede hacer clic para acceder a otra página con información relacionada.

Se ha definido el **Hipermedia** como el nuevo medio surgido de la unión de la multimedia y los "hiperenlaces", también denominados "hipervínculos" (*links* en inglés).

El *World Wide Web* es una gigantesca "telaraña mundial", constituida por millones de páginas entrelazadas mediante hipervínculos. La navegación o exploración en el World Wide Web consiste en saltar mediante un hipervínculo de una página a otra, empleando para esta tarea el programa "navegador" o "explorador". En la actualidad el navegador Internet Explorer de Microsoft es el más conocido, seguido de otros como Netscape, Opera o Firefox.

*Figura 20.1. Tim Berners-Lee, padre del World Wide Web*

Dentro del World Wide Web la información se organiza en páginas web, construidas con el lenguaje HTML (*HyperText Markup Language*). Cada página posee una dirección URL (*Uniform Resource Locator*) que la identifica, presentando el siguiente formato:

> Protocolo // nombre del servidor / directorio / petición
>
> Ejemplo: http://www.inteco.es/Presentacion/

Por otra parte, conviene distinguir entre "servidor Web", "sitio Web" (*Website*) y "página web" (*Webpage*). El servidor Web es el ordenador permanentemente conectado a Internet que ejecuta el servicio World Wide Web, que tiene las páginas web con la información de la empresa u organización. Cada página web está constituida por un fichero HTML y varios ficheros gráficos que contienen los botones, iconos e imágenes que acompañan a la información textual. El conjunto de páginas web con la información de una organización constituye el Website de dicha organización.

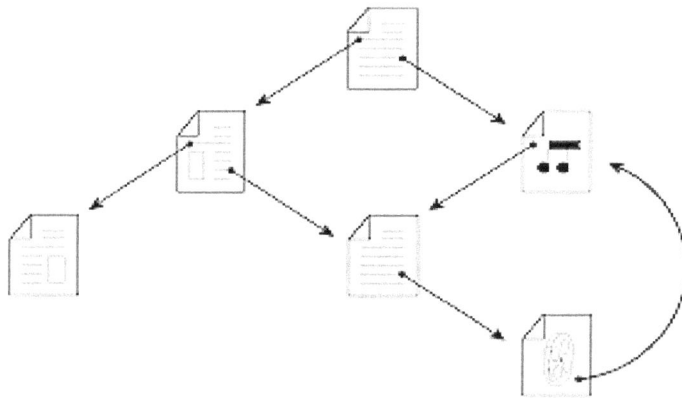

*Figura 20.2. El servicio World Wide Web*

Seguidamente se describe la secuencia de actividades que tienen lugar desde que un usuario teclea la dirección de una página web o recurso en su navegador hasta que recibe la información o el contenido solicitado a través de Internet:

1. El usuario teclea la dirección "www.sitioweb.com" en su navegador.

2. El navegador contacta con el servidor DNS indicado para poder resolver el nombre de dominio "sitioweb.com" y obtener la dirección IP del servidor Web responsable de dicho dominio.

3. El navegador se conecta al puerto 80 del equipo correspondiente a la dirección IP facilitada por el servidor DNS (es decir, a la dirección del servidor Web).

4. El navegador solicita al servidor Web la página HTML en cuestión utilizando el protocolo HTTP (si no se indica ninguna página, se entiende que es la página por defecto "index.htm").

5. Una vez que se ha descargado la página HTML, el navegador se encarga de interpretar su contenido:

    a) Configura el tamaño y el color de la pantalla.

    b) Muestra la información textual con el formato adecuado.

    c) Solicita nuevos ficheros al servidor Web si fuera necesario (imágenes, enlaces a otros ficheros o "*plugins*"). Cada petición se realiza mediante una nueva conexión a través del protocolo HTTP, debido a que se trata de un protocolo sin estado.

    d) Ejecuta el código activo de la página HTML (VB Script, Java Script).

Las páginas HTML pueden contener determinados contenidos activos: *applets* Java, controles ActiveX (tecnología de Microsoft), *scripts* (JavaScript y VBScript) y *plugins*. Estos contenidos activos se utilizan para mejorar la personalización y la vistosidad de las páginas web, descargando además de estas tareas al servidor Web, ya que se trata de código que se ejecuta en el equipo del cliente.

Pero al tratarse de código activo, estos componentes y "miniaplicaciones" podrían comprometer la seguridad del equipo en que se ejecutan.

Los *applets* **Java** son programas realizados en el lenguaje Java, un lenguaje multiplataforma y orientado a objetos, variante del lenguaje C++ desarrollada por la empresa Sun Microsystems. Su seguridad se basa en el modelo de "caja de arena" ("*sandbox*") de Java: se confina al programa en una determinada zona de memoria, impidiendo su acceso a otros recursos del sistema.

De este modo, cada *applet* Java sólo puede acceder al procesador (CPU), la pantalla, el teclado, el ratón y su propia área de memoria de trabajo. No se permite la ejecución de comandos del sistema, el acceso a otras áreas de memoria o a dispositivos de almacenamiento (como los discos duros) y se limitan las conexiones de red, que sólo se pueden establecer con el servidor del que se descargó el *applet*.

Los **controles ActiveX** constituyen una tecnología desarrollada por Microsoft para facilitar la distribución de software por Internet, si bien sólo está disponible para el navegador Internet Explorer. El modelo de seguridad de estos códigos ejecutables se basa en la firma electrónica del control ActiveX: el navegador puede comprobar la autenticidad de la firma y verificar de este modo quién es la empresa responsable del software, informando de esta autoría al usuario. Entonces es el usuario el que decide si se ejecuta o no el control ActiveX en su equipo.

Una vez autorizada la ejecución, el navegador no plantea restricciones para la ejecución del control ActiveX (a diferencia de los *applets* Java). Por este motivo, el control ActiveX puede realizar llamadas al sistema operativo que afecten a ficheros guardados en el disco duro o a otros recursos del equipo, por lo que potencialmente entrañan más riesgo que un *applet* Java.

Por su parte, en los lenguajes de "*script*"[61], como Visual Basic Script y Java Script, el código fuente se incluye dentro del texto HTML de la página web y es interpretado por el propio navegador, situación que es, por tanto, totalmente diferente a la de los *applets* Java y los controles ActiveX (ficheros binarios ejecutables directamente por el equipo).

Los lenguajes de "*script*" definen un modelo de objetos para poder controlar la interacción con el entorno del navegador: ventanas, ratón, teclado, páginas web descargadas, etcétera. Así, facilitan la apertura de nuevas ventanas ("*pop-up windows*") o su cierre, la manipulación de los elementos de información mostrados por el navegador, la propia configuración del navegador a través de elementos como la barra de herramientas o la carpeta del historial de navegación.

En los lenguajes de "*script*" se restringe el tipo de operaciones que se pueden realizar en el sistema, si bien se han descubierto fallos de seguridad en los navegadores que han propiciado la ejecución de código dañino o la apertura de páginas web maliciosas, diseñadas para poder sustraer información sensible del equipo de la víctima o hacer un seguimiento de su actividad.

---

[61] Palabra que podríamos traducir por "guión".

## 20.2 PROBLEMAS DE SEGURIDAD EN EL *WORLD WIDE WEB*

La actual falta de confianza en la seguridad de Internet es el primer motivo esgrimido por los usuarios de este nuevo medio para no realizar compras *on-line*. Se trata de un problema no sólo de carácter técnico (programas con fallos de seguridad, difíciles de configurar y actualizar...), sino también de formación y de sensibilización. Muchos de los usuarios de los navegadores tienen conocimientos informáticos muy escasos, por lo que no suelen configurar de la forma más segura sus equipos.

Además, debido a su popularidad, los servidores Web y los navegadores, en especial los de mayor difusión como el Internet Explorer de Microsoft, se han convertido en el objetivo de muchos de los ataques informáticos que se producen en la actualidad.

Por otra parte, es necesario destacar el conflicto que se suele plantear entre la cantidad de servicios ofrecidos por el navegador y el nivel de seguridad del equipo informático. De hecho, las funciones avanzadas del navegador facilitan la integración automática con otras aplicaciones instaladas en el equipo (como las herramientas ofimáticas), la ejecución de código activo (*applets* Java, controles ActiveX, *scripts*) o la descarga de varios "*plugins*" para poder visualizar determinados contenidos multimedia. Todas estas funciones avanzadas representan un mayor riesgo para la seguridad del equipo.

Algunos de los principales riesgos para la seguridad de un navegador Web, teniendo en cuenta el estado actual de la tecnología y el desarrollo de Internet, son los que se describen a continuación:

- El servidor Web puede no ser seguro: puede ofrecer información falsa a los usuarios, facilitar la descarga de software malicioso...

- El navegador puede ejecutar código dañino descargado desde Internet: *applets* Java maliciosos, "*plugins*" o controles ActiveX.

- Un atacante podría interceptar la información intercambiada entre el navegador y el servidor Web, sobre todo si no se utiliza una conexión protegida mediante técnicas criptográficas.

- Otros tipos de ataques contra el servicio *World Wide Web*:
  - Secuestro de sesiones ("*hijacking*").
  - Ataques de repetición ("*replay attacks*").
  - Ataques de intermediario (del tipo "*man-in-the-middle*").
  - Acceso a información sensible o modificación del contenido del servidor Web.

## 20.3 RECOMENDACIONES DE SEGURIDAD

En este apartado destacaremos las principales recomendaciones de seguridad para mejorar la seguridad del navegador y en la utilización del servicio World Wide Web por parte de los usuarios finales:

1. **Configuración adecuada del equipo informático**: servicios instalados, cuentas y grupos de usuarios, contraseñas por defecto, permisos de acceso a los recursos y los ficheros, etcétera.

2. **Revisión y actualización con los últimos parches de seguridad** publicados por el fabricante del software instalado en el equipo.

   Conviene destacar que en la actualidad se puede producir una infección automática de los equipos de usuario que no se encuentren debidamente protegidos en tan sólo unos minutos de conexión a Internet.

   Por otra parte, sería conveniente comprobar el funcionamiento de la aplicación parcheada en un equipo de pruebas antes de dar por válido su funcionamiento. Obviamente, esta medida se puede llevar a cabo en una organización con los suficientes recursos, pero resulta inviable para prácticamente la totalidad de los usuarios particulares, que deben confiar "ciegamente" en el trabajo realizado por el sistema de actualización del fabricante de software.

3. **Configuración del nivel de seguridad en función de la zona de trabajo del usuario**: en el navegador Internet Explorer de Microsoft se distinguen cuatro posibles zonas de trabajo, con distintos niveles de seguridad aplicados en cada caso:

   - **Zona "Internet"**: se aplica el **Nivel de Seguridad Medio**, en el que se permite la ejecución de *applets* Java o *scripts*, así como la descarga de ficheros desde Internet, pero se solicita confirmación al usuario antes de ejecutar controles ActiveX.

   - **Zona "Intranet local"**: reservada para Websites dentro de la red local de la organización, que se supone más segura que Internet. En este caso se aplica el **Nivel de Seguridad Medio-Bajo**, similar al Nivel de Seguridad Medio, pero con menos restricciones.

   - **Zona de "Sitios de confianza"**: reservada para aquellos Websites que no representen una amenaza para el equipo (el usuario puede especificar qué Websites forman parte de la lista de "sitios de confianza"). Se aplica en este caso el **Nivel de Seguridad Bajo**, en el que el navegador impone restricciones mínimas a la navegación y ejecución de código.

- **Zona de "Sitios restringidos"**: pensada para aquellos Websites que se consideran peligrosos. Se aplica en este caso el **Nivel de Seguridad Alto**, en el que se inhabilita la ejecución de código activo (controles ActiveX, *applets* Java y *scripts*), así como la descarga de ficheros.

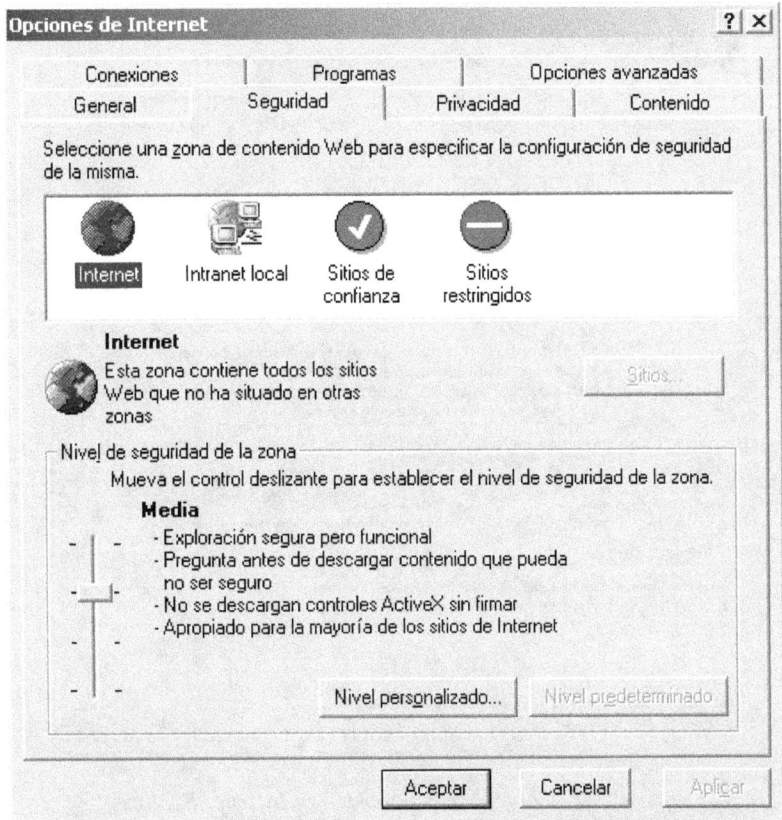

*Figura 20.3. Configuración del Nivel de Seguridad del navegador*

4. **Control de la utilización de "*cookies*"**: una *cookie* es un pequeño fichero de texto que se guarda en el disco duro del equipo del usuario y que permite recordar al servidor Web algunos datos sobre este usuario: sus preferencias para la visualización de las páginas en ese servidor, nombre y contraseña... En algunos casos podrían ser utilizados para controlar los hábitos de navegación del usuario.

La desactivación total de las *cookies* puede provocar que muchos Websites no funcionen correctamente, como en el caso de los servicios de banca electrónica o las tiendas de comercio electrónico, que tienen que recordar las páginas visitadas previamente por el usuario para poder agrupar todos los productos seleccionados en un solo pedido.

El usuario podría, no obstante, limitar la utilización de *cookies* sólo a determinados Websites de confianza, así como forzar la utilización de *cookies* no persistentes (*cookies* que no se pueden guardar en el disco, por lo que sólo se conservan en la memoria el navegador mientras éste tiene abierta la sesión con el servidor Web) o eliminar de forma periódica las *cookies* guardadas en el disco duro del equipo.

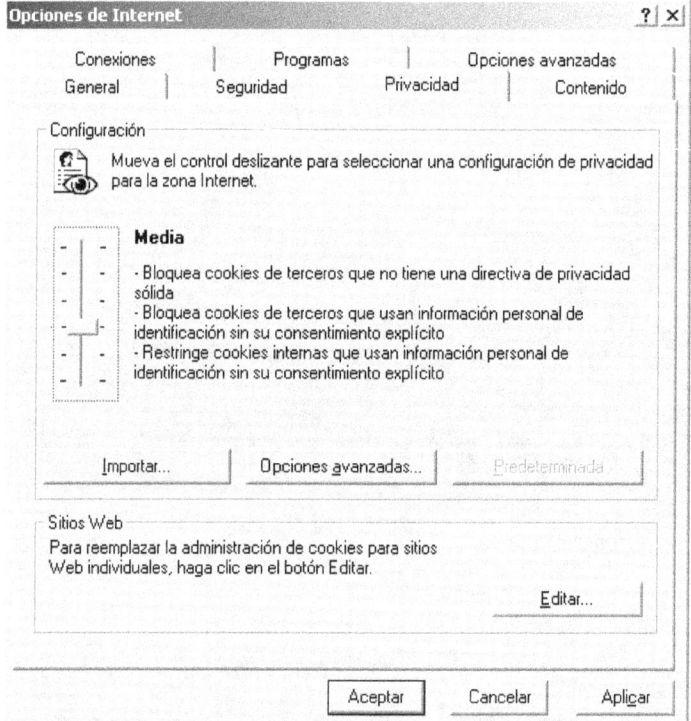

*Figura 20.4. Control de las cookies en Internet Explorer*

5. **Cuidado con la descarga de software desde Internet**: debemos destacar la importancia de no ejecutar ningún programa descargado de Internet sin antes haber comprobado su fiabilidad, ya que podrían ser un virus o un troyano.

Por este motivo, conviene descargar software directamente desde el Website del fabricante o desarrollador, y no desde otros servidores Web que pretendan ofrecer el mismo programa.

Asimismo, sería recomendable verificar la autenticidad del Website antes de proceder a la descarga, mediante la comprobación del certificado digital del servidor Web.

6. **Evitar la visita de Websites sospechosos o de dudosa reputación**, ya que podrían incluir páginas web con contenidos dañinos que exploten los últimos agujeros de seguridad del navegador.

7. **No fiarse de enlaces incluidos en correos electrónicos**, ya que podrían haber sido manipulados de tal forma que muestren un texto en la pantalla y apunten realmente a una dirección distinta a la indicada.

8. **Control del contenido activo en las páginas web**: estos componentes y "miniaplicaciones" de código activo podrían comprometer la seguridad del equipo en que se ejecutan. Por este motivo, se recomienda limitar su ejecución, salvo en aquellas páginas web que merezcan la total confianza del usuario.

   Por lo tanto, el usuario puede modificar la configuración de seguridad del navegador, estableciendo el Nivel Alto con la opción de desactivación de código activo para navegar con una mayor seguridad (si bien algunas páginas web podrían no funcionar correctamente por la eliminación del código activo).

9. **Conexión a servidores Web seguros mediante protocolos criptográficos**: en determinadas conexiones a servidores Web para el intercambio de datos sensibles (datos personales o realizar una compra a través de Internet), la comunicación debería estar cifrada mediante el protocolo SSL. Para ello, el navegador se encarga de abrir una sesión HTTP sobre un canal SSL, indicándolo mediante el texto "**https://**" que se incluye al comienzo de la dirección de la página web en cuestión (en sustitución del tradicional "http://").

*Figura 20.5. Sesión HTTP sobre un canal SSL*

No obstante, conviene tener en cuenta el coste de utilizar SSL u otro protocolo criptográfico, que se traduce en un mayor consumo de recursos en los equipos (operaciones criptográficas realizadas por el procesador), más ancho de banda (SSL añade de media 1 Kb en cada transacción) y una mayor latencia debido al proceso de autenticación y establecimiento de la clave de sesión, que puede representar unos 500 milisegundos a mayores frente a una sesión HTTP sin cifrar.

La utilización de los certificados digitales en los servidores Web permite garantizar la autenticidad del servidor, evitando de este modo problemas de manipulación de DNS, usurpación de direcciones IP o ataques semánticos mediante direcciones URL maliciosas. Este certificado digital se muestra con el icono de un candado que aparece en la barra de direcciones del navegador Internet Explorer.

*Figura 20.6. Comprobación del Certificado Digital de un servidor Web*

10. **Control de certificados y autoridades de certificación**: el propio navegador puede encargarse de comprobar la validez del certificado digital de un servidor: si está firmado por una Autoridad de Certificación reconocida, si todavía no ha expirado su período de validez, si el nombre registrado en el certificado coincide con el nombre de dominio del servidor, etcétera.

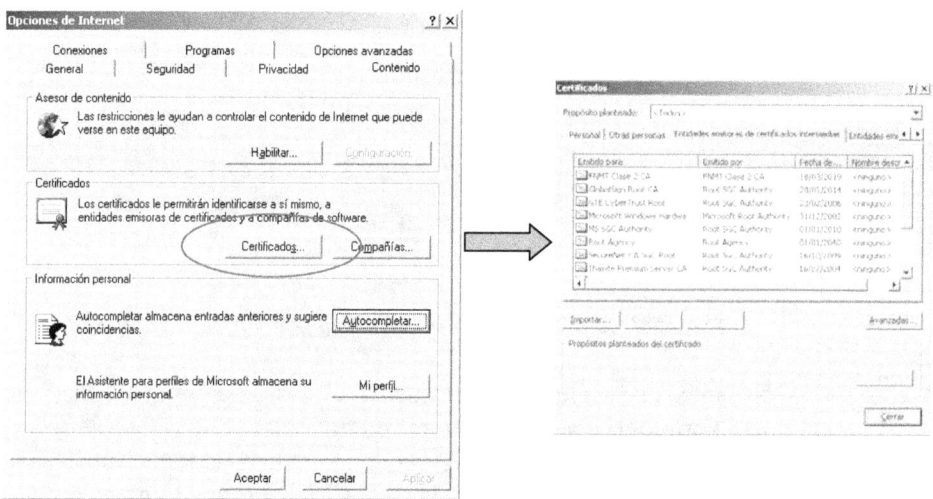

*Figura 20.7. Certificados Digitales instalados en Internet Explorer*

11. **Control de los contenidos que se pueden visualizar**: el propio navegador dispone de una herramienta (llamada "asesor de contenido" en Internet Explorer) que permite restringir el acceso a páginas con determinado tipo de contenidos. Para ello, se utiliza la clasificación de contenidos en distintas categorías que ha sido propuesta por la ICRA[62] (*Internet Content Rating Association* –Asociación para la Clasificación de los Contenidos en Internet–):

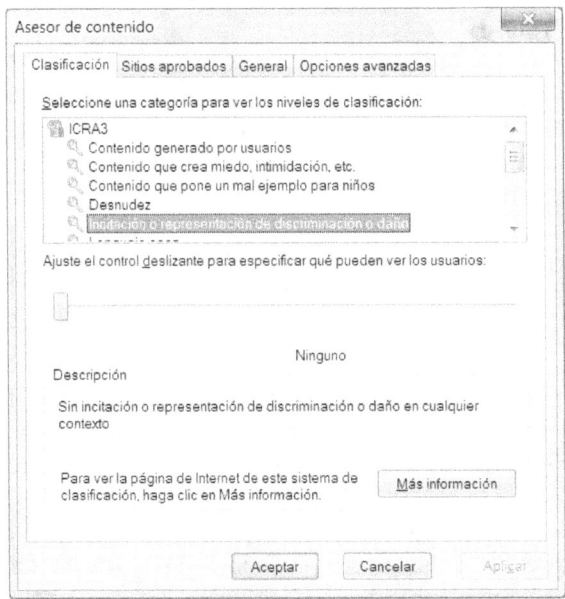

*Figura 20.8. Control de contenidos en Internet Explorer*

## 20.4 PROTECCIÓN DE LA PRIVACIDAD EN INTERNET

### 20.4.1 Técnicas para la identificación de visitantes a un Website

La identificación de los visitantes a un Website permite crear una valiosa base de datos de marketing, que puede ser utilizada para ofrecer productos y servicios a medida, personalizar el proceso de comunicación y desarrollar otras técnicas de lo que se ha dado en llamar Marketing "*One-to-One*".

Asimismo, a partir de estos datos es posible definir el perfil de cada uno de los visitantes, gracias al seguimiento de todos sus pasos dentro de un Website en sus distintas conexiones: qué páginas web visita, cuánto tiempo le dedica a cada una de las

---

[62] Organismo que en 1999 sustituyó a la RSAC (*Recreational Software Advisory Council* –Consejo Asesor sobre Software Recreativo–).

secciones, qué productos y servicios busca dentro del catálogo, etc. Con estos datos los responsables del Website podrían adaptar el contenido y la información incluida en sus páginas web en función de cada uno de los perfiles generados.

En la práctica se pueden utilizar distintas técnicas para identificar a los visitantes de un Website:

### 20.4.1.1 CONTROL DE LA PROCEDENCIA A PARTIR DE LA DIRECCIÓN IP

Se trata de un procedimiento muy sencillo, ya que en cada conexión a un servidor Web el equipo cliente da a conocer su dirección IP. De este modo, registrando las direcciones IP de los visitantes es posible hacer un seguimiento de sus conexiones al servidor Web.

Sin embargo, no es una técnica demasiado fiable, debido a varios factores:

> **Direcciones IP compartidas a través de un servidor *"proxy"***: en muchas empresas la conexión a Internet se establece a través de un servidor *"proxy"*, que actúa como intermediario entre las peticiones de la red interna e Internet, utilizando una única dirección IP que será compartida por todos los equipos conectados desde la red de la empresa.

> **Direcciones IP asignadas de forma dinámica**: la mayoría de los usuarios particulares que establecen su conexión a través de un proveedor de acceso a Internet no disponen de una dirección IP fija, sino que ésta es asignada de forma dinámica en función de la disponibilidad de direcciones en el proveedor. Por este motivo, es muy probable que la dirección cambie de unas conexiones a otras. Sin embargo, en las conexiones de banda ancha y tarifa plana a través de ADSL o cable/módem suele ser más frecuente utilizar una dirección IP fija.

### 20.4.1.2 UTILIZACIÓN DE *COOKIES*

Las *cookies* son ficheros que se guardan en el disco duro del equipo del visitante a un determinado Website, con la finalidad de poder registrar datos sobre su navegación por las páginas del servidor Web y poder identificarlo en posteriores conexiones.

Cada *cookie* es un pequeño fichero de texto (que puede ocupar un tamaño máximo de 4 Kilobytes), y que no tiene capacidad de ejecución, por lo que no puede incluir código dañino en forma de virus que pueda representar algún riesgo para el equipo. Este fichero se guarda en el disco duro del ordenador del usuario. Para ello, el navegador Internet Explorer utiliza una carpeta denominada "Cookies" para cada usuario registrado en el sistema, mientras que el navegador Netscape las almacena en un único fichero denominado "cookies.txt".

Asimismo, cada *cookie* tiene una fecha de caducidad, de tal modo que será eliminada del disco duro una vez se haya alcanzado esa fecha. Pertenece a un determinado servidor Web y no puede ser leída por un ordenador distinto del que la envió al equipo del usuario (salvo fallos de seguridad, que podría explotar un ataque de *Cross-Site Scripting*, XSS).

Para su creación en el equipo del usuario, el servidor envía la información para crear cada *cookie* en una respuesta a una petición HTTP del equipo del usuario. A través de una cabecera especial en la respuesta ("Set-Cookie"), se definen campos como los siguientes:

> "Expires": fecha de caducidad de la *cookie*.

> "Domain": dominio asociado a la *cookie*.

> "Path": indica las páginas que deberían motivar el envío de la *cookie*.

El navegador enviará la *cookie* al servidor cuando el usuario realice nuevas conexiones a dicho servidor Web.

La técnica de las *cookies* fue desarrollada por la empresa Netscape para mejorar las capacidades de las aplicaciones cliente/servidor basadas en el Web, ya que hay que tener en cuenta que el protocolo HTTP es un protocolo sin estado, que no recuerda anteriores fases de la conexión a un servidor Web. En principio, no representan ningún riesgo para el equipo ya que no pueden contener virus ni código ejecutable alguno. Por otra parte, el usuario puede rechazarlas si así lo desea, estableciendo una determinada opción en la configuración del programa navegador.

Gracias a las *cookies*, el servidor Web puede recordar algunos datos sobre el usuario que le visita: sus preferencias para la visualización de las páginas en ese servidor (personalización de servicios y contenidos), cuál es su nombre de usuario y contraseña, etc.

Sin embargo, mediante las *cookies* no es posible recabar datos personales de los usuarios (nombre, apellidos, dirección de correo electrónico...) y tampoco constituyen un método totalmente fiable para la identificación de usuarios, ya que permiten identificar al ordenador que realiza la conexión, pero este equipo podría ser compartido por varias personas.

Por lo tanto, entre las principales aplicaciones de las *cookies*, podríamos citar las siguientes:

> Identificación del usuario en sus accesos al Website, si bien, tal y como se señaló anteriormente, no constituyen un método totalmente fiable para la identificación de usuarios, ya que las *cookies* permiten identificar al ordenador que realiza la conexión, pero este equipo podría ser compartido por varias personas.

➤ Almacenamiento de nombre de usuario (*login*) y contraseña (*password*) para automatizar el acceso de usuarios registrados. No obstante, convendría almacenar esta información cifrada y enviarla a través de una conexión segura SSL al servidor Web.

➤ Personalización de los servicios y contenidos de un Website, adaptándolo a los gustos y necesidades de cada visitante, teniendo en cuenta los contenidos y servicios a los que accedió este usuario en anteriores sesiones.

➤ Personalización de las páginas de un Website. Así, las *cookies* podrían registrar cómo quiere el usuario visualizar las páginas web: con o sin marcos (*frames*), color de fondo, tipo de letra, idioma, etc.

➤ Control de los accesos a un Website. Las *cookies* permiten obtener una información más exacta sobre el número de visitantes a cada página web, distinguiendo entre el número de visitas y el número de impresiones o impactos.

➤ Implementación de carritos de la compra virtuales (*shopping-carts*): las *cookies* le permiten al servidor Web recordar los artículos que el cliente va seleccionando en una tienda virtual, para poder realizar el pedido de forma conjunta al final del recorrido por la tienda.

➤ Almacenamiento de información sobre el medio de pago empleado en las compras dentro de una tienda virtual. Así, por ejemplo, se podría guardar en una *cookie* el número de la tarjeta de crédito del cliente para facilitar posteriores compras.

No obstante, esta aplicación no es muy recomendable desde el punto de vista de seguridad, sobre todo si no se guarda la información cifrada.

También se han planteado varias objeciones a la utilización de *cookies*, sobre todo cuando no se informa al visitante de un Website de esta técnica:

➤ Posible violación de la intimidad del usuario: las *cookies* podrían ser utilizadas para tratar de determinar la ideología, aficiones o áreas de interés del visitante a un Website, gracias al seguimiento de qué páginas web y contenidos ha visitado en dicho servidor.

➤ El almacenamiento de información sensible sobre el usuario en su disco duro podría plantear importantes problemas de seguridad, ya que alguien podría acceder al disco duro y obtener esa información. Lo mismo sucedería, no obstante, con la carpeta de Favoritos, de Archivos Temporales de Internet y de Historial.

➤ El usuario medio de Internet no suele ser consciente de qué son las *cookies* y cuál es su aplicación en cada caso.

➤ Mala utilización de la información por parte de la empresa, que podría generar una base de datos de perfiles con los datos recabados, para obtener un beneficio con su cesión a terceros. Esta actuación está totalmente prohibida en los países de la Unión Europea y en España supondría una infracción muy grave de la Ley Orgánica de Protección de Datos (LOPD). Pero en otros países, como Estados Unidos, este tipo de prácticas comerciales no están penalizadas por la ley y son bastante habituales entre muchas empresas.

Por otra parte, hay que tener en cuenta que el mismo usuario podría acceder a una de las *cookies* guardadas en su equipo y modificarla antes de conectarse de nuevo a un servidor Web. Por este motivo, no conviene utilizar la *cookie* como mecanismo de autenticación (guardando un identificador de usuario en la propia *cookie*), ya que podría ser fácilmente modificado por el usuario en cuestión para engañar al servidor haciéndose pasar por otro usuario (ataque conocido como "*cookie poisoning*", que podríamos traducir por "envenenamiento de *cookies*"). Se podría, no obstante, proteger la integridad de la *cookie* mediante una función *hash*, para que el servidor pueda detectar modificaciones en su contenido.

### 20.4.1.3 USUARIOS REGISTRADOS MEDIANTE UN NOMBRE (*LOGIN*) Y UNA CONTRASEÑA (*PASSWORD*)

En este caso se solicita al usuario un registro previo para poder acceder a los servicios del Website, cubriendo para ello los distintos campos de un formulario de inscripción. Sin duda, ésta es la mejor opción, ya que permite identificar a los visitantes aunque naveguen utilizando distintas cuentas de acceso o distintos equipos.

Sin embargo, es necesario ofrecer al usuario algún beneficio a cambio de sus datos y del tiempo que nos dedica: "vender" la posibilidad de personalizar el contenido del Website para enriquecer el proceso de comunicación; entregar un obsequio o la muestra de un producto; participar en un sorteo; etcétera.

En cuanto a las características del formulario de inscripción, se debería limitar la información solicitada para que se pueda completar rápidamente (en 2 ó 3 minutos), recabando información accesible y de respuesta inmediata e incluyendo, si es posible, preguntas que faciliten una segmentación posterior.

Por otra parte, en países como España se debe prestar especial atención al tratamiento de los datos capturados y la protección de la información personal, respetando las exigencias de la Ley Orgánica de Protección de Datos (LOPD).

## 20.4.2 Servicios de Navegación Anónima

Es necesario tener en cuenta que las técnicas de identificación anteriormente descritas podrían ser engañadas mediante los servicios de navegación anónima.

Estos servicios de navegación anónima emplean un servidor *proxy* para realizar las peticiones en nombre del usuario, ocultando la dirección IP de éste e interceptando las *cookies*. Así, entre los servicios más conocidos de navegación anónima podríamos citar a Anonymizer (www.anonymizer.com) o a MegaProxy (www.megaproxy.com).

Did you know that every time you go online, your **personal activites** can be tracked and **harmful files** can be planted on your computer?

Private Surfing 2.0 makes your online activities **impossible to track** AND **filters out dangerous and annoying clutter** like popups, cookies, Web bugs, viruses and malicious code!

*Figura 20.9. Anonymizer*

De un modo similar, los usuarios del correo electrónico podrían utilizar los "*remailers*", servicios que permiten enviar mensajes de correo anónimos, ya que eliminan el remitente de la cabecera del mensaje.

## 20.4.3 Estándares para la protección de la privacidad en Internet

Para garantizar la privacidad de los usuarios en su acceso a los distintos servicios de Internet, las organizaciones deberían definir y dar a conocer con total transparencia su Política de Privacidad, que debería contemplar aspectos como los siguientes:

> ➢ Transparencia en el registro de información sobre el usuario. Se debería dar a conocer qué tipo de información se va a incluir en los registros de actividad ("*logs*") de los servidores.

> ➢ Facultad de elección para el usuario del servicio.

> ➢ Adopción de las medidas necesarias para garantizar la seguridad e integridad de los datos registrados.

> ➢ Reconocimiento de los derechos de acceso, rectificación y cancelación de los datos personales registrados por parte del usuario afectado.

➤ Verificación del cumplimiento de la Política de Privacidad de la organización por parte de otras organizaciones.

➤ Suscripción de Códigos Éticos elaborados por la propia industria.

Desde hace algunos años diversos grupos como *Electronic Frontier Foundation* (EFF, http://www.eff.org/) o *Electronic Privacy Information Center* (EPIC, http://www.epic.org/) tratan de defender las libertades en el mundo digital. EPIC surgió en 1994 para llamar la atención pública sobre iniciativas como el polémico *chip* "Clipper", propuesto por la NSA al Gobierno de Estados Unidos para poder interceptar todas las comunicaciones de sus ciudadanos.

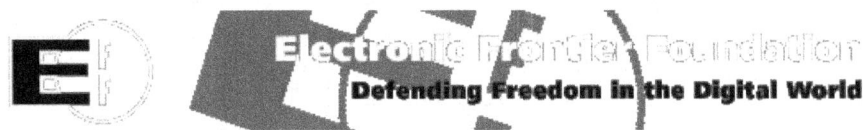

*Figura 20.10. EFF*

Gracias al trabajo de estos grupos preocupados por la defensa de la privacidad de los ciudadanos, se han propuesto distintos estándares para garantizar un adecuado nivel de protección de los datos personales en Internet.

Así, por ejemplo, el **Estándar de Perfiles Abiertos (OPS,** *Open Profiling Standard*), definido por Microsoft, Netscape, Firefly y Verisign, entre otras empresas, permitía que cada usuario pudiera definir sus propios perfiles, especificando el nombre y apellidos, dirección de correo electrónico, aficiones e intereses, etc. Asimismo, este estándar facilitaba que fuera el propio usuario el que decidiese qué información de su perfil personal podría ser revelada o se mantendría de forma oculta en su visita a distintos Websites.

Por otra parte, la **Plataforma para las Preferencias de Privacidad (P3P,** *Platform for Privacy Preferences*), definida por el World Wide Web Consortium (W3C, http://www.w3.org/P3P/) en mayo de 1998, pretendía estandarizar la industria del sector y automatizar la vía para que los usuarios tengan el control sobre sus datos personales o la información que recopilan los Websites en Internet. Para ello, cada internauta podría especificar en un formulario qué detalles personales estaría dispuesto a entregar a un Website a cambio de los servicios que éste ofreciese, datos que se registrarían en su propio navegador. Asimismo, los Websites deberían hacer públicas sus políticas de recolección de datos. Con esta información, el programa del usuario iniciaría "negociaciones" con el programa del servidor Web, con el fin de llegar a un acuerdo sobre el intercambio de datos entre ellos.

Sin embargo, este tipo de estándares han suscitado y siguen provocando debates sobre su seguridad e idoneidad para garantizar la privacidad de los usuarios, sobre todo en la ausencia de un marco legal que obligue a los Websites a su estricto cumplimiento. Por este motivo, no han tenido una gran aceptación dentro de la comunidad de usuarios de Internet, recelosos en muchos casos de las intenciones de las empresas que ofrecen sus servicios en la red.

La Unión Europea decidió intervenir desde el punto de vista legal, aprobando la Directiva 2002/58/CE, de 12 de julio, relativa al tratamiento de los datos personales y a la protección de la intimidad en las comunicaciones electrónicas, en la que se definen cómo se debería controlar la utilización de *cookies* y otras técnicas para realizar un seguimiento de la navegación de un usuario: a qué páginas web accede, con qué frecuencia, en qué anuncios ha hecho clic con su ratón, de qué páginas proviene cuando accede al Website, etc.

De hecho, en España el artículo 22 de la Ley de Servicios de la Sociedad de la Información (LSSI), modificado por la Ley General de Telecomunicaciones (Ley 32/2003, de 3 de noviembre), afirma que "cuando los prestadores de servicios empleen dispositivos de almacenamiento y recuperación de datos en equipos terminales (*cookies*), informarán a los destinatarios de manera clara y completa sobre su utilización y finalidad, ofreciéndoles la posibilidad de rechazar el tratamiento de los datos mediante un procedimiento sencillo y gratuito".

También en Estados Unidos se ha aprobado una legislación similar para defender la privacidad de los menores en Internet, la "*Children's Online Privacy Protection Act*" de 1998.

Gracias a la incorporación de nuevas funciones en las últimas versiones de los navegadores Web, los usuarios pueden disfrutar en la actualidad de un mayor control sobre la aceptación de *cookies* en su acceso a los distintos servidores Web disponibles en Internet.

## 20.5 REFERENCIAS DE INTERÉS

- ✓ INTECO: www.inteco.es/.
- ✓ Anonymizer: http://www.anonymizer.com/.
- ✓ MegaProxy: http://www.megaproxy.com/.
- ✓ Herramientas para la privacidad: http://www.all-nettools.com/toolbox/privacy.htm, http://www.epic.org/privacy/tools.html.
- ✓ Electronic Frontier Foundation: http://www.eff.org/.
- ✓ Electronic Privacy Information Center: http://www.epic.org/.
- ✓ Privacy: http://www.privacy.org/.

- ✓ P3P (*Platform for Privacy Preferences*):
  http://www.w3.org/P3P/.

- ✓ OPS (*Open Profiling Standard*):
  http://www.w3.org/TR/NOTE-OPS-FrameWork

# Capítulo 21

# UTILIZACIÓN SEGURA DEL CORREO ELECTRÓNICO

## 21.1 CARACTERÍSTICAS DEL CORREO ELECTRÓNICO

El más conocido de los servicios de Internet es, sin duda, el correo electrónico (*e-mail*), que proporciona una comunicación rápida, barata y asíncrona, con notables ventajas frente al teléfono (que es síncrono), el fax (que en comparación resulta bastante más caro) y el correo postal (extraordinariamente más lento). Además, en este servicio el coste de la comunicación no depende de la distancia ni del número de destinatarios del mensaje, es decir, el coste marginal por cada nueva copia de un mensaje es prácticamente nulo.

El correo electrónico nació el 1 de octubre de 1971, cuando el investigador americano Ray Tomlinson escribió el primer mensaje enviado entre dos ordenadores conectados a la red Arpanet: "QWERTYUIOP".

En la actualidad millones de personas de todo el mundo utilizan este servicio diariamente, por lo que podríamos considerar que la revolución del correo electrónico es la revolución de las comunicaciones del siglo XXI, siendo su impacto comparable al de todos los servicios que han impulsado el desarrollo de las telecomunicaciones en los últimos 150 años: el telégrafo de Samuel Morse presentado en 1844, la primera llamada de teléfono de Alexander Graham Bell en 1876 o el lanzamiento del primer satélite artificial en 1957, el Sputnik de la antigua URSS.

*Figura 21.1. Ray Tomlinson*

Con el desarrollo de nuevos protocolos, los programas lectores de correo electrónico actuales permiten utilizar hipertexto en los mensajes y adjuntar todo tipo de ficheros que se transmiten encapsulados dentro del propio mensaje: programas, imágenes, documentos, bases de datos…

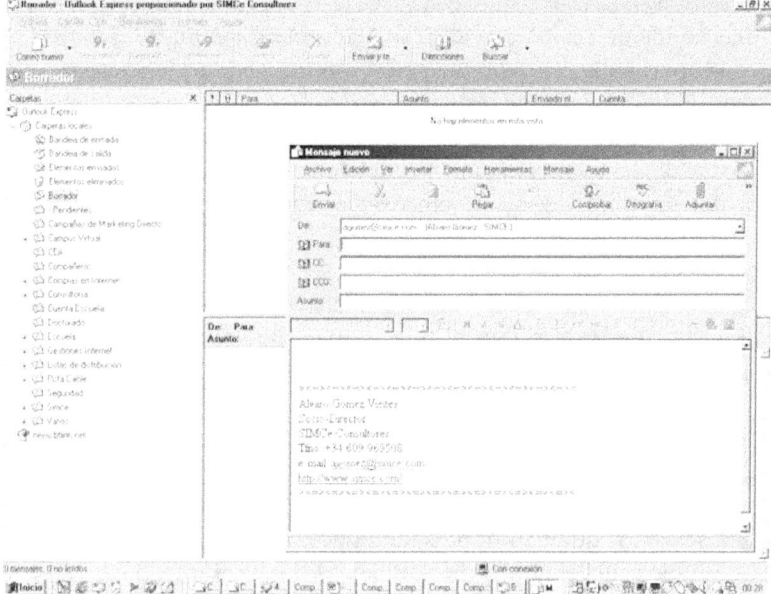

*Figura 21.2. Lector de correo electrónico Outlook Express de Microsoft*

También hay que tener en cuenta que se pueden utilizar técnicas criptográficas para garantizar la confidencialidad de cada mensaje, su integridad y la autenticidad del remitente. Además, al tratarse de un sistema gestionado informáticamente, se pueden automatizar ciertas tareas: la clasificación de los mensajes recibidos, la generación de una respuesta automática a ciertos mensajes o la gestión de envíos a múltiples destinatarios.

Asimismo, en los últimos años se ha desarrollado el servicio de correo electrónico basado en el Web, conocido por "*Webmail*", que permite acceder a los mensajes de correo guardados en un buzón directamente desde un programa navegador como Internet Explorer, Firefox o Chrome.

Este servicio presenta una importante ventaja para sus usuarios, ya que éstos pueden acceder a los mensajes guardados en sus buzones privados de correo desde cualquier punto del planeta con una simple conexión a Internet, utilizando un navegador Web, sin que sea necesario instalar ni configurar un programa lector de correo electrónico.

Uno de los pioneros servicios de *webmail* fue Hotmail, puesto en marcha en 1996 como un revolucionario servicio gratuito que consiguió alcanzar en apenas cuatro años de existencia más de 40 millones de usuarios en todo el mundo, estando en la actualidad integrado dentro del portal Windows Live de Microsoft después de haber sido adquirido por esta compañía.

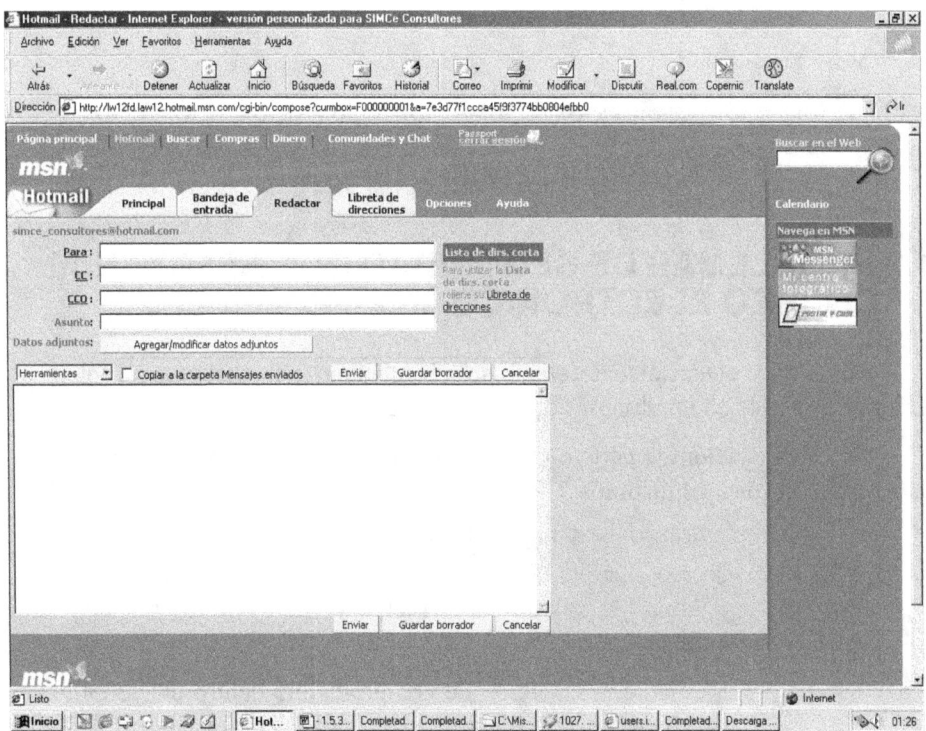

*Figura 21.3. El servicio de correo Web de Hotmail*

En la actualidad otros dos servicios de correo Web sumamente populares son GMail (lanzado por Google en abril de 2004) y Yahoo!Mail (lanzado en 1997), que cuentan con varios cientos de millones de usuarios.

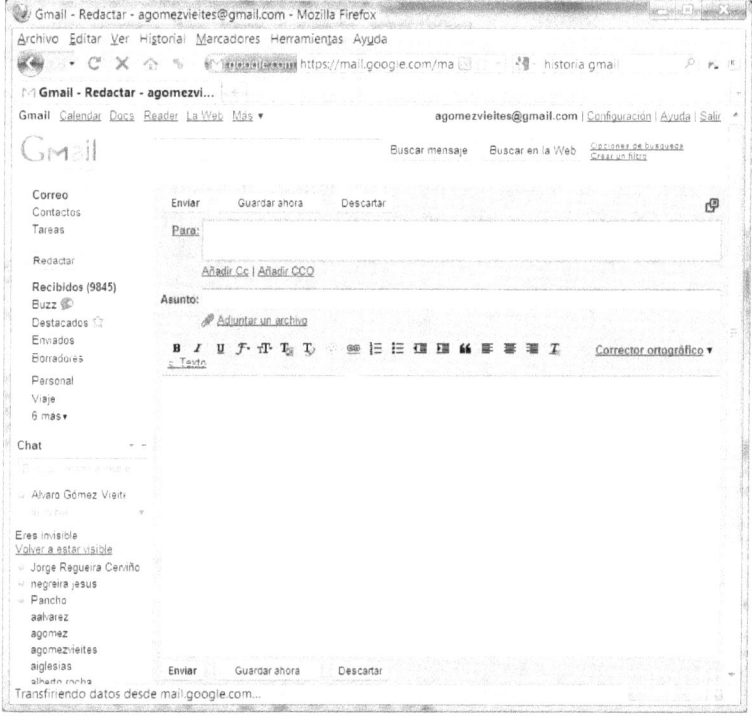

*Figura 21.4. Servicio de correo Web GMail*

## 21.2 PROBLEMAS DE SEGURIDAD QUE AFECTAN AL CORREO ELECTRÓNICO

El correo electrónico también se ve afectado por distintos problemas de seguridad, entre los que podríamos destacar los siguientes:

➢ Propagación de código dañino (como virus o troyanos) por medio de dos mecanismos distintos:

- A través de ficheros ejecutables que se adjuntan a un mensaje de correo, aunque también se podría recurrir a documentos de Word u hojas de cálculo de Excel que incluyan macros con código dañino.

- Mediante la inserción de código dañino dentro del propio cuerpo del mensaje, en mensajes de correo en formato HTML. Este problema se complica aún más cuando desde el propio correo electrónico se pueden lanzar automáticamente otras aplicaciones como un procesador de textos o una hoja de cálculo. Los mensajes HTML también pueden incluir "*Web-bugs*", enlaces a páginas de Internet para que su creador pueda conocer en qué momento y desde qué ordenador se está leyendo dicho mensaje:

```
<iframe  src='http://www.pagina_espia.com'
width=0 height=0> </iframe>
```

- Interceptación de mensajes enviados a través de Internet. Hay que tener en cuenta que un mensaje de correo atraviesa varios servidores antes de llegar a su destino y, con el protocolo SMTP que se utiliza en la actualidad, el mensaje se envía como texto claro (como si fueran postales). En los ataques del tipo "*man-in-the-middle*", un usuario malicioso se podría situar entre el equipo remitente y un servidor de correo (o entre dos servidores de correo), interceptando y reenviando a continuación todos los mensajes de correo electrónicos.

- Usurpación del remitente ("*spoofing*") para construir mensajes falsos en nombre de un determinado individuo u organización. Los fallos de seguridad de los lectores de correo (en el tratamiento de las cabeceras de los mensajes) han facilitado estas prácticas. Hay que tener en cuenta, además, que el protocolo SMTP utilizado para enviar mensajes de correo electrónico se diseñó sobre una base de confianza mutua, es decir, asume que el remitente es quien dice ser, pero no contempla las medidas necesarias para garantizarlo. Por este motivo, no se puede garantizar la autenticación, por lo que no se pueden pedir responsabilidades ante casos de *spam*, envío de virus o fraudes mediante mensajes de correo falsos.

- Ataques de repetición ("*replay attacks*"), consistentes en el reenvío de mensajes que hayan sido interceptados por un usuario malicioso.

- *Spam* o correo no solicitado, generalmente con fines publicitarios.

- Ataques de "*mail bombing*", que constituyen un tipo de ataque de Denegación de Servicio (DoS) contra los servidores de correo electrónico, mediante el envío masivo de cientos de miles de correos para saturar la capacidad del servidor elegido como víctima de este ataque.

- Interceptación de las contraseñas de usuarios que acceden a sus buzones de correo, a través de protocolos como POP (*Post Office Protocol*), que no cifran dichas contraseñas antes de transmitirlas por la red.

- Revelación a terceros del contenido de un mensaje de correo electrónico, sin tener la necesaria autorización del creador, es decir, el destinatario de un correo podría reenviar dicho mensaje a terceros sin la autorización del remitente.

## 21.3 RECOMENDACIONES PARA MEJORAR LA SEGURIDAD DEL CORREO ELECTRÓNICO

En este epígrafe se presentan algunas recomendaciones para mejorar la seguridad en el uso del correo electrónico, tratando de dar respuesta a los principales problemas presentados en el apartado anterior.

## 21.3.1 Evitar la ejecución de código dañino asociado al correo electrónico

Una primera medida de seguridad consiste en la desactivación de la vista previa de mensajes en el programa lector de correo, para impedir que se puedan visualizar de forma automática los correos electrónicos en formato HTML.

De este modo, el programa lector de correo sólo mostrará las cabeceras de los mensajes de correo incluidos en cada carpeta, siendo el usuario el responsable de visualizar el contenido de uno de dichos mensajes haciendo clic expresamente sobre éste.

Por otra parte, no se recomienda ejecutar directamente ficheros adjuntos ni abrir mensajes que puedan resultar sospechosos, desconfiando en cualquier caso de la autenticidad del remitente que figura en la cabecera del mensaje. Es conveniente utilizar mensajes con firma electrónica, ya que de este modo se puede garantizar la autenticidad e integridad de su contenido.

Asimismo, será necesario mostrar la extensión completa de los ficheros en Windows, para evitar que un usuario pueda ser engañado acerca de la verdadera naturaleza de un fichero adjunto. De hecho, muchos virus emplean ficheros con extensiones ".txt.vbs", ".txt.exe" o ".txt.doc", para hacer creer a sus víctimas que se tratan de simples ficheros de texto, cuando en realidad son ficheros ejecutables o documentos de Word con macros.

La seguridad en la utilización del correo se debería ver complementada con la instalación de un programa antivirus permanente actualizado, configurado para revisar todos los mensajes de correo entrantes y salientes del equipo del usuario.

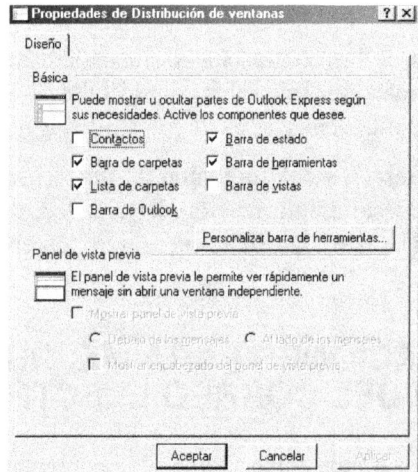

*Figura 21.5. Desactivación del panel de vista previa en el programa lector de correo Outlook Express*

*Figura 21.6. Opción de carpeta en Windows, que permite ocultar las extensiones de archivo para tipos de archivos conocidos (conviene no activar esta opción)*

## 21.3.2 Garantizar la confidencialidad, integridad y autenticidad de los mensajes y de los usuarios

Una primera cuestión a considerar es la autenticación segura en el acceso a los buzones de correo. De hecho, en la configuración por defecto del protocolo POP3 se envían el nombre de usuario y la contraseña sin cifrar, por lo que éstas podrían ser capturadas por un *sniffer*. Se podrían utilizar protocolos más seguros como APOP (*Authenticated Post Office Protocol*), que cifran la contraseña del usuario durante la sesión POP.

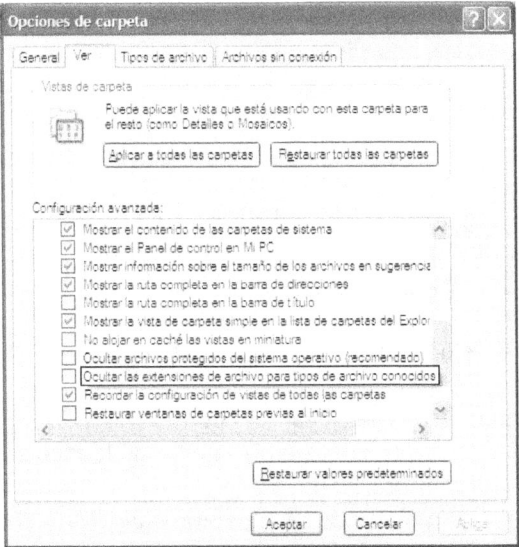

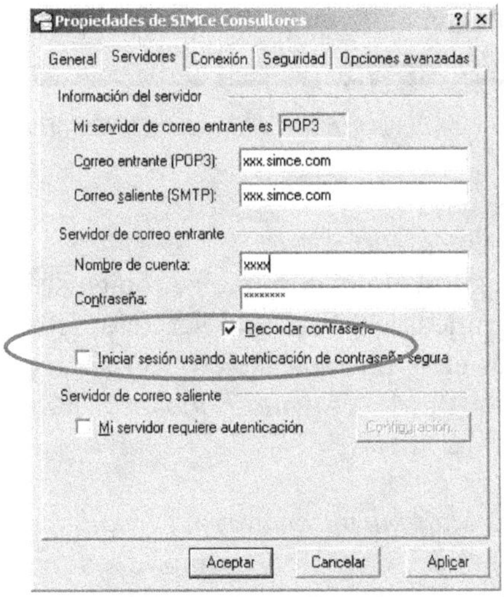

*Figura 21.7. Envío de contraseña cifrada en protocolo POP3*

Por otra parte, se han propuesto diversas alternativas para mejorar la autenticidad de los mensajes, entre las que podríamos destacar las siguientes:

> *Sender ID Framework* (SIDF): sistema para incluir un identificador del remitente en los correos electrónicos (www.microsoft.com/senderid).

> *Sender Policy Framework* (SPF): sistema propuesto para definir una lista permitida de dominios desde los que se permite enviar el correo electrónico utilizando los servidores de una organización.

> Utilización de la firma electrónica en los correos electrónicos.

Desde un punto de vista legal se podría reforzar el carácter privado y confidencial del contenido de un mensaje por medio de la inclusión al final de éste de unas líneas (*"tagline"*) que informen de la privacidad de los contenidos incluidos, así como de la prohibición de su publicación sin autorización previa del autor, actuando a modo de cláusula de confidencialidad, tal y como se muestra en el siguiente ejemplo:

---

Cláusula de confidencialidad del mensaje de correo electrónico

>◇◇◇◇◇◇◇◇◇◇◇◇◇◇◇◇◇◇◇◇◇◇◇◇◇◇◇◇◇◇◇◇◇◇◇<

Este mensaje puede contener información confidencial y está dirigida únicamente para el uso de la persona destinataria. Si usted no es la persona destinataria de este mensaje, por la presente se le comunica que no debe usar, difundir, copiar de ninguna forma, ni emprender ninguna acción en relación con ella. Si usted ha recibido este mensaje por error, por favor le rogamos que lo borre y notifique este hecho al remitente.

This message may contain confidential information and is intended only for the use of the addressee named above. If you are not the intended recipient of this message you are hereby informed that you must not use, disseminate, copy it in any form or take any action in reliance on it. If you have received this message in error please delete it and notify it to the sender.

---

*Figura 21.8. Ejemplo de cláusula de confidencialidad en un mensaje de correo*

### 21.3.2.1 S/MIME

Para mejorar la seguridad del correo electrónico se ha propuesto la utilización de los protocolos criptográficos en el propio servicio de correo electrónico. De este modo, a comienzos de los años noventa hicieron su aparición los sistemas de correo electrónico seguro, como PEM (*Private Enhanced Mail*, propuesto en 1987) o S/MIME (RFC 2311 y RFC 2312).

S/MIME (*Secure/Multipurpose Internet Mail Extensions*) es un sistema desarrollado por la empresa RSA en 1995, como una variante del formato de correo MIME, basándose en el estándar de tecnología de clave pública PKCS#7 (estándar que define la sintaxis para los mensajes criptográficos).

S/MIME utiliza algoritmos simétricos (como DES, Triple-DES, RC2 o RC4) para el cifrado de los mensajes, así como la criptografía de clave pública y los certificados digitales de usuario (X.509v3) para garantizar la integridad y la autenticidad de los mensajes. Este sistema se ha integrado con la seguridad del navegador Web del equipo, empleando los mismos certificados digitales de usuario.

De este modo, S/MIME permite garantizar los servicios de seguridad de confidencialidad, integridad, autenticación del origen y no repudiación con prueba de origen.

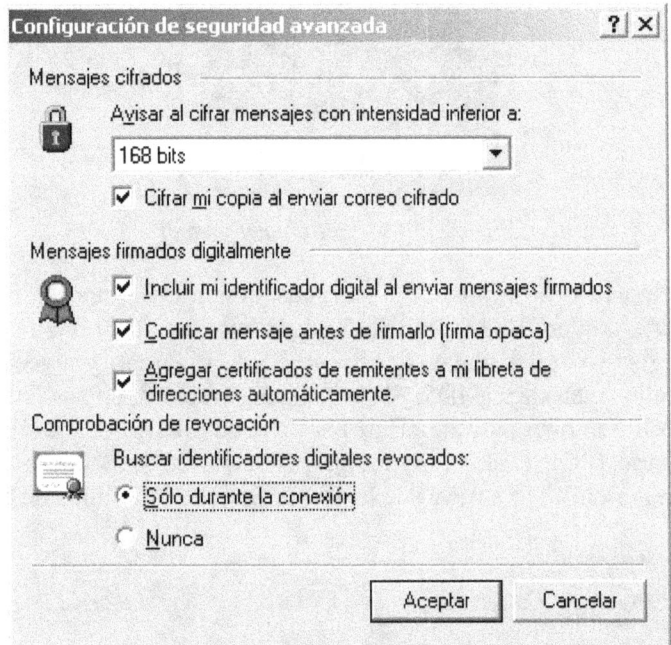

*Figura 21.9. Seguridad S/MIME en un lector de correo electrónico*

### 21.3.2.2 PGP (*PRETTY GOOD PRIVACY*)

También podemos destacar una herramienta denominada PGP (*Pretty Good Privacy*, –Seguridad Bastante Buena–), que fue desarrollada por Philip Zimmermann en 1991 para facilitar la utilización de los algoritmos criptográficos en el correo electrónico. El código fuente de este programa fue exportado ilegalmente desde Estados Unidos, motivo por el que su autor fue denunciado y sometido a juicio en 1993, si bien el caso fue archivado sin cargos en enero de 1996.

En estos últimos años PGP (www.pgp.com) se ha convertido en un programa muy popular entre los usuarios particulares, distribuido de forma comercial por la empresa Symantec, si bien todavía se pueden localizar distribuciones libres y gratuitas (*freeware*) de este programa en determinados servidores de Internet (como en la dirección Web: http://www.pgpi.org/products/pgp/versions/freeware/).

Este programa se puede integrar como un componente (*plugin*) en la mayoría de los lectores de correo electrónico, como Outlook o Outlook Express.

*Figura 21.10. Philip Zimmermann*

PGP emplea algoritmos criptográficos simétricos para el cifrado de los mensajes (IDEA, Triple-DES, Blowfish...), algoritmos de clave pública para facilitar el intercambio seguro de las claves de sesión (RSA, Elgamal) y algoritmos de firma electrónica para los mensajes (MD5, SHA-1, DSA). Además, en sus últimas versiones la aplicación PGP también permite cifrar los ficheros guardados en el disco duro del equipo del usuario (PGP Disk Encryption). PGP ha sido sometido a un proceso de estandarización por el IETF, a través de la norma OpenPGP definida en el RFC 2440.

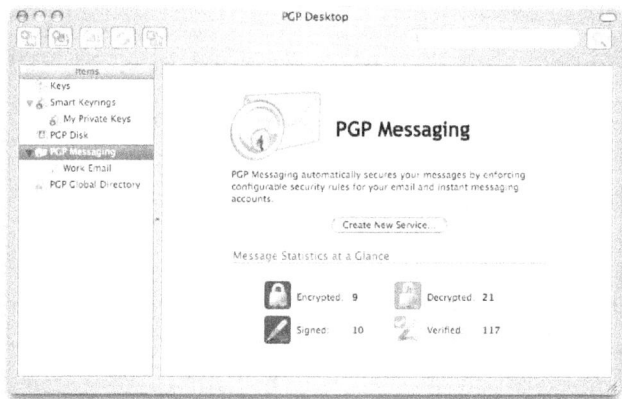

*Figura 21.11. Programa PGP*

El proceso de cifrado de un mensaje de correo en PGP es el siguiente: el programa genera una clave de sesión para un algoritmo simétrico y cifra el mensaje que se va a enviar al destinatario. Seguidamente se cifra la clave de sesión mediante un algoritmo asimétrico, empleando para ello la clave pública del destinatario. Éste, a su vez, podrá recuperar la clave de sesión mediante su clave privada, para descifrar a continuación el contenido del mensaje de correo.

En PGP se recurre a la gestión de "Anillos de Claves" en lugar de los certificados digitales de usuario. Un anillo es una colección de claves almacenadas en un archivo cifrado y protegido mediante una contraseña. Cada usuario posee un anillo para claves públicas y otro para claves privadas. Cada una de las claves tiene un identificador de usuario, fecha de expiración, versión de PGP y una huella digital para verificar su autenticidad.

Se trata, no obstante, de una importante limitación, ya que en el modelo de seguridad propuesto por PGP no se recurre al papel de las Autoridades de Certificación, que permitan garantizar la identidad de los usuarios mediante certificados digitales. Por este motivo, la confianza en la identidad de un usuario depende del número y de la confianza en otros usuarios que así lo avalen con sus respectivas firmas. De hecho, en Internet[63] podemos localizar miles de claves públicas de usuarios que tratan de pasar por un personaje conocido, como podría ser el caso del presidente de Microsoft Bill Gates:

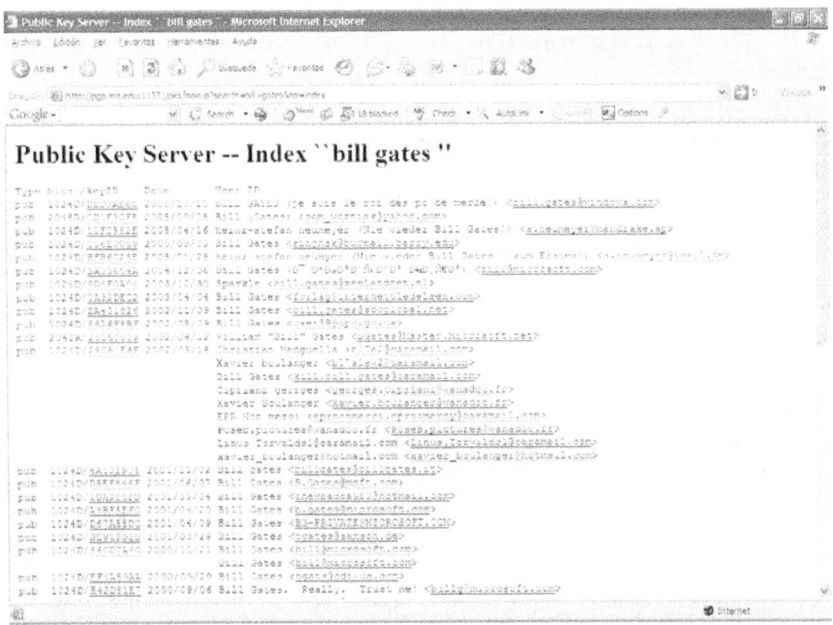

*Figura 21.12. Claves públicas de usuarios que dicen ser Bill Gates (http://pgpkeys.mit.edu/)*

Además, se han descubierto distintos agujeros de seguridad que podrían facilitar el acceso al anillo de claves de un usuario de PGP e, incluso, a su propia clave privada. Por supuesto, la protección de la clave privada del usuario es un elemento fundamental para garantizar la seguridad de esta aplicación.

---

[63] En directorios de claves públicas como http://pgpkeys.mit.edu/.

## 21.3.3 Configuración más segura de la red de la organización para el servicio de correo electrónico

Una primera medida para reforzar la seguridad de la red de la organización consiste en la instalación de antivirus y filtros anti-*spam* en los dispositivos de seguridad perimetral, que actuarían como una primera barrera de protección, eliminando parte de los mensajes de correo potencialmente dañinos antes de que éstos puedan llegar a las estaciones de trabajo.

Asimismo, también puede resultar conveniente la utilización de un "*mail proxy*", servidor dedicado que actúa de intermediario entre los equipos de los usuarios y los servidores de correo. En este equipo se pueden instalar los filtros y el programa antivirus, comprobando los mensajes de correo y manteniendo en cuarentena (o eliminando directamente) los mensajes potencialmente peligrosos (aquellos que tienen ficheros adjuntos o que incorporan código activo dentro del cuerpo del mensaje). Además, también podría encargarse de limitar el tamaño y el número de ficheros adjuntos que pueden enviar o recibir los usuarios desde los equipos internos de la organización.

Estas medidas se pueden ver apoyadas por la instalación y actualización de un programa antivirus en los equipos de los usuarios. En algunos casos más críticos (en redes donde el nivel de seguridad requerido es muy alto) también podría resultar conveniente emplear una estación de trabajo aislada (y que no guarde información sensible ni tenga acceso a otros servicios de la red) para descargar y abrir los mensajes sospechosos que no hayan sido directamente eliminados por el antivirus o los filtros anti-*spam*.

Otra medida recomendada es la utilización de protocolos de correo más seguros, en los que los mensajes y los datos de autenticación de los usuarios se envíen cifrados. De hecho, también se podría recurrir al establecimiento de túneles seguros a través de protocolos como SSH (*Secure Shell*) antes de transferir mensajes de correo entre un equipo de usuario y el servidor de correo.

No obstante, esta última alternativa presenta como inconveniente el hecho de tener que establecer una sesión SSH entre el equipo de usuario y el servidor de correo antes de proceder al envío o recepción de los mensajes, complicando la gestión del servicio de correo para sus usuarios. Además, un protocolo como SSH puede proteger la comunicación entre el equipo de usuario y el servidor de correo, pero no entre este servidor y otros a los que se tenga que conectar para enviar o recibir mensajes de correo.

## 21.4 SERVICIOS DE CORREO ELECTRÓNICO AVANZADOS

### 21.4.1 Nuevos servicios de seguridad previstos

El servicio de correo electrónico incorporará servicios de seguridad adicionales en las nuevas versiones de los protocolos, entre los que podemos destacar los siguientes:

- No repudio de destino.

- Prueba de envío, mediante la cual el servidor de correo que actúa como agente de mensajería de origen (MTA, *Message Transfer Agent*) reconoce haber enviado el mensaje.

- Prueba de entrega, en el que el agente de mensajería de destino reconoce haber entregado el mensaje en el buzón de recepción (generación automática de la notificación de entrega por parte del propio sistema de mensajería).

- Prueba de recepción, mediante la cual se genera de forma automática una notificación de recepción en cuanto el destinatario accede al mensaje de correo dentro de su buzón en el servidor de correo.

- Servicio de sellado temporal, que requiere de la inclusión de evidencias temporales de terceras partes confiables, para poder demostrar que el envío del mensaje ha tenido lugar en un determinado instante de tiempo.

El propio servicio de correo se puede encargar de ofrecer un almacenamiento seguro de las pruebas de envío, entrega y recepción de los mensajes. Asimismo, se puede utilizar una conexión segura entre cada uno de los integrantes del servicio de correo, mediante protocolos como TLS o SSL, contemplando un proceso de autenticación robusta de todas las partes intervinientes.

Otra función interesante es el servicio de notificación de entrega (*Delivery Status Notification*, DSN), que permite saber si un mensaje ha sido entregado, rechazado o si ha sufrido algún retraso durante la transmisión. Este servicio se basa en una nueva versión del protocolo de transferencia de mensajes de correo, denominada ESMTP (*Extended* SMTP) que, si bien ya fue propuesta hace varios años, todavía no se ha implantado de forma masiva en los servidores de correo de Internet, por lo que el servicio DSN no se encuentra disponible para los usuarios de la Red (sí lo pueden utilizar usuarios de Intranets con servidores de correo ESMTP).

Por otra parte, se están desarrollando nuevas funciones a incorporar en los mensajes de correo electrónico. Así, por ejemplo, la empresa Disappearing Inc. lanzó al mercado en octubre de 1999 un sistema de cifrado y cifrado que permite convertir en ilegible un mensaje de correo una vez transcurrido el período de tiempo preestablecido. Este sistema requiere la instalación de un pequeño programa (*plugin*) que acompaña al lector de correo electrónico y posibilita que sólo aquellas personas que dispongan del *plugin* correspondiente en su programa lector de correo puedan leer el mensaje cifrado. Asimismo, el sistema proporciona al emisor un acuse de recibo basado en un sistema de autentificación de emisor y receptor y, automáticamente, transcurrido el tiempo prefijado para su lectura, convierte en ilegible el mensaje.

También se han presentado en el mercado aplicaciones como MessageTag (www.messagetag.com), para informar a los creadores de los mensajes del momento en que tiene lugar la lectura de éstos por parte de los destinatarios. Para ello, se recurre a la inclusión de unas etiquetas HTML dentro del contenido de cada mensaje, que enlazan con una página web que registra la lectura del mensaje, de tal modo que es posible informar acerca de cuándo se ha leído un mensaje y cuánto tiempo ha invertido el destinatario en su lectura.

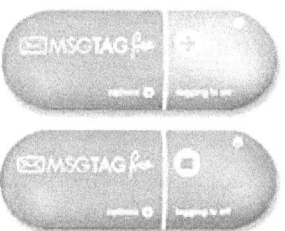

*Figura 21.12. Etiquetas de MessageTag*

## 21.4.2 Clasificación y respuesta automática del correo electrónico

Un aspecto importante a tener en cuenta en relación con el correo electrónico es la aparición de herramientas que permiten automatizar la clasificación y respuesta a los mensajes recibidos por una organización (herramientas para el "*e-mail response management*").

La creciente utilización del correo electrónico por parte de las empresas para recibir solicitudes de información y quejas de sus clientes les obliga a procesar cientos o miles de correos electrónicos diarios, provocando en ocasiones un desbordamiento de la capacidad de respuesta de la organización y haciendo más patente la necesidad de utilizar estos programas "autorrespondedores". Este problema derivado de la sobrecarga de mensajes se ha visto agravado de forma importante por el *spam*.

En Estados Unidos varias empresas especializadas han desarrollado algunas de estas herramientas, entre las que podríamos citar las soluciones de EchoMail (www.echomail.com) o Kana (www.kana.com), que permiten clasificar un alto porcentaje de los correos entrantes y facilitar respuestas automáticas.

Para ello, estas herramientas utilizan un motor semántico que analiza las frases del mensaje buscando determinadas palabras clave para, de este modo, tratar de averiguar qué tipo de servicio o respuesta desea el remitente (petición de información sobre algún producto, reclamación, solicitud de un presupuesto, etcétera). Si consiguen clasificar el mensaje, responden al usuario directamente de forma totalmente automatizada; en caso contrario, encaminan el mensaje a la persona que pueda atenderlo dentro de la organización.

## 21.5 EL USO DEL CORREO ELECTRÓNICO POR PARTE DE LOS EMPLEADOS

### 21.5.1 Normas de utilización para los usuarios del correo

Ante la importancia del factor humano en la utilización de los servicios de Internet y, en especial, del correo electrónico, la organización debería dejar claramente indicadas cuáles son las normas de utilización del correo electrónico desde los equipos de su red.

Así, podría preparar un manual para sus empleados con una serie de recomendaciones y de medidas de seguridad de obligado cumplimiento, entre las que podríamos considerar algunas de las siguientes:

- Los usuarios del servicio de correo electrónico no deberían abrir mensajes sospechosos o inesperados.

- No se podrán ejecutar o guardar los ficheros adjuntos de un mensaje de correo electrónico, salvo que hayan sido verificados previamente por un antivirus actualizado y se correspondan con algún documento esperado. Se deberá tener especial cuidado con los ficheros ejecutables y con aquellos formatos de documentos que pudieran contener macros.

- Los usuarios deberán desconfiar de las peticiones realizadas a través del correo electrónico, como podrían ser los mensajes en los que se solicitan las contraseñas o algún otro tipo de información sensible, ya que seguramente constituyen un ataque de "Ingeniería Social".

- Se debe mantener en todo momento una configuración segura del programa lector de correo electrónico: desactivación del panel de vista previa; aplicar el nivel de seguridad alto del navegador (zona de sitios restringidos), inhabilitando la opción de ejecutar contenido activo (*scripts*, controles ActiveX, *applets* Java); el lector de correo debe informar al usuario del intento de envío de mensajes por parte de otras aplicaciones instaladas en el sistema; etcétera.

Estas normas de seguridad tendrían que ser explicadas de forma detallada mediante charlas y la celebración de sesiones de formación y sensibilización, con el objetivo de trasladar su importancia a todo el personal de la organización.

## 21.5.2 Privacidad de los mensajes de correo de los empleados

Otra cuestión bastante polémica en la actualidad es la posible privacidad de los mensajes de correo creados o recibidos por los empleados de una organización. De hecho, sobre esta cuestión podemos considerar que entran en conflicto el derecho al secreto de las comunicaciones de todo ciudadano y el derecho a la intimidad en el puesto de trabajo, con la potestad de control y de organización de los recursos por parte del empresario o directivo.

Así, por una parte, la interceptación de los mensajes de correo electrónico está tipificada en el Código Penal español, al igual que en otros países europeos, como un delito contra la intimidad y el secreto de las comunicaciones.

Por otra parte, algunas empresas españolas y de otros países ya han procedido al despedido de aquellos empleados que han hecho un mal uso del correo electrónico, como en el famoso caso "Deutsche Bank" en Barcelona en diciembre de 1999, pionero en España en el despido de un empleado por el abuso del correo electrónico desde el ordenador del trabajo. El empleado en cuestión, trabajador de la entidad financiera desde 1971, fue despedido a principios de diciembre de 1999 por haber enviado 140 correos electrónicos personales desde su ordenador, muchos de los cuales incluían un contenido pornográfico. Sin embargo, este caso tuvo como consecuencia la presentación de una demanda contra los directivos del banco que ordenaron la interceptación de los mensajes de correo electrónico del empleado despedido y que fueron acusados de un delito de violación de correspondencia por este individuo.

Ante el actual vacío legal en relación con el control de Internet en el trabajo (situación que no estaba previsto en muchos casos dentro de la legislación laboral vigente), se recomienda definir una política clara dentro de la organización dirigida a los usuarios de sus ordenadores, informándoles de los fines para los que debe ser usado el correo electrónico, la posibilidad de acceso por parte de terceros (por ejemplo, en caso de ausencia por enfermedad o vacaciones del titular de la cuenta de correo) y de las consecuencias de un uso indebido del servicio de correo desde el puesto de trabajo.

Asimismo, se debería dejar claramente indicado si la empresa va a consentir la utilización del correo electrónico desde sus equipos para fines personales o que no se encuentren directamente relacionados con la actividad profesional.

## 21.6 REFERENCIAS DE INTERÉS

- ✓ PGP: http://www.pgp.com/.
- ✓ Directorio de claves públicas PGP: http://pgpkeys.mit.edu/.
- ✓ Sender ID Framework (SIDF): http://www.microsoft.com/senderid.
- ✓ S/MIME: http://www.imc.org/ietf-smime/.
- ✓ MessageTag: http://www.messagetag.com/.
- ✓ EchoMail: http://www.echomail.com/.
- ✓ Kana: http://www.kana.com/

# Capítulo 22

# LA LUCHA CONTRA EL *SPAM*

## 22.1 QUÉ ES EL "*SPAM*"

Los mensajes de correo electrónico con publicidad no solicitada por el destinatario constituyen lo que se ha dado en llamar "**correo basura**", "*junk-mail*" o *spam*.

La palabra *spam* proviene del término "*Spiced Ham*", nombre con el que se conocían unas latas de carne especiada que, al no requerir de refrigeración, estaban presentes en las estanterías de todas las tiendas, "inundándolo todo", al igual que los mensajes de correo no solicitados.

*Figura 22.1. Origen del spam*

Actualmente el correo basura se ha convertido en uno de los principales problemas de Internet, ya que resulta tremendamente sencillo y económico conseguir bases de datos con cientos de miles de direcciones correo de electrónico, para a continuación realizar un envío masivo a miles de destinatarios a un coste mínimo, con las molestias que ello provoca y el riesgo de colapso de los servidores de correo.

Los propios "*spammers*" utilizan sus bases de datos para dar a conocer su negocio, muy discutido en Internet y que desde hace unos años ya es perseguido en varios países de nuestro entorno con el apoyo de un nuevo marco legal.

Seguidamente se muestran algunos de los mensajes típicos de promoción de bases de datos de direcciones de correo electrónico para hacer *spam*:

> MENSAJE DEL 1 DE ABRIL DE 2003:
>
> Haga Publicidad por Email, el Email-Marketing es la herramienta mas fuerte del mundo para publicitar su producto o servicio, pudiendo llegar a miles de persona en cuestión de minutos. Para ello le ofrecemos la mejor Base de Emails.
>
> Adquiriendo nuestro paquete le obsequiamos el mejor programa para el envío masivo de emails, con fáciles instrucciones en castellano. Recuerde !!! : Su publicidad llegara en forma directa a miles de futuros clientes.
>
> 850.000 Emails Españoles correspondientes a Empresas, Profesionales y Particulares Mexicanos (Fraccionados en Grupos de a 65.000 Emails C/U, Chequeados al 20/03/2003).
>
> 2.000.000 Emails de 50 Países Divididos X País : (Alemania, Australia, Austria, Bélgica, Bolivia, Brasil, Canadá, Chile, China, Colombia, Corea, Costa Rica, Cuba, Dinamarca, Ecuador, EE.UU., El Salvador, Finlandia, Francia, Grecia, Guatemala, Holanda, Honduras, Hungría, India, Inglaterra, Irlanda, Israel, Italia, Japón, México, Nicaragua, Noruega, Nueva Zelanda, Panamá, Paraguay, Perú, Polonia, Portugal, Puerto Rico, República Checa, República Dominicana, Rusia, Singapur, Sudáfrica, Suecia, Suiza, Uruguay y Venezuela).
>
> Todo este Pack por solo $ 70.- Euros. Haga su pedido o consulta llamando al: (0054911)-52208898

*Figura 22.2. Ejemplo de mensaje de spam*

> "Disculpe las molestias.
>
> Desearía Ud. adquirir un CD con 161.000 direcciones de correo electrónico de la República Argentina, por 97,00 U$S, de ser así solicítelo a nuestro Departamento de Marketing a:
>
> Tel.: 54 11 4313-2666 Fax: 54 11 4313-9443
> email: bfcomm@cpsarg.com
>
> Desde ya muchas gracias y disculpe las molestias."

*Figura 22.3. Ejemplo de mensaje de spam*

Además, en estos envíos no suele ser posible darse de baja de estas listas ilegales de distribución de publicidad, de forma que el receptor se ve condenado a un bombardeo de mensajes no deseados, por lo que en muchas ocasiones la única solución es crear una nueva cuenta de correo electrónico, con los trastornos que ello ocasiona: notificación del cambio a todos los contactos, cambios de tarjetas de visita…

Podemos considerar que los orígenes del *spam* se remontan a abril de 1994, cuando dos abogados norteamericanos del bufete Green Card (Laurence Canter y su mujer Martha Siegel) utilizaron un programa informático para publicar mensajes ofreciendo los servicios de su bufete en seis mil grupos de noticias (servicio USENET), ocasionando molestias a millones de usuarios. Sin embargo, esta campaña promocional abusiva tuvo graves consecuencias para los letrados, ya que éstos fueron víctimas de diversos "*mail bombings*"[64] y su presencia fue vetada en aquellos foros. Posteriormente, estas personas perdieron incluso su licencia de abogados[65].

El *spam*, que empieza a ser considerado como un delito en sí mismo, puede estar asociado a otro tipo de actividades ilícitas, como atentar contra el derecho a la privacidad e intimidad de las personas, ya que en muchos casos las direcciones de correo electrónico suelen ser capturadas por robots[66] sin el consentimiento de los afectados.

Además, los *spammers* acostumbran a falsificar las direcciones de retorno incluidas en sus mensajes, para eludir de este modo las quejas y denuncias de los destinatarios molestos por sus actividades. En muchos casos se construyen falsos encabezamientos de los mensajes de correo (modificando los campos definidos según el estándar RFC 822), para ocultar el verdadero remitente del mensaje, o bien se emplean servidores de reenvío de correo anónimo ("*remailers*").

El impresionante crecimiento del *spam* en los últimos años lo ha convertido en una seria amenaza para el correcto funcionamiento de Internet. Cada día, cientos de millones de mensajes de correo electrónico son enviados sin consentimiento de sus receptores, saturando las redes y los servidores, provocando de este modo miles de millones de euros de pérdidas a empresas, usuarios finales y operadores de telecomunicaciones.

Así, los proveedores de acceso a Internet se ven notablemente perjudicados por el *spam*, ya que éste incrementa de forma importante el tráfico en sus redes y provoca en muchos casos la saturación de sus propios servidores de correo, ocasionando pérdidas económicas debido al mayor consumo de recursos y al esfuerzo adicional que se debe invertir en la gestión y administración de la red y de los servidores.

Para los destinatarios de los mensajes, el *spam* puede suponer una pérdida económica directa, sobre todo en aquellos casos en que el receptor tenga que pagar por el tiempo de conexión para recibir los mensajes no solicitados. Tampoco debemos olvidar el coste y las molestias ocasionadas por las horas perdidas en la lectura y eliminación de estos mensajes.

---

[64] Ataques realizados mediante envíos masivos de mensajes de correo electrónico que pretenden saturar los buzones de correo de las víctimas.

[65] Se puede consultar la referencia en la enciclopedia Wikipedia, en la página web: http://en.wikipedia.org/wiki/Canter_&_Siegel.

[66] Programas rastreadores que capturan direcciones de correo electrónico en Internet, revisando cientos de miles de páginas Web, así como los grupos de noticias y las páginas de listas de distribución de correo.

En marzo de 2003 el 45% de los correos electrónicos que circulaban por Internet eran *spam*, según Brightmail, una empresa de San Francisco de software anti-*spam*. En enero de 2001 este porcentaje era sólo del 16%. Sin embargo, a finales de 2004 entre el 65% y el 75% de los correos que circulaban por Internet eran *spam*, según datos de esta misma empresa. Además, del estudio de Brightmail se desprende que aproximadamente un 14% del *spam* a lo largo de 2004 estaba asociado a fraudes, mientras que cerca de un 80% se correspondía con ofertas de determinados tipos de productos y servicios.

Según la empresa de seguridad informática Symantec, en enero de 2005 el *spam* se situaba ya por encima del 60% del total de correos electrónicos recibidos. El mismo informe publicado en julio de 2009 afirmaba que el 89% de los correos electrónicos enviados en todo el mundo eran *spam*, siendo los más habituales los relacionados con Internet (28%), seguidos de la venta de productos (21%), financieros (16%), salud (11%), fraudes (5%), ocio (4%) y contenidos para adultos (3%). Asimismo, el informe destacaba que en cuanto a la procedencia de estos correos, la mayoría salían de Estados Unidos (25%), seguido de Brasil (12%), Corea del Sur (6%) Polonia, Turquía e India (los tres con 4%), China (3%), Rusia, Vietnam y Argentina (con el 2% cada uno).

Un estudio realizado entre el 1 de enero y el 11 de marzo de 2008 por el Observatorio de la Seguridad de la Información del Instituto Nacional de Tecnologías de la Comunicación (INTECO) revelaba que el 84,6% de los mensajes de correo electrónico que se envíaban en España podían ser identificados como *spam*.

En palabras de Vinton Cerf, vicepresidente de MCI y uno de los principales artífices de Internet (es el padre del protocolo TCP/IP): "El correo basura es el azote del correo electrónico y de los grupos de noticias en Internet. Puede interferir seriamente con la operación de servicios públicos, por no mencionar el efecto que puede tener en los sistemas de correo electrónico de cualquier individuo... Los *spammers* están, de forma efectiva, sustrayendo recursos de los usuarios y proveedores de servicio sin compensación y sin autorización".

Por todos estos inconvenientes, el *spam* está siendo objeto de regulación por parte de gobiernos, proveedores de servicios de Internet, asociaciones empresariales y asociaciones de internautas.

Así, en Estados Unidos y en la Unión Europea se han aprobado varias leyes para tratar de controlar los envíos masivos de mensajes de correo no solicitados, contemplando elevadas multas contra los "*spammers*" y facilitando que los servidores de correo y los operadores de telecomunicaciones puedan presentar demandas por daños y perjuicios.

En un principio, algunas de las propuestas legislativas se basaban en el esquema denominado "*opt-out*", que podríamos traducir por "elegir salir". Con este planteamiento, se consentía el envío de "correo basura", exceptuando a aquellos ciudadanos que hubieran expresado explícitamente su deseo de ser excluidos de las listas de correo de los *spammers*, mediante su incorporación a una lista de exclusión voluntaria, también conocida como "lista Robinson".

Sin embargo, la alternativa finalmente adoptada, que había sido apoyada por la mayoría de los grupos de internautas y por buena parte de los proveedores de acceso a Internet, es el sistema *"opt-in"* o de "elegir entrar". En este caso, sólo se está permitido el envío de correo electrónico comercial o masivo de cualquier naturaleza a aquellos ciudadanos y empresas que explícitamente hayan consentido en recibirlo, con lo que de este modo se prohíbe totalmente el correo no solicitado.

En la actualidad, según algunos estudios realizados, sólo son doscientas organizaciones o personas individuales las responsables del envío del 80% del *spam* que se genera en Internet.

## 22.2 PROBLEMAS OCASIONADOS POR EL *SPAM*

Seguidamente se presentan los principales problemas ocasionados por el *spam* a los usuarios y proveedores del servicio de correo electrónico:

- **Daños a los proveedores de acceso a Internet y operadores:** incremento del consumo de ancho de banda; saturación de servidores de correo; necesidad de instalar software anti-*spam* en sus servidores de correo; etcétera.

- **Daños a las empresas:** pérdida de productividad de los empleados; consumo de recursos (ancho de banda, espacio de almacenamiento en equipos y servidores...); consultas al servicio técnico y de soporte informático por parte de los usuarios que se ven desbordados por la avalancha de mensajes en sus buzones de correo; etcétera.

- **Daños a los usuarios particulares:** pérdida de su tiempo en la descarga, lectura y eliminación de los mensajes no solicitados; consumo de recursos informáticos (ancho de banda o espacio de almacenamiento); posible acceso a contenidos no deseados (pornografía, negocios piramidales, estafas en Internet...); etcétera.

Podemos aportar algunos datos significativos sobre el coste del *spam*. Así, por ejemplo, un estudio de la firma Ferris Research revelaba que las empresas estadounidenses sufrieron un coste adicional de unos 8.900 millones de euros en 2002 debido al *spam*. En Europa el gasto para las empresas fue de unos 2.500 millones de euros. Según este estudio los efectos perjudiciales del *spam* se centraban en tres áreas: pérdida de productividad del trabajador, incremento del consumo de ancho de banda y de otros recursos y el uso del tiempo de soporte técnico.

En marzo de 2010 otro estudio llevado a cabo por el *American Institute Radicati Group* destacaba que la gestión del *spam* representaba un coste medio de 1,2 millones de euros a empresas de alrededor de mil empleados, teniendo en cuenta tanto el coste de las soluciones internas de seguridad como el que se derivad de las pérdidas de tiempo y de la eliminación de espacio en los discos duros de estas organizaciones.

Un estudio de Telus International, dado a conocer en noviembre de 2003, revelaba que el *spam* es una práctica lucrativa, aunque la tasa de personas que responde a estos mensajes comerciales sea mínima, apenas un 0,005% (es decir, sólo contestan 50 personas de cada millón que recibe *spam*). De hecho, la práctica del *spam* sigue siendo rentable ya que, a diferencia del correo postal tradicional, los costes de enviar correos electrónicos de forma masiva son prácticamente insignificantes (el coste para el "*spammer*" es despreciable). En el citado estudio de Telus se ponía de manifiesto que el *spam* seguiría siendo rentable aunque sólo contestase una persona por cada millón que lo recibiera. Algunos "*spammers*" reconocían haber obtenido ganancias de hasta 3.000 dólares en un mes fruto de sus prácticas.

Por otra parte, debemos tener en cuenta que a partir de 2004 comenzaron a proliferar los casos de "*phishing*" y otro tipo de estafas y engaños asociados al *spam*.

Otros estudio dado a conocer en noviembre de 2007 por la empresa alemana de seguridad G-Data, afirmaba que trabajando sólo 20 horas al mes, con cerca de 20 pedidos, los *spammers* a tiempo parcial eran capaces de enviar 400 millones de correos basura y ganar fácilmente unos 7.000 dólares por ese trabajo. En muchos casos se trata de piratas informáticos que controlan y utilizan redes de equipos "zombi" (*botnets*) para llevar a cabo este tipo de actividades.

## 22.3 PRÁCTICAS HABITUALES DE LOS *SPAMMERS*

Los "*spammers*" son los individuos que se dedican a generar los millones de mensajes de correo no solicitados que saturan cada día las redes y los servidores de los operadores de telecomunicaciones y proveedores de acceso a Internet.

Para realizar esta actividad recurren a una serie de prácticas que podrían ser consideradas como delictivas en muchos países de nuestro entorno:

> ➢ Obtención fraudulenta de direcciones de correo electrónico: para ello, emplean programas rastreadores que analizan los mensajes publicados en grupos de noticias y foros de discusión; recorren páginas web buscando direcciones de correo electrónico (técnica conocida como "*scrapping*"); etcétera. Se han realizado varias pruebas para evaluar la capacidad de los "*spammers*" para obtener direcciones de correo. Así, por ejemplo, en un estudio de la Comisión Federal de Comercio de Estados Unidos realizado a finales de 2002 se pudo constatar que entre un 86% y un 97% de las direcciones de correo publicadas en servidores Web conocidos eran recopiladas y utilizadas por los "*spammers*" en un plazo inferior al mes.

- Ataques a sistemas informáticos para obtener listas de direcciones de correo de sus usuarios y clientes.

- Prácticas utilizadas para comprobar la validez de una dirección de correo: envío de mensajes HTML que incluyen imágenes o etiquetas con enlaces a determinadas páginas web, que detectan la lectura del mensaje de correo. Asimismo, en muchos ocasos los "*spammers*" ofrecen un falso procedimiento para darse de baja de la lista de correo, cuando en realidad se utiliza para comprobar que la dirección de correo es válida.

- Venta a través de Internet de las direcciones de correo obtenidas: CDs y DVDs que incluyen millones de direcciones.

- Incorporación de falsos remitentes en los mensajes enviados, mediante técnicas de usurpación de la identidad del remitente ("*spoofing*").

- Utilización de servidores SMTP de terceros para realizar los envíos masivos.

- Utilización de virus y troyanos que permiten realizar envíos de *spam* desde los equipos infectados, a partir de los datos de la libreta de direcciones del propietario del equipo. En este caso el virus o troyano incorpora su propio motor SMTP para facilitar esta tarea.

- Utilización de ordenadores "zombi" (ordenadores en los que se ha instalado un troyano que facilita su control remoto) para el envío masivo de *spam*. Algunos "*spammers*" tienen bajo su control redes con cientos o incluso miles de ordenadores "zombi".

En sus mensajes publicitarios, los "*spammers*" incluyen enlaces a servidores Web, donde el interesado podría adquirir el producto o servicio anunciado.

El diseño original del servicio de correo en Internet ha facilitado todas estas prácticas. El protocolo SMTP (RFC 2821) utilizado para enviar mensajes de correo electrónico se diseñó sobre una base de confianza mutua, es decir, asume que el remitente es quien dice ser, pero no contempla las medidas necesarias para garantizarlo.

Por lo tanto, SMTP se ocupa de cómo tiene lugar el intercambio de mensajes entre clientes de correo (MUA, *Mail User Agent*) y servidores de correo (MTA, *Mail Transport Agent*), así como de los propios servidores entre sí para encaminar los mensajes hacia su destino final. En el diseño inicial de este protocolo no se ha previsto cómo garantizar la autenticación, por lo que no se pueden pedir responsabilidades ante casos de *spam* o envío de virus. La única forma efectiva de identificar la fuente del *spam* es a través de un análisis de la cabecera del mensaje de correo recibido, en la que se incluyen datos generados por los servidores de correo que atraviesa el mensaje hasta llegar a su destino (los cuales no son controlados por "*spammers*"). Sin embargo, en muchos casos la fuente del *spam* es un ordenador infectado por un virus o un ordenador "zombi" controlado de forma remota por el "*spammer*".

## 22.4 NUEVAS FORMAS DE *SPAM*

En los últimos años hemos asistido a la aparición de nuevas formas de *spam* que afectan a otros servicios de comunicaciones, además de al correo electrónico.

Así, por ejemplo, el *spam* se ha extendido a los envíos de mensajes SMS a teléfonos móviles. El *spam* de los móviles aún no ha alcanzado el volumen de los correos electrónicos no solicitados en Internet, pero el problema está creciendo en países como Japón, donde los usuarios envían una media de 10 mensajes SMS al día.

Por otra parte, el "*spit*" es una nueva forma de *spam* que afecta a los usuarios de la telefonía IP. Con la ayuda de los servicios de Voz IP (telefonía a través de Internet), los distribuidores de "*spit*" podrán hacer llegar su mensaje a miles de usuarios simultáneamente. Según diversos estudios, se espera un fuerte crecimiento de los usuarios de Voz IP en los próximos años.

A su vez, "*spim*" es un nuevo término acuñado para los mensajes de publicidad no solicitada distribuidos por medio de los programas de mensajería instantánea. En febrero de 2005 se arrestaba en Estados Unidos al primer acusado del envío indiscriminado de más de un millón y medio de mensajes basura a través del servicio MSN Messenger.

También se utilizó el servicio Messenger del sistema operativo Windows para abrir ventanas emergentes ("*pop-up windows*"), que se podían activar de forma remota para lanzar mensajes al usuario del equipo[67].

Otros servicios que sufren el problema del *spam* son los foros de discusión vía Web o los diarios y servicios de edición *on-line* ("*blogs*"). De hecho, a finales de octubre de 2005 se daba a conocer una nueva modalidad de mensajes de *spam*: los "*splogs*" o "*spam blogs*". Con esta nueva técnica, los "*spammers*" crearon millones de

---

[67] Estos mensajes emergentes utilizaban el protocolo NetBIOS, por lo que cuando circulaban por una red TCP/IP se envíaban a través de los puertos udp/137 y tcp/139. Éste es el mecanismo habitual de transmisión para los mensajes enviados mediante un comando "NET SEND" o la llamada a la función "NetMessageBufferSend" de Windows. También se podría realizar el envío de mensajes a través del servicio RPC (*Remote Procedure Call*, Llamada de Procedimiento Remoto) de NetBIOS, que está asociado al puerto udp/135. Por todo ello, en una red local se podía evitar la entrada y circulación de estos mensajes no solicitados configurando de forma adecuada los cortafuegos y los *routers*, para bloquear todo el tráfico que proviniese del exterior de la red y que utilizase cualquiera de los puertos asociados al protocolo NetBIOS (udp/135, udp/137, udp/139, udp 445, tcp/137, tcp/139 y tcp/445).

blogs en Internet para anunciar todo tipo de productos y servicios, desde fármacos "milagrosos" a contenidos pornográficos.

Estos "*blogs*" se encuentran además repletos de enlaces a páginas web del propio "*spammer*", con el objetivo de lograr un mejor posicionamiento en buscadores como Google o Yahoo!, que tienen en cuenta el número de enlaces que apuntan a una determinada página web para definir su clasificación en relación con un término de búsqueda.

De este modo, obtienen una popularidad artificial, lo cual supone un serio problema para los "*blogs*" legítimos y, sobre todo, para los buscadores, que a veces no saben discriminar qué "*blogs*" actúan de forma legítima y cuáles son puro "*spam*". Así, por ejemplo, en octubre de 2005, el servicio Blogger de Google especializado en "*blogs*" recibió un ataque de "*splogs*", ya que en pocas horas los "*spammers*" intentaron crear más de 13.000 "*blogs*", situación ante la cual los responsables de Google tuvieron que reaccionar eliminando miles de "*blogs*" con contenidos considerados como *spam*.

Por otra parte, desde el año 2007 se dieron a conocer nuevas formas de distribución de los mensajes de *spam*, utilizando para ello ficheros de imágenes, documentos PDF o ficheros de música en el popular formato MP3.

## 22.5 CÓMO COMBATIR EL *SPAM*

Seguidamente se presentan algunos consejos y recomendaciones para combatir y minimizar los problemas ocasionados por el *spam*.

### 22.5.1 Recomendaciones a los usuarios de los servicios de Internet

Una primera medida a tener en cuenta es la de intentar no hacer pública la dirección de correo electrónico personal. Para ello, no se debería incluir la dirección de correo electrónico en páginas web, ya que existen diferentes tipos de herramientas informáticas capaces de leer las páginas de Web para localizar direcciones de correo electrónico. Además, conviene leer la política de privacidad de un determinado Website antes de facilitar la dirección de correo electrónico u otros datos personales.

Por el mismo motivo, cuando se hacen aportaciones a grupos de noticias o foros no se debería publicar la dirección de correo electrónico. Una posible solución para despistar a los programas y robots especializados en la captura de direcciones de correo electrónico sería sustituir el símbolo @ por la palabra ARROBA o AT al teclear la dirección de correo electrónico, o bien añadir algún texto del tipo "QUITALASMAYUSCULAS" después de la arroba si es obligatorio el carácter @.

Por otra parte, el usuario no debería responder a la opción de darse de baja de la lista de destinatarios del mensaje, ya que lo único que se consigue con ello en la mayoría de los casos es confirmar la validez de la dirección de correo electrónico.

La instalación de una de las numerosas aplicaciones anti-*spam* disponibles en el mercado permitirá reducir el número de mensajes no solicitados que llegan al buzón de correo electrónico. Estas herramientas combinan la utilización de filtros con listas de *"spammers"* con la detección de mensajes que puedan incluir contenidos sospechosos.

También es posible instalar filtros anti-*spam* en los programas lectores de correo electrónico y en los servidores. La mayoría de estos filtros, así como las reglas de mensajes de programas como Outlook, funcionan bloqueando determinadas direcciones electrónicas incluidas en una lista de *"spammers"*, si bien en ocasiones también pueden bloquear mensajes completamente lícitos.

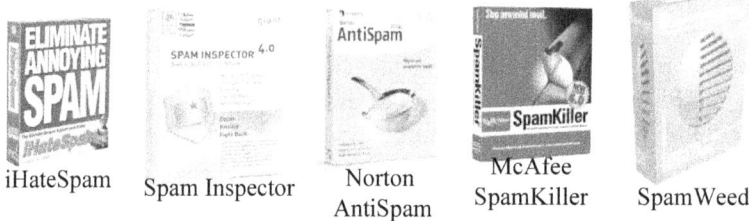

iHateSpam    Spam Inspector    Norton AntiSpam    McAfee SpamKiller    SpamWeed

*Figura 22.4. Programas anti-spam*

El usuario también podría enviar una queja al proveedor de servicio u operador de telecomunicaciones desde el que se originó el envío masivo, así como presentar una queja o denuncia formal antes las autoridades de su país. Si el "correo basura" proviene de empresas, organismos o individuos españoles que no han recibido el consentimiento expreso para poder enviar información comercial a través del correo electrónico, se podría enviar una copia del mensaje en cuestión a la Agencia Española de Protección de Datos, responsable de imponer las sanciones contra el *spam*, según se ha dispuesto con la nueva Ley General de Telecomunicaciones (LGT).

El usuario podría obtener más consejos y recomendaciones en algunas direcciones de referencia en la lucha contra el *spam*, como podrían ser:

> http://spam.abuse.net/.

> http://www.emailabuse.org/.

> http://www.spamcop.net/.

## 22.5.2 Tecnologías y herramientas para luchar contra el *spam*

### 22.5.2.1 UTILIZACIÓN DE SISTEMAS DE FILTRADO

Los sistemas de filtrado del correo electrónico pueden combinar varias técnicas para tratar de determinar si un determinado mensaje de correo se podría considerar como *spam*:

> **Análisis de la estructura y de la cabecera de cada mensaje de correo**, para determinar la dirección IP remitente, los servidores de correo que han transferido el correo...

> **Utilización de Listas Negras**, que incluyen las direcciones IP de los principales *"spammers"*, así como de aquellos servidores de correo permisivos con el *spam*, es decir, aquellos servidores que debido a su configuración actúan como "reemisores" de los mensajes de correo de terceros[68]. Estas Listas Negras pueden ser públicas (cuando son mantenidas por determinadas organizaciones) o privadas (construidas por el propio usuario, que puede decidir bloquear todos los correos recibidos desde una determinada dirección o dominio). Como ejemplo de estas Listas Negras podríamos citar la lista ROKSO de Spamhaus (www.spamhaus.org).

*Figura 22.5. The Spamhaus Project*

> **Utilización de Listas Blancas**, opción mucho más restrictiva mediante la que sólo se admiten los mensajes de correo procedentes de determinados servidores considerados como "de confianza" por la organización.

> **Filtros automáticos en función del contenido**, que permiten eliminar directamente los mensajes que contienen en el asunto o en el cuerpo algunas palabras incluidas en una lista de palabras prohibidas.

> **Filtros bayesianos**, que se encargan de analizar las palabras contenidas en cada mensaje de correo y, partiendo de una lista de palabras prohibidas y del contexto del mensaje, calculan la probabilidad de que el mensaje en cuestión sea un correo basura. De este modo, se mejora el análisis al tener en cuenta el contexto del mensaje y la posición de la palabra filtrada dentro del cuerpo o el asunto del mensaje. El usuario puede ajustar los parámetros del filtro para determinar a partir de qué umbral de

---

[68] Se trata de servidores *"open relay"*, que permiten enviar mensajes en los que ni el remitente ni el destinatario pertenecen a dominios explícitamente autorizados.

probabilidad se clasifica un mensaje como correo basura (aprendizaje estadístico del sistema de filtrado).

Al detectarse un mensaje considerado como *spam*, el servidor de correo de la organización podría actuar de varias formas:

> Rechazar el correo dentro de la comunicación SMTP.

> Rechazar el mensaje de correo y generar un rebote al remitente. Sin embargo, hoy en día no se suele recomendar esta práctica, ya que la mayoría de las direcciones remitentes utilizadas por los "*spammers*" no son legítimas.

> Aceptar el correo e introducirlo en una carpeta de "cuarentena" a la espera de que el destinatario decida sobre qué se va a hacer con dicho mensaje.

> Aceptar el correo, marcarlo como no solicitado o posible *spam* y tramitarlo para que sea el programa lector de correo el que decida qué hacer con él.

Debemos señalar, no obstante, un problema que presentan los filtros anti-*spam*: los falsos positivos, que provocan la eliminación de mensajes de correo electrónico legítimos. Por este motivo, como solución se puede utilizar una carpeta de "cuarentena", donde se guardan los mensajes considerados *spam* hasta que el usuario decida sobre su clasificación definitiva.

Además, es necesario revisar y adaptar de forma periódica las reglas de filtrado implantadas, ante los continuos cambios realizados por los "*spammers*" para mejorar la efectividad de sus envíos.

Existen dos alternativas a la hora de elegir la ubicación de los sistemas de filtrado: en el propio servidor de correo electrónico o en el programa lector de correo.

La ubicación de los filtros anti-*spam* en el propio servidor de correo electrónico (MTA, *Mail Transport Agent*) facilita la implantación de la política definida por la organización en relación con el uso del correo. Sin embargo, mediante esta alternativa las reglas de filtrado son más rígidas y menos adaptables a cada usuario, ya que son de aplicación a todo el conjunto de la organización. Además, la recuperación de falsos positivos tiene que ser realizada por los administradores del sistema. Asimismo, otro inconveniente a tener en cuenta es que las reglas de filtrado pueden provocar un importante esfuerzo computacional en el servidor de correo, sobre todo aquellas reglas que se basan en el análisis del contenido del mensaje y no sólo en listas de direcciones remitentes.

A su vez, la ubicación de los filtros anti-*spam* en el programa lector de correo (MUA, *Mail User Agent*) permite alcanzar un mayor grado de personalización y de adaptación de las reglas a las necesidades del usuario final, facilitando además la recuperación de falsos positivos. La posibilidad de emplear filtros bayesianos con técnicas de aprendizaje estadístico permite mejorar la respuesta del sistema ante nuevos tipos de *spam*.

Una solución bastante razonable podría consistir en la instalación de filtros anti-*spam* no muy complejos en el servidor de correo (para no sobrecargarlo y no definir un sistema demasiado rígido para el conjunto de la organización), acompañados de los sistemas de filtrado más personalizados en los programas lectores de correo.

### 22.5.2.2 TÉCNICA DE DESAFÍO/RESPUESTA ("*CHALLENGE/RESPONSE*")

Mediante la "Técnica de Desafío/Respuesta", al recibir un mensaje de correo el servidor de correo contesta de forma automática a la dirección del remitente para poder determinar si se trata de un remitente legítimo o si el mensaje fue enviado mediante una herramienta generadora de *spam*. Si el servidor de correo no recibe una respuesta adecuada a su petición (desafío), se considerará que el mensaje de correo es *spam* y se destruirá.

### 22.5.2.3 CONFIGURACIÓN MÁS ROBUSTA DE LOS SERVIDORES DE CORREO

Mediante una configuración más robusta de los servidores de correo SMTP se podrían impedir buena parte de los envíos masivos de mensajes de correo no solicitado. Para ello, una medida fundamental es el control de acceso de entrada al puerto SMTP/25 de los servidores y la aplicación de estrictas reglas "anti-*relay*" (RFC 2505), para impedir que usuarios ajenos a la red de la organización puedan utilizar el servidor de correo para enviar sus propios mensajes.

Estas medidas requieren de la definición y control de las direcciones IP de las redes a las que se ofrece el servicio de envíos de mensajes de correo electrónico. Asimismo, al impedir la configuración de un servidor como "*open relay*" se consigue que éste no pueda ser utilizado como pasarela intermedia para el almacenamiento y reenvío de mensajes en los que ni el remitente ni el destinatario pertenezcan a dominios explícitamente autorizados. De hecho, en la actualidad la gran mayoría de las conexiones de envío de correo se realizan utilizando los sistemas encargados de gestionar un dominio MX (registro MX –*Mail eXchange*– en el servicio DNS), sin utilizar pasarelas de reenvío de mensajes.

Por otra parte, en el servidor de correo también se pueden controlar el tamaño y la cantidad de mensajes enviados por sus usuarios, estableciendo cuotas para el tamaño de los buzones y/o para los envíos desde cada una de las cuentas de correo.

Mediante la gestión del ancho de banda y del consumo de recursos computacionales (procesador, memoria principal y disco duro) se podrían evitar situaciones de denegación de servicio en los servidores de correo. Además, la organización podría priorizar el ancho de banda y los recursos destinados para el intercambio de mensajes de correo con servidores de confianza, frente al intercambio de mensajes de correo con servidores desconocidos.

### 22.5.2.4 ALTERNATIVAS PARA MEJORAR LA AUTENTICIDAD DE LOS MENSAJES

Se han propuesto distintas alternativas para mejorar la autenticidad de los mensajes de correo y, de este modo, tratar de identificar a las fuentes del *spam*:

*Protocolo SPF ("Senders Policy Framework")*

El protocolo SPF ("*Senders Policy Framework*") permite configurar los servidores DNS de un proveedor de acceso a Internet, para que éstos puedan asociar a cada una de las distintas direcciones de correo electrónico de sus usuarios una determinada información que las identifica como correo emitido por un servidor autorizado por la organización.

De esta forma, cualquier proveedor cuyos servidores se encuentren configurados para ello, podrá recibir dicha información y verificar que el correo ha sido enviado realmente desde una máquina autorizada o descartar automáticamente las falsificaciones elaboradas por los "*spammers*". Este sistema permite construir una lista permitida de dominios desde los que se va a admitir el envío de mensajes de correo electrónico utilizando los servidores de una organización.

El protocolo SPF es soportado por los servidores de transporte de correo más utilizados en la actualidad: Courier, Exim, Microsoft Exchange Server, Sendmail o Qmail.

*Sender ID Framework (SIDF)*

Sender ID Framework (SIDF) es un sistema propuesto por Microsoft para incluir un identificador del remitente en los mensajes de correo electrónico (www.microsoft.com/senderid).

*Domain Keys Identified Email (DKIM)*

El estándar DKIM (http://www.dkim.org/) fue propuesto por Yahoo! y Cisco para luchar contra el correo basura y el "*phishing*", basado en la utilización de claves criptográficas que permitan identificar la fuente de cada mensaje. El anuncio de este nuevo estándar se producía a finales de julio de 2005, contando con el apoyo de empresas como Sendmail, SPG, Alt-N Technologies, AOL, Earthlink, IBM, Microsoft y Verisign. En mayo de 2007 este estándar era aprobado por el IETF (*Internet Engineering Task Force*).

### 22.5.2.5 UTILIZACIÓN DE PROTOCOLOS CRIPTOGRÁFICOS Y DE LA FIRMA ELECTRÓNICA

Mediante el cifrado de los mensajes de correo y el establecimiento de conexiones cifradas con los servidores de correo electrónico se podría mejorar de forma notable la seguridad del servicio de correo.

Además, si los usuarios finales se acostumbrasen a utilizar la firma electrónica en sus correos electrónicos, sobre todo cuando ésta se basa en certificados digitales reconocidos, sería posible garantizar no sólo la autenticidad sino también la integridad de los mensajes, combatiendo de forma mucho más eficaz los mensajes de *spam*. Para ello, podría bastar con utilizar estándares de correo seguro como S/MIME, soportados desde hace varios años por los programas lectores y los servidores de correo electrónico.

### 22.5.2.6 OTRAS ASPECTOS A TENER EN CUENTA

Por último, podemos citar otros aspectos que se podrían tener en cuenta para mejorar la lucha contra el *spam*:

- Gestión más segura de las listas de distribución de correo.

- Definición de una Política Corporativa sobre las condiciones de uso aceptable del correo electrónico en la organización.

- Formación y sensibilización de los usuarios.

- Convertir al *e-mail* en un servicio de pago: propuesta de Microsoft e importantes empresas de Internet para implantar una especie de "sello virtual" en los mensajes que represente un freno al correo basura. El proyecto, llamado Penny Black, salió a la luz en el año 2001, pero Bill Gates lo retomó en el Foro Económico Mundial de Davos, en enero de 2004. También se ha propuesto que el ordenador del remitente tenga que resolver una ecuación matemática antes de enviar los mensajes de correo. Esta operación obligaría a los "*spammers*" a emplear más recursos de computación para resolver estos problemas y poder realizar sus envíos masivos.

## 22.6 RECOMENDACIONES DE LA UNIÓN EUROPEA CONTRA EL *SPAM*

Seguidamente se presentan las principales recomendaciones de la Unión Europea dirigida a todos sus Estados miembro para mejorar la eficacia en la lucha contra el *spam*:

➢ Adopción del régimen *"opt-in"* por todos los Estados miembros antes de 31 de octubre de 2003.

De esta forma se zanja la polémica suscitada por la postura anterior, que era favorable al *"opt-out"*. La Unión Europea se posiciona claramente a favor del consentimiento previo del usuario para que éste pueda recibir mensajes publicitarios (*"opt-in"*). Asimismo, se considerará ilícito camuflar o disimular la identidad del emisor, de tal modo que todos los correos electrónicos enviados deben incluir una dirección de respuesta válida.

➢ Fomentar los códigos de conducta ética y buenas prácticas dentro de la propia industria de marketing directo.

Con esta medida se pretende que la propia industria elabore y suscriba sellos de confianza, rechazando prácticas como la recolección de direcciones de correo electrónico de forma no consentida, la venta de bases de datos de direcciones, así como los envíos de comunicaciones no solicitadas. También se pretende extender esta política a otros servicios como los mensajes SMS y MMS.

➢ Mayor control del tráfico por parte de los proveedores de acceso a Internet.

Para ello, estas empresas deberán instalar filtros anti-*spam* en sus redes y proceder al bloqueo de los mensajes procedentes de determinadas listas negras. Además, deberán configurar de forma segura sus servidores de correo (evitando, por ejemplo, su funcionamiento como "reemisores" de los mensajes de correo electrónico de terceros). También tendrán que firmar contratos con sus clientes y suscriptores en los que se prohíban expresamente prácticas como el *spam*.

➢ Reforzar el papel de las Agencias y Organismos Públicos en la lucha contra el *spam*.

La Unión Europea pretende impulsar el papel de las Agencias de Protección de Datos (*Data Protection Authorities*), de las Autoridades de Regulación de las Comunicaciones u otros organismos similares de los Estados miembro en la lucha contra el *spam*. Así, se debería definir claramente un régimen de infracciones y sanciones, habilitándose además una serie mecanismos que faciliten la denuncia de comunicaciones comerciales no solicitadas por parte de las empresas y ciudadanos afectados: buzones de correo donde enviar las pruebas, teléfonos de contacto… Estas agencias y organismos públicos podrán contribuir a la mayor concienciación de los ciudadanos sobre cuáles son sus derechos y cómo pueden combatir el *spam*.

➢ Fomentar la colaboración a nivel internacional.

El *spam* es un problema que no conoce fronteras y que se ve agravado por el vacío legal todavía existente en muchos países. Por este motivo, será fundamental establecer mecanismos de colaboración entre los Estados miembro, así como reforzar la cooperación con otros países como Estados Unidos, a través de agencias como la *Federal Trade Comission*.

## 22.7 LEGISLACIÓN CONTRA EL *SPAM*

En la Unión Europea podemos citar como referencia desde un punto de vista legal a la Directiva 2002/58/CE, de 12 de julio, relativa al tratamiento de los datos personales y a la protección de la intimidad en las comunicaciones electrónicas. En esta Directiva se prohíbe de forma expresa el *spam*, distanciándose de la filosofía del "*opt-out*" que se había planteado en la regulación anterior del año 1997, asumiendo así las peticiones de los consumidores europeos, unidos en la plataforma anti-*spam* EuroCAUCE.

En España la Ley de Servicios de la Sociedad de la Información (LSSI, Ley 34/2002) lo prohíbe expresamente tras su entrada en vigor el 12 de octubre de 2002, contemplando sanciones de hasta 150.000 € para los que envíen mensajes comerciales no solicitados, siendo la Agencia Española de Protección de Datos el organismo encargado de su cumplimiento.

De acuerdo con la LSSI, se entiende por comunicación comercial por vía electrónica a "toda comunicación dirigida a la promoción, directa o indirecta, de la imagen o de los bienes o servicios de una empresa, organización o persona". Este tipo de comunicaciones se regirá:

➢ Por la Ley 34/2002 (LSSI), modificada en parte por la nueva Ley General de Telecomunicaciones (LGT, Ley 32/2003, de 3 de noviembre).

➢ Por su normativa propia y la vigente en materia comercial y de publicidad.

➢ Por la Ley Orgánica de Protección de Datos (LOPD) y su normativa de desarrollo, en especial, en lo que se refiere a la obtención de datos personales, la información a los interesados y la creación y mantenimiento de ficheros de datos personales.

La LSSI establece diversas obligaciones de información relacionadas con los mensajes de correo de contenido comercial. Así, las comunicaciones comerciales deberán ser claramente identificables como tales, indicando la persona física o jurídica en nombre de la cual se realizan. Si se realizan a través de correo electrónico u otro medio equivalente, incluirán la palabra "publicidad" al comienzo del mensaje. Cuando se trate de ofertas promocionales que incluyan descuentos, premios y regalos, o de concursos o juegos promocionales, deberá asegurarse, además, de que las condiciones de acceso y participación se expresen de forma clara e inequívoca.

La prohibición expresa del *spam* se contempla en el artículo 21 de la LSSI: "Queda prohibido el envío de comunicaciones publicitarias o promocionales por correo electrónico u otro medio de comunicación electrónica equivalente que previamente no hubieran sido solicitadas o expresamente autorizadas por los destinatarios de las mismas, salvo que exista una relación contractual previa, siempre que el prestador hubiera obtenido de forma lícita los datos de contacto del destinatario y los empleara para el envío de comunicaciones comerciales referentes a productos o servicios de su propia empresa que sean similares a los que inicialmente fueron objeto de contratación con el cliente".

A su vez, el artículo 22 de la LSSI establece que el prestador del servicio deberá ofrecer al destinatario la posibilidad de oponerse al tratamiento de sus datos con fines promocionales mediante un procedimiento sencillo y gratuito, tanto en el momento de recopilación de los datos como en cada una de las comunicaciones comerciales que le dirija. Además, el destinatario podrá revocar en cualquier momento el consentimiento prestado con la simple notificación de su voluntad al remitente.

En febrero de 2005 la Agencia Española de Protección de Datos iniciaba 15 procedimientos sancionadores contra empresas españolas que habían enviado correos electrónicos comerciales no solicitados. Como consecuencia de estos procedimientos, en abril de 2005 la Agencia Española de Protección de Datos imponía las dos primeras sanciones de 30.000 € contra dos empresas españolas por envío de *spam*.

Por otra parte, la referencia en la lucha contra el *spam* en Estados Unidos es la nueva ley conocida como *Can Spam Act*, aprobada en diciembre de 2003 por el Congreso de ese país y que entró en vigor el 1 de enero de 2004, posibilitando que quienes inunden Internet con envíos masivos de correos basura puedan ser llevados a juicio y tengan que afrontar indemnizaciones millonarias por los daños que pudieran ocasionar a los destinatarios de sus correos.

Esta ley estadounidense no proscribe por completo las ofertas comerciales a través del correo electrónico, sino que obliga a las empresas a identificarse debidamente y a ofrecer a los consumidores la posibilidad de no volver a recibir nuevos mensajes de correo. Además, estos mensajes deberán proceder de direcciones legítimas y tendrán que anunciar su contenido con abreviaturas como '*adv*' (abreviatura de la palabra "publicidad") para que puedan ser filtrados con facilidad.

En virtud de la *Can Spam Act* se creará una lista a la que se podrán apuntar todos los ciudadanos que no quieran recibir *spam*. Los correos pornográficos deberán estar claramente etiquetados como tal y los mensajes de texto enviados a los teléfonos móviles estarán prohibidos, a menos que el consumidor los autorice previamente.

Por su parte, en el Reino Unido el Parlamento decidió en octubre de 2003 catalogar el envío de "correo electrónico basura" como un delito, abriendo la posibilidad de que se pudiera solicitar la extradición de los "*spammers*" que actúen desde otros países. No obstante, esta medida sería muy difícil de aplicar desde un punto de vista legal, ya que otros países todavía no consideran el *spam* como un delito en su ordenamiento jurídico.

En Alemania el proyecto de ley contra el *spam*, de enero de 2005, prevé multas de hasta 50.000 € contra los responsables del envío de los mensajes de correo comerciales no solicitados.

## 22.8 ACTUACIONES DESTACADAS CONTRA EL *SPAM*

En estos últimos años ya se han producido diversas actuaciones destacadas contra el *spam*.

Así, por ejemplo, en abril de 2003 America Online (AOL), Yahoo! y Microsoft, los tres principales servidores de correo en Internet, anunciaban su intención de unir sus recursos y experiencia técnica para reducir el número de correos masivos no solicitados que inundaban a diario los sistemas y los buzones de correo de sus usuarios. AOL, Yahoo! y Microsoft se comprometían de este modo a introducir cambios técnicos en el envío de los correos electrónicos, con los que será más difícil enviar repetidamente un determinado mensaje a gran escala. Otra actuación contemplada fue la creación de múltiples "cuentas trampa" de correo electrónico, que permitirán identificar a los "*spammers*" cuando realicen sus envíos masivos. Desde entonces, estas empresas han emprendido varias acciones legales contra "*spammers*" identificados.

En diciembre de 2002 la corte del Estado de Virginia falló a favor de America Online en un caso que buscaba compensaciones económicas frente al mayor envío masivo de mensajes de correo no solicitados que había afectado a este proveedor de acceso Internet hasta la fecha. Este fallo obligó a la compañía CN Productions a pagar 7 millones de dólares a America Online por las molestias causadas a sus usuarios.

Posteriormente, en mayo de 2003 Howard Carmack, de 37 años y conocido como "el *spammer* de Buffalo", que llegó a enviar 825 millones de mensajes de correo electrónico no solicitados a direcciones obtenidas ilegalmente, fue condenado a indemnizar con 16,4 millones de dólares a la empresa Earthlink, el tercer operador de acceso a Internet de Estados Unidos. Los expertos de Earthlink tardaron un año en identificar y localizar a Carmack, que usaba múltiples identidades (hasta un total de 343 distintas) para capturar direcciones electrónicas y enviar el correo no deseado. A finales de mayo de 2004 Carmack fue condenado a una pena de hasta siete años de prisión, por lo que este individuo pasará un mínimo de tres años y medio en la cárcel por robo de identidades y falsificación, entre otros cargos.

A su vez, en octubre de 2003 un tribunal de California impuso una multa de 2 millones de dólares a la empresa PW Marketing por enviar mensajes de correo basura por Internet.

Microsoft, Yahoo!, America Online y Earthlink anunciaban a principios de marzo de 2004 la presentación coordinada de los primeros grandes pleitos del sector bajo la nueva ley federal anti-*spam* (*Can Spam Act*), que entraba en vigor el 1 de enero de 2004. De este modo, los cuatro mayores proveedores de servicios de Internet y correo electrónico de Estados Unidos anunciaron, en una conferencia de prensa conjunta celebrada en Washington, la presentación de seis pleitos contra cientos de demandados, entre los que figuran algunos de los más conocidos emisores de correos electrónicos comerciales no solicitados, a los que acusaban de haber enviado cientos de millones de mensajes de *spam* a usuarios de sus cuatro redes.

Estos acusados recurrían a diversas técnicas para enviar el *spam* sin poder ser identificados, no facilitaban opciones para anular las suscripciones electrónicas, incluían remitentes falsos en sus mensajes y en los contenidos de sus mensajes de correo se solían incluir ofertas engañosas para conseguir una variedad de productos (pornografía, CDs ilegales con música o películas, títulos universitarios, préstamos hipotecarios…), contraviniendo claramente varios artículos de la nueva ley anti-*spam*.

Por su parte, a finales de 2004 el organismo holandés de vigilancia de las telecomunicaciones y el correo (OPTA) imponía sus primeras multas por *spam*, de hasta 42.500 €, contra varios individuos y pequeñas empresas por envío de correos electrónicos comerciales no solicitados.

En diciembre de 2004 un juez federal de Estados Unidos impuso una multa de 920 millones de euros a tres compañías por enviar correos basura a los 5.000 suscriptores de la empresa CIS, proveedora de acceso a Internet en Clinton (Iowa). La ley vigente en el Estado de Iowa contempla una multa de 10 dólares por cada correo basura enviado.

En abril de 2005 se condenaba a un individuo de Raleigh, Carolina del Norte, a nueve años de prisión por haber enviado diez millones de mensajes basura al día con la ayuda de dieciséis líneas de alta velocidad, un servidor ubicado en el Estado de Virginia y varias direcciones de correo falsas.

En junio de 2007 era arrestado en Estados Unidos Robert Soloway, considerado como unos de los principales *spammers* del país, acusado de enviar decenas de millones de correos electrónicos no solicitados. En noviembre de ese mismo año el también norteamericano Todd Moeller de 28 años era condenado a más de dos años de cárcel y a pagar 180.000 dólares por habver enviado mensajes de correo electrónico no solicitado a millones de usuarios del proveedor América Online en 2005.

A su vez, en marzo de 2008 la empresa ValueClick, una firma de publicidad en Internet, fue condenada en Estados Unidos a pagar una multa de 2,9 millones de dólares por haber violado las leyes estadounidenses sobre *spam*.

En mayo de 2008 se daba a conocer una nueva multa récord, tras la sentencia de un juez de Estados Unidos que condenaba a un par de ciudadanos de ese país acusados de enviar correo basura a pagar a MySpace cerca de 230 millones de dólares.

Posteriormente, en octubre de 2009 un tribunal de San José (California) condenaba a Sanford Wallace, autodenominado "Rey del *Spam*", a pagar a la empresa Facebook una indemnización de 711 millones de dólares por acceder a las cuentas de varias personas sin permiso para publicar en sus "muros" mensajes falsos de *spam*.

En octubre de 2010 un Tribunal de la provincia de Québec ratificaba la sentencia un juez de California, por la que se condenaba al *spammer* Adam Guerbuez a pagar a Facebook una indemnización de 873 millones de dólares por el envío de 4 millones de mensajes de correo basura a usuarios de esta red social.

## 22.9 REFERENCIAS DE INTERÉS

- ✓ Spam Abuse.net: http://spam.abuse.net/.
- ✓ E-Mail Abuse.org: http://www.emailabuse.org/.
- ✓ Spam Cop: http://www.spamcop.net/.
- ✓ Spamhaus: http://www.spamhaus.org/.
- ✓ Sender ID Framework (SIDF): http://www.microsoft.com/senderid.
- ✓ DKIM: http://www.dkim.org/.

# Capítulo 23

# EL *"PHISHING"* Y LAS ESTAFAS EN INTERNET

## 23.1 QUÉ ES EL *"PHISHING"*

Los fraudes y estafas financieras a través de Internet se han hecho muy frecuentes en estos últimos años, gracias a la creciente popularización de servicios como la banca electrónica o el comercio basado en el Web. De hecho, se ha acuñado el término *"phishing"* (también conocido como *"carding"* o *"brand spoofing"*) para referirse al tipo de ataques que tratan de obtener los números de cuenta y las claves de acceso a determinados servicios de Internet y, en especial a los servicios de banca electrónica, para realizar con ellos operaciones fraudulentas que perjudiquen a los legítimos propietarios de dichas cuentas. Para ello, generalmente se utilizan páginas web falsas que imitan a las originales de los servicios bancarios que pretenden suplantar.

De hecho, la proliferación de los casos de *"phishing"* en estos últimos años forman parte de una nueva generación de ataques que en lugar de destruir los datos o bloquear el acceso a los equipos informáticos pretenden justo lo contrario: recopilar datos valiosos sobre los usuarios y tomar el control de sus equipos para poder llevar a cabo operaciones fraudulentas y estafas electrónicas.

El término *"phishing"* fue acuñado a mediados de los años noventa por los *crackers* que intentaban robar las cuentas de los clientes del proveedor de acceso a Internet America Online (AOL). En este caso, el timador se presentaba como empleado de esta empresa y enviaba un mensaje de correo a una posible víctima, solicitando que revelara su contraseña para verificar el estado de su cuenta o confirmar la facturación. Una vez que la víctima entregaba las claves, el atacante podría tener acceso a la cuenta de ésta y utilizarla para sus propósitos ilícitos.

Diez años después de estos primeros incidentes, los casos de "*phishing*" se habían extendido cada vez más, afectando a numerosas tiendas y entidades financieras del mundo: eBay (diciembre de 2002), BBVA (mayo de 2003), Barclays (septiembre de 2003), Banesto (enero 2004 y septiembre 2004), Banco Popular (febrero de 2004), CajaMadrid (marzo de 2005), etcétera. Se puede obtener una relación completa y actualizada de los casos de "*phishing*" en direcciones de Internet como http://www.fraudwatchinternational.com/ o http://www.antiphishing.org/.

*Figura 23.1.Anti-Phishing Working Group*

En los intentos de fraude a clientes de entidades financieras, el *modus operandi* consisten en el envío de un correo electrónico falso, que simula proceder del banco en cuestión, solicitando datos personales de la víctima y sus claves de acceso a la entidad. En este tipo de mensajes se trata de redirigir a la víctima a una página web con la apariencia del banco (mismo diseño y logos) pero que resulta ser falsa, para poder capturar sus claves de acceso.

Los expertos calculan que en cada ataque de "*phishing*" se lanzan unos seis millones de correos electrónicos, de los que entre 2.400 y 6.000 consiguen su objetivo. Según la empresa de seguridad Symantec, durante 2004 esta técnica le costó a los bancos y emisores de tarjetas de crédito 930 millones de euros en daños por operaciones fraudulentas.

También podemos considerar dentro de este tipo de ataques la difusión de correos electrónicos con ofertas falsas o engañosas, así como la publicación de falsas noticias en foros y grupos de noticias, con distintas intenciones, como podría el caso de tratar de alterar el valor de las acciones de una empresa (de hecho, ya se han producido varias de estas actuaciones en Estados Unidos y en Europa).

Por otra parte, el "*pharming*" es una variante del "*phishing*" en la que los atacantes utilizan un virus o troyano que es capaz de conectar a las víctimas desde su ordenador a páginas falsas en lugar de a las legítimas correspondientes a sus propias entidades financieras, para sustraer sus datos, en especial sus números de cuenta y las claves de acceso y de operación. Además, el "*pharming*" y el "*phishing*" también pueden ser empleados para robar y utilizar de forma fraudulenta números de tarjetas de crédito. Entre los primeros virus y troyanos en explotar esta nueva forma de estafa electrónica podemos citar al conocido como "Troj/BankAsh-A", que en el mes de marzo de 2005 tuvo una importante incidencia en el Reino Unido.

Estos troyanos especializados en el robo de datos y contraseñas bancarias han experimentado una rápida evolución en estos últimos años, para tratar de superar las medidas de seguridad implantadas por las entidades financieras. Así, por ejemplo, en abril de 2007 se daba a conocer un troyano denominado "Banbra.DCY", que era capaz de realizar capturas de la pantalla del ordenador infectado para poder visualizar los caracteres que el usuario estaba pulsando en un teclado virtual manejado a través del puntero del ratón (medida implantada por algunas entidades financieras para evitar que los tradicionales "*keyloggers*" pudieran robar la información que se introducía a través del teclado del ordenador).

*Figura 23.2. Ejemplo de mensaje de correo electrónico en un caso de "phishing" dirigido contra los usuarios de eBay en España (noviembre de 2005)*

Otro problema a tener en cuenta es la aparición de virus y otros programas dañinos desarrollados para realizar las extorsiones y estafas a usuarios de Internet. Es lo que se conoce como el "*ransom-ware*", software malicioso cuyo fin es el lucro de su creador por medio de rescates. Así, podríamos mencionar casos como el del troyano "PGPCoder", de mayo de 2005, que cifraba los archivos de extensiones .xls, .doc, .txt, .rtf, .zip, .rar, .dbf, .htm, .html, .jpg, .db, .db1, .db2, .asc y .pgp en el sistema infectado, dejando a continuación un mensaje solicitando dinero a los usuarios perjudicados si querían volver a restaurar sus ficheros (mediante el envío de una clave para descifrarlos). Del mismo modo, en abril de 2010 se dababa a conocer el caso de un troyano japonés que chantajeaba a sus víctimas amenazándolas con publicar su historial de navegación, exigiendo un pago de 1.500 yenes para eliminar los datos privados.

Los casos de "*phishing*" mediante el envío masivo de mensajes de correo suplantando el nombre de organizaciones conocidas se han multiplicado en los últimos años. Debido a la credibilidad que ofrecen las organizaciones afectadas, una persona incauta que reciba el correo electrónico no suele mostrar inconveniente en facilitar sus datos personales sin realizar más comprobaciones acerca de la legitimidad del mensaje o de la página web a la que se conecta.

En la actualidad, los responsables de estas estafas suelen ser delincuentes procedentes de diversos países, principalmente de la antigua Europa del Este, que dominan el mundo de la informática y los idiomas, además de los medios de pago internacionales y a través de Internet.

A principios del verano de 2005 se daba a conocer una nueva técnica para realizar estafas y operaciones fraudulentas en Internet, denominada "*scam*". En este caso la estafa se desarrollaba en tres fases, en las que se veían implicados ciudadanos que buscaban empleo a través Internet y que se convertían, sin ser conscientes de ello, en coautores de un hecho delictivo.

Así, en la primera fase de este nuevo tipo de estafas, algunas empresas falsas publicaban en foros y diversos medios de Internet varias ofertas para trabajar desde el domicilio como "*freelance*" y obtener grandes beneficios. El trabajo ofrecido consistía en actuar de intermediario en transferencias internacionales de ciertas cantidades de dinero, ofreciéndose en concepto de remuneración un cierto porcentaje por cada transferencia realizada. Para poder optar a este "trabajo" se exigía una conexión a Internet de 24 horas, tener cuenta corriente propia y conocer los sistemas internacionales de envío de dinero y de pago por Internet, como PayPal o Western Union.

La segunda fase de la estafa se correspondía propiamente con el conocido como "*phishing*": mediante un envío masivo de mensajes de correo electrónico en nombre de entidades financieras de prestigio, se invitaba a las víctimas a acceder a unas páginas web falsas que trataban de imitar a las auténticas, para obtener de este modo los datos personales, números de cuenta y claves de acceso de los usuarios incautos que eran engañados mediante estas páginas web.

Por último, en la tercera fase de la estafa los delincuentes comenzaban a efectuar transferencias de fondos desde las cuentas de las víctimas hacia las de los intermediarios. Una vez realizado el ingreso, se ponían en contacto con los intermediarios para que éstos pudieran transferir el dinero a otras cuentas, quedándose con una comisión en cada una de estas operaciones. De este modo, los delincuentes podían recibir el dinero de sus víctimas en cuentas bancarias ubicadas en otros países, dificultando el trabajo de los investigadores que tratasen de seguir la "pista" del dinero sustraído de las cuentas de las víctimas.

Además, los intermediarios que habían facilitado esta operación se convertían en cómplices de una cadena delictiva. Éstos desconocían además casi todo acerca de sus "empleadores", debido no sólo al anonimato de Internet, sino también a su ubicación en países con bajo grado de colaboración judicial y policial, siendo difícil llegar a los verdaderos cerebros de la trama delictiva.

De hecho, a principios de julio de 2005 la policía española imputaba a cuatro personas por estos hechos en Valladolid, al haber sido captados por la red delictiva y haber actuado como "intermediarios" en las transferencias con el dinero procedente del "*phishing*".

A finales de septiembre de 2005, se daba a conocer una nueva técnica de "*phishing*", mediante la cual se podría engañar a los usuarios al provocar que su navegador Web mostrase el icono del candado de seguridad (que suele aparecer en la parte inferior de la pantalla del navegador) al acceder a determinadas páginas web maliciosas. Para ello, los autores de estas páginas maliciosas recurrían al uso de certificados digitales auto-firmados para poder utilizar el protocolo HTTPS, que permite mostrar el candado de seguridad en el navegador.

Generalmente, el sistema Windows muestra un aviso cuando se accede a un servidor Web seguro mediante una conexión HTTPS, pero el usuario no avezado puede ignorar este mensaje y caer en la trampa. El internauta debería comprobar que el certificado del servidor Web es válido (haciendo doble clic en el icono del candado de seguridad), antes de introducir datos personales y claves de acceso en las páginas de supuestas entidades financieras.

En febrero de 2006 un estudio realizado por la empresa de seguridad Sophos revelaba que hasta un 58% de los usuarios de Internet recibían al menos un mensaje de "*phishing*" en su correo electrónico cada día. En abril de 2006 el diario británico *The Times* informaba que determinadas bandas organizadas de "ladrones de datos" estaban vendiendo en Internet los números de las tarjetas de crédito y otros datos de carácter personal de miles de ciudadanos británicos.

Además, investigaciones realizadas en Alemania y en Estados Unidos durante la primavera de 2006 ponían de manifiesto que casi un 80% de los clientes de la banca electrónica no sabrían distinguir entre un mensaje de correo legítimo y uno fraudulento.

La situación se vio agravada desde finales de 2005 con la aparición de "*phishing kits*", constituidos por un conjunto de herramientas y documentación para que personas con escasos conocimientos técnicos puedan llevar a cabo ataques de "*phishing*". Estos kits facilitan la construcción de páginas web falsas partiendo de varias plantillas de formularios, incluyendo además instrucciones detalladas sobre cómo modificar estas plantillas y cómo recibir la información sustraída a las víctimas del engaño.

Uno de los "*phishing kits*" más populares es el conocido como "*Rock Phish Kit*", que incorpora plantillas de formularios para algunas de las más conocidas direcciones de banca y comercio electrónico, como Barclays, Citibank, Deutsche Bank, eBay y Halifax. Además, dentro de este kit se incluyen *scripts* en lenguaje PHP para facilitar la captura de los datos de las víctimas, así como código en JavaScript que permite modificar las barras del navegador e impedir, por ejemplo, la posibilidad de copiar y pegar mediante teclado.

En enero de 2007 se daba a conocer la existencia de otro "*phishing kits*" denominado "Universal Man-in-the-Middle Phishing Kit".

Por otra parte, en mayo de 2006 una empresa de seguridad de San Francisco detectó que un grupo de "*phishers*" estaba utilizando la telefonía IP para crear contestadores automáticos que supuestamente pertenecían a bancos o a otras entidades financieras. De este modo, los estafadores procedían a enviar mensajes de correo electrónico falsos a sus víctimas, advirtiendo de un problema detectado con la cuenta del usuario y solicitando que éste se pusiera en contacto con un número de teléfono IP de su banco. Si el usuario accedía a esta petición y marcaba el número falso, se le solicitaban datos confidenciales como su nombre, número de cuenta y clave personal, que quedaban registrados y eran utilizados posteriormente por esta banda de "*phishers*" para realizar operaciones fraudulentas. Para terminar de convencer a sus víctimas, estos estafadores recurrían a grabaciones prácticamente idénticas a las de los contestadores de las instituciones financieras reales.

Estos nuevos casos de "*phishing*" a través de los servicios voz IP han afectado a usuarios de Skype en todo el mundo, y se conocen con el nombre de "*vishing*".

A lo largo del año 2006 también se daba a conocer otro tipo de "*phishing*" conocido como "*SmiShing*", basado en mensajes de texto SMS y dirigido a usuarios de teléfonos móviles.

Como conclusión, podemos citar distintas cuestiones pendientes de resolver en la utilización de los servicios de Internet, que facilitan las estafas y casos de "*phishing*":

> Mejoras tecnológicas en los navegadores y en el software de verificación de certificados, que permitan demostrar la autenticidad de un Website. De hecho, empresas como Microsoft tienen previsto lanzar herramientas "anti-*phishing*" en las nuevas versiones de sus navegadores.

> Mayor información disponible por parte de las entidades financieras, que deben preocuparse de crear una mayor concienciación acerca del riesgo existente en Internet. Además, en muchos casos sus servidores Web son vulnerables frente a ataques del tipo "*Cross-Site Scripting*" (XSS), que se están utilizando para facilitar las estafas y casos de "*phishing*".

> Utilización de mensajes de correo electrónico con firma electrónica.

> Acciones de sensibilización y formación de los usuarios finales, para que puedan utilizar de forma más segura los servicios de Internet.

## 23.2 EJEMPLOS DE CASOS DE "*PHISHING*" EN LA BANCA ELECTRONICA Y CONTRA OTRAS ENTIDADES

En el siguiente recuadro se muestra un ejemplo real de intento de estafa contra clientes del BBVA, que tenía lugar a través de un mensaje de correo electrónico supuestamente enviado en nombre de esta entidad en mayo de 2003:

> Estimado cliente de BBVA,
>
> Le comunicamos que próximamente, usted no se podrá suscribir en Banca Online. BBVAnet es el servicio de banca a distancia que le ofrece BBVA, disponer de este servicio le permitirá consultar su saldo, productos y realizar las transacciones bancarias mas habituales desde su ordenador, en cualquier momento, con toda la seguridad que BBVAnet le ofrece, a través de Internet.
>
> Si usted desea tener la oportunidad de poder registrarse en BBVAnet, por favor acceda al sitio que se muestra a continuación. http://w3.grupobbvanet.com/
>
> Si usted decide registrarse en nuestra banca online BBVAnet, se le contactara telefónicamente después de 24/48 horas confirmándole su suscripción y le llegara una carta por correo con la información correspondiente para que pueda acceder a su banca online en BBVAnet.
>
> © BBVAnet 2000-2003 All rights reserved
>
> © Banco Bilbao Vizcaya Argentaria S.A. All rights reserved

*Tabla 23.1. Mensaje de correo falso para intentar engañar a los clientes del BBVA*

Debemos observar que en este caso el dominio "grupobbvanet.com" no pertenecía a BBVA.

El 22 de febrero de 2004 se detectaba un nuevo envío indiscriminado de mensajes de correo electrónico que se hacían pasar por mensajes del Banco Popular, donde se solicitaba a los clientes de esta entidad que se dirigiesen a una determinada página de su Website para mejorar la seguridad de sus cuentas. En esta ocasión, cuando el usuario hacía clic en el enlace del mensaje de correo se abrían 2 ventanas en su equipo (dos sesiones de navegador): la primera con la página original del Banco Popular, mientras que la segunda ocultaba la dirección URL del servidor Web utilizado para este fraude y era donde se producía la petición de los datos de la cuenta del cliente. De este modo, los usuarios podían comprobar la autenticidad de la primera página web, por lo que eran más fácilmente engañados por la segunda página web, que en este caso era falsa y pretendía obtener sus datos personales y sus claves del servicio de banca electrónica.

En junio de 2005 se detectaba otro caso de "*phishing*" dirigido nuevamente contra los clientes de esta entidad, tal y como se muestra en la siguiente imagen, correspondiente a una captura de la página web falsa creada para engañar a las víctimas de la estafa:

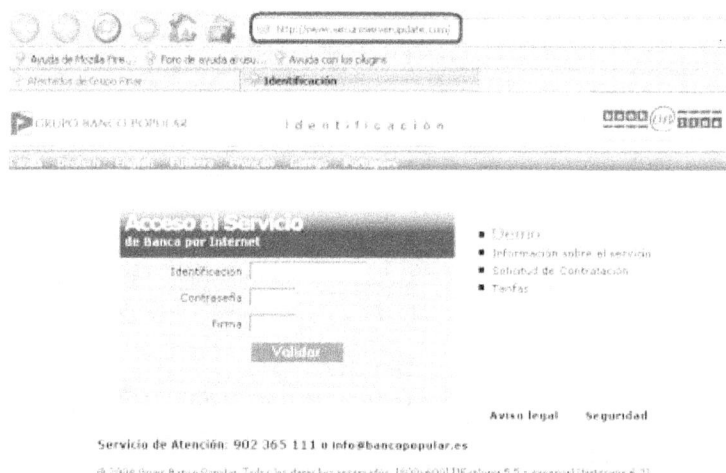

*Figura 23.3. Caso de "phishing" contra clientes del Banco Popular (junio 2005)*

Del mismo modo, en mayo de 2004 tenía lugar otro intento de estafa contra clientes del Banco Pastor, utilizando en este caso el siguiente mensaje de correo electrónico:

| |
|---|
| De: Banco Pastor [mailto:support@bancopastor.es] |
| Enviado el: jueves, 27 de mayo de 2004 12:29 |
| Asunto: Importante información sobre la cuenta de Banco Pastor |
| ¡Querido y apreciado usuario de Banco Pastor! |
| Como parte nuestro servicio de protección de su cuenta y reducción de fraudes en nuestro sitio Web, estamos pasando un período de revisión de nuestras cuentas de usuario. Le rogamos visite nuestro sitio siguiendo el link dado abajo. Esto es requerido para que podamos continuar ofreciéndole un entorno seguro y libre de riesgos para enviar y recibir dinero en línea, manteniendo la experiencia de Banco Pastor. Después del período de verificación, será redireccionado a la página principal de Banco Pastor. Gracias. |
| https://pastornetparticulares.bancopastor.es/BEPBEBEPA_F.jsp |

*Tabla 23.2. Mensaje de correo falso en un caso de "phishing" contra los clientes del Banco Pastor*

Conviene destacar que en el anterior mensaje de correo electrónico, el enlace "https://pastornetparticulares.bancopastor.es/BEPBEBEPA_F.jsp" que se incluía en el contenido del mensaje apuntaba en realidad a una página web distinta a la que se muestra en pantalla: http://ebay.dasmarket.biz/pastor/bepe.html. Esta página web falsa ofrecía una copia exacta de la portada del sistema de banca electrónica del Banco Pastor, incluida su interfaz, logotipos o número de teléfono de contacto, y en ella se incorporaba un formulario para que la víctima pudiera introducir su NIF o CIF, así como su código de usuario y contraseña de acceso al servicio de banca electrónica.

Otro caso interesante tuvo lugar en septiembre de 2004, en un nuevo intento de estafa contra clientes de Banesto. El mensaje de correo falso remitido en nombre de "Banesto Banca" tenía como dirección remitente "serv.atension@banesto.es", incluyendo en el campo de asunto el texto "Banesto Banca: ¡Estimado cliente!". Además, el cuerpo de este mensaje de correo, en formato HTML, incorporaba una cabecera gráfica con el logotipo y demás elementos gráficos de la imagen corporativa de Banesto, en un intento de hacer más creíble el engaño. Dicho mensaje de correo solicitaba a los clientes que se conectasen a una página web supuestamente de Banesto para reactivar la cuenta con un nuevo sistema de seguridad, donde a través de un formulario falso se solicitaban sus datos y claves. En el mensaje la dirección URL del Website de Banesto aparecía a simple vista correctamente escrita, en un gráfico (aunque para muchos usuarios incautos parecía un texto normal), de tal modo que si el usuario hacía clic con el ratón sobre dicha dirección, se redirigía realmente a una página web falsa ubicada en la dirección http://www.fischers.nu/, donde se había incluido el formulario de registro para capturar sus datos personales y sus claves de acceso al servicio de banca electrónica.

En la siguiente imagen se presenta otro caso de "*phishing*", a través de una página web falsa (http://oicajamadrid.net/) que pretendía engañar a los clientes de Caja Madrid y que tenía lugar en marzo de 2005:

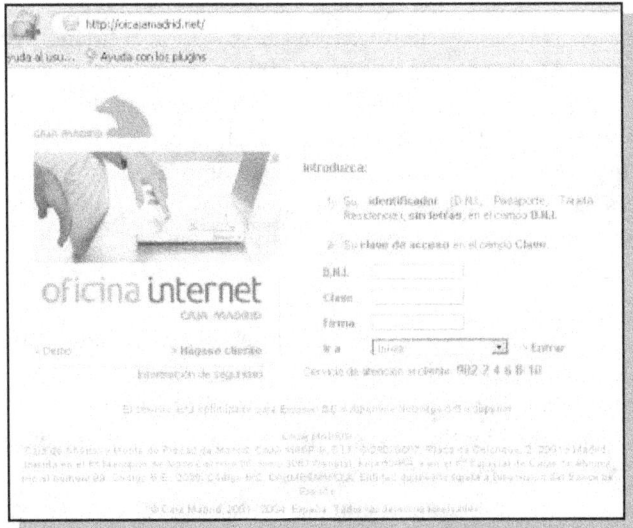

*Figura 23.4. Caso de "phishing" contra clientes de Caja Madrid (marzo de 2005)*

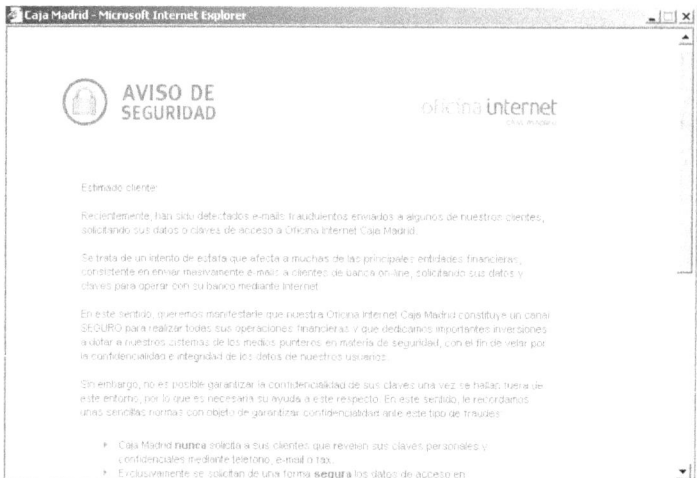

*Figura 23.5. Reacción de la propia entidad financiera ante el caso de "phishing" detectado en marzo de 2005*

Ante la avalancha de casos detectados en estos últimos años, las entidades financieras han adoptado diversas medidas, como la inclusión de avisos de seguridad y notas informativas claramente destacadas en sus páginas web. Asimismo, en España se ha puesto en marcha el Centro de Coordinación Interbancario para combatir este tipo de actuaciones fraudulentas, mientras que a nivel internacional se creaba la asociación *"Anti-Phishing Working Group"* (www.anti-phishing.org), integrada por los principales grupos de seguridad tecnológica y entidades financieras.

A principios de octubre de 2005, el Estado de California aprobaba una nueva ley que permite perseguir y castigar los casos de *"phishing"* en Internet. En virtud de esta nueva ley, las víctimas de estas estafas podrían pretender recuperar sus daños reales u obtener una indemnización de hasta 500.000 dólares.

Los casos de *"phishing"* también han afectado a entidades como la Agencia Tributaria en España. De hecho, en enero de 2007 se daba a conocer el envío masivo de un correo falso informando a sus víctimas de una supuesta devolución fiscal, con el fin de obtener el número de tarjeta de crédito de algunos contribuyentes. Este tipo de envíos de mensajes de correo supuestamente en nombre de la Agencia Tributaria se han repetido en varias ocasiones en estos últimos años, y del mismo modo también se han enviado falsos correos en nombre del Instituto Nacional de Estadística o de la Dirección General de Policía.

Así, en junio de 2008 un nuevo intento de *"phishing"* consistía en un mensaje falso del Ministerio del Interior de España en el que se informaba al receptor de que debía enviar una serie de datos personales a un número de fax, con el fin de poder renovar el documento de identidad y adquirir el nuevo DNI electrónico. El correo recibido parecía real, al emplear los logotipos del Gobierno de España y del Cuerpo Nacional de Policía y, sin embargo, el número de fax no se correspondía al de ninguna entidad pública y, por otra parte, para poder llevar a cabo este trámite administrativo es imprescindible ir en persona a una comisaría de Policía.

Los casos de *"phishing"* también han afectado a los servicios de redes sociales como MySpace o Facebook o de tiendas de música y contenidos como iTunes.

De hecho, en marzo de 2010 un estudio de la empresa de seguridad informática Trend Micro alertaba de la aparición de una nueva variante de mensaje fraudulento en la famosa red social Facebook: con la promesa de dar a conocer al usuario el nombre de las personas que consultaban su perfil en esta red social, surgieron una gran variedad de aplicaciones fraudulentas que se instalan en el ordenador particular y permiten al pirata informático infectar el ordenador de su víctima y utilizarlo para fines fraudulentos, tratando de contagiar además a todos sus contactos.

Los expertos han identificado varias copias diferentes de una aplicación fraudulenta, conocida como "rogue app", y que actúa en Facebook bajo diversos nombres, como "peeppeep-pro", "profile-check-online" o "stalk-my-profile".

## 23.3 OPERACIONES POLICIALES CONTRA EL FRAUDE EN INTERNET

En noviembre de 2003 la Policía Federal de Brasil, tras una investigación de más de cuatro meses, desarticulaba una banda de piratas informáticos que había conseguido realizar estafas durante el año 2003 por valor de 10 millones de dólares, utilizando datos de acceso a las cuentas bancarias de sus víctimas. Estos *"crackers"* enviaban mensajes de correo electrónico con diversos contenidos y un texto atractivo como asunto que actuaba como "gancho", pero que al ser abiertos por un usuario descuidado instalaban un programa espía en su ordenador.

Este programa espía se encargaba de capturar los datos introducidos a través del teclado y enviarlos posteriormente mediante el correo electrónico a sus creadores. De este modo, los *"crackers"* tenían acceso a los datos bancarios y claves de acceso de sus víctimas, información que utilizaban posteriormente para transferir dinero desde sus cuentas.

Por otra parte, en mayo de 2004 la Guardia Civil detenía en España a seis personas que integraban una red responsable de haber cometido un fraude superior a 500.000 € a través de la banca electrónica y que tenía conexiones con otras personas de Estados Unidos, Reino Unido, Australia, Nueva Zelanda y Rusia. En España la organización estaba formada por tres rusos, dos estonios y un dominicano, quienes actuaban desde Andalucía, Levante y Barcelona, empleando diversas modalidades de fraude, como la de enviar correos electrónicos falsos a los clientes de una entidad financiera para obtener sus datos y claves de acceso.

La investigación de este caso se inició a raíz de la denuncia presentada por una entidad bancaria, con motivo de una campaña indiscriminada de correos electrónicos que pretendían engañar a sus clientes en un típico episodio de "*phishing*".

También la Guardia Civil detenía en enero de 2005 a varios ciudadanos ucranianos en la provincia de Sevilla por realizar distintas operaciones fraudulentas a través de Internet. Los acusados actuaban en este caso desde Portugal, ordenando transferencias de importantes cantidades de dinero de diversas empresas españolas a cuentas bancarias que estaban abiertas a su nombre en sucursales sevillanas.

Las víctimas de esta banda habían sido infectadas por un programa troyano a través del correo electrónico y, cuando realizaban cualquier operación a través de la banca electrónica, la información era remitida a los estafadores, que lograban de este modo tener acceso a las contraseñas de acceso y al saldo de la cuentas. Para llevar a cabo estafas de importantes cantidades de dinero, los integrantes de esta banda solían fraccionar las transferencias a diferentes entidades bancarias, aunque muy próximas geográficamente dentro de la provincia de Sevilla, de manera que el cobro de todo el importe se podía materializar en menos de una hora.

Las investigaciones de los agentes se iniciaron a raíz de la denuncia de una empresa de transportes de Madrid, que detectó que le habían sustraído de su cuenta bancaria más de 14.000 € mediante dos transferencias que ellos no habían ordenado. Gracias a esta denuncia, las dos transferencias pudieron ser canceladas a tiempo sin que los estafadores consiguieran hacerse con el dinero.

A raíz de la investigación, la Guardia Civil descubrió que los delincuentes habían realizado previamente ocho transferencias desde la cuenta bancaria de un colegio público de la localidad de Getxo (Vizcaya), logrando sustraer más de 21.000 € de la cuenta de este colegio.

Por su parte, la policía estonia detenía a principios de abril de 2005 a un ciudadano de 24 años de ese país acusado de haber robado millones de euros de cientos de cuentas de banca electrónica en diferentes países europeos, entre ellos España, mediante el uso de troyanos que le permitían sustraer las claves de acceso desde los equipos de sus víctimas.

También a principios de abril de 2005 la policía española detenía en Barcelona a siete personas por su presunta implicación en una red de fraude informático dedicada a capturar contraseñas de servicios de banca electrónica, con las que posteriormente extraían dinero de las cuentas corrientes de las víctimas. Los acusados también hacían uso de programas troyanos para sustraer las contraseñas (mediante "*keyloggers*", registradores de las pulsaciones en el teclado), así como de técnicas de redirección a páginas web falsas cuando las víctimas intentaban acceder a sus bancos a través de Internet ("*pharming*").

## 23.4 RECOMENDACIONES DE SEGURIDAD PARA COMBATIR EL *"PHISHING"*

Para concluir este capítulo sobre el *"phishing"* y las estafas en Internet, presentamos una serie de recomendaciones a tener en cuenta por parte de los usuarios de servicios como la banca electrónica para evitar ser víctima de este tipo de engaños:

- **Comprobación del Certificado Digital del servidor Web antes de confiar en su contenido**. Para ello, se debe pulsar en el icono del candado que aparece en la parte inferior derecha del navegador cuando se accede a una zona segura, para verificar que la fecha de caducidad y el dominio del certificado están vigentes.

*Figura 23.6. Certificado Digital de servidor*

- **Las direcciones de las páginas web seguras empiezan por "https://"**. Por este motivo, las entidades bancarias y otros servicios sensibles deberían modificar la configuración de sus servidores Web para que por defecto se fuerce a los navegadores a establecer una conexión segura (canal HTTPS) cuando se accede a las páginas donde se encuentran los formularios de autenticación de los usuarios.

- **El usuario debería cerrar expresamente las conexiones seguras haciendo clic en la correspondiente opción habilitada por la empresa en la página web**. No resulta suficientemente seguro cerrar de forma directa el navegador, ya que en determinadas situaciones un intruso podría tratar de secuestrar una sesión abierta por el usuario y que todavía conste como tal en el servidor Web (aunque el usuario haya cerrado ya su navegador).

- **Nunca se debería acceder a un formulario de autenticación a través de un enlace desde otra página web o desde el texto de un correo electrónico**. Se recomienda teclear directamente la dirección de la página en cuestión en una nueva sesión del navegador.

- **Se debe desconfiar de un mensaje de correo recibido en nombre de la entidad financiera con una solicitud para entregar datos personales**. En caso de recibir un mensaje en este sentido, el usuario no deberá facilitar dato alguno y se tendría que poner en contacto inmediatamente con el servicio de atención al cliente del banco.

- **No se deben establecer conexiones a este tipo de Websites desde lugares públicos**: cibercafés, puntos de acceso a Internet en hoteles... Estos equipos podrían estar infectados por programas troyanos o tener instalado un registrador de pulsaciones del teclado ("*keylogger*"). Además, mediante "*sniffers*" u otros dispositivos también se podría tratar de capturar los datos enviados por los usuarios.

- **Comprobar que la dirección URL de acceso no incluye elementos sospechosos, como podría ser la dirección de otra página web**. La incorporación de otros elementos en la dirección podría ser un indicio de un ataque del tipo "*Cross-Site Scripting*" (XSS).

- **No se deben instalar nuevos programas y controles en el navegador sin antes comprobar su autenticidad**. Es decir, que proceden de un Website legítimo y han sido desarrollados por una empresa de confianza. En este sentido debemos recordar el importante problema ocasionado por la difusión del software espía ("*spyware*") y de los programas troyanos, presentes en un importante número de equipos conectados a Internet.

- **El usuario debe responsabilizarse de guardar de forma segura sus datos y claves de acceso**. En caso de que terceras personas pudieran tener acceso a estos datos, el usuario debería ponerse en contacto cuanto antes con su entidad financiera para evitar una utilización fraudulenta de los mismos.

- **Conviene tener habilitada la función del navegador que permite advertir del cambio entre el contenido seguro (conexión SSL) y el no seguro**. De este modo, el usuario será advertido si en algún momento de la conexión con el servidor Web va a enviar datos de forma no segura (no cifrada).

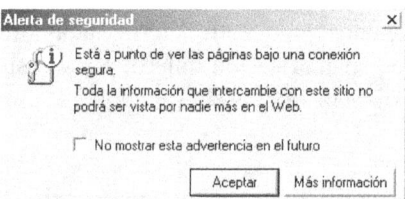

*Figura 23.7. Cambio entre conexión segura y no segura*

- **Las aplicaciones Web deberían estar programadas para utilizar páginas de autenticación independientes**. Es decir, páginas que se abren en nuevas ventanas del navegador.

- **Utilizar las nuevas alternativas propuestas por algunos bancos para evitar tener que teclear las contraseñas**. Así, por ejemplo, en la siguiente figura se muestra un formulario de autenticación de una entidad financiera, Caixanova, en el que el usuario tiene que hacer clic en un teclado virtual que se muestra en pantalla y que cambia la posición de sus teclas en cada conexión, de forma que no se le permite introducir ningún dato a través del teclado para evitar que un troyano o un *"keylogger"* pueda registrar sus pulsaciones.

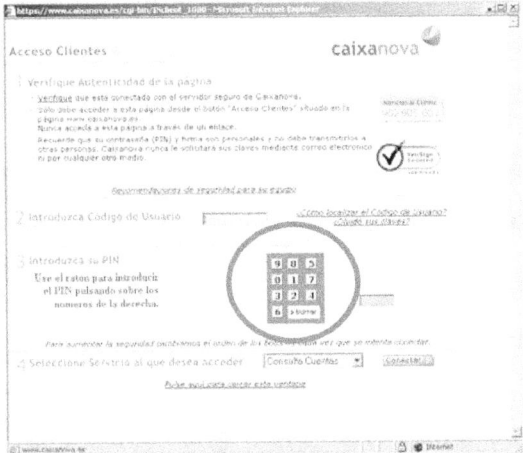

*Figura 23.8. Formulario de autenticación de la entidad Caixanova*

Por otra parte, la banca británica anunciaba en abril de 2005 su intención de desarrollar soluciones físicas contra el *"phishing"*. Así, la asociación APACS (*Association for Payment Clearing Services*) pretendía crear un dispositivo físico que tendrían que utilizar sus clientes para poder establecer una conexión remota a través de Internet a un servicio de banca electrónica. De este modo, el uso combinado de las contraseñas de usuario y de estos nuevos dispositivos físicos, que se encargan de generar una clave única de sesión cada vez que se utilizan, introduciría de nuevo la identificación de los usuarios de la banca electrónica por medio de dos factores, reforzando la seguridad del proceso de autenticación remota.

## 23.5 REFERENCIAS DE INTERÉS

- ✓ FraudWatch Internacional:
  http://www.fraudwatchinternational.com/.
- ✓ Anti-Phishing Working Group:
  http://www.antiphishing.org/.
- ✓ Fraud Watcher Network:
  http://www.fraudwatchernetwork.com/.
- ✓ Página sobre *phishing* de Citibank:
  http://www.citi.com/domain/spoof/learn.htm.
- ✓ Página sobre seguridad de eBankinter:
  https://www.bankinter.com/www2/particulares/es/inicio/seguridad.
- ✓ Página sobre *phishing* de eBay:
  http://pages.ebay.com/help/account/recognizing-spoof.html.

# Capítulo 24

# MEDIOS DE PAGO EN INTERNET

## 24.1 MEDIOS DE PAGO TRADICIONALES

En la actualidad es posible utilizar en Internet medios de pago "tradicionales", como el pago contrarreembolso y las transferencias bancarias. No obstante, el medio más extendido es el pago mediante tarjetas de crédito o de débito, soportado por el protocolo SSL. En este caso, el comprador envía a través de una conexión segura (gracias al protocolo SSL) el número de su tarjeta de crédito o de débito, así como la fecha de caducidad. El vendedor solicitará confirmación a la entidad financiera emisora de la tarjeta y procederá a realizar el cargo del importe de la operación en la tarjeta de la que es titular el comprador.

Para la compra de determinado tipo de servicios también se está recurriendo a los pagos a través de mensajes SMS de teléfonos móviles. Sin embargo, en estos casos el vendedor debe afrontar el problema derivado de las elevadas comisiones cobradas por los operadores de telefonía.

En lo que se refiere a la utilización de las tarjetas de crédito, debemos tener en cuenta que desde que en 1950 Dinners Club emitió la primera tarjeta de crédito, la expansión del dinero de plástico ha sido tan espectacular que en 1992 Alix Hart, Presidente de MasterCard Internacional, llegó a afirmar que "el dinero de plástico va a sustituir totalmente al efectivo y a los cheques en un plazo de entre 30 y 40 años".

Según un estudio realizado por Activmedia en octubre de 2000, las tarjetas de crédito eran el medio seleccionado por los consumidores que realizaban compras en Internet en un 98,5% de los casos, si bien en dicho informe se dejaba entrever la posibilidad que los compradores de productos y servicios a través de Internet comenzarían a recurrir a otros métodos de pago en los próximos años.

Durante el año 2002 en España los pagos mediante tarjetas de crédito en las compras por Internet representaron el 53% de los casos. El uso de este medio de pago aumentó en 2003 hasta alcanzar el 85% de las transacciones del comercio electrónico español, según datos de la Comisión del Mercado de las Telecomunicaciones (CMT).

A lo largo de estos últimos años los distintos informes publicados por la CMT constatan el importante crecimiento experimentado por las transacciones de comercio electrónico realizadas con tarjeta de crédito en España, tal y como se puede apreciar en el siguiente gráfico con datos referidos al segundo semestre del año 2010:

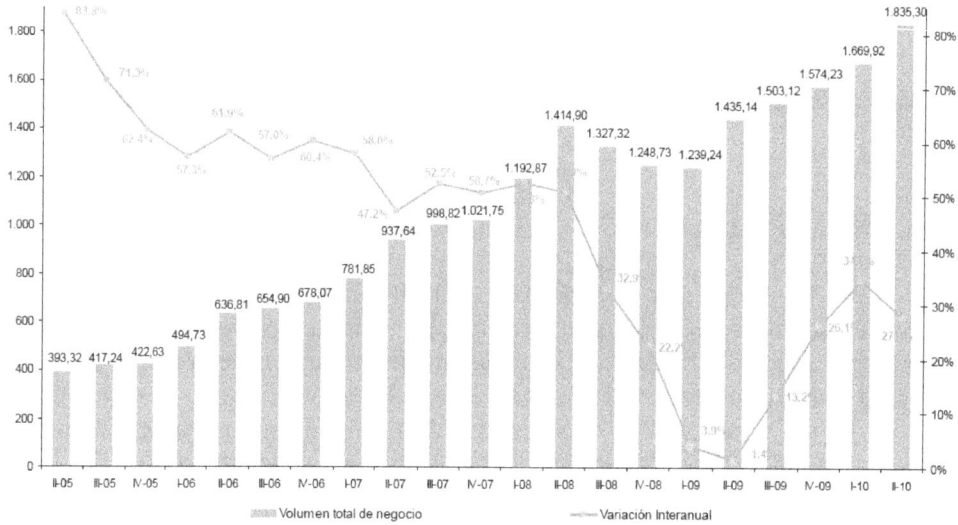

*Figura 24.1. Evolución del comercio electrónico en España, según la CMT (informe publicado en diciembre de 2010)*

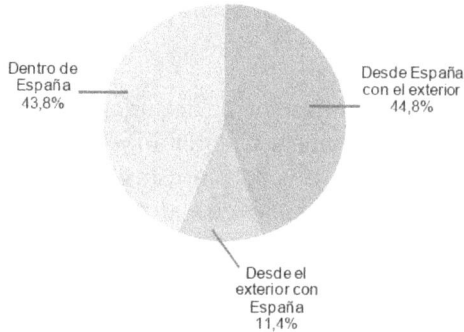

*Figura 24.2. Volumen de negocio del comercio electrónico en España segmentado geográficamente (Fuente: CMT, diciembre de 2010)*

## 24.2 MEDIOS DE PAGO PARA EL COMERCIO ELECTRÓNICO

### 24.2.1 Requisitos de los Medios de Pago Electrónicos

Desde hace algunos años se han propuesto medios de pago específicamente creados para operar en Internet. Seguidamente se exponen algunos de los requisitos que debería cumplir un medio de pago desarrollado para dar soporte a las transacciones electrónicas:

1. Seguridad de las transacciones.

2. Fiabilidad.

3. Escalabilidad.

4. Adecuación a los distintos tipos de transacciones electrónicas.

5. Anonimato[69].

6. Facilidad de uso.

7. Facilidad de integración con los sistemas de gestión empresarial.

8. Interoperabilidad con otros sistemas de pago.

9. Divisibilidad de las unidades monetarias procesadas por el sistema.

10. Coste asociado al procesamiento de cada transacción.

En la práctica ha sido difícil combinar todas las características anteriormente citadas en un único medio de pago. Cualquier sistema propuesto necesita contar con el apoyo de las entidades financieras, diversos organismos gubernamentales y empresas especializadas en medios de pago, que suelen imponer sus propias reglas de juego.

En los siguientes epígrafes de este capítulo se describen algunos de los medios de pago propuestos más destacados.

---

[69] Existe, no obstante, un compromiso entre la confidencialidad de la identidad del pagador y la seguridad ante un uso fraudulento del medio de pago.

## 24.2.2 Dinero electrónico: *"e-money"*

Podemos considerar que el dinero electrónico está constituido por una especie de "cibermonedas" que se pueden guardar en un ordenador o soporte informático y que son equivalentes a una determinada cantidad de dinero.

En el proceso de creación de dinero electrónico, el titular de una cuenta bancaria solicita a su entidad financiera la generación de una determinada cantidad de dinero electrónico ("cibermonedas"). Cada cibermoneda consiste en una secuencia de bits con un número de serie aleatorio que la identifica, la información sobre su valor económico y la firma electrónica del banco, mediante una técnica conocida como "firma electrónica ciega", desarrollada por el criptógrafo David Chaum. De este modo, el banco no conoce los números de serie de las cibermonedas que ha entregado al usuario, pero respalda su valor.

Las cibermonedas se guardan en el disco duro del ordenador del cliente, aunque también podrían ser depositadas en un dispositivo de almacenamiento (pendrive, tarjeta chip, etcétera).

Para utilizar este dinero electrónico, el cliente debe enviar cibermonedas a la tienda *on-line* donde desea realizar una transacción. El vendedor remitirá las cibermonedas a la entidad financiera responsable de su emisión, quien se encargará de comprobar la validez del número de serie de cada cibermoneda (es decir, que todavía no ha sido utilizada), para a continuación abonar en la cuenta del vendedor el importe correspondiente a cada cibermoneda.

Para que este sistema funcione correctamente, la entidad financiera debe mantener una base de datos con la relación de números de serie de cibermonedas en circulación, con el objetivo de evitar que se pueda tratar de reutilizar una misma cibermoneda.

Se han propuesto varios sistemas para la creación y utilización de "cibermonedas", como ECash o NetCash (http://gost.isi.edu/info/netcash).

## 24.2.3 Cheques electrónicos: eCheck, NetCheque, NetChex

eCheck era un sistema de cheque electrónico desarrollado por el FSTC (*Financial Service Technology Consortium*), un consorcio de más de 90 miembros, principalmente bancos, que colaboran de forma no competitiva en el desarrollo de proyectos técnicos.

Este sistema empleaba una tarjeta inteligente para implementar un "talonario de cheques electrónicos" seguro, que consistía en una relación de órdenes de pago firmadas digitalmente. Para su puesta en marcha contó con el respaldo de la administración estadounidense, que firmó en junio de 1998 su primer cheque electrónico usando este sistema.

A grandes rasgos, el funcionamiento de este sistema era el que se indica a continuación:

1. El comprador seleccionaba los productos que deseaba comprar y a continuación envíaba a través de Internet un cheque digital firmado con su clave privada.

2. El vendedor recibía el cheque, comprobaba su validez y procedía a firmarlo con su clave privada.

3. El vendedor envíaba el cheque firmado a la entidad financiera encargada de procesar la orden de pago.

*Figura 24.3. eCheck (http://www.echeck.org)*

Otros ejemplos de cheques electrónicos serían el sistema NetCheque, desarrollado por la Universidad del Sur de California, que reproducía en Internet el sistema usual de emisión de cheques y compensación entre bancos, y el sistema NetChex de la empresa Universal Payment Solutions.

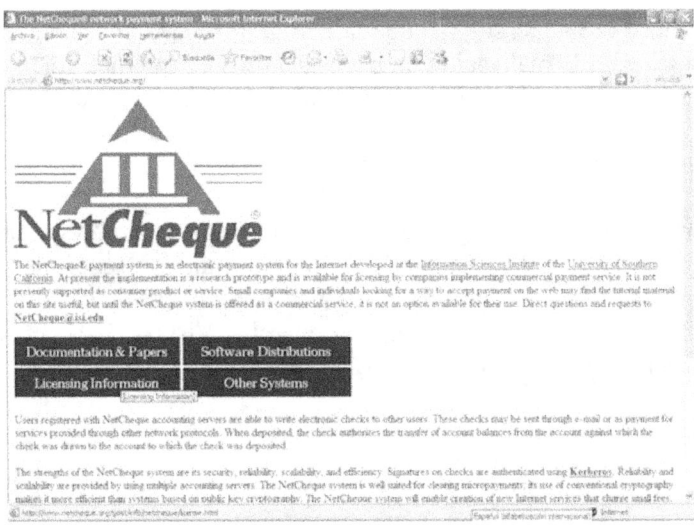

*Figura 24.4. NetCheque (http://www.netcheque.org)*

## 24.2.4 First Virtual

Este protocolo de pago fue desarrollado en 1994 por la empresa First Virtual Holdings Inc, constituyendo una de las primeras alternativas para efectuar compras en Internet de forma segura. En agosto de 1998 la empresa abandonó definitivamente este sistema de pagos, al existir soluciones más robustas y eficaces en el mercado. En ese momento contaba con 2.000 comercios adscritos y más de 60.000 clientes registrados.

El sistema First Virtual proporcionaba a sus usuarios un identificativo personal, conocido como Virtual PIN, que debían facilitar en cada operación de compra al vendedor, en lugar del número de la tarjeta de crédito. Seguidamente, el vendedor remitía este Virtual PIN al servidor de First Virtual para solicitar la autorización de la operación. El servidor de First Virtual enviaba un mensaje de correo electrónico el cliente para pedir una confirmación de la operación, de tal modo que si éste la aceptaba respondiendo al mensaje con otro correo, First Virtual procedía a realizar el cargo del importe de la compra en la tarjeta del cliente.

Con este esquema de funcionamiento, este sistema presentaba la ventaja de evitar que el número de tarjeta de crédito tuviera que ser enviado a través de Internet (de hecho, sólo se almacenaba en el servidor de First Virtual) y de solicitar una confirmación expresa del usuario para cada operación.

Sin embargo, su principal problema residía en el hecho de utilizar una herramienta potencialmente insegura como el correo electrónico para la confirmación de las operaciones, sin recurrir a ningún tipo de sistema de cifrado que permitiera reforzar la seguridad de los mensajes de correo.

## 24.2.5 Tarjeta Virtu@lcash de Banesto

La tarjeta "Virtu@lcash" fue una tarjeta desarrollada por la entidad financiera española Banesto para la realización de pagos seguros en Internet. Inicialmente, en su primera versión se trataba de una tarjeta virtual, que no incorporaba ni chip ni banda magnética, por lo que el importe de las compras era cargado en una cuenta asociada que el titular debía tener abierta en esta entidad.

Esta tarjeta tuvo una segunda versión conocida como "Virtual Cash Plus", presentada a comienzos del año 2000 y que permitía un uso seguro y anónimo para realizar compras en Internet, sin que fuera necesario disponer de una cuenta en la entidad financiera Banesto para poder operar con ella. Virtual Cash Plus era de hecho una tarjetera monedero que podía ser recargada en cualquier cajero de la red 4B.

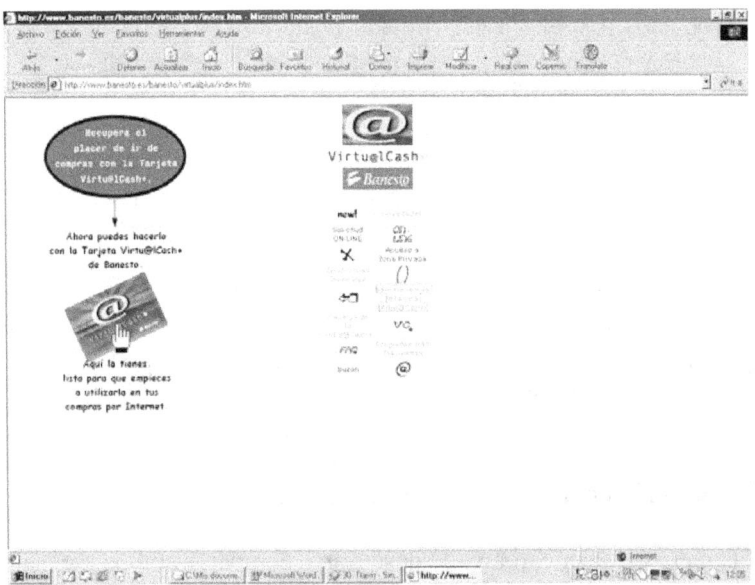

*Figura 24.5. Tarjeta Virtu@lCash de Banesto*

## 24.2.6 Cybercash

Cybercash es un sistema desarrollado en 1994 para gestionar el pago mediante tarjetas de crédito. Se trata de uno de los pioneros y ha servido como base para el posterior desarrollo del sistema SET. En España se pudo utilizar desde 1995.

Cybercash constituía una pasarela de pago entre los comerciantes y las redes de las entidades financieras. Antes de empezar a operar, el comprador debía descargar, registrar e instalar en su ordenador el programa "Cybercash Wallet", un monedero electrónico en el que podía introducir los datos de las tarjetas de crédito que pretendía utilizar para pagar sus compras en Internet. Posteriormente, este programa se encargaba de la generación y gestión de las claves utilizadas para cifrar el proceso de comunicación.

Por su parte, el vendedor que quisiera ofrecer este medio de pago también tenía que registrarse con Cybercash e instalar el software de servidor denominado "Cash Register", disponible para plataformas UNIX y Windows.

El proceso seguido para realizar un pago mediante el sistema de Cybercash constaba de los siguientes pasos:

1. El cliente seleccionaba los productos que deseaba incluir en su compra y utilizaba el programa Cybercash Wallet para generar una hoja de pedido electrónica, en la que se incluía el número de la tarjeta de crédito en que se iba a cargar el importe de la operación, su identificador de cliente, el importe de los productos solicitados y el domicilio para la entrega de estos

productos. Esta hoja era firmada posteriormente con la clave secreta del cliente y con la clave pública del servidor de Cybercash.

2. El comerciante anotaba la forma de pago elegida por el cliente y el domicilio para la entrega, generaba un recibo de la operación de compra y, a continuación, enviaba al cliente una factura pro forma firmada con su clave privada.

3. El cliente, después de haber revisado el recibo de la compra, generaba y enviaba al comerciante un mensaje de aceptación del pago. Este mensaje estaba firmado electrónicamente e incluía una huella digital de la factura pro forma y a las instrucciones de pago.

4. El comerciante remitía a Cybercash el contenido del mensaje de aceptación del pago y los datos del pedido.

5. Cybercash se encargaba de descifrar y comparar ambos mensajes. Si éstos coincidían, solicitaba confirmación de la aceptación del pago a través de la red financiera y enviaba la respuesta al comerciante para que éste cerrase la transacción.

6. El comerciante informaba al cliente de que el pago había sido aceptado, cerrando de este modo la operación de compra.

En condiciones normales todo este proceso tenía lugar en unos 20 segundos. Además, en este sistema los datos con la tarjeta de crédito del comprador se enviaban cifrados para que sólo pudieran ser leídos por Cybercash. De esta forma, el comerciante no tenía acceso a los datos de la tarjeta de crédito del cliente.

El funcionamiento del sistema de Cybercash se resume en la siguiente figura:

**Cybercash: Secure Internet Credit Card Payment**

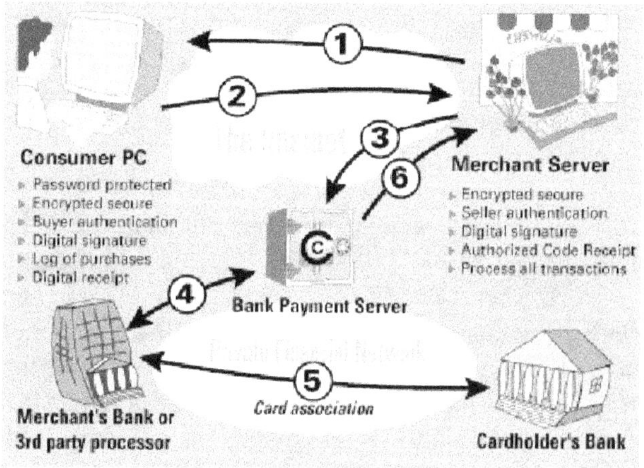


*Figura 24.6. Funcionamiento del sistema Cybercash*

El sistema de Cybercash tuvo una importante aceptación en los primeros años de su existencia, al ofrecer una infraestructura bastante sólida, eficiente y segura para procesar pagos mediante tarjeta de crédito. Sin embargo, la posterior aparición y desarrollo de nuevos medios de pago electrónico, así como la publicación del protocolo SET como una versión más avanzada de Cybercash, avalada por Visa y MasterCard, restaron interés a este medio de pago. Finalmente Cybercash fue adquirido por la empresa de seguridad informática Verisign.

## 24.2.7 Cybercoin

Cybercash disponía también de un servicio específico denominado Cybercoin para la realización de pequeños pagos ("micropagos") en Internet, como el pago por acceso a bases de datos, compra de páginas de información, lectura de un periódico, etcétera.

Hay que tener en cuenta que para estos pagos de un importe reducido (menos de 3 €) no resulta rentable utilizar un medio basado en una tarjeta de crédito, por el elevado importe de la comisión aplicada, que puede ser superior al propio valor de la transacción.

Cybercoin era un monedero electrónico que se podía recargar a partir de una determinada tarjeta de crédito. Este monedero estaba ubicado en el servidor central de Cybercoin, desde donde se gestionaban los micropagos de cada uno de sus clientes, realizando las correspondientes anotaciones en las cuentas de sus respectivos monederos.

De este modo, para realizar un pago el cliente proporcionaba al comerciante un número de cuenta y una autorización para que se le cargase el importe correspondiente a la operación. El comerciante remitía estos datos al servidor central de Cybercoin y allí se deducía esa cantidad de la cuenta del cliente.

## 24.2.8 ECash de la empresa DigiCash

DigiCash es una empresa holandesa fundada en 1990 por el famoso criptógrafo David Chaum. Esta empresa lanzó al mercado el sistema conocido como "ECash", un monedero digital que permitía almacenar una cierta cantidad de dinero en el disco duro del ordenador, facilitando la realización de compras anónimas y seguras en Internet.

*Figura 24.7. eCash de la empresa Digicash*

Para ser usuario de ECash era necesario abrir una cuenta en alguno de los bancos que trabajaban con este sistema, como el Mark Twain Bank de Missouri (Estados Unidos), uno de los primeros en adherirse al sistema. Seguidamente el usuario tenía que solicitar la cuenta ECash e instalar en su ordenador el programa de monedero electrónico.

Los vendedores que quisieran ofrecer esta modalidad de pago a sus clientes tenían que seguir un proceso similar para registrarse en el sistema: abrir una cuenta en una entidad financiera participante e instalar el programa de monedero electrónico.

A grandes rasgos, el sistema ECash funcionaba de la siguiente manera:

Cuando un usuario de ECash decidía retirar fondos de su cuenta en el banco, generaba por sí mismo una serie de monedas electrónicas ("cibermonedas"). Una moneda electrónica no es más que una secuencia de bits que contienen el valor de la moneda, acompañado de un número de serie único en el sistema ECash asociado a dicha moneda, que se utiliza para detectar copias ilegales de la moneda.

Seguidamente, el usuario presentaba estas "cibermonedas" al banco para que las firmase, respaldando así su valor. El banco se encargaba de firmarla utilizando la técnica de "firma electrónica ciega", desarrollada por el criptógrafo David Chaum. De este modo, el banco respaldaba el valor del dinero sin conocer los números de serie de las monedas, preservando así el anonimato en el uso de estas "monedas electrónicas".

Las "monedas electrónicas" podían ser utilizadas por el usuario para pagar sus compras en las tiendas de Internet participantes en el sistema ECash. Para ello, tenía que enviar al vendedor "monedas electrónicas" cuyo valor total resultase suficiente para saldar el importe de la compra que había realizado. A continuación, la tienda se encargaba de comprobar que dichas monedas eran auténticas, verificando la firma electrónica del banco emisor. Además, para comprobar que las monedas todavía seguían siendo válidas, es decir, para comprobar que no habían sido utilizadas ya en otras transacciones, la tienda debía enviar estas monedas a la entidad financiera.

Por este motivo, las entidades financieras participantes en el sistema ECash tenían que registrar en una base de datos todos los números de serie de las monedas electrónicas que habían recibido de las empresas y tiendas integradas en el sistema. Esta base de datos constituía un registro de las monedas electrónicas que ya habían sido utilizadas en alguna transacción y que, por lo tanto, habían quedado fuera de circulación.

Cuando la entidad financiera recibía una nueva moneda electrónica, se encargaba en primer lugar de comprobar su autenticidad mediante la verificación de su firma electrónica. A continuación, buscaba el número de serie de la moneda electrónica en su base de datos de monedas que ya habían sido utilizadas, de tal modo que, si el número de serie de la moneda se encontrase en dicha base de datos, la entidad financiera tendría que rechazar la moneda en cuestión por tratarse de una copia de otra que ya había sido utilizada en otra transacción, informando de esta circunstancia al vendedor para que procediera a anular la operación de venta.

Por el contrario, si el número de serie de una moneda electrónica recibida no se encontraba en la base de datos, la entidad financiera la daría por válida, aceptando el pago e incrementando el saldo de la cuenta del vendedor con en el importe registrado en la moneda. Asimismo, registraría el número de serie de la moneda en su base de datos para "retirarla de la circulación".

Este sistema garantizaba totalmente el anonimato para el usuario que efectuaba el pago, debido a que la entidad financiera firmaba las monedas con la técnica de "firma electrónica ciega". Esta técnica permite que un individuo u organización pueda firmar digitalmente un determinado documento en formato electrónico sin tener posibilidad alguna de conocer el contenido del mismo y, por este motivo, se dice que se firma "a ciegas".

De este modo, la entidad financiera conocía el valor de la moneda electrónica, pero no tenía acceso al número de serie que había generado la aplicación de monedero electrónico del equipo del usuario, por lo que cuando recibía las monedas enviadas por una tienda participante en el sistema ECash, no podía determinar la identidad del usuario que estaba realizando el pago de la transacción. Simplemente se limitaba a comprobar la validez de las monedas electrónicas, por lo que el sistema ECash se comportaba de un modo similar al dinero real en efectivo.

Sin embargo, esta característica impedía identificar a los usuarios que intentasen llevar a cabo un uso fraudulento de las monedas electrónicas. Además, ECash no proporcionaba el anonimato para el vendedor que recibía el pago, ya que éste debía identificarse ante la entidad financiera para hacer efectivo el cobro, con el fin de que la entidad financiera pudiera incrementar el saldo de su cuenta.

Por otra parte, este sistema presentaba otro problema que limitaba de forma importante su escalabilidad: el tamaño de la base de datos en que se debían registrar los números de serie de todas las monedas electrónicas ya utilizadas. Además, se trataba de un sistema centralizado que requería de una conexión *on-line* de la tienda con la entidad financiera asociada para poder validar cada operación.

## 24.2.9 Millicent

Millicent era un sistema desarrollado por la empresa Digital en 1995 (hoy integrada en HP-Compaq) para realizar micropagos en transacciones dentro de Internet.

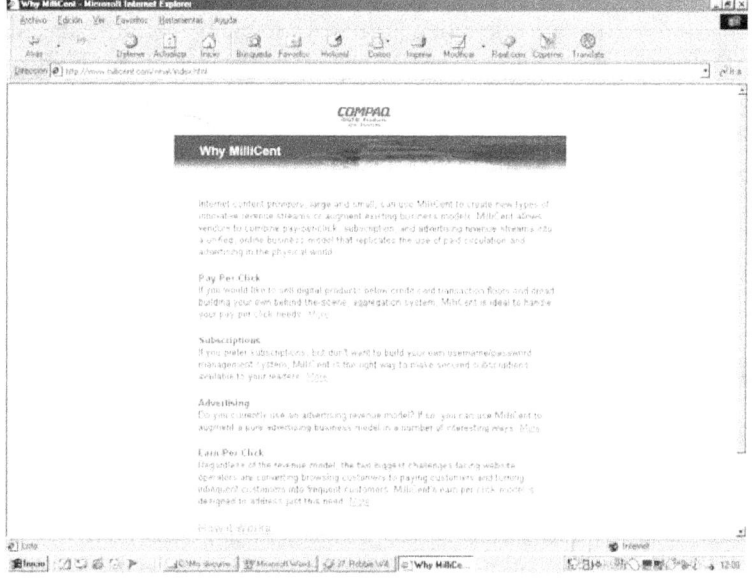

*Figura 24.8. Millicent*

Este sistema empleaba una especie de cupón electrónico, denominado "*scrip*", que representaba un valor prepagado y era válido solamente para un vendedor específico. El "*scrip*" era emitido por intermediarios, que simplificaban la interacción entre los compradores y los vendedores.

Para poder realizar transacciones, los usuarios debían comprar "*scrip*" a un intermediario. El "*scrip*" genérico del intermediario podía cambiarse por "*scrip*" válido únicamente para realizar compras a un determinado vendedor. El "*scrip*" sobrante de una transacción se podía cambiar a través de un intermediario por "*scrip*" válido para otro vendedor.

Una importante ventaja de este sistema era su facilidad de uso, ya que las compras se podían confirmar con un simple clic de ratón desde el propio navegador. Para ello, era necesario instalar el programa monedero de Millicent, que se integraba en el navegador utilizado en el equipo del usuario.

El sistema permitía a sus usuarios realizar multitud de compras en Internet de pequeños importes, sin que éstos tuvieran que molestarse por los detalles de cada operación: bastaba con un simple clic de ratón para confirmar cada operación, si se poseía de suficiente "*scrip*" en su monedero para la tienda en la que se estaban adquiriendo los productos.

Por su parte, los vendedores que participaban en este sistema podían realizar transacciones con unos costes muy inferiores a los pagos con tarjeta de crédito. Se trataba, además, de un sistema de pagos totalmente descentralizado, cuya operatividad descansaba en el papel de los intermediarios y no en un servidor central responsable de la autorización de cada una de las operaciones.

Los intermediarios se encargaban de comprar "*scrip*" a los comerciantes y revenderlo posteriormente a un precio superior a los clientes, obteniendo sus ingresos de este margen de intermediación. El papel de estos intermediarios resultaba fundamental para evitar que cada comprador tuviera que mantener una cuenta específica con cada uno de sus clientes. Además, se encargaban de cargar el importe del "*scrip*" que había sido comprado por cada cliente en la cuenta o tarjeta de crédito facilitada por éste. De este modo, los intermediarios actuaban de puente entre el sistema de micropagos de Millicent y el sistema financiero tradicional.

Para reducir los costes de las transacciones, Millicent empleaba técnicas criptográficas débiles, más eficientes desde el punto de vista computacional. Dado que estaba pensado para realizar transacciones de un importe muy pequeño (micropagos), la seguridad no era un factor tan crítico como en otros sistemas, por lo que se consideró adecuado emplear técnicas criptográficas suficientemente robustas como para hacer que el coste de romper la seguridad de una transacción resultase muy superior al importe de la transacción en sí.

Por otra parte, en este sistema tampoco se emitían recibos ni justificantes de las transacciones ya que, debido al reducido importe de éstas, el riesgo de operaciones fraudulentas podía ser muy bajo.

## 24.2.10 PayPal

PayPal (www.paypal.com) es un medio de pago basado en el correo electrónico que ha adquirido una gran popularidad en Internet en estos últimos años, sobre todo para dar cobertura a las transacciones realizadas entre particulares en Websites de subastas como eBay.

PayPal es una compañía fundada en Palo Alto, California, en octubre de 1999 por los jóvenes Elon Musk y Peter Thiel, que tenían respectivamente 30 y 34 años en ese momento.

El funcionamiento de este sistema es simple y eficaz: cada usuario abre una especie de cuenta corriente en PayPal, deposita allí una determinada cantidad de dinero (mediante una tarjeta de crédito o un cheque) y luego lo puede utilizar para llevar a cabo transacciones, pagos a "colegas" (de ahí el nombre del sistema) u empresas, o bien para participar en subastas *on-line* como las desarrolladas en eBay.

Se trata, por lo tanto, de un medio de pago muy útil para las transacciones entre particulares, ya que elimina la inseguridad e incertidumbre que supone aceptar pagos como cheques personales o tarjetas de crédito. PayPal actúa de intermediario financiero en este caso, garantizando que existe dinero disponible en la cuenta del comprador. A cambio de dar fe de ello, se queda con una pequeña comisión del 3%, inferior a la que suelen aplicar para estas transacciones las tarjetas de crédito.

Los fundadores comenzaron su proyecto con 24 usuarios experimentales y, debido a su espectacular crecimiento, a 31 de diciembre de 2001 contaban ya con 12,8 millones de usuarios (la mitad eran usuarios activos), alcanzando una facturación de 104,8 millones.

Atraídos por su éxito, en marzo de 2001 varias entidades financieras, entre las que se encontraba el banco español eBankinter, pasaron a forma parte del accionariado de PayPal al afrontar una ampliación de capital de 90 millones de dólares. La compañía salió a Bolsa en febrero de 2002, alcanzando una valoración de 1.200 millones de dólares.

Posteriormente, en julio de 2002 la empresa eBay adquirió PayPal mediante una operación de canje de acciones, por un importe total de 1.500 millones de dólares.

En octubre de 2005 el sistema PayPal contaba ya con más de 78 millones de cuentas activas, pertenecientes a usuarios registrados de 56 países de todo el mundo. PayPal cerró el año 2005 con un volumen total de transacciones por valor de 27.000 millones de dólares, sobrepasando los 1.000 millones de beneficios.

Debido a su gran éxito, numerosas empresas de la talla de Dell (el mayor vendedor de ordenadores PC del mundo) han incorporado este sistema de pago en sus tiendas de Internet. De hecho, en febrero de 2006 este sistema conseguía sobrepasar ya la cifra de más de 100 millones de usuarios, con un ritmo de crecimiento de 100.000 nuevos usuarios cada mes. En noviembre de 2010 alcanzaba la cifra de más de 220 millones de usuarios en todo el mundo.

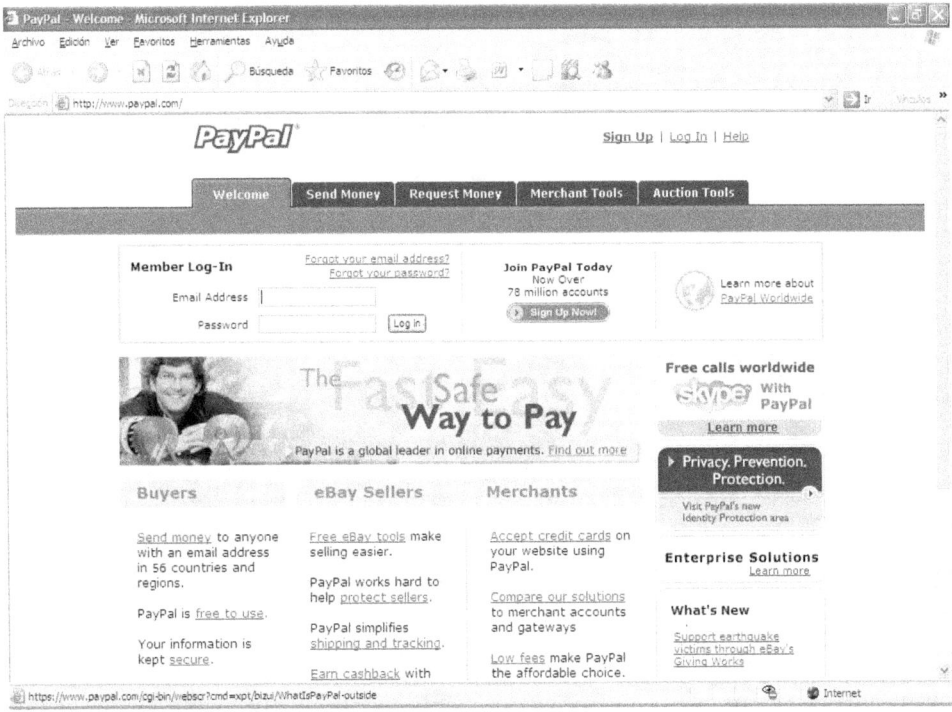

*Figura 24.9. PayPal*

## 24.2.11 EPagado

El sistema "epagado.com" era un sistema de pago desarrollado en España por la entidad financiera eBankinter, que permitía vincular una cuenta corriente bancaria y una dirección de correo electrónico.

Para ello, el usuario de este medio de pago electrónico tenía que vincular la cuenta "epagado.com" a una cuenta corriente de cualquier entidad desde la que se transferirían el importe para los pagos.

Este sistema evitaba de este modo que el cliente en una operación de compra tuviera que proporcionar datos sensibles como el número de cuenta o la tarjeta de crédito, con lo que se elevaba la seguridad de la transacción. La confirmación de la operación se realizaba a través del correo electrónico registrado previamente por el usuario del sistema.

Según el propio eBankinter, este sistema ofrecía a los comercios una importante ventaja frente a las tarjetas de crédito o las cuentas corrientes, ya que no existía posibilidad de repudio de la operación, puesto que el cobro se producía al instante, evitando el fraude.

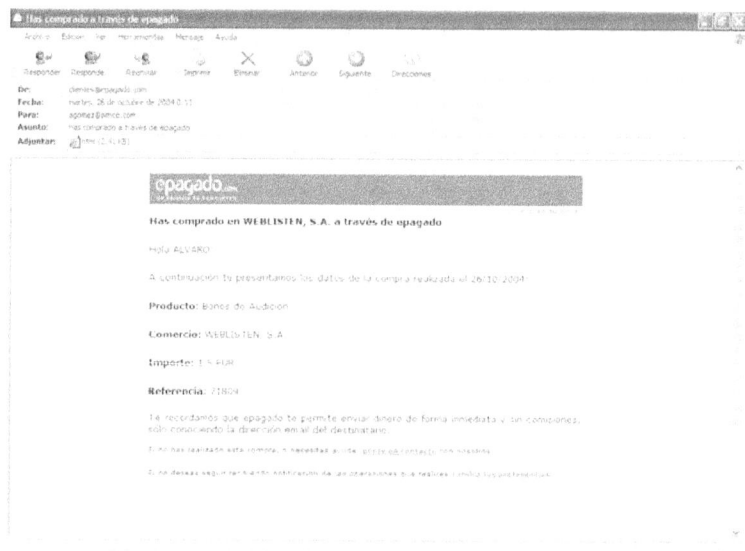

*Figura 24.10. Confirmación de una compra con "epagado"*

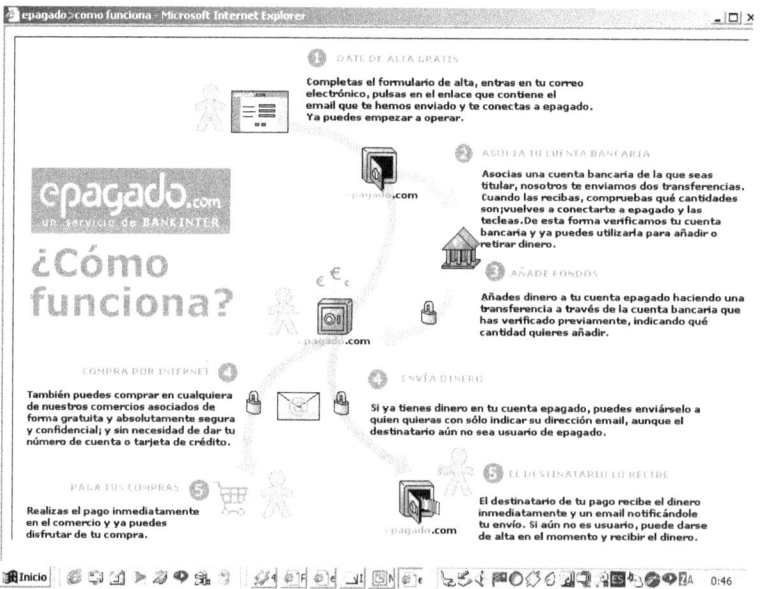

*Figura 24.11. Funcionamiento de "epagado.com"*

## 24.2.12 Ukash y otros sistemas basados en tarjetas prepago

Los sistemas de pago basados en tarjetas prepago presentan las siguientes ventajas:

➢ Anonimato: no se facilitan datos personales.

➢ Seguridad: no se utilizan cuentas corrientes ni tarjetas de crédito.

➢ Comodidad y facilidad de uso.

➢ Reducción del riesgo de impagados o fraudes para el comercio en Internet.

En mayo 2003 se lanzaba Morsopay, un sistema basado en una tarjeta prepago, creado específicamente para las compras en Internet y orientada al pago de contenidos.

El cliente de este servicio podía adquirir la tarjeta por un importe de 5, de 10 ó de 20 € en uno de los puntos de venta autorizados de Morsopay: más de 6.000 en toda España, entre gasolineras, estancos, etcétera. Al acceder al Website que ofrecía los contenidos (noticias, juegos, páginas con contenidos para adultos, informes técnicos, cursos…), el usuario debía introducir una de las claves contenidas en la tarjeta y en ese momento el sistema Morsopay se encargaba de validar el servicio, indicando cuál es el saldo remanente a su favor y notificando la aceptación de la operación al Website que proporcionaba los contenidos.

El sistema Morsopay finalmente no tuvo el éxito esperado, y posteriormente le siguieron otros sistemas con un esquema de funcionamiento similar. Así, en octubre de 2005 se anunciaba el lanzamiento en España del sistema de pago Ukash, también basado en una tarjeta prepago (denominada "cupón Ukash"), que todavía sigue activo en la actualidad.

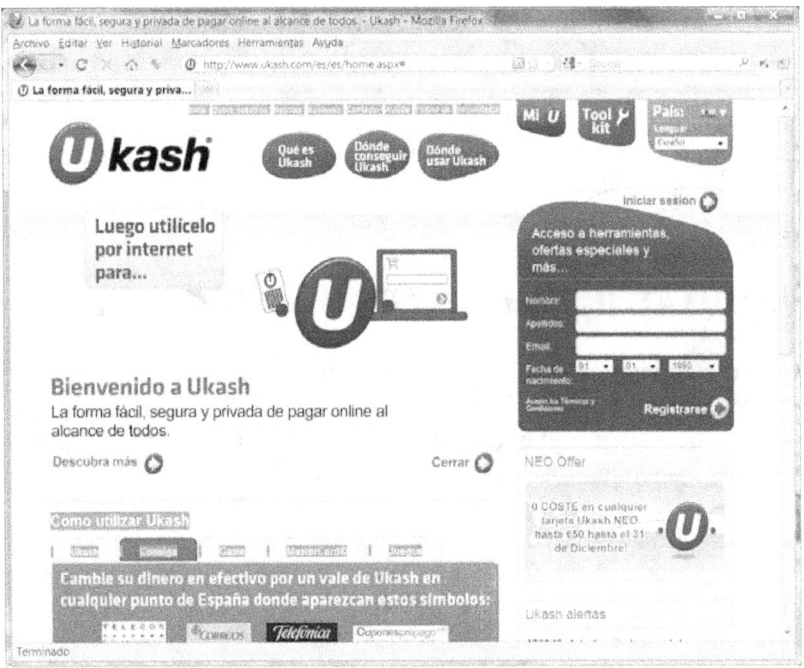

*Figura 24.12. Ukash (www.ukash.com)*

### 24.2.13 Alternativas para los micropagos

En estos últimos años se han propuesto otros sistemas para la gestión de los micropagos en Internet y, en especial para la venta de contenidos como artículos de periódicos y revistas o capítulos de libros, entre los que podríamos citar BitPass, PayStone, Firstgate, Qpass o PepperCoin, entre otros.

*Figura 24.13. Alternativas para los micropagos en Internet*

Todos estos sistemas permitían agrupar y tratar de forma conjunta los importes de varias microtransacciones para reducir los costes de las comisiones y de la tramitación de los pagos.

Así, por ejemplo, en el caso de Qpass, el usuario debía abrir una cuenta en este sistema, facilitando su nombre, dirección de correo electrónico y tarjeta de crédito. En un Website en el que los contenidos se encontraban protegidos mediante este sistema, el usuario podía adquirir y descargarse el contenido que le interesaba haciendo clic en el icono de Qpass e introduciendo su número de identificación y contraseña. En ese mismo momento el sistema Qpass realizaba una anotación de cargo en su cuenta y una anotación de abono en la cuenta del proveedor del contenido.

Al final de cada mes, el sistema Qpass procedía a realizar un cargo contra la tarjeta del usuario por el importe total de las compras realizadas, así como un ingreso en la cuenta del propietario de los contenidos por el importe total de las ventas. Este sistema llegó a ser utilizado en periódicos digitales como el *New York Times* o el *Wall Street Journal*.

## 24.3 TARJETAS INTELIGENTES ("*SMART CARDS*")

Las tarjetas inteligentes, "*smart cards*" o "tarjetas *chip*" se caracterizan por incorporar un circuito integrado ("*chip*"), que sustituye a la banda magnética de las tarjetas clásicas de plástico. Por este motivo, resultan mucho más seguras que las tarjetas de banda magnética, ya que son más difíciles de falsificar.

Algunas de estas "tarjetas *chip*" simplemente incorporan un pequeño circuito de memoria en el que se registran los datos del titular: son las conocidas como "*memory cards*" (tarjetas de memoria).

Sin embargo, los modelos de "tarjetas *chip*" más avanzados también incorporan un procesador criptográfico dentro del circuito integrado ("*microprocessor cards*"), que permite realizar internamente todas las operaciones criptográficas necesarias en protocolos para realizar transacciones seguras. En ese caso se habla de las tarjetas inteligentes propiamente dichas, más caras pero más seguras que las tarjetas de memoria, ya que todas las operaciones criptográficas se realizan dentro de la propia tarjeta.

Los detalles técnicos de estas tarjetas inteligentes (características eléctricas y físicas, tipos de contactos...) se definen en estándares como el ISO 7816. Además, los fabricantes de estas tarjetas suelen utilizar la interfaz de programación (API) definida en el estándar PKCS#11 (estándar "*Crypto Token Interface*").

Por otra parte, a principios de 2005 se han lanzado al mercado nuevos modelos de tarjetas inteligentes que incorporan la tecnología de radiofrecuencia (RFID), que permiten el pago "a distancia" en locales comerciales y máquinas expendedoras.

Una aplicación de las "tarjetas *chip*" es la tarjeta monedero, desarrollada como una interesante alternativa para solucionar el problema de los micropagos. Estas tarjetas incorporan un pequeño *chip* en el que se almacena un determinado valor monetario prepagado (un buen ejemplo lo encontramos en las tarjetas telefónicas de prepago), que puede ser gastado en cualquier comercio que haya instalado un lector adaptado a estas tarjetas.

De este modo, el importe de las compras puede deducirse de la tarjeta cada vez que el usuario realice un pago con ella, siendo este proceso muy rápido y sencillo para ambas partes.

Se trata, en definitiva, de un medio de pago ideal en transacciones de escaso valor (inferiores a 5 €) y que requieran de cambio exacto: compras en máquinas de autoventa (expendedoras de comida, refrescos o tabaco); transporte público; peajes; teléfonos públicos; etcétera.

*Figura 24.14. Ejemplo de tarjeta monedero*

Sin embargo, la existencia en el mercado de gran variedad de tarjetas incompatibles entre sí ha frenado su expansión. Para tratar de paliar esta situación y garantizar la interoperabilidad de las tarjetas monedero, se aprobaron en abril de 1999 las Especificaciones Comunes para Monederos Electrónicos (CEPS), realizadas por un grupo de trabajo integrado por Europay International, SERMEPA, Visa International y

ZKA (Zentraler Kreditausschuss, de Alemania). Con esta iniciativa se pretende alcanzar la interoperabilidad de todas las tarjetas monedero en un futuro próximo.

El entendimiento entre las distintas tarjetas hará posible que un ciudadano de la Unión Europea, poseedor de una tarjeta interoperable, pueda recargar su monedero con dinero electrónico en cualquier punto de carga en bancos o quioscos que ofrezcan este servicio, además de poder gastarlo en establecimientos y servicios que tengan instalado un lector de "tarjetas *chip*".

En el estándar CEPS se definen varios tipos de transacciones que podrá realizar una "tarjeta monedero":

- ➢ **Carga de dinero**: los titulares de la tarjeta pueden cargar dinero en ella en cualquier terminal de carga (normalmente será un cajero convencional de la red de una entidad financiera) que ostente la marca del emisor de su tarjeta, en cualquier divisa soportada por la tarjeta. Para realizar esta operación el usuario deberá autenticarse previamente mediante la introducción de un Número de Identificación Personal (PIN).

- ➢ **Descarga de dinero**: en cualquier momento el titular podrá descargar dinero de su tarjeta y devolverlo a su cuenta bancaria, residente en la institución financiera del emisor de tarjetas. La descarga de dinero también puede incluir la capacidad de obtener efectivo del terminal de descarga, pero sólo en terminales del banco emisor.

- ➢ **Intercambio de divisas**: las tarjetas contarán con distintas "ranuras", en las cuales se podrá almacenar dinero en varias divisas. En cualquier momento se le permitirá al titular cambiar todo o parte del dinero almacenado en una divisa a otra divisa dentro de su propia tarjeta.

- ➢ **Compra y retrocesión de la compra:** el titular de la tarjeta podrá hacer uso de ésta en cualquier terminal de venta que tenga el sello de su marca de tarjeta. El terminal de venta mostrará al usuario el importe de la operación, pidiéndole su autorización antes de que ésta se haga efectiva. En caso afirmativo, el terminal de venta mostrará al usuario el balance de su tarjeta antes y después de la compra. Si por cualquier motivo la compra no puede realizarse con éxito (agotamiento del artículo que se desea comprar, etcétera), se puede retroceder la operación y reintegrar el dinero a la tarjeta, sin perjuicio para su titular.

- ➢ **Compra incremental**: sucesión de compras de muy pequeño valor, como en el caso de los "pasos" en una llamada telefónica desde una cabina o el número de partidas completas en un juego *on-line*. Se trata, además, de un tipo de servicio muy útil para la acumulación de varios "micropagos" en Internet.

➢ **Cancelación de la última compra**: permite cancelar la última operación de compra realizada con la tarjeta, en el caso de que el usuario desee devolver el producto adquirido. Esta operación deberá realizarse en el mismo terminal en el que se completó la operación de compra y sólo podrá tener lugar una vez.

Además, el titular podrá consultar en cualquier momento el balance de su tarjeta, utilizando un dispositivo lector adecuado, así como un registro de los últimos movimientos.

*Figura 24.15. Dispositivo lector de tarjetas monedero*

Por otra parte, para facilitar su utilización en las compras a través de Internet, está prevista la incorporación de dispositivos lectores de tarjetas inteligentes en los teclados de los ordenadores.

No obstante, a pesar de la mejora sustancial de la seguridad frente a las tarjetas clásicas basadas en las bandas magnéticas, se han propuesto varios tipos de ataques contra las "tarjetas *chip*": así, por ejemplo, un atacante podría tratar de comprometer los equipos de lectura o el software específico instalado en el ordenador del usuario, el cual, de este modo, podría mostrar información errónea al usuario en pantalla o bien facilitar la manipulación de los datos que se envían o reciben de la tarjeta.

Por otra parte, se han descubierto vulnerabilidades en los protocolos diseñados para intercambiar datos desde los dispositivos lectores con las "tarjetas *chip*". También se han dado conocer posibles vulnerabilidades a nivel del diseño eléctrico de las tarjetas, que permitirían que un atacante aplicase determinados voltajes a la tarjeta para conseguir que se eliminasen las claves criptográficas almacenadas en la memoria de una tarjeta afectada por un mal diseño.

De un modo similar, se han propuesto ataques contra tarjetas criptográficas basados en el análisis de la cantidad de energía eléctrica consumida por el *chip* (o también en el tiempo de cálculo) al realizar las distintas operaciones con los datos y las claves criptográficas.

Por todo ello, en los últimos años se han desarrollado "tarjetas *chip*" más seguras, que incorporan mecanismos anti-intrusión (tarjetas "*Tamper-Resistant*") para poder resistir los intentos de manipulación y de intrusión, así como la monitorización externa de la actividad de la tarjeta.

## 24.4 EL TELÉFONO MÓVIL COMO INSTRUMENTO DE PAGO

En los últimos años, gracias al desarrollo de las comunicaciones y los servicios inalámbricos, han cobrado especial importancia las plataformas de gestión de pagos a través del teléfono móvil, mediante una cuenta asociada a un número de abonado.

Con estos sistemas se pretende que el teléfono móvil funcione como un monedero virtual para el pago de productos y servicios, facilitando las compras en tiendas de Internet, en máquinas expendedoras, en taxis, en restaurantes, en gasolineras, etcétera.

Debemos tener en cuenta, además, que ya existen teléfonos móviles que incorporan distintas técnicas biométricas para reforzar la seguridad en operaciones como las descritas: lectores de huellas dactilares o sistemas de reconocimiento de patrones faciales a partir de la cámara digital integrada, que permitan combinar la biometría con la utilización de una clave de identificación personal (sistema de identificación basado en dos factores).

A finales del año 2000 se presentaron varias de estas plataformas en España:

> **Caixamóvil**, desarrollado por La Caixa y restringido sólo para sus clientes y para la realización de pagos en Internet.

> **Paybox**, del Deutsche Bank, que permitía operar con cualquier entidad bancaria instalada en España, previo abono de una cuota anual de 5 €. Se cobraba además una comisión por cada transacción realizada.

*Figura 24.16. Paybox*

> **Movilpago**, de Telefónica Móviles y el BBVA. En este sistema las operaciones invertían un tiempo de 10 segundos en ser aceptadas, tras marcar el número de abonado y un código personal. Además, Movilpago pretendía ser aceptado como medio de pago en máquinas expendedoras,

en la compra por catálogo, así como en los sistemas de pago por visión de películas y programas.

> **Pagomovil**, plataforma similar a la anterior desarrollada por Vodafone, el BSCH y el sistema de pagos 4B.

> **Mobipay:** A finales de mayo de 2001 las plataformas Movilpago y Pagomovil acordaron su integración en una sola, dando lugar al nacimiento de Mobipay, que permitía activar distintos medios de pago (tarjetas bancarias físicas o virtuales, de crédito, débito o de prepago) desde un terminal de telefonía móvil, para realizar una gran variedad de pagos y operaciones: desde las realizadas en tiendas físicas, pasando por el pago en taxis y otros servicios de transporte (como los autobuses urbanos, sistema ya implantado en algunas ciudades como Málaga), compra en máquinas expendedoras de bebidas o tabaco, compra de entradas de espectáculos, pago de facturas de servicios como la luz o el agua, pago de parquímetros (en ciudades nórdicas como Estocolmo), servicios *"pay per view"*, pedidos encargados a establecimientos de comida rápida, otros servicios a domicilio, etcétera.

| OPERACIONES | EJEMPLOS |
|---|---|
| Pagos en comercios | Zapatería, restaurante, boutique, etc. |
| Pagos en comercios móviles | Taxi, fontanero, etc. |
| Pagos en Internet | Libros, viajes, etc. / Servicios digitales (música, información) que se pagan tras la confirmación de descarga. |
| Pagos en máquinas | Máquinas de bebidas, tabaco, etc. |
| Envío de dinero a otra persona | Envío de dinero a amigos, familiares, etc. |
| Recarga del teléfono móvil | Recarga de la cuenta prepago del teléfono móvil |
| Reserva y pago de servicios | Entradas a espectáculos, pizza entregada en casa, etc. |
| Pago de facturas | Facturas de electricidad, agua, etc. |

*Figura 24.17. Mobipay como medio de pago*

Por otra parte, en octubre de 2002, la compañía de telecomunicaciones japonesa NTT DoCoMo comenzó las pruebas de un nuevo servicio de pago electrónico con teléfono móvil, bautizado como FOMA ("Libertad de Acceso Móvil Multimedia"), que permite agilizar las compras gracias a la tecnología inalámbrica. Para ello, los teléfonos móviles incorporan un *chip* emisor especial y los propietarios de estos teléfonos deben tener una cuenta bancaria (u otro medio de pago, como una tarjeta de crédito) asociada a dicho *chip*. Cuando el usuario del teléfono móvil desee adquirir un producto en una de las tiendas que soporten este sistema de pago, tan sólo tendrá que pasar el teléfono cerca de los dispositivos lectores y, si confirma la operación, el importe del producto se cargará en su cuenta.

A nivel europeo se anunciaba en 2003 el lanzamiento de una nueva plataforma denominada SIMPAY, fruto de la colaboración de los cuatro mayores operadores de telefonía móvil de Europa: Movistar, Vodafone, Orange y T-Mobil. Esta plataforma se daba a conocer en España en febrero de 2005, siendo compatible con el sistema Mobipay. Sin embargo, poco después sus socios decidían "aparcar temporalmente" este proyecto, a la espera de una situación más propicia en los mercados.

*Figura 24.18. Simpay*

En septiembre de 2003, las empresas Nokia y Visa firmaron un acuerdo de colaboración en el segmento de los pagos a través de móvil, para potenciar el uso de una nueva aplicación de "monedero electrónico" de los terminales de Nokia y el servicio "Verificado por Visa", con el objetivo de facilitar la realización de operaciones seguras y cómodas. La nueva versión de la aplicación "monedero electrónico" de Nokia permite almacenar información personal, como nombres de usuario, contraseñas, número de tarjeta de crédito, bonos de transportes, direcciones de entrega y otros datos necesarios para realizar compras a distancia.

También podemos destacar que en febrero de 2005 Nokia presentaba la tecnología NFC ("*Near Field Communications*"), que permite que el teléfono móvil pueda interactuar con puntos de venta y máquinas de expendedoras para realizar transacciones locales con cargo a la factura mensual del teléfono móvil.

Sin embargo, hasta el momento la utilización del teléfono móvil como medio de pago no ha tenido el éxito que se preveía. En muchos países la existencia de varios sistemas incompatibles entre sí, lanzados por distintos operadores y entidades financieras, explica en parte la escasa aceptación del sistema. En el caso español, los analistas destacan que el principal problema ha sido que las propias entidades financieras no han creído en esta nueva tecnología y, en consecuencia, apenas la han dado a conocer a sus clientes.

## 24.5 TPV VIRTUAL

Un Terminal Punto de Venta (TPV) virtual es un servidor Web seguro que se encarga de procesar las órdenes de pago realizadas mediante una tarjeta de crédito o de débito a través de Internet. En la actualidad, varias entidades financieras ofrecen este servicio a las tiendas y empresas que deseen comercializar sus productos y servicios a través de Internet.

El funcionamiento de un TPV virtual es bastante sencillo, y se resume en los siguientes pasos:

1. Una vez seleccionados los productos que se desean adquirir en la tienda *on-line*, el navegador del comprador es redirigido automáticamente al TPV virtual para realizar el pago de la compra.

2. Una vez autorizada la transacción por el banco emisor de la tarjeta, el TPV virtual informa tanto al comprador como al comercio del resultado y devuelve el control a la tienda virtual.

3. El comerciante acepta la operación y ésta queda registrada en su sistema.

De este modo, cuando se paga a través de un TPV virtual, los datos de la tarjeta de crédito del comprador sólo son conocidos por la entidad financiera que gestiona el TPV. Además, la comunicación entre el ordenador del comprador y el TPV virtual se realiza de forma segura, utilizando el protocolo SSL o el protocolo SET, según la opción de pago elegida.

El principal inconveniente que presentan estas soluciones para procesar el pago con tarjeta de crédito son las elevadas comisiones aplicadas a los comercios *on-line*, que suelen oscilar entre el 4% y el 6%.

## 24.6 EL PROBLEMA DEL FRAUDE EN INTERNET

En la actualidad, para realizar muchas compras en Internet basta con facilitar un número válido y una fecha de caducidad de una tarjeta de crédito, sin ningún otro tipo de requisito para la identificación del poseedor de la tarjeta. Además, el protocolo SSL, el más extendido entre los comercios electrónicos, no permite garantizar en muchos casos la identidad del comprador, al no emplear certificados digitales de cliente (sólo se utilizan en la parte del servidor Web del comercio).

Por otra parte, los distintos estudios realizados en estos últimos años coinciden en señalar que la principal preocupación de los usuarios de Internet es la falta de confianza en la seguridad en las transacciones realizadas en tiendas *on-line*.

El consumidor está protegido del fraude siempre que rechace a tiempo el cargo no reconocido en el extracto mensual de la tarjeta de crédito. Sin embargo, la "cibercriminalidad" hace aumentar los tipos de interés de las tarjetas y provoca que las comisiones cobradas a los vendedores *on-line* sean muy superiores a las que pagan los comercios tradicionales, por lo que a la postre termina perjudicando al usuario.

Además, en muchos casos los comercios virtuales deben cargar con todas las responsabilidades y los costes asociados a las operaciones en caso de fraude, mientras que las entidades emisoras de las tarjetas son las que normalmente asumen el importe del fraude cuando se trata de comercios tradicionales.

El fuerte crecimiento del fraude en el negocio de las tarjetas se debe, en parte, al software distribuido por piratas informáticos a través de Internet que permite que cualquier usuario con unos mínimos conocimientos de informática (basta con instalar y ejecutar dicho programa en su ordenador) pueda generar números de tarjetas de crédito perfectamente válidos.

En otros casos, la sustracción de los datos de los clientes, incluidos sus números de tarjetas de crédito, de ordenadores conectados a Internet que han sido víctimas de ataques informáticos constituye otro de los medios utilizados para obtener los datos necesarios para realizar operaciones fraudulentas en Internet.

Podemos citar numerosos incidentes relacionados con la falta de seguridad de las tarjetas de crédito. Así, por ejemplo, en el año 1999, un *"cracker"* localizado en Rusia consiguió hacerse con los datos de más de 300.000 tarjetas de crédito de los clientes que figuraban registrados en la base de datos de CD Universe, un distribuidor de Compact-Disc a través de Internet. Y en diciembre de 2000 la empresa Creditcards.com, dedicada a la refinanciación de deudas en los pagos mediante tarjeta de crédito, sufrió el robo de la información de otros 55.000 clientes suyos.

También en diciembre de 2000 unos *"crackers"* conseguían acceder a la base de datos de la empresa Egghead.com, dedicada a la venta de material informático y electrónico por Internet, con sede en la ciudad californiana de Menlo Park (Estados Unidos). Los archivos asaltados contenían información de sus 3,7 millones de clientes e incluían los datos de sus tarjetas de crédito.

Seguidamente se muestra una noticia que refleja el *"modus operandi"* de estos nuevos delincuentes cibernéticos en España:

> M. N. L., un almeriense en viaje de turismo, paró en una gasolinera de Teruel para repostar. Tiró a la papelera la copia del ticket de la tarjeta con que pagó el combustible y alguien se quedó con dicho resguardo. El intruso compró desde Valencia productos informáticos por valor de un millón de pesetas (6.000 €) a una empresa de Vich (Barcelona) con el número de tarjeta y fecha de caducidad del ticket rescatado de la basura. Ordenó a la tienda que le remitieran los productos a una central de mensajería, que únicamente le pidió el nombre y un número de teléfono. El nombre se lo inventó, y el número correspondía a un móvil activado con una tarjeta prepago, de las que se adquieren en cualquier tienda de telefonía y que no identifican al titular. Fue el delito perfecto. No lo podrán detener. Al turista almeriense la compañía de su Visa le repuso el dinero del fraude. El comercio de Vich pagó los platos rotos, como ocurre en la mayor parte de los casos. El 90% de las denuncias que recibe la Guardia Civil proceden de pequeños y medianos establecimientos.
>
> (*El País, 23 /1/2000*)

En febrero de 2001 un grupo militante contra la globalización consiguió violar la seguridad del sistema informático del Foro Económico Mundial de Davos (Suiza), por lo que pudo tener acceso a los datos de 1.400 tarjetas de crédito de destacados participantes en las distintas ediciones del evento, así como otros datos personales y económicos (números de pasaporte y de teléfono móvil, direcciones de correo electrónico, claves de entrada, etcétera) de personalidades como el ex-presidente estadounidense Bill Clinton, el fundador de Microsoft, Bill Gates, o el primer ministro chino Li Peng. El dominical suizo *Sonntagszeitung* recibió como prueba un CD-ROM enviado por los piratas con 165 Mbytes de datos sustraídos sobre los participantes. Las empresas de tarjetas de crédito tuvieron que bloquear inmediatamente las tarjetas afectadas, para evitar que los piratas pudieran realizar compras con ellas.

Posteriormente, en febrero de 2003 otro "*cracker*" consiguió burlar el sistema de seguridad de la empresa Data Processors International, que procesa las transacciones comerciales por correo de las compañías VISA y MasterCard, por lo que pudo acceder a los datos de ocho millones de tarjetas de crédito en Estados Unidos.

Asimismo, las técnicas de "*skimming*", consistentes en la duplicación de una tarjeta de crédito cuando se registran sus datos en un falso lector incorporado a un datáfono o en la puerta de un cajero automático, permiten a bandas de delincuentes perfectamente organizados (generalmente procedentes de países del Este de Europa) sustraer este tipo de datos para realizar posteriormente operaciones fraudulentas, tanto dentro como fuera de Internet.

De hecho, en 2003 sólo en la ciudad de Madrid se registraron casi ocho denuncias diarias de usuarios estafados por la clonación de su tarjeta ("*skimming*"), según fuentes policiales.

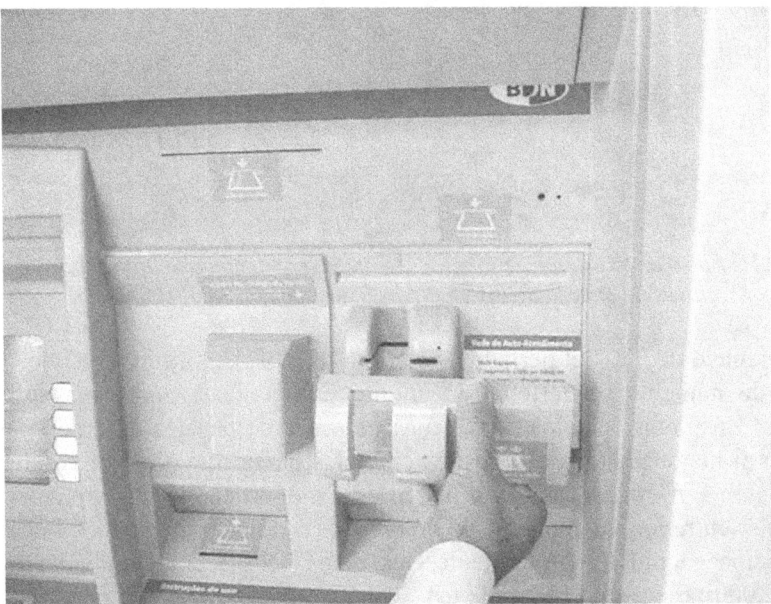

*Figura 24.19. Falso lector de tarjetas insertado en un cajero automático para llevar a cabo la duplicación de tarjetas de crédito ("skimming")*

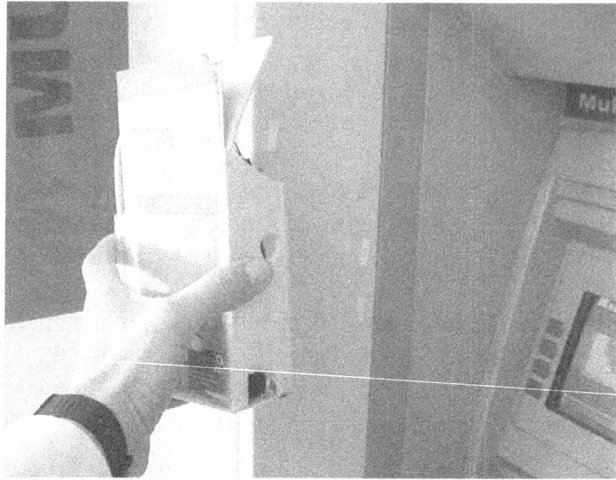

*Figura 24.20. Falso dispensador de folletos que incluye una cámara digital para capturar las claves de acceso de las víctimas de las técnicas de "skimming"*

*Figura 24.21. Falso dispensador de folletos que incluye una cámara digital para capturar las claves de acceso de las víctimas de las técnicas de "skimming"*

En mayo de 2002 el periódico *The New York Times* informaba que el mercado de venta de números de tarjetas de crédito estaba alcanzando unas dimensiones alarmantes. Los datos robados de decenas de miles de tarjetas de crédito se estaban ofreciendo al mejor postor en Websites operados en su mayoría por residentes de la antigua Unión Soviética o de otros países de Europa del Este. El precio por tarjeta podía oscilar entre los 40 centavos de dólar y los 5 dólares, dependiendo del nivel de autentificación logrado. Normalmente, los datos se ofrecían en paquetes de, por ejemplo, 5.000 tarjetas a 1.000 dólares, y se cobraban a través de cuentas *on-line* en determinados Websites como www.webmoney.ru. Estos datos se estaban empleando para realizar compras fraudulentas en tiendas *on-line*, así como para la extracción fraudulenta de dinero en cajeros automáticos.

En noviembre de 2008 una nueva investigación sobre el fraude en Internet llevada a cabo por Symantec entre junio de 2007 y junio de 2008 señalaba que el mercado de números de tarjetas de crédito robadas en la Red podría mover al año 5.300 millones de dólares.

Por todo ello, VISA y MasterCard han decidido reforzar la seguridad de las tarjetas de crédito, mediante la incorporación un *chip* que solicitará al poseedor un código secreto para cada operación. Esta reconversión de las tarjetas de crédito, que pretende frenar la desconfianza de los consumidores ante el espectacular crecimiento del fraude en Internet, supondrá una fuerte inversión para las empresas responsables de la gestión de tarjetas de crédito y de débito, como VISA, MasterCard, 4B, Red 6000, Dinners y American Express.

VISA y MasterCard han acordado una medida previa, implantada ya en algunos países como el Reino Unido, por la cual los emisores de las tarjetas de crédito deben incluir tres dígitos en la parte posterior de las mismas. De este modo, los consumidores tendrán que facilitar estos tres dígitos cuando realicen sus compras por teléfono o por Internet. También se les solicitarán detalles sobre su dirección, una medida desconocida en Europa pero habitual en Estados Unidos, país en el que se ha desarrollado con éxito el sistema AVS (*Address Verification Service*, Servicio de Verificación del Domicilio) para reducir el número de operaciones fraudulentas.

Podemos destacar otros dos nuevos servicios de VISA y MasterCard para reducir el fraude en la compra mediante tarjetas de crédito. Así, mediante el servicio "*Verified by Visa*" (www.verifiedbyvisa.com), presentado en abril de 2002 y disponible inicialmente en Estados Unidos, el titular de la tarjeta de crédito debe registrar en el Website de Visa una contraseña que asocia a su tarjeta y que sólo él mismo conoce. Para poder comprar con la tarjeta en las tiendas *on-line* asociadas a este programa será necesario introducir los datos de la tarjeta y la contraseña creada por el titular.

*Figura 24.22. Verified by Visa*

Por otra parte, el servicio bautizado como "SecureCode" de la empresa MasterCard (www.mastercardmerchant.com/securecode/), lanzado en octubre de 2002 para las tarjetas que llevan las marcas MasterCard y Maestro, tiene un esquema de funcionamiento similar al anterior.

En este caso, el titular de la tarjeta debe registrar su propio código de seguridad a través de Internet o por teléfono. Este código es otorgado y gestionado directamente por la entidad financiera emisora de la tarjeta MasterCard o Maestro y nunca será facilitado a los comercios donde se utilice dicha tarjeta. A la hora de confirmar una operación de compra en Internet, MasterCard SecureCode solicitará al titular de la tarjeta que realiza la compra que introduzca su código secreto en una ventana que aparecerá en la pantalla de su ordenador o en su teléfono móvil, para poder completar de forma segura la transacción. Este proceso es equivalente al recibo firmado por el titular de la tarjeta, por lo que garantiza la autorización de la operación basada en la autenticación del titular a través del código secreto.

Debemos destacar, a modo de conclusión de este capítulo, que los principales problemas de operaciones fraudulentas a través de Internet vienen motivados por la utilización de un medio de pago, la tarjeta de crédito, que inicialmente no estaba pensado para la realización de compras *on-line*.

Además, las actuales tarjetas de crédito basadas en una tarjeta de plástico con banda magnética son muy fáciles de falsificar (mediante técnicas como el "*skimming*" en los cajeros automáticos) y, en muchos otros casos, estos datos se encuentran al alcance de un experto informático que pueda acceder a la base de datos del servidor de una tienda, aprovechando alguno de los fallos de seguridad que afectan a miles de ordenadores con una configuración y un mantenimiento inadecuados y que están conectados a Internet.

Los datos enviados a través de una conexión segura, mediante el protocolo SSL, son muy difíciles de descifrar utilizando los medios informáticos disponibles en la actualidad. De hecho, no se encuentra aquí la raíz del problema, sino que en muchos casos los datos de las tarjetas de crédito se obtienen a través de otras fuentes: se recopilan de tickets y recibos de compra impresos en papel en los que se incluyen el número de la tarjeta y su fecha de caducidad, se obtienen mediante la técnica de "*skimming*" en cajeros automáticos, se roban de bases de datos de ordenadores vulnerables a ataques informáticos o, incluso, se obtienen mediante engaños y técnicas de "ingeniería social", como podrían ser falsas llamadas telefónicas al titular de una tarjeta o cuenta bancaria para solicitar sus claves en nombre de la entidad emisora. Además, el "*pharming*" y el "*phishing*" también pueden ser empleados para robar y utilizar de forma fraudulenta números de tarjetas de crédito.

La sustitución de las tarjetas de banda magnética por "tarjetas *chip*", la utilización de certificados digitales de cliente y no sólo de servidor, así como el recurso a protocolos para gestionar las transacciones como SSLv3, constituyen algunas de las medidas de seguridad que deberían impulsar las entidades financieras y las empresas emisoras de las tarjetas de crédito, como VISA y MasterCard.

Además, las campañas de sensibilización y formación dirigidas a usuarios y comerciantes contribuirían a evitar la mayor parte de los casos de utilización fraudulenta de las tarjetas de crédito y otros medios de pago.

## 24.7 REFERENCIAS DE INTERÉS

- ✓ NetCheque: http://www.netcheque.org/.
- ✓ NetCash: http://gost.isi.edu/info/netcash.
- ✓ eCash: http://www.digicash.com, http://www.chaum.com/.
- ✓ PayPal: http://www.paypal.com/.
- ✓ Verified by Visa: http://www.verifiedbyvisa.com/.
- ✓ MasterCard Secure Code: http://www.mastercardmerchant.com/securecode/.

# ASPECTOS LEGALES DE LA SEGURIDAD INFORMÁTICA

- Capítulo 25. Delitos informáticos
- Capítulo 26. La protección de datos personales
- Capítulo 27. Control de contenidos
- Capítulo 28. Protección de la Propiedad Intelectual y lucha contra la piratería digital

PARTE VII

# Capítulo 25

# DELITOS INFORMÁTICOS

## 25.1 LA LUCHA CONTRA LOS DELITOS INFORMÁTICOS

> Podemos considerar que un **Delito Informático** es "cualquier comportamiento antijurídico, no ético o no autorizado, relacionado con el procesado automático de datos y/o transmisiones de datos" (definición propuesta por un Grupo de Expertos de la OCDE en 1993).

La informática y las redes de ordenadores reúnen características que las convierten en un medio idóneo para la comisión de nuevos tipos de delitos. De hecho, debemos señala la utilización de estos nuevos medios por parte del crimen organizado y de las organizaciones terroristas a nivel internacional, para la comisión de delitos y estafas electrónicos, intercambio de mensajes cifrados entre sus miembros a través de Internet, etcétera.

La lucha contra los delitos informáticos, muchos de los cuales apenas han podido ser correctamente tipificados en la legislación vigente en materia penal en los distintos países, se encuentra plagada de dificultades, debido a cuestiones como las que se presentan a continuación:

- La falta de adaptación de los organismos legislativos a los rápidos cambios y las nuevas situaciones provocadas por la aparición de las nuevas tecnologías.

- La inadecuada preparación y la falta de medios suficientes (técnicos, organizativos y humanos) en los Cuerpos y Fuerzas de Seguridad para luchar y prevenir los delitos informáticos.

- La dificultad para la obtención de pruebas fehacientes y para la identificación de los responsables, debido a las técnicas de ocultación de las direcciones IP o la utilización de equipos "zombi".

> La disponibilidad de gran cantidad de herramientas y aplicaciones informáticas que facilitan la comisión de este tipo de delitos.

> Muchas de las nuevas actividades delictivas se realizan desde miles de kilómetros de distancia y tienen lugar en "tierra de nadie", en el nuevo medio surgido del avance de Internet, que no conoce fronteras ni barreras geográficas, por lo que se plantean en muchos casos conflictos jurisdiccionales, sin que sea fácil determinar en qué país se ha cometido el delito y quién debería juzgarlo (dificultad para determinar la jurisdicción competente en cada caso).

> Determinados comportamientos considerados como delictivos en algunos países puede que no tengan esta misma consideración en otros. Esta situación complica en gran medida la lucha contra determinado tipo de actividades que se realizan desde terceros países en los que no existe legislación al respecto, pero que afectan directamente a otros donde dichas actividades sí son perseguidas por la justicia.

> La necesidad de fomentar la cooperación entre las autoridades judiciales y policiales de los distintos países.

Por otra parte, muchas de las nuevas actividades relacionadas con Internet y los servicios informáticos que podrían ser consideradas como delictivas en algunos países, plantean un conflicto con otros derechos fundamentales de los ciudadanos, entre los que podríamos considerar el derecho a la libertad de expresión de las personas que introducen contenidos en Internet (en conflicto con las medidas encaminadas al control y prohibición de determinado tipo de contenidos), el derecho a la libertad de información o el derecho a la intimidad y al secreto de las comunicaciones.

El derecho a la intimidad y al secreto de las comunicaciones de los ciudadanos entra en conflicto con la necesidad de impedir el anonimato en la utilización de algunos servicios, así como con las interceptaciones de las comunicaciones llevadas a cabo por los Fuerzas y Cuerpos de Seguridad para luchar contra los delitos informáticos e identificar a sus responsables.

También debemos tener en cuenta algunas reflexiones de expertos en seguridad informática como Bruce Schneier, quien afirma que "… al final, la gente se dará cuenta de que no tiene ningún sentido escribir leyes específicas para la tecnología. El fraude es el fraude, se realice mediante el correo postal, el teléfono o Internet (...). Las buenas leyes son escritas para ser independientes de la tecnología. En un mundo donde la tecnología avanza mucho más deprisa que las sesiones del Congreso, eso es lo único que puede funcionar hoy en día."[70]

---

[70] Fragmento extraído de su libro *Secrets and Lies*.

*Figura 25.1. El experto en seguridad informática Bruce Schneier*

## 25.2 CONVENIO SOBRE CIBERDELINCUENCIA DE LA UNIÓN EUROPEA

El Convenio sobre Ciberdelincuencia fue aprobado por el Consejo de Europa en junio de 2001.

En este convenio se definen cuatro tipos de delitos informáticos:

> **Delitos relacionados con el contenido**: pornografía infantil, amenazas, calumnias o difusión de contenidos racistas y xenófobos[71]. Hay que tener en cuenta que las características de Internet han facilitado enormemente el desarrollo de las redes de pornografía infantil.

> **Delitos relacionados con las infracciones a los derechos de autor**: propiedad intelectual e industrial, reproducción de programas informáticos protegidos, distribución de copias ilegales de canciones y vídeos…

> **Delitos relacionados con la informática**: falsificación informática que produzca la alteración, borrado o supresión de datos informáticos que ocasionen datos no auténticos; fraudes y estafas informáticas; tráfico de claves informáticas obtenidas por medio ilícito; etcétera.

> **Delitos contra la confidencialidad, integridad y disponibilidad de datos y sistemas informáticos**: acceso ilícito a sistemas informáticos (delitos contra la intimidad, revelación de secretos de empresa, uso no autorizado de equipos informáticos); interceptación ilícita de datos informáticos (espionaje informático); interferencia en los datos que provoquen daños, como podría ser su alteración o eliminación (sabotajes informáticos…); abuso de dispositivos que faciliten la comisión de delitos; distribución de virus u otros programas dañinos; etcétera.

---

[71] En algunos países como Alemania se prohíbe expresamente la difusión de la ideología nazi o la negación del holocausto judío.

## 25.3 LEGISLACIÓN CONTRA LOS DELITOS INFORMÁTICOS

### 25.3.1 Tratamiento de los Delitos Informáticos en el Código Penal español

El nuevo Código Penal español fue aprobado mediante la Ley Orgánica 10/1995, de 23 noviembre de 1995. En él ya se contemplan toda una serie de delitos informáticos, muchos de los cuales no habían sido perseguidos hasta la entrada en vigor de este nuevo Código Penal. Los principales delitos relacionados con la informática, las redes de ordenadores y los servicios de comunicaciones son los que se presentan a continuación:

> **Delitos contra la intimidad y el secreto de las comunicaciones** (artículo 197.1): se considera un delito la interceptación de mensajes de correo electrónico, que se asimila a la violación de correspondencia. Asimismo, se castiga el acceso a documentos privados sin la autorización de sus titulares. De hecho, el Código Penal español ha sido uno de los primeros de la Unión Europea en equiparar el correo electrónico a una carta ordinaria en papel: "El que, para descubrir los secretos o vulnerar la intimidad de otro, sin su consentimiento, se apodere de sus papeles, cartas, mensajes de correo electrónico o cualesquiera otros documentos o efectos personales o intercepte sus telecomunicaciones o utilice artificios técnicos de escucha, transmisión, grabación o reproducción del sonido o de la imagen, o de cualquier otra señal de comunicación, será castigado con las penas de prisión de uno a cuatro años y multa de doce a veinticuatro meses".

> **Estafas electrónicas** (artículo 248.2): se considera una estafa electrónica a cualquier manipulación informática o artificio similar que, concurriendo ánimo de lucro, consiga una transferencia no consentida de cualquier activo patrimonial en perjuicio de un tercero. En el anterior Código Penal sólo se consideraba estafa si se producía el engaño directo de una persona.

> **Infracción de los derechos de propiedad intelectual** (artículo 270): en este caso hay que tener en cuenta que también se considera un delito la fabricación, puesta en circulación y tenencia de instrumentos (programas copiadores o "*cracks*") que permitan facilitar la supresión no autorizada o la neutralización de cualquier dispositivo técnico que se haya utilizado para proteger programas de ordenador y otros contenidos digitales.

> **Delitos de daños** (artículo 264.2): se castiga la destrucción, alteración o inutilización de hardware, software y datos contenidos en ordenadores (anteriormente sólo se contemplaban los datos contra el hardware).

> **Utilización de ordenadores y de terminales de telecomunicaciones sin consentimiento de su titular** (artículo 256): se considera un delito si la utilización no consentida causa un perjuicio económico a su dueño superior a 300 €. Por otra parte, debemos señalar que el artículo 286, que aparece en la reforma del Código Penal que entró en vigor el 1 de octubre de 2004, contempla penas de hasta dos años de prisión para ciertas prácticas que hasta ahora los jueces no solían considerar punibles, como utilizar tarjetas piratas de televisión digital, liberar teléfonos móviles, compartir la contraseña de un servicio de pago o conectarse a una red inalámbrica de un tercero para utilizar su conexión a Internet. Concretamente, este nuevo artículo 286 del Código Penal español castiga "a quien facilite el acceso a un servicio de radiodifusión sonora o televisiva, a servicios interactivos prestados a distancia por vía electrónica o suministre el acceso a los mismos mediante la fabricación, distribución o posesión de cualquier equipo no autorizado". También condena a quien explique cómo saltarse las barreras y, en general, "a quien, sin ánimo de lucro, facilite a terceros el acceso o por medio de una comunicación pública, comercial o no, suministre información a una pluralidad de personas sobre la forma de conseguir el acceso no autorizado a un servicio, incitando a lograrlos".

> **Descubrimiento y revelación de secretos contenidos en documentos o soportes informáticos** (artículo 278): se prevén penas de prisión de dos a cuatro años y multa de doce a veinticuatro meses para aquel que, para descubrir un secreto de empresa, se apodere por cualquier medio de datos, documentos escritos o electrónicos, soportes informáticos y otros objetos que se refieran al mismo. Asimismo, se impondrá la pena de prisión de tres a cinco años y multa de doce a veinticuatro meses si se difundieren, revelaren o cedieren a terceros los secretos descubiertos. En este caso, se trata de la denuncia habitual contra *hackers* que consiguen acceder de forma no autorizada a sistemas informáticos, aunque no pretendieran causar un daño directo con sus actuaciones.

> **Falsedad en documentos electrónicos** (artículo 390).

> **Fabricación o tenencia de útiles para la comisión de delitos** (artículo 400): así, se considera un delito la creación o posesión de herramientas de "*hacking*".

> **Distribución entre menores de edad de material pornográfico** (artículo 186).

> **Distribución de pornografía infantil** (artículo 189): en España por ahora sólo se castiga la distribución de pornografía infantil, pero no la posesión ni la adquisición de este tipo de contenidos, situación que sí se contempla en otros países como Estados Unidos, Reino Unido, Alemania o Francia. De hecho, el Reino Unido anunciaba a finales de agosto de 2005 la

adopción de nuevas medidas para combatir la pornografía extrema en Internet, contemplando penas de prisión de hasta tres años para aquellos ciudadanos que posean imágenes de una extrema obscenidad o de grave violencia sexual.

> **Publicación de calumnias o injurias**.

En relación con los casos de descubrimiento y revelación de secretos, podemos citar como referencia la sentencia de febrero de 2005 de la Audiencia Provincial de Málaga, en la que se condenaba a 12 meses de multa con una cuota diaria de 3 € y a una indemnización de 3.000 € a un estudiante de Informática que había conseguido tomar el control remoto del equipo de una chica en 2002 sin su consentimiento, recurriendo para ello a un troyano (el famoso "Subseven").

Este individuo, además de tener acceso a diversos documentos privados (como el currículum vitae de la víctima), se dedicó a interceptar sus correos electrónicos y sus conversaciones privadas en un foro de Internet, así como a activar una cámara Web instalada en el propio equipo de la víctima, gracias al control remoto que ejercía sobre este ordenador infectado por el troyano.

En este caso, el tribunal consideró que el joven informático había cometido un delito de descubrimiento y revelación de secretos, ya que hubo un apoderamiento de documentos "virtual o ideal, pues para la consumación del delito no es necesaria la tenencia material de los documentos sino que basta con haber conseguido su lectura". Los hechos fueron descubiertos después de que el acusado comenzara a enviar correos electrónicos a la denunciante, que lo confundió con un amigo argentino, dado que no se quería identificar, hasta que éste le envió una fotografía de la propia víctima en un archivo adjunto, revelando de este modo que había entrado sin su consentimiento en su ordenador.

En otra sentencia de finales de diciembre de 2005 la Audiencia de Valencia condenaba a dos jóvenes a pagar sendas multas de 3.600 € por acceder a través de Internet a diferentes servidores de la Universidad Politécnica de Valencia (UPV) y a los ordenadores de un profesor, tanto al personal como al profesional. Las conexiones se realizaron sin el consentimiento de los titulares de los equipos, si bien "no consta el contenido exacto de la información capturada y el carácter reservado de la misma, ni que los acusados hicieran uso de ella".

En este caso, el tribunal consideró que estos dos jóvenes eran responsables de un delito de vulneración de la intimidad. Previamente el Juzgado de lo Penal número 3 de Valencia había decidido absolver a los jóvenes de un delito de revelación de secretos por el que también habían sido procesados. La Audiencia Provincial de Valencia revocó este fallo al estimar que los inculpados vulneraron la intimidad del profesor de la Universidad Politécnica de Valencia. Según la resolución judicial, resulta incuestionable que la intromisión en los servidores de la universidad y en el propio ordenador personal del profesor, aunque fuera llevada a cabo con fines "experimentales o lúdicos", no puede "quedar inerme a la actuación penal". Por ello, revocó el fallo absolutorio del otro tribunal y condenó a los dos jóvenes a pagar sendas multas de 12 meses con una cuota diaria de 10 € como responsables de un delito contra la intimidad.

En febrero de 2006 se daba a conocer en España la primera condena por un ataque DDoS (Denegación de Servicio Distribuido), que tuvo lugar en 2003 y afectó a las redes de varios proveedores de acceso a Internet y de IRC-Hispano. El autor confeso de este ataque, Santiago Garrido, un vecino de A Coruña conocido en los foros de Internet por su pseudónimo de "Ronnie", fue condenado a dos años de prisión y a una indemnización civil de 1.332.500 €, tras haber llegado a un acuerdo la acusación y la defensa. El acusado había sido detenido en agosto de 2003 por la Unidad de Delitos Telemáticos de la Guardia Civil como presunto autor de los hechos, tras haber lanzado el ataque contra IRC-Hispano, del que había sido expulsado como usuario por saltarse algunas de las normas de la empresa, como utilizar la identidad de otros usuarios en los "*chats*" del servidor.

Por otra parte, debemos destacar la polémica reforma del artículo 270 del Código Penal, que entró en vigor el 1 de octubre de 2004 con la Ley Orgánica 15/2003. De acuerdo con el nuevo texto del artículo 270, será delito bajarse una canción o película de Internet sin el permiso explícito del propietario de los derechos de autor (artículo 270, apartado 2). La pena de prisión oscilará entre 6 meses y 2 años y la multa de 12 a 24 meses.

También se considera un delito crear o poseer programas capaces de saltarse cualquier barrera tecnológica para realizar una copia privada o de seguridad, ya sea de software, CDs de música o DVDs adquiridos legalmente por el usuario (artículo 270, apartado 3). Asimismo, se prohíbe divulgar información o distribuir herramientas para desproteger los contenidos y programas protegidos por derechos de autor o, simplemente, crear una página web con enlaces hacia sitios donde se ofrezca información sobre estos temas. Nuevamente, la pena de prisión oscilará entre 6 meses y 2 años y la multa de 12 a 24 meses.

De este modo, este polémico artículo 270 deja fuera de la ley todos los mecanismos que permiten saltarse las protecciones anti-copia de programas, CDs o DVDs, por lo que en la práctica también impide que un ciudadano pueda realizar una copia privada de estos productos si para ello se tiene que desproteger su contenido. En este sentido, el artículo 270 podría entrar en conflicto con la Ley de Propiedad Intelectual, que reconoce el derecho a realizar copias para uso privado y sin ánimo de lucro.

Por otra parte, en una nueva reforma del Código Penal presentada en el año 2007 en España se considera a los *hackers* como delincuentes, de tal modo que aquellos ciudadanos que asalten sistemas informáticos ajenos podrán ser condenados a una pena de prisión, además de tener que pagar una indemnización por los daños causados a la organización afectada. Serán castigados tanto los ataques contra la intimidad como los posibles delitos por daños que puedan producir grave perjuicio a empresas u organismos públicos. Así, con la introducción de un nuevo apartado en el artículo 197 del Código Penal, se prevé un castigo de seis meses a dos años de cárcel para "quien por cualquier método o procedimiento y vulnerando las medidas de seguridad para impedirlo, accediera sin autorización a datos o programas informáticos contenidos en un sistema informático".

## 25.3.2 Estados Unidos

En Estados Unidos podemos considerar que el primer proceso judicial por la alteración de los datos de un banco tuvo lugar en 1966 en Mineapolis. Durante la década de los años setenta se hicieron más frecuentes los ataques contra las incipientes redes informáticas que se estaban desplegando por todo el país: el Pentágono, universidades o la NASA, por lo que el gobierno de este país fue tomando conciencia de la necesidades de promulgar nuevas leyes para combatir con más eficacia este nuevo tipo de delitos.

Así, en 1984 se aprobó la ley conocida como *The Computer Fraud and Abuse Act* (CFAA), que tipifica delitos como el abuso o fraude contra entidades financieras, registros médicos o sistemas de información de Seguridad Nacional, así como el acceso no autorizado a sistemas y redes informáticas. En este contexto, se considera que un acceso es no autorizado cuando éste se produce sin el permiso adecuado o si excede los permisos otorgados inicialmente a un usuario por los propietarios o responsables del sistema informático.

Posteriormente, *The Computer Fraud and Abuse Act*, de 1994 (18 U.S.C. Sec 1030) es una nueva Ley Federal que modifica la anterior, contemplando nuevos delitos como la propagación de virus informáticos; la modificación, destrucción, copia o transmisión no autorizada de datos; la alteración del normal funcionamiento de los equipos o redes informáticas; etcétera.

En 1986 se aprobó la *Electronic Communications Privacy Act* (ECPA), que determina la ilegalidad de interceptar comunicaciones almacenadas o transmitidas sin autorización, sentando de este modo las bases para la privacidad de las comunicaciones electrónicas. También se prohíbe mediante esta ley la producción, distribución o posesión de dispositivos de interceptación de comunicaciones telefónicas, orales y electrónicas. No obstante, se contemplan excepciones para los operadores de telecomunicaciones o los empleados del gobierno de Estados Unidos.

Por su parte, la *Digital Millenium Copyright Act* (DMCA), de 1988, es otra Ley Federal que prohíbe la violación de las medidas tecnológicas de seguridad diseñadas para proteger contenidos y programas protegidos por los derechos de autor.

Más recientemente, la polémica *Patriot Act* (Ley Patriota), de 2001, aprobada a raíz de los atentados terroristas del 11 de septiembre de 2001 en Estados Unidos, tipifica como delito de ciberterrorismo aquellos ataques informáticos que supongan pérdidas superiores a 5.000 dólares, contemplando penas de prisión de entre 5 y 20 años. Además, otorga el calificativo de "ciberterroristas" a los *hackers* y piratas informáticos. Esta ley también prevé la mejora de los medios destinados a reforzar la seguridad informática y la interceptación de las comunicaciones realizadas a través de redes como Internet.

### 25.3.3 Alemania

En este país podemos considerar el referente de la ley de mayo de 1986 contra delitos informáticos y económicos, que tipifica como delitos las siguientes prácticas:

- Espionaje de datos.
- Estafas y fraudes por medios informáticos.
- Utilización abusiva de cheques o tarjetas de crédito.
- Falsificación de datos con valor probatorio.
- Destrucción de datos.
- Sabotaje informático.
- Falsedad ideológica informática.

### 25.3.4 China

Las autoridades de este país han decidido imponer un férreo control sobre el acceso a Internet, adoptando medidas como la instalación de filtros de contenidos en los cibercafés, con el objetivo de vigilar el espionaje y las actividades disidentes en la Red.

De hecho, el Tribunal Supremo chino podrá castigar con penas desde 10 años de cárcel hasta la pena de muerte las actividades de espionaje desde Internet, según se anunciaba el 23 de enero de 2001, sobre todo en aquellos casos que pudieran afectar a los secretos de alta seguridad, los secretos estatales o la divulgación de información que pueda dañar seriamente la seguridad estatal y sus intereses.

## 25.4 CREACIÓN DE UNIDADES POLICIALES ESPECIALES

Muchos países han decidido poner en marcha unidades especiales de los Cuerpos y Fuerzas de Seguridad para poder combatir de forma más eficaz los delitos informáticos.

Así, en España podemos destacar el Grupo de Delitos Telemáticos de la Guardia Civil (www.guardiacivil.org) y la Brigada de Investigación Tecnológica de la Policía Nacional (www.policia.es).

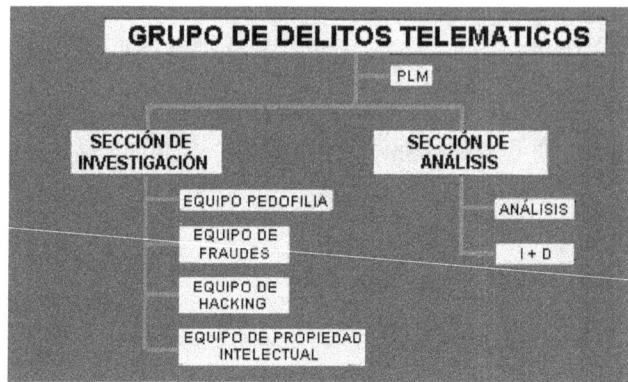

*Figura 25.2. Grupo de Delitos Telemáticos de la Guardia Civil*

Hay que tener en cuenta que las distintas bandas terroristas que operan en el mundo occidental utilizan Internet para transmitir mensajes, difundir comunicados y, sobre todo, tratar de obtener información que les sea útil para la planificación de su actividad criminal. Por ejemplo, en el caso de la banda terrorista ETA, los cabecillas de esta organización criminal utilizan desde hace años herramientas de cifrado para proteger los dispositivos en los que almacenan informaciones sobre personas contra las que planean atentar, nuevos sistemas de armas, listas de pistoleros o documentos políticos.

Por todo ello, desde mayo de 2004 la Guardia Civil sitúa al ciberterrorismo como una de las principales amenazas para la seguridad de España, según establece el nuevo organigrama del Servicio de Información de la Benemérita (SIGC). En consecuencia, la Unidad Central Especial Número 3 será la encargada de combatir este nuevo modo de delincuencia.

Estas unidades especializadas han llevado a cabo distintas operaciones para tratar de identificar y detener a todo tipo de "ciberdelincuentes": piratas informáticos que consiguen penetrar en otras redes, distribuidores de contenidos digitales que no respetan los derechos de autor, creadores de virus y otros códigos malignos, distribuidores de pornografía infantil, etcétera.

Así, por ejemplo, en noviembre de 2003 el Grupo de Delitos Telemáticos de la Guardia Civil detenía en España al creador de un virus informático, denominado "Kelar", que en el mes de agosto de ese año afectó a más de 120.000 usuarios de Internet, aprovechando una vulnerabilidad de los sistemas Windows 2000 y XP, en el servicio RPC (*Remote Procedure Call*). Este virus se comportaba como un gusano, auto replicándose a través de las redes de ordenadores Windows. Una vez infectado, el ordenador se conectaba a una página web para descargar un troyano denominado "NTROOKIT". A partir de ese momento el equipo se conectaba a un canal del servicio IRC para recibir las órdenes de su creador. De este modo, las máquinas infectadas se encontraban a disposición del creador de este virus, que podía acceder a datos confidenciales, causar daños en sus ficheros o utilizar el ordenador para lanzar ataques contra terceros.

También podemos destacar el desmantelamiento de varias redes de distribución de pornografía infantil: en marzo de 2005 la Guardia Civil coordinaba una de las mayores operaciones realizadas hasta la fecha contra la distribución de pornografía infantil en Internet, que se saldaba con la detención de más de 500 personas en 12 países de Europa y Sudamérica (entre ellos más de 20 acusados en España). A través de Eurojust e Ibered, los organismos que coordinan las policías europeas e hispanoamericanas, respectivamente, se habían localizado más de 900 conexiones en España, Francia, Italia, Suecia, Holanda, Chile, Argentina, Panamá, Costa Rica, México, República Dominicana y Uruguay. En dichas conexiones se habían llegado a distribuir más de 20.000 artículos con contenido pedófilo, entre vídeos y fotografías.

Del mismo modo, a finales de junio de 2005 dos operaciones simultáneas de la Policía Nacional y la Guardia Civil permitían detener a 185 personas en toda España por pornografía infantil. Los arrestos se llevaron a cabo en varias ciudades de todo el territorio nacional y a los detenidos se les acusó de la distribución de material pornográfico con imágenes y vídeos de menores, empleando para ello programas *peer-to-peer*.

En enero de 2006 la Brigada de Investigación Tecnológica de la Policía Nacional detenía a otras 33 personas en España acusadas de comprar pornografía infantil en Internet, entre los cuales se encontraban profesores, administrativos, empresarios, un médico, monitores deportivos, banqueros, jubilados y hasta un sacerdote. Estas personas realizaban los pagos con tarjetas de crédito a los administradores de páginas web controladas por empresas de Florida (Estados Unidos) y de Bielorrusia.

En relación con los casos de robos y tráfico de contraseñas, en febrero de 2005 agentes del Cuerpo Nacional de Policía detenían en Lleida a un pirata informático español de 23 años que había conseguido varios cientos de contraseñas de usuarios del servicio de correo electrónico Hotmail de Microsoft, y que vendía por Internet desde hacía más de un año a través de su página web, por un mínimo de 30 €. El arrestado aparecía en foros populares de Internet ofreciendo contraseñas de cuentas de correo de Hotmail y del servicio MSN de Microsoft, poniendo como contacto una dirección de una página web (www.contrasenias.tk, un dominio gratuito de Tokelau, una isla del Pacífico Sur), que era redirigido a otro servidor de alojamiento con dominio de Italia y, finalmente, a su página web personal que estaba alojada en Suecia.

Uno de los métodos utilizados por este ciberdelincuente para conseguir la contraseña de sus víctimas consistía en el envío de un correo electrónico falso a la persona de la que pretendía obtener la contraseña, en el que se le comunicaba que alguien conocido le había enviado una tarjeta electrónica. Dicho correo aparentaba estar alojado bajo el dominio de Microsoft, reproduciendo los logos de dicha compañía. El correo contenía un hiperenlace que llevaba a una página web que simulaba ser la del servicio MSN y en la que se solicitaba al usuario la contraseña de su dirección de correo para acceder a la tarjeta enviada.

Por realizar estas prácticas ilegales, este ciberdelincuente podrá ser acusado en España de un delito de descubrimiento y revelación de secretos (artículo 278 del Código Penal) y violación de correspondencia (artículo 197 del Código Penal).

Por otra parte, en octubre de 2005 la Guardia Civil presentaba en España "Híspalis", una herramienta informática para ayudar a combatir la distribución de pornografía infantil a través de Internet. Se trata de una herramienta forense de investigación informática, capaz de localizar el rastro de imágenes de contenido pedófilo que hayan sido identificadas previamente y que circulan a través de las redes de los programas P2P.

Para ello, la herramienta se apoya en un sistema de clasificación que tiene identificadas cerca de 50.000 fotos e imágenes de contenido pedófilo que están en Internet y que son intercambiadas con asiduidad por los pedófilos. Esta base de datos de contenidos pedófilos procede de los cientos de registros domiciliarios e incautaciones que la Guardia Civil ha realizado en España en los últimos siete años. Cada una de estas fotografías y vídeos ha sido identificada mediante un código alfanumérico, generado a partir de una función Hash (es decir, se trata de la "huella digital" de la fotografía o vídeo en cuestión).

El buscador "Híspalis" es capaz de rastrear las redes P2P para localizar el código identificado de estas imágenes, que son inequívocamente de contenido pedófilo. Gracias a la información obtenida con este buscador, la Guardia Civil podrá facilitar los datos de los ordenadores identificados (básicamente, su dirección IP) a las policías de otros países, con el fin de localizar físicamente a los citados ordenadores y proceder judicialmente contra sus propietarios y usuarios.

En la lucha contra la piratería y el intercambio ilegal de ficheros a través de Internet, la Policía Nacional culminaba en abril de 2006 una importante operación contra páginas de Internet dedicadas al intercambio de archivos mediante conocidos programas P2P como Emule, Bittorrent, Edonkey o Azureus. En dicha operación fueron detenidas un total de 15 personas, acusadas del entramado de páginas web que facilitaban la descarga ilegal de películas, música, juegos y aplicaciones informáticas, financiándose a través de la publicidad alojada en estas páginas (sobre todo de casinos virtuales, contenidos pornográficos de pago o tiendas de productos informáticos).

En diciembre de 2006 varios agentes del Grupo de Delitos Telemáticos de la Guardia Civil lograban desarticular un grupo de piratas informáticos que había robado a través de Internet los datos bancarios de más de 20.000 internautas españoles. Este grupo estaba integrado por seis ciudadanos marroquíes y dirigido por un joven de 19 años, y disponía además de 200.000 direcciones de correos electrónicos y varias páginas de recargas de móviles para futuras estafas masivas.

En junio de 2007 la Policía Nacional detenía en Valencia a J.C.P, un joven de 28 años acusado de crear y difundir en la red de telefonía móvil más de 20 variantes de virus que afectaban a teléfonos móviles de gama alta, concretamente a los dotados del sistema operativo "symbian". Estos virus se basaban en los famosos "Cabir" y "CommWarrior", que afectaron a cientos de teléfonos móviles en los mundiales de atletismo de Helsinki en 2005. Se trataba de la primera detención en España del creador de un virus de este tipo, que había afectado a más de 115.000 personas.

En julio de 2007 se anunciaba otra importante operación de la Policía Nacional en España, coordinada por Interpol, con la detención de 66 personas y la intervención de 48 millones de fotografías y videos de contenido pornográfico infantil.

En mayo de 2008 también eran detenidos en España cinco de los *"hackers"* más activos del mundo, dos de ellos menores de edad, que pertenecían a uno de los grupos de *"hackers"* más activos de Internet: "D.O.M. Team 2008". En dos años habían atacado más de 21.000 páginas web, entre ellas las de Jazztel, la Compañía Nacional de Teléfonos de Venezuela, un dominio de la NASA y otros sitios gubernamentales de Estados Unidos, Latinoamérica y Asia, así como a la de partidos políticos como la de Izquierda Unida justo antes de las elecciones generales del 9 de marzo.

Por último, en marzo de 2010 la Guardia Civil informaba de la detención de tres personas como presuntos responsables de una red de ciberdelincuentes que tenía bajo su control más de 13 millones de ordenadores *"zombis"*, y a través de los cuales los arrestados lograban obtener datos personales y financieros.

También podríamos citar muchos otros casos famosos que han tenido lugar en otros países. Así, en Estados Unidos el autor del virus Melissa (David L. Smith), un virus de macro que infectaba a documentos de Word y que en 1999 ocasionó millones de dólares de pérdidas a las organizaciones víctimas, fue condenado a 20 meses de prisión, tras ser arrestado por el FBI.

Del mismo modo, en diciembre de 2004 un tribunal de Estados Unidos condenaba a Gregory Herns a una pena de seis meses de prisión, restringiendo además su acceso a todo tipo de sistemas informáticos durante un período de tres años. El acusado accedió de forma no autorizada a la red del Goddard Space Flight Center de la NASA, con el fin de almacenar en sus ordenadores varias películas que había descargado de Internet. Su intrusión provocó el colapso del sistema, causando a la NASA una pérdida directa de 200.000 dólares.

En octubre de 2005 la policía de Holanda detenía a tres *crackers* holandeses, de tan sólo 19, 22 y 27 años de edad, respectivamente, que controlaban un total de 1,5 millones de ordenadores personales en todo el mundo, según informaba el propio Tribunal Nacional holandés. Estos tres individuos llevaban cierto tiempo enriqueciéndose de forma fraudulenta, gracias al acceso a datos confidenciales como los números de cuenta bancarios y claves de acceso de sus víctimas, que eran ciudadanos particulares en su inmensa mayoría. Los tres jóvenes han sido acusados por la justicia holandesa de haber implantado un programa troyano, denominado "Toxbot", en ordenadores personales que no estaban suficientemente protegidos.

En mayo de 2006 un *cracker* fue condenado en Estados Unidos a 57 meses de cárcel en Los Ángeles (California), acusado de tomar el control de ordenadores y sistemas informáticos con el objeto de dañar otras redes y de enviar mensajes de *spam*. El individuo condenado, un joven informático de 20 años, llegó a controlar unos 500.000 ordenadores (la mayoría en Estados Unidos), obteniendo unos ingresos de 107.000 dólares gracias a sus actividades ilegales.

El FBI daba a conocer en abril de 2009 que el número de denuncias relacionadas con delitos en Internet había aumentado en un 33% en 2008 con respecto a 2007 en Estados Unidos. Así, el número de denuncias presentadas relacionadas con la delincuencia en Internet llegó a 275.284 en 2008, frente a las 206.884 el año anterior. Por su parte, las pérdidas relacionadas con la delincuencia en Internet aumentaron en un 10,8% y alcanzaron los 265 millones de dólares (frente a los 239 millones en 2007), según el citado informe.

## 25.5 REFERENCIAS DE INTERÉS

- ✓ Grupo de Delitos Telemáticos de la Guardia Civil: http://www.guardiacivil.org/.

- ✓ Brigada de Investigación Tecnológica de la Policía Nacional: http://www.policia.es/.

- ✓ Página sobre Delitos Informáticos del Departamento de Justicia de Estados Unidos: http://www.cybercrime.gov/.

- ✓ High Technology Crime Investigation Association (HTCIA): http://www.htcia.org/.

# Capítulo 26

# LA PROTECCIÓN DE DATOS PERSONALES

## 26.1 DERECHO A LA INTIMIDAD Y A LA PRIVACIDAD

> Podemos definir el **Derecho a la Intimidad y a la Privacidad** como el derecho que poseen las personas de poder excluir a terceros del conocimiento de su vida personal, es decir, de sus sentimientos, sus emociones, sus datos biográficos y personales y su propia imagen.

Asimismo, algunos juristas también hablan de la facultad de determinar en qué medida esas dimensiones de la vida personal de un ciudadano pueden ser legítimamente comunicadas o conocidas por otras personas. En este sentido, se trataría de establecer el derecho de un individuo al control sobre quién, cuándo y dónde se podrían percibir diferentes aspectos de su vida personal (a través de sus datos personales).

La propia Declaración Universal de Derechos Humanos del año 1948, en su artículo 12, establece que "nadie será objeto de injerencias arbitrarias en su vida privada, su familia, su domicilio o su correspondencia, ni de ataques a su honra o a su reputación. Toda persona tiene derecho a la protección de la ley contra tales injerencias o ataques".

## 26.2 CÓMO GARANTIZAR LA PROTECCIÓN DE DATOS PERSONALES Y LA PRIVACIDAD

La protección de los datos personales y de la privacidad es una cuestión que genera bastante polémica en la actualidad, debido a que existen posturas manifiestamente encontradas, a pesar de que este derecho fundamental de todo ciudadano ya fuera reconocido en la Declaración Universal de los Derechos Humanos de 1948.

Así, por una parte, un grupo de países liderados por la Unión Europea son partidarios de una estricta regulación estatal, con fuertes sanciones para aquellas organizaciones que incumplan las normas establecidas (postura conocida como "*hardlaw*"). También en muchos países de Latinoamérica se ha reconocido el derecho fundamental a la protección de los datos personales de los ciudadanos.

Por otra parte, otros países como Estados Unidos son mucho más permisivos con las actuaciones de las empresas, y abogan por una autorregulación y la elaboración de códigos éticos de conducta, sin la intervención por parte de los Estados (postura conocida como "*softlaw*"). Habría que tener en cuenta, además, las fuertes presiones de las empresas y ciertos grupos de poder para impedir la intervención estatal sobre esta cuestión.

De hecho, en Estados Unidos son perfectamente legales servicios de venta de datos personales como "US Search" (www.ussearch.com), que permiten acceder a informes con datos de carácter personal de todo tipo, obtenidos de fuentes y bases de datos de las propias Administraciones Públicas y de empresas privadas: Administraciones de Justicia y Militares, registros de comercio, oficinas de patentes, bases de datos de abonados a televisión por cable, suscriptores de periódicos, registros de las prisiones (en los Estados que lo autorizan), registros de adopción (en los Estados que lo autorizan), registro de delincuentes sexuales (en los Estados que lo autorizan) o depósitos de cadáveres.

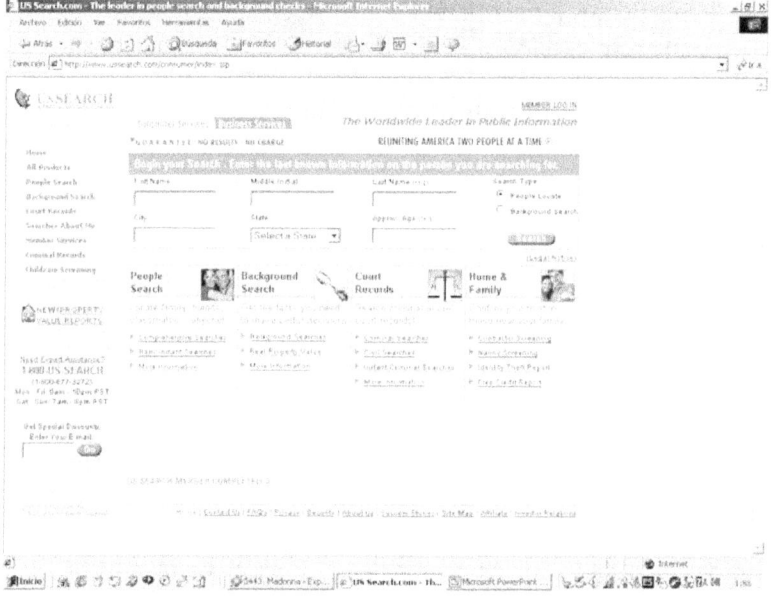

*Figura 26.1. US Search (www.ussearch.com)*

De este modo, por apenas 40 dólares es posible adquirir a través de su página web un informe personal sobre un determinado ciudadano (teniendo que facilitar para ello el nombre y la edad aproximada de esta persona), en el que se incluyen datos como los siguientes:

- Direcciones conocidas en los últimos 10 años.
- Números de teléfono que tuvo registrados a su nombre.
- Nombres de familiares más cercanos, sus cónyuges o las personas que se encuentran empadronadas en la misma vivienda.
- Nombre de sus posibles vecinos.
- Direcciones de sus propiedades registradas y su valor catastral.
- Bienes y otras propiedades a su nombre.
- Licencias profesionales que posee.
- Sentencias civiles o criminales en las que figure (permite conocer el historial de cargos y condenas, así como las posibles estancias en la cárcel).
- Quiebras en las que se encuentre involucrado.

Por lo tanto, los clientes de "US Search" podrían fácilmente obtener respuestas a preguntas del tipo:

- ¿Tiene el vecino antecedentes penales?
- ¿Está involucrado mi nuevo compañero de trabajo en una quiebra?
- ¿Dónde han vivido durante los últimos años los padres del nuevo amigo de mis hijos y qué propiedades tienen?
- ¿Con quién ha estado casada la nueva niñera de mis hijos, quiénes son sus familiares y dónde ha vivido en los últimos 10 años?

Tras suministrar la información, "US Search" advierte a su cliente que "a la persona buscada no se le notificará que usted la busca y, en consecuencia, le rogamos que actúe de forma responsable en concordancia con la legislación vigente". Sin embargo, ofrece a sus clientes, por una tarifa anual, la contratación del servicio para recibir información acerca de quién puede estar preguntando por ellos y qué datos han podido obtener.

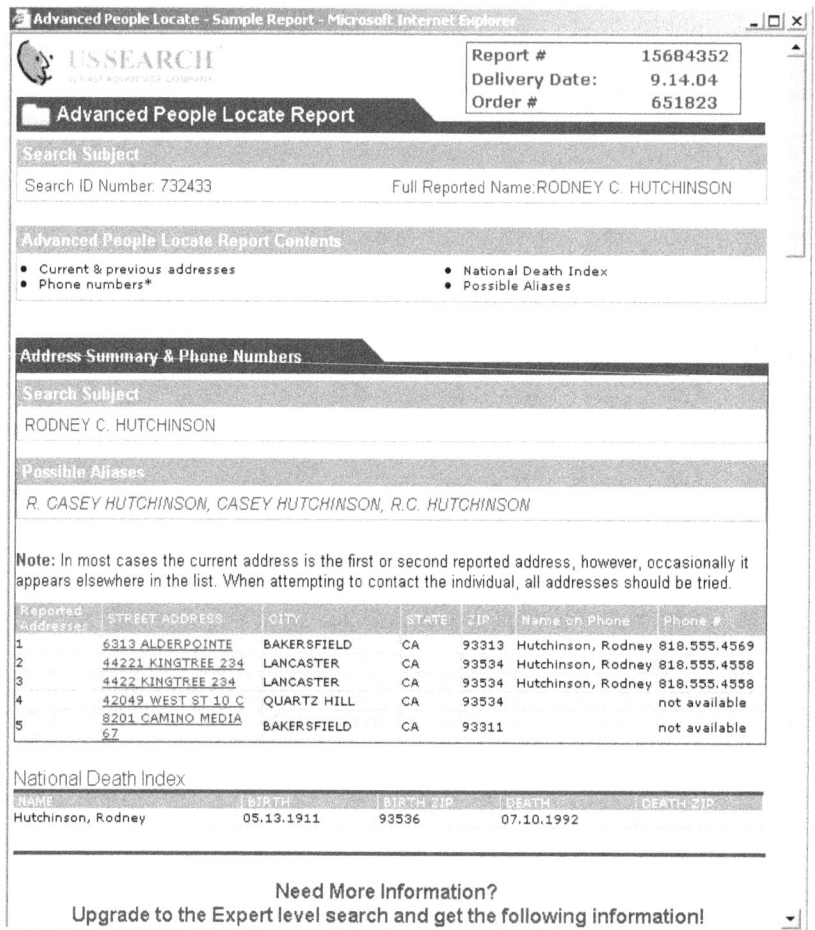

*Figura 26.2. Ejemplo de informe de "US Search"*

De un modo similar, en estos últimos tiempos se han popularizado en Estados Unidos los servicios que publican a través de Internet los datos personales y las deudas que han dejado pendientes de pago las personas morosas, como medida de presión para que resuelvan su situación de morosidad cuanto antes.

Asimismo, podemos señalar nuevos elementos de preocupación para la protección de los datos personales en Estados Unidos: la proliferación de la tecnología GPS en ese país para el seguimiento de personas; los servicios de "*phone-tracking*" o rastreo del teléfono móvil, que permiten saber en todo momento dónde se encuentra una persona (la operadora Nextel comenzó a ofrecer este servicio en 2005 por 15 dólares al mes); la recopilación de información sobre hábitos y motivos de compra por parte de empresas como Amazon, que incluso llegó a patentar en marzo de 2005 un sistema para analizar los regalos que realiza un determinado cliente, para posteriormente recordarle las fechas y ocasiones señaladas y poder sugerirle nuevos productos para la ocasión; la nueva moda de realizar búsquedas en Google sobre la vida privada, el trabajo o los gustos de otras personas; etcétera.

A pesar de que no existe una ley específica sobre protección de datos de carácter personal, sí es cierto que en Estados Unidos se han aprobado leyes para regular y proteger los datos de carácter personal en determinadas circunstancias y actividades.

Así, por ejemplo, en el ámbito de la salud de las personas, la *"Health Insurance Portability and Accountability Act"* (HIPAA) es una Ley Federal de 1996 que controla el almacenamiento y transmisión electrónica de los datos personales de los pacientes de clínicas y hospitales. Esta Ley exige que los médicos y profesionales de la salud cumplan con unos mínimos estándares de seguridad informática e informen a sus pacientes sobre las medidas de seguridad adoptadas, además de documentar cualquier cesión de datos de sus pacientes a entidades externas (salvo en algunas excepciones).

Todas las prácticas médicas en Estados Unidos deben cumplir con lo establecido en la HIPAA desde abril de 2003. Se contemplan multas de hasta 250.000 dólares y de 10 años de prisión para las violaciones más graves de la ley: divulgación deliberada de la información de los pacientes con la intención de venderla, transferirla o utilizarla con ánimo de lucro personal o comercial o con fines malintencionados, etcétera.

En el ámbito financiero podemos citar la *"Gramm-Leach-Bliley Act"* (GLB Act), una Ley Federal de 1999 que impone una serie de restricciones a las entidades financieras en relación con la protección, utilización y cesión de los datos personales de sus clientes, con el objetivo fundamental de garantizar la confidencialidad e integridad de los datos de los clientes y evitar accesos no autorizados a estos datos.

En lo que se refiere a la protección de los menores de edad, la *"Children's Online Privacy Protection Act"* es una Ley Federal que entró en vigor en abril de 2000, imponiendo una serie de restricciones a la captura de datos personales de los niños menores de 13 años que se conectan a páginas web y a otros servicios de Internet.

Por otra parte, ante los continuos problemas de seguridad en muchas empresas e instituciones de Estados Unidos, que han tenido como consecuencia la revelación de datos personales de sus clientes (domicilios, tarjetas de crédito o productos adquiridos), los defensores de la privacidad y de los consumidores han solicitado leyes más estrictas en Estados Unidos y una mayor vigilancia de las empresas que se dedican a la compra, venta y almacenamiento de información sobre los ciudadanos.

De hecho, también podemos citar distintas sentencias relacionadas con la protección de datos en Estados Unidos. Así, por ejemplo, un tribunal de Portland (Oregón) condenó en febrero de 1999 a los miembros de una organización antiabortista al pago de una indemnización de 107 millones de dólares a médicos y clínicas relacionados con la interrupción voluntaria del embarazo, por mantener una página en Internet (*The Nuremberg Files*) que la sentencia consideraba una amenaza contra los partidarios del aborto. En la página web en cuestión se podía acceder a las fotos de los médicos que realizan abortos y consultar su dirección y su teléfono, así como datos de los políticos y personalidades que defendían la legalidad del aborto.

Otro caso destacado es el de la cadena de lencería femenina estadounidense Victoria's Secret, que fue condenada a pagar una multa de 50.000 dólares en octubre de 2003 por no garantizar la confidencialidad de los clientes en su Website en Internet. Debido a unas medidas de seguridad deficientes, los visitantes de este Website tenían la posibilidad de consultar los pedidos de otros clientes y explorar sus gustos en materia de ropa íntima, sin más que cambiar unos datos en la dirección URL de la página web consultada.

A finales de marzo de 2006 se daba a conocer otra importante multa impuesta por el fiscal general de Nueva York contra la empresa estadounidense Datran Media, una empresa de mercadotecnia condenada a pagar 900.000 € por haber empleado de forma ilegal los datos personales de seis millones de consumidores norteamericanos. Datran Media fue acusada de obtener ilegalmente direcciones de correo electrónico y otros datos personales de bases de datos de otras empresas, cuyas políticas de privacidad consistían precisamente en no compartir, vender o facilitar información personal de sus clientes "bajo ningún concepto".

Sin embargo, también podemos citar actuaciones contrarias a la protección de los datos de carácter personal. Así, por ejemplo, en septiembre de 2004 el gobernador de California, Arnold Schwarzenegger, firmó una ley que permitirá que se publique en Internet información sobre delincuentes sexuales en ese Estado, dando a los californianos un mayor acceso a los detalles sobre esas personas: nombre, fotografía, domicilio y otros detalles personales (información que sólo podía encontrarse anteriormente en lugares como las comisarías de policía de California).

Esta ley se aprobó tras un apasionado debate sobre cómo defender los derechos de los ciudadanos de peligros potenciales frente a los derechos de los individuos que salen de la cárcel tras cumplir sus condenas. La Ley Federal Megan de 1995, que recibió el nombre de una niña de 7 años que fue violada y asesinada por un vecino en una ciudad de Nueva Jersey, facultó a los Estados para crear bases de datos de delincuentes sexuales de acceso público. Todos los Estados tienen algún tipo de registro, pero varían enormemente en cuanto a la accesibilidad.

Por otra parte, la situación es bastante distinta en Europa, donde se ha definido un marco legal myy estricto, que prevé elevadas sanciones para las empresas, las Administraciones Públicas e incluso los propios ciudadanos que lo puedan incumplir a nivel particular.

En la Unión Europea este marco normativo viene determinado por la Directiva 95/46/CE del Parlamento Europeo, relativa a la protección de las personas físicas en lo que se refiere al tratamiento de datos personales y la libre circulación de éstos por parte de empresas, Administraciones Públicas y ciudadanos de la Unión Europea.

De este modo, los gobiernos europeos se muestran claramente decididos a promover la cultura de la protección de datos entre las Administraciones Públicas y las empresas, estableciendo además la existencia de autoridades independientes de control (como las Agencias de Protección de Datos en España), con funciones ejecutivas (registro de ficheros, control, inspección y sanción), funciones normativas y de carácter consultivo, como garantes del respeto de este derecho fundamental en los Estados miembro de la Unión Europea.

Además, ante el imparable crecimiento de las redes sociales y de nuevos servicios de Internet, la Comisión Europea anunciaba a finales de 2010 su intención de modificar la Directiva Comunitaria sobre protección de datos para poder regular el "derecho al olvido" en las redes sociales, con el objetivo de que los usuarios puedan exigir a empresas como Facebook que se borren completamente sus datos personales o fotos cuando se quieran dar de baja en el servicio. Esta iniciativa podrá ser incluida en la propuesta legislativa que el Ejecutivo comunitario presentará en 2011 para reforzar las normas de protección de datos de la Unión Europea y adaptarlas a los cambios provocados por las nuevas tecnologías.

Por su parte, en España el artículo 18.4 de la Constitución ya contempla que el Estado debe limitar el uso de la informática para garantizar el honor, la intimidad personal y familiar de los ciudadanos y el legítimo ejercicio de sus derechos. La publicación de la Ley Orgánica 15/1999, de 13 de diciembre, sobre Protección de Datos de Carácter Personal (LOPD), define el marco legal de la protección de los datos de carácter personal en el Estado español.

En definitiva, esta situación con dos posturas claramente enfrentadas ha provocado en los últimos años fuertes tensiones entre Estados Unidos y la Unión Europea, sobre todo desde la aprobación de la directiva 95/46/CE del Parlamento Europeo, que entró en vigor en octubre de 1998, impidiendo expresamente la cesión de datos personales a empresas de otros países que, como Estados Unidos, no dispongan de unas normas equivalentes.

Un episodio destacado dentro una larga serie de desencuentros tuvo lugar a finales de junio de 2006, cuando el diario *The New York Times* revelaba que a raíz de los ataques terroristas del 11 de septiembre de 2001 contra Estados Unidos, agentes de la CIA habían puesto en marcha un programa secreto para intervenir y analizar las transacciones financieras de miles de personas de todo el mundo. En principio, las operaciones controladas consistían en las trasferencias de fondos desde y hacia Estados Unidos, con la intención de detectar las posibles fuentes de financiación de los grupos terroristas.

Otra cuestión bastante polémica a considerar en relación con la privacidad de los usuarios de Internet es la intención de algunos fabricantes de hardware de incluir un número de serie interno en sus procesadores. De hecho, a principios de 1999 varios grupos de defensa de los derechos de los usuarios de Internet alertaban sobre una característica peculiar de los nuevos microprocesadores Pentium III que la empresa Intel tenía previsto lanzar al mercado en esas fechas. En su diseño inicial, los Pentium

III incorporaban un número de serie que se podría transmitir a través de Internet para verificar la identidad del usuario. Los responsables de la empresa Intel aseguraron que esta nueva función de los microprocesadores estaba diseñada para garantizar la seguridad de las transacciones comerciales a través de la red y facilitar la lucha contra la piratería, pero levantó una oleada de protestas por el peligro que suponía para la privacidad de los usuarios. Finalmente, la empresa decidió poner a la venta los microprocesadores con esta función desactivada.

También están surgiendo nuevos problemas con las cámaras Web y los teléfonos móviles que incorporan cámaras digitales de alta resolución, ya que podrían facilitar la distribución a través de Internet de imágenes capturadas sin el consentimiento de las personas afectadas.

De hecho, se han denunciado ya numerosos casos de cámaras espía ubicadas en servicios públicos y habitaciones de hoteles. Algunos países (Italia, Arabia Saudí, Emiratos Árabes Unidos o Japón) han intentado regular el uso de estos dispositivos, mediante la prohibición de acceder a lugares públicos como piscinas o gimnasios con teléfonos móviles dotados de cámara digital.

## 26.3 EL MARCO NORMATIVO DE LA PROTECCIÓN DE DATOS PERSONALES EN ESPAÑA

### 26.3.1 La aprobación y entrada en vigor de la LOPD

En España el artículo 18.4 de la Constitución ya contempla que el Estado debe limitar el uso de la informática para garantizar el honor, la intimidad personal y familiar de los ciudadanos y el legítimo ejercicio de sus derechos. Asimismo, en el artículo 10 de la propia Constitución se consagra el derecho a la dignidad de las personas.

La publicación de la Ley Orgánica 15/1999, de 13 de diciembre, sobre Protección de Datos de Carácter Personal (en adelante LOPD) y su Reglamento de Desarrollo (Real Decreto 1720/2007, de 21 de diciembre), definen el marco legal de la protección de los datos de carácter personal en el Estado español. Tiene por objeto garantizar y proteger, en lo que concierne al tratamiento de los datos personales, las libertades públicas y los derechos fundamentales de las personas físicas y, especialmente, de su honor e intimidad personal y familiar.

La LOPD constituye, por lo tanto, la norma fundamental que regula el tratamiento y la protección de los datos de carácter personal en España, desde su entrada en vigor el 15 de enero de 2000. Esta Ley adapta el marco normativo español a los nuevos requisitos de la Directiva Europea 46/1995, de 24 de noviembre de 1995.

Además, su entrada en vigor ha supuesto la derogación de la Ley Orgánica 5/1992, de 29 de octubre (LORTAD), ampliando el ámbito de aplicación de esta normativa a los datos de carácter personal registrados en soporte físico, que los haga susceptibles de tratamiento, así como a toda modalidad de uso posterior de esos datos, es decir, ya no se limita únicamente a los ficheros que reciben un tratamiento informático o automatizado.

> - Ámbito de aplicación.
> - Principios de la protección de datos.
> - Derechos de los ciudadanos.
> - Disposiciones sectoriales.
> - Movimientos internacionales de datos.
> - Organismos de control: la Agencia de Protección de Datos.
> - Infracciones y sanciones.

*Tabla 26.1. Estructura de la LOPD*

## 26.3.2 Ámbito de aplicación de la LOPD

La LOPD se aplica a organizaciones públicas y privadas e incluso a profesionales independientes (como médicos, abogados o ingenieros) que dispongan de fuentes de datos de carácter personal registrados en soporte físico, que los haga susceptibles de tratamiento, uso o explotación posterior. En cualquier caso el tratamiento de los datos personales (automatizado o no) debe efectuarse en el territorio español.

La Ley prevé una serie de ficheros que se encuentran excluidos, como los mantenidos por personas físicas para uso exclusivamente personal o los establecidos para la investigación de terrorismo y otras formas graves de delincuencia.

Asimismo, existen una serie de ficheros con datos de carácter personal que se rigen por sus disposiciones específicas: el censo electoral, los datos para la función estadística pública, los datos del Registro Civil y del Registro Central de Penados y Rebeldes, así como los datos procedentes de imágenes y sonidos obtenidos mediante la utilización de videocámaras por las Fuerzas y Cuerpos de Seguridad del Estado.

La LOPD también prevé la existencia de fuentes de acceso público: el repertorio telefónico, las listas de personas pertenecientes a grupos profesionales (en ese caso deben contener únicamente los datos de nombre, título, profesión, actividad, grado académico, dirección e indicación de su pertenencia al grupo), los diarios y boletines oficiales, así como los datos publicados en los medios de comunicación.

Debemos destacar que las resoluciones judiciales no pueden ser consideradas como fuente accesible al público, sin perjuicio del principio de publicidad contenido en la Ley Orgánica del Poder Judicial.

Por otra parte, la inclusión en una página web de datos personales debe cumplir el Derecho Comunitario sobre Protección de Datos. Este tipo de tratamiento de datos no se incluye en la categoría de actividades exclusivamente personales o domésticas, según una Sentencia del Tribunal de Justicia de la Unión Europea, de noviembre de 2003, en el famoso caso "LINDQVIST".

La Sentencia del Tribunal de Justicia de la Unión Europea, que ha sentado jurisprudencia sobre esta cuestión, se refiere a una señora sueca que, durante un período en el que fue catequista en su parroquia, decidió construir desde su domicilio y con su propio ordenador personal varias páginas web con el fin de que los feligreses de la parroquia que se preparaban para la confirmación pudieran obtener fácilmente la información que pudiera resultarles de ayuda. En dichas páginas web esta señora decidió incluir datos personales sobre ella misma y dieciocho de sus compañeros de la parroquia, describiendo además en un tono ligeramente humorístico las funciones que desempeñaban sus compañeros, así como sus *hobbies* y aficiones, llegando incluso a mencionar la situación familiar y el número de teléfono.

Esta señora fue condenada finalmente a pagar una multa de aproximadamente 450 € por haber tratado datos personales de modo automatizado sin haberlos inscrito en la Agencia Sueca de Protección de Datos y sin contar con el consentimiento expreso de los afectados, por haberlos transferido a terceros países sin autorización a través de Internet y por haber tratado incluso datos personales delicados. La afectada interpuso entonces un recurso de apelación contra esta resolución ante los tribunales suecos, quienes trasladaron la cuestión al Tribunal de Justicia de la Unión Europea, para que éste pudiera dictaminar si las supuestas infracciones eran contrarias a las disposiciones de la Directiva Europea sobre protección de los datos de carácter personal, como finalmente ocurrió en su famosa Sentencia de noviembre de 2003.

### 26.3.3 Responsable del fichero

La LOPD define el responsable del fichero o tratamiento como la persona física o jurídica, de naturaleza pública o privada, que decide sobre la finalidad, contenido y uso del tratamiento de los datos.

El responsable de una serie de ficheros de datos de carácter personal tiene que asumir las siguientes obligaciones:

1. Elaborar un documento de seguridad, que deberá mantenerse actualizado y adecuarse en todo momento a las disposiciones vigentes en materia de seguridad de los datos de carácter personal.

2. Adoptar las medidas necesarias para que el personal conozca las normas en materia de seguridad y las consecuencias de su incumplimiento.

3. Implantar un mecanismo de identificación de usuarios.

4. Mantener una relación de los usuarios del sistema con los derechos de acceso a los datos y aplicaciones.

5. Establecer mecanismos para evitar que los usuarios accedan a recursos con derechos distintos de los autorizados.

6. Verificar los procedimientos de copia y de recuperación de datos.

7. Autorizar por escrito la ejecución de procedimientos de recuperación de datos.

8. Autorizar expresamente el tratamiento fuera de los locales de la organización.

9. Autorizar la salida de soportes informáticos fuera de los locales de la organización.

10. Designar al responsable o responsables de seguridad, si fuera necesario.

11. Adoptar las medidas correctoras de las deficiencias detectadas en las auditorías de seguridad.

Suele ser bastante habitual, por otra parte, que la empresa u organismo responsable del fichero decida encargar su tratamiento a un tercero. Tal es el caso, por ejemplo, de la contratación a una gestoría de la confección de las nóminas del personal de una empresa, de la contratación de un proceso de selección de personal a una empresa especializada, de la contratación del servicio de atención telefónica a un "*call-center*", etcétera.

Por lo tanto, de acuerdo con lo establecido por la LOPD, el encargado del tratamiento es aquella persona física o jurídica que realice algún trabajo sobre los datos personales por cuenta del responsable del fichero. Tiene responsabilidad conjunta con el responsable del fichero sobre el establecimiento de las medidas de seguridad.

Asimismo, el encargado del tratamiento tiene la obligación de indemnizar por los daños que los interesados pudieran sufrir como consecuencia del incumplimiento por su parte de las obligaciones de la LOPD.

Conviene tener en cuenta, no obstante, que de acuerdo con el artículo 12 de la LOPD, la realización de un tratamiento por cuenta de un tercero deberá estar regulada en un contrato en el que se establezca expresamente que el encargado del tratamiento únicamente tratará los datos conforme a las instrucciones del responsable del fichero, que no los aplicará o utilizará con fin distinto al que figure en dicho contrato, ni los comunicará, ni siquiera para su conservación, a otras personas. En este contrato se estipularán, asimismo, las medidas de seguridad de carácter técnico y organizativo que el encargado del tratamiento estará obligado a implementar.

De este modo, la LOPD impide una posible subcontratación del tratamiento de los datos, debiendo figurar siempre el responsable del fichero como parte en la relación jurídica con cada uno de los encargados del tratamiento.

## 26.3.4 Principios de la protección de los datos

El marco normativo de la LOPD establece una serie de principios relativos al tratamiento y protección de los datos de carácter personal:

### 26.3.4.1 PRINCIPIO FUNDAMENTAL DE "*HABEAS DATA*"

El principio de "*habeas data*" (que podríamos traducir por la expresión 'tenga yo los datos') fue fijado en España por una sentencia del Tribunal Supremo del 30 de noviembre de 2000, en la que se afirma que los datos personales son del ciudadano, no de la organización que decide crear un fichero en el que se incluyan dichos datos.

Asimismo, esta sentencia reconoce el derecho fundamental a la Protección de Datos Personales, considerando que éste viene determinado por la "facultad de saber en todo momento quién dispone de esos datos personales y a qué uso los está sometiendo, y, por otro lado, el poder oponerse a esa posesión y usos".

### 26.3.4.2 CALIDAD DE LOS DATOS

Los datos personales que vayan a ser tratados por una determinada empresa o institución deben ser adecuados, pertinentes y no excesivos, en relación con el ámbito y finalidades legítimas para las que se hayan obtenido.

Así, por ejemplo, una empresa podrá utilizar datos identificativos, de filiación, académicos, profesionales y bancarios de sus empleados para confeccionar las nóminas o registrar su situación profesional en la organización, pero se podría considerar que se estaría excediendo más allá de la finalidad prevista (incumpliendo, por tanto, el principio de "calidad de los datos") si también se recabasen datos sobre sus aficiones y *hobbies*, tal y como ha expresado la Agencia Española de Protección de Datos en alguno de sus informes jurídicos.

Los datos de carácter personal serán conservados durante los plazos previstos en las disposiciones aplicables o, en su caso, en las relaciones contractuales entre la empresa y el interesado. Además, los datos deben ser exactos y estar puestos al día para garantizar su veracidad y tendrán que ser cancelados en cuanto hayan dejado de ser necesarios para la organización.

### 26.3.4.3 SEGURIDAD DE LOS DATOS

La LOPD establece en su artículo 9 que el responsable del fichero y, en su caso, el encargado del tratamiento, deberán adoptar las medidas necesarias de índole técnica y organizativa para garantizar la seguridad de los datos de carácter personal y que puedan evitar su alteración, pérdida, tratamiento o acceso no autorizado, habida cuenta del estado de la tecnología, la naturaleza de los datos almacenados y los riesgos a que están expuestos, ya provengan de la acción humana o del medio físico o natural.

### 26.3.4.4 DEBER DE SECRETO

Las personas y empresas que intervengan en cualquier fase del tratamiento de datos de carácter personal deben comprometerse a guardar el debido secreto profesional respecto de los mismos, incluso después de haber finalizado la relación que les unía con la entidad poseedora de los datos personales.

### 26.3.4.5 INFORMACIÓN EN LA RECOPILACIÓN DE LOS DATOS

El responsable del fichero debe informar a los interesados antes de proceder al tratamiento de sus datos de carácter personal, indicando el fichero (o ficheros) en que se van a incorporar sus datos, la finalidad del tratamiento y los posibles destinatarios de estos datos.

Asimismo, en todos los formularios en papel o en las páginas web utilizadas para recabar datos de carácter personal, es necesario incluir cláusulas informativas acerca de la naturaleza y la finalidad del tratamiento. En otro caso, la Ley requiere que en un plazo de tres meses se informe al interesado del tratamiento al que están siendo sometidos sus datos personales por parte de la empresa, salvo cuando los datos procedan de fuentes accesibles al público y se destinen a la actividad de publicidad o prospección comercial, en cuyo caso, en cada comunicación que se dirija al interesado se le deberá informar del origen de los datos y de la identidad del responsable del tratamiento, así como de los derechos que le asisten.

Por otra parte, en caso de obtener datos mediante cámaras de videovigilancia (por motivos de seguridad), será necesario informar a los ciudadanos que se están registrando sus imágenes en un sistema de seguridad.

En lo que se refiere a la privacidad de los usuarios que visitan un determinado Website, la empresa o institución responsable debe dejar clara cuál es su Política de Privacidad, informando sobre la utilización de *cookies* u otros mecanismos que permitan realizar un seguimiento de las visitas al Website, tal y como establece en España la Ley General de Telecomunicaciones (Ley 32/2003, de 3 de noviembre): se debe informar a los usuarios de manera clara y completa sobre su utilización y finalidad, ofreciéndoles la posibilidad de rechazar el tratamiento de los datos mediante un procedimiento sencillo y gratuito.

### 26.3.4.6 CONSENTIMIENTO DEL AFECTADO PARA EL TRATAMIENTO

El artículo 3.h de la LOPD define el consentimiento del interesado como "toda manifestación de voluntad, libre, inequívoca, específica e informada, mediante la que el interesado consienta el tratamiento de datos personales que le conciernen".

Como norma de partida, la LOPD establece que el tratamiento de los datos de carácter personal requiere del consentimiento inequívoco del afectado, siendo necesario que este consentimiento figure además por escrito cuando se trate de datos especialmente protegidos.

No obstante, se han previsto una serie de excepciones a esta norma, en los casos siguientes:

- Datos personales obtenidos de fuentes accesibles al público.

- Datos necesarios para el ejercicio de funciones de la Administración, como podría ser el caso de la prestación de los distintos servicios de un ayuntamiento o la recaudación de los tributos locales.

- Datos de personas vinculadas mediante una relación negocial, laboral, administrativa o contractual, siempre y cuando estos datos sean necesarios para mantener dicha relación o para la celebración del contrato que vincula a ambas partes.

- Cuando los datos personales recabados afecten a la Defensa Nacional, la seguridad pública o la persecución de infracciones penales.

Por supuesto, se prohíbe la recopilación por medios fraudulentos, desleales o ilícitos, siendo considerada esta práctica como una infracción muy grave de la LOPD.

### 26.3.4.7 COMUNICACIÓN O CESIÓN DE DATOS A TERCEROS

La comunicación o cesión de datos de carácter personal sólo es posible si existe un consentimiento previo del afectado, tras haber sido informado sobre la finalidad de la comunicación o las actividades del cesionario, siempre y cuando además la cesión sea necesaria para el cumplimiento de fines directamente relacionados con funciones legítimas del cedente y cesionario.

No obstante, la LOPD ha previsto una serie de excepciones a la norma anterior, de tal forma que la cesión podrá ser realizada sin el consentimiento previo del afectado en las siguientes circunstancias:

> Cuando la cesión haya sido autorizada por otra ley, como podría ser el caso de la cesión a la Agencia Estatal para la Administración Tributaria de datos económicos y fiscales de empleados, proveedores y clientes de una empresa, en virtud de lo dispuesto por la Ley General Tributaria.

> Cuando los datos cedidos hayan sido obtenidos de fuentes accesibles al público.

> Cuando la cesión de datos sea necesaria para el desarrollo, cumplimiento y control de una relación jurídica libre y legítimamente aceptada por ambas partes.

> Otros casos previstos: cesiones entre Administraciones Públicas con fines históricos, estadísticos o científicos; cesiones en las que el destinatario sea el Defensor del pueblo, el Ministerio fiscal o los Tribunales; cuando por razones de urgencia sea preciso ceder datos relativos a la salud del interesado.

Por lo tanto, debemos tener muy presente que las cesiones de datos entre empresas de un mismo grupo requieren del consentimiento previo e inequívoco de los afectados, siendo necesario identificar explícitamente las finalidades a las que se destinarán los datos cedidos.

La LOPD en su artículo 11.5 también establece la responsabilidad para la empresa adquirente de los datos como resultado de una cesión, la cual deberá cumplir con todos los requisitos de esta Ley.

Asimismo, conviene insistir en la distinción entre una cesión de datos a un tercero y un tratamiento de datos encargado a un tercero y realizado por cuenta del responsable del fichero. En este segundo caso, no se considera que se esté produciendo una cesión, por lo que no es necesario recabar el consentimiento de los afectados.

Pero para que se considere un tratamiento encargado a un tercero y no una cesión, la LOPD establece que es necesario formalizar mediante un contrato por escrito u otra forma que deje constancia del contenido del tratamiento, reflejando expresamente que el encargado tratará los datos según las instrucciones del responsable del fichero, que el encargado no podrá comunicar los datos a terceros ni tan siquiera para su conservación y que deberá implantar una serie de medidas de carácter técnico y organizativo para garantizar su seguridad. Una vez concluida la prestación del servicio, los datos tendrán que serán devueltos al responsable del fichero o bien destruidos de forma segura.

Por otra parte, en estos últimos años, se ha planteado una cierta polémica en España debido a las cesiones de datos de clientes realizadas por operadores de telecomunicaciones a distintas filiales suyas (o incluso a otras empresas), tras haber informado por escrito a los afectados solicitando su consentimiento tácito o implícito. Así, por ejemplo, el envío de cartas no certificadas por parte de grandes empresas (como los operadores de telecomunicaciones) solicitando el consentimiento de sus clientes para ceder datos a alguna de sus filiales o sociedades integradas en su grupo ha sido considerada como una práctica conforme con lo previsto por la LOPD, siempre y cuando en dicha carta se informe con claridad de las condiciones de la cesión y se dé la opción de que el interesado pueda expresar su oposición a la cesión.

Conviene destacar que, si bien la Agencia de Protección de Datos ha admitido la posibilidad de obtener un consentimiento tácito ("si usted no manifiesta su rechazo a la medida en un plazo de 30 días, entendemos que consiente la cesión de sus datos"), las empresas deben precisar de forma explícita cuál es la finalidad del tratamiento de esos datos.

La Agencia de Protección de Datos sostiene que "no serán válidas expresiones genéricas" por parte de las empresas a la hora de solicitar el consentimiento de sus clientes para la utilización de sus datos. Asimismo, la carga de la prueba sobre la recepción de la misiva en la que se solicita el consentimiento al interesado recae sobre la empresa, de modo que si el interesado niega haber recibido la comunicación, será la empresa que utiliza los datos la que deberá acreditarlo.

De acuerdo con la postura mantenida por la Agencia de Protección de Datos, para denegar el consentimiento las personas afectadas no tendrán por qué realizar el procedimiento exclusivamente por escrito, sino que podrán recurrir a otras fórmulas como la comunicación a través del servicio de atención al cliente o directamente en alguna de las oficinas de la empresa en cuestión.

### 26.3.4.8 TRANSFERENCIAS DE DATOS PERSONALES A TERCEROS PAÍSES

La LOPD establece que no se podrán efectuar transferencias de datos personales (ya sean éstas temporales o definitivas) a países sin un nivel de protección equiparable al de España, salvo que se disponga de una autorización previa del director de la Agencia Española de Protección de Datos o que el afectado haya dado su consentimiento inequívoco a la transferencia prevista.

Se consideran países que proporcionan un nivel de protección adecuado de los datos de carácter personal todos los Estados miembro de la Unión Europea o un Estado respecto del cual la Comisión de la Unión Europea haya declarado que garantiza un nivel de protección adecuado. Hasta la fecha se encuentran incluidos entre estos últimos Suiza, Hungría, Argentina y Canadá, así como las entidades estadounidenses que se han adherido a los "principios de Puerto Seguro".

### 26.3.4.9 DATOS ESPECIALMENTE PROTEGIDOS

Se consideran "datos especialmente protegidos" aquellos datos de carácter personal referentes a la ideología, salud, vida sexual, origen racial, religión o creencias. Para estos datos la LOPD contempla un nivel mayor de protección.

En España el artículo 16 de la Constitución ya establece que nadie podrá ser obligado a declarar sobre su ideología, religión o creencias. Por este motivo, quedan totalmente prohibidos los ficheros creados con la finalidad exclusiva de almacenar datos de carácter personal que revelen la ideología, afiliación sindical, origen racial o étnico, religión, creencias o vida sexual.

Los datos sobre el origen racial, salud y vida sexual de las personas sólo podrán ser tratados con el consentimiento expreso del afectado o bien cuando así lo disponga una ley. Se contempla la excepción en los casos de prevención o diagnóstico médico, prestación de asistencia sanitaria o tratamientos médicos, así como cuando sea necesario para salvaguardar el interés vital del afectado.

Los datos personales que puedan revelar la ideología, afiliación sindical, religión y creencias sólo podrán ser tratados cuando existe el consentimiento expreso y por escrito del afectado. Se exceptúan los ficheros mantenidos por los partidos políticos, sindicatos, iglesias, confesiones o comunidades religiosas y asociaciones, fundaciones y otras entidades sin ánimo de lucro, cuya finalidad sea política, filosófica, religiosa o sindical, en cuanto a los datos relativos a sus asociados o miembros. La cesión de dichos datos requerirá siempre el consentimiento previo del afectado.

Por otra parte, los datos relativos a la comisión de infracciones penales o administrativas sólo podrán ser incluidos en ficheros de las Administraciones Públicas competentes, de conformidad con sus normas reguladoras.

### 26.3.4.10 DATOS RELATIVOS A LA SALUD DE LAS PERSONAS

Las instituciones y los centros sanitarios públicos y privados y los profesionales correspondientes podrán proceder al tratamiento de los datos de carácter personal relativos a la salud de las personas que a ellos acudan o hayan de ser tratados en los mismos, de acuerdo con lo dispuesto en la legislación estatal o autonómica sobre sanidad.

Sobre esta cuestión conviene tener en cuenta la Ley básica reguladora de la autonomía del paciente y de derechos y obligaciones en materia de información y documentación clínica, que entró en vigor el 15 de mayo de 2003, en la que se establecen determinadas obligaciones que deben cumplir los centros de salud y las Administraciones sanitarias:

> - El archivo de las historias clínicas de manera que queden garantizadas su seguridad, su correcta conservación y la recuperación de la información.

> - El establecimiento de mecanismos que garanticen la autenticidad del contenido de la historia clínica y de los cambios operados en ella, así como la posibilidad de su reproducción futura.

> La adopción de medidas técnicas y organizativas adecuadas para archivar y proteger las historias clínicas y evitar su destrucción o su pérdida accidental.

> La implantación de un sistema de compatibilidad que, teniendo en cuenta la evolución y disponibilidad de los recursos técnicos, así como la diversidad de sistemas y tipos de historias clínicas, posibilite su uso por los centros asistenciales de España que atiendan a un mismo paciente.

## 26.3.5 Derechos de los ciudadanos

La LOPD reconoce determinados derechos de los ciudadanos en relación con la información, el acceso y el nivel de control sobre el tratamiento de sus datos de carácter personal:

> **Derecho de información en la recopilación de los datos**.

Los interesados a los que se soliciten datos personales deben ser previamente informados de modo expreso, preciso e inequívoco, de la existencia de un fichero o tratamiento de datos de carácter personal, de la finalidad de la obtención de éstos y de los destinatarios de la información.

> **Derecho de consulta al Registro General de Protección de Datos**.

Se trata, en este caso, del derecho a conocer del Registro la existencia de tratamientos de datos, sus finalidades y la identidad del responsable del tratamiento. De hecho, cualquier ciudadano puede acceder gratuitamente a través de la página web de la Agencia Española de Protección de Datos para consultar los ficheros declarados por cualquier empresa u organismo público.

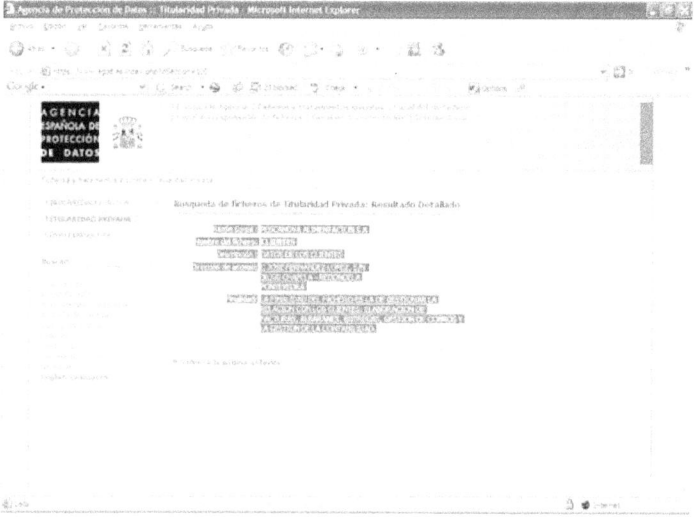

*Figura 26.3. Consulta en el Registro General de Protección de Datos*

En el Registro General de Protección de Datos se pueden obtener los datos relativos a los ficheros que sean necesarios para el ejercicio de los derechos de información, acceso, rectificación, cancelación y oposición.

> **Derecho de acceso a sus datos de carácter personal**.

De acuerdo con el artículo 15 de la LOPD, todo ciudadano tiene derecho a solicitar y obtener gratuitamente información acerca de qué datos relativos a su persona se encuentran sometidos a tratamiento, el origen de dichos datos y las posibles cesiones de éstos. La LOPD contempla además un plazo de un mes para hacerlo efectivo, es decir, la organización que reciba una petición en este sentido formulada por un ciudadano deberá resolverla en un plazo de un mes. Se ha previsto un período de 12 meses para que el ciudadano en cuestión pueda volver a ejercer este derecho ante la misma organización.

> **Derecho de rectificación y cancelación**.

La LOPD considera que el ejercicio de este derecho es personalísimo y la empresa u organismo que reciba la petición dispondrá de un plazo de 10 días naturales para hacerlo efectivo y dar respuesta expresa al interesado, tal y como se establece en el artículo 16 de la LOPD.

Hay que tener en cuenta que en muchos casos la cancelación dará lugar al bloqueo de los datos pero no a su eliminación inmediata, de tal forma que éstos podrán conservarse en las bases de datos de la organización, estando disponibles para la Administración, jueces y tribunales durante el período de prescripción de las posibles responsabilidades. Los datos deberán ser destruidos una vez hayan prescrito estas responsabilidades.

Por otra parte, en el caso de que se hayan cedido los datos a terceros, el responsable del fichero se encargará de comunicar la petición de rectificación o cancelación a todas aquellas empresas e instituciones a las que haya comunicado los datos, para que puedan proceder de igual modo.

> **Derecho de oposición**.

Todo ciudadano podrá oponerse al tratamiento de sus datos, aun cuando se trate de aquellos datos para los que no sea necesario su consentimiento previo (datos procedentes de fuentes accesibles al público). Ante esta petición planteada por un ciudadano, el responsable del fichero está obligado a excluir del tratamiento los datos relativos al afectado (situación típica de un ciudadano que manifiesta su deseo de no seguir recibiendo información publicitaria en su domicilio).

> **Derecho a una indemnización**.

De acuerdo con lo dispuesto en el artículo 19 de la LOPD, si como consecuencia del incumplimiento de alguno de los preceptos de esta Ley Orgánica se pudieran producir daños al afectado, a sus bienes o a sus derechos se podría generar un derecho de indemnización, bien de acuerdo con el procedimiento establecido de responsabilidad de las Administraciones Públicas, en el caso de los ficheros de titularidad pública, o bien ante los Tribunales ordinarios para los ficheros de titularidad privada.

Por último, para completar este apartado es necesario destacar que la Agencia Española de Protección de Datos puede ejercer la tutela de derechos de los interesados.

## 26.3.6 Agencia Española de Protección de Datos

La Agencia Española de Protección de Datos es el organismo público encargado de velar por el cumplimiento de la legislación sobre protección de datos.

*Figura 26.4. Agencia Española de Protección de Datos*

Sus competencias básicas son las que se enumeran a continuación:

> Velar por el cumplimiento de la LOPD y de sus disposiciones reglamentarias.

> Dictar instrucciones para adecuar los tratamientos y seguridad de los ficheros (capacidad normativa).

> Velar por la publicidad de la existencia de los ficheros de datos.

> Ejercer la potestad inspectora y sancionadora.

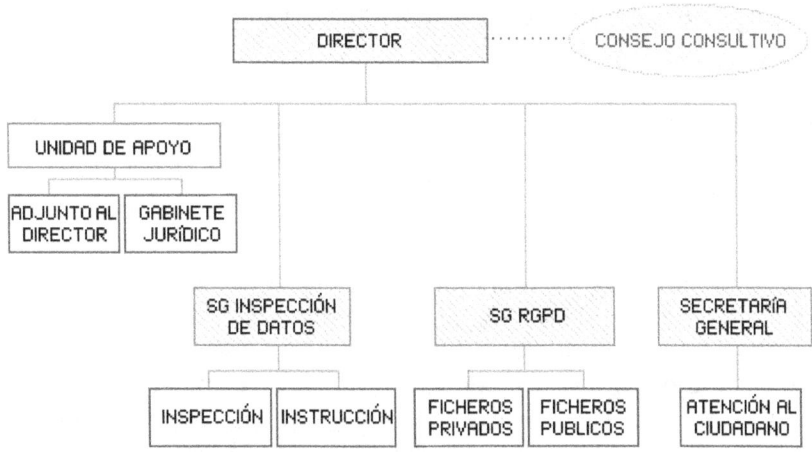

*Figura 26.5. Organigrama de la Agencia Española de Protección de Datos*

Se trata de un organismo de carácter autónomo, que no está sometido ni depende jerárquicamente de ninguna otra institución. De hecho, la Agencia de Protección de Datos posee un Estatuto propio, aprobado por el Gobierno. El Director de la Agencia es un Alto Cargo de la Administración, nombrado por cuatro años, que no está sujeto a instrucción alguna en el desempeño de sus funciones.

La Agencia de Protección de Datos también se encarga del mantenimiento del Registro General de Protección de Datos (RGPD), en el que se deben inscribir tanto los ficheros de titularidad privada como de titularidad pública, así como los distintos códigos tipo y las autorizaciones de transferencias internacionales de datos de carácter personal con destino a países que no presten un nivel de protección equiparable al de la Unión Europea.

En estos últimos años la Agencia de Protección de Datos ha venido imponiendo un importante número de sanciones. Conviene destacar, además, la ampliación de sus competencias establecida a raíz de la aprobación de la Ley General de Telecomunicaciones (Ley 32/2003, de 3 de noviembre). Esta Ley atribuye a la Agencia la tutela de los derechos y garantías de abonados (entendiendo como tales a las personas físicas o jurídicas con contrato con un operador de telecomunicaciones) y usuarios (quienes utilizan los servicios sin haberlos contratado) en el ámbito de las comunicaciones electrónicas.

Asimismo, desde el 20 de marzo de 2004 corresponde a la Agencia de Protección de Datos la imposición de sanciones en el caso de infracciones por el envío de comunicaciones comerciales no solicitadas realizadas a través de correo electrónico (*spam*). En España la Ley de Servicios de la Sociedad de la Información (LSSI, Ley 34/2002, de 11 de julio) prohíbe expresamente el envío de comunicaciones publicitarias por correo electrónico u otro medio de comunicación electrónica equivalente que previamente no hubieran sido solicitadas o expresamente autorizadas por los destinatarios de las mismas.

## 26.3.7 Órganos de control autonómicos

La propia Ley Orgánica de Protección de Datos ha previsto en su artículo 41 la creación de órganos de control autonómicos. Estas Agencias Autonómicas sólo podrán tener competencias sobre las Administraciones Públicas, entes locales, Universidades públicas y corporaciones de ámbito público dentro de las distintas Comunidades Autónomas.

En la actualidad en España existen tres Agencias Autonómicas de Protección de Datos: la Agencia Madrileña, la Agencia Catalana y la Agencia Vasca.

Es necesario destacar que, a diferencia de la Agencia Española, las Agencias de Protección de Datos Autonómicas no cuentan con otros ingresos para financiar su actividad que la dotación anual presupuestaria con cargo a los Presupuestos Generales de la Comunidad Autónoma en la que actúan, ya que todos sus servicios se ofrecen a título gratuito, con la excepción de la venta de algunas publicaciones a través de sus páginas web. Sólo la Agencia Española de Protección de Datos puede imponer sanciones económicas, ya que es la única con competencias para inspeccionar a empresas e instituciones responsables de ficheros de titularidad privada.

Entre sus competencias podríamos destacar las siguientes:

> Vigilar el cumplimiento de la legislación sobre protección de datos de carácter personal en la Administración Pública de esa Comunidad Autónoma, así como en las Administraciones Locales, Universidades públicas y otras Corporaciones de Derecho Público de esa Comunidad Autónoma.

> Mantener un Registro de Ficheros de Datos Personales de la Comunidad Autónoma, relativo a ficheros de titularidad pública.

> Ejercer labores de inspección y control sobre los ficheros con datos de carácter personal sujetos a su ámbito competencial, interviniendo de oficio o a instancia del ciudadano cuando los tratamientos de estos ficheros no se ajusten a la normativa vigente sobre Protección de Datos.

> Realizar actividades de formación y sensibilización sobre Protección de Datos.

> Atender a las consultas realizadas por los ciudadanos a través de distintos medios: en persona, por teléfono, por fax, carta o correo electrónico.

La Agencia de Protección de Datos de la Comunidad de Madrid (www.apdcm.es) fue creada en 1995, siendo la decana de las Agencias Autonómicas en el Estado Español. Su marco de actuación se ha establecido mediante la Ley de Protección de Datos de la Comunidad de Madrid (Ley 8/2001 de 13 de julio) y por el

Decreto 40/2004, de 18 de marzo, por el que se aprueba el Estatuto de la Agencia de Protección de Datos de la Comunidad de Madrid.

Por su parte, la Agencia de Protección de Datos de la Comunidad de Cataluña (www.apdcat.net) fue creada en 2003. Su marco de actuación se ha establecido mediante la Ley 5/2002, de 19 de abril, del Parlamento de Cataluña, y el Decreto 48/2003, de 20 de febrero.

La Agencia de Protección de Datos del País Vasco (www.avpd.euskadi.net) fue creada en 2004. Su marco de actuación se ha establecido mediante la Ley 2/2004 de Protección de Datos del País Vasco.

## 26.3.8 Inscripción de ficheros con datos de carácter personal

Todo titular de un fichero con datos de carácter personal debe notificar su existencia a la Agencia de Protección de Datos, antes de la puesta en marcha de la base de datos o aplicación informática donde se vayan a tratar los datos de dicho fichero. En la declaración de inscripción es necesario especificar la estructura (tipo de datos que se van a recabar de los interesados), la finalidad del tratamiento de los datos, el nivel de medidas de seguridad que se van a adoptar para garantizar su seguridad, así como las posibles cesiones y/o tratamientos encargados a terceros.

En la siguiente tabla se enumeran los apartados que forman parte del modelo oficial para la inscripción de los ficheros de titularidad privada:

1. Responsable del fichero.
2. Servicio o Unidad concreto ante el que puedan ejercitarse los derechos de oposición, acceso, rectificación y cancelación.
3. Nombre y descripción del fichero o tratamiento de datos.
4. Ubicación principal del fichero.
5. Encargado del tratamiento.
6. Sistema de tratamiento de los ficheros.
7. Nivel adoptado para las Medidas de Seguridad (Básico, Medio o Alto).
8. Estructura básica y descripción de los tipos de datos de carácter personal incluidos en el fichero (revisando la posible existencia de datos especialmente protegidos).
9. Declaración de la finalidad del fichero y de los usos previstos.

> 10. Procedencia y procedimiento de recopilación de los datos.
>
> 11. Cesiones o comunicaciones previstas de los datos.
>
> 12. Transferencias internacionales de datos.

*Tabla 26.2. Inscripción de ficheros de titularidad privada*

Cada notificación de inscripción se corresponderá con el tratamiento de un fichero con datos de carácter personal. Se trata de un procedimiento totalmente gratuito, que se puede llevar a cabo mediante un formulario oficial o bien a través de una aplicación informática que se puede descargar de la propia página web de la Agencia de Protección de Datos y que permite realizar la inscripción a través de Internet.

Posteriormente será necesario comunicar a la Agencia las modificaciones realizadas en estos ficheros o su posible cancelación.

Para los ficheros preexistentes, el plazo para su inscripción en el Registro General de Protección de Datos terminó el 15 de enero de 2003, tres años después de la entrada en vigor de la LOPD.

## 26.3.9 Implantación de las medidas de seguridad sobre los ficheros

El Reglamento de Desarrollo de la LOPD (Real Decreto 1720/2007, de 21 de diciembre) determina las medidas de índole técnica y organizativa que se deben adoptar para garantizar la integridad y seguridad de ficheros automatizados, centros de tratamiento, locales, equipos, sistemas, programas, así como de las personas que intervengan en el tratamiento automatizado de los datos.

De hecho, el artículo 9.2 de la LOPD establece que no se podrán registrar datos de carácter personal en ficheros que no reúnan unas condiciones adecuadas con respecto a su integridad y seguridad y a las de los centros de tratamiento, locales, equipos, sistemas y programas.

En el citado Reglamento se establecen tres "**Niveles de Seguridad**" para los datos de carácter personal:

- ➢ **Nivel Básico**: de aplicación a todos los ficheros de datos de carácter personal.

- ➢ **Nivel Medio**: de aplicación a los ficheros que contengan datos relativos a la comisión de infracciones, Hacienda Pública, servicios financieros. Asimismo, se consideran dentro de este nivel aquellos ficheros que contengan un conjunto de datos de carácter personal que permitan obtener una evaluación de la personalidad del individuo.

> **Nivel Alto**: de aplicación a los ficheros que contengan datos de ideología, religión, creencias, origen racial, salud o vida sexual, así como los recabados para fines policiales o los datos sobre violencia de género.

Independientemente del nivel de los datos tratados, el Reglamento de Medidas de Seguridad establece que las medidas de seguridad para el tratamiento de datos a través de redes de comunicaciones deberán garantizar un nivel de seguridad equivalente a los accesos en modo local. Asimismo, cuando se vaya a realizar un trabajo con los ficheros fuera de los locales en los que se haya declarado que se realiza su tratamiento, este trabajo deberá ser autorizado y llevarse a cabo garantizando los mismos niveles de seguridad. Del mismo modo, cuando se trabaje con ficheros temporales, éstos deberán ser borrados una vez concluida su utilidad y durante su existencia deberán tener las mismas medidas de seguridad que los originales de los que han sido extraídos.

Las medidas de seguridad mínimas que se han de adoptar en el Nivel Básico, y que también son de aplicación en los niveles Medio y Alto, han de contemplar los siguientes aspectos:

> Elaboración de un Documento de Seguridad que incluya la siguiente información:
> - Ámbito de aplicación del documento con una especificación detallada de los recursos protegidos.
> - Medidas, normas y procedimientos adoptados para garantizar el nivel de seguridad.
> - Funciones y obligaciones del personal.
> - Estructura de los ficheros con datos de carácter personal y descripción de los sistemas de información que los tratan.
> - Procedimiento de notificación y gestión de incidencias.
> - Procedimiento de realización de copias de seguridad.

El documento deberá mantenerse en todo momento actualizado y tendrá que ser revisado siempre que se produzcan cambios relevantes en el sistema de información o en la organización del mismo. Asimismo, este documento debe ser aprobado por la Dirección, estar implantado y ser divulgado entre los empleados con acceso a los datos.

> Las funciones y obligaciones de cada una de las personas con acceso a los datos de carácter personal estarán claramente definidas y documentadas, manteniendo en todo momento una relación actualizada de usuarios que tienen acceso a estos datos.

➢ Se ha de establecer un sistema de identificación y autenticación de los usuarios con acceso a los datos de carácter personal.

➢ Se ha de establecer un sistema de control de acceso a los datos de carácter personal, con los mecanismos necesarios para impedir que un usuario pueda acceder a datos o recursos con derechos distintos de los autorizados.

- Los usuarios deben tener acceso únicamente a los datos que necesitan para el desempeño de sus funciones.

- Los mecanismos deben evitar el acceso a datos no autorizados.

- Debe existir una relación de usuarios con los accesos autorizados.

- Únicamente personal autorizado puede conceder y modificar los derechos de acceso a los ficheros.

➢ Se deberá llevar a cabo una correcta gestión de los soportes informáticos que contengan datos de carácter personal:

- Identificación e inventariado de los soportes, que deberán almacenarse en un lugar con acceso restringido al personal autorizado.

- La salida de soportes informáticos que contengan datos de carácter personal fuera de los locales en los que esté ubicado el fichero únicamente sólo podrá ser autorizada por el responsable del fichero.

➢ Los procedimientos establecidos para la realización de copias de seguridad de los datos deberán garantizar su reconstrucción en el estado en que se encontraban al tiempo de producirse la pérdida o destrucción. Para ello, se deberán realizar copias de seguridad al menos una vez por semana, salvo que en dicho período no se hubiera producido ninguna actualización de los datos.

➢ Gestión de incidencias: el procedimiento de notificación y gestión de incidencias contendrá necesariamente un registro en el que se haga constar el tipo de incidencia, el momento en que se ha producido, la persona que realiza la notificación, a quién se le comunica y los efectos que se hubieran derivado de la misma.

En lo que se refiere a las medidas de seguridad adicionales que se han de adoptar en el Nivel Medio, debemos tener en cuenta los siguientes aspectos:

- ➢ El Documento de Seguridad deberá contener, además de lo dispuesto en las medidas del Nivel Básico, la siguiente información:
    - Identificación del responsable o responsables de la seguridad.
    - Los controles periódicos que se deban realizar para verificar el cumplimiento de lo dispuesto en el propio documento.
    - Procedimientos para el tratamiento de soportes desechados o reutilizados.
    - Procedimientos para el control de los registros de entradas y salidas de soportes.
    - Plan auditor.

- ➢ Existencia de un responsable de seguridad: el responsable del fichero designará uno o varios responsables de seguridad, personas encargadas de coordinar y supervisar la implantación y el nivel de cumplimiento de las medidas definidas en el documento de seguridad.

- ➢ Identificación y autenticación de los usuarios: será necesario establecer un mecanismo que permita la identificación de forma inequívoca y personalizada de todo aquel usuario que intente acceder al sistema de información de la empresa. Dicho mecanismo de identificación limitará la posibilidad de intentar reiteradamente el acceso no autorizado al sistema de información.

- ➢ Control de acceso físico a los locales donde se encuentren ubicados los sistemas de información con datos de carácter personal.

- ➢ Gestión de soportes: será necesario establecer un sistema de registro de entradas y salidas de soportes informáticos que permita conocer el tipo de soporte, la fecha y hora, el emisor, el número de soportes, la clase de información que contienen, la forma de envío y la persona responsable de la entrega o recepción que deberá estar debidamente autorizada.
    - Cuando un soporte vaya a ser desechado o reutilizado, se adoptarán las medidas necesarias para impedir cualquier recuperación posterior de la información almacenada en el mismo.
    - Cuando los soportes vayan a salir fuera de los locales en que se encuentren ubicados los ficheros como consecuencia de operaciones de mantenimiento, se adoptarán las medidas necesarias para impedir cualquier recuperación indebida de la información almacenada en ellos.

> En el registro de incidencias se anotarán todos los procedimientos realizados de recuperación de los datos, indicando la persona que ejecutó el proceso y cuáles han sido los datos restaurados.

> Copias de seguridad: será necesaria la autorización por escrito del responsable del fichero para la ejecución de los procedimientos de recuperación de los datos.

> Pruebas con datos reales: las pruebas anteriores a la implantación o modificación de los sistemas de información que traten ficheros con datos de carácter personal no se realizarán con datos reales, salvo que se asegure el nivel de seguridad correspondiente al tipo de fichero tratado.

> Auditoría de la seguridad: los sistemas de información e instalaciones de tratamiento de datos se someterán a una auditoría interna o externa, que verifique el cumplimiento de las medidas, procedimientos e instrucciones vigentes en materia de seguridad de datos. Esta auditoría tendrá lugar al menos una vez cada dos años y el informe de auditoría deberá dictaminar sobre la adecuación de las medidas y controles al Reglamento, identificar sus deficiencias y proponer las medidas correctoras o complementarias necesarias.

Por último, las medidas de seguridad adicionales que se han de adoptar en el Nivel Alto deben tener en cuenta los siguientes aspectos:

> Cifrado de los ficheros con datos de carácter personal:

- Los datos de los soportes que vayan a ser distribuidos deberán estar convenientemente cifrados, para garantizar que dicha información no sea inteligible ni manipulada durante su transporte.

- La transmisión de datos de carácter personal a través de redes de telecomunicaciones se realizará cifrando dichos datos, para garantizar que la información no sea inteligible ni manipulada por terceros.

> Establecimiento de un registro de control de accesos al fichero: se deberá registrar cada intento de acceso, especificando la identificación del usuario, la fecha y hora en que se realizó, el fichero accedido, el tipo de acceso y si ha sido autorizado o denegado. Asimismo, en caso de que el acceso haya sido autorizado, será preciso guardar la información que permita identificar el registro accedido. Este registro de control de los accesos deberá conservarse durante un período mínimo de dos años.

> Copias de seguridad: estas copias deberán conservarse en un lugar diferente de aquel en que se encuentren los equipos informáticos que contienen los datos de carácter personal.

Una vez documentadas todas estas medidas de seguridad es necesario llevarlas a la práctica, tal y como señala una Sentencia de la Audiencia Nacional del 7 de febrero de 2003: *"no basta con la aprobación formal de las medidas de seguridad, pues resulta exigible que aquéllas se instauren y pongan en práctica de manera efectiva. Así, de nada sirven que se aprueben unas instrucciones detalladas sobre el modo de proceder para la obtención y destrucción de documentos que contengan datos personales si luego no se exige a los empleados de la entidad la observancia de aquellas instrucciones".*

## 26.3.10 Infracciones y sanciones

La LOPD establece la existencia de tres tipos de infracciones: leves, graves y muy graves.

Así, como infracciones leves podemos citar las siguientes:

> No atender una solicitud del interesado de rectificación o cancelación de los datos personales.

> No solicitar la inscripción del tratamiento de un fichero con datos de carácter personal en el Registro General de Protección de Datos.

> Proceder a la recopilación de datos de carácter personal sin proporcionar información a los afectados.

> Incumplir el deber de secreto.

Entre las infracciones graves se encuentran las que se enumeran a continuación:

> Proceder a la creación de ficheros de titularidad privada con finalidades distintas de las que constituyen el objeto legítimo.

> Proceder a la recopilación de datos de carácter personal sin el consentimiento expreso de las personas afectadas.

> Tratar los datos de carácter personal o usarlos posteriormente con conculcación de los principios y garantías establecidos en la LOPD.

> Mantener datos de carácter personal inexactos o no efectuar las rectificaciones o cancelaciones de los mismos que procedan.

> Mantener los ficheros, locales, programas o equipos que contengan datos de carácter personal sin las debidas condiciones de seguridad.

Por último, merecen la consideración de infracciones muy graves actuaciones como las que se indican a continuación:

> La recopilación de datos en forma engañosa y fraudulenta.

> La comunicación o cesión de los datos de carácter personal, fuera de los casos en que estén permitidas.

> Recabar y tratar los datos de carácter personal especialmente protegidos sin cumplir los requisitos exigidos por la LOPD.

> No cesar en el uso ilegítimo de los tratamientos de datos de carácter personal cuando sea requerido para ello por el Director de la Agencia de Protección de Datos o por las personas titulares del derecho de acceso.

> La transferencia temporal o definitiva de datos de carácter personal con destino a países que no proporcionen un nivel de protección equiparable sin la correspondiente autorización del Director de la Agencia de Protección de Datos.

> No atender u obstaculizar de forma sistemática el ejercicio de los derechos de acceso, rectificación, cancelación u oposición.

> No atender de forma sistemática el deber legal de notificación de la inclusión de datos de carácter personal en un fichero.

Las infracciones leves prescriben en el plazo de un año, mientras que las infracciones graves lo hacen al cabo de dos años y las muy graves en un plazo de tres años.

Conviene destacar que la LOPD define, con diferencia, el régimen sancionador más severo de toda la Unión Europea en materia de protección de datos de carácter personal. No obstante, en otros países como Italia o Portugal también se han establecido penas de prisión para los transgresores de la legislación en materia de protección de datos, mientras que en España sólo se ha contemplado la vía de la sanción administrativa.

Así, en España para las infracciones leves se prevén multas de 100.000 a 10.000.000 de pesetas (de 601 € a 60.101 €). Para las infracciones graves las multas pueden situarse entre los 10.000.000 y los 50.000.000 de pesetas (de 60.101 € a 300.506 €). Por último, en el caso de las infracciones muy graves, las multas se aplicarán en el intervalo de 50.000.000 a 100.000.000 de pesetas (de 300.506 € a 601.012 €), contemplándose además la potestad de inmovilización de los ficheros por parte de la propia Agencia de Protección de Datos.

La cuantía de las sanciones se graduará atendiendo a la naturaleza de los derechos personales afectados, el volumen de los tratamientos efectuados, los beneficios obtenidos por la organización responsable, el grado de intencionalidad, la reincidencia o los daños y perjuicios causados a las personas interesadas.

El procedimiento sancionador se iniciará siempre de oficio mediante acuerdo del Director de la Agencia de Protección de Datos, bien por denuncia de un afectado o afectados o por propia iniciativa de la Agencia.

No obstante, si las infracciones se cometen en el tratamiento de ficheros de titularidad pública no se impondrá ninguna sanción económica, tal y como establece el artículo 46 de la LOPD. En estos casos, el Director de la Agencia de Protección de Datos podrá proponer la adopción de medidas disciplinarias, de acuerdo con lo establecido por el Régimen Disciplinario de las Administraciones Públicas.

## 26.3.11 La problemática de la adaptación de una empresa a la LOPD

Tal y como ya se ha comentado en un apartado anterior, la LOPD define, con diferencia, el régimen sancionador más severo de toda la Unión Europea en materia de protección de datos de carácter personal. Así, podríamos citar algunos ejemplos de la gravedad de estas sanciones, basados todos ellos en ejemplos reales de sanciones impuestas por la Agencia de Protección de Datos a empresas españolas que incumplieron algunos de los preceptos de la LOPD:

> No inscribir ficheros con datos de carácter personal supone una infracción leve, con una sanción mínima de 601 €.

> Un tratamiento de datos no consentido representa una infracción grave, con una sanción mínima de 60.101 €. En este sentido, situaciones bastante habituales en la actualidad que podrían representar un tratamiento de datos no consentido serían algunas de las que se exponen a continuación (basadas en ejemplos de sanciones reales impuestas por la Agencia de Protección de Datos):

- El envío de una carta a posibles clientes de una empresa que hayan sido localizados a partir de listines telefónicos ya caducados, es decir, listines telefónicos que hayan sido actualizados mediante nuevas ediciones impresas, las cuales, según el artículo 28.3 de la LOPD, anulan el carácter de fuente accesible de las ediciones anteriores.

- La obtención de datos a partir de listados y bases de datos supuestamente públicas (el hecho de que se puedan obtener, por ejemplo, a través de una página web, no quiere decir que tengan la consideración de fuente pública) o a través de otras fuentes (tener conocimiento de que un determinado ciudadano ha tenido un accidente de tráfico y ofrecerle mediante una carta personalizada los servicios de la empresa, por citar otro ejemplo basado en un caso real).

- La inclusión de la fotografía de algún empleado o persona relacionada con una empresa en sus folletos, catálogos o páginas web, sin contar con su consentimiento previo (ya que en este caso se estaría excediendo el marco de la relación laboral, por ejemplo, si se tratase de un empleado).

- La modificación de los datos de un cliente (domicilio, número de cuenta…) sin poder probar que se contaba con su consentimiento para realizar dicha modificación, situación típica que se podría producir si se aceptase una petición de modificación mediante una simple llamada telefónica que no hubiera sido autenticada ni registrada.

➢ Mantener inexactos los datos de los clientes, empleados y/o proveedores de una empresa podría suponer una sanción mínima de 60.101 €, correspondiente a una infracción grave. Asimismo, si el fichero con datos de carácter personal pierde la finalidad originaria, no se permite su reutilización para otras actividades, por lo que sus datos deberían ser destruidos, ya que en caso contrario también se podría imponer una sanción mínima de 60.101 €.

➢ Compartir bases de datos entre distintas personas jurídicas (por ejemplo, entre empresas con distinto CIF pero integradas en un mismo grupo empresarial) supone una cesión de datos no consentida, lo que representa una infracción muy grave de la LOPD, con una sanción mínima de 300.505 €.

➢ Ubicar copias de datos de carácter personal (como las direcciones de correo electrónico, por ejemplo) en servidores de países que, como Estados Unidos, no tienen un nivel de protección equiparable al de la Unión Europea, puede representar una sanción mínima de 300.505 €, ya que si no se cuenta con el consentimiento previo de los interesados y de la autorización del Director de la Agencia de Protección de Datos se considera una infracción muy grave.

➢ La LOPD obliga a la implantación de importantes medidas de seguridad tanto de carácter técnico como organizativo a las empresas que lleven a cabo tratamientos de ficheros con datos personales. El incumplimiento de estas medidas de seguridad puede ser objeto de una sanción por parte de la Agencia de Protección de Datos, de carácter grave o muy grave, por lo que a la empresa o institución responsable le podría ser impuesta una multa de entre 60.101 € y 601.012 €, dependiendo del nivel de seguridad del fichero de datos de carácter personal y de la gravedad de la infracción. Así, por ejemplo, la Agencia de Protección de Datos ha impuesto importantes sanciones a empresas que no han protegido de forma adecuada sus bases de datos (en algunos casos éstas se podían consultar a través de páginas web, debido a un agujero de seguridad en su sistema informático).

➢ Los ficheros que puedan incluir datos relativos a la salud de las personas se consideran ficheros de nivel alto, por lo que se les deberían aplicar todas las medidas previstas en el Reglamento de Medidas de Seguridad. En España la Agencia de Protección de Datos considera que los ficheros de nóminas serán de nivel alto si incluyen datos relativos a cuotas sindicales o el registro de minusvalías físicas a efectos del cálculo de la retención del IRPF, datos que en la práctica deben registrar la mayoría de estos ficheros para cumplir con las obligaciones laborales y fiscales.

➢ Por otra parte, muchas empresas pueden estar recopilando datos especialmente protegidos sin ser conscientes de sus implicaciones: hoteles y restaurantes que registren información sobre posibles dolencias o problemas de salud de sus clientes para ofrecerles dietas personalizadas; gimnasios que reflejen posibles discapacidades o problemas físicos de sus socios para tener previsto cualquier tipo de incidencia relacionada con su salud; concesionarios de automóviles que deben tramitar el impuesto de matriculación de personas discapacitadas (que se encuentran exentas de dicho impuesto, pero que deben acreditarlo con un justificante médico); centros de enseñanza que puedan guardar certificados médicos de los alumnos para justificar determinar ausencias a clase o a exámenes; etcétera.

➢ Las medidas de seguridad también afectan a los ficheros en papel. De hecho, la Agencia de Protección de Datos ha sancionado por la comisión de una infracción grave a empresas que tiraron directamente a la basura (sin destruir) los currículum vitae de candidatos presentados a un proceso de selección personal. Estas sanciones alcanzaron los 300.505 € en el caso de clínicas privadas que no habían protegido de forma adecuada los historiales clínicos de sus pacientes (en algunos casos aparecieron los historiales de los pacientes en plena calle en un contenedor de la basura).

Convendría tener en cuenta, además, que en un mismo expediente sancionador se pueden aplicar varias de estas sanciones, como consecuencia de haber incumplido distintos preceptos de la LOPD.

Numerosos expertos han criticado la falta de proporcionalidad de las sanciones previstas por la LOPD. Así, por ejemplo, el Código Penal español contempla penas de arresto de uno a tres fines de semana y multa de 20 € a 12.000 € por la falta de golpear o maltratar a alguien sin llegar a lesionarle. Sin embargo, la cesión no consentida de sus datos personales puede acarrear una sanción de hasta 601.012 € para la empresa responsable.

Muchas empresas desconocen actualmente esta situación, por lo que se produce un elevado nivel de incumplimiento, sobre todo entre las empresas de menor dimensión. El propio Director de la Agencia Española de Protección de Datos estimaba recientemente que este nivel de incumplimiento superaba el 90% en el caso de las PYMEs.

En la práctica son bastante frecuentes situaciones como las que se reflejan en las siguientes frases, que representan errores comunes que se plantean en las empresas y en algunos organismos públicos: "yo no tengo datos personales en mi empresa..."; "en mi empresa tenemos pocos datos..."; "ya hemos registrado los ficheros y con eso estamos cubiertos..."; "de los ficheros de datos se encarga nuestra gestoría..."; "esta Ley no debe ser muy importante, ya que no he oído hablar de ella..."; "esta Ley sólo afecta a las grandes empresas..."; "realmente esas multas no las paga nadie..."; etcétera.

Como consecuencia, observamos en la actualidad que en muchas empresas y en un porcentaje muy elevado de ayuntamientos y otros organismos públicos no se han inscrito todos los ficheros con datos de carácter personal; no se informa a los ciudadanos del tratamiento que se va a realizar con sus datos personales; no se han implantado todas las medidas de seguridad exigidas por la LOPD para proteger los ficheros; en bastantes casos todavía no se solicita consentimiento para realizar un tratamiento de datos de carácter personal; no se han formalizado los tratamientos encargados a terceros mediante un contrato; etcétera.

> ➢ Falta de sensibilización de los responsables, que en muchos casos no son conscientes de la importancia de la seguridad informática y de la necesidad de cumplir con el entorno legal (LOPD).
>
> ➢ Poca información disponible sobre la LOPD, a pesar de que entró en vigor en enero de 2000 y que define el marco sancionador más severo de toda la Unión Europea.
>
> ➢ Falta de medios informáticos para implantar las medidas de seguridad, sobre todo en las PYMEs.
>
> ➢ Escasa formación en materia de seguridad informática.

*Tabla 26.3. Principales obstáculos para el cumplimiento del marco legal en materia de protección de datos*

## 26.3.12 Recomendaciones prácticas para cumplir con la LOPD

### 26.3.12.1 DECÁLOGO DE RECOMENDACIONES

Para concluir este capítulo, se presenta un decálogo de recomendaciones para facilitar la adaptación y el cumplimiento de los requisitos del actual marco legal en materia de protección de datos en las empresas, en especial en las PYMEs:

1. Sensibilización de los responsables de la organización sobre la importancia de cumplir con esta normativa y de reforzar la seguridad de sus datos y de su sistema informático. Sin el convencimiento y el apoyo decidido de estas personas, será muy difícil disponer de los recursos necesarios (inversión en equipamiento, tiempo de las personas directamente implicadas...) para acometer con éxito el proyecto de adaptación a la LOPD.

2. Realizar una auditoría de partida:

    a) Revisión de los tratamientos de datos que se estén llevando a cabo o se prevean realizar a corto plazo: bases de datos y aplicaciones informáticas internas, así como tratamientos que se hayan subcontratado a terceros.

    b) Análisis de los ficheros con datos de carácter personal, ya sean bases de datos, documentos de aplicaciones ofimáticas (Word, Excel u OpenOffice) o documentos en papel: cuál es su estructura (qué datos se están utilizando), su finalidad (para qué se emplean), procedencia (cómo se obtienen), actualización de los datos y tiempo previsto para su conservación.

3. Inscripción de los ficheros identificados en el Registro General de Protección de Datos.

4. Elaboración del Documento de Seguridad adecuado al tipo de ficheros con datos de carácter personal sometidos a tratamiento por parte de la empresa.

5. Implantación en la práctica de las Medidas de Seguridad contempladas en el Documento de Seguridad.

6. Revisión de posibles tratamientos y de cesiones de los datos a terceros.

    a) Formalización mediante un contrato de los tratamientos, exigiendo la implantación de las medidas de seguridad adecuadas y estableciendo expresamente que el encargado del tratamiento únicamente podrá tratar los datos conforme a las instrucciones del responsable, que no los aplicará o utilizará para otra finalidad distinta, ni los comunicará, ni siquiera para su conservación, a otras personas y que dichos datos tendrán que ser eliminados de forma segura por el encargado del tratamiento una vez haya concluido su trabajo.

b) Prestar especial atención a las cesiones: ¿qué datos se van a ceder? (proporcionalidad), ¿para qué? (finalidad) y ¿por qué? (legitimidad). Comprobar que siempre se cuenta con el consentimiento del afectado o bien que se cumple alguna de las excepciones previstas por la LOPD para poder realizar la cesión sin que exista un consentimiento previo.

7. Revisión de los procedimientos relacionados con la protección de los datos y el cumplimiento de los derechos de los ciudadanos:

   a) Información a los interesados sobre el tratamiento de sus datos de carácter personal.

   b) Petición del consentimiento para el tratamiento.

   c) Respuesta a las peticiones de acceso, rectificación, cancelación u oposición.

8. Formación y sensibilización de los empleados, aspecto que creemos fundamental, debido a la importancia del factor humano para evitar la mayoría de las infracciones graves y muy graves previstas por la LOPD: cesiones de datos no consentidas a otras empresas e instituciones, creación de nuevos ficheros sin el conocimiento de la empresa, incumplimiento de las medidas de seguridad...

9. Clara definición de las funciones y obligaciones del personal.

10. Otras cuestiones a considerar:

    a) Posibles transferencias internacionales de datos.

    b) Auditorías periódicas de las medidas de seguridad implantadas.

    c) Aplicación de regulaciones sectoriales específicas sobre protección de datos (sería necesario consultar para ello las instrucciones y recomendaciones dictadas por la propia Agencia de Protección de Datos).

### 26.3.12.2 IDENTIFICACIÓN E INSCRIPCIÓN DE FICHEROS

En lo que se refiere a la identificación y posterior inscripción de los ficheros con datos de carácter personal, hay que tener en cuenta que la Ley Orgánica de Protección de Datos de Carácter Personal define un **fichero** como "*todo conjunto* *organizado de datos de carácter personal, cualquiera que fuere la forma o modalidad de su creación, almacenamiento, organización y acceso".*

Además, en el artículo 2c) de la Directiva 95/46/CE se aclara la referencia a la forma de creación, almacenamiento, organización y acceso del fichero al indicar que el conjunto de datos tendrá esa consideración *"ya sea centralizado, descentralizado o repartido de forma funcional o geográfica".*

En consecuencia, de lo establecido en la Directiva Europea y en la propia Ley Orgánica y, citando textualmente la opinión de la Agencia Española de Protección de Datos[72], *"parece desprenderse que el concepto de fichero no va directamente vinculado a la exigencia de que el mismo se encuentre en una única ubicación, sino que será posible la existencia de ficheros distribuidos en lugares geográficos remotos entre sí, siempre y cuando la organización y sistematización de los datos responda a un conjunto organizado y uniformado de datos".*

Sin embargo, creemos que muchas empresas han complicado innecesariamente la gestión de sus ficheros al declarar como un fichero independiente todas y cada una de las tablas de datos y documentos manejados en su sistema informático, aun cuando se refieran al mismo tipo de persona física, formalizando de este modo la inscripción de un gran número de ficheros ante la Agencia de Protección de Datos, con todo el papeleo que ello supone, además de la mayor complejidad en la gestión y actualización de estas declaraciones de ficheros.

Los ficheros con datos de carácter personal típicos de una empresa serían los relativos a sus clientes, proveedores, empleados (pudiendo distinguir entre el fichero de personal, de nivel básico, del de nóminas, de nivel alto y con acceso más restringido), contactos con terceros (potenciales clientes, direcciones de correo registradas en el programa de correo electrónico...) o candidatos a empleo (base de datos de currículum vitae recibidos en la empresa), por citar los más habituales.

Por su parte, en un ayuntamiento los ficheros con datos de carácter personal más comunes serían el padrón municipal, empleados (pudiendo distinguir entre el fichero de personal, de nivel básico, del de nóminas, de nivel alto y con acceso más restringido), terceros de contabilidad (para gestión de cobros y pagos), beneficiarios de servicios sociales (generalmente de nivel alto), infractores, contactos con terceros, registro de usuarios de ciertos servicios municipales (bibliotecas, instalaciones deportivas...), registro de bodas y parejas de hecho, registro de expedientes administrativos que afecten a ciudadanos, etcétera.

Así, por ejemplo, teniendo en cuenta que muchos de los ficheros de contactos de una empresa comparten la misma estructura de datos (nombre y apellidos de la persona, empresa u organismo en el que trabaja, cargo, dirección, teléfono, dirección

---

[72] Informe Jurídico 368/2003 de la Agencia Española de Protección de Datos.

de correo electrónico, observaciones) y la misma finalidad del tratamiento (mantener el contacto con terceros), así como la relación de usuarios autorizados para acceder a sus datos dentro de la organización, creemos que sería recomendable su integración en, a ser posible, un único fichero. En principio, recomendamos evitar que en un mismo departamento o delegación de una empresa existan varios ficheros de contactos (salvo que incluyan datos distintos y se traten con diferentes finalidades) y que para cada evento o tipo de entidad exista un fichero de contactos específico.

También hay que tener en cuenta, por otra parte, que la existencia de multitud de ficheros de contactos aislados e inconsistentes entre sí podría provocar que una misma persona figure con datos distintos y, en algunos casos, con datos desactualizados, en las distintas bases de datos de contactos, incumpliendo el principio de calidad de los datos que establece la Ley Orgánica de Protección de Datos. Es decir, si un ciudadano solicitase al responsable del fichero que se actualizasen sus datos personales, la existencia de multitud de ficheros de contactos dificultaría en gran medida esta actualización, ya que tendría que ser realizada de forma aislada por cada departamento o delegación de la empresa.

Por este motivo, consideramos conveniente evitar que los propios usuarios puedan crear sus propios listados de personas de contacto en documentos de Word o en libros de Excel para poder realizar un *mailing*, por ejemplo, para promocionar determinados eventos o actividades, salvo cuando se trate de ficheros temporales extraídos de la base de datos de contactos de la organización, que se destruyan una vez realizado el tratamiento puntual.

Creemos, por lo tanto, conveniente definir una política interna que permita organizar y gestionar los contactos de todo tipo (institucionales, comerciales, de interesados en actividades de la organización o de medios de comunicación), aplicando en la medida de lo posible el principio de "dato único", para evitar que una misma persona pueda figurar con datos distintos en diferentes bases de datos. Además, los propios empleados no deberían crear nuevos ficheros sin la autorización correspondiente de su departamento.

Del mismo modo, los ficheros que puedan estar ubicados en delegaciones, si tienen la misma estructura y cuentan con la misma finalidad que los que se encuentran ubicados en la sede principal de la empresa, se podrían considerar como integrados dentro del mismo fichero.

Por otra parte, consideramos que se debería evitar, en la medida de lo posible, incluir datos especialmente protegidos relativos a la salud de las personas en algunas bases de datos, para no tener que aplicar las medidas de seguridad de nivel alto y estar expuestos a las sanciones más elevadas por el incumplimiento de los preceptos de la LOPD.

## 26.3.12.3 INFORMACIÓN Y PETICIÓN DE CONSENTIMIENTO

Para poder cumplir con el requisito de información y de solicitud de consentimiento, en los cuestionarios, páginas web y formularios impresos de la empresa deberían figurar, en forma claramente legible, cláusulas informativas y de solicitud del consentimiento para el tratamiento, como la que se muestra a continuación:

> *"De conformidad con lo establecido en la LEY ORGÁNICA 15/1999, DE 13 DE DICIEMBRE, DE PROTECCIÓN DE DATOS DE CARÁCTER PERSONAL (LOPD), se informa al interesado que estos datos se incorporan al fichero automatizado propiedad de la empresa **XXX**, denominado fichero **ZZZ**, con domicilio en _____. Usted podrá ejercer, en cualquier momento, los derechos de acceso, rectificación, cancelación y oposición, previstos por la Ley. Al firmar este documento autoriza la utilización de sus datos personales exclusivamente para el fin solicitado."*

*Tabla 26.4. Ejemplo de cláusula para dar cumplimiento al derecho de información*

Del mismo modo, para obtener el consentimiento en la cesión de datos a otras empresas e instituciones, se podrían añadir otros párrafos informativos a la cláusula anterior, como los que se citan a continuación:

> *"El interesado acepta que sus datos puedan ser cedidos a otras empresas del grupo, exclusivamente para la finalidad prevista para este fichero automatizado", cláusula típica para compartir datos de clientes o de candidatos de empleo entre distintas sociedades de un mismo grupo empresarial.*
>
> *"El interesado consiente que se puedan utilizar sus datos personales con el fin de efectuar las evaluaciones crediticias de riesgo correspondientes", cláusula típica para la evaluación del riesgo crediticio en el fichero de clientes.*
>
> *"El interesado consiente que se puedan ceder sus datos a cualquier otra entidad cuya intervención sea necesaria o conveniente en la realización de operaciones conexas y necesarias a los fines propios de la relación contractual o negocial. El presente consentimiento se otorga sin perjuicio de todos los derechos que asisten al interesado en virtud de la Ley Orgánica 15/1999 de Protección de Datos de Carácter Personal".*

*Tabla 26.5. Ejemplos de cláusulas para solicitar el consentimiento para poder ceder los datos del interesado a otras empresas e instituciones*

## 26.3.12.4 AUDITORÍAS PERIÓDICAS

En lo que se refiere a las auditorías periódicas sobre la seguridad informática, el nivel de protección de los ficheros con datos de carácter personal y el cumplimiento de lo dispuesto por la LOPD, que se tienen que realizar por lo menos cada dos años en aquellas empresas con ficheros de nivel medio o alto, los principales aspectos que tendrían que ser verificados en dicha auditoría son los que se presentan a continuación:

- Revisión de las características técnicas del sistema informático de la organización: locales y puestos de trabajo, equipamiento hardware, software y aplicaciones informáticas, infraestructura de red y de comunicaciones.

- Comprobación de que la lista actualizada de usuarios que tienen acceso a los ficheros se corresponde con la lista de los usuarios realmente autorizados por el responsable de los ficheros.

- Verificación de la existencia del registro de incidencias y revisión de las incidencias registradas en los últimos meses por la organización para que, independientemente de las medidas particulares que se hayan adoptado en el momento que se produjeron, se puedan adoptar las medidas correctoras que limiten esas incidencias en el futuro.

- Revisión de la adecuada gestión de los soportes informáticos.

- Comprobación de la existencia de copias de respaldo que permitan la recuperación de los datos de los ficheros, así como de la correcta realización del procedimiento periódico de generación de copias de seguridad.

- Revisión del procedimiento de registro y autorización de entradas y salidas de datos de carácter personal, ya sea por red o por medio de algún soporte informático.

- Verificación de las medidas de seguridad físicas, técnicas y organizativas implantadas por la organización, tanto en los ficheros principales como en los ficheros temporales que puedan estar siendo utilizados por los empleados.

- Evaluación del nivel de sensibilización y de formación de los usuarios con acceso a datos de carácter personal.

- Comprobación de la existencia de tratamientos de datos encargados a terceros: regulación mediante un contrato de prestación de servicios, que incluya las correspondientes cláusulas de seguridad y protección de datos.

- Existencia de cesiones de datos a otras personas jurídicas, así como de posibles transferencias internacionales de datos.

- Evaluación del cumplimiento de la obligación de información del tratamiento de datos de carácter personal a los afectados, así como del cumplimiento de sus derechos de acceso, rectificación, cancelación y oposición.

## 26.4 REFERENCIAS DE INTERÉS

- ✓ Agencia Española de Protección de Datos: http://www.agpd.es/.

- ✓ Agencia de Protección de Datos de la Comunidad de Madrid http://www.apdcm.es/.

- ✓ Agencia de Protección de Datos de la Comunidad de Cataluña: http://www.apdcat.net/.

- ✓ Agencia de Protección de Datos del País Vasco: http://www.avpd.euskadi.net/.

- ✓ US Search: http://www.ussearch.com/.

- ✓ Acuerdo "Safe *Harbor*": http://www.export.gov/safeharbor/.

- ✓ HIPPA (Estados Unidos): http://www.hhs.gov/ocr/privacy/.

- ✓ Página de información sobre Privacidad de la *Federal Trade Commission* (FTC): http://www.ftc.gov/privacy/.

- ✓ OCDE: http://www.oecd.org/sti/security-privacy.

# Capítulo 27

# CONTROL DE CONTENIDOS

## 27.1 LA DISTRIBUCIÓN DE CONTENIDOS DIGITALES A TRAVÉS DE INTERNET

### 27.1.1 El papel de Internet como nuevo medio de comunicación

Internet es una red de ordenadores y otros dispositivos informáticos que ofrece sus servicios con un alcance global, destacando por su carácter transnacional y por ofrecer unos costes de comunicación y transacción mucho más reducidos que el de otros medios de comunicación alternativas. De hecho, en Internet "no existen las distancias físicas", ya que todos los nodos o elementos de la red se encuentran a la misma distancia para sus usuarios.

Por otra parte, conviene destacar que en muchos países todavía no existe una regulación específica sobre la utilización de los servicios de Internet, o bien ésta se ha desarrollado sin contemplar todos los posibles problemas que se derivan de su utilización. Esta situación ha sido motivada en gran medida porque los avances tecnológicos y la adopción de los nuevos servicios por parte de los usuarios ha sido mucho más rápida de lo esperado, desbordando la capacidad de los legisladores.

Asimismo, la ausencia de una clara autoridad formal encargada de controlar los contenidos y los servicios ofrecidos por Internet viene a complicar aún más esta situación.

Entre las principales ventajas que ofrece Internet cabría mencionar la mayor libertad para los usuarios de sus servicios, que pueden actuar a la vez como productores y consumidores de todo tipo de contenidos e información. Asimismo, Internet destaca por la interacción que se puede establecer a través de un canal de naturaleza bidireccional, en el que la información fluye simultáneamente en los dos sentidos, facilitando además la distribución e intercambio de todo tipo de contenidos multimedia (datos binarios, texto, voz, imágenes, vídeos o aplicaciones informáticas).

Entre sus inconvenientes podríamos citar la libre difusión de contenidos ilícitos y nocivos, destacando además la facilidad y rapidez con que se pueden distribuir o intercambiar estos contenidos, así como el anonimato de muchos de los usuarios que participan. De hecho, los usuarios de Internet podrían recurrir a servicios de navegación anónima (como Anonymizer), servicios de envío de correo anónimo ("*remailers*"), utilización del ordenador de un tercero (ordenador "zombi") para cometer actos delictivos tratando de ocultar su identidad, etcétera.

## 27.1.2 Contenidos ilícitos y contenidos nocivos

> Los **Contenidos Ilícitos** son aquéllos que se han considerado contrarios a la legislación aplicable en algún país.

Los contenidos ilícitos más conocidos son la difusión de pornografía infantil (cabe destacar que incluso la propia descarga o posesión de estos contenidos es delito en algunos países); la venta de pornografía a menores de edad; la difusión de contenidos racistas o xenófobos; la apología del terrorismo; publicación de difamaciones e injurias; etcétera.

En general, este tipo de contenidos constituyen un ataque contra determinados derechos y libertades fundamentales de los ciudadanos: la dignidad humana, libertad e indemnidad sexual de los menores, derecho al honor y la intimidad…

Por este motivo, tienen una respuesta por la vía de la responsabilidad civil o penal, y existe un cierto consenso en los países occidentales a la hora de definir este tipo de contenidos ilícitos.

> Por su parte, los **Contenidos Nocivos** son aquellos que pueden resultar dañinos para determinadas personas o colectivos en base a sus valores éticos, religiosos o políticos.

En este caso, la consideración como tales dependerá de los rasgos socioculturales de cada país, así como de quién sea el receptor del contenido.

Al combatir la distribución y/o posesión de contenidos ilícitos o nocivos a través de redes como Internet se plantean conflictos con otros derechos fundamentales de las personas, entre los que podríamos citar:

> ➤ El derecho a la libertad de expresión de las personas que introducen contenidos en Internet.

> ➤ El derecho a la libertad de información de los ciudadanos.

- El derecho a la intimidad y al secreto de las comunicaciones, que entra en conflicto con la necesidad de impedir el anonimato en la utilización de algunos servicios.

### 27.1.3 Agentes involucrados en la difusión de contenidos

Podemos considerar que los agentes involucrados en la difusión y publicación de contenidos a través de Internet pertenecen a alguno de los siguientes grupos:

- Proveedores de acceso a Internet.

- Operadores de redes de telecomunicación.

- Proveedores de servicios de hospedaje y de servicios de intermediación (como los buscadores).

- Proveedores de contenidos, como los periódicos y revistas con edición digital.

- Proveedores de las plataformas de redes sociales (Facebook, MySpace, Tuenti, Twitter…).

- Usuarios finales, que hoy en día también pueden difundir sus propios contenidos en Internet a través de páginas web personales y publicación en foros, "*blogs*" y redes sociales.

## 27.2 MEDIDAS LEGALES PARA COMBATIR LOS CONTENIDOS ILÍCITOS

### 27.2.1 Aspectos a tener en cuenta desde el punto de vista legal

En primer lugar, es necesario tener en cuenta que se han considerado distintas alternativas para combatir los contenidos ilícitos desde un punto de vista legal: así, en algunos casos se ha optado por el desarrollo y aprobación de leyes específicas por parte de algunos Estados, mientras que en otros se ha considerado más conveniente realizar una modificación y adaptación de la legislación existente, o bien tratar de aplicar directamente la legislación existente en ese momento.

No obstante, debemos destacar una vez más la dificultad para luchar contra los contenidos difundidos que se puedan estar distribuyendo desde terceros países, debido al carácter transnacional de Internet. Esta situación está planteando conflictos jurisdiccionales a la hora de determinar cuál es la legislación aplicable en numerosos casos.

Surge otro importante problema a la hora de definir la responsabilidad civil y penal en Internet. De entrada se aplica el principio de que los usuarios y los proveedores de contenido son responsables de sus actos, principio generalmente admitido en todos los ordenamientos jurídicos. De este modo, se desprende la responsabilidad de los usuarios por actos que podrían ser considerados como ilegales en algunos países: descarga de pornografía infantil o de contenidos protegidos por los derechos de autor.

Sin embargo, muchos usuarios finales y proveedores de contenido se pueden amparar en el anonimato dentro de Internet. Por este motivo, en algunos países se ha actuado contra los intermediarios, en aquellos casos en que no ha sido posible identificar al responsable directo de un contenido o acto ilícito. De hecho, las leyes aprobadas en estos últimos años (como la LSSI en España) obligan a los proveedores de acceso a Internet a revelar la identidad de sus usuarios.

Por este motivo, los proveedores de acceso a Internet, operadores de redes de comunicaciones, proveedores de servicios de hospedaje y otros intermediarios han reaccionado incorporando cláusulas de exención de responsabilidad en los contratos que les vinculan con sus clientes, así como mediante la implantación de determinados filtros y restricciones en los servicios ofrecidos: exigencia del registro previo de los usuarios participantes, identificación del usuario antes de proceder al alojamiento o publicación de algún contenido…

También se han previsto distintas circunstancias para la exención de responsabilidad de los intermediarios (posición adoptada en la legislación de la Unión Europea, bastante similar en este aspecto a la norteamericana). Así, los operadores de redes y proveedores de acceso a Internet no serán responsables por la información transmitida o almacenada (en servidores "caché"), salvo que ellos mismos hayan originado la transmisión, hayan modificado los datos o hayan seleccionado los datos o a los destinatarios de los mismos.

Por su parte, los prestadores de servicios de alojamiento o almacenamiento, así como de servicios de enlaces y búsqueda en Internet, no serán considerados responsables por la información almacenada o la información registrada en su base de datos, siempre que no tengan conocimiento efectivo de que la actividad o la información almacenada es ilícita o de que lesiona bienes o derechos de un tercero susceptibles de indemnización, o si lo tienen, actúen con diligencia para retirar los datos o hacer imposible el acceso a ellos.

En 1995 tuvo lugar el que podríamos considerar como primer caso de delito contra la libertad e indemnidad sexual en Internet: el caso "Compuserve" en Alemania. El director de este proveedor de servicios de Internet fue denunciado porque su empresa facilitaba el acceso a varios cientos de grupos de noticias (servicio Usenet) en los que se difundían imágenes de pederastia, zoofilia y otras perversiones pornográficas. Por este motivo, el denunciado fue condenado en 1998 a dos años de libertad vigilada por complicidad en la difusión de pornografía infantil.

En 1996 se planteó en Europa el primer caso de difamación en Internet: un profesor británico demandó a Demon, un proveedor de servicios de Internet, por no proceder a la retirada de los mensajes difamatorios que algún usuario sin identificar había publicado en grupos de noticias a los que proveedor facilitaba el acceso. Este caso se resolvió cuatro años después, en el año 2000, con un acuerdo entre las partes para reparar el daño causado al derecho al honor del demandante. La legislación británica (*Defamation Act* de 1996) establece que un proveedor de servicios queda exonerado de su responsabilidad por almacenar contenidos ilícitos si cumple dos condiciones: adoptar todas las medidas razonables para evitar que el material ilícito sea introducido en Internet y proceder a la retirada inmediata del material infractor una vez tenga conocimiento de su existencia.

## 27.2.2 Entorno normativo y medidas de los gobiernos

El entorno normativo para el control de los contenidos en Internet viene definido por las distintas leyes aprobadas por los Estados en estos últimos años, con el objeto de limitar o prohibir la publicación de determinado tipo de contenidos considerados ilícitos o dañinos a través de redes como Internet. Estas leyes se han visto acompañadas de una serie de medidas adoptadas para facilitar el desarrollo e implantación de soluciones tecnológicas que ayuden a controlar el acceso y la publicación de contenidos lícitos y dañinos a través de Internet.

En lo que se refiere a la protección de los menores, muchos Estados han tratado de apoyar y regular por ley la adopción de medidas específicas, entre las que podríamos citar la catalogación de los contenidos publicados en redes públicas; la instalación de programas de filtrado, bloqueo de contenidos y control de acceso en lugares públicos (bibliotecas, escuelas o cibercafés); la formación y sensibilización de los padres y profesores; la educación de los menores para que puedan evitar los contenidos dañinos, tratando de inculcar cómo utilizar de forma responsable los servicios de Internet; la adopción de códigos deontológicos por parte de las empresas y organizaciones que ofrecen contenidos en Internet; etcétera.

Así, en Europa podemos destacar la Decisión Nº 276/1997CE del Parlamento Europeo y del Consejo de Europa, de 25 de enero de 1999, mediante la cual la Unión Europea decidía apoyar el desarrollo de medios de filtrado y sistemas de clasificación que permitan a padres y profesores seleccionar los contenidos apropiados para la educación de los menores a su cargo, y a los adultos decidir a qué tipo de contenidos lícitos desean tener acceso. Estos filtros y sistemas de clasificación han de tener en cuenta además la diversidad cultural y lingüística de los Estados miembro de la Unión Europea.

Por otra parte, la Unión Europea puso en marcha los programas "*Safer Internet*" ("Internet Más Segura") y su continuación "*Safer Internet Plus*". "*Safer Internet Plus*" es un programa plurianual (2005-2008) dotado con un presupuesto de 45 millones de euros para luchar contra los contenidos ilícitos (como la pornografía infantil o los contenidos racistas y xenófobos) o el *spam*, tratando de promover un entorno más seguro en la utilización de los servicios de Internet.

En España, la Ley de Servicios de la Sociedad de la Información (LSSI) que entró en vigor el 12 de octubre de 2002, contempla la responsabilidad sobre los contenidos ofrecidos a través de Internet. Por este motivo, varios portales eliminaron las páginas personales gratuitas de usuarios anónimos, mientras que el servicio MSN de Microsoft decidió cerrar todos sus *chats* poniendo como excusa la entrada en vigor de esta ley.

La Ley de Servicios de la Sociedad de la Información (LSSI) contempla la posibilidad de restringir de forma puntual la prestación de un servicio a través de Internet: "en el caso de que un Servicio de la Sociedad de la Información atente o pueda atentar contra el orden público, la investigación penal, la seguridad pública y la defensa nacional, la salud pública, la dignidad de la persona y el principio de no-discriminación, la protección de la juventud y la infancia, los órganos competentes para su protección podrán adoptar las medidas necesarias para que se interrumpa su prestación o para retirar los datos que los vulneran".

De hecho, en España ya se han producido varios episodios de cierre de páginas web con contenidos a favor de la organización terrorista ETA. Así, en septiembre 2002 el juez de la Audiencia Nacional Baltasar Garzón ordenó a varios proveedores de acceso a Internet y operadores de telecomunicaciones que impidieran el acceso a páginas web de Batasuna y Euskal Herritarok a través de la Red.

Más recientemente, en mayo de 2005 se clausuraba una página web en Italia por hacer un fotomontaje del nuevo Papa Benedicto XVI. En el foto/montaje que llevaba como título el "Papa nazi", se mostraba a Benedicto XVI vestido con un uniforme nazi. La página web fue clausurada por orden judicial, tras ser acusada de ofender a la Religión Católica.

Por su parte, en Estados Unidos la aprobación de la *Communications Decency Act* (CDA) en 1995 obligó a implantar sistemas de filtrado y control de acceso a contenidos en bibliotecas públicas y colegios. Esta ley preveía multas de 2.500 dólares y penas de hasta dos años de prisión para quienes distribuyeran material obsceno e indecente a menores. Asimismo, imponía un exceso de responsabilidad a los proveedores de servicios de Internet, que no tenían medios para determinar la edad de los destinatarios de las transmisiones electrónicas. Por éste y otros motivos provocó numerosas protestas a finales de 1995 y durante todo el año 1996, con una campaña de lazos azules en numerosas páginas web de Internet contrarias a esta ley. Finalmente fue tachada de inconstitucional por el Tribunal Supremo de Estados Unidos en junio de 1997.

Posteriormente, en 1998 se aprobó en Estados Unidos la *Child Online Protection Act* (COPA), ley conocida también como CDA II. En virtud de esta nueva ley federal, los Websites comerciales deben impedir el acceso a los menores de edad a aquellos contenidos que sean considerados nocivos. También esta ley ha desatado una fuerte polémica, ya que en algunos medios se considera que esta ley es contraria a la Primera Enmienda de la Constitución de Estados Unidos, que defiende el derecho a la libertad de expresión. Por ello, se presentaron varios recursos de inconstitucionalidad contra esta ley.

Otro caso que ha suscitado una cierta polémica a nivel internacional es el de China, país que ha impuesto un férreo control sobre las conexiones a Internet de sus ciudadanos, obligando a implantar filtros que impidan el acceso a contenidos que puedan ser considerados como contrarios a los intereses del gobierno. De hecho, algunos buscadores como Google han tenido que implantar una "autocensura" de determinados contenidos en las búsquedas de los usuarios de este país, para evitar posibles enfrentamientos con el gobierno chino.

De hecho, en ese país algunos ciberdisidentes han sido condenados a penas de prisión por haber difundido en Internet artículos críticos con las autoridades del Gobierno chino. Tal es el caso del disidente Chen Suqing, quien fue condenado en agosto de 2007 a cuatro años de prisión por "incitar a derrocar al Gobierno", según daba a conocer el grupo Reporteros sin Fronteras (RSF).

Según denunciaba Amnistía Internacional en septiembre de 2007, varias decenas de países habían impuesto sistemas de vigilancia de cibercafés, eliminaban *blogs*, bloqueaban motores de búsqueda o encarcelan a ciudadanos por expresar sus convicciones políticas en Internet, situación que se había visto agravada desde los atentados del 11-S de 2001.

## 27.2.3 Conflictos jurisdiccionales

Debido al carácter transnacional de Internet, que no conoce fronteras ni barreras geográficas, se están planteando nuevos conflictos jurisdiccionales, sin que sea fácil determinar cuál es la jurisdicción competente en cada caso. No debemos olvidar, además, que para poder tramitar una orden de extradición es necesario que en ambos países se considere delito el mismo hecho o actividad de la que se acusa a un ciudadano.

Así, por ejemplo, numerosos Websites neonazis o con contenidos xenófobos se han instalado en países como Estados Unidos para burlar las leyes europeas. Dado que la legislación alemana tipifica como un crimen la negación del holocausto judío o la distribución de propaganda nazi, los grupos extremistas han situado en servidores de Estados Unidos dicho material (la mayoría escrito en alemán y disponible para usuarios alemanes), disfrutando de la protección de la Primera Enmienda de la Constitución Estadounidense, que protege el derecho a la libertad de expresión de sus ciudadanos. En esta situación, los alemanes pueden componer el material desde su país y "subirlo" a servidores Web del otro lado del Atlántico, para evitar represalias legales en su propio país.

En 1996 la Asociación de Estudiantes Judíos de Francia demandó a nueve proveedores de acceso a Internet por la existencia de mensajes y documentos que negaban el holocausto judío en las páginas web y foros de discusión a los que facilitaban el acceso.

Por otra parte, la librería más famosa de Internet, Amazon, tuvo que impedir el acceso de usuarios alemanes a la venta del libro de Hitler *Mein Kampf*, para evitar que fuera acusada de cometer un delito en virtud de la aplicación de la legislación alemana. Sin embargo, dado que los usuarios alemanes de esta librería conseguían saltarse la prohibición acudiendo al Website de la librería virtual en el Reino Unido, Amazon decidió retirar finalmente el título de la venta al público, para evitar mayores problemas.

Otro caso famoso y bastante polémico ha sido el del portal Yahoo! y sus problemas con la justicia francesa. El Tribunal Correccional de París ordenó el 22 de mayo de 2000 a Yahoo! que adoptara las medidas técnicas necesarias para imposibilitar el acceso de los internautas franceses a su Website de subastas en el que se podían localizar objetos relacionados con la Alemania nazi, basándose en una ley francesa que impide comerciar con recuerdos y souvenirs nazis. La sentencia afectaba a Yahoo.com y no sólo a Yahoo.fr, por lo que se planteó un conflicto jurisdiccional, al afectar a contenidos alojados en servidores que se encontraban en Estados Unidos.

Ante estas actuaciones de la justicia, los responsables de tiendas y portales que ofrecen servicios en Internet han tenido que implantar herramientas para poder filtrar de forma automática los contenidos y productos ofrecidos en función de la dirección IP y/o la configuración del idioma del navegador del usuario. No obstante, estas herramientas se enfrentan al problema de la utilización de servicios de navegación anónima, como Anonymizer.com, que permiten ocultar la dirección IP real del usuario que se conecta a un determinado servidor en Internet.

Otra medida adoptada por las tiendas *on-line* ha sido la paralización de la venta de material considerado ilegal en el país que se indica en la dirección de envío del comprador. Sin embargo, también esta medida puede ser fácilmente burlada si el material en cuestión es comprado y enviado directamente (como correo privado) por particulares o familiares que residan en un país donde no se considera un delito su venta.

## 27.3 FILTRADO, CATALOGACIÓN Y BLOQUEO DE CONTENIDOS

Se han desarrollado numerosas herramientas para facilitar el filtrado, catalogación y bloqueo de contenidos, basadas en distintas técnicas:

➢ **Utilización de Listas Blancas**, es decir, listas de direcciones de sitios permitidos en Internet.

➤ **Utilización de Listas Negras**, entendiendo como tales a listas de direcciones de sitios prohibidos.

➤ **Análisis y bloqueo de determinados contenidos**: revisión de las páginas web y mensajes de correo para eliminar aquellos documentos que incluyan determinadas palabras clave.

➤ **Control de la edad del usuario** que intenta acceder a un determinado contenido o servicio en Internet. No obstante, esta técnica resulta bastante difícil de aplicar en la práctica.

Estas técnicas todavía presentan bastantes limitaciones, entre las que podríamos destacar los falsos positivos y los falsos negativos. Los primeros se producen cuando se bloquean contenidos que deberían estar permitidos, generalmente relacionados con la salud, mientras que los falsos negativos tienen lugar cuando se facilita el acceso a contenidos que deberían estar bloqueados. Por otra parte, con estas técnicas el mecanismo de control actúa sobre la recepción de los contenidos, pero no sobre su distribución.

Podemos encontrar multitud de aplicaciones de filtrado disponibles en el mercado: Cyber Patrol, Net Nanny, Surf Watch, Cyber Sitter, Watch Dog, Cyber Sentinel, Cyber Snoop, The Internet Filter, X-Stop, Guard One o SOS Kid Proof, muchas de las cuales disponen de distintas versiones para el ámbito doméstico, empresarial o educativo.

*Figura 27.1. Aplicaciones de filtrado de contenidos*

Por otra parte, los sistemas de **catalogación de contenidos** permiten establecer una calificación moral de dichos contenidos, atendiendo a distintos criterios. Así, por ejemplo, se podrían utilizar las etiquetas basadas en el protocolo PICS promovido desde 1997 por el W3C (*World Wide Web Consortium*), que se incluyen en las páginas web para especificar su contenido. Los padres y educadores pueden configurar el navegador para que se permita el acceso únicamente a aquellas páginas con etiquetas que identifiquen que el tipo de contenido no es nocivo para los niños o niñas que vayan a utilizar el ordenador.

En la actualidad, el sistema de catalogación con etiquetas ("*labels*") más conocido es el que ha propuesto la ICRA (*Internet Content Rating Association*, Asociación para la Clasificación del Contenido en Internet, www.icra.org), organismo que sustituyó en 1999 a la RSAC (*Recreational Software Advisory Council*, Consejo

Asesor sobre Software Recreativo). Este sistema establece una clasificación de los contenidos de las páginas web atendiendo a varias categorías.

Otro organismo que ha propuesto un sistema de catalogación de contenidos es SafeSurf (www.safesurf.com).

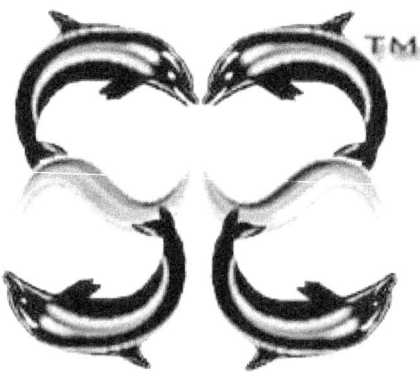

*Figura 27.2. Safe Surf*

Sin embargo, los sistemas de clasificación y catalogación de contenidos se encuentran con varias dificultades para su implementación en la práctica:

- ¿Quién es el responsable de la catalogación de los miles de millones de páginas web, el propio autor del contenido o un tercero independiente?

- ¿Qué criterios se deben utilizar para llevar a cabo la calificación moral de los contenidos? Es necesario destacar el problema provocado por las diferencias existentes a nivel social, religioso y cultural entre los distintos países (e incluso entre distintas comunidades que conviven dentro de un mismo país).

- El desconocimiento por parte de los padres y usuarios de la existencia de estas herramientas de bloqueo de contenidos en programas como el navegador.

## 27.4 DAÑOS A LA IMAGEN Y LA REPUTACIÓN

### 27.4.1 Ataques contra la imagen y reputación de las empresas

Internet constituye un medio muy rápido y económico para que los clientes o empleados descontentos puedan dar a conocer un problema y reivindicar sus derechos, ocasionando un serio problema de imagen a la empresa. Las acciones de protesta pueden provocar una avalancha de mensajes y opiniones de los ciudadanos, así como la aparición de páginas web para difundir el problema, por lo que es muy importante hacer un seguimiento permanente y actuar con rapidez.

De hecho, se han creado Websites específicos para que los clientes descontentos puedan publicar sus experiencias negativas con los productos y servicios de algunas empresas. Uno de los primeros y más llamativos ejemplos lo encontramos en el caso de "*Flaming Fords*", una asociación de clientes descontentos con el fabricante Ford, que a finales de 1995 decidieron crear una página web (www.flamingfords.com) para dar a conocer los problemas de un modelo de furgoneta que podía arder de forma inesperada por un defecto en la producción. Además, esta página se mantuvo activa durante varios años, constituyendo un problema de imagen para la empresa Ford.

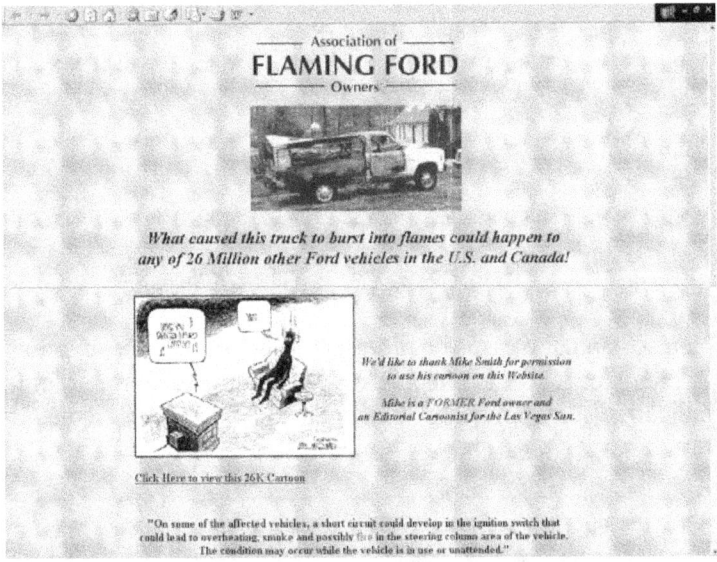

*Figura 27.3. El caso de "Flaming Fords"*

Otro ejemplo que ha tenido una importante difusión en España ha sido la campaña en 1998 en contra de las subidas de las tarifas locales de Telefónica y en protesta por el mal funcionamiento de su red Infovía:

*Figura 27.4. Campaña en contra de Telefónica e Infovía*

También fue notable en estos últimos años en España la campaña contra el automóvil Peugeot 307 a través de la página web www.307fallos.org:

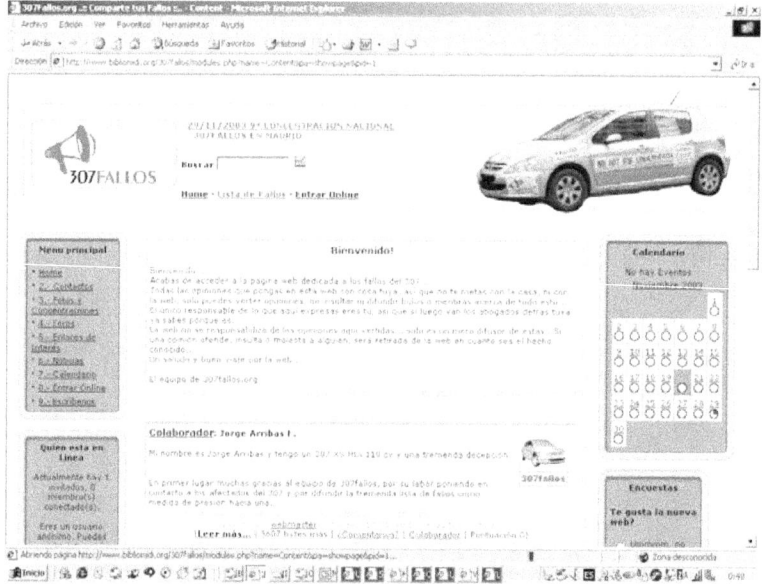

*Figura 27.5. Peugeot 307 (www.307fallos.org)*

También se han dado casos de protestas en contra de una determinada empresa organizados por empleados descontentos o ex-empleados, como se muestra en este *banner* reivindicativo del sindicato CC.OO., alusivo a problemas laborales en Trinaranjus:

*Figura 27.6. El caso de Trinaranjus*

En la actualidad los "*blogs*" (diarios publicados a través de Internet) creados por los propios empleados se están convirtiendo en uno de los principales motivos de preocupación para los Departamentos de Recursos Humanos de las grandes empresas, ya que en ellos se pueden encontrar todo tipo de opiniones y comentarios que podrían resultar dañinos para la imagen y la reputación de la organización.

Y no debemos olvidar la popularización de las redes sociales como Facebook, MySpace, LinkedIn, Xing, Twitter o Tuenti, donde también se pueden publicar todo tipo de opiniones y mensajes que podrían afectar negativamente a una organización.

Por todo ello, una organización debería estar preparada para reaccionar frente a momentos de crisis, que se desatan, por ejemplo, cuando se descubre un problema en alguno de sus productos. Para ello, resulta de vital importancia desarrollar un sistema de "vigilancia en la Red", que permita monitorizar de forma automática miles de puntos en Internet (páginas web o grupos de noticias) en los que se pueda hablar de la empresa, de sus marcas o de sus productos, para detectar rumores o desinformaciones que afecten a su reputación.

De hecho, han aparecido en los últimos años empresas especializadas en este tipo de actividades de vigilancia en Internet, para detectar un potencial problema antes de que pueda afectar gravemente a sus clientes. Entre ellas podríamos citar a CyberAlert (www.cyberalert.com) o CyVeillance (www.cyveillance.com), que son algunas de las más conocidas.

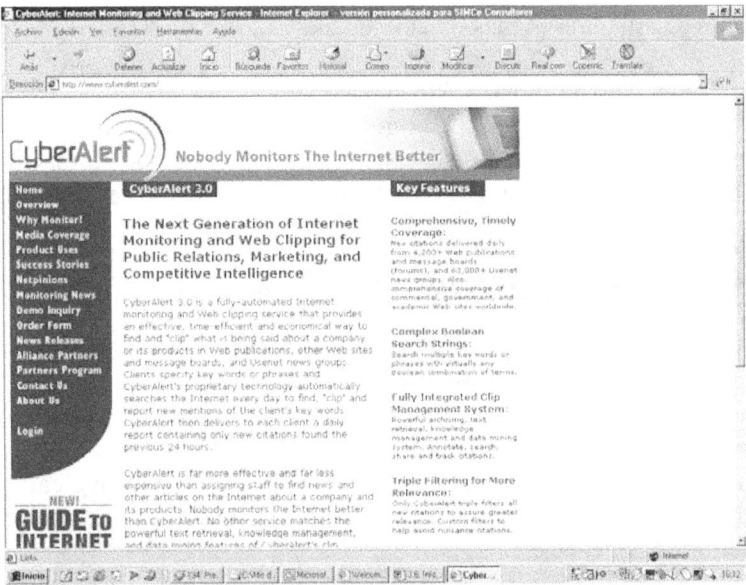

*Figura 27.7. CyberAlert (www.cyberalert.com)*

## 27.4.2 Campañas contra la reputación y el honor de las personas

Internet también se ha convertido en un gran aliado del llamado *"CiberBullying"*, fenómeno que en los últimos años ha experimentado un importante crecimiento. Los responsables de estas campañas de agresión y ridiculización (que empiezan a ser bastante frecuentes en algunos colegios) utilizan herramientas disponibles en Internet para conseguir atacar a sus víctimas mediante ridiculizaciones, amenazas, chantajes o discriminaciones.

Uno de los métodos más utilizados es la difusión de fotografías retocadas para ridiculizar a las víctimas, y que posteriormente son distribuidas masivamente para acrecentar el impacto.

También se han dado casos durante el año 2006 de la publicación de artículos en enciclopedias como Wikipedia, revelando datos falsos sobre la biografía de determinados personajes públicos. De hecho, en enero de 2006 un juez ordenaba el cierre de la versión alemana de esta enciclopedia de acceso gratuito, como resultado de la demanda presentada por la familia de un "*hacker*" asesinado cuyo nombre real había sido publicado en uno de los documentos incluidos en esta enciclopedia. Wikipedia es un proyecto lanzado en 2002 y que se ha convertido en uno de los sitios más populares de Internet, al ofrecer un espacio totalmente gratuito que permite que cualquiera pueda introducir entradas para compartir su conocimiento y contribuir al desarrollo de esta enciclopedia virtual, la cual a principios de 2006 ya registraba más de 3,7 millones de artículos en más de 200 lenguas.

En relación con la propia Wikipedia, en agosto de 2007 se daba a conocer que el FBI, la CIA, Al Jazeera o la BBC figuraban entre algunos de los "editores" del contenido de esta famosa enciclopedia on-line, modificando de forma interesada el contenido relativo a ciertas organizaciones, personajes públicos o eventos históricos.

### 27.4.3 Campañas de "*Google Bombing*"

Mediante las campañas de "*Google Bombing*", algunas personas tratan de conseguir que una determinada página objetivo del ataque se muestre entre los primeros resultados asociados a la búsqueda de una determinada palabra clave en el popular buscador Google, aprovechando que este buscador muestra los resultados de las búsquedas teniendo en cuenta el número de enlaces que apuntan a cada una de las páginas web relacionadas con las palabras clave de la búsqueda, de acuerdo con una serie de criterios de relevancia.

Así, por ejemplo, en España se han desarrollado algunas iniciativas en esta línea contra el Website de la SGAE, como protesta por el canon impuesto a los CDs vírgenes, a través de un movimiento que se puso en marcha en abril de 2004 mediante distintos foros y páginas web, desde las que se enlazaba a las siglas de la Sociedad Gestora de Derechos de Autor con el término de "ladrones", consiguiendo de este modo que la página de la SGAE saliera en primer lugar asociada a esta palabra clave.

Podemos citar otro ejemplo curioso a nivel mundial: las palabras "*miserable failure*" ("fracasado miserable") muestran como primeros resultados en Google las páginas de personajes famosos, como la de la biografía del presidente de Estados Unidos George W. Bush.

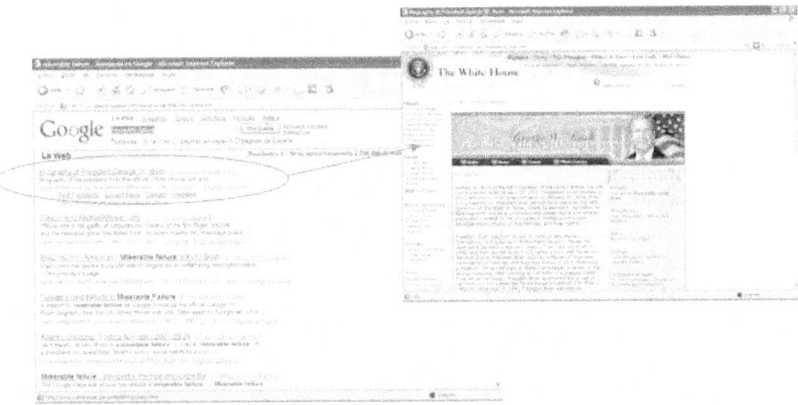

*Figura 27.8. Ejemplo de campaña de "Google Bombing"*

## 27.4.4 Responsabilidad de la empresa por los correos electrónicos no solicitados que reciban sus empleados con contenidos ofensivos

Para concluir este capítulo destacaremos también que algunos expertos ya han planteado la posibilidad de que los empleados puedan demandar a la organización para la que trabajan si reciben correos con contenidos que consideren ofensivos: mensajes de *spam* de Websites pornográficos, correos con mensajes difamatorios...

Por este motivo, se aconseja a las empresas que informen a los usuarios de la posible existencia de estos "correos basura" y que implanten tecnologías de filtro anti-*spam*, ya que de lo contrario podrían ser acusadas, según la legislación vigente en algunos países de Europa, de crear un ambiente hostil de trabajo para sus empleados.

## 27.5 REFERENCIAS DE INTERÉS

- ✓ Anonymizer: http://www.anonymizer.com/.
- ✓ ICRA (*Internet Content Rating Association*): http://www.icra.org/.
- ✓ SafeSurf: http://www.safesurf.com/.
- ✓ CyberAlert: http://www.cyberalert.com/.
- ✓ CyVeillance: http://www.cyveillance.com/.
- ✓ Cyber Patrol: http://www.cyberpatrol.com/.
- ✓ Net Nanny: http://www.netnanny.com/.
- ✓ Surf Control: http://www.surfcontrol.com/.
- ✓ Cyber Sitter: http://www.cybersitter.com/.
- ✓ Cyber Snoop: http://www.pearlsw.com/.

# Capítulo 28

# PROTECCIÓN DE LA PROPIEDAD INTELECTUAL Y LUCHA CONTRA LA PIRATERÍA DIGITAL

## 28.1 LOS DERECHOS DE AUTOR

Los derechos de autor surgen al plasmar la creación de una obra en un determinado soporte físico o lógico, protegiendo esta obra a nivel internacional, sin necesidad de registro, gracias a los diversos convenios internacionales.

Los derechos morales siempre corresponden al autor (se consideran inalienables en España). Por su parte, los derechos patrimoniales pertenecen siempre al creador de la obra, a no ser que se hayan creado en el desarrollo de una actividad laboral o se haya llegado a un acuerdo para la cesión de los derechos (por ejemplo, en una prestación de servicios).

Para obtener la protección contemplada por la ley, en España se puede inscribir la obra en el Registro de Propiedad Intelectual. Otros medios alternativos podrían ser el depósito notarial o la leyenda de reivindicación de los derechos con el símbolo "©" (aplica la presunción de titularidad).

La duración de la protección de la obra abarca toda la vida del autor y 70 años después de su fallecimiento para el caso de las personas físicas. Para las personas jurídicas la protección se extiende durante 70 años desde el 1 de enero del año siguiente a la divulgación o creación de la obra.

Entre los elementos protegidos por la legislación vigente podemos citar:

- Contenidos, imágenes, música, vídeos...

- Diseños gráficos (páginas web en su conjunto).

> Códigos, manuales y documentación de programas.

En lo que se refiere al marco legal aplicable en España, podemos mencionar las siguientes referencias legales:

> Ley de Propiedad Intelectual, texto refundido aprobado por el Real Decreto Legislativo 1/1996, de 12 de abril de 1996.

> Directiva 96/6/CE, de 11 de marzo de 1996, sobre la protección jurídica de las bases de datos.

> Ley 5/1998, de 6 de marzo, por la que se incorpora al Derecho español la Directiva 96/6/CE.

> Acuerdos internacionales adoptados en el marco de la Organización Mundial de la Propiedad Intelectual (OMPI). El tratado de protección de los derechos de autor en Internet entró en vigor en marzo de 2002.

## 28.2 PROTECCIÓN DE LOS PROGRAMAS INFORMÁTICOS

La titularidad de los derechos de un programa informático corresponde al autor o persona jurídica que lo haya creado. Sin embargo, en el caso de programas creados por trabajadores asalariados en el ejercicio de las funciones que le hayan sido encomendadas, la titularidad de los derechos de explotación corresponde en exclusiva al empresario, salvo pacto contrario.

El código fuente del programa, así como la documentación técnica sobre su diseño y los manuales de usuario, se pueden inscribir en el Registro de la Propiedad Intelectual.

En el caso de los programas informáticos los derechos de explotación incluyen los siguientes aspectos:

> La reproducción total o parcial del programa.

> La transformación del programa. Se permiten estas transformaciones por parte de un usuario cuando sean precisas para asegurar su utilización conforme a su finalidad.

> La distribución pública del programa.

Por otra parte, el comprador podrá disfrutar del derecho de uso del programa. La cesión del derecho de uso tiene carácter no exclusivo e intransferible, salvo pacto en contrario. Esto quiere decir que la persona o empresa que adquiere una licencia de uso del programa podrá disfrutar del derecho de uso de este producto, pero no podrá entregar copias del programa a terceros sin el consentimiento del titular de los derechos. No obstante, sí se permiten realizar copias de seguridad del programa por parte del usuario legítimo.

En cuanto a la infracción de los derechos de propiedad relativos a los programas informáticos, en España el artículo 270 del Código Penal castiga a quienes posean con fines comerciales o pongan en circulación una o más copias de un programa conociendo su naturaleza ilegítima, así como a quienes posean con fines comerciales o pongan en circulación medios de neutralización de dispositivos técnicos de protección (*"cracks"*).

Los *"cracks"* son programas que permiten inutilizar los sistemas de protección establecidos por el titular de los derechos de propiedad intelectual. Así, algunos *cracks* permiten seguir utilizando un programa de demostración una vez superado el período de prueba establecido, mientras que otros pueden eliminar la llamada del programa a una clave, llave electrónica o número de serie.

En relación con esta última cuestión, una de las sentencias más importantes en España tuvo lugar en junio de 2005, cuando el Juzgado Penal nº 18 de Barcelona condenaba a dos años de prisión a dos personas por la puesta en circulación continuada de *"cracks"* y por reproducción y distribución no autorizada de programas de ordenador. Los *"cracks"* y los programas piratas estaban alojados en la página web "el Vino y el Jamón", ubicada en la dirección www.vesatec.com. Este proceso comenzó en 1997 con la denuncia presentada en Barcelona por la BSA (*Business Software Alliance*), organización que defiende a nivel internacional los intereses de la industria del software.

## 28.3 PROTECCIÓN DE LOS CONTENIDOS DIGITALES

La protección de los contenidos digitales plantea nuevos e importantes problemas a considerar: tratamiento de los derechos de reproducción; tratamiento de los derechos de publicación, en particular a través de Internet; implantación de sistemas anti/copia; realización de copias privadas por parte de los usuarios; préstamo de contenidos digitales a terceros; etcétera.

Los contenidos en formato digital son muy fáciles de copiar y, además, resulta bastante difícil monitorizar las copias realizadas. Debido a la facilidad de copia y manipulación, se pueden crear nuevos contenidos a partir de fragmentos de creaciones ya existentes, como en el caso de los servicios de *"news clipping"* (recorte de artículos y noticias de prensa para crear nuevos artículos).

También hay que tener en cuenta que una creación digital puede incluir distintos contenidos multimedia (texto, sonido, imágenes, animaciones, vídeo...). Las leyes de protección de la propiedad intelectual han aplicado distintas reglas dependiendo del soporte o medio en el que se plasma la creación, lo que dificulta su aplicación directa al caso de los contenidos digitales.

Por otra parte, las soluciones técnicas que se desarrollen para proteger los contenidos digitales deberán incluir componentes para facilitar:

- ➢ La identificación de las obras protegidas por derechos de autor y sus condiciones de uso.

- ➢ La gestión de bases de datos con información de las obras protegidas.

- ➢ El registro de transacciones con estas obras, a efectos de prueba legal.

- ➢ Los procedimientos de pago electrónico adecuados.

## 28.3.1 Legislación para proteger los contenidos digitales

La protección de los contenidos digitales cuenta con dos importantes referentes legales a nivel internacional, como son la *Digital Millenium Copyright Act* (DMCA, 1998) de Estados Unidos y la Directiva sobre Copyright de la Unión Europea, aprobada por el Parlamento y ratificada por el Consejo en mayo de 2001.

En concreto, esta Directiva plantea importantes restricciones a los usuarios, por lo que ha generado una serie de protestas de distintos colectivos. Así, por ejemplo, se considera ilegal codificar en formato MP3 una canción de un CD adquirido legalmente, aunque sea para obtener una copia privada y poder escuchar la canción en un reproductor digital del usuario. También se castiga la publicación de documentos desvelando los detalles técnicos de los sistemas de protección de contenidos digitales.

Desde un punto de vista legal, hasta hace poco tiempo en España y en otros países de la Unión Europea compartir contenidos digitales a través de redes como Internet no se consideraba un delito. Se trataba de un "ilícito civil", ya que no existía "ánimo de lucro". De hecho, el artículo 270 del Código Penal español consideraba un delito la reproducción, plagio, distribución o comunicación pública, en todo o en parte con ánimo de lucro y en perjuicio de terceros.

Sin embargo, en los últimos años hemos asistido a un progresivo endurecimiento de las leyes en los países de nuestro entorno para mejorar la protección de los contenidos digitales.

Así, por ejemplo, el Senado italiano aprobó a finales de mayo de 2004 una nueva ley que establece penas de prisión de entre 6 meses y 3 años para los usuarios de aplicaciones "*peer-to-peer*" que intercambien contenidos protegidos por las leyes de propiedad intelectual, así como multas entre 154 € y 15.500 € y la confiscación del hardware y del software empleado. La "*Legge Urbani*", como ha sido bautizada, criminaliza el intercambio de contenidos incluso para uso personal. De hecho, hasta ese momento las leyes italianas exigían la condición de ánimo de lucro para que el hecho de copiar un contenido fuese considerado como un acto delictivo.

Por su parte, el gobierno francés anunciaba en julio de 2004 una iniciativa de tolerancia cero que permitirá a los proveedores de acceso a Internet interrumpir el servicio de los clientes que descarguen o intercambien música de forma ilegal.

A principios de julio de 2006 el Parlamento francés aprobaba una nueva ley para regular las descargas de obras a través de Internet, estableciendo penas pecuniarias e incluso de cárcel en algunos supuestos. Esta ley establece sanciones graduales que van desde una multa de 38 € para el internauta que descargue ilegalmente un contenido digital hasta una condena de tres años de cárcel para el que comercialice programas destinados a fomentar la piratería.

En junio de 2008 el Gobierno francés presentaba un nuevo proyecto de ley de protección de la propiedad intelectual (Ley *Hadopi*) que prevé la suspensión de la conexión a Internet de los ciudadanos que se descarguen archivos ilegalmente. Esta medida será adoptada tras dos advertencias previas al ciudadano y a instancias de una autoridad independiente.

Los legisladores alemanes, al igual que los franceses, han modificado su legislación sobre propiedad intelectual para adaptarla a la nueva normativa europea. De hecho, el 23 de marzo de 2006 se aprobaba una nueva ley en Alemania en la que se prevén penas de hasta dos años de prisión para quienes descarguen de Internet contenidos protegidos para uso personal, penas que aumentan hasta los cinco años si la descarga de ficheros persigue una finalidad comercial.

La Unión Europea aprobó en noviembre de 2009 que las autoridades administrativas de los Estados miembros puedan cortar el acceso a Internet sin orden judicial previa a los usuarios que descarguen contenidos protegidos por derechos de autor, tal y como quieren hacer Francia (Ley *Hadopi*) o el Reino Unido, según un acuerdo alcanzado por los Gobiernos de los 27 y la Eurocámara para reformar la regulación del sector de las telecomunicaciones.

En Estados Unidos fue aprobada en septiembre de 2004 una nueva ley, la "*Piracy Deterrence and Education Act*" de 2004, que amplía la definición de intercambio ilegal de archivos a través de Internet. Asimismo, en abril de 2005 se aprobaba en este país una nueva ley, conocida como la "*Family Entertainment and Copyright Act*", que contempla penas de hasta 3 años de prisión para los responsables de la grabación ilegal de películas en cines y de su posterior distribución por Internet. Esta nueva ley prevé además que las sanciones aplicables sean proporcionales a la cantidad de archivos que hayan sido intercambiados por el acusado.

En lo que se refiere a España, la entrada en vigor el 1 de octubre de 2004 de la Ley Orgánica 15/2003, que reforma el Código Penal, introduce importantes novedades sobre esta cuestión, ya que desde ese momento también será delito bajarse una canción o película de Internet sin el permiso explícito del propietario de los derechos (artículo 270, apartado 2). La pena de prisión podrá oscilar entre 6 meses y 2 años y la multa de 12 a 24 meses.

También se considera un delito crear o poseer programas capaces de saltarse cualquier barrera tecnológica para realizar una copia privada o de seguridad, ya sea de software, CDs de música o DVDs adquiridos legalmente por el usuario (artículo 270, apartado 3). Asimismo, se prohíbe divulgar información o distribuir herramientas para desproteger los contenidos y programas protegidos por derechos de autor o, simplemente, crear una página web con enlaces hacia sitios donde se ofrezca información sobre estos temas. Nuevamente, la pena de prisión oscilará entre 6 meses y 2 años y la multa de 12 a 24 meses.

De este modo, este polémico artículo 270 deja fuera de la ley todos los mecanismos que permiten saltarse las protecciones anti/copia de programas, CDs o DVDs, por lo que en la práctica también impide que un ciudadano pueda realizar una copia privada de estos productos si para ello se tiene que desproteger su contenido.

En abril de 2005 el gobierno aprobaba un "Plan de Choque" para luchar contra la piratería, con la adopción de medidas como la sensibilización de los ciudadanos; la especialización de fiscales, peritos y policías judiciales, para agilizar los procesos judiciales relacionados con los delitos contra la propiedad intelectual; la creación de un grupo policial específico sobre actividades delictivas relacionadas con la propiedad intelectual; etcétera.

En España se aprobó en junio de 2006 una nueva Ley de Propiedad Intelectual, que pretendía dar una respuesta más eficaz a la protección de los contenidos digitales. Sin embargo, no ha estado exenta de una cierta polémica, al tratar cuestiones como el canon sobre los soportes digitales (CD, DVD, Mini-Disc), el canon sobre reproductores portátiles y grabadoras de CDs y DVDs, la introducción de sistemas anticopia, la posibilidad de realizar copias privadas o la definición de las licencias de uso de estos contenidos (que podrían limitar, por ejemplo, el préstamo de un contenido digital –como un libro o una canción– a un amigo), por citar las más relevantes y sobre las que existe un conflicto entre los intereses de los consumidores y usuarios, por una parte, y los autores y editores, por otra.

No obstante, conviene tener en cuenta que el Parlamento Europeo aprobó en abril de 2007 un controvertido proyecto de Directiva que prevé sanciones penales para los delitos contra la propiedad intelectual, pero lo enmendó para excluir de su campo de aplicación las actividades "no lucrativas", de tal modo que no se podrán sancionar los intercambios de archivos y contenidos digitales entre particulares cuando éste tenga lugar sin que se produzca un ánimo de lucro.

Esta misma postura es la que han venido aplicando varios Tribunales españoles en estos últimos años al juzgar casos de denuncias presentadas contra ciudadanos particulares por la posesión de copias piratas y/o el intercambio de canciones y películas en formato digital a través de Internet, al considerar que este tipo de actividades carecen de tipificación penal, pero sí constituyen un ilícito civil.

Además, el Tribunal de Justicia de la Unión Europea falló en octubre de 2010 declarando ilegal el canon digital que actualmente se encontraba en vigor en España, por aplicarse de forma indiscriminada a empresas y profesionales que adquieren los aparatos y soportes de reproducción digital con finalidades claramente distintas de la copia privada. En 2007 el canon digital recaudó 90 M€, en el 2008 unos 83 M€ y en el 2009 unos 97 M€. En total cerca de 270 M€ que han salido de los bolsillos de todos los ciudadanos cada vez que alguien ha comprado un dispositivo digital. La sentencia del Tribunal de Justicia de la Unión Europea avala la aplicación del canon a particulares, pero considera ilegal aplicarlo indiscriminadamente a empresas y profesionales.

1. Será castigado con la pena de prisión de seis meses a dos años y multa de 12 a 24 meses quien, con ánimo de lucro y en perjuicio de tercero, reproduzca, plagie, distribuya o comunique públicamente, en todo o en parte, una obra literaria, artística o científica, o su transformación, interpretación o ejecución artística fijada en cualquier tipo de soporte o comunicada a través de cualquier medio, sin la autorización de los titulares de los correspondientes derechos de propiedad intelectual o de sus cesionarios.

2. Será castigado con la pena de prisión de seis meses a dos años y multa de 12 a 24 meses quien intencionadamente exporte o almacene ejemplares de las obras, producciones o ejecuciones a que se refiere el apartado anterior sin la referida autorización. Igualmente incurrirán en la misma pena los que importen intencionadamente estos productos sin dicha autorización, tanto si éstos tienen un origen lícito como ilícito en su país de procedencia; no obstante, la importación de los referidos productos de un Estado perteneciente a la Unión Europea no será punible cuando aquellos se hayan adquirido directamente del titular de los derechos en dicho Estado, o con su consentimiento.

3. Será castigado también con la misma pena quien fabrique, importe, ponga en circulación o tenga cualquier medio específicamente destinado a facilitar la supresión no autorizada o la neutralización de cualquier dispositivo técnico que se haya utilizado para proteger programas de ordenador o cualquiera de las otras obras, interpretaciones o ejecuciones en los términos previstos en el apartado 1 de este artículo.

*Tabla 28.1. Nueva redacción del artículo 270 del Código Penal español*

Por último, y en relación con el desarrollo o la posesión de dispositivos que permitan desproteger los contenidos digitales, podemos mencionar el famoso caso del programa DeCSS, creado por el adolescente noruego Jon Johansen y distribuido libremente por Internet en octubre 1999.

Johansen desarrolló una aplicación para el entorno LINUX que permitía saltarse la protección de los DVD[73] para poder reproducirlos libremente en un ordenador. El 22 de diciembre del 2003 fue absuelto por el tribunal de apelación de Oslo, tras varios años de litigios iniciados por las asociaciones norteamericanas *Motion Picture Association of America* y *DVD Copy Control Association*. El tribunal falló que Jon no había cometido ningún acto ilegal por descifrar el código de seguridad de los DVD y distribuirlo en Internet, ya que, según los jueces, esas acciones estaban justificadas bajo la doctrina legal del uso privado de la propiedad intelectual. Sin embargo, en la actualidad en muchos países (entre ellos España), tras la reforma de las leyes de protección de la propiedad intelectual y del Código Penal, su actuación podría ser perseguida como un delito.

## 28.3.2 Tecnología DRM (*Digital Rights Management*)

La tecnología DRM (*Digital Rights Management*) se ha propuesto como una solución integral para la Gestión de los Derechos Digitales. Para ello, se apoya en distintas técnicas como el cifrado de los ficheros con contenidos digitales, la autenticación del usuario que intenta acceder al fichero o la incorporación de licencias de uso y de "marcas de agua" (*watermarks*) dentro de cada fichero.

El funcionamiento de un sistema que emplee la tecnología DRM es el que se describe a continuación: cuando el usuario termina la descarga de un contenido digital (canción, película, documento...), recibirá una clave que le permitirá descifrarlo y visualizarlo en su equipo, teniendo en cuenta las condiciones del contrato que se plasman en una licencia de uso (compra del contenido, alquiler por unas horas, grabación del contenido en un CD o DVD, copia a otro ordenador o reproductor digital). La inclusión de marcas de agua posibilita monitorizar su distribución por Internet, así como la detección del uso fraudulento del contenido digital.

Para conseguir todo esto, el equipo reproductor (ordenador o dispositivo portátil) debe implementar la tecnología necesaria para la gestión de las licencias de uso de los contenidos digitales.

En definitiva, los distintos elementos que integran un sistema DRM serían los siguientes:

➢ Formatos de codificación/descodificación de los contenidos ("*codecs*"), con distintos niveles de compresión y de calidad.

➢ Metadatos con identificadores y descriptores de los contenidos.

---

[73] En principio, las películas y vídeos en DVD sólo se pueden reproducir en los lectores de una determinada región del mundo, de acuerdo con las medidas de protección adoptadas por la industria.

- Gestión del contenido y de los tipos de licencias de uso. El propietario del contenido podrá decidir qué usuarios tienen derechos para realizar qué acciones con qué objetos digitales y en qué tipos de dispositivos reproductores: reproducción temporal para alquileres, reproducción parcial para promociones, limitación del control de copias, número y tipo de dispositivos en los que se puede reproducir el contenido, etcétera.

- Estrategia de distribución del contenido, mediante la incorporación de la información sobre los derechos digitales y licencias de uso en el propio objeto multimedia, o bien por medio de la distribución de esta información con los derechos digitales y licencias de uso en un objeto independiente.

- Incorporación de las reglas y formatos definidos en los equipos reproductores.

En estos últimos años se han propuesto varios estándares para expresar formalmente los Derechos Digitales, basados en el lenguaje XML:

- XrML (*Extensible Rights Markup Language*): www.xrml.org/.

- ODRL (*Open Digital Rights Language*): http://odrl.net/.

- MetsRights, basado en el estándar METS (*Metadata Encoding and Transmission Standard*): www.loc.gov/standards/mets/. El estándar METS, diseñado por la Biblioteca del Congreso de Estados Unidos, se ha propuesto para la codificación de metadatos sobre cualquier elemento de una colección digital: imágenes, vídeos, textos y/o audio.

- Creative Commons: http://creativecommons.org/.

## 28.3.3 Soluciones comerciales

En este apartado presentaremos algunas de las soluciones comerciales más conocidas que se han propuesto para facilitar la gestión de los derechos de autor de los contenidos digitales.

### 28.3.3.1 RIGHTS MANAGEMENT SERVICE DE MICROSOFT

Este Servicio de Gestión de Derechos (*Rights Management Service*) permite el bloqueo de documentos y de correos electrónicos para evitar que sean reenviados o copiados. De hecho, se puede limitar o impedir la selección y copiado de texto de los mensajes o de los documentos de las herramientas de Office (bloqueo de las teclas CTRL+C, CTRL+X, CTRL+P o PRT SC).

El propio remitente de un correo electrónico puede determinar el uso que se dará a su comunicación, mediante la asignación de derechos, impidiendo, por ejemplo, que se pueda reenviar información confidencial a terceros, o bien asignando una fecha de caducidad al mensaje de correo para que éste pueda ser eliminado automáticamente del sistema.

### 28.3.3.2 AUTHENTICA

Authentica (www.authentica.com) es otro sistema que permite limitar el uso que se hace de un contenido digital. Así, por ejemplo, permite cifrar un mensaje de correo electrónico de manera que sólo puedan leerlo los receptores designados por el emisor y sólo en una determinada franja de tiempo.

*Figura 28.1. Authentica*

### 28.3.3.3 GIGA TRUST

Giga Trust (http://www.gigatrust.com/) comercializa varios productos basados en un software que se adjunta en el fichero con el contenido digital y que actúa en función de las restricciones de uso y reproducción que se hayan establecido.

De este modo, el sistema podría determinar, por ejemplo, cuántas veces ha sido reproducida o copiada una canción, o bien si ya ha superado su fecha de caducidad. En el caso de que el usuario intente saltarse estas restricciones de uso, el software simplemente inutilizaría el fichero con el contenido digital para que no se pueda reproducir nunca más.

### 28.3.3.4 FAIRPLAY DE APPLE

Fairplay es un sistema desarrollado por Apple y utilizado en su tienda de música iTunes y en sus reproductores iPod. Las canciones que incorporan esta tecnología tienen varias restricciones: sólo pueden ser copiadas a reproductores iPod y a cinco ordenadores diferentes, además de poder ser grabada hasta en tres discos compactos distintos.

A diferencia de otras empresas, Apple ha decidido no conceder licencias sobre esta tecnología por el momento, impidiendo de este modo que otros fabricantes la puedan incorporar a sus propios reproductores de música digital. Esto supone que una canción adquirida en iTunes sólo puede ser reproducida en un reproductor iPod, ya que otros fabricantes de dispositivos reproductores portátiles no pueden utilizar en sus aparatos el sistema DRM que incorporan los archivos.

### 28.3.3.5 WINDOWS MEDIA RIGHTS MANAGER DE MICROSOFT

Sistema desarrollado por Microsoft y utilizado en su reproductor de contenidos digitales, el Windows Media Player. Permite empaquetar los contenidos digitales con información adicional sobre las licencias de uso y de reproducción, protegiendo el fichero contenedor mediante claves criptográficas que impiden el acceso no autorizado al contenido protegido por derechos de autor.

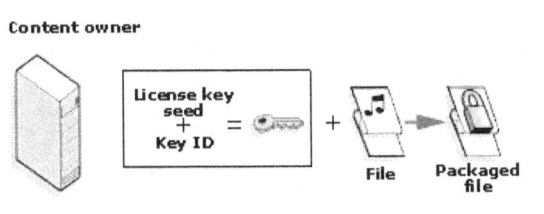

*Figura 28.3. Windows Media Rights Manager*

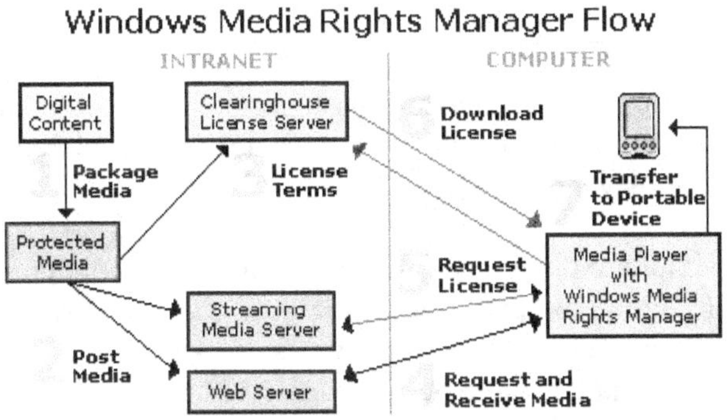

*Figura 28.4. Funcionamiento de Windows Media Rights Manager*

### 28.3.3.6 HELIX DE REAL NETWORKS

Helix (www.helixcommunity.org) es un sistema DRM desarrollado por la empresa Real Network para su popular software de reproducción Real Player.

*Figura 28.5. Helix*

La multiplicidad de este tipo de sistemas DRM provoca incompatibilidades y en algunos casos puede atentar contra la libre competencia dentro del sector, problemas que la empresa Sun (adquirida en 2009 por Oracle) quiso evitar con el desarrollo conjunto de un estándar libre por cuyo uso, además, no abría que pagar. Así, esta empresa presentaba en agosto de 2005 la iniciativa Open Media Commons, que pretende desarrollar un estándar libre para las tecnologías de gestión de derechos de autor de los contenidos digitales.

Frente a los proyectos ya existentes en este campo, en su mayoría patentados por una compañía, Sun propone el desarrollo en el seno de la industria de un sistema estándar que siga las directrices del software libre, esto es, que su código sea público y pueda ser copiado, modificado y distribuido libremente.

## 28.4 OTRAS CUESTIONES A CONSIDERAR RELACIONADAS CON LA PROPIEDAD INTELECTUAL

### 28.4.1 La problemática del "News Clipping"

> Recibe el nombre de "*News Clipping*" la práctica consistente en la reproducción total o parcial de noticias y artículos publicados por periódicos digitales y portales en Internet.

También se trata de una cuestión bastante polémica en la actualidad, que ha ocasionado distintos procesos judiciales para defender los derechos de propiedad intelectual de los medios y de los autores.

Así, por ejemplo, en mayo de 2001 el Tribunal Supremo de Berna falló que el derecho a la utilización comercial de artículos periodísticos pertenece única y exclusivamente a los propietarios y editores de estos medios. La decisión del Tribunal suizo fue propiciada por la demanda de los principales editores de medios de este país (como el Neuer Zuercher Zeitung, Edipresse, el grupo Ringier o Tamedia) contra la empresa Media Monitoring Switzerland SA (MMS), que se dedicaba a la recopilación de la información publicada electrónicamente por estos medios en una base de datos que luego comercializaba bajo distintas cuotas de acceso. Además, esta empresa editaba un boletín diario donde incluía los artículos más importantes y que era distribuido electrónicamente.

Del mismo modo, en septiembre de 2003 las editoras en Internet de los periódicos El País (Prisacom) y El Mundo (Mundinteractivos) presentaban un requerimiento contra el Website "Periodista Digital", solicitando el cese de la reproducción y publicación de contenidos de las ediciones digitales de El País y El Mundo que sólo estaban accesibles en los sitios originales mediante suscripción.

En febrero de 2007 un Tribunal de Bruselas determinó que el servicio Google News del popular buscador de Internet violaba los derechos de autor, tras la denuncia presentada por Copiepresse, que representa a los editores de noticias belgas en francés. Por este motivo, Google fue condenada a pagar tres millones de euros a Copiepresse por no haber abonado los derechos de autor hasta ese momento.

En mayo de 2009 un Tribunal de Madrid daba a conocer una sentencia que obligaba a las empresas dedicadas al *"news clipping"* a contar con el consentimiento expreso de los editores si quieren seguir realizando resúmenes y recortes de prensa para publicarlos en Internet.

## 28.4.2 La problemática del *"Linking"*

> Un *"link"* es un enlace o hipervínculo asociado a un determinado texto, imagen o icono de una página web, que permite acceder mediante un clic a otra parte de la misma página web, a otra página dentro del Website o a otro Website.

Algunos juristas han planteado la posibilidad de considerar que al incluir enlaces a otros Websites se podría infringir el derecho de reproducción del autor o propietario del Website de destino, si bien esta idea es muy discutible, ya que iría en contra de la propia esencia del servicio *World Wide Web*.

Sin embargo, sí que se ha cuestionado en muchos casos la práctica del *"deep linking"* ("enlace profundo"), mediante la cual se redirige al usuario a una página secundaria o interior del Website de un tercero, saltándose la página de inicio (*"home page"*) de éste. De este modo, al dirigir al visitante a una página interior dentro del Website de destino, se desvía a dicho navegante de los contenidos o índices principales creados por el titular de ese Website.

Con esta práctica del *"deep linking"* sí se podría estar ocasionando un perjuicio al Website de destino, ya que el usuario puede acceder directamente a contenidos de páginas secundarias sin leer los mensajes publicitarios de la página principal u otras páginas intermedias (gracias al "enlace profundo" se puede saltar estas páginas).

Por este motivo, se han presentado algunas demandas contra determinados Websites que hacían uso de esta práctica del *"deep linking"*, si bien se trata de una cuestión que presenta bastantes dudas de cara a su interpretación desde un punto de vista legal y de la protección de la propiedad intelectual.

## 28.4.3 La problemática del *"Framing"*

> Un *"frame"* o marco es una estructura utilizada en la construcción de páginas web mediante el lenguaje HTML, que permite incluir una o varias páginas dentro de otra.

De este modo, mediante la técnica de los marcos (*"frames"*) se pueden mostrar contenidos de páginas web de terceros, pero dentro de una especie de marco u orla diseñada por el primer Website, de tal modo que al usuario se le podrán mostrar mensajes publicitarios del primer Website, sin que aparezcan los de la página de destino.

Asimismo, el marco permite ocultar la dirección de la página web de destino, generando confusión en el visitante, ya que podría considerar que los contenidos mostrados pertenecen al primer Website y no a terceros.

Por todo ello, algunos juristas opinan que en estos casos se podría estar cometiendo una práctica de competencia desleal, ya que aprovechando un esfuerzo ajeno (el de la página web de destino que se muestra dentro del marco) y sin su autorización, se está obteniendo un beneficio propio, ya sea éste directo (mediante ingresos publicitarios o cuotas de suscripción) o indirecto.

## 28.4.4 La presencia y los patrocinios en los buscadores

Debido al espectacular crecimiento experimentado por Internet en estos últimos años, con cientos de millones de usuarios en todo el mundo y varios miles de millones de páginas web disponibles, conseguir un adecuado posicionamiento en los principales buscadores e índices temáticos de Internet constituye un elemento fundamental dentro de la estrategia de comunicación de una empresa.

Para ello, los creadores de páginas web recurren a la utilización de "*metatags*", etiquetas descriptivas que se incluyen dentro de una página web con una relación de palabras clave que faciliten la posterior clasificación por parte de los motores de búsqueda en Internet.

Sin embargo, en algunos casos se han utilizado etiquetas con nombres o marcas de otras compañías, para conseguir un mejor posicionamiento en los buscadores asociados a esas palabras clave.

De un modo similar, algunas empresas han contratado mensajes publicitarios en buscadores como Google, asociados a nombres o marcas de otras compañías (mediante el popular servicio *AdWords®* de Google), para mejorar los resultados de su promoción en Internet.

En ambos casos se podría acusar a estas empresas de la apropiación indebida de nombres o marcas de otras compañías. De hecho, muchas palabras representativas de determinadas marcas comerciales han sido contratadas por empresas competidoras dentro del servicio de mensajes publicitarios patrocinados dentro de buscadores como Google.

Por este motivo, el popular buscador Google se ha tenido que enfrentar a demandas de distintas compañías, como la aseguradora AXA, algunas agencias de viajes, etcétera. Así, por ejemplo, en febrero de 2005 Google era derrotado por la empresa Vuitton en los tribunales franceses y condenado a pagar una multa de 200.000 € por "piratería de marcas, competencia desleal y publicidad engañosa", debido a que su servicio de anuncios pagados *"AdWords"* dirigía a sus usuarios a páginas web en las que se vendían copias piratas de carteras pertenecientes a esta exclusiva marca.

A finales de febrero de 2006 un juez de Estados Unidos también consideró que Google era culpable de infringir el "copyright" de imágenes para teléfonos móviles, al incluirlas en tamaño reducido dentro de su buscador de imágenes, aceptando de este modo la demanda presentada por Perfect 10, una sociedad que comercializa material erótico en Internet. En este caso, el juez del Tribunal Federal de Los Ángeles, Howard Matz, estimó que Google estaba recibiendo ingresos gracias a la publicidad, por lo que no podía pretender la "utilización gratuita" del material erótico de Perfect 10 en su buscador de imágenes.

Sin embargo, en otra sentencia de finales de enero de 2006, otro tribunal de Estados Unidos estimó que el uso que hacía Google de su caché con copias de páginas web era perfectamente legal y no representaba una violación de los derechos de autor, ya que los propietarios de las páginas web podían impedir que éstas fueran rastreadas por el motor de búsqueda de Google, configurando para ello de forma adecuada el fichero "robots.txt" en su propio servidor Web.

### 28.4.5 La problemática del *"Digital Shoplifting"*

> El *"Digital Shoplifting"* es un fenómeno propiciado por la aparición de los nuevos teléfonos móviles que incorporan una cámara digital de alta resolución, consistente en la captura de imágenes y artículos directamente desde la cámara digital del teléfono móvil del usuario.

De hecho, en Japón muchos usuarios de estos nuevos terminales los emplean en librerías y tiendas de revistas para capturar cualquier tipo de imagen y/o artículo que les interese.

Por este motivo, ya en julio de 2003 las librerías japonesas anunciaban una campaña nacional contra esta práctica de *"Digital Shoplifting"*. La asociación nipona de editores de revistas sostienen que la práctica constituye un auténtico robo de información y, por lo tanto, debería ser regulada y frenada.

### 28.4.6 Plagio de trabajos y proyectos por parte de estudiantes

Según un estudio realizado en 23 facultades de Estados Unidos y dado a conocer en septiembre de 2003, 4 de cada 10 universitarios reconocían haber plagiado trabajos en Internet en el último año.

De hecho, en los últimos años han proliferado Websites como "El Rincón del Vago" en España (www.rincondelvago.com) o *School Sucks* (www.schoolsucks.com). En estos sitios los alumnos pueden encontrar todo tipo de trabajos y apuntes entregados por otros estudiantes para su intercambio.

*Figura 28.6. Sitios para el intercambio de trabajos entre estudiantes*

También han aparecido algunos Websites anti-plagio, como TurnItIn (www.turnitin.com) o Compilatio (www.compilatio.net), que incluyen un robot capaz de comparar el trabajo de un alumno con los disponibles en todos estos lugares de intercambio de trabajos para comprobar la autoría real.

*Figura 28.7. Turn-it-in, sitio Web anti-plagio*

## 28.4.7 Otras cuestiones de interés

Podemos considerar otras cuestiones de interés relacionados con la protección de la propiedad intelectual.

Así, por ejemplo, el alojamiento de contenidos que infringen la propiedad intelectual en servidores Web y FTP (conocidos como servidores "*warez*") podrá ser considerado como un delito en muchos países de nuestro entorno. De hecho, en enero de 2004 se desmantelaba en España una red de 14 piratas informáticos que habían conseguido alojar ilegalmente en dos potentes ordenadores de un Departamento de la Facultad de Químicas de la Universidad de Vigo un Website con 5.000 títulos de canciones y películas en DVD pirateadas, tras conseguir infiltrarse y controlar de forma remota estas máquinas. Además de ocasionar daños a los equipos de los investigadores universitarios, los piratas informáticas obtuvieron un beneficio económico con sus actos, pues cobraban una cuota a todos aquellos usuarios de Internet que quisieran descargar canciones, películas o programas informáticos de su Website pirata.

Por otra parte, la ley también ha actuado contra páginas web que incluían enlaces ("*links*") a servidores con ficheros ilegales. Así, en agosto de 2003 una juez de Madrid, en una actuación no exenta de polémica, ordenaba el cierre del Website "Donkeymania.com", al contener enlaces a ficheros que se podían descargar mediante aplicaciones P2P. De este modo, en países como España se persigue no sólo a los que alojan contenidos que infringen los derechos de autor, sino también a aquellos que incluyen enlaces o información sobre dónde se podrían conseguir dichos contenidos.

También debemos considerar las actuaciones contra cibercafés que han facilitado a sus usuarios la descarga, grabación e intercambio de contenidos digitales sin las medidas adecuadas para proteger la propiedad intelectual. Podemos citar, entre los casos publicados en estos últimos años, cómo en enero de 2003 la Alta Corte de Londres condenaba a la cadena de cibercafés "EasyInternet Café" por incumplir las leyes de propiedad intelectual, tras una denuncia de la Industria Fonográfica Británica (BPI), al ofrecer sus establecimientos un servicio de grabación en discos compactos de canciones descargadas ilegalmente de Internet.

## 28.4.8 La polémica de las invenciones patentables en Estados Unidos

Una cuestión bastante polémica en la actualidad es cómo fijar los límites de la protección de la propiedad intelectual, en el sentido de determinar qué tipo de obras y contenidos pueden estar considerados bajo la protección de los derechos de autor.

De hecho, debemos tener en cuenta la evolución de los criterios de admisibilidad para el registro de patentes en Estados Unidos, que permiten patentar ideas de negocio, métodos o soluciones para la formalización de transacciones a través de Internet, situación que no ocurre en los países de la Unión Europea, donde no se admite una patente sobre una idea de negocio.

Así, por ejemplo, entre los casos más famosos de protección de ideas y modelos de negocio en Estados Unidos podríamos citar los siguientes:

> ➢ **Carro de la compra en Internet** (*"shopping cart"*): patente solicitada por la empresa Open Market el 24 de octubre de 1994 y concedida el 3 de febrero de 1998, reivindica un sistema de ventas a través de una red de ordenadores, comprendiendo un ordenador utilizado por un usuario que desea comprar un producto, un ordenador de un vendedor y un ordenador o pasarela de pagos, todos ellos interconectados a través de una red como Internet. Este sistema describe un método para procesar las órdenes de compra y para conseguir la autenticación de los intervinientes mediante claves criptográficas, que coincide con el utilizado en la especificación del protocolo SET, permitiendo procesar pagos mediante tarjetas de crédito y de débito en tiempo real. Una de las reivindicaciones de esta patente es el uso del "carro de la compra electrónico" para acumular los artículos de la base de datos que el usuario selecciona para poder formalizar su orden de compra.

- **Programa de afiliación de Amazon**: en febrero de 2000 Amazon conseguía la patente de su "Programa de Afiliados" ("*Affiliates Program*"), sistema comercial que permite que los usuarios y empresas responsables de otras páginas web le puedan enviar clientes a cambio de una comisión por cada operación de venta conseguida gracias a la recomendación. La patente incluye el procedimiento utilizado para que un usuario o empresa pueda registrarse como afiliado, la tecnología que permite enlazar el catálogo electrónico de Amazon con las páginas web afiliadas, así como el sistema de cobro que permite entregar al afiliado una comisión por cada una de las ventas que se han generado a través del programa de afiliación.

- **Sistema "1-clic" de Amazon**: en septiembre de 1999 la empresa Amazon obtenía la patente del sistema de venta rápido "*1-clic*", creado para facilitar las compras a través de un solo clic de ratón a los clientes previamente registrados en su base de datos. De hecho, en octubre de 1999 Amazon presentó y ganó una demanda contra su principal rival Barnes & Noble por infringir esta patente, al implantar un sistema de venta rápido similar, denominado en ese caso "*Express Lane*". La Corte de Apelación de Estados Unidos confirmó a finales de noviembre de 2005 esta decisión a favor de Amazon.

- **Subasta electrónica**: solicitada el 4 de septiembre de 1996 por Walker Asset Management Limited, empresa propietaria del famoso Website Priceline.com, reivindicando en este caso un sistema diseñado para que el comprador pueda definir las condiciones de una operación de compra, estableciendo, por ejemplo, el precio del producto o servicio que desea adquirir. El método utilizado permite al comprador que esté efectuando una prospección de determinados productos o servicios comunicar una oferta de compra vinculante de forma global a todos los vendedores potenciales a través de Internet, con el fin de que éstos puedan pujar por el mejor precio y formalizar el contrato con el comprador.

- **Publicidad con compensación al destinatario**: patente solicitada por CyberGold el 11 de diciembre de 1995 y concedida el 11 de agosto de 1998. En este caso la empresa reivindicaba un sistema que permitía el pago inmediato a través de Internet a aquellos usuarios que prestasen atención a un determinado anuncio publicitario o a cualquier otro tipo de información comercial distribuida a través de una red como Internet. Para ello, Cybergold mantenía una base de datos con perfiles de los usuarios registrados, que permitía a las empresas anunciantes seleccionar el perfil demográfico de los destinatarios de sus mensajes publicitarios.

- **Control y monitorización de la actividad del usuario de un servidor**: esta patente fue solicitada por Open Market el 7 de junio de 1995 y finalmente concedida el 13 de enero de 1998, reivindicando diversos sistemas para controlar y monitorizar el acceso de los usuarios remotos a servidores de una red informática. En particular, la patente establece cómo se pueden monitorizar las sesiones cliente-servidor a través de Internet en las que intervienen páginas web (archivos de hipertexto) y un programa navegador. Gracias a este sistema de control y seguimiento de la actividad de los usuarios, es posible obtener y analizar datos sobre los hábitos y áreas de interés de cada usuario para poder diseñar una estrategia de Marketing personalizada (Marketing "*one-to-one*").

> **Descarga del correo electrónico en un dispositivo portátil como una agenda electrónica**: la empresa canadiense Research in Motion (RIM), fabricante de los populares dispositivos Blackberry, con más de 3 millones de usuarios en Estados Unidos, alcanzó finalmente un acuerdo en marzo de 2006 para abonar 612,5 millones de dólares a la empresa NTP y poner fin a un largo litigio de más de 4 años, tras haber sido demandada por uso de una tecnología previamente patentada por esta pequeña empresa en Estados Unidos.

## 28.5 REFERENCIAS DE INTERÉS

Estándares y herramientas para la protección de contenidos digitales:

- ✓ XrML (Extensible Rights Markup Language): http://www.xrml.org/.
- ✓ ODRL (Open Digital Rights Language): http://odrl.net/.
- ✓ METS (Metadata Encoding and Transmission Standard): http://www.loc.gov/standards/mets/.
- ✓ Creative Commons: http://creativecommons.org/.
- ✓ Microsoft Windows Media Rights Manager: http://www.microsoft.com/windows/windowsmedia/howto/articles/drmarchitecture.aspx.
- ✓ Authentica: http://www.authentica.com/.
- ✓ Giga Trust: http://www.gigatrust.com/.
- ✓ Helix: http://www.helixcommunity.org/.

Otras direcciones de interés relacionadas con el plagio de documentos y trabajos de estudiantes en Internet:

- ✓ El Rincón del Vago: http://www.rincondelvago.com/.
- ✓ School Sucks: http://www.schoolsucks.com/.
- ✓ Turn-it-in: www.turnitin.com/.

Referencias para la distribución de música digital:

- ✓ RIAA: http://www.riaa.org/.
- ✓ SGAE: http://www.sgae.es/.
- ✓ Verance Corporation: http://www.verance.com/.
- ✓ iPod: http://www.ipod.com/.
- ✓ MP3: http://www.mp3.com/.
- ✓ Napster: http://www.napster.com/.
- ✓ Página oficial sobre el estándar MP3 del Instituto Fraunhofer: http://www.iis.fraunhofer.de/amm/techinf/layer3/.

Ejemplos de aplicaciones "*peer-to-peer*":

- ✓ Kazaa: http://www.kazaa.com/.
- ✓ e-Mule: http://www.emule-project.net/.
- ✓ BitTorrent: http://www.bittorrent.com/.
- ✓ iMesh: http://www.imesh.com/.

# APÉNDICES

- Anexo I. Fundamentos de redes de ordenadores
- Bibliografía
- Índice alfabético

# Anexo I

# FUNDAMENTOS DE REDES DE ORDENADORES E INTERNET

## AI.1 REDES DE ORDENADORES Y PROTOCOLOS DE COMUNICACIONES

Una red de ordenadores está constituida por un conjunto de ordenadores que se conectan entre sí para poder intercambiar información y compartir una serie de servicios.

Las redes de ordenadores se han popularizado desde mediados de los años ochenta, propiciadas por la introducción del ordenador personal (PC, *Personal Computer*) en las oficinas. La presentación del IBM PC en 1981 supuso un hito en la historia de la informática, ya que permitió desarrollar un nuevo modelo de informática distribuido, alternativo al clásico sistema centralizado basado en un ordenador central (*mainframe*) y los "terminales tontos", denominados así porque no poseían capacidad de procesamiento y, simplemente, mostraban los datos enviados desde el ordenador central o permitían capturar los comandos de sus usuarios.

La implantación de estos equipos de trabajo personales en las empresas planteó dos nuevos tipos de demandas:

➢ Por una parte, la necesidad de compartir información de forma ágil y sencilla entre los usuarios de estos equipos.

➢ Por otra parte, la posibilidad de compartir recursos escasos entre varios de estos equipos: impresoras, discos duros y otros dispositivos hardware ubicados en servidores, conexiones a otras redes como Internet, etcétera.

Podemos distinguir tres tipos de redes de ordenadores, dependiendo de su alcance geográfico y de sus características de funcionamiento:

> **Redes de Área Local** (LAN, *Local Area Network*).

> **Redes de Área Amplia** (WAN, *Wide Area Network*).

> **Redes de Área Metropolitana** (MAN, *Metropolitan Area Network*).

No obstante, en los últimos años también se han popularizado dos tipos nuevos:

> **Redes de Área Personal** (PAN, *Local Area Network*): redes para espacios personales, que permiten conectar mediante cables (estándares USB o FireWire) o protocolos inalámbricos (tecnología Bluetooth, Zigbee o similares) equipos y dispositivos del usuario que se encuentran ubicados en una zona de trabajo de muy reducida extensión, como podría ser una habitación o planta de un edificio. Entre los dispositivos conectados podríamos citar agendas electrónicas, impresoras, ordenadores portátiles, teléfonos móviles, etcétera.

> **Redes de Área de Almacenamiento** (SAN, *Storage Area Network*): redes diseñadas para poder conectar de forma rápida, segura y fiable distintos elementos de almacenamiento, como servidores y *arrays* de discos duros, mediante tecnología de fibra óptica o iSCSI.

Uno de los principales problemas que ha tenido que afrontar la industria informática para el desarrollo de las redes de ordenadores ha sido el conseguir la interconexión de distintos tipos de redes y sistemas informáticos, en principio totalmente incompatibles entre sí. Para ello, se han definido una serie de estándares que permiten alcanzar la interoperabilidad entre los distintos sistemas.

Los estándares facilitan el desarrollo de sistemas y servicios compatibles entre los distintos fabricantes del mercado. Existen diferentes organismos nacionales e internacionales encargados de la aprobación de los distintos estándares que afectan a la industria de la informática y las telecomunicaciones.

En la práctica se distingue entre estándares *de facto* y estándares *de iure*. Los estándares *de facto* surgen por la aceptación por parte del mercado de las soluciones desarrolladas por un determinado fabricante, mientras que los estándares *de iure* no tienen propietarios, en el sentido de que no pertenecen a una determinada empresa, sino que dependen de las decisiones de organismos nacionales o internacionales.

Algunos de los principales organismos responsables de la estandarización en el ámbito de la informática y las telecomunicaciones son el *Institute of Electrical and Electronic Engineers* (IEEE), la *International Telecommunications Union* (ITU), *American National Standards Institute* (ANSI), *European Telecommunications*

*Standards Institute* (ETSI), *Committee for Telegraphy and Telephony* (CCITT) o la *International Standards Organization* (ISO).

Así, por ejemplo, el IEEE ha sido el responsable de elaborar la familia de estándares 802 para redes locales. Por su parte, la ITU ha definido, entre otras muchas, las normas para la transmisión de datos a través de un módem (V.22, V.22 bis, V.32, V.34, V.90, V.92, etcétera). A su vez, el organismo internacional ISO ha definido el modelo de Interconexión de Sistemas Abiertos (OSI), para facilitar la interconexión de equipos y redes de distintos fabricantes.

En el ámbito de Internet varios organismos se encargan de definir los estándares para dar soporte a los protocolos y servicios de la Red. Entre ellos destacan el *Internet Engineering Task Force* (IETF) y el *World Wide Web Consortium* (W3C).

Para poder establecer la comunicación entre los ordenadores que forman parte de una red, se utilizan "**protocolos de comunicaciones**", que constituyen una serie de normas y procedimientos definidos para poder resolver los problemas asociados al intercambio de información:

> ➤ **Transmisión fiable de los datos**: que los datos lleguen libres de errores y sin pérdidas a su destino.
>
> ➤ **Encaminamiento a través de la red**: que los datos se entreguen al ordenador destinatario atravesando otras máquinas conectadas a la red.
>
> ➤ **Gestión del diálogo entre máquinas**: establecer un orden en la comunicación entre las aplicaciones que se ejecutan en los ordenadores de la red.

Para resolver todas estas cuestiones, se ha definido un modelo en "capas" o niveles: el modelo OSI del organismo de estandarización ISO, que persigue construir una torre de protocolos estándar que facilite la interconexión de equipos y redes de distintos fabricantes. Cada capa ofrece una serie de servicios a la inmediatamente superior y se apoya, a su vez, en los servicios proporcionados por las capas inferiores:

> ➤ **Nivel Físico**: se ocupa de las cuestiones relacionadas con la conexión eléctrica, el cableado, la definición de los tipos de señales y esquemas de codificación empleados, etcétera.
>
> ➤ **Nivel de Enlace**: su misión es garantizar la transmisión fiable (libre de errores) entre máquinas que se encuentran directamente conectadas. Asimismo, se ocupa del control de acceso al medio (MAC, *Media Access Control*) en medios compartidos, como en el caso de un bus de datos de una red local.
>
> ➤ **Nivel de Red**: se encarga del encaminamiento a través de la red, es decir, de conseguir que los datos se entreguen al equipo destinatario,

atravesando, si es preciso, varios ordenadores y equipos de interconexión. También asume la gestión de los equipos de interconexión de redes (*routers*) y el control del tráfico para evitar situaciones de sobrecarga en las redes (congestión).

> **Nivel de Transporte**: es el responsable de garantizar que la transmisión extremo a extremo a través de la red sea fiable, sin errores en las tramas de datos ni pérdidas de tramas. Asimismo, se responsabiliza del control del flujo, para evitar que equipos rápidos puedan llegar a saturar con sus transmisiones a otros más lentos.

> **Nivel de Sesión**: se encarga de la gestión del diálogo entre las máquinas que intervienen en una comunicación a través de la red.

> **Nivel de Presentación**: tiene como función llevar a cabo la codificación de los datos.

> **Nivel de Aplicación**: es específico de la aplicación que proporciona el servicio final a los usuarios y define cómo tienen que actuar los ordenadores que intervienen en la comunicación para poder facilitar dicho servicio.

Los usuarios utilizan los servicios que se "montan" sobre los protocolos de comunicaciones: acceso a servidores, transferencia de ficheros, impresión remota, envío de mensajes de correo electrónico, etcétera.

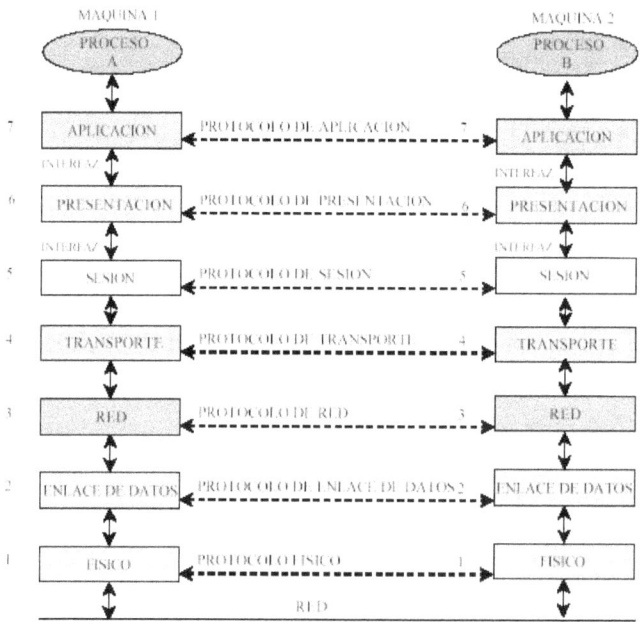

*Figura AI.1. Modelo OSI de ISO*

## AI.2 ELEMENTOS UTILIZADOS EN LAS REDES DE ORDENADORES

Para construir una red de ordenadores, se emplean una serie de equipos hardware y herramientas software, cuya función es ofrecer los servicios necesarios para la transmisión de datos entre los ordenadores y otros dispositivos que se conectan a la red.

En primer lugar, es necesario instalar en cada ordenador o terminal una **tarjeta de red** (*Network Interface Card* –NIC–), encargada del envío y recepción de datos a través del medio de transmisión.

Asimismo, se requiere la instalación del cableado utilizado para construir el medio de transmisión compartido por todos los ordenadores y terminales: par trenzado UTP, cable coaxial o fibra óptica. El cableado no será necesario en el caso de las redes inalámbricas, basadas en equipos transmisores/receptores de radiofrecuencia.

En el mercado se distinguen dos tipos de cables de par trenzado: par trenzado no apantallado (*Unshielded Twisted Pair* –UTP–) y par trenzado apantallado (*Shielded Twisted Pair* –STP–). Este último proporciona una mayor protección frente a interferencias, si bien el más utilizado en la actualidad es el cable UTP, por ser el más económico.

En la norma EIA/TIA-568[74] se definen las características de los cables empleados en edificios e instalación de redes, distinguiéndose varias categorías de cables (categorías de 1 a 7), dependiendo de la calidad de los materiales, del tipo de trenzado de los hilos de cobre y de las técnicas de transmisión empleadas. Hoy en día, las más recientes técnicas de transmisión para par trenzado UTP (con cables de las categorías 5, 6 o 7) han permitido conseguir tasas de transferencia de 100 Mbps o incluso de varios Gbps, superiores a las ofrecidas por el cable coaxial.

Por este motivo, en las redes locales actuales se utiliza fibra óptica para el *backbone* (cable principal que constituye la columna vertebral de la red, la cual debe estar preparada para ofrecer una mayor velocidad de transmisión) y cable UTP de la categoría 5 o superior para la conexión de los equipos informáticos a los concentradores (*hubs* o *switches*).

En la transmisión mediante fibra óptica podemos distinguir dos tipos de fibra: monomodo y multimodo. Las fibras monomodo ofrecen mayores prestaciones pero son más caras que las fibras multimodo, ya que estas últimas permiten utilizar transmisores ópticos más baratos y sencillos, basados en diodos emisores de luz (diodos LED) en vez de dispositivos láser.

---

[74] EIA/TIA: Asociación de Industrias de Electrónica/Asociación de Industrias de Telecomunicaciones.

Por otra parte, los **dispositivos de interconexión** facilitan la interconexión de redes LAN y redes WAN de distintas características: *bridges*, *routers*, *gateways*…, que serán estudiados en el siguiente apartado.

Por último, para implementar los distintos servicios ofrecidos por la red se necesitan instalar y configurar adecuadamente una serie de **servidores**, ordenadores de una cierta capacidad de proceso y de almacenamiento que cuentan con un sistema operativo preparado para trabajar con los protocolos de comunicaciones utilizados en la red, en los que se instalan aplicaciones y herramientas específicas para gestionar cada uno de los servicios: acceso a páginas web, transferencia de ficheros, correo electrónico, ejecución remota de aplicaciones, etcétera.

## AI.3 DISPOSITIVOS DE INTERCONEXIÓN

Podemos distinguir varios tipos de dispositivos que facilitan la interconexión de redes.

### AI.3.1 Repetidores

Los repetidores son dispositivos que regeneran la señal y la transmiten a un nuevo segmento de una red de área local (LAN), sin interpretar la información ni tomar ninguna decisión sobre su origen y destino. En los dos segmentos de red interconectadas se deben emplear las mismas técnicas de control de acceso al medio. Trabajan en el nivel 1 (Nivel Físico) del modelo OSI.

### AI.3.2 Puentes (*bridges*)

Los puentes se encargan de almacenar y reexpedir tramas de datos entre redes tipo LAN, facilitando la interconexión de redes LAN que utilicen distintas técnicas de control de acceso al medio (como sería el caso de la interconexión entre una red Ethernet y una red TokenRing, o bien entre una red cableada y una red inalámbrica). Para ello, los puentes se encargan de regenerar la señal para transmitirla a la otra red local sólo cuando sea necesario, es decir, cuando los datos vayan destinados a un equipo que se encuentra en esa otra red, realizando una adaptación a la técnica de control de acceso al medio empleada en esta segunda red. Trabajan en el nivel 2 (Nivel de Enlace) del modelo OSI.

### AI.3.3 Concentradores (*hubs* y *switches*)

Son dispositivos empleados en el cableado estructurado de edificios y oficinas, cuya finalidad es facilitar el despliegue de una red en topología en estrella, en la que todos los cables utilizados se conectan a los puertos (bocas de conexión) de uno de estos dispositivos. Trabajan en el nivel 2 (Nivel de Enlace) del modelo OSI.

Se distinguen dos tipos de concentradores:

> **Concentradores elementales**, también denominados *hubs*, que simplemente retransmiten la señal que reciben por uno de sus puertos a todos los demás puertos.

> **Concentradores inteligentes**, también denominados *switches* ("conmutadores"), que utilizan una matriz interna de conmutación para retransmitir los datos que reciben por uno de sus puertos directamente por el puerto en el que se encuentra el equipo al que van dirigidos, sin utilizar el resto de los puertos.

Es decir, el concentrador "aprende" a qué puerto se encuentra conectado cada equipo, por lo que sólo retransmite los datos por el puerto que corresponda en cada caso. De este modo, se consiguen reducir las colisiones entre estaciones y la utilización del medio compartido, incrementando la capacidad de transmisión de la red (un *switch* puede multiplicar hasta por un factor de 10 el rendimiento de la red en comparación con un *hub*).

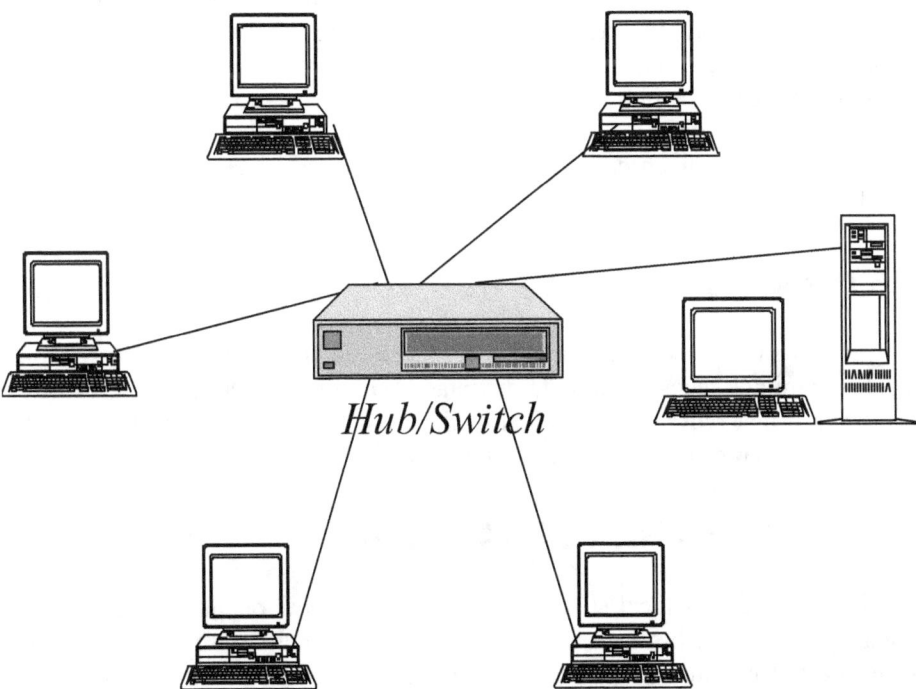

*Figura AI.2. Dispositivo concentrador*

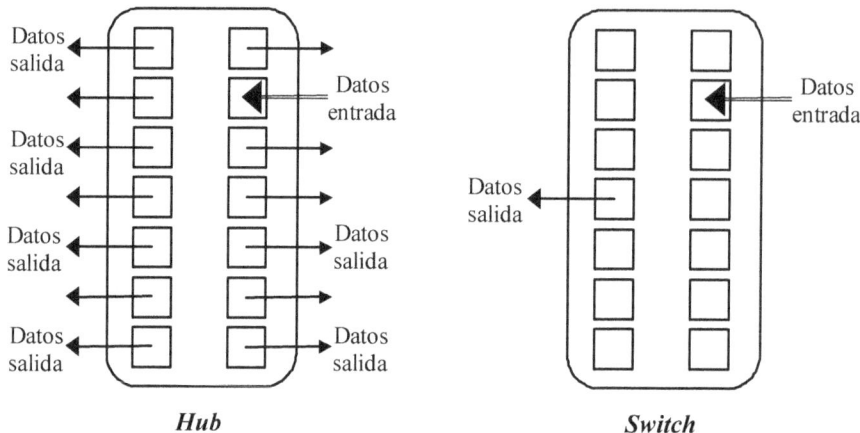

*Figura AI.3. Diferencia entre un hub y un switch*

## AI.3.4 Encaminadores (*routers*)

Los *routers* facilitan la interconexión de distintas redes de ordenadores, ocupándose del encaminamiento de los paquetes de datos a partir de la interpretación de las direcciones de origen y de destino. Para ello, utilizan tablas de enrutamiento con información sobre las rutas disponibles para alcanzar otras redes, buscando la trayectoria más corta posible, minimizando el número de saltos entre nodos. Por otra parte, también se encargan del control de la congestión, midiendo la cantidad de tráfico que deben cursar en cada instante. Trabajan en el nivel 3 (Nivel de Red) del modelo OSI.

## AI.3.5 Pasarelas (*gateways*)

Las pasarelas son dispositivos capaces de realizar una conversión de protocolos entre dos redes totalmente distintas. Así, por ejemplo, pueden realizar una conexión entre una red IPX/SPX de Novell con una red basada en el protocolo de Internet TCP/IP. Trabajan, por lo tanto, en los niveles altos del modelo OSI.

## AI.4 REDES DE ÁREA LOCAL (LAN)

Una red de área local (LAN, *Local Area Network*) ocupa un área geográfica reducida, generalmente limitada a un edificio o una planta dentro de un edificio. Se trata de una red de carácter privado, gestionada por una única organización y que posee una alta fiabilidad y seguridad, ofreciendo elevadas tasas de transferencias, de decenas o cientos de Mbps, alcanzando incluso los Gbps con la última tecnología disponible en el mercado (el estándar Gigabit Ethernet).

Se construyen fundamentalmente para compartir recursos físicos (impresoras, discos duros ubicados en servidores, conexiones a Internet), centralizar la información de la organización, que estará ubicada en servidores de ficheros y servidores de bases de datos en lugar de en los propios equipos de trabajo, así como para facilitar la gestión centralizada de los equipos.

Podemos distinguir varios tipos de redes de área local, en función del tipo de cable utilizado, la disposición o topología del cable, la velocidad de transferencia de datos a la que operan, los protocolos de comunicaciones y el método de control de acceso al medio compartido.

> **Topología lineal**: se trata de una red en la que los equipos se conectan directamente a un único cable, que actúa como un bus de datos terminado por dos resistencias.
>
> Las primeras redes Ethernet basadas en cable coaxial empleaban esta disposición del cable y presentaban el problema de que una rotura en cualquier parte del cable provocaba una "caída" de toda la red, ya que quedaban fuera de servicio todos los equipos conectados.

*Figura AI.4. Topología lineal*

> **Topología en anillo**: en esta topología el cable se cierra sobre sí mismo formando un anillo. Las primeras redes Token Ring utilizaban esta topología, presentando el mismo problema de "caída" de toda la red ante una apertura del anillo.

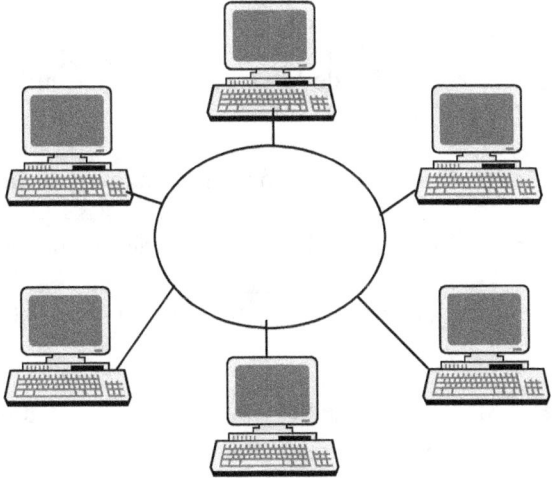

*Figura AI.5. Topología en anillo*

➢ **Topología en estrella**: en esta configuración todos los cables parten de una posición central (concentrador) hacia los equipos que constituyen la red. A cada equipo llega un único cable independiente, de tal modo que una rotura en dicho cable sólo deja aislado al equipo que depende de él, posibilitando que el resto de la red siga trabajando con normalidad.

Además, esta topología presenta la ventaja adicional de ofrecer una mayor flexibilidad a la hora de ampliar la red con la incorporación de nuevos equipos.

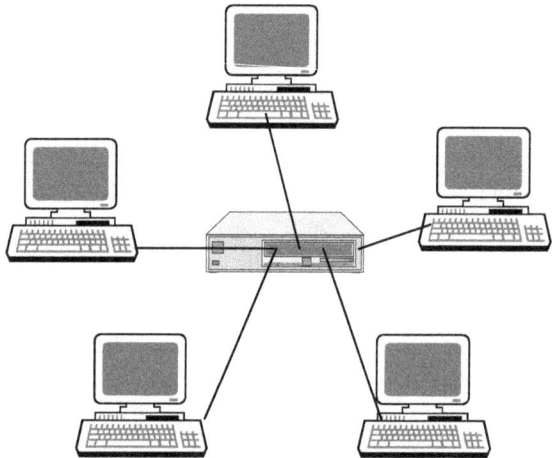

*Figura AI.6. Topología en estrella*

Las redes Ethernet son las más extendidas hoy en día en el ámbito de las redes locales y se basan en una topología lineal o en estrella con un protocolo de contienda (CSMA/CD) para el control de acceso al medio.

En la norma IEEE[75] 802.3 se definen los distintos tipos de redes Ethernet, en función del tipo de cable empleado, de la velocidad de transmisión y de la longitud máxima de la red:

➢ **10Base-5:** 10 Mbps con cable coaxial y longitud máxima de 500 m.

➢ **10Base-2:** 10 Mbps con cable coaxial y longitud máxima de 185 m.

➢ **10Base-T:** 10 Mbps con cable par trenzado UTP y longitud máxima de 100 m.

➢ **1Base-5:** 1 Mbps con cable par trenzado UTP y longitud máxima de hasta 500 m.

---

[75] IEEE: *Institute of Electrical and Electronic Engineers*.

- **10Base-F**: 10 Mbps con cable de fibra óptica y una longitud máxima de 4.000 m.

- **100Base-TX**: 100 Mbps con cable par trenzado UTP categoría 5 de ocho hilos (Fast Ethernet).

- **1000Base-T**: 1 Gbps con cable par trenzado UTP.

- **10GBase-T**: 10 Gbps con cable par trenzado UTP.

La longitud máxima de una red Ethernet se puede incrementar utilizando varios cables conectados mediante repetidores.

Cabe citar, asimismo, que se ha desarrollado el estándar Gigabit Ethernet, que permite alcanzar velocidades de 1 y 10 Gbps en redes Ethernet empleando cable UTP de categoría 6 o superior. En el año 2010 se han publicado estándares de Gigabit Ethernet a 40 y a 100 Gbps.

Por otra parte, TokenRing es un tipo de red local desarrollado por IBM, que tuvo una cierta implantación en el sector de la banca. Sus características se definen en la norma IEEE 802.5, utilizando un mecanismo de paso de testigo en anillo para el control de acceso al medio. Permitía alcanzar velocidades de 4 Mbps o 16 Mbps y requiere un hardware más caro que Ethernet.

Por último, gracias al despliegue de cableado estructurado de fibra óptica en los nuevos edificios y oficinas, se han desarrollado las redes locales virtuales, también conocidas como VLAN ("Virtual LAN"). Estas redes, definidas en el estándar IEEE 802.10, permiten aprovechar el enorme ancho de banda del cable de fibra óptica. De este modo, varias redes de área local independientes físicamente pueden compartir una misma infraestructura de cable de fibra óptica.

## AI.5 REDES INALÁMBRICAS (WLAN)

Una red inalámbrica es un tipo especial de red de área local en la que los equipos se pueden conectar a través de ondas electromagnéticas o de puertos que utilizan infrarrojos, evitando de este modo la necesidad de cablear los edificios.

Este tipo de redes, también conocidas como *Wireless LAN* (WLAN), han experimentando un espectacular crecimiento en la primera década del siglo XXI, debido a la notable reducción del coste de los equipos necesarios, a la adopción de una serie de estándares que facilitan la interoperabilidad (normas Wi-Fi) y a la mayor oferta de productos disponibles en el mercado, hasta el punto de que hoy en día todos los ordenadores portátiles, *netbooks* (ordenadores mini-portátiles) y teléfonos móviles de última generación incorporación un chip interno para la conexión Wi-Fi.

De hecho, las redes inalámbricas han adquirido una gran popularidad en estos últimos años, tras su instalación en hoteles, aeropuertos, universidades, centros de negocios, cafeterías, restaurantes, bibliotecas, centros comerciales, locales de ocio, medios de transporte (trenes, autobuses...) y en los propios hogares de muchos ciudadanos. También están siendo utilizadas en algunas ciudades y pueblos para ofrecer un acceso gratuito a Internet a sus ciudadanos y visitantes.

Las redes inalámbricas más extendidas emplean tarjetas de red conectadas a pequeñas antenas que realizan las funciones de un transmisor/receptor de radiofrecuencia y que se conectan a un "punto de acceso a la red", dispositivo consistente en un *hub* o un *switch* que cuenta con un equipo transmisor/receptor de radiofrecuencia.

Las redes inalámbricas presentan dos importantes ventajas: la movilidad de los equipos dentro de la zona de cobertura, así como la facilidad y rapidez en el despliegue y puesta en marcha de la red, ya que no se requiere el tendido de cables por el interior del edificio.

No obstante, como inconvenientes caben destacar su menor velocidad de transmisión frente a las redes basadas en cable, así como su mayor vulnerabilidad frente a las interferencias y fuentes de ruido, que pueden degradar notablemente el funcionamiento de la red.

Una red inalámbrica puede desplegarse de acuerdo con dos modos de distintos de operación:

> ➢ Modo infraestructura (ESS), basado en la utilización de **Puntos de Acceso**.

> ➢ Modo "ad-hoc" (IBSS), en el que no se utilizan puntos de acceso, ya que los equipos de usuario se pueden comunicar directamente entre ellos.

El más extendido es el modo basado en los puntos de acceso (ESS). Para poder utilizar los servicios de estas redes inalámbricas debe tener lugar un **proceso de asociación** de un equipo a un punto de acceso, proceso en el que se comprueba que ambos dispositivos (tarjeta de red del terminal y punto de acceso) son compatibles, así como cuáles van a ser los parámetros de la conexión que van a establecer: velocidad de transmisión, canal de frecuencia utilizado, etcétera.

También es necesario completar un **proceso de autenticación** del equipo, de tal modo que sólo si esta autenticación es válida se permitirá al equipo utilizar la red para transmitir y recibir datos.

Por lo tanto, las redes inalámbricas más extendidas (modo infraestructura) emplean tarjetas de red conectadas a pequeñas antenas que realizan las funciones de un transmisor/receptor de radiofrecuencia y que se conectan a un "punto de acceso" de la red, dispositivo consistente en un *hub* o un *switch* que cuenta con un equipo transmisor/receptor de radiofrecuencia.

El número máximo de usuarios que pueden utilizar una de estas redes es de unas pocas docenas, si bien la capacidad de la red se degrada notablemente a medida que se incrementa el número de usuarios conectados de forma simultánea. No obstante, ampliando el número de puntos de acceso inalámbricos se puede dar cobertura a un mayor número de usuarios.

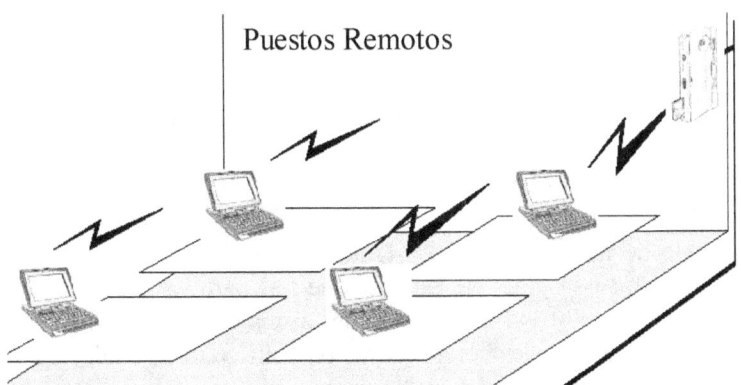

*Figura AI.7. Redes locales inalámbricas (WLAN)*

En una red inalámbrica se pueden emplear varios puntos de acceso. Cada estación depende en todo momento de un único punto de acceso con el que se comunica. Las estaciones se encargan de monitorizar permanentemente la calidad de su transmisión, de modo que, si esta calidad se degrada, la estación en cuestión comenzará a buscar activamente un nuevo punto de acceso al que conectarse, mediante la función de *roaming*, similar a la utilizada en los sistemas de telefonía móvil para cambiar de una estación base a otra. Para ello, la estación envía un mensaje de "desasociación" al antiguo punto de acceso y un mensaje de "reasociación" al nuevo punto de acceso.

Cada punto de acceso opera en un determinado canal de frecuencia. Estos canales deben ser asignados de forma cuidadosa para evitar la interferencia entre los propios puntos de acceso. Por este mismo motivo se tiene que limitar la potencia de transmisión de cada punto de acceso, además de para cumplir con la normativa de emisiones radioeléctricas.

De forma periódica, cada punto de acceso se encarga de transmitir mensajes cortos con información sobre sus características y los parámetros de la red local. Estos mensajes, denominados *"beacons"*, se transmiten unas 10 veces por segundo e incluyen, entre otros datos, el nombre de la red, las velocidades de transmisión soportadas, el identificador SSID utilizado en la red, etcétera.

No obstante, los equipos de usuario también pueden enviar tramas de sondeo (*"probe request"*) para tratar de descubrir si existe algún punto de acceso disponible en su entorno (sería equivalente a lanzar un grito del estilo: "hola, ¿hay alguien ahí?"). Al recibir una de estas peticiones, el punto de acceso responde con una información similar a la incluida en un mensaje *"beacon"*.

Los clientes móviles cuentan con varias opciones para conectarse desde sus ordenadores portátiles, agendas electrónicas (PDAs), teléfonos móviles de última generación o tabletas electrónicas como el iPad: desde servicios que cobran por el tiempo de uso hasta suscripciones mensuales de tarifa única.

## AI.5.1 El estándar 802.11 (Wi-Fi)

Las redes inalámbricas de la tecnología *Wireless Fidelity* (Wi-Fi) se basan en un estándar del IEEE de 1997, revisado en 1999, conocido como estándar 802.11.

Si nos situamos en el modelo de referencia OSI, este estándar define la capa física y parte de la capa de enlace: el Control de Acceso al Medio (*Medium Access Control*). El resto de la capa de enlace (*Logical Link Control*) está definido por el estándar IEEE 802.2. En la práctica, esto supone que para las capas superiores (como la capa de red), una red 802.11 es equivalente a una red Ethernet, facilitando así la interconexión entre redes locales heterogéneas basadas en los estándares del IEEE.

El estándar 802.11 propone varios mecanismos diferentes de transmisión basados en distintas técnicas de modulación, operando en las bandas de frecuencias de los 2,4 GHz y 5 GHz. Así, dentro del estándar 802.11 se han desarrollado varias alternativas, conocidas como 802.11a, 802.11b, 802.11g y la más reciente 802.11n.

La norma IEEE 802.11b, la más extendida en la actualidad, opera en la banda de los 2,4 GHz, ofreciendo distintas velocidades de transmisión en función de las distancias cubiertas y de las calidades de la transmisión, tal y como se refleja en la siguiente tabla:

| Velocidad | Calidad | Distancia de los terminales |
|---|---|---|
| 1 Mbps | Baja | 115 m |
| 2 Mbps | Estándar | 90 m |
| 5,5 Mbps | Media | 70 m |
| 11 Mbps | Alta | 50 m |

*Tabla AI.1. Estándar 802.11b*

La distancia a la que pueden operar los terminales depende de varios factores: presencia de obstrucciones físicas, existencia de fuentes de ruido interferentes, utilización de antenas adicionales que mejoren la zona de cobertura de las señales, etcétera.

*Figura AI.8. Tarjetas y puntos de acceso a redes inalámbricas*

En cuanto al alcance, el estándar 802.11b ajusta la máxima potencia que se puede transmitir en función de la normativa de cada país. Por ejemplo, en Estados Unidos se admiten potencias de transmisión de hasta 1.000 miliwatios, mientras que en Europa es de 100 miliwatios y en Japón es de 10 miliwatios/MHz. Con estos valores se pueden conseguir unos 100 m de cobertura en entornos libres de obstáculos.

Una interesante característica de estas redes es la posibilidad de realizar una adaptación dinámica de la velocidad de transmisión: si una estación detecta una tasa de errores muy grande, reduce su tasa binaria hasta que mejore la calidad de la transmisión. Además, la red puede soportar múltiples velocidades de transmisión, de tal modo que cada estación podría operar a una velocidad distinta en función de la distancia que la separe del punto de acceso y de las interferencias y fuentes de ruido en su entorno.

Cabe destacar que en la banda de los 2,4 GHz las tarjetas de la tecnología 802.11b pueden interferir con dispositivos de otras tecnologías, como Bluetooth, llegando a bloquear totalmente la capacidad de comunicación. Para resolver esta cuestión, el IEEE aprobó en marzo de 2002 el nuevo estándar 802.15.1 para redes inalámbricas en distancias cortas, que es totalmente compatible con Bluetooth 1.1.

La versión IEEE 802.11a permite alcanzar velocidades de transmisión de hasta 54 Mbps, operando para ello en la banda de 5 GHz, que presenta menos interferencias porque no existen otras tecnologías (Bluetooth, microondas, ZigBee...) que la estén utilizando. Sin embargo, dado que la banda de frecuencia es mayor su alcance es considerablemente menor que el de los estándares que trabajan a 2.4 GHz.

Al definir las normas 802.11, se pensó que la transición desde el estándar 802.11b a una tecnología basada en 802.11a (que ya fue aprobada en 1999) se podría hacer de una forma más rápida y sencilla, para poder aprovechar las mayores velocidades de transmisión (pasando de 11 Mbps a 54 Mbps). Asimismo, con esta transición se dejaría de utilizar la banda de frecuencias de 2,4 GHz, altamente saturada, para trabajar en la banda de los 5 GHz. Sin embargo, la transición hacia la norma 802.11a resultó más lenta de lo esperado, por el menor alcance obtenido por este estándar y por tener que utilizar equipos de mayor coste.

Posteriormente, se desarrolló el estándar 802.11g como una solución intermedia entre 802.11b y 802.11a, que permite alcanzar velocidades de transmisión de hasta 22 Mbps en la banda de frecuencias de 2,4 GHz, si bien en la actualidad es posible alcanzar ya velocidades de transmisión próximas a los 100 Mbps gracias a diversas técnicas de aceleración.

Más recientemente, en septiembre de 2009 se ha aprobado el nuevo estándar 802.11n, que trabaja a 2.4 GHz y a una velocidad de 108 Mbps, pudiendo alcanzar en el futuro una velocidad de hasta 600 Mpbs. Para ello se recurre a la técnica MIMO (*Multiple-Input Multiple-Output*), con el uso de múltiples antenas transmisoras y receptoras para mejorar el rendimiento de la red inalámbrica. La tecnología MIMO depende de señales multiruta, es decir, señales reflejadas que llegan al receptor un tiempo después de que la señal de línea de visión (*line of sight*, LOS) ha sido recibida. En una red no basada en MIMO, como son las redes 802.11a/b/g, las señales multiruta son percibidas como interferencias que degradan las prestaciones del equipo receptor. Sin embargo, la técnica MIMO es capaz de utilizar la diversidad de las señales multiruta para mejorar la habilidad del equipo receptor para recuperar los mensajes de la señal transmitida.

La conocida como "sopa de letras" de las redes Wi-Fi la completan las normas 802.11i, encargada de la seguridad en las redes inalámbricas, y 802.11e, encargada de la calidad de servicio. En su desarrollo trabajan instituciones como el IEEE y la *Wi-Fi Alliance*, organización creada parar promover el uso del estándar 802.11 (anteriormente conocida por WECA).

Hoy en día en el mercado se pueden encontrar todo tipo de productos Wi-Fi homologados, es decir, que cuentan con el sello de certificación Wi-Fi de la *Wi-Fi Alliance*: tarjetas PC-Card para portátiles, puntos de acceso, dispositivos integrados en agendas electrónicas o teléfonos móviles, etcétera.

## AI.5.2 El estándar WiMAX

En estos últimos años también ha surgido con fuerza la nueva tecnología **WiMAX** (*Worldwide Interoperability for Microwave Access*), que permite ofrecer un servicio inalámbrico de largo alcance y alta velocidad.

WiMAX se basa en el estándar IEEE 802.16, publicado en 2001, que se ha diseñado como una mejora importante de la tecnología Wi-Fi, ya que permite dar cobertura a distancias de varios kilómetros (constituyendo redes de área metropolitana

–MAN–) con una velocidad de transmisión que podría llegar hasta los 124 Mbps. Esta tecnología de acceso inalámbrico punto-multipunto, similar a LMDS (*Local Multipoint Distribution System*), opera en la banda de frecuencias de 2,5 GHz a 3,5 GHz, por lo que requiere de línea de visión directa entre cada estación y el nodo central, con una cobertura máxima de 5 Km.

También se ha propuesto el estándar 802.16a, y su versión más reciente, el estándar 802.16d, que opera en la banda de 2 a 11 GHz, con un ancho de banda de 70 Mbps y no requiere estrictamente de visión directa entre estaciones y nodo central (sería similar a la tecnología MMDS, *Multichannel Multipoint Distribution System*), con una cobertura de hasta 30 Km.

## AI.5.3 Bluetooth y otras tecnologías

Se han propuesto otras tecnologías para desarrollar el mercado de redes inalámbricas, dirigidas tanto al ámbito doméstico como al empresarial: Bluetooth, Home RF, HiperLAN, Zigbee, etcétera. La existencia de tantas soluciones distintas e incompatibles entre sí ha contribuido a aumentar la confusión en el mercado.

De todas ellas, la tecnología **Bluetooth** ha conseguido una importante aceptación y el soporte por parte de un grupo destacado de empresas. El estándar Bluetooth fue aprobado en la primavera de 1998 por Ericsson, IBM, Intel, Nokia y Toshiba, con el objetivo de constituir una solución para comunicaciones inalámbricas con requisitos de espacio reducido, bajo coste y corto alcance entre ordenadores portátiles, periféricos (impresoras, escáneres...), agendas electrónicas (PDAs), teléfonos móviles, cámaras digitales y otros aparatos electrónicos, incluyendo distintos tipos de electrodomésticos (frigoríficos, hornos microondas, lavadoras…).

Bluetooth opera en la banda de los 2,45 GHz, con una técnica de transmisión que emplea múltiples saltos de frecuencia (la señal transmitida cambia 1.600 veces cada segundo sobre 79 frecuencias distintas) para reducir las interferencias con otros dispositivos que trabajan en esta misma banda, como los mandos de apertura de puertas de garajes. La señal es omnidireccional y atraviesa paredes y maletines, dentro de un radio de 10 m, permitiendo alcanzar una velocidad teórica de transmisión de hasta 1 Mbps, si bien en la práctica esta velocidad se sitúa en los 725 kbps.

En cualquier grupo de dispositivos Bluetooth uno de ellos actúa como "maestro" y soporta hasta otros siete dispositivos, que trabajan como "esclavos". El "maestro" conecta los "esclavos" entre sí y controla el período y el salto de frecuencia de estos últimos para que puedan trabajar al unísono. Los dispositivos Bluetooth tan sólo necesitan un minúsculo chip (de 9 x 9 mm) para poder conectarse entre sí de forma totalmente compatible.

La tecnología Bluetooth se ha hecho muy popular entre los dispositivos electrónicos a medida que se ha ido extendiendo el uso de Internet móvil. No obstante, esta solución ha quedado relegada al ámbito de las redes domésticas, por su limitado radio de alcance y velocidad de transmisión.

Cabe destacar que el nombre de esta tecnología, un tanto extraño, proviene del rey danés Harald Bluetooth, que en el siglo X unió bajo un mismo reino a todas las tribus que poblaban el territorio de Dinamarca.

Por otra parte, la tecnología **ZigBee** se basa en el estándar 802.15 para el desarrollo de redes personales inalámbricas (*Wireless Personal Area Network*, WPAN). Este protocolo opera en la banda de 2,4 GHz y ha sido desarrollado para poder utilizar unos dispositivos con requerimientos muy bajos de transmisión de datos y de consumo energético, en redes en malla con características autoorganizativas y que permitan desplegar sensores empotrados, que puedan utilizarse para realizar control industrial, recolectar datos médicos, llevar a cabo labores de detección de humo o intrusos, aplicaciones domóticas, etcétera.

Una red ZigBee utilizará una cantidad muy pequeña de energía, de forma que cada dispositivo individual pueda tener una autonomía de hasta 5 años antes de necesitar un recambio en su sistema de alimentación. Para ello, un nodo ZigBee reduce su consumo gracias a que puede permanecer dormido la mayor parte del tiempo (incluso muchos días seguidos), de tal modo que cuando se requiere su uso, el nodo ZigBee es capaz de despertar en un tiempo ínfimo (unos 15 milisegundos), para volver al estado inactivo cuando éste deje de ser requerido.

## AI.6 REDES DE ÁREA AMPLIA (WAN)

Las redes de área amplia (*Wide Area Networks* –WAN–) se caracterizan por su amplia extensión geográfica, de varias decenas o incluso miles de kilómetros. Suelen ofrecer una menor fiabilidad y calidad de servicio que las redes locales, con menores tasas de transferencia para los usuarios finales.

Una red WAN puede tener un carácter privado, si pertenece a una organización que la utiliza en exclusiva, o bien un carácter público, cuando pertenece a uno o varios operadores de telecomunicaciones que la utilizan para proporcionar una serie de servicios a sus clientes.

Estas redes persiguen ofrecer servicios de transmisión de todo tipo de información: ficheros de ordenador, correo electrónico, voz, imágenes, etcétera.

Hoy en día, los protocolos de las redes WAN utilizan la técnica de conmutación de paquetes para sacar el máximo partido a los recursos disponibles (enlaces de alta capacidad entre nodos), de tal forma que sobre cada circuito físico se puedan transmitir varios **circuitos virtuales**.

Estos circuitos virtuales (*Virtual Circuit* –VC–) pueden ser de dos tipos:

> **Circuitos Virtuales Permanentes** (*Permanent Virtual Circuit*): se establece una ruta permanente con unos recursos asignados (ancho de banda) para conectar dos redes locales o dos equipos a través de la infraestructura de la red WAN.

> **Circuitos Virtuales Conmutados** (*Switched Virtual Circuit*): la asignación de los recursos se realiza de forma dinámica, tras una etapa de establecimiento de la conexión donde se define la ruta que deben seguir todos los paquetes de datos asociados a esa transmisión.

Por otra parte, estos circuitos virtuales pueden ser punto a punto o punto a multipunto.

En las redes WAN también se pueden utilizar servicios de transmisión de paquetes de datos sin establecimiento de conexión. Estos paquetes, conocidos como "datagramas", podrán seguir distintas rutas y llegar desordenados a su destino.

## AI.7 INTERNET: LA GRAN "RED DE REDES"

### AI.7.1 Los orígenes de Internet

Internet, la gran Red mundial de redes de ordenadores, se ha convertido desde mediados de los años 90, momento en que deja de ser utilizada exclusivamente por la comunidad científica y universitaria, en todo un fenómeno social que transciende más allá de sus características tecnológicas.

El crecimiento que ha experimentado desde entonces está siendo espectacular, desarrollándose rápidamente todo tipo de usos y aplicaciones, destacando sobre todo las de carácter comercial y las ligadas con el ocio y la comunicación entre particulares.

Los orígenes de Internet se remontan a finales de los años sesenta, cuando en plena Guerra Fría, con el apoyo del Departamento de Defensa de Estados Unidos, se puso en marcha una red experimental que comunicaba los ordenadores de varias universidades y centros de investigación. Con este proyecto se pretendía crear una infraestructura de telecomunicaciones más fiable y robusta que las existentes en ese momento, capaz de seguir en funcionamiento ante situaciones adversas, como la planteada por la caída de varios de sus nodos en el caso de un hipotético ataque nuclear.

Nació así la red ARPANET en 1969, precursora de la actual Internet. Esta red comenzó su expansión por los Estados Unidos en la década de los setenta, extendiéndose a nuevas universidades y centros de investigación.

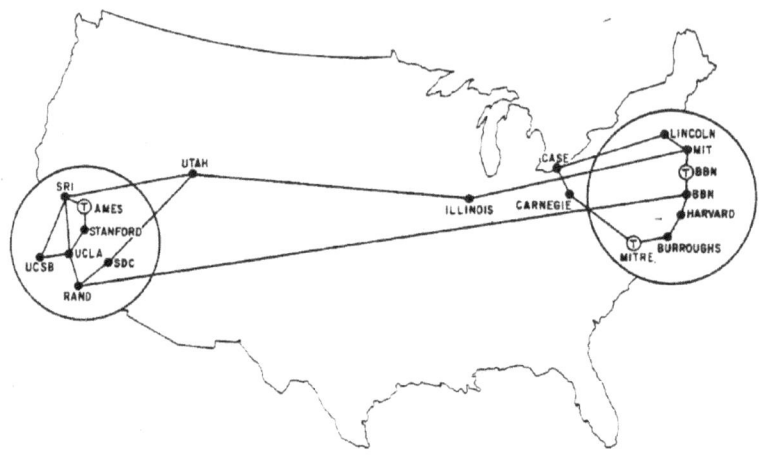

*Figura AI.9. Mapa de ARPANET en 1973*

Su expansión se vio favorecida por tratarse de una red descentralizada y un tanto anárquica, característica que facilitó en gran medida la inclusión de nuevos nodos[76] dentro de la red.

A mediados de los setenta, la red ARPANET alcanzó una dimensión internacional al establecerse las primeras conexiones desde los Estados Unidos con Gran Bretaña y Noruega. En 1983 la parte estrictamente militar se separó convirtiéndose en la red MILNET, momento en el cual ARPANET dejó de estar controlada directamente por el Departamento de Defensa de los Estados Unidos.

El hecho de que el software de los protocolos de comunicaciones que regían el funcionamiento de ARPANET fuera de dominio público, así como el que la estructura de la Red fuera un tanto anárquica debido a su naturaleza, propiciaron que muchas organizaciones que disponían de los equipos informáticos necesarios pudieran conectarse a ella, fundamentalmente universidades y grandes empresas tecnológicas. Así, por ejemplo, la *European Unix Network* (EuNet), integrada por diversas organizaciones de los Países Bajos, Dinamarca, Suecia y Gran Bretaña, se conectó a ARPANET en 1982.

En 1986 la *National Science Foundation* (Fundacional Nacional de la Ciencia –NSF–) de Estados Unidos comenzó a construir la red NSFNET para interconectar varios centros de supercomputación con enlaces de muy alta capacidad. Esto aceleró el desarrollo tecnológico de la Red, mejorando las infraestructuras y servicios de

---

[76] Resulta paradójico pensar que la organización más jerarquizada y centralizada, el ejército, haya dado lugar a la red de telecomunicaciones más descentralizada y anárquica, característica que se justifica para garantizar una mayor robustez de la red.

telecomunicaciones que la sustentaban. Otras importantes agencias de la Administración norteamericana, como la NASA, el Instituto Nacional de la Salud o el Departamento de Energía, se conectaron en esos años a la Red, incorporando sus inmensos recursos informáticos y de comunicaciones.

El crecimiento de la Red en la década de los ochenta fue exponencial, pasando de 1.000 servidores conectados en 1984 a 10.000 en 1987 y alcanzando una cifra superior a los 100.000 en 1989.

En 1990 se extinguió oficialmente como entidad la red ARPANET y otras redes tomaron su relevo: la *National Research and Education Network* (NREN) y, más recientemente, la *very-High-Speed Backbone Network Service* (vBNS), que han constituido el núcleo de Internet desde entonces.

A partir de ese año se conectaron a Internet redes de investigación de diversos países de todo el mundo, en especial de Europa, Latinoamérica, el Sudeste Asiático y, entre ellos, por supuesto, España, a través de la Red Iris, dependiente del Consejo Superior de Investigaciones Científicas (CSIC), donde se encuentran integradas todas las universidades y centros de investigación.

La NSF retiró las restricciones al uso comercial de Internet en 1991, hecho que impulsó aún más si cabe su crecimiento, propiciando la incorporación de las redes corporativas de las grandes empresas multinacionales, así como de las redes de servicios *on-line*, muy populares en los Estados Unidos (Compuserve, America On Line, Prodigy...). La Red alcanzó el millón de servidores conectados en 1992, los 2 millones en 1993 y los 3,8 millones en 1994.

Un hecho decisivo en la historia de Internet lo constituyó la aparición del servicio *World Wide Web* en 1993, desarrollado a finales de los años ochenta en el laboratorio CERN (Centro Europeo para las Investigaciones Nucleares) de Berna (Suiza).

El *World Wide Web* provocó un cambio drástico en la facilidad de uso de las aplicaciones y el nacimiento de un nuevo medio que se ha denominado "hipermedia". Este medio está constituido por un entramado de documentos que contienen todo tipo de información en formato multimedia (texto, imágenes, sonido, animaciones...) y que incorporan vínculos, denominados "hiperenlaces", entre las distintas partes de cada documento y entre distintos documentos.

En 1995 la Administración norteamericana eliminó la subvención a la NSFNET, espina dorsal de Internet. A partir de ese momento la gestión y el mantenimiento de la Red pasó a manos de operadores de telecomunicaciones como MCI y Sprint, que cobraban a sus clientes por sus servicios de conexión a la Red. Ese mismo año el número de servidores conectados superó los 5 millones.

La siguiente figura resume el proceso seguido desde la aparición de ARPANET hasta llegar a la Internet que conocemos hoy en día:

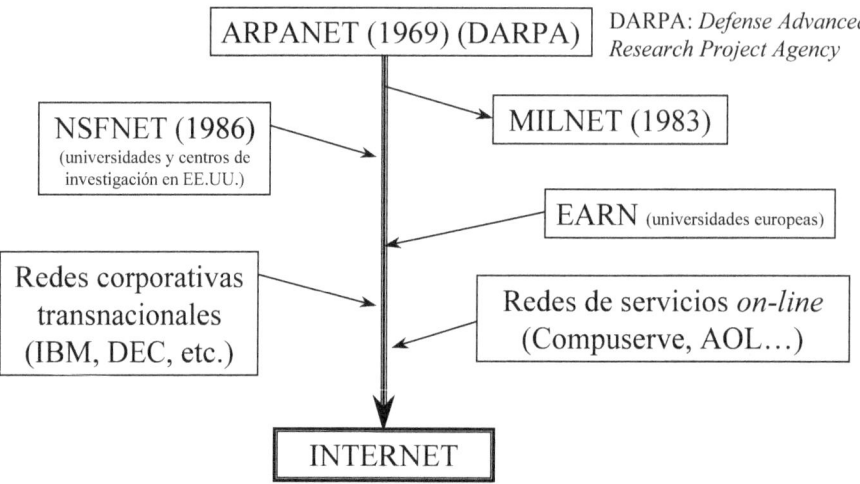

*Figura AI.10. La evolución de Internet*

A pesar de ser una red puesta en marcha en 1969, Internet no tuvo una amplia difusión hasta finales de los años noventa. Durante sus primeros 25 años de historia estuvo restringida al ámbito científico y universitario. Es a partir de 1995 en Estados Unidos y de 1996 en Europa cuando se generaliza su utilización para otros fines y, en especial, para la comunicación de los ciudadanos recién convertidos en internautas (gracias a servicios tan populares como el correo electrónico o el *chat*), para el desarrollo de aplicaciones comerciales (a través del marketing digital y el comercio electrónico) y para la difusión de todo tipo de información de forma rápida y económica.

En muy poco tiempo Internet se ha convertido en todo un fenómeno social, comenzando un crecimiento exponencial que le permite superar los 1.000 millones de usuarios conectados en el año 2010, con las mayores tasas de crecimiento en los medios de comunicación y en los servicios de telecomunicaciones.

Desde el punto de vista técnico, la clave del éxito de Internet se debe a la definición de una serie de protocolos estándares que facilitan la interconexión de distintos tipos de redes y sistemas informáticos, consiguiendo de este modo la interoperabilidad entre equipos de distintos fabricantes.

## AI.7.2 Características básicas del funcionamiento de Internet

El funcionamiento de Internet se basa en la tecnología de "conmutación de paquetes de datos", que fue desarrollada para dotar de una mayor robustez al sistema. En una Red de Conmutación de Paquetes la información se fragmenta en pequeños paquetes del mismo tamaño e importancia, denominados "datagramas". Cada paquete de datos contiene la dirección del ordenador al que va dirigido y sigue la ruta óptima para llegar a su destino en función de la situación en la que se encuentre la red en esos momentos.

De este modo, cada paquete "encuentra su propio camino" de manera independiente de los demás, por lo que éstos pueden llegar desordenados a su destino. El receptor se debe encargar del reagrupamiento correcto de los paquetes para recuperar la información original. En este sentido, el funcionamiento de la red se rige por el principio conocido como *"Best Effort"* ("mejor esfuerzo"), indicando que realiza su trabajo lo mejor posible, pero sin poder garantizar el resultado final de la comunicación, ya que se podrían perder paquetes de datos o éstos podrían llegar desordenados a su destinatario.

Las Redes de Conmutación de Paquetes se adaptan perfectamente a las características del tráfico generado por la transmisión de datos entre ordenadores ("tráfico a ráfagas", *"burst traffic"*). No se establecen circuitos dedicados para cada transmisión, en contraposición con el funcionamiento de una red de "conmutación de circuitos" típica como la del servicio telefónico, sino que los circuitos disponibles son compartidos por varias conexiones, posibilitando un mejor aprovechamiento de los recursos de la Red.

Sin embargo, esta característica de Internet presenta ciertos inconvenientes, ya que impide garantizar una calidad de servicio y una respuesta uniforme de la Red. Por este motivo, no resulta la tecnología más adecuada para aplicaciones en tiempo real, como la transmisión de señales de audio y vídeo, que requieren un flujo de datos constante, puesto que Internet no ofrece la misma calidad que las líneas de datos dedicadas.

En el funcionamiento de Internet se sigue el modelo informático conocido como "Arquitectura Cliente/Servidor": en la máquina del usuario que se conecta a Internet se ejecuta un programa que actúa de "Cliente", solicitando una serie de operaciones y servicios a ordenadores que se encuentran en la Red y que actúan de "Servidores". Las aplicaciones de Internet se basan, por lo tanto, en la interacción entre el programa "Cliente" y el "Servidor".

Muchos servicios son ofrecidos a través de *"daemons"*, programas que se ejecutan de forma ininterrumpida en un determinado servidor a la espera de recibir peticiones de un usuario o de otros equipos.

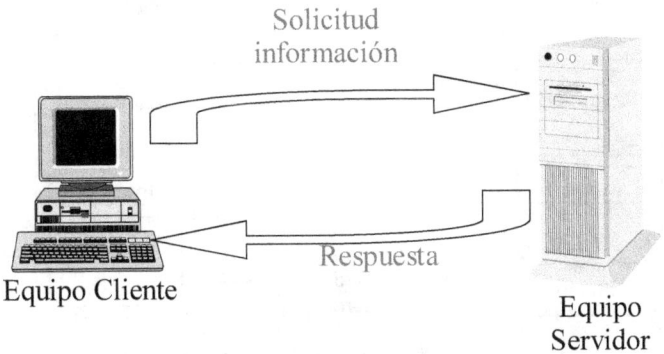

*Figura AI.11. Modelo Cliente/Servidor*

Por otra parte, en los últimos años se ha desarrollo un nuevo modelo denominado **P2P** o *peer to peer* ("de igual a igual"), que permite intercambiar ficheros y ofrecer cierto tipo de servicios directamente entre equipos clientes, sin necesidad de recurrir a ningún servidor. Alguno de estos servicios *peer to peer*, como las redes Kazaa o e-Mule, se han popularizado en Internet desde el año 2000 para facilitar el intercambio de canciones digitalizadas en formato MP3 directamente entre los usuarios finales, en contra de los intereses de la industria discográfica, que ha iniciado una campaña legal para limitar el desarrollo de este tipo de iniciativas que pueden vulnerar los derechos de la propiedad intelectual. Más recientemente, con el incremento del ancho de banda disponible en muchas empresas y hogares, las redes P2P también se han empezado a utilizar para el intercambio de películas y vídeos en formato digital (MPEG o DivX, por citar algunos de los más conocidos), desatando las iras de la industria cinematográfica, que se ha sumado a las campañas legales llevadas a cabo por la industria discográfica.

## AI.7.3 El protocolo TCP/IP

El principal problema que se ha tenido que afrontar durante el desarrollo de Internet ha sido el conseguir la interconexión de distintos tipos de redes y sistemas informáticos, totalmente incompatibles entre sí. Para ello, se ha definido un conjunto de protocolos de comunicaciones que permiten alcanzar la interoperabilidad entre los distintos sistemas, constituyendo una especie de "lenguaje común" a todos los equipos conectados a la Red.

El protocolo TCP/IP, desarrollado a principios de los años ochenta por la Universidad de Berkeley (California) e implantado en Internet desde 1983, es el que se encarga de garantizar la comunicación fiable entre equipos. Asimismo, para cada uno de los servicios proporcionados por Internet se ha desarrollado un protocolo específico: HTTP para el World Wide Web, HTTPS para el World Wide Web seguro, SMTP para el correo electrónico, NNTP para el acceso a grupos de noticias (*news*), etcétera.

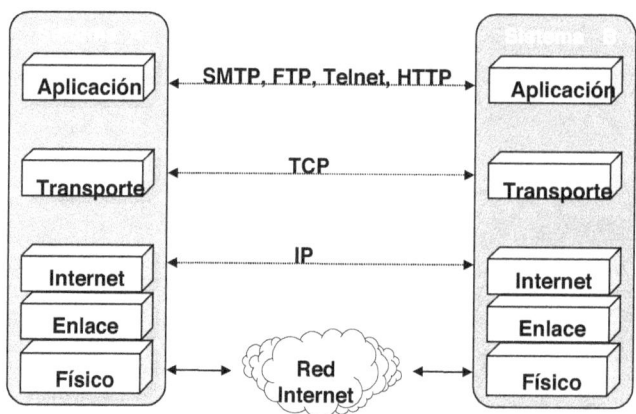

*Figura A1.12. Familia de protocolos TCP/IP*

TCP/IP define, por tanto, un conjunto de normas que rigen la transmisión de datos entre los ordenadores conectados a Internet. Se divide en dos protocolos principales, que constituyen la base de todos los restantes:

> El **protocolo IP** (*Internet Protocol*, RFC 791), cuyo cometido principal es el encaminamiento de los paquetes de datos por la red, seleccionando la ruta que debe seguir cada uno para alcanzar su destino, sin preocuparse de si éstos se entregan ordenados o si alguno se pueda llegar a perder en la red.

> El **protocolo TCP** (*Transport Control Protocol*, RFC 793), que se encarga de llevar a cabo la fragmentación de la información en paquetes y de garantizar la transmisión fiable de datos entre el transmisor y el receptor: reagrupamiento de los paquetes, detección de errores y gestión de retransmisiones, control del flujo de datos, etcétera.

La descripción de cada uno de estos protocolos y de otros servicios de Internet se reúne en una serie de documentos denominados RFCs (*Request For Comments*), elaborados por los equipos de trabajo encargados de su desarrollo dentro de las organizaciones que rigen Internet. Se puede consultar la dirección de Internet http://www.rfc-editor.org para obtener una relación completa de los RFCs publicados[77].

## AI.7.4 Direccionamiento de los equipos

Cada tarjeta de red (NIC) instalada en un equipo informático, ya sea éste un ordenador, impresora u otro dispositivo periférico, tiene asignada una **dirección física**. Esta dirección también es conocida como dirección MAC (*Medium Access Control*), tiene una longitud de 48 bits (6 bytes) y es asignada por el propio fabricante y grabada en el hardware de la tarjeta. De este modo, cada tarjeta de red puede ser identificada de forma única en cualquier red a la que se encuentre conectada.

Por otra parte, cada equipo conectado a Internet tiene asignado un número que permite su identificación y que se conoce como "dirección IP". Se trata de una **dirección lógica** o **dirección de red**, constituida por una secuencia de 4 bytes (32 bits), asignada de forma estática o dinámica al dispositivo mediante software. Así, un ejemplo de dirección IP se puede representar de la siguiente forma: 128.240.127.34, estando constituida por 4 números con valores de 0 a 255 separados por puntos.

---

[77] De hecho, a lo largo de este libro se hace mención a los documentos RFC que describen algunos de los protocolos y servicios citados en los distintos capítulos. Los documentos RFC se clasifican en estándares, borradores de estándares ("*drafts*"), propuestas de estándares, propuestas experimentales, documentos informativos y documentos históricos.

Las direcciones IP pueden ser **fijas** (cuando son asignadas de forma estática al equipo en cuestión) o **dinámicas**, siendo asignadas en este último caso mediante un servidor DHCP (*Dynamic Host Configuration Protocol*), de tal modo que cada equipo podría utilizar una dirección distinta en cada sesión de trabajo dentro de la red. La asignación dinámica facilita la configuración y gestión de los equipos en redes grandes, posibilitando compartir un número reducido de direcciones IP disponibles entre un número mayor de equipos. Sin embargo, debemos tener en cuenta la limitación de que no se podrían conectar todos los equipos de forma simultánea a la red, ya que el número de conexiones estaría restringido por el número de direcciones IP disponibles, puesto que no pueden existir dos equipos compartiendo la misma dirección en una red.

Podemos distinguir varios tipos de direcciones lógicas: direcciones "*unicast*", que se encuentran asociadas a un único equipo; direcciones "*multicast*", que permiten representar a varios equipos; y direcciones "*broadcast*", que representan a todos los equipos de una red. De este modo, mediante las técnicas de multidifusión se puede enviar un paquete de datos a varios equipos destinatarios de forma simultánea, empleando direcciones "*multicast*" y "*broadcast*".

En una dirección IP se distinguen dos partes: el número que identifica a la subred (red conectada a Internet) y el número que identifica al ordenador dentro de la subred (cada ordenador conectado a la red se denomina "*host*", siguiendo la terminología de Internet). Este esquema de direccionamiento se ha definido para poder acomodar tanto a redes grandes, compuestas por un gran número de equipos, como a redes pequeñas, de una forma bastante flexible.

De este modo, se han creado cinco clases de direcciones IP, utilizando para su distinción el prefijo de subred de la dirección IP:

> ➤ **Direcciones clase A (0...127):** emplean un prefijo de subred de 8 bits, dedicando 24 bits para identificar a cada máquina dentro de la subred. Estas direcciones están reservadas para grandes organizaciones (redes de hasta 16.777.216 equipos). Sólo pueden existir un total de 128 de estas redes dentro del esquema actual de direccionamiento.

> ➤ **Direcciones clase B (128...191):** emplean un prefijo de subred de 16 bits, dedicando 16 bits para identificar a cada máquina dentro de la subred. Estas direcciones se asignan a organizaciones de tamaño medio (hasta 65.536 ordenadores), admitiendo un número máximo de 16.384 de estas redes.

> ➤ **Direcciones clase C (192...223):** emplean un prefijo de subred de 24 bits, dedicando 8 bits para identificar a cada máquina dentro de la subred. Estas direcciones son asignadas a organizaciones pequeñas (hasta 256 ordenadores). El actual esquema de direccionamiento admite 2.097.152 de redes de estas características.

> **Direcciones clase D:** utilizadas para la multidifusión de datos.

> **Direcciones clase E:** reservadas para otros usos.

| Clase | Formato (r=red, h=host) | Número de redes | Número de hosts por red | Rango de direcciones de redes | Máscara de subred |
|---|---|---|---|---|---|
| A | r.h.h.h | 128 | 16.777.214 | 0.0.0.0 - 127.0.0.0 | 255.0.0.0 |
| B | r.r.h.h | 16.384 | 65.534 | 128.0.0.0 - 191.255.0.0 | 255.255.0.0 |
| C | r.r.r.h | 2.097.152 | 254 | 192.0.0.0 - 223.255.255.0 | 255.255.255.0 |
| D | grupo | - | - | 224.0.0.0 - 239.255.255.255 | - |
| E | no válidas | - | - | 240.0.0.0 - 255.255.255.255 | - |

*Tabla AI.2. Clases de direcciones IP*

También se ha definido la técnica de *"subnetting"* para poder subdividir una red en varias subredes dentro de una misma organización. En este caso, la dirección IP consta de tres partes: prefijo de red, identificador de subred e identificador del equipo dentro de la subred.

Por otra parte, en 1993 se propuso la utilización de Direcciones Sin Clase (CIDR: *Classless Inter-Domain Routing*, RFC 1519), técnica que permitió dar respuesta a la rápida expansión de Internet, ya que esta situación estaba ocasionando una mayor complejidad y un importante incremento en el tamaño de las tablas de enrutamiento, complicando de este modo de forma notable la organización del tráfico en Internet.

También cabe destacar que las direcciones IP pueden ser **públicas** o **privadas**. Las primeras son las que se pueden utilizar directamente por los equipos conectados a Internet, por lo que tienen que ser asignadas por los organismos que gestionan los recursos de Internet (en este caso la ICANN, *Internet Corporation for the Assignment of Names and Numbers*) a las empresas y organismos que las solicitan.

Las direcciones IP privadas sólo se pueden utilizar en el interior de una red privada. Este tipo de direcciones han sido propuestas para que las organizaciones puedan trabajar internamente con un número mayor de direcciones de las que tienen oficialmente asignadas para conectarse a Internet (direcciones públicas). En el documento RFC 1597 se definen los rangos de direcciones que se han reservado para las direcciones privadas y que, por lo tanto, no son válidos para conectar un equipo a Internet (por ello se dice que no son enrutables).

| Rango direcciones | 10.xxx.xxx.xxx | 172.016.xxx.xxx | 192.168.xxx.xxx |
|---|---|---|---|
| Máscara subred | 255.0.0.0 | 255.255.0.0 | 255.255.255.0 |

*Tabla AI.3. Rangos de direcciones IP privadas (RFC 1597)*

Se ha definido el protocolo NAT (*Network Address Translation*) para realizar una traducción de direcciones privadas a direcciones IP públicas, facilitando de este modo que varios equipos internos de la red de una organización (cada uno con su propia dirección IP privada) puedan conectarse a Internet compartiendo una misma dirección IP pública, aprovechando al máximo el espacio de direcciones públicas disponible en la actualidad.

No obstante, está prevista la ampliación del tamaño actual de las direcciones IP de 4 bytes a 16 bytes con la nueva versión del protocolo IP, denominada IPv6, para incrementar de forma drástica el número total de direcciones disponibles, solucionando así el problema de escasez de direcciones planteado por el espectacular crecimiento de la Red en los últimos años, muy por encima de las previsiones más optimistas.

Hay que tener en cuenta que la arquitectura TCP/IP apenas ha variado desde que el 1 de enero de 1983 se instaló en todos los ordenadores y *routers* del núcleo inicial de Internet. De hecho, el diseño inicial no es el más adecuado para soportar el nuevo entorno de Internet, con miles de millones de dispositivos conectados a la Red, cientos de millones de usuarios, nuevos requisitos de seguridad y de calidad en la transmisión, etcétera. Por este motivo, se ha propuesto el nuevo protocolo IPv6, diseñado por el IETF para sustituir al actual IPv4.

Entre las principales características del nuevo protocolo IPv6 podríamos citar las siguientes:

- Nuevo formato de las direcciones IP, pasando de los actuales 32 bits a 128 bits (RFC 2373), resolviendo el problema de escasez de direcciones en Internet y su asignación ineficiente debido al sistema de direccionamiento empleado en IPv4 basado en clases.

- Utilización de un sistema de direccionamiento jerárquico que permite determinar de forma más eficiente la dirección de la subred como parte de la dirección de un nodo, simplificando el proceso de encaminamiento. De este modo, será posible reducir el tamaño y simplificar las tablas de encaminamiento manejadas por los *routers*.

- Simplificación de la estructura de la cabecera de los paquetes de datos transmitidos, que tendrán un tamaño fijo en lugar del tamaño variable actualmente empleado en el protocolo IPv4.

- Incorporación de servicios de seguridad a nivel de red, gracias a la utilización del protocolo IPSec, que ya fuera aprobado en 1998 por el IETF (RFC 2401). Este protocolo proporciona la confidencialidad de los datos, la autenticidad del remitente, la integridad de los datos transmitidos, así como protección contra reenvíos no autorizados de datos.

➢ Mejora del soporte a la calidad del servicio, permitiendo la introducción de tráfico de tiempo real.

## AI.7.5 Enrutamiento del tráfico

En la arquitectura de Internet los *routers* desempeñan un papel clave, al facilitar la interconexión de las distintas redes de ordenadores y actuar de encaminadores de los paquetes de datos, tal y como se muestra en la siguiente figura:

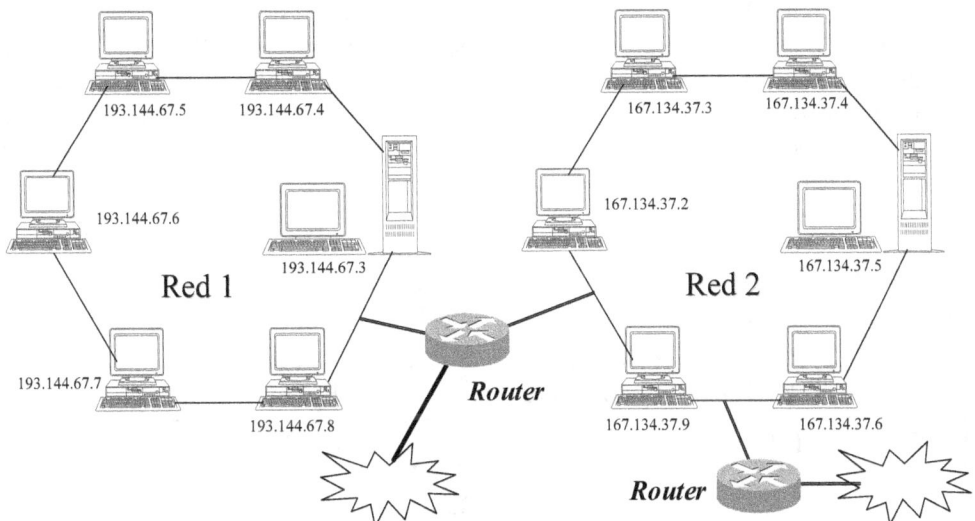

*Figura AI.13. El papel de los routers en Internet*

De este modo, el enrutamiento del tráfico es la tarea que realizan los *routers*, utilizando para ello unas tablas de enrutamiento en las que se incluye información sobre las distintas redes que se pueden alcanzar, así como el coste de las rutas disponibles. El coste de una ruta (métrica) puede ser definido a partir del número de saltos, coste de los enlaces, calidad del servicio, etcétera. Las tablas de enrutamiento pueden ser estáticas o dinámicas, facilitando en este último caso la adaptación automática a las condiciones del tráfico en las redes.

La agrupación de las direcciones en subredes, de acuerdo con las clases de direcciones IP descritas anteriormente, facilita la construcción de las tablas de enrutamiento de los *routers*, ya que van a utilizar las máscaras de las subredes y no las direcciones IP de los equipos finales, reduciendo de esta forma el tamaño de las tablas de enrutamiento.

Los algoritmos de enrutamiento utilizados en la actualidad son el RIP (*Routing Information Procotol*), OSPF (*Open Shortest Path First*) o BGP (*Border Gateway Protocol*), citados en el orden de menor a mayor rendimiento y complejidad.

## AI.7.6 Puertos y servicios de una red IP

Un puerto es una entidad empleada para poder ofrecer distintos servicios y establecer comunicaciones simultáneas desde una misma máquina. De este modo, cada servicio de Internet se ofrece en un determinado puerto, es decir, el servidor o equipo en cuestión se encuentra escuchando en ese puerto a la espera de las peticiones de los clientes que se deseen conectar a él.

Se emplea un número de 16 bits para identificar a cada puerto, por lo que existen un total de 65.535 puertos disponibles. Los primeros números, desde el puerto 0 hasta el 1.023, se conocen como "puertos bien conocidos" (*Well Known Ports*) y se reservan a determinados servicios[78]. Los puertos desde el número 1.024 hasta el 49.151 son puertos registrados y asignados de forma dinámica: son utilizados, por ejemplo, por el equipo cliente que establece una conexión con un equipo servidor. Por último, los puertos desde el número 49.152 hasta el 65.535 se consideran puertos privados, reservados para otros usos.

En la siguiente tabla se presenta una relación de los puertos utilizados por algunos de los servicios más conocidos de Internet:

| Puerto | Servicio | Protocolo | Descripción |
|---|---|---|---|
| 20 | FTP-Datos | TCP/UDP | Transferencia ficheros |
| 21 | FTP | TCP | Control de la transferencia de ficheros |
| 23 | TELNET | TCP/UDP | Conexión remota |
| 25 | SMTP | TCP/UDP | Envío de mensajes de correo |
| 53 | DNS | TCP/UDP | Servicio de nombres de dominio |
| 80 | HTTP | TCP/UDP | World Wide Web |
| 110 | POP3 | TCP/UDP | Acceso a buzones de correo |
| 194 | IRC | TCP/UDP | Chat |
| 443 | HTTPS | TCP | HTTP seguro vía SSL |

*Tabla AI.4. Lista de puertos y servicios de Internet*

En el documento RFC 1060 se puede obtener una lista completa de todos los puertos y de los servicios asociados.

---

[78] Se puede consultar la lista de estos servicios en la siguiente página web: http://www.iana.org/assignments/port-numbers.

Una red IP puede ofrecer multitud de servicios a sus usuarios, utilizando para ello dos protocolos de transporte distintos: el protocolo TCP y el protocolo UDP (*User Datagram Protocol*).

Los servicios basados en el protocolo TCP son servicios orientados a conexión, es decir, requieren de un establecimiento previo de una conexión entre los equipos antes de poder proceder al intercambio de datos. Además, en las transmisiones TCP se numeran los paquetes enviados y los paquetes recibidos (para ello, se emplean dos secuencias de numeración independientes), de tal modo que el propio protocolo se encarga de la confirmación de paquetes recibidos y de la gestión de las retransmisiones de los paquetes no confirmados, es decir, de aquellos paquetes de datos que hayan podido ser extraviados por la red o que se hayan recibido con errores.

Asimismo, el protocolo TCP establece un control del flujo de datos, limitando el número de paquetes enviados que se encuentran pendientes de confirmación, utilizando para ello una técnica basada en la definición del número máximo de paquetes que pueden estar pendientes de confirmación en un determinado equipo (es lo que se conoce como "ventana TCP").

Se trata, en definitiva, de un servicio de transmisión de datos robusto y fiable, que se encarga de garantizar que todos los paquetes de datos transmitidos son recibidos correctamente por su destinatario y en el orden adecuado, detectando y corrigiendo posibles pérdidas o daños en estos paquetes de datos.

Por su parte, los servicios basados en el protocolo UDP son servicios no orientados a conexión. En este tipo de servicios no existen confirmaciones ni se numeran los paquetes de datos, por lo que éstos se podrían perder en la red o llegar desordenados al equipo destinatario.

El protocolo UDP se emplea sobre todo en aplicaciones de tiempo real ("*streaming*" de audio y vídeo, telefonía IP...), así como en algunas aplicaciones sencillas y servicios de Internet que no requieran de un intercambio continuo de datos entre el cliente y el servidor (como SNMP, TFTP, NFS...).

Para el establecimiento de una conexión TCP se sigue un protocolo en tres pasos, conocido como "*Three-way handshake*" (RFC 793), mediante el intercambio de tres paquetes de control con la petición inicial por parte del cliente o equipo que inicia la comunicación (paquete "SYN"), la aceptación por parte del destinatario (paquete "SYN/ACK") y la confirmación nuevamente por parte del equipo inicial (paquete "ACK"), tal y como se refleja en la siguiente figura:

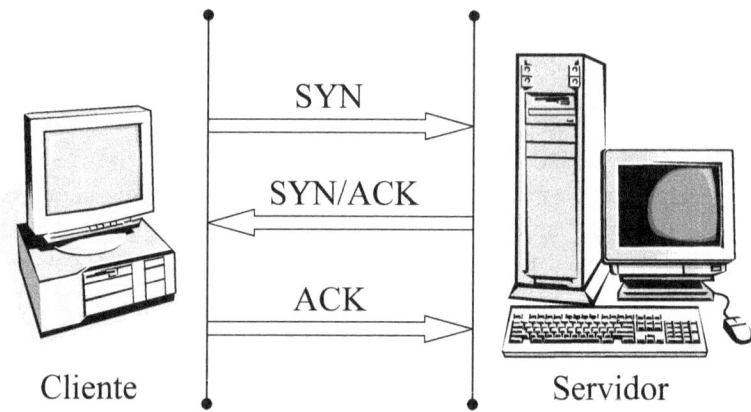

*Figura AI.14. Establecimiento de una conexión TCP: "Three-way handshake"*

Mediante este intercambio de información previa cada equipo indica al otro cuál es el número de secuencia inicial de sus paquetes de datos, así como el tamaño de la ventana TCP que va a utilizar (es decir, cuál es el número máximo de paquetes de datos enviados que pueden estar pendientes de confirmación).

Si el servidor decide denegar la conexión, responderá con un paquete especial "RST" que anula dicha conexión:

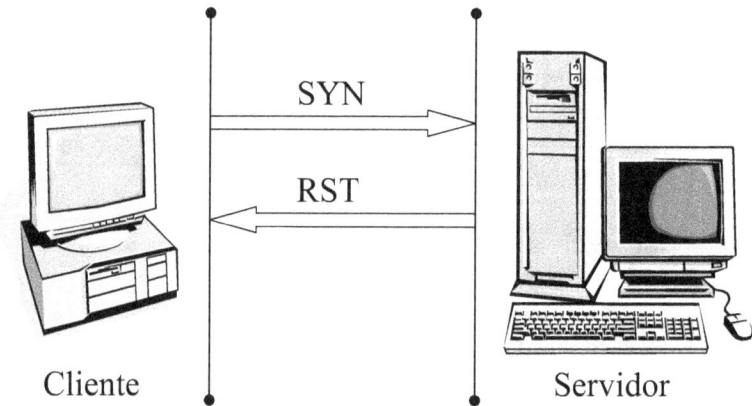

*Figura AI.15. Denegación de la conexión por parte del servidor*

Cuando se desea poner fin a una conexión en TCP, cada uno de los dos equipos debe indicar que no va a enviar más datos (para ello, se transmite un paquete especial "FIN"), quedando entonces a la espera de la confirmación del final de la conexión por parte del otro equipo. De este modo, el final de la conexión se produce de forma ordenada, solicitando permiso al otro interlocutor, por si fuera necesario retransmitir algún paquete de datos ya enviado.

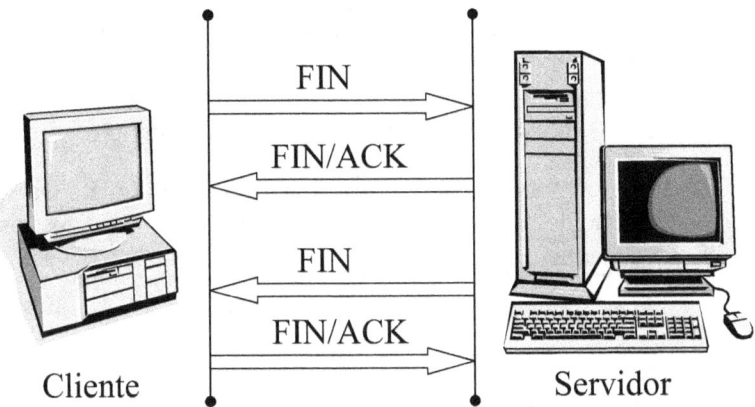

*Figura AI.16. Finalización de la conexión en TCP*

En el protocolo TCP también se ha previsto la utilización de un temporizador ("*timeout*") para poder liberar una conexión aunque no se haya recibido la confirmación del otro equipo. De este modo, la liberación de la conexión tiene lugar de forma automática si transcurre un determinado intervalo de tiempo ("*timeout*") sin obtener respuesta por parte del otro equipo.

Cada paquete TCP/IP o UDP/IP incluye una cabecera con los distintos campos de información que gestiona el protocolo. El paquete de datos se completa con la parte reservada para los datos transmitidos por el usuario.

En el siguiente cuadro se presentan algunos de los principales elementos que constituyen un paquete de datos TCP/IP:

> ➢ Datos transmitidos.
> 
> ➢ Banderas ("*flags*") que indican diferentes estados y situaciones de la comunicación.
> 
> ➢ Dirección IP origen.
> 
> ➢ Dirección IP destino.
> 
> ➢ Número de puerto del equipo origen.
> 
> ➢ Número de puerto del equipo destino.
> 
> ➢ Número de secuencia del paquete de datos ("*Sequence*"): número de 32 bits que identifica a este paquete dentro de la secuencia de paquetes enviados[79].

---

[79] Se emplea un generador de números aleatorios para establecer el número de secuencia inicial (ISN) de una comunicación TCP.

> ➤ Número de aceptación ("*Acknowledge*"): número de 32 bits del siguiente paquete de datos que se espera recibir del otro equipo que interviene en la conexión. Permite confirmar la correcta recepción de todos los paquetes anteriores a este número.
>
> ➤ Código de comprobación de errores (CRC): permite detectar si se ha producido algún error en la transmisión de los datos que forman el paquete TCP/IP.

*Tabla AI.5. Principales campos de información en un paquete TCP/IP*

Las aplicaciones y sistemas operativos utilizan una estructura conocida como "*socket*" para registrar la información asociada a una determinada conexión. Un "*socket*" queda determinado por una dirección IP y un puerto en el equipo local y por otra dirección IP y un puerto asociados al equipo remoto.

## AI.7.7 Principales protocolos de Internet

En este apartado se presenta una breve descripción de los principales protocolos utilizados en Internet:

➤ **IP** - *Internet Protocol* (RFC 791): protocolo básico de red de Internet, encargado del direccionamiento de los equipos y del encaminamiento de los paquetes. Se trata de un servicio no orientado a conexión, basado en el envío de datagramas que son tratados de forma totalmente independiente unos de otros por la red. Este protocolo no se encarga de la confirmación de la entrega ni de la retransmisión de los datagramas.

➤ **ICMP** - *Internet Control Message Protocol* (RFC 792): utilizado por los *routers* y otros equipos dentro de Internet para intercambiar mensajes de control con información sobre el funcionamiento de la red. Así, algunos de los mensajes de error típicos del protocolo ICMP serían los siguientes:

- "*Destination Unreachable*" (Destino inalcanzable).

- "*Packet Too Big*" (Paquete de datos demasiado grande).

- "*Time Exceeded*" (Se ha superado el tiempo de espera).

- "*Parameter Problem*" (Problema con algunos de los parámetros del protocolo).

➤ **IGMP** - *Internet Group Management Protocol* (RFCs 3376, 2236, 1112): protocolo utilizado para la transmisión simultánea de un paquete a varios equipos, mediante la técnica de "*multicasting*". Para poder formar parte de una transmisión "*multicast*", cada equipo debe informar previamente al *router* de su red local. La red MBONE (*Multicast Backbone*) está constituida por un conjunto de *routers* de Internet que soportan la técnica de multidifusión, para servicios basados en el protocolo de transporte UDP.

> **TCP** - *Transport Control Protocol* (RFCs 761, 793) y **UDP** - *User Datagram Protocol* (RFC 768): protocolos de transporte, desarrollados en 1980 para facilitar la transmisión de datos entre dos equipos conectados a través de Internet.

> **ARP** - *Address Resolution Protocol* (RFC 826): el protocolo ARP se encarga de la traducción dinámica de direcciones IP a direcciones físicas (direcciones MAC de 48 bits), dentro de una misma red local.

Cuando un equipo necesita descubrir la dirección física correspondiente a una determinada dirección IP, transmite un paquete ARP dirigido a todos los demás equipos de la red local (paquete "*broadcast*"). El equipo con la dirección IP indicada responde con otro paquete ARP que contiene su dirección física. Con el resultado de la consulta, el equipo se encarga de actualizar en su memoria una tabla de direcciones físicas y sus correspondientes direcciones IP (conocida como "caché ARP"), que debe actualizar de forma periódica.

La traducción también podría realizarse de forma estática (sin utilizar el protocolo ARP), mediante tablas estáticas guardadas en los equipos con la relación de todas las direcciones utilizadas en la red local.

El protocolo RARP (*Reverse Address Resolution Protocol*, RFC 903) se encarga del proceso inverso: traducción de una dirección física a su correspondiente dirección IP.

> **PPP** - *Point-to-Point Protocol* (RFC 1661): este protocolo define un método para transmitir paquetes IP a través de enlaces serie, como en el caso de una conexión a Internet a través de un módem. Mejora las deficiencias de un protocolo anterior, el SLIP (*Serial Link Internet Protocol*).

> **L2TP** (*Layer 2 Tunnelling Protocol*), **PPTP** (*Point-to-Point Tunnelling Protocol*), **L2F** (*Layer 2 Forwarding*): protocolos que permiten establecer enlaces IP seguros a través de Internet, empleando técnicas de encapsulamiento que definen "túneles" para el envío de los datos de una organización. Se utilizan en la construcción de Redes Privadas Virtuales (VPN).

> **IPSec** (IP Seguro, RFC 2401): emplea técnicas criptográficas para garantizar la confidencialidad, integridad y autenticidad de los datagramas transmitidos por la red.

➢ **HTTP** - *Hypertext Transfer Protocol* (RFCs 1945, 2068, 2109 y 2269): es el protocolo utilizado en el *World Wide Web*, para la transmisión de páginas HTML a través de Internet.

➢ **FTP** - *File Transfer Protocol* (RFC 959): permite descargar o subir ficheros desde un servidor a un equipo cliente. Para ello, se utiliza una conexión para la transferencia de datos (en el puerto 20 del servidor) y otra conexión independiente para el intercambio de información de control (puerto 21 del servidor).

➢ **TFTP** - *Trivial File Transfer Protocol* (RFC 783): es una versión más sencilla del protocolo FTP. Contempla menos funcionalidades, por lo que se puede utilizar un software más sencillo.

➢ **Telnet** (RFC 854, 855): protocolo utilizado para la conexión remota a servidores a través de Internet, emulando un terminal virtual. Se encarga de transmitir las pulsaciones de teclado del cliente y de recibir las respuestas generadas por el servidor para mostrarlas en pantalla.

➢ **NFS** - *Network File System* (RFC 1094): protocolo desarrollado por la empresa Sun Microsystems para facilitar la compartición de ficheros y unidades de disco en un entorno de red, de forma transparente a los usuarios. El cliente NFS realiza la petición a través de la red para localizar al servidor que contiene el fichero solicitado por el usuario.

➢ **SNMP** - *Simple Network Management Protocol* (RFC 1067): protocolo que facilita el intercambio de información entre dispositivos conectados a la red, con el objetivo de monitorizar su funcionamiento y de gestionar el rendimiento de la red.

➢ **DNS** - *Domain Name Service* (RFCs 882, 883, 973): servicio que introduce el concepto de "nombre de dominio" para facilitar el acceso a los equipos conectados a Internet. De este modo, el usuario no tiene que utilizar directamente las direcciones IP de los equipos.

➢ **NNTP** - *Network News Transport Protocol* (RFC 977): es el protocolo de lectura de los grupos de noticias ("*newsgroups*") de Internet.

➢ **SMTP** - *Simple Message Transfer Protocol* (RFC 821): protocolo utilizado para la transferencia de mensajes de correo electrónico. Proporciona mecanismos para transferir mensajes entre equipos y servidores de correo, así como para gestionar listas de destinatarios y la respuesta y reenvío de mensajes de correo.

Por lo tanto, SMTP se ocupa de cómo tiene lugar el intercambio de mensajes entre clientes de correo (MUA, *Mail User Agent*) y servidores de correo (MTA, *Mail Transport Agent*), así como de los propios servidores entre sí para encaminar los mensajes hacia su destino final. Se ha propuesto el estándar X.400 de la ISO como alternativa a SMTP.

- ➢ **POP** - *Post Office Protocol* (RFC 1939) e **IMAP** - *Internet Message Access Protocol* (RFC 1064): protocolos para acceder desde un equipo cliente a los buzones de correo electrónico que se encuentran almacenados en un servidor. El protocolo IMAPv4 es más complejo y ofrece más funcionalidades, pero está menos extendido que el POPv3.

- ➢ **Formato MIME** - *Multipurpose Internet Mail Extensions* (RFC 2045): formato de codificación de mensajes que permite enviar ficheros binarios a través del correo electrónico, utilizando distintos conjuntos de caracteres y sistemas de codificación/decodificación.

Es necesario destacar que el protocolo SMTP sólo permite enviar mensajes en un formato ASCII de 7 bits. Por este motivo, se ha definido el formato MIME para poder enviar contenidos no-ASCII de 8 bits (como ficheros binarios, imágenes, etcétera) a través de mensajes de correo SMTP.

El estándar MIME proporciona una estructura para definir el contenido de los mensajes de correo basada en dos identificadores: el tipo de contenido y el subtipo. Esta estructura también se emplea en otras aplicaciones como, por ejemplo, en la transferencia de contenidos y ficheros a través de HTTP.

Una cabecera MIME está compuesta por los siguientes campos:

> - ➢ Versión del formato MIME.
> - ➢ Tipo de contenido y subtipo.
> - ➢ Tipo de codificación utilizada.
> - ➢ Identificador del mensaje.
> - ➢ Descripción del contenido.

*Tabla AI.6. Cabecera MIME*

Los tipos de contenidos soportados por MIME son los que se presentan a continuación:

- *Text*: mensajes de texto ASCII de 7 bits.

- *Multipart*: permite definir distintas partes dentro del cuerpo del mensaje, cada una de ellas con un tipo de contenido y de codificación independientes del resto.

- *Message*: el cuerpo es un mensaje completo o una parte de otro mensaje de correo.

- *Image*: imágenes en formatos JPEG o GIF.

- Video.

- Audio.

- *Application*: programa ejecutable.

A su vez, MIME permite definir distintos tipos de codificaciones del contenido de un mensaje: "*7-bit*", "*8-bit*", "*binary*", "*base64*" o "*quoted-printable*".

➢ **Finger** (RFC 1288): este servicio muestra información acerca de un usuario específico conectado a un sistema IP local o remoto (nombre y apellidos, hora de la última conexión, tiempo de conexión, etcétera).

➢ **Whois** (RFCs 812 y 954): servicio que permite a sus usuarios realizar búsquedas en una base de datos sobre personas y otras entidades de Internet, tales como dominios, redes y servidores.

➢ **LDAP** - *Lightweight Directory Access Protocol* (RFCs 1777 y 2251): protocolo utilizado para acceder a la información registrada en un directorio X.500. X.500 es un estándar desarrollado en 1984 para gestionar un servicio de directorio, con información sobre usuarios y organizaciones en una red.

## AI.7.8 Servicio de Nombres de Dominio

Para los usuarios de una red como Internet resulta bastante engorroso tener que trabajar directamente con las direcciones IP. Por este motivo se ha desarrollado el servicio de "Nombres de Dominio", que permite identificar a cada ordenador mediante un nombre que internamente es traducido por la dirección IP con la que se corresponde. De esta tarea se encargan los servidores DNS, que constituyen un sistema de bases de datos distribuidas que traduce los nombres de dominio en direcciones numéricas IP.

El servicio DNS (*Domain Name Service*, RFCs 882 y 883) fue propuesto en 1984 por Paul Mockapetris en la Universidad del Sur de California. El servicio DNS se compone de una serie de servidores DNS, que se encargan de mantener las bases de datos con la correspondencia entre direcciones IP y nombres de dominio, así como de un protocolo que permite interactuar con estos servidores y realizar consultas para "resolver un nombre de dominio". En la actualidad prácticamente todos los servicios de Internet dependen del servicio DNS para su correcto funcionamiento (WWW, FTP, correo electrónico, etcétera). De ahí que el servicio DNS haya sido objetivo de muchos ataques de Denegación de Servicio (DoS).

En el servicio DNS se sigue un esquema de nombramiento jerárquico que permite identificar a las organizaciones que están presentes en la Red, especificando en primer lugar el tipo de organización de que se trata (empresa, universidad, organización sin ánimo de lucro) o su país de procedencia, para, a continuación, indicar el nombre de la organización y proseguir, si es preciso, con el nombre de un departamento o área en cuestión dentro de la organización.

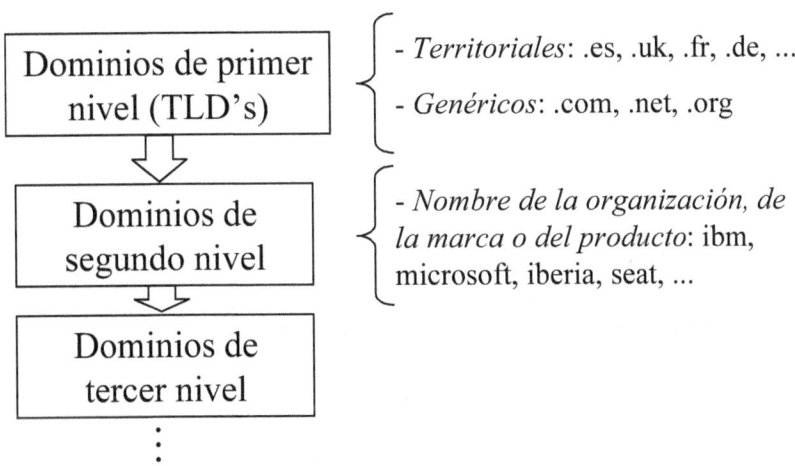

*Figura AI.17. Niveles jerárquicos en los Nombres de Dominio*

Desde el momento en que se ha generalizado el uso comercial de Internet, los nombres de dominio han adquirido una enorme importancia, ya que desempeñan el papel de las marcas que permiten identificar a las empresas y a sus productos dentro de la Red.

Para registrar un nombre de dominio, debemos en primer lugar definir cuál va a ser el dominio de primer nivel. Existen dos grandes grupos de dominios de primer nivel:

> **Dominios de Primer Nivel Genéricos (gTLD**, *generic top-level domains*):

- **.aero**: reservado para la industria aeronáutica.

- **.asia**: para organizaciones de la región Asia-Pacífico.

- **.biz**: para los negocios.

- **.cat**: para la comunidad catalanohablante.

- **.com**: empresas y organizaciones comerciales.

- **.coop**: denominación específica para cooperativas.

- **.edu**: universidades y escuelas de negocios.

- **.gov**: organismos del Gobierno de Estados Unidos (por ejemplo: "whitehouse.gov").

- **.info**: para proveedores de información y contenidos.

- **.int**: organismo internacional (por ejemplo: "eu.int" para la Unión Europea).

- **.jobs:** para las entidades relacionadas con la gestión de recursos humanos.

- **.mil**: centros militares de Estados Unidos.

- **.mobi**: para productos y servicios móviles.

- **.museum**: reservado para museos y entidades relacionadas.

- **.name**: para las páginas personales.

- **.net**: organizaciones relacionadas con la Red.

- **.org**: organizaciones sin ánimo de lucro.

- **.pro**: para las páginas de las profesiones liberales clásicas.

- **.travel**: para la industria de los viajes y el turismo.

➢ **Dominios de Primer Nivel Territoriales** (**ccTLD**, *country code top-level domains*), que emplean dos letras que identifican al país de procedencia, de acuerdo con la tabla de códigos ISO 3166): **.es** (España), **.uk** (Reino Unido), **.mx** (México), **.ch** (Suiza)...

El organismo que tiene asignada la misión de gestionar el servicio de nombres de dominio en Internet es la *Internet Corporation for Assigned Names and Numbers* (ICANN), que delega sus funciones y responsabilidades a otros organismos e instituciones dentro de cada país para la gestión de los dominios territoriales.

En la actualidad nos enfrentamos a un problema de escasez de nombres de dominio: a finales del año 1997 ya había registrados más de 1.300.000 registros de dominios ".com" y 800.000 entre los ".org" y los ".net"; a finales de 2000 se superaba la cifra de 20.000.000 de registros ".com", y en el mes de noviembre de 2010 la cifra de ".com" alcanza los 91.000.000 de registros.

En el funcionamiento del servicio DNS se realizan dos tipos de operaciones básicas por parte de sus usuarios: la resolución directa y la resolución inversa de nombres de dominio.

La **resolución directa de un nombre de dominio** (*"forward DNS lookup"*) es el modo normal de operación del servicio DNS, en el que un cliente realiza una consulta a un servidor DNS para obtener la dirección IP correspondiente a un determinado nombre de dominio. Con este esquema de funcionamiento, el cliente que realiza la consulta se podrá conectar a la máquina que responde a la dirección IP asociada al nombre de dominio.

En la siguiente figura se ilustran los pasos seguidos por el equipo de un usuario que desee acceder a un determinado Website (por ejemplo, www.yahoo.com):

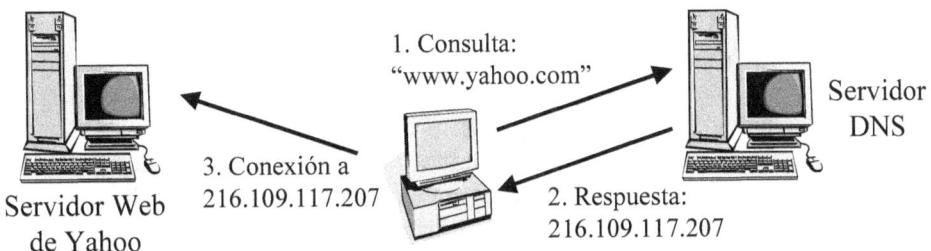

*Figura AI.18. Resolución directa de un nombre de dominio*

En la **resolución inversa** (*"reverse DNS lookup"*) se realiza la consulta para resolver un nombre de dominio a través de una dirección IP. Este tipo de consultas son realizadas por aplicaciones y servicios de red. También se podrían utilizar como un método sencillo (aunque no muy seguro) de autenticación de usuarios.

Por último, podemos señalar que se han propuesto otros sistemas alternativos al DNS para implantar un servicio de nombres de equipos, como el servicio WINS de Microsoft (*Windows Name Service*) o la utilización del fichero "hosts.txt" de los sistemas UNIX. En este último caso, en un fichero guardado en el disco duro de cada equipo se mantiene una lista de nombres de equipos conectados a la red y de sus correspondientes direcciones IP.

## AI.7.9 Calidad del Servicio en Redes IP (*Quality of Service*)

La RTC o Red Telefónica Conmutada fue, por derecho histórico y preeminencia, la inspiración inicial de las redes de paquetes como ARPANET o su secuela Internet. No en vano, los conceptos de conmutación y direccionamiento estaban ya bien resueltos en la RTC durante más de cincuenta años.

Sin embargo, los requisitos militares que inspiraron ARPANET y que se mantienen presentes en Internet hacen de ellas redes completamente diferentes en lo tocante a la transmisión de flujos de sonido o de imágenes. A diferencia de la transmisión de datos legibles o del transporte de ficheros, el sonido y la imagen requieren de algunos cuidados esenciales, como:

> ➢ La latencia, esto es, el tiempo que transcurre desde que el emisor transmite hasta que el receptor comienza a escuchar debe ser muy baja, típicamente inferior a medio segundo; lo contrario supone intercalar unas esperas que al ser humano le resultan intolerables para mantener una conversación con una calidad aceptable.

> ➢ La cadencia con la que se reproduce el mensaje en destino ha de ser igual a la cadencia con que se emitió en origen. La aparición de intervalos de silencio o de paradas incomprensibles en el flujo transmitido puede hacer intolerable la experiencia para el receptor o incluso hacer ininteligible el mensaje.

La Red Telefónica Conmutada resolvía ambos problemas garantizando que emisor y receptor contaran con una línea dedicada (física o virtualmente) tras un proceso de conmutación inicial (marcado) que ponía en comunicación permanente ambos extremos. Digamos que una vez establecida la conmutación, emisor y receptor contaban con un cierto número de conmutadores físicos dedicados de forma permanente a transmitir a toda velocidad la señal analógica emitida.

En la transmisión a través de Internet de sonido o de *streaming* de vídeo esto ya no es posible debido, precisamente, a la naturaleza redundante y distribuida de esta red y a la autonomía que se otorga a sí misma para redefinir el enrutamiento de los paquetes de forma dinámica. Por tanto, es posible que paquetes de sonido o de vídeo que se corresponden a los primeros instantes de un mensaje de voz o de una película, respectivamente, lleguen más tarde a destino que otros emitidos posteriormente, probablemente porque los nodos de conmutación por los que han tenido que viajar hayan decidido adoptar estrategias de enrutamiento con un número mayor de saltos o con menor velocidad de transmisión.

De igual manera que ocurre con la transmisión de ficheros mediante FTP o del protocolo HTTP, que envía páginas web en respuesta a solicitudes desde un navegador, el flujo de paquetes de una transmisión de audio o de vídeo no puede llegar desordenado a destino, puesto que cada paquete representa una pequeña porción del sonido total emitido y todos ellos deben disponerse en el orden exacto en que fueron enviados para reconstruir la frase correctamente. No hay problema, el protocolo TCP (*Transmision Control Protocol*) vela porque en todos los casos el reordenamiento ocurra de manera consistente. Sin embargo, existe una diferencia importante entre la transmisión de datos y la transmisión de sonido o de vídeo: en la transmisión de sonido o de vídeo una vez que se comienza a reproducir en destino no se tolerarán retrasos o esperas en la reordenación de los paquetes de datos, ya que ello implicaría vacíos inesperados o la aparición de intervalos de silencio que podrían hacer extraño o incomprensible el mensaje recibido.

A la capacidad de una red de disponer recursos para garantizar un cierto flujo de paquetes por segundo de forma ordenada se le denomina Calidad de Servicio o QoS (*Quality of Service*) de la red. Cabe destacar que al exigir una cierta Calidad de Servicio a una red IP volvemos a dedicar recursos físicos de forma permanente a cada pareja emisor/receptor, la misma solución que de forma intrínseca proponía ya la Red Telefónica Conmutada hace casi un siglo.

Para paliar los efectos de la pérdida de paquetes de datos, muchos algoritmos de compresión utilizan técnicas de interpolación, que permiten reconstruir los paquetes perdidos a partir de los anteriores y posteriores en la secuencia recibida.

Asimismo, para tratar de garantizar una mínima Calidad de Servicio en las redes IP se han desarrollado una serie de protocolos que permiten proporcionar servicios en tiempo real sobre IP, como son RTP (*Real time Transport Protocol*), RTCP (*Real Time Control Protocol*), RSVP (*Resource Reservation Protocol*) y RTSP (*Real Time Streaming Protocol*).

Mediante estos protocolos se puede solicitar y garantizar un determinado ancho de banda y unos valores máximos de retardo que permitan ofrecer una calidad aceptable en una transmisión, a costa de pagar un precio superior por el envío de estos paquetes de datos a través de Internet.

De este modo, en las nuevas redes IP que están desarrollando los operadores de telecomunicaciones se pueden distinguir distintos niveles de servicio, caracterizados por unos determinados parámetros de calidad y unas tarifas diferentes en cada caso.

Asimismo, la mejora en la capacidad de los enlaces troncales, gracias a la utilización de comunicaciones ópticas síncronas (jerarquías digitales síncronas SDH y SONET) y el incremento de prestaciones de los equipos de conmutación e interconexión, facilitará ofrecer los niveles de calidad necesarios en estas nuevas redes IP.

Conviene destacar que, para los operadores, las redes IP resultan más rentables que las tradicionales, ya que la compartición de las conexiones tanto para datos, como para voz sobre IP, permite reducir los costes globales de operación, gracias a la integración de los servicios ofrecidos a sus clientes.

## AI.7.10 Organizaciones que gestionan Internet

Internet se caracteriza por ser una red un tanto "anárquica", carente de una estructura y de una autoridad formal. De hecho, está constituida por miles de redes independientes y autónomas en su gestión, que se han puesto de acuerdo en utilizar un "lenguaje común" (el protocolo TCP/IP) para poder compartir información.

Existen una serie de organizaciones que influyen en la gestión de Internet. Por razones históricas y por la mayor proporción de usuarios norteamericanos, buena parte de estas organizaciones se encuentran en los Estados Unidos, país que desempeña un papel preponderante en la gestión de Internet.

La organización más importante es la *Internet Society* (ISOC, http://www.isoc.org), asociación profesional no lucrativa fundada en el año 1992. Entre sus funciones más importantes destacan el desarrollo de estándares para Internet (que se plasman en un conjunto de documentos denominados *Request For Comments* –RFC–), la asignación de recursos entre los distintos usuarios de la Red (direcciones IP, nombres de dominio...) y la cooperación global con otros organismos públicos nacionales, regionales e internacionales.

Existen una serie de organismos asociados a *Internet Society* que también desempeñan un importante papel en la gestión de Internet, entre los que podemos citar los siguientes:

> *Internet Architecture Board* (IAB): se encarga de tomar las decisiones técnicas y políticas sobre Internet.

> *Internet Engineering Task Force* (IETF): comité de expertos que se ocupa fundamentalmente del desarrollo de nuevos protocolos y servicios.

> *Internet Engineering Steering Group* (IESG): encargado de coordinar el trabajo de los grupos definidos dentro del IETF.

> *Internet Corporation for Assigned Names and Numbers* (ICANN), anteriormente conocida como *Internet Assigned Number Authority* (IANA): gestiona la asignación de códigos relacionados con los protocolos de Internet, así como de las direcciones IP. Delega parte de sus funciones en varios organismos regionales y estatales (como **RIPE NCC** en el ámbito europeo; **AP-NIC**, que se encarga de la región Asia-Pacífico; **ARIN**, que se encarga de América del Norte, etcétera).

> *Internet Network Information Centre* (InterNIC): es el centro que depende de la ICAAN para informar del registro de las direcciones IP y de los nombres de dominio, acumulando diversos datos sobre la configuración de Internet y las redes que la componen.

En el desarrollo de nuevos protocolos y estándares para redes de ordenadores también cabe destacar el papel del IEEE (*Institute of Electrical and Electronics Engineers*), asociación integrada por varios cientos de miles de profesionales técnicos de más de 150 países. No está relacionada directamente con la gestión de Internet, si bien desempeña un papel importante en el desarrollo de algunos protocolos más conocidos, como los de las redes locales e inalámbricas (estándares IEEE 802).

## AI.8 REFERENCIAS DE INTERÉS

- ✓ Internet Society: http://www.isoc.org/internet/.
- ✓ World Wide Web Consortium: http://www.w3.org/.
- ✓ Internet Engineering Task Force: http://www.ietf.org/.
- ✓ Internet Corporation for Assigned Names and Numbers: http://www.icann.org/.
- ✓ IANA: http://www.iana.org/.
- ✓ IEEE: http://www.ieee.org/.
- ✓ Listado de RFCs: http://www.rfc-editor.org/.
- ✓ Unión Internacional de Telecomunicaciones: http://www.itu.int/.
- ✓ European Telecommunications Standards Institute: http://www.etsi.org/.
- ✓ RedIris: http://www.rediris.es/.
- ✓ Modelo de referencia OSI: http://en.wikipedia.org/wiki/OSI_model/.
- ✓ Tutoriales del International Engineering Consortium: http://www.iec.org/online/tutorials/.
- ✓ Estándares para redes de ordenadores del IEEE: http://www.ieee802.org/.
- ✓ Wi-Fi Alliance: http://www.wi-fi.org/.
- ✓ WiMAX Forum: http://www.wimaxforum.org/.
- ✓ ADSL Forum: http://www.adsl.com/.
- ✓ ATM Forum: http://www.atmforum.com/.
- ✓ Frame Relay Forum: http://www.frforum.com/.

# BIBLIOGRAFÍA

Alberts, C. (2002): *Managing Information Security Risks: The OCTAVE Approach*, Addison Wesley.

Aspinwall, J. (2004): *PC Hacks*, O'Reilly.

Barman, S. (2001): *Writing Information Security Policies*, New Riders Publishing.

Barrett, D.; Byrnes, R.; Silverman, R. (2005): *SSH, The Secure Shell, $2^{nd}$ Edition*, O'Reilly.

Bidwell, T. (2002): *Hack Proofing Your Identity*, Syngress.

Brewer, D. (2005): *Security Controls for Sarbanes-Oxley Section 404 IT Compliance*, John Wiley & Sons.

Briere, D.; Hurley, P. (2005): *Wireless Networks Hacks & Mods for Dummies*, John Wiley & Sons.

Casey, E. (2004): *Digital Evidence and Computer Crime: Forensic Science, Computers, and the Internet*, Academic Press.

Chappell, L. (2001): *Packet Filtering: Catching the Cool Packets!*, Podbooks.com.

Chirillo, J. (2001): *Hack Attacks Revealed: A Complete Reference*, John Wiley & Sons.

Cole, E. (2001): *Hackers Beware*, New Riders.

Cole, E.; Krutz, R.; Conley, J. (2005): *Network Security Bible*, John Wiley & Sons.

Cresson, C. (2002): *Information Security Policies Made Easy*, PentaSafe Security Technologies.

Diffie, W.; Landau, S. (1998): *Privacy on the Line: The Politics of Wiretapping and Encryption*, The MIT Press.

Dunsmore, B.; Brown, J.; Cross, M. (2001): *Mission Critical! Internet Security*, Syngress.

Durán, R.; Hernández, L.; Muñoz, J. (2005): *El criptosistema RSA*, Ra-Ma.

Edney, J.; Arbaugh, W. (2003): *Real 802.11 Security: Wi-Fi Protected Access and 802.11i*, Addison Wesley.

Erickson, J. (2003): *Hacking: The Art of Exploitation*, No Starch Press.

Faith, L.; Garfinkel, S. (2005): *Security and Usability*, O'Reilly.

Foster, J. (2005): *Sockets Shellcode Porting and Coding: Reverse Engineering Exploits and Tool Coding for Security Professionals*, Syngress.

Gallo, G.; Coello, I.; Parrondo, F.; Sánchez, H. (2003): *La Protección de Datos Personales: Soluciones en Entornos Microsoft*, Microsoft Ibérica.

Garfinkel, S. (2000): *Database Nation: The Death of Privacy in the 21st Century*, O'Reilly.

Goncalves, M. (1997): *Firewalls Complete*, McGraw-Hill.

Graff, M.; van Wyk, K. (2003): *Secure Coding: Principles & Practices*, O'Reilly.

Hare, C.; Siyan, K. (1996): *Internet Firewalls and Network Security - $2^{nd}$ Edition*, New Riders.

Hartman, B.; Flinn, D.; Beznosov, K.; Kawamoto, S. (2003): *Mastering Web Services Security*, John Wiley & Sons.

Hoglund, G.; Butler, J. (2005): *Rootkits: Subverting the Windows Kernel*, Addison Wesley.

Johansson, J.; Riley, S. (2005): *Protect Your Windows Network From Perimeter to Data*, Addison Wesley.

Kaspersky, K. (2003): *Hacker Disassembling Uncovered*, A-LIST Publishing.

Kahn, D. (1996): *The Code Breakers*, Scribner.

Klevinsky, T. J.; Laliberte, S.; Gupta, A. (2002): *Hack I.T.: Security Through Penetration Testing*, Addison Wesley.

Lewis, M. (2004): *SQL Server Security Distilled – 2nd Edition*, Apress.

Long, J. (2005): *Google Hacking for Penetration Testers*, Syngress.

Lu, C. S. (2005): *Multimedia Security: Steganography and Digital Watermarking Techniques for Protection of Intellectual Property*, Idea Group Publishing.

Lucena, M. (2002): *Criptografía y Seguridad en Computadores*.

Ludwig, M. (1995): *The Giant Black Book Of Computer Viruses*, American Eagle Publications.

McClure, S.; Shah, S.(2002): *Web Hacking: Attacks and Defense*, Addison Wesley.

Menezes, A.; van Oorschot, P.; Vanstone, S. (1996): *Handbook of Applied Cryptography*, CRC Press.

Miller, S. (2003): *WiFi Security*, McGraw-Hill.

Mirkovic, J.; Dietrich, S.; Dittrich, D.; Reiher, P. (2004): *Internet Denial of Service: Attack and Defense Mechanisms*, Prentice Hall.

Mitnick, K.; Simon, W. (2005): *The Art of Intrusion*, John Wiley & Sons.

Northcutt, S.; Zeltser, L.; Winters, S.; Kent, K.; Ritchey, R. (2005): *Inside Network Perimeter Security*, Sams Publishing.

Pace, E. (2003): *Special Ops - Host and Network Security for Microsoft, Unix and Oracle*, Syngress.

Peikari, C.; Fogie, S. (2002): *Maximum Wireless Security*, Sams Publishing.

Piper, F.; Murphy, S. (2002): *Cryptography: A Very Short Introduction*, Oxford University Press.

Pipkin, D. (2002): *Halting The Hacker: A Practical Guide To Computer Security*, Prentice Hall.

Pino, C. (2002): *Introducción a la Criptografía, 2ª edición*, Ra-Ma.

Prasad, A.; Prasad, N. (2005): *802.11 WLANs and IP Networking Security*, Artech House.

Russell, R. (2000): *Hack Proofing Your Network*, Syngress.

Russell, R. (2003): *Stealing the Network: How to Own the Box*, Syngress.

Scambray, J.; McClure, S.; Kurtz, G. (2001): *Hacking Exposed: Network Security Secrets & Solutions - 2nd Edition*, Osborne/McGraw-Hill.

Scambray, J.; Shema, M. (2002): *Hacking Exposed Web Applications*, Osborne/McGraw-Hill.

Schneier, B. (1994): *Applied Cryptography*, John Wiley & Sons.

Schneier, B. (2000): *Secrets & Lies. Digital Security in a Networked World*, John Wiley & Sons.

Seitz, J. (2005): *Digital Watermarking for Digital Media*, Information Science Publishing.

Shema, M. (2002): *Anti-Hacker Tool Kit*, Osborne/McGraw-Hill.

Sinchak, S. (2004): *Hacking Windows XP*, John Wiley & Sons.

Skoudis, E.; Zeltser, L. (2003): *Malware: Fighting Malicious Code*, Prentice Hall.

Stalling, W. (1998): *Cryptography and Network Security*, Prentice Hall.

Stinson, D. R. (1995): *Cryptography, Theory and Practice*, CRC Press.

Suehring, S.; Ziegler, R. (2005): *Linux Firewalls, 3rd Edition*, Sams Publishing.

Szor, P. (2005): *The Art Of Computer Virus Research And Defense*, Addison Wesley.

Sutton, R. (2002): *Secure Communications: Applications and Management*, John Wiley & Sons.

Thomas, S. (2000): *SSL and TLS Essentials: Securing the Web*, John Wiley & Sons.

Thorsteinson, P. ; Arun, G. (2003): *.NET Security and Cryptography*, Prentice Hall.

Tulloch, M. (2003): *Microsoft Encyclopedia of Security*, Microsoft Press.

Tynan, D. (2005): *Computer Privacy Annoyances*, O'Reilly.

Warren, H. (2002): *Hacker's Delight*, Addison Wesley.

Young, M. (2003): *Internet Security: Cryptographic Principles, Algorithms and Protocols*, John Wiley & Sons.

# ÍNDICE ALFABÉTICO

## SÍMBOLOS

802.11i .................................................. 519
802.1x .................................................. 521

## A

AAA ..................................................... 106
Acceso ilícito ......................................... 667
Acceso remoto ............................... 115, 335
Accesos conmutados .............................. 501
Accesos dedicados ................................. 501
Accesos no autorizados .......................... 114
*Access Control List* ............................... 466
Acciones legales .................................... 304
Aceptabilidad ........................................ 343
ACL ............................... 328, 466, 510
Activación de las claves ......................... 392
*Active Server Pages* .............................. 548
Actividades de reconocimiento de
 sistemas ............................................ 204
Actualización ........................................ 119
Acuerdos de confidencialidad ................ 127
Acumuladores ......................................... 88
*Address Resolution Protocol* ................. 212
Administración de cuentas de usuario .... 105
Administradores del sistema ................. 129
Adquisición de productos tecnológicos ... 83
*AdWords* ............................................. 750
AES ............................... 372, 519, 522
Agencia de Seguridad Nacional ............. 181
Agencia Española de Protección de
 Datos ...................................... 602, 698
Agencia Nacional de Seguridad ............. 291
Agencias de Registro Locales ................ 410
Agendas electrónicas ............................. 185
Agente de mensajería ............................. 587
Agente Web .......................................... 539

Agujeros de seguridad .................... 192, 217
Agujeros de seguridad del navegador .... 563
AH ....................................................... 504
Aire acondicionado ................................. 86
AirSnort ............................................... 517
Aislamiento de equipos ........................... 89
Algoritmo de cifrado ............................. 362
Algoritmo de desencriptación ................ 362
Algoritmo de digestión de mensajes ...... 380
Algoritmo de extracción ........................ 402
Algoritmo de marcado ........................... 402
Algoritmos *hash* ................................... 381
Almacenamiento de las claves ............... 393
Almacenamiento de soportes ................. 100
Alta de nuevos empleados ....................... 81
*Alternate Data Streams* ......................... 318
America On Line ................................... 779
Análisis "*post-mortem*" .......................... 311
Análisis de la geometría de la mano ...... 347
Análisis de las evidencias digitales ........ 317
Análisis de patrones estadísticos ............ 363
Análisis de un incidente de seguridad .... 301
Análisis de vulnerabilidades .................. 120
Análisis del fondo del ojo ...................... 349
Análisis estadístico de frecuencias ......... 368
Análisis forense .................................... 312
Análisis heurístico ................................. 282
Análisis y evaluación de riesgos ............ 120
Analizadores de código fuente ............... 536
Analizadores de protocolos ................... 496
Anillos de claves ................................... 585
Anillos de confianza ..................... 391, 414
Anonimato ..................................... 44, 440
*Anti-Phishing Working Group* .............. 624
Anti-plagio ........................................... 752
Anti-*relay* ............................................ 605
Anti-*sniffers* ........................................ 497
Anti-*spam* ........................................... 602

Antivirus .............................................. 277, 281
ANXI X9.17 ............................................... 391
Apantallamiento eléctrico .............................. 90
Aplicaciones basadas en Web ..................... 527
Aplicaciones CGI ........................................ 547
Aplicaciones de filtrado .............................. 729
Aplicaciones P2P ........................................ 273
APOP ........................................................... 581
*Applets* .............................................. 244, 547
*Applets* Java ............................................. 557
*Application gateway* .................................. 461
*Appropriate Use Policy* ............................... 76
Áreas de acceso restringido .......................... 86
Áreas internas ............................................... 85
Áreas públicas .............................................. 85
Armas inteligentes ...................................... 357
*Armouring* .................................................. 238
ARP ............................................................. 496
*ARP Spoofing* ..................................... 457, 489
ARPANET ................................................... 777
Arquitectura de tres niveles ........................ 533
Arquitecturas de IDS .................................. 490
Asesor de contenido ................................... 565
ASP ............................................................. 548
Ataque de fuerza bruta ............................... 425
Ataque de repetición ................................... 344
Ataque *smurf* .............................................. 227
Ataques activos .................................. 203, 403
Ataques adaptativos ................................... 368
Ataques basados en texto claro conocido ..... 367
Ataques basados en texto claro
  seleccionado ........................................... 368
Ataques basados sólo en el texto cifrado ..... 367
Ataques contra el WWW ............................ 559
Ataques de Denegación de Servicio .... 290, 454
Ataques de Denegación de Servicio
  Distribuidos ............................................ 228
Ataques de diccionario ............... 223, 331, 383
Ataques de fuerza bruta ...................... 223, 383
Ataques de modificación del tráfico ........... 217
Ataques de repetición ............ 44, 210, 518, 538
Ataques de suplantación de la identidad ..... 211
Ataques del tipo "salami" ........................... 223
Ataques informáticos .................. 203, 285, 672
Ataques internos ......................................... 474
Ataques pasivos .................................. 203, 403
Ataques semánticos .................................... 564
*Audit trails* ................................................. 121
Auditabilidad ................................................ 44
Auditoría ............................................. 120, 713
Auditoría de la seguridad ............................ 706
Auditorías de seguridad .............................. 120
Auditorías periódicas .................................. 717
Autenticación ........ 42, 106, 327, 343, 407, 440,
  539, 704
Autenticación básica ................................... 539
Autenticación de ficheros ........................... 402

Autenticación del usuario ..................... 454, 534
Autenticación en las redes inalámbricas ...... 520
Autenticación mutua ................................... 336
Autenticador ............................................... 337
*Autenticidad* ....................................... 380, 535
Autenticidad del remitente .......................... 576
*Authenticated Post Office Protocol* ............ 581
*Authentication Header* ............................... 504
*Authentication server* ................................. 337
*Authentication token* ................................. 334
*Authentication, Autorization &*
  *Accounting* ............................................. 106
*Authenticator* ............................................. 337
Authenticode ....................................... 280, 418
Autocifrado del código ............................... 238
Autoridad de Atributos ............................... 420
Autoridad de Certificación ... 394, 410, 445, 564
Autoridades de Certificación Raíz .............. 413
Autoridades de Certificación
  Subordinadas .......................................... 413
Autoridades de Validación ......................... 410
Autorización ............................... 43, 420, 534
Autorización de acceso ............................... 110
*Auto-rooters* .............................................. 203
Autorrespondedores .................................... 588

# B

*Backbone* ................................................... 763
*Backdoors* .......................................... 181, 217
*Backdoors kits* ........................................... 203
*Backup* ........................................................ 96
Bacterias ..................................................... 250
Baja de un empleado .................................... 82
Balanceo de carga ....................................... 320
Barreras de infrarrojos .................................. 86
Barreras de microondas ................................ 86
Base de datos de conocimientos ................. 119
Base de datos de vulnerabilidades .............. 190
Bases de datos ............................................ 185
Basureo ....................................................... 133
*Beacon* ....................................................... 524
Biometría .................................................... 341
Biométricos ................................................ 341
BIOS ........................................................... 551
Bletchley Park ............................................ 366
*Block cipher* .............................................. 369
*Blogs* .......................................................... 600
Bloqueo de contenidos ............................... 728
Bloqueo de direcciones .............................. 138
Bloqueo de tráfico ...................................... 466
*Bluesnarfing* .............................................. 184
Bluetooth ............................................ 184, 775
Bolígrafos "biométricos" ............................ 345
Bomba UDP ............................................... 227
Bombas electromagnéticas ......................... 286

Bombas lógicas .......................... 198, 219, 250
Borrado de datos ......................................... 667
Borrado de los datos ................................... 102
Borrado seguro de la información ............... 103
*Botnets* ...................................................... 229
*Brand spoofing* .......................................... 615
Brigada de Investigación Tecnológica ......... 674
*Broadcast* .................................................. 471
Bruce Schneier .................................... 124, 666
*Buffer overflow* ......................................... 175
*Bug* ............................................................ 173
Bulos ........................................................... 250
Buscadores .................................................. 723
Búsqueda en Internet .................................. 724

# C

Caballos de Troya ....................................... 245
Cabecera HTTP .................................. 536, 544
Cabir ........................................................... 274
Cabir.B ....................................................... 185
Cableado ..................................................... 763
Cableado de seguridad .................................. 90
Cables apantallados ...................................... 90
Cadena de responsabilidad .......................... 132
Cadencia ..................................................... 800
Caducidad de las claves .............................. 393
Caídas de tensión ......................................... 88
Caja de arena .............................................. 557
Caja de cifrado ........................................... 386
Calidad de los datos ................................... 690
Calidad de servicio ..................................... 801
*Call-back* .................................................. 336
Cámaras Web ............................................. 183
Camerfirma ................................................ 414
Campañas de agresión ................................ 733
Campos ocultos .................................. 536, 542
Camuflaje ................................................... 397
*Can Spam Act* ........................................... 610
Canal SSL ........................................... 506, 563
Canales de radiofrecuencia ......................... 514
Cancelación de cuentas ............................... 106
Cancelación de los datos ............................ 697
*Capability Maturity Model* ......................... 55
Captura de evidencias ................................. 313
Características biométricas ......................... 107
Características de la firma electrónica ........ 409
Características discriminantes .................... 341
*Carding* .................................................... 615
Carga dañina .............................................. 238
CARNIVORE ............................................ 295
Casos de espionaje ..................................... 293
Casos de prueba ......................................... 536
Categoría 5 ................................................. 763
CCITT ........................................................ 761
CCMP ........................................................ 522
CCured ....................................................... 550

CDA ............................................................ 726
Centro Alternativo ...................................... 320
Centro Alternativo "Caliente" ..................... 322
Centro Alternativo "Frío" ........................... 322
Centro de Alerta Temprana ......................... 232
Centro de Back-up ...................................... 321
Centro de Certificación de Claves ............... 394
Centro de Distribución de Claves ............... 394
Centro de Reserva ...................................... 320
CERT ........................................... 173, 230, 309
Certificación cruzada ................................. 414
Certificación de fechas ................................. 45
Certificación de la gestión de la seguridad .... 53
Certificación mediante Terceros de
    Confianza ................................................. 45
Certificado de atributos .............................. 419
Certificado de servidor SSL ....................... 419
Certificado de usuario final ........................ 418
Certificado digital ........ 280, 335, 410, 411, 415,
    539
Certificado raíz ........................................... 417
Certificado revocado .................................. 412
*Certificate Signing Request* ...................... 411
*Certification Practice Statements* ............. 412
Cesión de datos .......................................... 692
CGI ............................................................. 546
*Challenge Handshake Authentication
    Protocol* ............................................... 335
*Challenge/Response* ................................. 333
Chantaje y extorsión *on-line* .................... 224
CHAP ......................................................... 335
*Checksums* ............................................... 316
*Chief Information Security Officer* ............ 54
*Child Online Protection Act* ..................... 726
CHKROOTKIT ......................................... 249
CIA .............................................................. 38
*CiberBullying* ........................................... 733
Ciberdelincuencia ....................................... 667
Ciberdelincuentes ....................................... 674
Ciberterroristas .......................................... 672
Ciclo de vida de una clave .......................... 390
CIDF .......................................................... 491
Ciencia Forense .......................................... 312
Cifrado "enlace a enlace" ............................ 387
Cifrado "extremo a extremo" ...................... 388
Cifrado a nivel de aplicación ...................... 388
Cifrado a nivel de red ................................. 388
Cifrado a nivel de sesión ............................ 388
Cifrado a nivel de transporte ...................... 388
Cifrado asimétrico ...................................... 407
Cifrado César ............................................. 365
Cifrado de los datos ................................... 113
Cifrado de Vernam ..................................... 371
Cifrado de Vigenère ................................... 365
Cifrado en bloque ....................................... 369
Cifrado en flujo .......................................... 370

Cifrar.................................................................. 361
*Ciphertext Auto Key*........................................ 371
Circuito cerrado de televisión ........................ 86
Circuitos virtuales........................................... 777
Circuitos virtuales conmutados..................... 777
Circuitos virtuales permanentes.................... 777
Clases de direcciones IP ................................ 784
Clasificación de contenidos ......... 403, 565, 725
Clasificación de los documentos.................. 112
Cláusulas de confidencialidad................ 81, 113
Cláusulas de exención de responsabilidad... 724
Clave................................................................ 363
Clave privada................................................. 377
Clave pública ................................................. 377
Claves comprometidas................................... 393
Claves de "cifrado de claves"....................... 391
Claves de sesión............................................. 390
Claves de usuario........................................... 390
Claves maestras ............................................. 390
Claves primarias ............................................ 390
Claves subordinadas ...................................... 390
CLF.................................................................. 482
*Click kiddies*.................................................. 197
*Clickjacking*.................................................. 224
Clientes remotos ............................................ 115
*Client-side scripting*..................................... 536
Clipper ............................................................ 291
*Clusters* de servidores.................................. 320
Cobertura metálica........................................ 525
Codecs ............................................................. 744
Codificación de los datos.............................. 762
Codificación URL............................................ 545
Código activo.......................................... 557, 563
Código dañino................................................. 578
Código de integridad..................................... 543
Código fuente................................................. 738
Código malicioso................................... 219, 237
Código Penal.......................................141, 668, 741
Códigos correctores de errores..................... 388
Códigos de comprobación ............................ 316
Códigos de conducta ética ........................... 608
Códigos deontológicos.................................. 725
Códigos detectores de errores...................... 388
*Common Advisory Format Description*...... 191
*Common Gateway Interface* ........................ 546
*Common Intrusion Detection Framework* ... 491
*Common Log Format*..................................... 482
*Common Vulnerabilities and Exposures*...... 191
*Communications Decency Act* .................... 726
Compendio...................................................... 380
Complejidad computacional ........................ 382
Completitud .................................................... 382
Componentes básicos de la voz ................... 344
Composición de una contraseña.......... 107, 330
Comprobación de la integridad................... 317
Comprobantes de firmas ............................... 428
*Computer Emergency Response Team*......... 173

*Computer Fraud and Abuse Act* ................. 672
Comunicación con terceros ......................... 306
Concentradores.............................................. 765
Condiciones ambientales.............................. 86
Condiciones de uso aceptables ................... 80
Conexión a Internet ....................................... 456
Conexión no autorizada.............. 217, 218, 511
Conexión segura a servidores Web ............ 563
Conexión SSL...........................................442, 628
Conexiones remotas....................................... 114
Confidencialidad ......38, 42, 440, 454, 535, 576
Configuración inadecuada.......................... 176
Configuración más robusta......................... 91
Configuración robusta................................. 277
Confirmación de la prestación de un
    servicio ....................................................... 45
Conflicto de derechos................................... 140
Conflicto laboral........................................... 141
Conflictos jurisdiccionales ..................723, 727
Conflictos legales ......................................... 125
Conformidad legal........................................ 119
Confusión ...............................................363, 382
Conmutación de paquetes........................... 780
*Connection Flood*......................................... 227
Conocimientos informáticos....................... 134
Consecuencias de ataques e incidentes........ 218
Consecuencias de la falta de seguridad ........ 49
Consecuencias de un incidente .................. 308
Consecuencias económicas......................... 290
Consentimiento del interesado.................... 692
Consentimiento para el tratamiento ........... 714
Conservación de las claves.......................... 389
Construcción de virus .................................. 252
Contención de un incidente ........................ 303
Contenido digital ..................................402, 668
Contenidos ilegales....................................... 219
Contenidos ilícitos......................................... 722
Contenidos nocivos ...................................... 722
Contenidos racistas....................................... 722
Contenidos xenófobos ............................722, 727
*Content Addressable Memory* ..................... 211
Continuidad del negocio.............................. 320
Contraseña....................105, 107, 329, 363, 541
Control de acceso .........106, 110, 327, 328, 419,
    454, 704
Control de acceso físico.........................86, 705
Control de copias......................................... 403
Control de Internet........................................ 590
Control de la congestión.............................. 766
Control de las conexiones............................ 459
Control de los contenidos............................ 725
Control de los equipos................................. 95
Control del tráfico........................................ 217
Control del uso de Internet ......................... 137
Controles ActiveX.................................548, 557
*Cookies* ........................220, 536, 561, 691
*Cookies* no-persistentes ............................... 542

| | |
|---|---|
| *Cookies* persistentes | 542 |
| COPA | 726 |
| Copias de seguridad | 96, 704 |
| Copias ilegales | 667 |
| Correo basura | 593 |
| Correo electrónico | 127, 575 |
| Cortafuegos | 455, 463 |
| Cortafuegos de uso personal | 475 |
| Coste del *spam* | 597 |
| *Country code top-level domains* | 798 |
| CPS | 412 |
| *Crackers* | 196, 615 |
| *Cracks* | 668, 739 |
| Creadores de virus | 197 |
| Creative Commons | 745 |
| Criptoanálisis | 223, 361, 367 |
| Criptoanálisis basado en claves relacionadas | 368 |
| Criptoanálisis diferencial | 368 |
| Criptoanálisis lineal | 368 |
| Criptografía | 361 |
| Criptografía moderna | 365 |
| Criptograma | 362 |
| Criptología | 362 |
| Criptoprocesadores | 387 |
| Criptosistema | 362 |
| CRL | 412 |
| *Crossover Error Rate* | 342 |
| *Cross-Site Scripting* | 220, 527, 544, 628 |
| CSIRT | 77, 298 |
| CSRC | 231 |
| Cuarentena | 280 |
| Cuentas de usuarios | 82, 104 |
| Cuerpos y Fuerzas de Seguridad | 673 |
| Cumplimiento de la LOPD | 698, 713 |
| Curvas Elípticas | 378 |
| Custodia de documentos electrónicos | 422 |
| CVE | 191 |

## D

| | |
|---|---|
| Daños | 667 |
| Daños directos | 263 |
| Daños indirectos | 263 |
| Daños y perjuicios | 188 |
| *Data center* | 87, 322 |
| *Data payload* | 404 |
| *Data Protection Authorities* | 608 |
| Datagramas | 777, 780 |
| Datos de carácter personal | 687 |
| Datos especialmente protegidos | 694 |
| Datos personales | 679 |
| Datos relativos a la salud de las personas | 695 |
| DDoS | 228 |
| *Dead zone* | 470 |
| Deber de secreto | 691 |
| Decodificación UTF-8 | 546 |

| | |
|---|---|
| *Deep linking* | 749 |
| *Defamation Act* | 725 |
| Defensa en profundidad | 51, 74, 470, 535 |
| Defensa equipo a equipo | 454 |
| Defensa perimetral | 455 |
| *Defense Advanced Research Projects Agency* | 173 |
| DELETE | 537 |
| *Delimitarized zone* | 470 |
| Delito de revelación de secretos | 669 |
| Delito informático | 665 |
| Delitos de daños | 668 |
| *Delivery Status Notification* | 587 |
| Demanda | 188 |
| Denegación de Servicio | 182, 213, 225 |
| Dependencia de los sistemas informáticos | 285 |
| Derecho a la intimidad | 666, 723 |
| Derecho a la libertad de expresión | 722 |
| Derecho a la libertad de información | 722 |
| Derecho de acceso | 697 |
| Derecho de indemnización | 698 |
| Derecho de información | 696 |
| Derecho de oposición | 697 |
| Derecho de rectificación | 697 |
| Derechos de autor | 402, 737 |
| Derechos de los ciudadanos | 696 |
| Derechos de publicación | 739 |
| Derechos de reproducción | 739 |
| Derechos digitales | 745 |
| Derechos morales | 737 |
| Derechos patrimoniales | 737 |
| Derechos y libertades fundamentales | 722 |
| DES | 372 |
| Desarrollo de una aplicación Web | 534 |
| Desarrollo, implantación y mantenimiento de aplicaciones informáticas | 118 |
| Desbordamientos de "*buffer*" | 188, 551 |
| Descarga de software | 562 |
| Descifrar | 361 |
| Descriptores de los contenidos | 744 |
| Descriptores GIB | 349 |
| Desencriptar | 361 |
| Desinfección | 282 |
| Desmagnetización | 103 |
| Despido | 136 |
| Destrucción de discos duros | 104 |
| Destrucción de ficheros | 263 |
| Destrucción de las claves | 393 |
| Destrucción de soportes | 103 |
| Destrucción segura | 102 |
| Destructoras de documentos | 103 |
| Detección de códigos malignos | 282 |
| Detección de intrusiones | 112 |
| Detección de un mal uso | 486 |
| Detección de un uso anómalo | 486 |
| Detectores de movimiento | 86 |
| Detectores de ultrasonidos | 86 |

Detectores de vibraciones ............................. 86
DHCP........................................................ 524
*Dialers* ...................................................... 230
Días de riesgo .......................................... 175
DIDS......................................................... 488
Diffie-Hellman.......................................... 377
Difusión ............................................ 363, 382
Difusión de contenidos racistas .................. 667
Difusión de virus....................................... 290
Difusión y publicación de contenidos .......... 723
*Digital Millenium Copyright* ...................... 672
*Digital Millenium Copyright Act* ................. 740
*Digital Rights Management* ........................ 744
*Digital shoplifting*...................................... 751
*Digital Signature Standard* .......................... 409
*Digital timestamp*...................................... 316
Dirección de difusión................................. 524
Dirección MAC ........................................ 510
Dirección URL.................................. 538, 556
Direcciones de retorno................................ 595
Direcciones IP privadas ...................... 459, 467
Direcciones IP sin clase ............................. 467
Direcciones MAC ..................................... 457
Direcciones URL maliciosas....................... 564
Directiva 95/46/CE .................................... 684
Directorio X.500 ....................................... 416
*Discrecionary Access Control* ............. 110, 328
Diseño ..................................................... 536
Disponibilidad.................. 38, 43, 92, 454, 535
Disponibilidad de los recursos .................... 320
Dispositivo personal de firma electrónica.... 426
Dispositivos de interconexión..................... 764
Dispositivos de red .................................... 90
Dispositivos de seguridad integrados........... 283
Dispositivos extraíbles................................ 101
Dispositivos FireWire ................................ 95
Dispositivos lógicos................................... 328
Dispositivos periféricos .............................. 99
Dispositivos USB ...................................... 95
Distribución de claves................................ 394
Distribución de pornografía infantil............. 669
*Distributed Intrusion Detection System* ....... 232
DMZ ................................................ 466, 469
DNI electrónico ........................................ 430
DNS ........................................................ 212
DNS Seguro ............................................. 215
*DNS Spoofing*................................... 212, 489
DNSSec .................................................... 215
Documentación de un incidente................... 307
Documento de seguridad ............... 77, 703, 713
Documento Nacional de Identidad
  Electrónico ........................................ 430
Documento protegido ................................ 389
Documentos en papel................................. 114
Documentos técnicos ................................. 119
Dominio de certificación ............................ 413
Dominio MX............................................. 605

Dominios de confianza ............................... 177
DoS ...................... 182, 213, 225, 471, 514, 579
DRM ....................................................... 744
DSN ........................................................ 587
*Dual-homed bastion host*............................ 464
*Dumpster diving* ....................................... 133
*Dynamic Signature Verification* .................. 344
*Dynamic Trunk Protocol* ......................211, 457

# E

EAP .................................................336, 521
EAPOL .................................................... 521
EAP-PEAP ............................................... 522
EAP-TLS ................................................. 522
EAP-TTLS ............................................... 522
*Eavesdropping*.......................................... 210
ECHELON ............................................... 292
Ejecución no autorizada ............................. 544
Electricidad estática.............................. 85, 87
*Electronic Communications Privacy Act*..... 672
*Electronic Frontiers Foundation*.................. 181
Elementos constructivos ............................. 85
ELF ......................................................... 482
ElGamal................................................... 377
*Eliptic Curve Cryptosystems* ...................... 378
E-mail ..................................................... 575
E-mail response management...................... 588
Emisión de calor corporal........................... 352
Emisiones radioeléctricas ........................... 88
Encaminamiento ................................761, 766
Encaminamiento fuente ......................217, 472
*Encapsulating Security Payload*.................. 504
Encargado del tratamiento .......................... 689
Encriptar .................................................. 361
Enfopol .................................................... 294
Enigma .................................................... 365
Enmascaramiento ...................................... 211
*Enrollment* .............................................. 342
*Enrollment time* ....................................... 342
Entropía .................................................. 382
Envenenamiento de la caché....................... 212
Envenenamiento de las tablas ARP ............. 489
Equipo de Respuesta a Emergencias
  Informáticas.................................173, 230
Equipo de Respuesta a Incidentes de
  Seguridad Informática .....................77, 298
Equipos "*zombis*" ..................................... 228
Equipos de los usuarios .............................. 94
Equipos portátiles ..................................... 95
Erradicación............................................. 303
Errores de diseño ..................................... 174
Errores de programación ........................... 175
Escaneo................................................... 191
Escaneo activo ......................................... 513
Escaneo de puertos ................................... 204
Escaneo de vulnerabilidades....................... 300

Escaneo pasivo.............................................. 513
Escáneres de puertos.................................... 202
EsCERT......................................................... 174
*Escrowed Encryption Standard*................... 291
ESMTP.......................................................... 587
ESP................................................................ 504
Espacio de claves.......................................... 384
Espionaje....................................................... 291
Espionaje informático................................... 667
Estado de una sesión.................................... 541
Estafa electrónica......................................... 668
Estafas financieras............................... 223, 615
Estándares..................................................... 760
Estándares *de facto*..................................... 760
Estándares *de iure*....................................... 760
Estatuto de los Trabajadores........................ 140
Esteganografía.............................................. 397
Estrategias de detección............................... 282
Etapas en el análisis forense........................ 313
Ethernet......................................................... 768
Etiquetado de los documentos..................... 113
ETSI.............................................................. 760
EuNet............................................................ 778
EuroCAUCE................................................. 609
Evaluación de vulnerabilidades................... 189
Evaluación del coste.................................... 308
Eventos de seguridad................................... 112
Evidencia...................................................... 314
Evidencias digitales..................................... 314
Evidencias volátiles..................................... 315
Ex-empleados.............................................. 198
Exención de responsabilidad....................... 724
Expediente sancionador............................... 711
*Exploits*................................ 202, 203, 210, 217
Explosiones.................................................... 85
*Extended Log Format*................................. 482
*Extensible Authentication Protocol*............ 336
*Extensible Firmware Interface*................... 551
Extensiones del certificado.......................... 416
Extorsiones................................................... 224
EyeDentify.................................................... 350

# F

Fábrica Nacional de Moneda y Timbre....... 410, 414
Factor humano............................. 123, 179, 589
Factura electrónica....................................... 433
Facturae........................................................ 434
Facultades de control y vigilancia............... 140
Fallo informático.......................................... 173
Fallos en los sistemas informáticos............. 290
Fallos judiciales............................................ 141
*False Acceptance Rate*............................... 342
*False Reject Rate*....................................... 342
Falsedad en documentos electrónicos......... 669
Falsificación de DNS................................... 212

Falsificación de URLs................................. 186
Falsificación informática............................. 667
Falsos encabezamientos............................... 595
Falsos negativos................................... 487, 729
Falsos positivos............ 301, 342, 487, 604, 729
Falsos rechazos............................................ 342
Fases de un ataque informático................... 201
*FastCGI*...................................................... 547
Fichero.......................................................... 714
Fichero contenedor...................................... 398
Ficheros adjuntos......................................... 580
Ficheros con datos de carácter personal..... 687, 713
Ficheros de "firmas"..................................... 281
Ficheros ocultos........................................... 318
Ficheros temporales..................................... 114
*File cleaning*............................................... 282
Filtrado de contenidos................................. 138
Filtrado de páginas....................................... 138
Filtrado de paquetes..................................... 463
Filtrado de puertos....................................... 277
Filtrado del correo electrónico.................... 603
Filtros............................................................. 89
Filtros anti-*spam*.................. 476, 586, 605, 608
Filtros bayesianos........................................ 603
Filtros de aplicación..................................... 462
Finger........................................................... 496
*Fingerprinting*............................................. 402
*Firewall*.............................................. 455, 463
Firma automática......................................... 428
Firma de contratos electrónicos.................. 423
Firma de lotes.............................................. 428
Firma de software........................................ 418
Firma electrónica................................. 407, 582
Firma electrónica dual................................. 444
Firma múltiple............................................. 428
Firma simple................................................ 428
FIRST........................................................... 232
Fisgones....................................................... 198
FNMT........................................................... 414
Formación............................................ 83, 126, 134
Formación y sensibilización........... 280, 607, 714
Formateo...................................................... 263
Formulario Web........................................... 543
*Fraggle*....................................................... 489
*Frame*......................................................... 749
Fraudes......................................................... 615
*Free space*........................................... 316, 318
Fuego.............................................................. 85
Fuentes de acceso público........................... 687
Funciones unidireccionales......................... 377
Funciones y obligaciones............................ 126
Funciones y obligaciones de los usuarios..... 82
Funciones y obligaciones del personal....... 703, 714

## G

Gas halón ....................................................... 86
*Gateway* ........................................................ 468
Generación de copias de seguridad ............... 98
Generación de las claves ............................. 390
Generador de secuencias pseudoaleatorias .. 370
Generadores de virus ................................... 203
Generadores diesel ......................................... 88
Generadores pseudoaleatorios ..................... 391
*Generic Routing Encapsulation* ................... 507
*Generic top-level* domains .......................... 797
Gestión de claves ................................. 378, 389
Gestión de cuentas de usuarios ................... 104
Gestión de incidencias ......................... 116, 704
Gestión de la Seguridad de la Información.... 51
Gestión de las claves ................................... 385
Gestión de las sesiones ................................ 534
Gestión de los Derechos Digitales .............. 744
Gestión de permisos y privilegios ............... 328
Gestión de sesiones ..................................... 541
Gestión del diálogo ..................................... 762
Gestores de contraseñas .............................. 338
GET ............................................................. 537
Gigabit Ethernet .......................................... 769
GLB ............................................................... 56
*Google Bombing* ........................................ 734
*Gramm-Leach-Bliley Act* ............................. 56
GRE ............................................................. 507
*Grid computing* .......................................... 383
Grupo de Delitos Telemáticos ..................... 674
Guerra informática ...................................... 285
Guía de actuación ........................................ 299
Guía de Procedimientos .............................. 299
*Guideline on Network Security Testing* ....... 191
Gusano .......................................... 173, 219, 249

## H

*Hackers* ....................................................... 195
*Hacking Tools* ............................................. 202
*Hardlaw* ...................................................... 680
*Hash* ........................................................... 408
HEAD .......................................................... 537
Herramientas corporativas .................... 94, 131
Herramientas de "*hacking*" ......................... 669
Herramientas de análisis forense ................. 319
Herramientas de control y monitorización... 139
Herramientas ofimáticas .............................. 186
Herramientas para el control de accesos ..... 138
Herramientas para la evaluación de
    vulnerabilidades ..................................... 189
*Hidden fields* .............................................. 542
*Hidden frames* ............................................ 542
*Hijacking* ............................................ 211, 541, 559
HIPAA ........................................................... 56
Hiperenlaces ................................................ 555

Hipermedia .................................................. 555
Hipervínculos .............................................. 555
Historial de contraseñas .............................. 107
*Hoaxes* ........................................................ 250
*Honeynet* .................................................... 492
*Honeynet* virtual ......................................... 494
*Honeypot* .................................................... 492
*Honeywall* .................................................. 493
Hospedaje ............................................. 456, 549
*Host* ............................................................ 784
Host bastión ................................................ 464
Host IDS ..................................................... 487
*Hosting* .......................................... 87, 456, 549
Hotmail ....................................................... 577
*Hotspots* ..................................................... 514
*Housing* .......................................... 87, 457, 550
HSM ............................................................ 387
HTML Dinámico ......................................... 548
HTTP ................................................... 537, 541
*Hubs* ........................................................... 765
Huella dactilar ............................................. 345
Huella digital ....................................... 380, 407
HVAC ............................................................ 86

## I

IAB .............................................................. 802
IACIS ........................................................... 319
ICANN ................................................. 798, 802
ICAO ........................................................... 355
ICMP ........................................................... 472
ICRA ........................................................... 729
IDEA ........................................................... 372
Identidad ..................................................... 343
Identidad del usuario ................................... 327
Identificación ................... 106, 327, 343, 704
Identificación biométrica ............................ 427
Identificación de usuarios remotos ............. 335
Identificación del atacante .......................... 304
Identificador de sesión ................................ 542
Identificadores de usuarios ......................... 329
Identificadores extrínsecos ......................... 329
Identificadores intrínsecos .......................... 329
IDS ...................................... 117, 300, 485
IDS Distribuidos ......................................... 488
IDWG .......................................................... 491
IEEE ............................................................ 760
IEEE 802.11a .............................................. 774
IEEE 802.11b .............................................. 772
IEEE 802.11i ............................................... 774
IEEE 802.11n .............................................. 774
IEEE 802.16a .............................................. 775
IEEE 802.16d .............................................. 775
IEEE 802.3 .................................................. 768
IEEE 802.5 .................................................. 769
IETF .................................................... 761, 802
IKE ..................................................... 395, 505

Impacto de los incidentes de seguridad.......... 47
Imperceptibilidad ...................................... 404
Implantación de las Políticas de Seguridad.... 78
Implantación de un microchip .................... 356
Impresoras................................................ 99, 183
Impronta del ADN ........................................ 352
Improntas ...................................................... 342
*Incident Object Description and Exchange Format Requirements* .............................. 307
Incidente de seguridad ......................... 173, 297
Indemnizaciones .......................................... 188
Indetectibilidad ............................................ 404
Indicadores de un incidente ......................... 299
Información camuflada ................................ 397
Información confidencial ............................. 112
Información oculta ....................................... 399
Información secreta ...................................... 112
Informática de Confianza ............................. 551
Informática Forense .............................. 312, 319
Informes ....................................................... 112
Infracciones de la LOPD .............................. 707
Infraestructura de Clave Pública ................. 413
Infraestructura de Gestión de Privilegios ..... 420
Ingeniería Social ......... 128, 132, 216, 264, 474, 589
Inicio de sesión único .................................. 338
Inscripción de ficheros ......................... 701, 714
*Insiders* ....................................................... 198
Inspección de estado ................................... 468
Instalación eléctrica ....................................... 87
Integridad .........38, 43, 380, 407, 440, 454, 535, 576
Integridad de los ficheros ............................ 488
*Integrity check* ............................................ 488
*Integrity checking* ....................................... 283
Intentos de intrusión ............................. 454, 467
Intentos de réplica ....................................... 440
Intercambio de ficheros ............................... 472
Intercambio seguro de claves ....................... 395
Interceptación de claves .............................. 369
Interceptación de comunicaciones .............. 292
Interceptación de contraseñas ..................... 109
Interceptación de mensajes .................. 210, 579
Interceptación de mensajes de correo .. 295, 668
Interceptación de tráfico ............................. 210
Interconexión de redes LAN ....................... 764
Interconexión de Sistemas Abiertos ............ 761
Interfaz CGI ................................................ 546
Interfaz CGI asíncrona ................................ 547
Interfaz de usuario ....................................... 536
Interferencias electromagnéticas ........... 88, 514
Internet ........................................ 453, 721, 777
*Internet Content Rating Association* .... 565, 729
Internet Explorer ......................................... 186
*Internet Health Monitoring* ........................ 233
*Internet Key Exchange* ................................ 395
*Internet Services API* ................................. 547

*Internet Society* ........................................... 802
InterNIC ...................................................... 802
Interoperabilidad ......................................... 782
Intimidad personal ....................................... 686
Intimidad y privacidad ................................. 353
*Intrusion Alert Protocol* ............................. 491
*Intrusion Detection Exchange Format* ........ 491
*Intrusion Detection Message Exchange Format* ...................................................... 491
*Intrusion Detection Systems* ....................... 485
*Intrusion Detection Working Group* ........... 491
*Intrusion Prevention System* ...................... 490
Intrusos ................................................ 132, 195
Intrusos remunerados .................................. 198
Inundación .................................................... 85
Inventario de recursos ................................... 79
Inventario de soportes informáticos ............. 99
Investigación sobre las causas de un incidente .................................................. 308
Inyección de código SQL ............ 221, 527, 544
IOCE ................................................... 316, 319
*IP Spoofing* ............................... 211, 305, 489
IPconfig ...................................................... 495
iPod ............................................................. 746
IPS .............................................................. 490
IPSCA ......................................................... 414
IPSec ........................................................... 504
IPv6 ..................................................... 503, 786
Iris ............................................................... 350
*Iriscode* ...................................................... 350
IrisScan ....................................................... 351
ISACA ......................................................... 120
ISAKMP .............................................. 395, 505
ISO .............................................................. 761
ISO 11770 ................................................... 390
ISO 27001 ..................................................... 55
ISO 7498 ....................................................... 39
ISO/IEC 17799 .............................................. 38
ISO/IEC 9796 .............................................. 409
ITAR ........................................................... 385
ITU .............................................................. 760

## J

Jaula de Faraday ............................................ 90
Java ............................................................. 547
JavaScript ............................................ 548, 558
Jerarquía de claves ...................................... 390
*Jokes* .......................................................... 251
*Junk-mail* ................................................... 593

## K

Kerberos ...................................................... 338
Kerckhoffs ................................................... 363
Kevin Mitnick ............................................. 200

*Key Certification Center* .............................. 394
*Key Distribution Center* .............................. 394
*Key-escrow* .................................................. 291
*Keyloggers* ......................................... 216, 332
*Know your enemy* ....................................... 492

# L

L2TP ............................................................. 503
*Lamers* ........................................................ 197
LAN .............................................................. 760
*Land Attack* ................................................ 226
Latencia ........................................................ 800
Lector de correo .................................. 576, 604
Lector de huellas .......................................... 345
Legislación aplicable ................................... 723
Legislación contra el *spam* ......................... 609
Lenguaje HTML ........................................... 556
Lenguajes de macros .................................... 244
Lenguajes de *Script* ..................................... 548
Ley de Propiedad Intelectual ............... 738, 742
Ley de Servicios de la Sociedad de la
  Información ....................................... 609, 726
Ley General de Telecomunicaciones .......... 180,
  609, 691
Ley Orgánica sobre Protección de Datos
  de Carácter Personal ....... 119, 135, 609, 685
Ley Sarbanes-Oxley ....................................... 56
Libertades civiles ......................................... 355
Liberty Alliance ........................................... 338
Licencias de uso ................................... 744, 745
Limitar el uso de Internet ............................. 137
Limitar el uso de sistemas criptográficos ..... 180
*Link* ..................................................... 555, 749
Lista de certificados revocados .................... 412
Lista de contraseñas .................................... 334
Lista de palabras prohibidas ........................ 603
Listas blancas ....................................... 603, 728
Listas de "*spammers*" ................................. 602
Listas de control de acceso .................. 328, 466
Listas de direcciones de correo ................... 599
Listas negras ........................................ 603, 729
Listas y boletines de seguridad .................... 119
Log ........ 106, 111, 202, 280, 300, 310, 481, 538
Login ................................................... 107, 330
Longitud de las claves ................................. 383
LOPD .................................... 56, 609, 685, 686
LORTAD ...................................................... 686
Lotería China .............................................. 383
LSSI ....................................... 609, 724, 726

# M

Mabir ............................................................ 185
*MAC flooding* ..................................... 210, 457
*Machine Readable Passport* ....................... 354

*Magic Numbers* .......................................... 317
*Mail bombing* .............................. 225, 251, 579
*Mail proxy* .................................................. 586
*Mail relaying* .............................................. 218
*Mail Transport Agent* ................................. 599
*Mail User Agent* ......................................... 599
*Mainframe* .................................................. 759
Mal comportamiento ................................... 174
Mal uso de Internet .............................. 125, 136
*Malware* ............................................. 219, 237
MAN ............................................................. 760
*Mandatory Access Control* ................. 110, 328
*Man-in-the-middle* .............. 212, 369, 392, 442,
  513, 559, 579
Manipulación de DNS ................................. 564
Manipulación de documentos sensibles ...... 113
Mantener datos inexactos ............................ 710
Mapeo de puertos ........................................ 467
Máquinas de cifrado .................................... 365
Marca de agua digital .................................. 402
Marca de agua transaccional ....................... 402
Marcadores telefónicos ............................... 230
Marcas de agua ............................................ 744
Marcos .......................................................... 749
Marcos ocultos ............................................ 542
*Masquerading* ............................................. 215
MasterCard .................................................. 444
*Matching* .................................................... 342
Materiales atenuantes .................................. 524
Materiales ignífugos ...................................... 86
Matriz de diagnóstico .................................. 302
MD2 ............................................................. 381
MD4 ............................................................. 381
MD5 ............................................................. 381
Mecanismo de interacción ........................... 548
Mecanismos de propagación ....................... 237
Mecanismos de seguridad ............................. 46
Medidas contra incendios .............................. 86
Medidas de seguridad .................................. 702
Medidas de vigilancia .................................. 141
Mensajería instantánea ................................ 273
Mensajes SMS ..................................... 185, 600
*Message Authentication Codes* ................. 381
*Message Digestion* ..................................... 380
Metodología PDCA ....................................... 53
METS ........................................................... 745
MICE ............................................................ 201
Michael ........................................................ 520
Micropagos .................................................. 446
MILNET ....................................................... 778
MIME ........................................................... 582
MIMO .......................................................... 774
Minucias ...................................................... 345
*Mirror* ......................................................... 322
*Mirrored ports* ........................................... 487
Modelo Cliente/Servidor ............................. 781
Modelo de Seguridad AAA ......................... 327

Modelo en "capas" .......................................... 761
Modelos de texto fijo ...................................... 344
Modelos de texto independiente ................. 344
*Módem* ........................................... 182, 218, 475
*Modification Detection Codes* ...................... 381
Modo promiscuo ............................................. 496
Módulo de respuesta ...................................... 485
Monedero electrónico ..................................... 446
Monitor residente ........................................... 282
Monitorización ................................................ 111
Motivaciones de los atacantes ....................... 201
Motor de análisis ............................................ 485
MRP ................................................................ 354
MSN Messenger ............................................. 600
MTA ................................................................ 599
Multas ............................................................. 708
Multidifusión de datos .................................... 785
*Multi-homed bastion host* ............................. 464
*Multihomed host* ........................................... 460

# N

NAT ..................................................... 459, 467
Navegación anónima ...................................... 722
Navegador ................... 186, 536, 542, 555, 560
NBTStat .......................................................... 495
*Net Flood* ...................................................... 227
NetBus ............................................................ 246
*Netscape Server API* .................................... 547
Netstat ............................................................ 495
*Network Address Translation* .............. 459, 467
*Network IDS* .................................................. 488
*Network taps* ................................................. 496
*Network Time Protocol* ........................ 422, 483
*News clipping* ....................................... 739, 748
Nivel de Aplicación ........................................ 762
Nivel de Enlace .............................................. 761
Nivel de intrusividad ...................................... 353
Nivel de los datos tratados ............................. 703
Nivel de Presentación .................................... 762
Nivel de Red .................................................. 761
Nivel de Sesión .............................................. 762
Nivel de Transporte ....................................... 762
Nivel Físico .................................................... 761
Niveles de seguridad del navegador ............. 560
Niveles de servicio y calidad ........................... 84
No repudiación .......................... 43, 407, 440
No repudio de destino .................................... 587
Nombre alternativo ........................................ 416
Nombre distintivo ........................................... 416
Nombres de dominio ...................................... 797
*Nondisclosure Agreement* ............................ 113
Normas de utilización del correo
    electrónico .................................................. 589
Normas prácticas de seguridad ..................... 130
Notario digital ................................................ 421
NSA ....................................................... 181, 291

NSFNET ......................................................... 778
Nslookup ........................................................ 496
Números mágicos .......................................... 317

# O

OAKLEY ................................................ 395, 505
Objetivos de la Seguridad Informática ........... 40
Obligación legal de notificación .................... 311
Obligaciones de la LOPD .............................. 689
Obligaciones y responsabilidades ................... 82
Obras protegidas ............................................ 740
OCR ................................................................ 540
OCSP .............................................................. 412
Ocultación de equipos ................................... 466
ODRL .............................................................. 745
*Office of Intelligence Liaison* ...................... 293
OMPI ............................................................... 738
*One time password* ...................................... 334
*One-time pad* ................................................ 382
*One-time system* .......................................... 371
*Online Certificate Status Protocol* .............. 412
*Open Media Commons* ................................ 747
*Open relay* .................................................... 605
*Open Source Security Testing Methodology
    Manual* ...................................................... 190
*Open Systems Authentication* .............. 510, 516
*Open Web Application Security Project* ...... 550
Operaciones de administración y
    mantenimiento ........................................... 118
Operaciones fraudulentas ..................... 223, 618
*Opt-in* .................................................... 597, 608
*Opt-out* .................................................. 596, 608
Ordenadores "zombi" ............................ 245, 599
Organismos especializados ........................... 230
Organización Mundial de la Propiedad
    Intelectual .................................................. 738
OSSTMM ........................................................ 190
*Outsiders* ...................................................... 198
OWASP ................................................... 191, 550

# P

*Padding* ........................................................ 370
Página Web .................................................... 556
Palm Pilot ....................................................... 185
PAP ................................................................. 335
Papel de las personas .................................... 123
Paquetes "*Out-Of-Band*" .............................. 226
Paquetes IP .................................................... 468
Par trenzado ................................................... 763
Par trenzado apantallado ............................... 763
Par trenzado no apantallado .......................... 763
Paradigmas de seguridad .............................. 471
Parches de seguridad .................................... 175
Pasaporte digital ............................................ 354

Pasarela de aplicación .......................... 461, 468
Pasarelas ....................................................... 766
*Passport* ....................................................... 338
*Password* ............................................. 107, 330
*Password Authentication Protocol* .............. 335
*Password crackers* ........................................ 203
*Password shadowing* .................................... 332
PAT ................................................................ 467
*Patriot Act* ..................................................... 672
Patrones ......................................................... 341
*Payload* ......................................................... 238
*Peer-to-peer* ........................................ 472, 740, 782
PEM ............................................................... 582
Pendrives ......................................................... 99
Perfiles de certificados .................................. 416
Período de incubación ................................... 238
Permisos de acceso ...... 105, 110, 138, 328, 534
Personal Computer ........................................ 759
*Personal Home Pages* .................................. 548
Personal interno ............................................ 198
PGP ............................................... 391, 414, 583
*Pharming* ............................................... 223, 616
Philip Zimmermann .............................. 180, 583
*Phishers* ......................................................... 620
*Phishing* .......................... 213, 223, 598, 615
*Phishing kits* .................................................. 619
PHP ................................................................ 548
*Phreakers* ...................................................... 196
PICS ............................................................... 729
Ping ................................................................ 495
Ping de la muerte ........................................... 226
*Piracy Deterrence and Education Act* ......... 741
Piratas informáticos ....................................... 197
PKCS ............................................................. 423
PKCS#7 ......................................................... 582
PKI ................................................................. 413
Plagio de trabajos .......................................... 751
Plan de actuación .......................................... 309
Plan de Comunicación con los Medios ........ 306
Plan de Contingencias ................................... 320
Plan de Recuperación .................................... 320
Plan de Respuesta a Incidentes ..................... 297
Plan de Seguridad ............................................ 71
*Plugins* ................................................... 548, 557
PMI ................................................................ 420
Polimorfismo ................................................. 238
Política de Certificación ................................ 411
Política de Contraseñas ................................. 330
Política de Control de Acceso ....................... 110
Política de Control de Accesos ..................... 455
Política de Gestión de Contraseñas ............... 107
Política de Seguridad ....................................... 71
Políticas de Gestión de la Seguridad ....... 53, 73, 177
POP ................................................................ 579
*Pop-up windows* .................................... 558, 600
Pornografía infantil ............. 667, 675, 722, 726

*Port Address Translation* ............................ 467
POST .............................................................. 537
*Post Office Protocol* .................................... 579
Potestad inspectora ........................................ 698
PPP ....................................................... 335, 475
Precursores de un ataque ............................... 299
Preservación de las evidencias digitales ...... 316
Prestadores de servicios ................................ 724
*Pretty Good Privacy* .................................... 583
Principio de *"habeas data"* .......................... 690
Principios de protección de datos ................ 690
Principios de Puerto Seguro ......................... 694
Priorización de las actividades .................... 302
Privacidad ................................. 482, 679, 691
Privacidad de los datos ................................... 98
Privacidad de los mensajes de correo .......... 590
Privacidad de los usuarios ...................... 83, 139
*Privilege Management Infrastructure* ......... 420
Privilegios ...................................................... 110
Privilegios administrativos ................... 105, 111
*Probe request* ............................................... 513
Problemas de usabilidad ............................... 176
Problemas ocasionados por el *spam* ........... 597
Procedimiento de emparejamiento ............... 342
Procedimiento de inscripción ....................... 342
Procedimiento de seguridad ........................... 71
Procedimiento sancionador .......................... 709
Procedimientos administrativos ..................... 73
Procedimientos de seguridad ......................... 78
Proceso de autenticación .............................. 330
Proceso de compra .......................................... 83
Proceso de identificación .............................. 106
Programadores .............................................. 536
Programas dañinos ........................................ 197
Programas espía .................................... 268, 332
Programas privilegiados ............................... 488
Propagación de códigos dañinos .................. 219
Propagación de virus .................................... 182
Propiedad intelectual ................... 197, 667, 668
Protección a la réplica .................................... 44
Protección de contenidos digitales .............. 739
Protección de datos ............................... 112, 685
Protección de ideas ....................................... 753
Protección de la intimidad ............................ 140
Protección de modelos de negocio ............... 753
Protección de un programa informático ...... 738
Protección eléctrica ........................................ 87
Protección física ....................................... 87, 99
Protecciones anti-copia ................................. 671
Protectores de teclado .................................... 87
Protocolo de Desafío/Respuesta ................... 539
Protocolo IP .................................................. 783
Protocolo L2F ............................................... 503
Protocolo PPTP ............................................. 502
Protocolo SET ............................................... 444
Protocolo sin estado ...................................... 541
Protocolo SPF ............................................... 606

Protocolo SSH .............................................. 447
Protocolo SSL .............................................. 441
Protocolo TCP ............................................. 783
Protocolo WEP ............................................. 515
Protocolos criptográficos ..................... 440, 454
Protocolos de "Desafío/Respuesta" ............. 333
Protocolos de comunicaciones ..................... 761
Protocolos de *tunnelling* ............................. 502
Proveedores ................................................... 84
Proveedores de acceso a Internet ................. 724
Proveedores de contenidos ........................... 723
*Proxy* ..................................................... 458, 548
*Proxy* inverso ............................................... 462
Prueba de entrega ......................................... 587
Prueba de envío ............................................ 587
Prueba de recepción ..................................... 587
Pruebas de intrusión .................... 120, 190, 497
*Public Key Cryptography Standards* ........... 423
*Public Key Infrastructure* ............................ 413
Publicación de calumnias ............................. 670
Puentes ......................................................... 764
Puertas traseras ................... 181, 203, 217, 303
Puertos ......................................................... 473
Puertos de comunicaciones ............................ 95
Puertos de infrarrojos .................................... 95
Puertos USB ................................................. 102
Puntos de Acceso ......................................... 509
PUT ............................................................. 537

# Q

QoS .............................................................. 502
*Quality of service* ........................................ 801
*Query string* ................................................ 546

# R

Radiaciones emitidas ..................................... 89
RADIUS .................................... 338, 475, 521
RAID ............................................................. 92
Rango de caracteres ..................................... 543
*Ransom-ware* ...................................... 224, 617
RC4 ...................................................... 516, 520
Reclamación de origen .................................. 44
Reclamación de propiedad ............................ 44
Recomendaciones ........................................ 713
Reconocimiento de "firmas" ....................... 282
Reconocimiento de huellas dactilares .......... 346
Reconocimiento de la firma manuscrita ...... 344
Reconocimiento de patrones faciales ........... 348
Reconocimiento de versiones ...................... 204
Reconocimiento de voz ............................... 343
Reconocimiento del iris ............................... 350
Reconocimiento del sistema ........................ 191
*Recovery Point Objective* ........................... 323
*Recovery Time Objective* ........................... 323

*Recreational Software Advisory Council*..... 729
Recuperación ............................................... 304
Recuperación de la actividad ....................... 311
Recuperación de los datos ........................... 299
Recursos Humanos ...................................... 129
Red de espionaje ......................................... 293
Red de ordenadores .................................... 759
Red externa ................................................. 465
Red interna .......................................... 457, 465
Red Iris ....................................................... 779
Red local virtual ......................................... 457
Red privada virtual ..................................... 500
Red señuelo ................................................ 492
Redes de área amplia .......................... 760, 776
Redes de área local ............................. 760, 766
Redes de área metropolitana ....................... 760
Redes inalámbricas ..................................... 509
Redes Privadas Virtuales ............................ 114
Referrer HTTP ............................................ 538
*Referrer log* ................................................ 482
Reflectómetros .............................................. 90
*Reflector attack* .......................................... 225
Registrar un nombre de dominio ................. 797
Registro de actividad .................................. 538
Registro de control de accesos .................... 706
Registro de entradas y salidas ......... 87, 100, 705
Registro de eventos ..................................... 482
Registro de incidencias ....................... 117, 282
Registro de las conexiones a Internet .......... 459
Registro de nombres de dominio ................. 215
Registro de patentes .................................... 753
Registro de Propiedad Intelectual ................ 737
Registro de transacciones ............................ 740
Registro del tráfico ...................................... 466
Registro del uso .......................................... 327
Registro General de Protección de Datos ... 697, 699
Registros de actividad .......... 106, 111, 280, 317, 327, 481, 488
Registros de auditoría ................................. 121
Registros de Verificación de Confianza ...... 412
Reglamento Interno .................................... 128
Reglas de filtrado ............................... 466, 471
*Remailers* ........................................... 273, 595
Repetidores ................................................. 764
*Replay attacks* .............. 210, 344, 518, 538, 543, 559, 579
Resistencia a manipulaciones ...................... 403
Responsabilidad civil .................................. 722
Responsabilidad penal ................................ 722
Rresponsabilidades contractuales ................ 127
Responsabilidades de los usuarios ............... 136
Responsable de seguridad ........................... 705
Responsable del fichero .............................. 688
Respuesta ante incidentes ........................... 117
Respuestas activas ...................................... 486
Respuestas pasivas ..................................... 486

Restauraciones de datos .................................. 96
Restricción en el uso ..................................... 403
Retención de datos de tráfico ...................... 294
Retina ............................................................. 349
Revelación de contraseñas .......................... 133
Revelación de información sensible ............ 263
Revelación de secretos ................................. 667
Revisión de las Políticas de Seguridad ........ 309
Revocación de claves y certificados ............ 412
Revocación de permisos .............................. 106
RFC ........................................................ 783, 802
Riesgos ............................................................ 40
*Rights Management Service* ......................... 745
*Roaming* ........................................................ 771
Robert Morris ................................................ 173
*Robust Security Network* .............................. 519
Robustez de una marca de agua .................. 403
*Rogue Access Points* .................................... 514
*ROM keys* ...................................................... 393
*Root* ............................................................... 248
*Rootkits* ............................... 203, 217, 248, 303
*Routers* ................................... 182, 766, 787
*Routers* apantallados ..................................... 465
RPC ................................................................ 600
RSA ......................................................... 376, 424
RSAC ...................................................... 565, 729
RSN ........................................................ 519, 522
RSVP .............................................................. 801
RTC ................................................................ 799
RTCP .............................................................. 801
RTP ................................................................. 801
RTSP ............................................................... 801
Ruta de certificación ..................................... 413

# S

S/MIME .......................................................... 582
Sabotajes informáticos ................................... 667
*Safer Internet* ................................................ 725
*Safer Internet Plus* ....................................... 725
SAI ................................................................... 88
Salas con acceso restringido .......................... 91
Sanciones .............................................. 699, 709
*Sandbox* ........................................................ 557
*Scam* ............................................................. 618
Schnorr ........................................................... 377
*Scrapping* ..................................................... 598
*Screened subnet* ........................................... 470
*Screening routers* ......................................... 465
*Script* ................................................... 220, 557
*Script kiddies* ....................................... 51, 197
Secreto de las comunicaciones ............ 140, 723
Secuencia de códigos ................................... 545
Secuestro de archivos ................................... 224
Secuestro de sesiones ................... 211, 541, 559
*Secure by default* .......................................... 535
*Secure Hash Algorithm* ............................... 381

*Secure Sockets Layer* .................................... 441
*Security Association* .................................... 504
*Security Parameter Index* ............................ 504
Segregación de responsabilidades ................ 83
Seguridad computacional ............................ 382
Seguridad de los datos ................................. 691
Seguridad de los sistemas criptográficos ..... 223
Seguridad en el correo electrónico .............. 578
Seguridad en las conexiones ........................ 114
Seguridad física .............................................. 85
Seguridad frente al personal ......................... 81
Seguridad informática ................................... 38
*Self-synchronising stream cipher* ................ 371
Sellado temporal .................................. 421, 587
Semántica de los paquetes ........................... 468
*Sender ID Framework* ......................... 582, 606
*Sender Policy Framework* ........................... 582
*Senders Policy Framework* .......................... 606
Sensibilización ............................. 134, 179, 331
Sensibilización de los empleados ................ 126
Sensibilización de los usuarios .................... 109
Sentencia SQL ............................................... 222
*Server Side Includes* ..................................... 548
*Service Level Agreement* ............................. 322
*Service Set Identifiers* .................................. 509
Servicio de gestión de derechos .................. 745
Servicio de notificación de entrega ............. 587
Servicio de notificaciones telemáticas ......... 422
Servicios .......................................................... 91
Servicios críticos ............................................ 37
Servicios de hospedaje ................................. 723
Servicios de seguridad ................................... 42
Servicios ofrecidos ......................................... 80
Servidor centralizado de "*logs*" .................. 483
Servidor de aplicaciones .............................. 534
Servidor de autenticación ............ 109, 336, 521
Servidor de bases de datos .......................... 534
Servidor de correo electrónico .................... 604
Servidor de firma electrónica ...................... 428
Servidor KDC ................................................ 394
Servidor SSL .................................................. 443
Servidor Web ........................................ 533, 556
Servidores .............................................. 90, 764
Servidores "*warez*" ....................................... 752
Servidores de correo SMTP ......................... 605
Servidores de reenvío de correo ................. 595
*Servlets* ......................................................... 547
Sesiones iniciadas ......................................... 109
SET ................................................................. 444
Setuid ............................................................. 488
SGSI ................................................................. 52
SHA ................................................................ 381
*Shared Key Authentication* ................. 510, 516
*Shopping cart* .............................................. 753
*Shoulder surfing* .......................................... 133
S-HTTP .......................................................... 443
SIDF ....................................................... 582, 606

Single sign-on .................................. 109, 338
Single-homed bastion host .......................... 464
Síntomas de una infección ......................... 262
Sistema criptográfico ................................. 362
Sistema de Detección de Intrusiones ........... 283
Sistema de Gestión de la Seguridad de la
   Información ......................................... 52, 126
Sistemas anti-copia ..................................... 739
Sistemas biométricos ........................... 342, 353
Sistemas biométricos multimodales ............. 352
Sistemas criptográficos ............................... 369
Sistemas criptográficos asimétricos ..... 369, 376
Sistemas criptográficos de clave privada ..... 372
Sistemas criptográficos de clave pública ..... 377
Sistemas criptográficos simétricos ....... 369, 371
Sistemas de Alimentación Ininterrumpida ..... 88
Sistemas de Autenticación de dos vías ........ 352
Sistemas de Autenticación de tres vías ........ 352
Sistemas de Detección de Intrusiones ......... 117,
   300, 485
Sistemas de extinción de incendios ............... 86
Sistemas de vigilancia .................................. 86
Sistemas operativos .................................... 185
Sitio Web ................................................... 556
Sitios permitidos ........................................ 728
Sitios prohibidos ........................................ 729
Skulls ......................................................... 185
Skype .......................................................... 620
Slack space ......................................... 316, 318
Smart card .......................................... 393, 426
SmiShing .................................................... 620
SMTP ......................................................... 599
SMTP Spoofing .......................................... 215
Smurf .......................................................... 471
Snarfing ...................................................... 184
Sniffers ..................... 196, 203, 210, 496, 511
SNMP ................................................. 174, 483
Snoopers ..................................................... 216
Snooping ..................................................... 216
Snork UDP .................................................. 228
SNORT ................................................ 487, 489
Sobre digital ............................................... 379
Social Engineering ..................................... 132
SOCKS ....................................................... 461
Softlaw ....................................................... 680
Solicitud de conexión remota ..................... 115
Solicitud de consentimiento ....................... 717
Soportes ....................................................... 98
Soportes informáticos .......................... 99, 704
Source routing ............................................ 217
Spam ........................................................... 594
Spam blogs ................................................. 600
Spammers ............................... 196, 593, 598
Spanning ports ........................................... 487
SPF ............................................................. 582
Spiced Ham ................................................ 593
Spim ........................................................... 600

Spit ............................................................. 600
Splogs ......................................................... 600
Spoofing .................. 203, 510, 539, 579, 599
Spyware ............................................. 268, 628
SQL ............................................................ 221
SSE-CMM ................................................... 55
SSH .................................................... 447, 586
SSID ........................................................... 509
SSL ........................................ 441, 506, 538, 542
SSO ............................................................ 338
Stateful inspection ..................................... 468
Stealth ........................................................ 238
STP .............................................................. 90
Stream cipher ............................................. 370
Streaming de vídeo .................................... 800
Subcontratación ........................................... 84
Subred ........................................................ 784
Supernuke .................................................. 226
Suplantación de direcciones IP .................. 203
Suplantación de identidad ......................... 510
Suplantanción de identidad ....................... 132
Suplicante .................................................. 337
Supplicant .................................................. 337
Sustitución monoalfabética ........................ 364
Sustitución polialfabética .......................... 364
Sustituciones ............................................. 363
Switch .................................. 210, 457, 487, 765
SYN Flood .................................................. 226
SYN Flooding ............................................ 489
Syslog ......................................................... 483

# T

Tablas de enrutamiento ....................... 217, 766
TACACS+ ................................................... 338
Tagline ....................................................... 582
Tarjeta "chip" ............................................. 386
Tarjeta criptográfica .................................. 386
Tarjeta de autenticación ............................. 334
Tarjeta de red ............................................. 763
Tarjeta de red inalámbrica ......................... 515
TCP/IP ........................................................ 782
Teardrop ..................................................... 226
Técnica de Desafío/Respuesta ................... 605
Técnicas de criptoanálisis .......................... 368
Técnicas de ocultamiento .......................... 238
Técnicas esteganográficas ......................... 397
Técnicos informáticos ............................... 129
Tecnología militar ..................................... 425
Teléfonos móviles ..................................... 184
Telnet ......................................................... 496
TEMPEST ............................................. 89, 211
Temporal Key Integrity Protocol ............... 520
Temporización ........................................... 542
Terceras Partes de Confianza .................... 410
TERENA .................................................... 307
Terminales tontos ...................................... 759

Termograma ................................................ 352
Test de penetración ............................. 191, 497
Texto cifrado ............................................. 362
Texto claro ................................................ 362
*Third Trusty Party* ...................................... 410
*Three-way handshake* ................................. 226
*Throughput rate* ......................................... 342
Timbre vocal ............................................. 344
*Time stamping* .................................. 416, 421
*Time-out* ................................................... 542
Tipos de certificados digitales ..................... 418
Tipos de cortafuegos .................................. 468
Tipos de delitos informáticos ...................... 667
Tipos de virus ............................................ 239
TKIP .......................................................... 520
TLS ................................................... 441, 538
*Token* .............................. 107, 329, 393, 542
Token Ring ................................................ 769
*Tokens* de sesión ........................................ 541
Tolerancia a fallos ........................................ 92
Toma de tierra .............................................. 87
Topología en anillo .................................... 767
Topología en estrella .................................. 768
Topología lineal ......................................... 767
Tracert ....................................................... 496
Traducción de direcciones .......................... 459
Tramas de sondeo ...................................... 513
Transacciones ............................................ 541
Transacciones electrónicas ......................... 439
Transferencias de datos personales ............. 694
Transferencias internacionales de datos ....... 714
Transmisión de las claves ........................... 391
Transmisión fiable ..................................... 761
*Transport Layer Security* ............................ 441
Transposiciones ......................................... 363
Tratado Internacional de Wassenaar ............ 180
Trazabilidad .............................................. 100
Triángulo de la Intrusión ............................ 202
*Tribe Flood Net* ......................................... 229
*Tri-homed bastion host* .............................. 470
Triple-DES ................................................ 372
Troyanos ........................................... 219, 245
*Trust Verification Records* ......................... 412
*Trusted Computing* ................................... 551
Túneles seguros ................................. 464, 467

# U

*Unicode Transformation Format* ................. 546
*Uniform Resource Locator* ......................... 556
*Universal Time Clock* ................................ 421
*URL query string* ...................................... 538
*URL query strings* ..................................... 542
*URL-encoded* ............................................ 538
US-CERT .................................................. 232
*Used space* ............................................... 315
Uso no autorizado de equipos

informáticos ........................................... 667
Usuarios .................................................... 106
Usuarios anónimos .................................... 109
Usuarios del sistema .................................. 130
Usuarios remotos ....................................... 115
Usuarios y grupos ...................................... 328
Usurpación de direcciones IP ..................... 564
Usurpación de la identidad ......................... 599
Usurpación del remitente ........................... 579
UTC .......................................................... 421
UTF-8 ....................................................... 546
Utilización no consentida ........................... 669
UTP .......................................................... 763

# V

Vacunación de ficheros .............................. 283
Validación de entradas y salidas ................. 543
Valoración de los daños ............................. 302
VBScript ................................................... 548
Vector de Inicialización ..................... 516, 520
VeriChip ................................................... 356
Verisign .................................................... 414
Vigilancia ................................................. 142
Vigilancia en la Red .................................. 733
Violación de acceso ................................... 112
Violación de correspondencia .................... 668
Violaciones de las Políticas de Seguridad ..... 79
*Virtual hosting* .......................................... 456
*Virtual Private Network* ............................ 500
Virus ......................................................... 219
Virus de ficheros ejecutables ...................... 241
Virus de Java ............................................. 244
Virus de macros ........................................ 244
Virus de MS-DOS ..................................... 242
Virus de sector de arranque ........................ 240
Virus de teléfonos móviles ......................... 274
Virus de Windows ..................................... 242
Virus informáticos ..................................... 237
Visa .......................................................... 444
*Vishing* .................................................... 620
Visor de Sucesos ....................................... 484
Vista previa de mensajes ............................ 580
Visual Basic Script .................................... 558
VLAN ............................................... 210, 457
VMWare ................................................... 494
Voto electrónico ........................................ 423
VPDN ....................................................... 501
VPN ............................... 114, 464, 473, 500
Vulnerabilidades ........... 174, 210, 488, 524, 536

# W

W3C ......................................................... 761
WAN ........................................................ 760
*WarChalking* ............................................ 515

| | |
|---|---|
| *Wardialers* | 218 |
| *Wardialing* | 218 |
| *WarDriving* | 515 |
| *Watermarks* | 744 |
| *Web-bugs* | 578 |
| *Webcrawler* | 539 |
| *Webmail* | 577 |
| *Website* pirata | 752 |
| *Website vandalism* | 219 |
| WEP | 516 |
| Whois | 496 |
| *Wi-Fi* | 519, 769 |
| *Wi-Fi Alliance* | 774 |
| *Wi-Fi Protected Access* | 519 |
| Wikileaks | 287 |
| WiMAX | 774 |
| Windows Media Player | 747 |
| *Winnuke* | 226 |
| *Wired Equivalent Privacy* | 515 |
| WLAN | 509, 769 |
| WNIC | 515 |
| *World Wide Web* | 555, 779 |
| *World Wide Web Consortium* | 729 |
| WPA | 519 |
| WPA2 | 522 |
| *Wrappers* | 496 |

# X

| | |
|---|---|
| X.500 | 416 |
| X.509 | 415, 416 |
| X.509v3 | 416 |
| X.509v4 | 420 |
| XML | 745 |
| XrML | 745 |

# Z

| | |
|---|---|
| ZigBee | 776 |
| Zona desmilitarizada | 469 |
| Zona muerta | 471 |
| Zonas de seguridad | 85 |

www.ingramcontent.com/pod-product-compliance
Lightning Source LLC
Chambersburg PA
CBHW082224010526
44113CB00037B/2371